重视亲子教育，是犹太民族最为突出的优良传统。几千年来，犹太民族为了在深重的苦难中生存发展，逐渐形成了一套独特的家庭教育方式。犹太人在各个领域取得的举世瞩目的成就已充分证明他们教育方式的正确性和优越性，得到了全世界人民的认可和推崇。

# 犹太人教子枕边书

## 全新升级版

宿文渊◎编著

中国华侨出版社

北京

**图书在版编目（CIP）数据**

犹太人教子枕边书：全新升级版 / 宿文渊编著 . —北京：中国华侨出版社，2014.11（2019.6 重印）

ISBN 978-7-5113-4975-0

Ⅰ . ①犹… Ⅱ . ①宿… Ⅲ . ①犹太人—家庭教育 Ⅳ . ① G78

中国版本图书馆 CIP 数据核字（2014）第 253058 号

## 犹太人教子枕边书：全新升级版

编　　著：宿文渊

责任编辑：江　冰

封面设计：李艾红

文字编辑：彭泽心

美术编辑：刘欣梅

经　　销：新华书店

开　　本：720mm×1020mm　1/16　印张：28　字数：562 千字

印　　刷：北京市松源印刷有限公司

版　　次：2015 年 1 月第 1 版　2021 年 5 月第 6 次印刷

书　　号：ISBN 978-7-5113-4975-0

定　　价：68.00 元

中国华侨出版社　北京市朝阳区西坝河东里 77 号楼底商 5 号　邮编：100028

法律顾问：陈鹰律师事务所

发 行 部：（010）58815874　　传　　真：（010）58815857

网　　址：www.oveaschin.com　　E-mail：oveaschin@sina.com

如果发现印装质量问题，影响阅读，请与印刷厂联系调换。

# 前言

犹太民族一直以人才辈出闻名于世界。伟大的政治思想家马克思、无产阶级革命导师列宁、著名心理学家弗洛伊德、伟大科学家爱因斯坦、西班牙画家毕加索、英国经济学家大卫·李嘉图、美国石油大王洛克菲勒、金融大亨索罗斯、华尔街金融巨头摩根……这些在各领域成就辉煌、享誉国际的名人都是犹太裔。犹太人自称是上帝的选民，从某种程度上说，这并不是自大。"二战"后，美国诺贝尔奖的获得者大约有一半是犹太人，从诺贝尔奖设立以来，全世界的获奖者中大约有22%是犹太人，而从人口总数来看，全世界犹太人最多的时候只有1500万。可见犹太人非凡的创造力。

众所周知，犹太民族是一个苦难深重的民族，在这个民族4000多年的历史中，有2000多年他们没有家园，流离失所。他们遭遇过形形色色的排犹主义，在"二战"中，600多万犹太人死于纳粹魔掌之下。然而，这样一个总是在夹缝中求生的民族，却为世界文明做出了巨大的贡献，在经济、科技、思想、文化、教育、服务等各个领域中，他们的地位都举足轻重。甚至有人断言：没有犹太人，世界的历史将会重写。犹太人如此卓越的根源究竟在哪里呢？

世界专家们一致认为：犹太人对家庭教育的高度重视，是犹太人获得如此巨大成就的根本原因。重视教育，是犹太民族最为突出的优良传统。犹太民族在求知、交友、处世、自我修养等各方面的良好传统使他们具备了卓越超群的文化素养。犹太民族将知识和智慧视为自己真正能掌握的财富，他们有着宗教般虔诚的求知好学精神，不仅严于律己，而且将学习、生活、做人、经商等各个方面的智慧精华教给他们的孩子。犹太人的教育不但使犹太人精明、富有，而且还使犹太人不管流落于世界任何一个地方，都能如鱼得水般地开创他们的事业。犹太人相信，良好的家庭教育是世界的希望所在，前述犹太世界名人的成功，无一不得益于他们父母进行的早期教育以及对家庭教育的巨大投资和执着追求。独到的家庭教育造就了无数精英，熔铸了民族之魂，托起了美好希望，这就是犹太民族的成功秘诀。

在每一个犹太人的家里，当孩子刚刚懂事时，母亲就会翻开《圣经》，将一滴蜂蜜滴在上面，然后，让孩子去吻《圣经》上的蜂蜜。接着，母亲会告诉孩子：书本是甜的。父母让孩子从小就知道，家里的书架一定要放在床头，这是他们这个民族世代相传的做法，以此表示对书和知识的尊重。如果谁家把书架放在床尾，就会被认为对书和知识的不敬而受到大家的蔑视。犹太人从来不焚书，即使是那些攻击犹太人的书也决不焚烧。在世界各民族拥有图书和出版社的数量上，以及人均每年读书的数量上，犹太人超过了世界上任何一个民族和国家，居世界之最。

在从小教育孩子尊重知识的同时，犹太人更注重培养孩子的智慧。犹太人家庭的孩子，小时候几乎都要回答这个问题："假如有一天你的房子被烧毁了，你的财产被抢光了，你将带着什么东西逃命呢？"如果孩子回答是金钱或珠宝，母亲就会十分耐心地告诉孩子："孩子，你要带走的不是金钱也不是珠宝，而是智慧，因为智慧是任何人都无法抢走的，你只要活着，智慧就永远伴随着你。"智慧的观念就这样深深扎根在犹太人的心中。在犹太人的社会中，几乎每个人都认为，学者远比国王伟大，也远比富翁伟大。对于那些只有知识而没有智慧的人，他们将其称为"背着很多书本的驴子"。犹太人从小就教育孩子，一般的学习仅是一种模仿而没有任何的创新，学习应该以思考为主，思考是由怀疑和答案组成的，思考是学习的基础。他们教育孩子学习是打开智慧大门的钥匙，懂得越多，产生的怀疑就越多，问题就随之增加，所以提问使人进步，提问和谋得答案一样重要。在许多犹太人家庭里，问放学的孩子的第一句话就是："你又提问题了吗？"有人称犹太民族是一个企图揭示自然和人类秘密的哲学家民族。喜欢思考宏观的、深层次的问题，喜欢抽象，喜欢逻辑，铸成了犹太人家庭教育的核心。出于这样的教育观念，犹太人的家庭非常注重父母和孩子之间的思想与情感交流，父母经常与孩子对话和探讨，并常常对孩子加以引导，诱发孩子进行思考。这样做的结果，使犹太人的孩子拥有了雄辩的口才和智力测试中的优异成绩。

随着社会的进步，人们对教育尤其是素质教育越来越重视，作为孩子的家长更是关心孩子成长。对于正在成长中的孩子来说，如何去设计、创造未来的成长之路，从很大程度上说，决定权掌握在孩子的父母手中。正如一句名言说的那样："与其说国家的命运掌握在政治家手里，不如说国家的命运掌握在父母手里，推动摇篮的手也在推动人类的未来。"家庭是人生的第一所学校，父母是子女的第一任老师。父母对孩子的家庭教育，将会影响孩子的一生。他山之石，可以攻玉。犹太人家庭教育的成功经验，正值得我们每一个中国父母学习和借鉴，也是当前我们家庭素质教育的最好参考。

# 目录

# 第一章
## 真爱：成就明天的源泉

## 布朗尼蛋糕

对孩子的教育要尊重孩子自己的选择，而不能把自己的意志强加给孩子，要求他们做自己不愿做的事，成为自己不愿成为的人。

罗伊先生是个犹太民族中的传奇人物之一，他赤手空拳、艰苦奋斗，成为成功的金融家。

罗伊先生40岁时有了独子雷特。因为罗伊先生经历过贫困和艰难，所以，他愿意给儿子创造一个优越的环境，让其顺利地成长为一个卓越不凡的人。

雷特6岁时，罗伊先生问儿子："长大以后你希望做什么呢？"当时雷特刚刚获得了一个儿童绘画大奖，罗伊先生特意推掉事先计划好的商务会谈，父子俩一起到酒店庆祝。小圆桌上摆着香喷喷的甜点，雷特嘴巴塞得满满的，眨巴着眼睛对父亲嘟哝道："我想当个糕点师，给您做最棒的布朗尼蛋糕。"罗伊先生被逗乐了，顺着话头夸了儿子几句，但打心眼里没把儿子的回答当真。

时光荏苒。天真的小雷特已长成一个英俊少年，他是学校里最出类拔萃的学生。高中快毕业的时候，学校的老师和罗伊先生的朋友热情地为雷特推介了许多优秀的高等学府，甚至有些大学提前给他寄来了报考材料。

罗伊先生把所有资料交给儿子，微笑着对他说："一切由你自己决定。"但雷特却出人意料地推开那些东西，笃定地说："我想考烹饪学院，以后当一名很棒很棒的糕点师。"

罗伊先生的微笑有点僵硬了，他回忆起儿子当年说过的话，看来那不是孩子气。平心而论，罗伊先生觉得自己并不是一个想把自己的意愿强加给儿子的父亲，很多年来，他一直给儿子最大的自由，但他不曾料到会是这样一个结果。

面对优秀的儿子，他即使从不苛求儿子去做他金融帝国的继承者，但也希望儿子成为某个领域里的优异者，比如医生、艺术家、学者等，而糕点师算什么？

心里这样思忖，但罗伊先生的脸上很是平静，他拍了拍雷特的肩膀说："啊，这个理想有点特殊，那就好好干吧。"

不久，雷特踌躇满志地报考了三所烹饪学院。可接踵而来的都是坏消息，那些学院无一例外地拒绝雷特，不仅因为他的考试成绩不理想，甚至有的专业老师给他下了"缺乏烹饪资质"的评语。

这对一直一帆风顺的雷特实在是个不小的打击，他把自己关在屋子里好些天。一天夜晚，他沮丧地打开房门，看见父亲就站在门外，脸上满是怜惜。罗伊先生朝儿子伸出双臂轻声说："来吧，一切都会过去的。"雷特扑向父亲温暖的怀抱，伤心地哭泣起来。而罗伊先生则紧紧抱住儿子，他很清楚，儿子哭过之后，一切都会过去的。

果然，翌日，雷特主动向罗伊先生要回了当初推掉的那些高等学府的资料。

几年以后，雷特以优异的成绩从大学毕业，然后进了罗伊先生的公司工作。好像有先天遗传似的，雷特不仅很快熟悉了金融业务，而且以他的创见和才能很快在业内崭露头角。

有这样一个出色的儿子，罗伊先生高兴得能从梦里笑醒，但是，在另一方面，他又凭着父亲的敏感察觉到雷特身上的某种忧郁。为什么呢？他想不透，也找不出理由。

毕竟岁月不饶人，罗伊先生病倒了，是老年人常见的心脏病。虽然不严重，但医生还是叮嘱他卧床休养。

休养的第三天晚上，罗伊先生悄悄从床上爬起来，打算到楼下找几份报纸。那是周末，家里的佣人都回了家。可是，厨房里却透出灯光，还有轻微的动静。罗伊先生蹑手蹑脚地走过去，看见儿子雷特正有条不紊地将奶油、巧克力、香草精、新鲜鸡蛋分类化开、混合，又将雪白面粉和泡打粉一起均匀搅拌，然后倒入模具放进电烤箱。他的动作娴熟又专注，仿佛在创作一件艺术品。

"嗨，你在干什么？"罗伊先生好奇地问，他从不知道儿子还会这么一手。雷特回头看了一眼父亲，回答说："我在给您做一块布朗尼蛋糕。"

过了一会儿，雷特从烤箱里拿出烘焙好的布朗尼蛋糕。棕色的糕体散发着巧克力香味，看上去松软可爱。雷特捧着蛋糕，朝父亲顽皮地鞠个躬，脸上洋溢着得意的笑容。

那笑容是罗伊先生很久不曾看见的，他记起儿子孩提时的理想，当年那个小毛孩子的脸上不就是洋溢着如此灿烂的笑容吗？可是后来……

罗伊先生的眼睛湿润起来，他接过蛋糕，认真地问雷特："这么多年，你工作得并不快乐，对不对？"雷特怔了一下，并不正面回答，只是道："可我一直干得很出色。"罗伊先生低头咬了一口布朗尼蛋糕，细细地咀嚼半天，最后说："我一直为拥有一个出色的儿子自豪，但是吃了你亲手做的布朗尼蛋糕，我才发现，原来拥有一个快乐的儿子更重要。"

说罢，罗伊先生带着儿子到书房，他从保险柜里拿出当年雷特考烹饪学院的成绩单，全是优秀记录——当时是他用金钱去买断了那些不合格的成绩。

书房门在父子俩身后关上，没有人知道那晚究竟发生了什么。不过，第二天雷特就宣布辞去公司所有职务。几个月后，罗伊先生向许多朋友发出了晚会邀请，请柬上没有说明缘由，所有人都没想到，晚会上，罗伊先生微笑着向众人宣布："今天请诸位来，是庆祝我的儿子雷特正式经营一家糕点店，他能做出世界上最棒的布朗尼蛋糕……"

望子成龙，给孩子设定宏伟的蓝图，是许多家长都乐此不疲的事。在此，我们确实都要感谢父母对我们的关爱。但正如故事中所说的，智慧的犹太人却能让孩子做自己喜欢的"布朗尼蛋糕"，因为那样，孩子才能真正得到快乐。

# 打开窗户，但别开错了

我们在人生道路上遭遇失败，或许是因为我们"开错了窗户"，试一试打开另一扇窗户吧，或许成功的阳光霎时就把我们的心灵照亮。

19世纪末在法国犹太人中流传着这样的一个故事：

两个小女孩在阳台上跑来跑去，乐此不疲。

妈妈问她们在干什么，小女孩说："屋子里太暗，我们想拿点阳台上的阳光进来。"

妈妈乐了，站在一旁看两个可爱的小家伙如何完成这件事。她们先撩起衣襟，等阳光落在衣襟里，便飞快地把衣襟包起来，然后跑进屋，打开衣襟，发现什么也没有了。她们又找出簸箕和扫把，姐妹两一个扫，一个盛，到底还是没把阳光弄进来。她们想，阳光大概也喜欢零食吧，也喜欢玩具吧，于是分头将好吃的、好玩的，都摆在阳台上。阳光果然落在了零食和玩具上，她们乐了，过会又将零食和玩具移到屋子里，她们想阳光也许会像小花狗一样跟进来。

折腾了这么大半天，妹妹问姐姐："太阳真的不饿吗？真的不喜欢做游戏吗？"

姐姐想了一会儿说："它肯定也饿，也想玩游戏，但它就是不肯进屋子来。"

妈妈这时候笑着说："你们知道太阳为什么不肯进屋子来吗？"

姐妹俩都表示不知道。妈妈接着说："太阳也怕黑。你们如果打开屋子的窗户，让屋子亮起来，太阳就会进来了。"姐妹俩高兴极了，飞快地跑去开窗户。打开窗户，阳光没有进来，小女孩却趴在窗户上大哭起来。妈妈凑近一看，楼底下花园里，几个人正在捕杀女儿的小花狗。是的，作为妈妈她也无法阻止这件事，因为狂犬病实在来势凶猛，政府下令捕杀这个城市中所有的狗。

妈妈把哭泣的女儿抱到一边，怜爱地说："宝贝，你们开错了窗户。"

她牵着女儿的手，来到另一扇窗前并打开它，屋子里顿时布满阳光。

如果你初为人母，或者初为人师，你不觉得故事中的妈妈是智慧的吗？如果你对一切满怀抱怨，对生活充满了沮丧，那你不觉得应该打开心灵的窗户，让阳光驱散你心中的黑暗吗？如果你在人生的道路上屡屡失败，正当伤心绝望、准备放弃时，你不觉得你开错了窗户吗？这时候你应该果断地打开另一扇窗户，因为成功往往在失败的旁边——而不仅仅是前面。

# 回 家

家庭是人一生中最温暖的地方，我们要以自己的实际行动教育孩子用真心加耐心去呵护家庭的幸福。

科尔在以色列国际机场等着接一个朋友时，他想从空桥走出的旅客中找到朋友，却注意到一个男人带着两个轻便的袋子向前来迎接他的家人走来。

他放下袋子后先走向他最小的儿子（可能是 6 岁），并给了对方一个长长的拥抱。放开时两人互望着对方，科尔听到这位父亲说："能见到你实在太好了，儿子，我实在好想你。"他儿子笑得很羞涩，眼神有点闪躲，只是轻轻地回答："我也是，爸爸！"

然后男子站直，注视着大儿子（也许 9 岁或 10 岁），把儿子的脸捧在手心里说道："你已经是个年轻小伙子啦！我亲爱的柴克！"接着他也给了对方一个温暖又温柔的拥抱。这时，一个小女孩（可能是一岁多）开始在她母亲怀里兴奋地蠕动着，她从没把她小小的眼眸从她归来的父亲神奇的脸上移开，男子说道："嗨，小姑娘。"当他从妻子手中温柔地接过女儿时，很快地把女儿的小脸都亲了个遍，又把她贴近自己的胸膛摇啊摇，小女孩很快就放松了，满足地把头静静地靠在他肩上。

过了一会儿，他牵着女儿和大儿子的手宣布："我把最好的留在最后。"然后给了他的妻子一个科尔从未看过的最长、最热情的吻，男子深情地望着妻子，然后静静地说："我好爱你。"

他们凝视着对方的眼睛，握着彼此的手相视而笑。那一刻科尔觉得他们也许是新婚夫妻，但根据他们孩子的年龄判断，又不太可能，科尔被眼前发生的一切感动了，科尔不禁问道："你们俩结婚多久啦？"

"在一起 14 年，结婚 12 年了。"他顺口答道，眼睛还是盯着他亲爱的妻子不放。

"那么，你离开多久了呢？"科尔继续问道。这男人终于转了过来，看着他，露出愉悦的微笑，答道："整整两天。"

两天？科尔着实吃了一惊，以这般热烈的欢迎仪式看来，他几乎已认定男子不是离开了几个月，也至少是几个星期。

科尔轻轻叹了一声，说道："我希望我的婚姻在 12 年后还能有你们那般热情！"

这男人马上收敛了笑容，直直地看着科尔，说："别只是希望，朋友，要下决心。"

科尔一直看着这个特殊的男人和家庭走出自己的视线，当科尔的朋友走到他身边时问道："你在看什么？"科尔毫不迟疑，以一种热切的坚定回答他："我的未来！"

幸福生活的获得有时候就像在酿酒，想要酿造出那愈久弥香的美酒，并不仅仅是希望，还需要有淘米、蒸料、麦芽糖化、制酒曲、发酵等每一道工序耐心操作的决心，因为稍有一两道工序疏忽，便会前功尽弃。家庭幸福的常青树是需要我们用真心加耐心呵护的！

# 母亲给出的答案

当孩子遭遇失败时，他们需要的不是生硬的说教，更不是指责，而是正面的鼓励和耐心的引导。

有个犹太孩子对一个问题一直想不通：为什么他的同桌想考第一就考了第一，而自己想考第一却只考了全班第 21 名？

回家后他问妈妈："妈妈我是不是比别人笨？我觉得我和他一样听老师的话，一样认真地做作业，可是，为什么我总比他落后？"妈妈听了儿子的话，感觉到儿子开始有自尊心了，而这种自尊心正在被学校的排名伤害着。她望着儿子，没有回答，因为她不知道怎样回答。

又一次考试后，孩子考了第17名，而他的同桌还是第一名。回家后，儿子又问了同样的问题。她真想说，人的智力确实有三六九等，考第一的人，脑子就是比一般的人灵。然而这样的回答，难道是孩子真想知道的答案吗？她庆幸自己没说出口。

应该怎样回答儿子的问题呢？有几次，她真想重复那几句被上万个父母重复了上万次的话——你太贪玩了；你在学习上还不够勤奋；和别人比起来还不够努力……来搪塞儿子，哪怕一次。然而，像她儿子这样脑袋不够聪明，在班上成绩不甚突出的孩子，平时活得还不够辛苦吗？所以她没有那么做，她想为儿子的问题找到一个完美的答案。

儿子小学毕业了，虽然他比过去更加刻苦，但依然没有赶上他的同桌，不过与过去相比，他的成绩一直在提高。为了对儿子的进步表示赞赏，她带他去看了一次大海。就是在这次旅行中，这位母亲回答了儿子的问题。

现在这位做儿子的再也不担心自己的名次了，也再没有人追问他小学时成绩排第几名，因为他去年以全校第一名的成绩考入了国际一流大学。寒假归来时，母校请他给同学及家长们做一个报告。其中他讲了小时候的一段经历："我和母亲坐在沙滩上，她指着前面对我说，你看那些在海边争食的鸟儿，当海浪打来的时候，小灰雀总能迅速地起飞，它们拍打两三下翅膀就升入天空；而海鸥总显得非常笨拙，它们从沙滩飞入天空总要很长时间，然而，真正能飞越大海横过大洋的还是它们。"这个报告使得很多母亲流下了眼泪，其中包括他自己的母亲。多年之后，这个儿子所取得的成就更是让母亲流下了欣慰的眼泪，他就是著名哲学家哈耶克。

孩子的成功并非仅在于母亲的答案告诉了他持之以恒的重要性，还有他所体会到的母亲答案中传递的爱和支持，母亲用她的答案宣告她对孩子的信心和对孩子自尊的维护。我们不妨相信是爱让这个世界转动的！

# 嫉妒是人生的毒药

对于心怀嫉妒的人而言，折磨他的不仅是自己的失败和挫折，还有别人的成功和幸福。在这内外交加的双重折磨中，嫉妒者亲手毁掉了自己的一生。

在远古时代，有个国王与约瑟的领地相邻，国王饲养了一群象。象群中，有一头象长得很特殊，全身白皙，毛柔细光滑。后来，国王将这头象交给一位驯象师照顾。这位驯象师不只照顾它的生活起居，也很用心教它。这头白象十分聪明、善解人意，过了一段时间之后，他们之间的配合已经非常默契。

有一年，这个国家举行一个大庆典。国王打算骑白象去观礼，于是驯象师将白象清洗、装扮了一番，在它的背上披上一条白毯子后，才交给国王。

国王就在一些官员的陪同下，骑着白象进城看庆典。由于这头白象实在太漂亮了，民众都围拢过来，一边赞叹、一边高喊着："象王！象王！"这时，骑在象背上的国王，觉得所有的光彩都被这头白象抢走了，心里十分生气、嫉妒。他很快地绕了一圈后，就不悦地返回王宫。一入王宫，他问驯象师："这头白象，有没有什么特殊的技艺？"驯象师问国王："不知道国王您指的是哪方面？"国王说："它能不能在悬崖边展现它的技艺呢？"驯象师说："应该可以。"国王就说："好。那明天就让它在悬崖上表演。"

隔天，驯象师依约把白象带到那处悬崖。国王就说："这头白象能以三只脚站立在悬崖边吗？"驯象师说："这简单。"他骑上象背，对白象说："来，用三只脚站立。"果然，白象立刻就缩起一只脚。

国王又说："它能两脚悬空，只用两脚站立吗？""可以。"驯象师就叫它缩起两脚，白象很听话地照做。国王接着又说："它能不能三脚悬空，只用一脚站立？"

驯象师一听，明白国王存心要置白象于死地，就对白象说："你这次要小心一点，缩起三只脚，用一只脚站立。"白象也很谨慎地照做。围观的民众看了，热烈地为白象鼓掌、喝彩！

国王越看，心里越不平衡，就对驯象师说："它能把后脚也缩起，全身悬空吗？"

这时，驯象师悄悄地对白象说："国王存心要你的命，我们在这里会很危险。你就腾空飞到对面的悬崖吧！"不可思议的是，这头白象竟然真的把后脚悬空飞起来，载着驯象师飞越悬崖，进入约瑟的领地。

约瑟领地里的人民看到白象飞来，全城都欢呼了起来。约瑟很高兴地问驯象师："你从哪儿来？为何会骑着白象来到我的国家？"驯象师便将经过一一告诉国王。约瑟听完之后，叹道："人为何要与一头象计较并嫉妒它呢？"

人生在世，一定要有一颗平静和睦的心，切不可心怀嫉妒。俗话说："己欲立而立人，己欲达而达人。"别人有所成就，我们不要心存嫉妒，应该平静地看待别人所取得的成功，这是拥有幸福人生的秘诀！嫉妒是一种卑下的情感，嫉妒会使人失去理智，甚至造成不可估量的损失。而对于嫉妒者的中伤，最妙的回击是置之一笑。

# 你总会和我在一起

我们每人个都是平凡的，然而当我们拥有爱并发挥出爱的力量时，却可以超越平凡。正是爱激活了沉睡的生命。

1989 年发生在美国洛杉矶一带的大地震，在不到 4 分钟的时间里，使 30 万人受到伤害。

在混乱和废墟中，一个年轻的犹太父亲安顿好受伤的妻子，便冲向他 7 岁儿子上学的学校。他眼前，那个昔日充满孩子们欢声笑语的漂亮的三层教室楼，已变成一片废墟。

他顿时感到眼前一片漆黑，大喊："阿曼达，我的儿子！"跪在地上大哭了一阵后，他猛地想起自己常对儿子说的一句话："不论发生什么，我总会跟你在一起！"他坚定地站起身，向那片废墟走去。

他知道儿子的教室在楼的一层左后角处。他疾步走到那里，开始动手。

在他清理挖掘时，不断地有孩子的父母急匆匆地赶来，看到这片废墟，他们痛哭并大喊："我的儿子！""我的女儿！"哭喊过后，他们绝望地离开了。有些人上来拉住这位父亲说："太晚了，他们已经死了。"这位父亲双眼直直地看着这些好心人，问道："谁愿意来帮助我？"没有人给他肯定的回答，他便埋头接着挖。

救火队长挡住他："太危险了，随时可能发生起火爆炸，请你离开。"

警察走过来："你很难过，难以控制自己，可这样不但不利于你自己，对他人也有危险，马上回家去吧。"

这位父亲总是只有一句话："谁愿意帮助我？"

人们都摇头叹息着走开了，都认为这位父亲因失去孩子而精神失常了。

而这位父亲心中只有一个念头："儿子在等着我。"

他挖了 8 小时、12 小时、24 小时、36 小时，没人再来阻挡他。他满脸灰尘，双眼布满血丝，浑身破烂不堪，到处是血迹。到第 38 小时，他突然听见底下传出孩子的声音："爸爸，是你吗？"

是儿子的声音！父亲大喊："阿曼达！我的儿子！"

"爸爸，真的是你吗？"

"是我，是爸爸！我的儿子！"

"我告诉同学们不要害怕，说只要我爸爸活着就一定会来救我，也就能救出大家。因为爸爸说过不论发生什么，你总会和我在一起！"

"你现在怎么样？有几个孩子活着？"

"我们这里有 14 个同学，都活着，我们都在教室的墙角，房顶塌下来架了个大三角形，我们没被砸着。"

父亲大声向四周呼喊："这里有 14 个孩子，都活着！快来人！"

过路的几个人赶紧上前来帮忙。

50 分钟后，一个安全的小出口开辟出来。

父亲声音颤抖地说："出来吧！阿曼达。"

"不！爸爸。先让别的同学出去吧！我知道你会跟我在一起，我不怕。不论发生了什么，我知道你总会和我在一起。"

这对了不起的父子在经过巨大灾难的磨难后，无比幸福地紧紧拥抱在一起。

一对平凡的犹太父子在生死考验时所表现出的真挚感情，所展现出来的深切信任，所收获的巨大幸福，还有什么比这让我们更相信这个世界，更相信我们周围，更相信我们自己在这种爱的包围下所拥有的能量，所创造的奇迹呢？我们是平凡的，但我们又是不平凡的，当我们拥有爱！

# 苹果的两种分法

母亲对孩子的成长有着至关重要的影响。作为母亲，要教育孩子从小诚实地说出自己的心声，而不是为了达到目的而伪装欺骗。

一个人一生中最早受到的教育来自家庭，来自母亲对孩子的早期教育。美国一位著名犹太心理学家为了研究母亲对人一生的影响，在全美选出 50 位成功人士，他们都在各自的行业中获得了卓越的成就，同时又选出 50 位有犯罪记录的人，分别去信给他们，请他们谈谈母亲对他们的影响。有两封回信给他的印象最深。一封来自白宫一位著名人士，一封来自监狱一位服刑的犯人。他们谈的都是同一件事：小时候母亲给他们分苹果。

那位来自监狱的犯人在信中这样写道："小时候，有一天妈妈拿来几个苹果，红红的，大小各不同。我一眼就看见中间的一个又红又大，十分喜欢，非常想要。这时，妈妈把苹果放在桌上，问我和弟弟：'你们想要哪个？' 我刚想说想要最大最红的一个，这时弟弟抢先说出我想说的话。妈妈听了，瞪了他一眼，责备他说：'好孩子要学会把好东西让给别人，不能总想着自己。'"

"于是，我灵机一动，改口说：'妈妈，我想要那个最小的，把大的留给弟弟吧。'

"妈妈听了，非常高兴，在我的脸上亲了一下，并把那个又红又大的苹果奖励给我。我得到了我想要的东西，从此，我学会了说谎。以后，我又学会了打架、偷、抢，为了得到想要得到的东西，我不择手段。直到现在，我被送进监狱。"

那位来自白宫的著名人士是这样写的："小时候，有一天妈妈拿来几个苹果，红红的，大小各不同。我和弟弟们都争着要大的，妈妈把那个最大最红的苹果举在手中，对我们说：'这个苹果最大最红最好吃，谁都想要得到它。很好，现在，让我们来做个比赛，我把门前的草坪分成三块，你们三人一人一块，负责修剪好，谁干得最快最好，谁就有权得到它！'

"我们三人比赛除草，结果，我赢了那个最大的苹果。

"我非常感谢母亲，她让我明白一个最简单也最重要的道理：想要得到最好的，就必须努力争第一。她一直都是这样教育我们，也是这样做的。在我们家里，你想要什么好东西要通过比赛来赢得，这很公平，你想要什么，想要多少，就必须为此付出多少努力和代价！"

推动摇篮的手，就是推动世界的手。母亲是孩子的第一任教师，你可以教他说第一句谎话，也可以教他做一个诚实的永远努力争第一的人。世界上一切光荣和骄傲都来自母亲。

# 奇迹的名字叫父亲

在这个世界上，爱总是让我们创造奇迹！

1948年，在一艘横渡大西洋的船上，有一位犹太父亲带着他的小女儿，去和在美国的妻子会合。

海上风平浪静，晨昏瑰丽的云霓交替出现。一天早上，男人正在舱里用腰刀削苹果，船却突然剧烈地摇晃，男人摔倒时，刀子扎入他的胸口，他的全身都在颤，嘴唇瞬间乌青。

6岁的女儿被父亲瞬间的变化吓坏了，尖叫着扑过来想要扶他，他却微笑着推开女儿的手："没事，只是摔了一跤。"然后轻轻地拔出刀子，很慢很慢地爬起来，不引人注意地用大拇指揩去了刀锋上的血迹。

以后三天，男人照常每晚为女儿唱摇篮曲，清晨替她系好美丽的蝴蝶结，带她去看大海的蔚蓝。仿佛一切如常，而小女儿尚不能注意到父亲每一分钟都比上一分钟更衰弱、苍白，他看向海平线的眼光是那样忧伤。

抵达的前夜，男人来到女儿身边，对女儿说："明天见到妈妈的时候，请告诉妈妈，我爱她。"

女儿不解地问："可是你明天就要见到她了，你为什么不自己告诉她呢？"

他笑了，俯身，在女儿额上深深留下一个吻。船到纽约港了，女儿一眼便在熙熙攘攘的人群里认出母亲，她在喊着："妈妈！妈妈！"

就在这时，周围忽然一片惊呼，女儿一回头，看见父亲已经仰面倒下，胸口血如井喷，霎时间染红了整片天空……

尸解的结果让所有人惊呆了：那把刀无比精确地洞穿了他的心脏，他却多活了三天，而且不被任何人知觉。唯一的解释是因为创口太小，使得被切断的心肌依原样贴在一起，维持了三天的供血。

这是医学史上罕见的奇迹。医学会议上，有人说称这是大西洋奇迹，有人建议以死者的名字命名，还有人说要叫它神迹……

"够了。"那是一位坐在首席的老医生，须发俱白，皱纹里满是人生的智慧，此刻一声大喝，然后一字一顿地说，"这个奇迹的名字，叫父亲。"

与其说这是一个关于奇迹的故事，不如说它是一个关于父爱的故事。父母对孩子的爱是最无私的爱，正是这种爱，创造了一个又一个我们生命里的奇迹。真爱也是成就孩子美好未来的源泉。

# 让心灵软着陆

孩子的自尊心还非常脆弱，经不起太重的打击，需要我们以爱和宽容去滋养。

著名社会学家韦伯在批改学生的作文时，一篇题为《一块手帕》的文章深深吸引了他，他便当作范文在班上阅读。

"这篇文章是抄来的！"韦伯刚读完这篇作文，一个学生举起手大声地说。他的话音刚落，全班哗然，大家议论纷纷，目光齐刷刷地扫向那个抄袭的同学，她满脸绯红地低下了头。

面对这突然的变故，韦伯停顿了一下，转过话头问大家："同学们，这篇文章写得好不好？"

"好是好，可是……"

"我问的是这篇文章写得好不好，不管其他。"

"太好了！"

"那就请同学们谈谈这篇文章好在哪里，请发言的同学到讲台上来说。"

结果，有八位同学发言，大家高度评价了这篇文章。韦伯接着说："同学们，这样好的文章我以前读得不多，可能同学们读得也不多，以后多给同学们推荐一些优秀的文章，在班上宣读，你们以为如何？"

"太好了！"

"那么，对今天第一个给我们推荐优秀文章的同学大家说应该怎么办？"

"谢谢！""非常感谢！"此时，同学们对韦伯的用意已心领神会。

"从今天开始，每周推荐一篇优秀作文，全班同学轮流推荐。可以拿原文来读，也可以写到自己的作文本上。不过别忘记注明原作者和出处。"同学们会心地笑了，那个抄袭作文的同学也舒心地笑了。

孩子的心灵总是比较脆弱，容易受到伤害，并且受伤的心灵还不易愈合。韦伯的做法，不仅保全了一个孩子的"面子"，既不伤害孩子的自尊心，又能让他认识到自己的错处，而且还给全班学生上了一堂生动的宽容课。爱与宽容永远是最神奇的魔术师，在包含爱与宽容的教育中，孩子才能健康成长。

# 瑞恩的井和妈妈的爱

对于孩子善良的愿望，作为家长一方面要支持、呵护、帮助，另一方面也不能让孩子毫不费力地就使之实现，要鼓励孩子通过自己的努力和付出不断积累，直到达成目标。

瑞恩是加拿大一个普通犹太家庭的一个普通男孩，5年前的一天，这个一年级的小学生，听老师讲非洲的生活状况：孩子们没有玩具，没有足够的食物和药品，很多人甚至喝不上洁净的水，成千上万的人因为喝了受污染的水死去。我们的每一分钱都可以帮助他们：一分钱可以买一支铅笔，60分够一个孩子两个月的医药开销，两块钱能买一条毯子，

70 块钱就可以帮他们挖一口井……

6 岁的小瑞恩深受震惊，想为非洲的孩子捐献一口井的愿望成了他强烈的梦想。他的妈妈并没有像我们的某些家长一样直接给他这笔钱，也没有一直把它当成小孩子一会儿一变的头脑发热时的冲动。妈妈让他在承担正常的家务之外自己挣钱：哥哥和弟弟出去玩，而他吸了两小时地毯挣了两块钱；全家去看电影，他留在家里擦玻璃赚到第二个两块钱；帮爷爷捡松果；帮邻居捡暴风雪后的树枝……

他坚持了 4 个月，终于攒够了 70 元钱，交给了相关的国际组织。

然而人家告诉他：70 元钱只够买一个水泵，挖一口井要 2000 块。瑞恩的梦想只得继续着。一年多以后，通过家人和朋友的帮助，他竟筹集了足够的钱，在乌干达的安格鲁小学附近捐助了一口水井。

事情到此并没有结束，因为有更多的人喝不上干净的水，攒钱买一台钻井机，以便更快地挖更多的水井让每一个非洲人都喝上洁净的水成了瑞恩的梦想。他坚持了下去。

5 年后，这个 6 岁孩子的梦想竟成为千百人参加进来的一项事业，"瑞恩的井"基金会筹款已达 75 万加元，为非洲 8 个国家建造了 30 口井。这个普通的男孩，也被评选为"北美洲十大少年英雄"，被人称为"加拿大的灵魂"，影响着越来越多的人去爱和帮助他人。

偶然读到的这个故事让我深深感动，那个充满爱心的男孩实现了他的人生价值，但我更佩服的是他的妈妈。一个孩子的力量能有多大？没有家人和朋友的支持他的梦想不可能实现。我们的孩子并不缺少梦想和爱心，孩子都是纯洁的天使，无私而有着无数千奇百怪的梦想，所有孩子都一样的聪明，一样的可爱，一样的充满爱心和幻想，不一样的是家长，什么时候家长们能变得更聪明起来，明白什么才是对孩子的真爱？

# 神秘的耳朵

*母爱是世上最无私的爱，为了孩子的幸福，母亲愿意付出一切。*

一天清晨，一个犹太婴儿在美国纽约市一家医院里呱呱坠地了。

"我可以看看我的孩子吗？"孩子的母亲幸福地向医生请求道。随即医生就把裹着婴儿的小包被递进了她的怀里，移开被布，看见了婴儿的小脸，她不禁倒抽了一口冷气。医生不忍心再看，迅速转过脸去。原来这个婴儿生来便没有耳朵。

他的父亲给他取名叫杰米。一段时间过后，杰米的父母很庆幸地发现孩子的听力没有什么障碍，跟正常人一样，缺少耳朵，只是损坏了他的相貌，但是天真的杰米并没有意识到他与别的孩子有什么不同。在父母的关爱下，他度过了快乐无忧的童年。

时光流逝，当杰米7岁的时候，他走进了校门。有一天，杰米突然从学校里跑回家来，一头扎进妈妈的怀里，大声哭了起来，哽咽着向妈妈说出了在学校里的遭遇："一个男孩，一个大孩子……管我叫畸形人！"听了孩子的倾诉，妈妈叹息着搂紧了杰米，她知道这孩子今后的人生将会遭遇连续不断的打击。

杰米渐渐地长大了，因为没有耳朵，越发显得与众不同。同学们都很喜欢他，要不是因为相貌缺陷，他也许会当上班长呢。并且在文学和音乐方面，他也表现出了非凡的天赋。

"为什么我没有耳朵呢？"杰米经常问妈妈。

"不然的话，你会和别的孩子分不清的呀！"妈妈安慰着儿子，心里却充满痛楚的怜爱。

终于有一天，杰米明白了自己实际上是个残疾人，因为没有耳朵，他感到自卑，再也不愿去学校了，性格也变得越来越孤僻，甚至不敢走出家门。父母为此感到十分苦恼。杰米的爸爸去请教一位熟识的医生："难道孩子的缺陷真的一点补救的办法都没有吗？"

"如果能得到一双耳朵的话，我相信我可以给他做移植手术。"医生非常肯定地告诉他。可是到哪里去找一双耳朵呢？有谁肯为一个孩子作出如此巨大的牺牲呢？而且做这个手术也需要一大笔费用。

两年过去了，有一天，爸爸对杰米说："孩子，你要去医院做个手术。妈妈和我已经找到了为你捐献耳朵的人，不过捐献人的身份是保密的。"

移植手术非常成功，杰米终于有了一双耳朵。他高兴极了，简直像换了一个人一样。他又重新回到了学校，他的各项潜能不断地开花结果，迅速成长，成功接踵而至。大学毕业后，他结婚了，并且如愿以偿成为了一名外交官。

工作在富丽堂皇的政府大楼里，出入觥筹交错的外交场合，回到家里有娇美贤淑的妻子相伴，杰米幸福之际常举手抚摩着耳朵，他真想当面好好感谢那位神秘的捐献人，正是因为这双耳朵，重新给了他生活的勇气和信心，他才能够取得今天的成就。

"我必须得知道！"他急切地催问着爸爸，"是谁给了我如此慷慨的捐助？"

"孩子，根据约定你不可以知道……至少现在还不行。"

岁月静静地流过，虽然他也私下里进行了长时间的调查，但仍然没能找到这位神秘的捐献人。然而，揭示谜底的那一天终于到来了。那是杰米一生中经历的可能最黑暗的一天。他和爸爸一起站在妈妈的棺材跟前。慢慢地，轻轻地，爸爸向前伸出一只手，撩开妈妈那浓密、灰白的头发……他惊讶地发现安卧在那里的妈妈居然没有耳朵，他一下子什么都明白了。

"我终于知道了妈妈为什么说她很高兴自己永远都不用剪头发。"早已泪流满面的杰米对爸爸低语道："没有人觉得妈妈不如从前美丽，是吗？"

爱，是这个世界上最珍贵的最美好的礼物！爱，孕育着这世界上最温馨最纯洁的感情！爱，熔化在我们心中，撒遍世界的各个角落。这是一个让人感动的故事，正因为它向我们描绘的是一种无私奉献的母爱。法国文学家莫泊桑曾经说过："世间最美丽的情景是出现在当我们怀念母亲的时候。"

# 仁慈的谎言

只要我们的动机是出于仁慈和爱，那么谎言也是美丽动人的，比吐露实情更能赢得上帝的赞许。

1848年，美国一个安静的小镇上，一声刺耳的枪声划破了午后的沉寂。刚入警察局不久的年轻助手，听到枪声，就随犹太警长匆匆奔向出事的地点。

一位青年人倒在卧室的地板上，身下一片血迹，右手已无力地松开，手枪落在身旁的地上，身边的遗书笔迹纷乱。他倾心钟情的女子，就在前一天与另一个男子走进了教堂。

屋外挤满了围观的人群，死者的六位亲属都呆呆伫立着，年轻的警察禁不住向他们投去同情的一瞥。他知道，他们的哀伤与绝望，不仅因为亲人的逝去，还因为他们是犹太教徒。对于犹太教徒来说，自杀便是在上帝面前犯了罪，他的灵魂将在地狱里饱受烈焰焚烧。而风气保守的小镇居民，会视他们全家为异教徒，从此不会有好人家的男孩子约会他们家的女孩子，也不会有良家女子接受这个家族的男子们的戒指和玫瑰。

这时一直沉默着双眉紧锁的警长突然开了口："这是一起谋杀。"他弯下腰，在死者身上探摸了许久，忽然转过头来，用威严的语调问道："你们有谁看到他的银挂表吗？"那块银挂表，镇上的每一个人都认得，是那个女子送给年轻人唯一的信物。人们都记得，在人群集中的地方，这个年轻人总是每隔几分钟便拿出这块表看一次时间。在阳光下，银挂表闪闪发光，仿佛一颗银色温柔的心。所有的人都忙乱地否认，包括围在门外看热闹的那些人。警长严肃地站起身："如果你们谁都没看到，那就一定是凶手拿走了，这是典型的谋财害命。"死者的亲人们号啕大哭起来，耻辱的十字架突然化成了亲情的悲痛，原来冷眼旁观的人们也开始走近他们，表达慰问和吊唁。警长充满信心地宣布："只要找到银表，就可以找到凶手了。"

门外阳光明媚，六月的大草原绿浪滚滚，年轻助手对警长明察秋毫的判断钦佩有加，他诚恳地问道："我们该从哪里开始找这块表呢？"警长的嘴角露出一抹难以察觉的笑意，伸手慢慢从口袋里掏出一块银表。年轻人不禁叫出声来："难道是……"警长看着周围广阔的草原依然保持沉默。"那么他肯定是自杀，你为什么硬要说是谋杀呢？""这样说了，他的亲人们就不用担心他灵魂的去向，而他们自己在悲痛之后，还可以像任何一个犹太教徒一样开始清清白白的生活。""可是你说了谎，说谎也是违背十戒的。"警长用锐利的眼睛盯着助手，一字一顿地说："年轻人，请相信我，六个人的一生，比摩西的百倍还重要。而一句因为仁慈而说出的谎言，只怕上帝也会装着没听见。"那是年轻警官遇到的第一桩案子，也是他一生中最有意义的一课。

犹太人坚信：上帝在对我们进行判断的时候，决不只看我们在怎样说或怎样做，而是在乎我们为什么这样说和这样做。喜欢用美丽的语言和漂亮的行动装饰的人，最好先看一看自己的内心，然后再瞅一瞅上帝的眼神。

# 杰西克与哈默

关照他人就等于关照自己。

美国黑人杰西克·库思曾经是美国一家名不见经传的小报记者。因为种族歧视，在那家报社中感到四面楚歌、受人排挤。与别人交往更成了他最头疼的事情。

那时，美国的石油大王哈默已蜚声世界，报社总编希望几位记者能采访到哈默，以提高报纸的声誉与销量。

杰西克便在心底暗暗发誓，一定要独立完成稿子，以便让他们不敢轻视自己。

有一天深夜，杰西克终于在一家大酒店门口拦住哈默，并诚恳地希望哈默能回答他的几个简短问题。

对杰西克的软磨硬缠，哈默没有动怒，只是和颜悦色地说："改天吧，我有要事在身。"

最后迫于无奈，哈默同意只回答他一个问题。杰西克想了想，问了他一个最敏感的话题："为什么前一阵子阁下对东欧国家的石油输出量减少了，而你最大的对手的石油输出量却略有增加？这似乎与阁下现在的石油大王身份不符。"

哈默依旧不愠不火，平静地回答道："关照别人就是关照自己。而那些想在竞争中出人头地的人如果知道，关照别人需要的只是一点点的理解与大度，却能赢来意想不到的收获，那他一定会后悔不迭。关照，是一种最有力量的方式，也是一条最好的路。"

哈默离去后，杰西克怅然若失地呆站街头。他以为哈默只是故弄玄虚，敷衍自己。当然那次采访也没有收到预想的效果，他一直耿耿于怀，对哈默的那番不着边际的话更是迷惑不解。

直到10年后，他在有关哈默的报道中读到这样一段故事——在哈默成为石油大王之前，他曾一度是个不幸的逃难者。有一年冬天，年轻的哈默随一群同伴流亡到美国南加州一个名叫沃尔逊的小镇上，在那里，他认识了善良的镇长杰克逊。

可以说杰克逊对哈默的成功起了不可估量的作用。

那天，冬雨霏霏，镇长门前的花圃旁的小路便成了一片泥淖。于是行人就从花圃里穿过，弄得花圃里一片狼藉。哈默也替镇长痛惜，便不顾寒雨染身，一个人站在雨中看护花圃，让行人从泥淖中穿行。这时出去半天的镇长笑意盈盈地挑着一担炉渣铺在泥淖里。

结果，再也没人从花圃里穿过了。最后镇长意味深长地对哈默说："你看，关照别人就是关照自己，有什么不好？"

# 逃 生

人是社会的人，一方面要自尊自强，力争上游，另一方面也要懂得礼让他人，舍己为人。

不久以前，一位美国人在以色列做了一个实验。他随便在一群以色列孩子中找了三个孩子：一个10岁的女孩，一个8岁的男孩和一个大约6岁的女孩。

美国人拿出一只玻璃瓶子，瓶肚很大，瓶口很小。三只刚能通过瓶口的小球正躺在瓶底，小球上各系一根丝绳。他对三个孩子说："都说以色列人是世界上最聪明的人，现在我要试一试。"三个以色列孩子露出紧张的神色。

他宣布游戏规则：这三个小球分别代表你们三个人。这个瓶子代表一口干井。你们正在井里玩。突然，干井冒出水来，水涨得很快，你们必须赶快逃命。记住，我数7下，也就是7秒钟，如果你们有谁在我数完7下还没逃出来，谁就会被淹死在井里了。

美国人做出一个表示开始的手势。只见那大约6岁的女孩很快从瓶里拉出了自己的球；接下来是 8 岁的男孩，他先是看了一眼比自己大的女孩，接着迅速地将自己的球拉出瓶口；最后是 10 岁的女孩，从容又轻捷。

全部时间不到 5 秒。

美国人惊呆了。他先问那个小男孩："你为什么不争先逃命？"

小男孩摆出一副很勇敢的样子，手指着那个最小的女孩说："她最小，我应当让着她呀！"

他又问 10 岁的女孩，女孩说："三个人中我最大，我是姐姐，应该最后离开。"美国人又问："那你就不怕自己被淹死？"

女孩答道："淹死我，也不能淹死弟弟妹妹。"

美国人的眼睛湿润了。他说他在许多国家试过这种游戏，几乎没有一个国家的孩子能够这样完成它，他们争先恐后，互不相让……

一个拥有这样一种礼让精神文化的民族不能不说是一个优秀的民族；一个民族的发展与崛起并不仅仅在于它能出多少伟人，而在于一个民族本身的精神底蕴，在这种礼让背后的一种尊重——对生命，对信仰，对价值……这本已深深流入他们的血液，溶入他们的骨髓，所以才能那么理所当然。对于我们的孩子，我们必须使他们有一份属于自己的理所当然。

# 未上锁的门

对于误入迷途的孩子，最好的挽救办法就是一如既往地关爱他们，不抛弃，不放弃，总有一天，爱的力量会唤醒他们的灵魂，让他们迷途知返。

在种族隔离时期，苏格兰的格拉斯哥，一个犹太小女孩像今天许多年轻人一样，厌倦了枯燥的家庭生活和父母的管制。

她离开了家，决心要做世界名人。可不久，她每次满怀希望求职时，都被无情地拒绝了。她只能走上街头，开始乞讨。许多年过去了，她的父亲死了，母亲也老了，可她仍在泥沼中徘徊不前。

在这期间，母女从没有什么联系。可当母亲听说女儿的下落后，就不辞辛苦地找遍全城的每个街区，每条街道。她每到一个收容所，都停下脚步，哀求道："请让我把这幅画贴在这儿，好吗？"画上是一位面带微笑、满头白发的母亲，下面有一行手写的字："我仍然爱着你……快回家！"

几个月后，没有什么变化。桀骜的女孩懒洋洋地晃进一家收容所，那儿，正等着她的是一份免费午餐。她排着队，心不在焉，双眼漫无目的地从告示栏里随意扫过。就在那一瞬，她看到一张熟悉的面孔："那会是我的母亲吗？"

她挤出人群，上前观看。不错！那就是她的母亲，底下有行字："我仍然爱着你……快回家！"她站在画前，泣不成声。这会是真的吗？

这时，天已黑了下来，但她不顾一切地向家奔去。当她赶到家的时候，已经是凌晨了。站在门口，任性的女儿迟疑了一下，该不该进去？终于她敲响了门，奇怪！门自己开了，怎么没锁？！不好！一定有贼闯了进去。记挂着母亲的安危，她三步并作两步冲进卧室，却发现母亲正安然地睡觉。她把母亲摇醒，喊道："是我！是我！女儿回来了！"

母亲不敢相信自己的眼睛。她擦干眼泪，果真是女儿。娘儿俩紧紧抱在一起，女儿问："门怎么没有锁？我还以为有贼闯了进来。"

母亲柔柔地说："自打你离家后，这扇门就再也没有上锁。"

世界因为爱而显得美丽，爱则因为有了母爱而显得博大，富有内涵。真爱也是教育子女最好的方式。对于子女的一些错误，最好的方法就是一如既往地关爱他们，那样他们才会迷途知返，而不是越陷越深。

# 说出你的爱

"子欲养而亲不待。"要及早说出你对父母的爱，因为很可能你会永远失去这个机会。

卡耐基在为成年人上的一堂课上，曾给全班出过一道家庭作业。作业内容是："在下周以前去找你所爱的人，告诉他们你爱他。那些人必须是你从没说过这句话的人，或者是很久没听到你说这些话的人。"

在下一堂课程开始之前，卡耐基问他的学生们是否愿意把他们对别人说爱而发生的事和大家一同分享。卡耐基非常希望跟往常一样有个女人先当志愿者。但这个晚上，一个男人举起了手，他看来有些激动。

男人从椅子上站起身，说："卡耐基先生，上周你布置给我们这个家庭作业时，我对你非常不满。我并没感觉有什么人需要我对他说这些话。还有，你是什么人，竟敢教我去做这种私人的事？但当我开车回家时，我想到，自从5年前我的父亲和我争吵过后，我们就开始避免遇见对方，除非在圣诞节或其他家庭聚会中非见面不可。尽管如此，我们还是几乎不交谈。所以，回到家时，我告诉我自己，我要告诉父亲我爱他。

"说来也很怪，作了这决定时我胸口上的重量似乎减轻了。

"第二天，我一大早就急忙起床了。我太兴奋了，所以几乎一夜没睡着，我很早就赶到办公室，两小时内做的事比从前一天做的还要多。

"9点钟时，我打电话给我父亲，问他我下班后是否可以回家去。他听电话时，我只是说：'爸，今天我可以过去吗？有些事我想告诉您。'我父亲以暴躁的声音回答：'现在又是什么事？'我跟他保证，不会花很长的时间，最后他终于同意了。5点半，我到了父母家，按门铃，祈祷我父亲会出来开门。我怕是我母亲来开门，而我会因此丧失勇气，但幸运的是，我爸来开了门。

"我没有浪费一丁点儿的时间——我踏进门就说：'爸，我只是来告诉你，我爱你。'

"我父亲听了我的话，他不禁哭了，他伸手拥抱我说：'我也爱你，儿子，原谅我竟一直没能对你这么说。'

"这一刻如此珍贵，我祈盼它静止不动。父亲和我又拥抱了一会儿，长久以来我很少感觉这么好过。

"但这不是我要说的重点。两天后，那从没告诉我他有心脏病的父亲忽然病发，在医院里结束了他的一生。我并没想到他会如此。

"如果当时我迟疑着没有告诉我父亲，我就可能没有机会了！所以我要告诉全班同学的是，你知道必须做，就不要迟疑。把时间拿来做你该做的，现在就去做！"

大声说出我们的爱，并不是一件难事，可它却会让我们收获很多。说出爱，也许它仅仅是一种形式，可正是这种形式赋予了爱以勇气，赋予了爱以真诚，赋予了爱以感动。只要大声说出父子之间的爱，父子便会更贴心。

# 我爱我的妈妈

世界上，很多人的成就跟母亲的无私奉献分不开，盛名与荣誉中往往凝注着母亲的泪水、汗水与血水。

凯蒂是一位年轻的英国犹太姑娘，中学毕业后，她进入非洲丛林，与桀骜不驯的黑猩猩为伍，历经十余年艰辛的考察，终于在动物研究史上第一次初步揭开了野生黑猩猩行为的奥秘。在她完成第一部名叫《黑猩猩在召唤》的科学著作时，她在扉页上写着："献给婉恩、路易斯和雨果……"婉恩是谁？是她的妈妈，是生她、养她、全力支持她的事业的亲爱的妈妈。妈妈在凯蒂孩提时代，就培养了她对动物的浓厚兴趣和对大自然的热爱。

还在凯蒂刚满周岁的时候；妈妈就买了一个大的蓬发玩具黑猩猩给凯蒂，以庆祝伦敦动物园头一回产下了小猩猩。妈妈给玩具黑猩猩取了一个名字叫朱比里，和动物园里刚出生的黑猩猩同名。从此，这个玩具朱比里就成了凯蒂最亲爱的朋友，陪伴她度过了整个童年时代。当凯蒂刚学会爬的时候，有一次她钻进那闷热的鸡窝，趴在那里待了 5 个钟头，观察母鸡是怎样下蛋的。妈妈因找不到她而惊恐万分，当即报告了警察局。可是，一发现凯蒂钻在鸡窝里，就高兴地笑了。

凯蒂 18 岁中学毕业后，决定从事黑猩猩的研究，并获准去非洲原始森林考察。当地政府提出：必须有个欧洲人陪同前往。这时，她的母亲——婉恩·古多尔用行动来支持她实现理想，自告奋勇地充当了女儿探险的伙伴。探险无疑是十分艰苦的。生活在热带的原始森林里，各方面都很难适应。有时染上了疫病而高烧不止，有时凶狠的公狒要来袭击营帐，抢夺她们的食物；有时一觉醒来，只见床头是巨大的毒蜘蛛所布下的丝网；有时突然发现一条有剧毒的眼镜蛇，正在用舌头舔她们的鞋子……而吃的却只有罐头食品。在那茫茫林海，没有都市的繁华，没有亲人朋友的聚会，没有戏剧电影。加上水土不服，又缺医少药……但是，这一切并没有难倒这位英勇顽强的母亲。她和女儿生活在一起，为她采集和晒割植物标本，帮她料理生活，为她解除寂寞。总之，她为女儿分担失败的痛苦，与女儿同享成功的欢乐。在母女俩的考察中，她们常常需要同营地附近的居民联系，而母亲又成为这种联系的唯一纽带。她用自己不多的一点药物为当地居民治病，使当地居民逐步了解她们，接近她们，支持她们。

母亲作为凯蒂的助手，毫无怨言地承受了她们长期野外考察中的全部生活重担，并且一直乐观地坚持了下来。有时，母女俩共同欣赏猩猩走近香蕉林时那种优雅的姿态；有时，一起嘲笑青蛙吞咽虫子时的那种贪婪的样子，这也增添了凯蒂研究的乐趣和信心。很难想象，如果没有妈妈，她怎么能在禁猎区生活，她怎么会获得研究黑猩猩的可喜成果！

犹太谚语中有这样一种说法："神不能处处都在，所以他创造了温柔。像爱你自己一样爱你的妈妈，好好保护她，不要让她哭泣，因为神将一滴一滴地计算着她的眼泪。"有一个真正孝敬父母的孩子是多少父母的心愿啊！

# 赞美的价值

对孩子，不应老挑他们的缺点，全盘否定他们，打击他们的自尊，而是善于发现他们的优点，从正面加以积极的鼓励和引导。

父亲带着自认为是无可救药的孩子去心理诊所，孩子已经被他的父亲严重灌输了自己一无是处的观念。对心理医生的询问，孩子总是一言不发，无论如何诱导，他就是不开口。仓促之间，心理医生无从下手。后来，从孩子父亲的唠叨中，心理医生找到了医治的线索。当时，他的父亲在不停地说："唉，这孩子一点长处也没有，我看他是没有指望了！"

于是，心理医生开始寻找孩子的长处——孩子不可能没有任何长处。在和孩子父亲的交谈中，心理医生了解到了一个重要的情况，就是他家里的家具常常被孩子用刀划伤，因为到处是刀痕，所以常常受到惩罚。心理医生明白了——喜欢雕刻是孩子的爱好，当然也是孩子的长处。

第二天，心理医生买了一套雕刻工具送给他，还送他一块上等的木料，然后教给他正确的雕刻方法，并不断地鼓励他："哦，你是我所认识的孩子当中，最会雕刻的一位。你具有聪明的天赋，而且还热情勤劳，将来一定会成为一位了不得的艺术家。"当时，孩子的眼睛湿润了。

从此以后，他们接触频繁起来。在接触中，心理医生又慢慢地找到孩子其他的一些优点，当然无一例外地给予中肯的赞美。有一天，这个孩子竟然不用别人吩咐，主动打扫了房间。这件事情，让他的家人吓了一大跳。

心理医生问："孩子，你今天表现得很好，你为什么想起来这样做呢？"孩子回答说："我想让老师高兴。"

最终，孩子变得健康向上、活泼开朗起来。10年后，那个孩子成了一位著名艺术家，他就是犹太著名艺术家伯恩·斯坦。

对于我们身边的每一个人来说，他都有自己优点，只是很多时候我们没有去关注，所以我们没发现。宝石的发现需要一颗对宝石的美崇尚的心，而他人优点的发现也需要我们有一颗对他人优点赏识，对他人关注的心。让我们去关心我们身边的人，发现他们的优点，不要再吝啬我们的表扬，并相信，总有一天，他们也会像宝石一样耀眼的！

# 最崇高的父亲

父亲的爱总是似山如海，它静默、深藏，当我们拥有它们时，常常浑然不觉，以为一切都理所当然，因此也丝毫不懂得珍惜，当有一天蓦然回首，幡然醒悟时，才突然被爱的洪流浸没。

在乔治的记忆中，父亲一直就是瘸着一条腿走路的，他的一切都平淡无奇。所以，他总是想，母亲怎么会和这样的一个人结婚呢？

一次，市里举行中学生篮球赛。乔治是队里的主力。他找到母亲，说出了他的心愿：他希望母亲能陪他同往。母亲笑了，说："那当然。你就是不说，我和你父亲也会去的。"他听罢摇了摇头，说："我不是说父亲，我只希望你去。"母亲很是惊奇，问："这是为什么？"他勉强地笑了笑，说："我总认为，一个残疾人站在场边，会使得整个气氛变味儿。"母亲叹了一口气，说："你是嫌弃你父亲了？"父亲这时正好走过来，说："这些天我得出差，有什么事，你们商量着去做就行了。"

比赛很快就结束了。乔治所在的队得了冠军。在回家的路上，母亲很高兴，说："要是你父亲知道了这个消息，他一定会放声高歌的。"乔治沉下了脸，说："妈妈，我们现在不提他好不好？"母亲接受不了他的口气，尖叫起来，说："你必须要告诉我这是为什么？"乔治满不在乎地笑了笑，说："不为什么，就是不想在这时提到他。"母亲的脸色凝重起来，说："孩子，有些话我本来不想说。可是，我再隐瞒下去，很可能就会伤害到你的父亲。你知道你父亲的腿是怎么瘸的吗？"乔治摇了摇头，说："不知道。"母亲说："你两岁时父亲带你去花园里玩。在回家的路上，你左奔右跑。忽然，一辆汽车急驰而来，你父亲为了救你，左腿被碾在了车轮下。"乔治顿时呆住了，说："这怎么可能呢？"母亲说："这怎么不可能，只是这些年你父亲不让我告诉你罢了。"

二人慢慢地走着。母亲说："有件事可能你还不知道，你父亲就是布莱特，你最喜欢的作家。"乔治惊讶地蹦了起来，说："你说什么？我不信！"母亲说："其实你父亲也不让我告诉你。你不信可以去问你的老师。"乔治急急地向学校跑去。老师面对他的疑问，笑了笑，说："这都是真的。你父亲不让我们透露这些，是怕影响你成长。但既然你现在知道了，那我就不妨告诉你，你父亲是一个伟大的人。"

两天以后，父亲回来。乔治问父亲："你就是大名鼎鼎的布莱特吗？"父亲愣了一下，然后就笑了，说："我就是写小说的布莱特。"乔治拿出一本书来，说："那你先给我签个名吧！"父亲看了他片刻，然后拿起笔来，在扉页上写道：赠乔治，生活其实比什么都重要。布莱特。

多年以后，乔治成为一名出色的记者。当有人让他介绍自己的成功之路，他就会重复父亲的那句话：生活其实比什么都重要。

生活比什么都重要，因为它的真真切切。在生活中，我们才能逐渐明白那不曾发现的关爱何其深厚；在生活中，我们才能逐渐体会到那不曾发现的关爱又是何其重要地影响着我们的成长。

# 希望之光

爱是这个世界上最强大的力量，它给生命以希望，以鼓舞，让我们挺过人生的风霜雨雪，相信前方总会有幸福。

1942年寒冬，纳粹灭绝营内，一个孤独的犹太男孩正从铁栏杆向外张望。恰好此时，一个犹太女孩从集中营前经过。看得出，那女孩同样也被男孩的出现所吸引。为了表达她内心的情感，她将一个红苹果扔进铁栏，一个象征生命、希望和爱情的红苹果。

男孩弯腰拾起那个红苹果，一束光明照进了他那尘封已久的心田。第二天，男孩又到铁栏边，尽管为自己的做法感到可笑和不可思议，他还是倚栏杆而望，企盼她的到来，年轻的女孩同样渴望能再见到那令她心醉的不幸的身影。于是，她来了，手里拿着红苹果。

接下来的那天，寒风凛冽，雪花纷飞。两位年轻人仍然如期相约，通过那个红苹果在铁栏的两侧传递融融暖意。

这动人的情景又持续了好几天。铁栏内外两颗年轻的心天天渴望重逢：即使只是一小会儿，即使只有几句话。终于，铁栏会面悄然落幕。这一天，男孩眉头紧锁对心爱的姑娘说："明天你就不用再来了。他们将把我转移到另一个集中营去。"说完，他便转身而去，连回头再看一眼的勇气都没有。从此以后，每当痛苦来临，女孩那恬静的身影便会出现在他的脑海中。她的明眸，她的关怀，她的红苹果所有这些都在漫漫长夜给他送去慰藉，带来温暖。战争中，他的家人惨遭杀害，他所认识的亲人都不复存在。唯有这女孩的音容笑貌留存心底，给予他生的希望。

1957年的某天，美国两位成年移民无意中坐到一起。"大战时您在何处？"女士问道。"那时我被关在德国的一座集中营里。"男士答道。

"哦！我曾向一位被关在德国集中营里的男孩递过苹果。"女士回忆道。

男士猛吃一惊，他问道："那男孩是不是有一天曾对你说：明天你就不用再来了，他将被转移到另一个集中营去？"

"啊！是的。可您是怎么知道的？"

男士盯着她的眼："那就是我。"

好一阵沉默。

"从那时起，"男士说道，"我再也不想失去你。愿意嫁给我吗？"

"愿意。"她说。

他们紧紧地拥抱。

1996年情人节。在温弗利主持的一个向全美播出的节目中，故事的男主人公在现场向人们表示了他对妻子40年忠贞不渝的爱。

"在纳粹集中营，"他说，"你的爱温暖了我；这些年来，是你的爱，使我获得滋养。可我现在仍如饥似渴，企盼你的爱能伴我到永远。"

看了这对犹太男女真实的爱情故事，我们可以深深体会到：爱是这世界上最强大的力量，有它的陪伴，我们才有勇气面对生活的风霜雨雪，才有勇气战胜生活中的电闪雷鸣。用我们的真爱熏陶孩子，让孩子的心中充满爱，让他们用自己心中的爱去温暖他人，他们就会得到更多的温暖和幸福！

# 第二章

# 品质：美好人生的基石

## 摆脱不了诱惑

诱惑之所以存在，是因为我们的人性中存在着贪婪的弱点。因此，我们要教育孩子从小锤炼正直的品德，不为小利所动，这样才不会误入歧途。

1856年，亚历山大商场发生了一起盗窃案，共失窃8只金表，损失16万美金，在当时，这是相当庞大的数目。

就在案子尚未侦破前，有个纽约来的犹太商人到此地批货，随身携带了4万美元现金。当他到达下榻的酒店后，先办理了贵重物品的保存手续，接着将钱存进了酒店的保险柜中，随即出门去吃早餐。

在咖啡厅里，他听见邻桌的人谈及此事，他们还说有人用1万美元买了两只金表，转手后即净赚3万美元，其他人纷纷投以羡慕的眼光说："如果让我遇上，不知道该有多好！"

然而，商人听到后，却怀疑地想："哪有这么好的事？"

到了晚餐时间，金表的话题居然再次在他耳边响起，等到他吃完饭，回到房间后，忽然接到一个神秘的电话："你对金表有兴趣吗？老实跟你说，我知道你是做大买卖的商人，这些金表在本地并不好脱手，如果你有兴趣，我们可以商量看看，品质方面，你可以到附近的珠宝店鉴定，如何？"

商人听到后，不禁怦然心动，他想这笔生意可获取的利润比一般生意优厚许多，所以他便答应与对方会面详谈，结果以 4 万美元买下了传说中被盗的 8 只金表中的 3 只。

但是第二天，他拿起金表仔细观看后，却觉得有些不对劲，于是他将金表带到熟人那里鉴定，没想到鉴定的结果是，这些金表居然都是假货，全部只值 2000 美元而已。直到这帮骗子落网后，商人才明白，打从他一进酒店存钱，这帮骗子就盯上了他，而他一整天听到的金表话题，也是他们故意安排设计的。

贪婪自私的人往往目光如豆，所以他们只瞧见眼前的利益，看不见身边隐藏的危机，也看不见自己生活的方向。贪欲越多的人，往往生活在日益加剧的痛苦中，一旦欲望无法获得满足，他们便会失去正确的人生目标，陷入对蝇头小利的追逐。不想自陷于危险之中，我们便要开阔自己的视野，打开心胸，如此才能看见前方的美丽风景。

# 宝贵的回报

**无私的奉献往往会让我们得到意想不到的回报。**

荷兰的一个小渔村里，曾经有位勇敢的犹太少年以实际行动，让全世界的人们懂得了什么是"无私奉献的报偿"。

那是一个漆黑的夜晚，巨浪击翻了一艘渔船，船员们的性命危在旦夕。他们发出了求救信号，而救援队的队长正巧在岸边，听见了警报声，便紧急召集救援员，立即乘着救援艇冲入海浪中。

当时，忧心忡忡的村民们全部聚集在海边祷告，每个人都举着一盏提灯，以便照亮救援队返家的路。

一个小时之后，救援艇冲破了浓雾，向岸边驶来，村民们喜出望外，欢声雷动，当他们精疲力竭地跑到海滩时，却听见队长说："因为救援艇的容量有限，无法搭载所有遇难的人，无奈只得留下其中的一个人。"

原本欢欣鼓舞的人们，听见还有人危在旦夕，顿时都安静了下来，所有人的情绪再次陷入慌乱与不安中。

这时，来不及停下喘息的队长开始组织另一队自愿救援者，准备前去搭救那个最后留下来的人。

16 岁的汉斯立即上前报名，然而，他的母亲听到时，连忙抓住他的手，阻止说："汉斯，你不要去啊！ 10 年前，你的父亲在海难中丧生，而 3 个星期前，你的哥哥保罗出海，到现在也音信全无啊！孩子，你现在是我唯一的依靠，千万不要去！"

看着母亲，汉斯心头一酸，却仍然强忍着心疼，坚强地对母亲说："妈妈，我必须去，如果每个人都说'我不能去，让别人去吧'，那情况将会怎么样呢？妈妈，您就让我去吧，这是我的责任，只要还有人需要帮助，我们就应当竭尽全力地救助他。"

汉斯紧紧地拥吻了一下母亲，然后义无反顾地登上了救援艇，和其他救援员一起冲入无边无际的黑暗中。

一小时过去了，虽然只有一个小时，但是对忧心忡忡的汉斯的母亲来说，却是无比漫长的煎熬。忽然，救援艇冲破了层层迷雾，出现在人们的视野中，大家还看见汉斯站在船头，朝着岸边眺望，岸边的众人不禁向汉斯高喊："汉斯，你们找到留下来的那个人了吗？"

远远地，汉斯开心地朝人群挥着手，大声喊道："我们找到他了，他就是我的哥哥保罗啊！"

16 岁的汉斯秉持着一份对生命的爱与热情，那份"我为人人"的奉献精神，让我们看见最耀眼的人性之光。特别是在母亲的哀求声中，他仍然坚持前往救援的决心，最后救回来的人竟是他的哥哥，更让人备感温馨。也让我们懂得无私的奉献会让我们得到意想不到的回报。

犹太科学家波普尔曾经劝告我们："人只有献身于社会，才能找出那短暂而有风险的生命的意义。"只要我们肯付出，终究会得到应有的报偿，不必计较付出了多少，也不必计较等待了多久。

# 被拆掉两次的亭子

诚信是人的立身之本。作为父母，不论付出多大的代价，都要以自己的实际行为教育孩子养成践行自己诺言的良好习惯。

犹太政治家福克斯以诚实守信的品德而受到国人的尊重，他一生做人的原则就是两个字：诚实。正是这样的人格品质，使他从一个普通的推销员成为一个国家的元首。

一次，福克斯受邀到一所大学演讲，一个学生问他："政坛历来充满欺诈，在你从政的经历中有没有撒过谎？"福克斯说："不，从来没有。"

大学生在下面窃窃私语，有的还轻声笑出来，因为每一个政客都会这样讲。他们总是发誓，说自己从来没有撒过谎。福克斯并不气恼，他对大学生说："孩子们，在这个社会上，也许我很难证明自己是个诚实的人，但是你们应该相信，这个世界上还有诚实，它永远都在我们的周围。我想讲一个故事，也许你们听过就忘了，但是这个故事对我却很有意义。"

有一位父亲是一个农场主。有一天，他觉得那座亭子已经太破旧了，就安排工人们准备将它拆掉。他的儿子对拆亭子的事很感兴趣，于是对父亲说："爸爸，我想看看你们怎么拆掉这座亭子，等我从寄宿学校放假回来再拆好吗？"父亲答应了。可是，等孩子走后，工人们很快就把亭子拆掉了。孩子放假回来后，发现旧亭已经不见了。他闷闷不乐地对父亲说："爸爸，你对我撒谎了。"父亲惊异地看着孩子。孩子继续说："你说过的，那座旧亭子要等我回来再拆。"父亲说："孩子，爸爸错了，我应该兑现自己的诺言。"

这位父亲重新召来工人，让他们按照旧亭子的模样在原来的地方再造一座亭子。亭子造好后，他将孩子叫来，然后对工人们说："现在请你们把它拆掉。"

福克斯说，我认识这位父亲，他并不富有，但是他在孩子的面前实现了自己的承诺。学生们听后问道："请问这位父亲的名字叫什么？我们希望认识他。"福克斯说："他已经过世了，但是他的儿子还活着。""那么，他的孩子在哪里？他应该是个诚实的人。"福克斯平静地说："他的孩子现在就站在这里，就是我，以色列总统福克斯。"接着说："我想告诉大家的是，我愿意像我父亲一样对待这个国家，对待这个国家的每一个人。"台下掌声雷动。

将一座亭子拆建两次，绝不仅仅是为了满足一个孩子的愿望，更是为了满足一个成人自我完善的道德要求。在社会生活中，失信会增大交际成本，会使许多简单的事变得艰难甚至不可能。所以，犹太人坚信：一个希望得到社会尊重和支持的人，是不愿意牺牲诚信原则的。在园子里重新拆掉一座亭子，就在孩子的心里重建了一座亭子，这座亭子就是一个信念——对诚信的信念。

# 对必然之事，且轻快地加以承受

塞翁失马，焉知非福。对于已经发生的不幸，我们与其无谓地诅咒、埋怨，不如姑且轻快地加以承受，或许这不幸竟是大幸。

一座教堂里，有一尊耶稣被钉在十字架上的苦像，大小和一般人差不多。因为有求必应，因此专程前来这里祈祷、膜拜的人特别多，几乎可以用门庭若市来形容。

教堂里有位看门的犹太人，看十字架上的耶稣每天要应付这么多人的要求，觉得于心不忍，他希望能分担耶稣的辛苦。有一天他祈祷时，便向耶稣表明这份心。意外地，他听到一个声音，说："好啊！我下来为你看门，你上来钉在十字架上。但是，不论你看到什么、听到什么，都不可以说一句话。"这位先生觉得，这个要求很简单。于是耶稣下来，看门的先生上去，像耶稣被钉在十字架般地伸张双臂，这位先生也依照先前的约定，静默不语，聆听信友的心声。

来往的人络绎不绝，他们的祈求，有合理的，有不合理的，千奇百怪不一而足。但无论如何，他都强忍着没有说话，因为他必须信守先前的承诺。

有一天来了一位富商，当富商祈祷完后，竟然忘记手边的袋子便离去了。他看在眼里，真想叫这位富商回来，但是，他憋着不能说；接着来了一位穷人，他祈祷耶稣能帮助他渡过生活的难关。当要离去时，发现先前那位富商留下的袋子，打开里面全是钱。穷人高兴得不得了，耶稣真好，有求必应，万分感谢地离去。

十字架上伪装的耶稣看在眼里，想告诉他，这不是你的。但是，约定在先，他仍然憋着不能说。接下来是一位要出海远行的年轻人，他是来祈求耶稣降福他平安的。正当要离去时，富商冲进来，抓住年轻人的衣襟，要年轻人还钱，年轻人不明究竟，两人吵了起来。这个时候，十字架上的假耶稣终于忍不住，遂开口说话了。既然事情清楚了，富商便去找捡了他钱的穷人，而年轻人则匆匆离去，生怕搭不上船。真的耶稣出现了，指着十字架上的人说："你下来吧！那个位置你没有资格了。"

看门人说："我把真相说出来，主持公道，难道不对吗？"

耶稣说："你懂得什么？那位富商并不缺钱，他那袋钱不过是用来嫖妓，可是对那穷人，却足可以解决一家大小生计；最可怜的是那位年轻人，如果富商一直缠下去，延误了他出海的时间，他还能保住一条命，而现在，他所搭乘的船正沉入海中。"

在现实生活中，我们常自认为自己的想法才是最好的，但往往事与愿违。我们必须相信：目前我们所拥有的，不论顺境、逆境，都是对我们最好的安排。若能如此，我们才能在顺境中感恩，在逆境中依旧心存感激。人生的事，没有十全十美。犹太著名心理学家马斯洛曾说："心若改变，你的态度跟着改变；态度改变，你的习惯跟着改变；习惯改变，你的性格跟着改变；性格改变，你的人生跟着改变。在顺境中感恩，在逆境中依旧心存喜乐，认真地活在当下。对必然之事，且轻快地加以承受。"

# 给予比接受真的令人更快乐

生命真实的意义在给予，因为给予才是强者的表现。你的人生给予了多少，也就相应地获得了多少价值。

这一年的圣诞节，保罗的哥哥送给他一辆新车作为圣诞节礼物。圣诞节的前一天，保罗从他的办公室出来时，看到街上一名男孩在他闪亮的新车旁走来走去，触摸它，满脸羡慕的神情。保罗饶有兴趣地看着这个小男孩，从他的衣着来看，他的家庭显然不属于自己这个阶层，就在这时，小男孩抬起头，问道："先生，这是你的车吗？"

"是啊，"保罗说，"我哥哥给我的圣诞节礼物。"

小男孩睁大了眼睛："你是说，这是你哥哥给你的，而你不用花一角钱？"

保罗点点头。小男孩说："哇！我希望……"

保罗认为他知道小男孩希望的是什么，有一个这样的哥哥。但小男孩说出的却是："我希望自己也能当这样的哥哥。"

保罗深受感动地看着这个男孩，然后他问："要不要坐我的新车去兜风？"

小男孩惊喜万分地答应了。逛了一会儿之后，小男孩转身向保罗说："先生，能不能麻烦你把车开到我家前面？"保罗微微一笑，他理解小男孩的想法，坐一辆大而漂亮的车子回家，在小朋友的面前是很神气的事。但他又想错了。

"麻烦你停在两个台阶那里，等我一下好吗？"小男孩跳下车，三步两步跑上台阶，进入屋内，不一会儿他出来了，并带着一个显然是他弟弟的小男孩。小男孩因患小儿麻痹症而跛着一只脚。他把弟弟安置在下边的台阶上，紧靠着坐下，然后指着保罗的车子说："看见了吗，就像我在楼上跟你说的一样，很漂亮对不对？这是他哥哥送给他的圣诞礼物，他不用花一角钱！将来有一天我也要送给你一部一模一样的车子，这样你就可以看到我一直跟你讲的橱窗里那些好看的圣诞礼物了。"

保罗的眼睛湿润了，他走下车子，将小弟弟抱到车子前排的座位上，他的哥哥眼睛里闪着喜悦的光芒，也爬了上来。于是三人开始了一次令人难忘的假日之旅。

在这个圣诞节，保罗明白了一个道理：给予比接受真的令人更快乐。

人要学会付出。付出真诚的心和爱，才会使你的生活变得更有意义。在这个拥挤不堪的世界里，能够多付出一点爱和宽容的人，总会找到一片广阔的天地。犹太著名作家茨威格指出：如果你帮助其他人获得他们需要的东西，你也因此而得到想要的东西，而且你帮助的人越多，你得到的也越多。

# 海马的焦虑

成功需要靠脚踏实地的行动去实现，而不会无缘无故地从天上掉下来。我们要教育孩子从小树立可行的目标，丢掉那些不切实际的幻想，这样孩子的人生才有了坚实的根基。

犹太拉比们时常给小孩讲述小海马的故事：

小海马有一天做了一个梦，梦见自己拥有了7座金山。

从美梦中醒来，小海马觉得这个梦是一个神秘的启示：它现在全部的财富是7个金币，但总有一天，这7个金币会变成7座金山。

于是它毅然决然地离开了自己的家，带着仅有的7个金币，去寻找梦中的7座金山，虽然它并不知道7座金山到底在哪里。

海马是竖着身子游动的，游得很缓慢。它在大海里艰难地游动，心里一直在想：也许那7座金山会突然出现在眼前。然而金山并没有出现。出现在眼前的是一条鳗鱼。鳗鱼问："海马兄弟，看你匆匆忙忙的，你干什么去？"海马骄傲地说："我去寻找属于我自己的7座金山。只是……我游得太慢了。""那你真是太幸运了。对于如何提高你的速度，我恰好有一个完整的解决方案。"鳗鱼说，"只要你给我4个金币，我就给你一个鳍，有了这个鳍，你游起来就会快得多。"海马戴上了用4个金币换来的鳍，发现自己游动的速度果然提高了一倍。海马欢快地游着，心里想，也许金山马上就出现在眼前了。

然而金山并没有出现，出现在海马眼前的，是一个水母。水母问："小海马，看你急匆匆的样子，你想要到哪里去？"海马骄傲地说："我去寻找属于我自己的7座金山。只是……我游得太慢了。""那你真是太幸运了。对于如何提高你的速度，我有一个完善的解决方案。"水母说，"你看，这是一个喷气式快速滑行艇，你只要给我3个金币，我就把它给你。它可以在大海上飞快地行驶，你想到哪里就能到哪里。"海马用剩下的3个金币买下这个小艇。它发现，这个神奇的小艇使它的速度一下子提高了5倍。它想，用不了多久，金山就会马上出现在眼前了。

然而金山还是没有出现，出现在海马眼前的，是一条大鲨鱼。大鲨鱼对它说："你太幸运了。对于如何提高你的速度，我恰好有一套彻底的解决方案。我本身就是一条在大海里飞快行驶的大船，你要搭乘我这艘大船，你就会节省大量的时间。"大鲨鱼说完，就张开了大嘴。

"那太好了。谢谢你，鲨鱼先生！"小海马一边说一边钻进了鲨鱼的口里，向鲨鱼的肚子深处欢快地游去……

犹太人用这个寓言教育子女：金山不会无缘无故地出现在我们面前，不要幻想某天的奇遇来改变自己的生活。我们需要的是自己一步一步脚踏实地朝着目标前进，只有这样，成功才会有水到渠成来到的一天。

# 秘 密

对于孩子的错误，要教育他们知错就改，而不是包庇隐瞒，这样才能帮助他们养成诚实正直的品性。

"对不起，您能听一下这孩子的话吗？"那是我在以色列最大的超市柜台工作时遇到的一件一生都难以忘记的事情。

我被一位30多岁的母亲叫住，有一位犹太男孩子紧张地站在母亲身旁。那男孩儿像贝壳一样闭着嘴，眼睛只是向下看。

他母亲以严厉的语气说："快点，这位阿姨很忙！"我感到空气骤然紧张起来，到底是什么事呢？我一边猜想着，一边仔细看着这母子俩。这时我发现那男孩儿手中握着什么东西，他那双小手还有点颤抖——那是件当时很受孩子们欢迎的玩具，这种玩具每次进货都被抢购一空，而且被盗窃的数量不亚于销售量。

"怎么了，你说点什么呀！"他母亲很生气，眼眶里充满了泪水，这时男孩儿已经上气不接下气地哭了。

我的心脏仿佛被猛戳了一下，我又一次面向孩子，我想我必须要听他说句话，我甚至感到这个瞬间可能会左右孩子今后的人生。

这时，他的手不自然地伸开，被揉搓得破烂的包装中露出了玩具。

"我没想拿！"他费了很大力气才说出这句话。我现在还记得，孩子最后泣不成声地说了一句："对不起。"母亲那时的表情难以形容，我感到她好像放心地深叹了一口气。

然后，他母亲干脆地对我说："请叫你们负责人来，我来跟他说。"这时，我第一次懂得了母亲对孩子深深的爱和教育子女的不易，我被他母亲的行为深深地感动了。

"不用了，我收下这玩具钱，这件事就作为我们三个人的秘密吧，孩子也明白了自己做错了事，这就够了。"

我觉得自己只道出了心情的一半，我的眼泪已流到面颊。那位母亲几次向我鞠躬表示歉意的身影，我现在也忘不掉，永远也忘不掉。

一粒美好的种子埋进孩子心灵的沃土之后，它将随即开出许多美丽的花朵，结出无数美妙的果实。

# 海涅的课

一个人不论想要在哪一行有所作为，获得别人的尊敬，首先必须做一个有修养的人，一个守信并能同情和宽容他人的人。

莱德勒少尉服役的德国海军炮艇"塔图伊拉"号停泊在威尔士。这天，他兴致勃勃地参加当地举办的一种碰运气的"不看样品的拍卖会"。

那位拍卖商是以恶作剧而闻名遐迩的，所以当拍卖一个密封的大木箱时，在场的人都肯定箱里装满了石头。然而，莱德勒却开价30元，拍卖商随即喊道："卖了！"

打开木箱，里面竟是两箱威士忌酒——战时威尔士极珍贵的酒。

于是，众人大哗，那些犯酒瘾的人出价30元买1瓶，却被莱德勒回绝了，他说他不久要被调走，正打算开一个告别酒会。

当时，在威尔士的著名作家海涅也犯了酒瘾，他来到"塔图伊拉"号炮艇对莱德勒说："听说你有两箱醉人的美酒，我买6瓶，要什么价？"

莱德勒婉言拒绝了。

海涅掏出一大卷钞票，说："给我6瓶，你要多少钱都行！"

莱德勒想了一想说："好吧，我用6瓶酒换你6堂课，教我成为一个作家，如何？"

作家做了个鬼脸，笑道："老兄，我可是花了好几年功夫才学会干这行，这价可够高的。好吧，成交了！"

如愿以偿的莱德勒连忙递上6瓶威士忌。

接着的5天里，海涅不失信用地给莱德勒上了5堂课，莱德勒很为自己的成功得意，他以6瓶酒得到德国最出名的作家指点。海涅眨眨眼说："你真是个精明的生意人。我只想知道，其余的酒你曾偷偷灌下多少瓶？"莱德勒说："1瓶也没有，我要全留着开告别会用呢。"

海涅有事要提前离开威尔士，莱德勒陪他去码头，海涅微笑道："我并没忘记，这就给你上第6课。"

在轮船的轰鸣声中，他说："在描写别人前，首先自己要成为一个有修养的人……"

作家接着说："第一要有同情心，第二能以柔克刚，千万别讥笑不幸的人。"

莱德勒说："这与写小说有什么相干？"

海涅一字一顿地说："这对你的生活是至关重要的。"

正在向轮船走去的海涅突然转过身来，大声道："朋友，你在为你的告别酒会发请柬前，最好把你的酒抽样检查一下！再见，我的朋友！"

回去后，莱德勒打开一瓶又一瓶酒，发现里面装的全是茶。他明白，海涅早就知道了实情，然而只字未提，也未讥笑他，依然遵诺践约。此时，莱德勒才懂得，海涅教导他要做一个有修养的人的含义。

文如其人，文由心生。一个作家首先应该是一个有修养的人，只有这样，他才能用一颗同情的心去体会别人的苦难，用一颗真挚的心去感受他人的艰辛，才能写出真正感人的文章，才能谱出真正美妙的人世乐章。而对于我们来说，也应该是一样的，"修身治国平天下"，如果想要有所作为，想获得别人的尊敬，首先让我们从自己做起，让自己成为一个有修养的人。

# 轻信与多疑

要让小孩子成长，就必须让他明白世间的"灰色"。

有个名叫杰克的犹太青年，十分轻信他人。在求职的路上，被一个骗子用假金像骗走了 3000 美元。

于是人们提醒他：

"小心啊，现在大街上到处都是骗子、恶棍、小偷和无赖，千万不能轻信任何人啊！"

轻信的杰克全盘接受了人们的劝告。并且，从此，他变成了一个多疑的人。

杰克虽然身材健美、知识丰富且多才多艺，然而还没有找到理想的工作，他必须每天奔跑于大街小巷，为寻找一份自己较满意的工作而忙碌不休。

这天，一位中年女画家看中了他的体形，欲以高薪聘请他做她的业余模特。要知道，这位女画家开出的价钱，足够他 10 年坐享其成！

"怎么样？20 万美元，小伙子，你给我做业余模特。平时你尽可以从事你的正式工作。"

杰克先是惊喜，而后便生疑：

"天下哪有这种凭空掉馅饼的事儿？哼！骗局！骗局！"

多疑的杰克朝女画家冷冷看了一眼，走了。

他失去了一次净赚20万美元的机会。

又过了几天，他到一家德国公司应聘。经过面试，老总看中了他一口流利的德语、一副健美的身材和那种稳重且略显忧郁的气质。

"你被录用了，就做我的助手兼翻译，月薪3万美元。请你今晚就开始工作，因为今晚有一个重要宴会，需要你出面翻译。"老总说。

"那我的家呢？"杰克担心家里无人照看。

"家就不用去管它了，上班吧。"老总说完，忙别的事去了。

多疑的杰克却想：

"不让我回家照看，莫非这是一家骗子公司？企图用谎言留住我，然后派人把我家偷个一干二净？况且，3万美元的月薪，怎么可能这么高？哼！一定是个阴谋，不能相信，不能相信！"

杰克走了，不告而别。走在路上，他还在庆幸："天哪，幸亏我警惕性高，要不然……"

到了家，看到家里一切完好无损，他高兴得笑了。然而，他哪里知道，他损失了更多的东西呢？

杰克在轻信与多疑之间的摇摆，造成了他最后的一事无成。人与人之间的交往，要用心去感受！世上的事也并非总是非此即彼，非黑即白，更广大的是"灰色"，关键是要我们自己去寻找这个平衡。

# 宽容的最高境界

世界上最有力量的人是化敌为友的人。宽容自己的亲人、朋友容易，宽容自己的敌人才是道德修养的最高境界。

很久以前，犹太国王罗波安决定不久后就将王位传给三个儿子中的一个。一天，国王把三个儿子叫到跟前说："我老了，决定把王位传给你们三兄弟中的一个，但你们三个都要到外面去游历一年。一年后回来告诉我，你们在这一年内所做过的最高尚的事情。只有那个真正做过高尚事情的人，才能继承我的王位。"

一年后，三个儿子回到了国王跟前，告诉国王自己这一年来在外面的收获。

大儿子先说："我在游历期间，曾经遇到一个陌生人，他十分信任我，托我把他的一袋金币交给他住在另一镇上的儿子，当我游历到那个镇上时，我把金币原封不动地交给了他的儿子。"

国王说："你做得很对，但诚实是你做人应有的品德，不能称得上是高尚的事情。"

二儿子接着说："我旅行到一个村庄刚好碰上一伙强盗打劫，我冲上去帮村民们赶走了强盗，保护了他们的财产。"

国王说："你做得很好，但救人是你的责任，还称不上是高尚的事情。"

三儿子迟疑地说："我有一个仇人，他千方百计地想陷害我，有好几次，我差点就死在他的手上。在我的旅行中，有一个夜晚，我独自骑马走在悬崖边，发现我的仇人正睡在一棵大树下，我只要轻轻地一推，他就掉下悬崖摔死了。但我没有这样做，而是叫醒了他，告诉他睡在这里很危险，并劝告他继续赶路。后来，当我下马准备过一条河时，一只老虎突然从旁边的树林里蹿出来，扑向我，正在我绝望时，我的仇人从后面赶过来，他一刀就结果了老虎的命。我问他为什么要救我的命，他说'是你救我在先，你的仁爱化解了我的仇恨'。这……这实在是不算做了什么大事。"

"不，孩子，能帮助自己的仇人，是一件高尚而神圣的事。"国王严肃地说，"来，孩子你做了一件高尚的事，从今天起，我就把王位传给你。"

心有定见，而又善于宽容，一个人兼备了这两点，他就是一个出类拔萃的人。在现实生活中，恩将仇报的人和事屡见不鲜；有机会报仇却放弃，反而帮助自己的仇人脱离危险的人和事并不多见。只有如此宽容和豁达的人，才能享受人生的最高境界！

# 施与的真谛

真心换得真心，爱换得爱。有时候，一份不经意的关怀便叩启了一扇紧闭的心门。

"今天，我一定要断然拒绝他们的要求。"出门之前，犹太老妇人这么想。

这一天，下着很大的雨，她在这样的天气却不顾一切地跑出来，目的是想赶快为眼下这件事画个休止符。

犹太老妇人平时以慈善家闻名。到目前为止，她不时捐东西给遭到天灾人祸的人，或买了很多衣料，送给本市的贫民。可是，这一次的事，性质大不相同，使她无法像平时那样，爽口答应。虽然目的是为了贫苦无依的孤儿们着想，但要她捐出祖传的土地来建造孤儿院，她实在无法同意。她对世世代代传下来的那一片土地，有无限的感情，何况，她年纪已老，此后的生活，主要的收入来源，就靠那块土地。这是跟她此后的生活有直接关系的事。说得严重一点，她若失去这一块土地，她的生活马上就要受到影响。

"不管对方如何恳求，也不能起一丁点同情心，否则……"想着，想着，犹太老妇人的脚步就越来越快了。

雨越来越大，风也吹得更起劲了。不多久，她到了目的地——一家慈善机构的古色苍然的房子。她推开大门，走进去。由于是个大雨天，走廊上到处湿湿的。她在门口寻找拖鞋来穿。

"请进！"这时候，随着明朗的声音，一位女办事员出现在她眼前。那位女办事员看到没有拖鞋了，立刻毫不考虑地脱下她自己的拖鞋给犹太老妇人穿。

"真抱歉，所有的拖鞋都给别人穿了。"那位小姐还向她恳切地赔不是呢。

犹太老妇人看到那位小姐的袜子，踏在地板上，一刹那之间就给濡湿了。

犹太老妇人为她这个行为，感动莫名。就在那一瞬间，她才感悟了"施与"的真正的意义。

她想："平时，我被大家称为慈善家，可是，我做的慈善行为，到底是些什么？我捐出来的，全是自己不再使用的旧东西，再不就是挪用多余的零用钱罢了。那与其说是'施与'，不如说是'施惠'更妥当。所谓的'施与'，应该是拿出对自己来说是最重要的东西，那才有莫大的价值呀！"

犹太老妇人的内心突然起了180度的大改变——她决心捐出那块祖传的土地给这个慈善机构，为可怜的孩子们建立设备完善的孤儿院。

犹太老妇人对那位女办事员说："好温暖的拖鞋。"

女办事员红了脸，不好意思地说："对不起，我一直穿着，所以……"

犹太老妇人连忙打断她的话："不，不，我没有怪你的意思，我是说，你的心，令人感到温暖，也让我明白了许多！"

犹太老妇人向她投以亲切的微笑，然后，朝着经理办公室疾步走去……

"黑夜里还有别人，有人弯下腰点了一堆火，也有人在接着这样做。"有的时候我们只需要知道这些就够了！真正的关心与施与，需要真情与真心，只有心里装着别人的人，才能从别人那里，使自己得到充实和提升。

# 送 花

与其常年把花送给再也不能欣赏它的死者，不如把花送给喜欢它的活着的人。活着只有对别人有些用处才能快乐。

生活的真谛并不神秘，幸福的源泉大家也知道，只是常常忘了，于是这才真有点奥妙。

故事是由一个犹太守墓人亲身经历的。在耶路撒冷的某个公墓，一连好几年，这位温和的犹太守墓人每星期都收到一个不相识的妇人的来信，信里附着钞票，要他每周给她儿子的墓地放一束鲜花。

后来有一天，他们照面了。那天，一辆小车开来停在公墓大门口，司机匆匆来到守墓人的小屋，说："夫人在门口车上。她病得走不动，请你去一下。"

一位上了年纪的妇人坐在车上，表情有几分高贵，但眼神哀伤，毫无光彩。她怀抱着一大束鲜花。

"我就是亚当夫人。"她说，"这几年我每礼拜给你寄钱……"

"买花。"守墓人答道。

"对，给我儿子。"

"我一次也没忘了放花，夫人。"

"今天我亲自来，"亚当夫人温存地说，"因为医生说我活不了几个礼拜。死了倒好，活着也没意思。我只是想再看一眼我儿子，亲手来放些花。"

守墓人苦笑了一下，决定再讲几句。

"我说，夫人，这几年您常寄钱来买花，我总觉得可惜。鲜花搁在那儿，几天就干了。没人闻，没人看，太可惜了！"

"你真是这么想的？"

"是的，夫人，你别见怪。我是想起来自己常跑医院孤儿院，那儿的人可爱花了。他们爱看花，爱闻花。那儿都是活人，可这墓里哪个活着？"

老夫人没有作声。她只是小坐一会儿，默默地祷告了一阵，没留话便走了。

守墓人后悔自己一番话太率直、太欠考虑，这会让老妇人受不了。

可是几个月后，这位老妇人又忽然来访，把守墓人惊得目瞪口呆：她这回是自己开车来的。

"我把花都给那儿的人们了。"她友好地向守墓人微笑着，"你说得对，他们看到花可高兴了,这真叫我快活!我的病好转了,医生不明白是怎么回事,可是我自己明白,我觉得活着还有些用处。"

不错,她发现了我们大家都懂却又常常忘记的道理:活着要对别人有些用处才能快活。

怎样才能让自己的生活过得有意义,过得满足并快活呢?"活着要对别人有些用处才能快活。"因为人生的价值不仅仅止于自己本身,更多的是在于自己对别人的奉献。

# 抬起头来做人

要教育孩子树立正确的价值观,杜绝盲目的攀比心理。让孩子懂得穷人的一块钱或许比富人的一万块钱还要宝贵。

那一年,有个犹太小男孩,不过八九岁。一天,他拿着一张筹款卡回家,很认真地对妈妈说:"学校要筹款,每个学生都要叫人捐钱。"

对小孩子来说,直接想到的人,就是自己的家长。

小男孩的妈妈取出 5 块钱,交给他,然后在筹款卡上签名。小男孩静静地看着妈妈签名,想说什么,却没开口。妈妈注意到了,问他:"怎么啦?"

小男孩低着头说:"昨天,同学们把筹款卡交给老师时,捐的都是 100 块、50 块。"

小男孩就读的是当地著名的贵族学校,校门外,每天都有小轿车等候放学的学生。小男孩的班级是排在全年级最前面的。班上的同学,不是家里捐献较多,就是成绩较好。当然,小男孩不属于前者。

那一天,小男孩说,不是想和同学比多,也不是自卑。他一向都认真对待老师交代的功课,这一次,也想把自己的"功课"做好。况且,学校还举行班级筹款比赛,他的班已领先了,他不想拖累整班。

妈妈把小男孩的头托起来说:"不要低头,要知道,你同学的家庭背景,非富则贵。我们必须量力而为,我们所捐的 5 块钱,其实比他们的 500 块钱还要多。你是学生,只要以自己的品学,尽力为校争光,就是对学校最好的贡献了。"

第二天,小男孩抬起头,从座位走出去,把筹款卡交给老师。当老师在班上宣读每位同学的筹款成绩时,小男孩还是抬起头来。自此以后,小男孩在达官贵人、富贾豪绅的面前,一直抬起头来做人。

妈妈说的那一番话，深深地刻在小男孩心里。那是生平第一次，他面临由金钱来估量人的"成绩"的无言教育。非常幸运，就在这第一次，他学习到"捐"的意义，以及别人所不能"捐"到的、自己独一无二的价值。

当我们有100块钱时，我们捐出100，那是我们的100%；当我们有一万块钱时，我们捐出100块钱，那是我们的1%。"捐"的意义不在于我们捐了多少，而在于我们捐出了多少比例；"捐"的价值不在于我们是否与别人捐得一样多，而在于我们捐了别人所不能捐出的自己独一无二的价值。

# 抬头是片蓝蓝的天

人一生中难免遇到失败和挫折，这时候要勇敢地抬起头来，你看到的将是充满希望的蓝蓝的天空。

在一个美国犹他州贸易洽谈会上，捷弗斯作为会务组的工作人员，把一个犹太中年人和一个犹太小伙子送进了他们的住房——一家高级酒店的38楼。小伙子俯看下面，觉得头有点眩晕，站在他身边的中年人关切地问，你是不是有点恐高症？

小伙子回答说，是有点，可并不害怕。接着他聊起小时候的一桩事："我是山里来的孩子，那里很穷，每到雨季，山洪暴发，一泻而下的洪水淹没了我们放学回家必经的小石桥，拉比就一个个送我们回家。走到桥上时，水已没过脚踝，下面是咆哮着的湍流，看着心慌，不敢挪步。这时拉比说，你们手扶着栏杆，把头抬起来看着天往前走。这招真灵，心里没有了先前的恐怖，也从此记住了拉比的这个办法，在我遇上险境时，只要昂起头，不肯屈服，就能越过去。"

中年人笑笑，问小伙子："你看我像是寻过死的人吗？"中年人自个儿说了下去："我原来是个白领，后来弃职做生意，不知是运气不好还是不谙商海的水性，几桩生意都砸了，欠了一屁股的债，债主天天上门讨债，100万美元呵，这在那时可是一笔好大的数字，这辈子怎能还得起。我便想到了死，我选择了深山里的悬崖。我正要走出那一步的时候，耳边突然传来苍老的歌声，我转过身子，远远看见一个采药的老者，他注视着我，我想他是以这种善意的方式打断我轻生的念头。我在边上找了片草地坐着，直到老者离去后，我再走到悬崖边，只见下面是一片黝黑的林涛，这时我倒有点后怕，退后两步，抬头看着天空，希望的亮光在我大脑里一闪，我重新选择了生。回到城市后，我从推销员做起，一步步走到了现在。"

其实，在我们每个人的一生中，随时都会和他们两位一样碰上湍流与险境，如果我们低下头来，看到的只会是险恶与绝望，在眩晕之中失去了生命的斗志，使自己坠入地狱里。而我们若能抬起头，看到的则是一片辽远的天空，那是一个充满了希望并让我们飞翔的天地，我们便有信心用双手去构筑出一个属于自己的天堂。

# 我知道你是明星

做人要有自尊心，对待任何人都要不卑不亢。

犹太著名电影明星阿依德将车开到检修站，一个女工接待了他。她灵巧的双手和年轻俊美的容貌一下子吸引了他。整个以色列都知道他，但这个姑娘却没表示出丝毫的惊讶和兴奋。"您喜欢看电影吗？"他不禁问到。"当然喜欢，我是个电影迷。"她手脚麻利，看得出她的修车技术非常熟练。半小时不到，她就修好了车。"您可以开走了先生。"他却依依不舍："小姐，您可以陪我去兜兜风吗？""不，先生，我还有工作。""这同样是你的工作。您修的车，难道不亲自检查一下吗？""好吧，是您开还是我开？""当然我开，是我邀请您的嘛。"车跑得很好。姑娘说："看来没有什么问题，请让我下车好吗？""怎么您不想再陪陪我吗？我再问您一遍，您喜欢看电影吗？""我回答过了，喜欢，而且是个影迷。""您不认识我？""怎么不认识，您一来我就认出了，您是当代影帝阿列克斯·阿依德。""既然如此，您为何对我这样冷淡？""不！您错了，我没有冷淡。只是没有像别的女孩子那样狂热。您有您的成绩，我有我的工作。您今天来修车，是我的顾客，我就像接待顾客一样接待您。将来如果您不再是明星了，再来修车，我也会像今天一样接待您。人与人之间不应该是这样吗？"

他沉默了。在这个普通的女工面前，他感觉到自己的浅薄与狂妄，"小姐，谢谢！您让我受到了一次很好的教育。现在，我送您回去。再要修车的话，我还会来找您"。

对权贵和名流的崇拜，只能给我们带来两种结果：第一是对自己的自卑心的安慰，第二是对自尊心的亵渎。人生而平等，生活中的每个人都一样重要，我们有什么必要降低自己的人格去向权贵和名流表达平白无故的敬意？恪守本分，不卑不亢，如此做人才不丧失尊严。可是，生活里有多少人能够这样？

# 第三章

# 信念：生命的支柱

## 别让任何人偷走你的梦

对孩子的梦想要支持，而不可用冷嘲热讽将之摧毁。鼓励孩子坚持自己的梦想，不因他人而轻易改变。

美国某个小学的作文课上，老师给小朋友的作文题目是"我的志愿"。一位犹太小朋友非常喜欢这个题目，在他的本子上，飞快地写下他的梦想。他希望将来自己能拥有一座占地 10 余公顷的庄园，在广阔的土地上植满如茵的绿草。庄园中有无数的小木屋、烤肉区及一座休闲旅馆。除了自己住在那儿外，还可以和前来参观的游客分享自己的庄园，有住处供他们歇息。

写好的作文经老师过目，这位小朋友的本子上被画了一个大大的红"×"，发回到他手上，老师要求他重写。小朋友仔细看了看自己所写的内容，并无错误，便拿着作文本去请教老师。

老师告诉他："我要你们写下自己的志愿，而不是这些如梦呓般的空想，我要实际的志愿，而不是虚无的幻想，你知道吗？"

小朋友据理力争："可是，老师，这真的是我的梦想啊！"

老师也坚持："不，那不可能实现，那只是一堆空想，我要你重写。"

小朋友不肯妥协："我很清楚，这才是我真正想要的，我不愿意改掉我梦想的内容。"

老师摇头："如果你不重写，我就不让你及格了，你要想清楚。"

小朋友也跟着摇头，不愿重写，而那篇作文也就得到了大大的一个"E"。

事隔30年之后，这位老师带着一群小学生到一处风景优美的度假胜地旅行，在尽情享受无边的绿草，舒适的住宿及香味四溢的烤肉之余，他望见一名中年人向他走来，并自称曾是他的学生。这位中年人告诉他的老师，他正是当年那个作文不及格的犹太学生，如今，他拥有这片广阔的度假庄园，真的实现了儿时的梦想。老师望着这位庄园的主人，想到自己30余年来，不敢梦想的教师生涯，不禁感叹："30年来为了我自己，不知道用成绩改掉了多少学生的梦想。而你，是唯一保留自己的梦想没有被我改掉的。"

不要让任何人偷走你的梦想，因为只有你才对自己的梦想享有发言权。你认为它值得追随，值得实现，它便具有了那份意义。并且，不要让现实篡改了你的梦想，不要因为困难轻易放弃。经过努力而没有实现梦想的人并不失败。因为他心底的坚持使他更值得尊敬。

# 不害怕，人生才会精彩绝伦

*怯懦者安于平凡，不敢跨越雷池一步，因此永远无法享受精彩的生活。克服生命中的恐惧，勇敢地活出自己吧。*

《不带钱去旅行》的作者麦克·英泰尔是一个犹太人，他原本只是个平凡的上班族，就在37岁那一年，他作了一个疯狂的决定。他放弃了收入丰厚的记者工作，并将身上仅有的3美元捐给街角的流浪汉后，只带了干净的内衣裤，从阳光明媚的加州出发，以搭便车的方式走遍了整个美国。

然而，这个决定，竟是他在精神快崩溃时所作的仓促决定，而这趟旅程的目的地，则是美国东岸北卡罗莱纳州的恐怖角。

一切缘起于某个午后，他莫名地哭了起来，因为他问了自己一个问题："如果有人通知我，今天就要死了，我会不会后悔？"

停顿了一会儿，英泰尔肯定地说："会！"

面对一直以来平顺的日子，他发现，生活中从来没有激起过丁点火花，甚至连一场小赌注都玩不起。

继续回想这30多年的时光，他又发现，因为个性懦弱，即使有机会做自己想做的事，却因为"害怕"两个字，而一再退缩。

不断地回想、反省，他懊恼地对自己说："什么都怕，活着能干什么？什么都听别人的，活着有什么意义？"

当他强烈质疑着自己的存在价值时，忽然鼓起勇气下定决心："我一定要突破这一切！"

一个什么事都担心、害怕的人，要独自来到传说中的恐怖角，确实需要很大的勇气与决心，特别是当亲友们还语带恐吓与嘲讽地说："你确定自己行吗？这一路你恐怕会遇到各种麻烦，你一定很快就会退缩。"

"不会的！"英泰尔对亲友们说，也向自己保证。

凭着一个冲动的决心和一份坚强的毅力，从来没有独立完成过一件事的英泰尔，真的成功了，他仰赖了82位从小到大最害怕面对的陌生人，完成了4000多英里的路程，终于抵达了目的地。

一毛钱也没有花的英泰尔，在成功抵达目的地时，立即对着那些等待他的人们说："我不是要证明金钱无用，这项挑战最重要的意义是，我终于克服了心里的恐惧！"

望着恐怖角的路标，英泰尔若有所悟地说："原来恐怖角一点也不恐怖，这就像我的恐惧一样，现在我终于明白了，过去实在太胆小怕事了。"

我们都希望梦想能够实现，更希望能拥有精彩的人生，然而，当我们准备迈出步伐时，难免会像英泰尔一般，犹豫半天："万一失败了怎么办？万一出现问题，要怎么解决？"

步伐都还没有迈出去，心中就开始想象跌倒的姿势，当然只能在原地踏步，然后一再地懊恼机会的错失。

别再给自己那么多的恐吓，唯有亲自体验，你才会明白英泰尔的体会："原来，一切不是我想象中的那样困难。"

德国犹太诗人海涅曾经写道："命运并非是一种选择，我们不应该期待命运的安排，必须凭自己的努力创造命运。"世上无难事，只怕有心人，只要有心，勇于突破，就没有难得倒自己的事。同时，也不要害怕未来的不可预测，生活中最大的乐趣不在于预知，而在于一再地挑战未知。

# 成功并不像你想象的那么难

并不是因为事情难我们不敢做，而是因为我们不敢做事情才难的。

1965年，一位犹太学生到剑桥大学主修心理学。在喝下午茶的时候，他常到学校的咖啡厅或茶座听一些成功人士聊天。这些成功人士包括诺贝尔奖获得者，某一些领域的学术权威和一些创造了经济神话的人，这些人幽默风趣，举重若轻，把自己的成功都看得非常自然和顺理成章。时间长了，他发现，在国内时，他被一些成功人士欺骗了。那些人为了让正在创业的人知难而退，普遍把自己的创业艰辛夸大了，也就是说，他们在用自己的成功经历吓唬那些还没有取得成功的人。

作为心理系的学生，他认为很有必要对犹太成功人士的心态加以研究。1970 年，他把《成功并不像你想象的那么难》作为毕业论文，提交给现代经济心理学的创始人威尔·布雷登教授。布雷登教授读后，大为惊喜，他认为这是个新发现，这种现象虽然在东方甚至在世界各地普遍存在，但此前还没有一个人大胆地提出来并加以研究。惊喜之余，他在给以色列首脑的信中说："我不敢说这部著作对你有多大的帮助，但我敢肯定它比你的任何一个政令都能产生震动。"

后来这本书果然伴随着以色列的经济起飞了。这本书鼓舞了许多人，因为他们从一个新的角度告诉人们，成功与"劳其筋骨，饿其体肤"、"三更灯火五更鸡"、"头悬梁，锥刺股"没有必然的联系。只要你对某一事业感兴趣，长久地坚持下去就会成功，因为上帝赋予你的时间和智慧够你圆满做完一件事情。

人世中的许多事，只要想做，都能做到，该克服的困难，也都能克服，用不着什么钢铁般的意志，更用不着什么技巧或谋略。告诉你的孩子：只要一个人还在朴实而饶有兴趣地生活着，他终究会发现，造物主对世事的安排，都是水到渠成的。

# 成功的捷径

成功其实没有所谓捷径可循，唯一的办法是脚踏实地地努力奋斗，聚沙成塔，集腋成裘。

大卫统治时期，犹太国有个叫奈哈松的人，一心想成为一个富翁。他觉得成为富翁的最短的捷径便是学会炼金之术。

此后他把全部的时间、金钱和精力，都用在了炼金术的实验中了。不久以后他花光了自己的全部积蓄，家中变得一贫如洗，连饭都没得吃了。妻子无奈，跑到父亲那里诉苦。她父亲决定帮女婿改掉恶习。

他让奈哈松前来相见并对他说："我已经掌握了炼金之术，只是现在还缺少一样炼金的东西……"

"快告诉我还缺少什么？"奈哈松急切问道。

"那好吧，我可以让你知道这个秘密。我需要3公斤香蕉叶的白色茸毛。这些茸毛必须是你自己种的香蕉树上的。等到收齐茸毛后，我便告诉你炼金的方法。"

奈哈松回家后立刻将已荒废多年的田地种上了香蕉。为了尽快凑齐茸毛，他除了种以前就有的自家的田地外，还开垦了大量的荒地。当香蕉长熟后，他便小心地从每张香蕉叶下收刮白茸毛。而他的妻子和儿女则抬着一串串香蕉到市场上去卖。就这样，10年过去了。奈哈松终于收集够了3公斤茸毛。这天，他一脸兴奋地拿着茸毛来到岳父的家里，向岳父讨要炼金之术。

岳父指着院中的一间房子说："现在你把那边的房门打开看看。"

奈哈松打开了那扇门，立即看到满屋金光，竟全是黄金，她的妻子儿女都站在屋中。妻子告诉他这些金子都是他这10年里所种的香蕉换来的。面对着满屋实实在在的黄金，奈哈松恍然大悟。

如果把捷径理解为一蹴而就的话，成功是没有捷径可以走的；如果把捷径理解为到达成功最短的距离的话，成功的捷径就是我们脚踏实地的奋斗，扎扎实实的努力！

# 成功就是将简单的事情重复做

成功其实并没有想象中的那么复杂，有时候需要的只是持久的耐心，把人人都能做到的简单的事情持续做下去，日积月累，你就成功了。

一位著名的推销大师即将告别他的职业生涯，应行业协会和社会各界的邀请，他将在该城中最大的体育馆，作告别职业生涯的演说。

那天，会场座无虚席，人们在热切地、焦急地等待着，那位当代最伟大的推销员，作精彩的演讲。当大幕徐徐拉开，舞台的正中央吊着一个巨大的铁球。为了这个铁球，台上搭起了高大的铁架。

一位老者在人们热烈的掌声中，走了出来，站在铁架的一边。他穿着一件红色的运动服，脚下是一双白色胶鞋。

人们惊奇地望着他，不知道他要做出什么举动。

这时两位工作人员，抬着一个大铁锤，放在老者的面前。主持人这时对观众讲：请两位身体强壮的人，到台上来。好多年轻人站起来，转眼间已有两名动作快的跑到台上。

老人这时开口和他们讲规则，请他们用这个大铁锤，去敲打那个吊着的铁球，直到把它荡起来。

一个年轻人抢着拿起铁锤，拉开架势，抡起大锤，全力向那吊着的铁球砸去，一声震耳的响声，那吊球动也没动。他就用大铁锤接二连三地砸向吊球，很快他就气喘吁吁。

另一个人也不示弱，接过大铁锤把吊球打得叮当响，可是铁球仍旧一动不动。

台下逐渐没了呐喊声，观众好像认定那是没用的，就等着老人做出什么解释。

会场恢复了平静，老人从上衣口袋里掏出一个小锤，然后认真地，面对着那个巨大的铁球。他用小锤对着铁球"咚"敲了一下，然后停顿一下，再一次用小锤"咚"敲了一下。人们奇怪地看着，老人就那样"咚"敲一下，然后停顿一下，就这样持续地做。10分钟过去了，20分钟过去了，会场早已开始骚动，有的人干脆叫骂起来，人们用各种声音和动作发泄着他们的不满。老人仍然一小锤一停地工作着，他好像根本没有听见人们在喊叫什么。人们开始怂然离去，会场上出现了大块大块的空缺。留下来的人们好像也喊累了，会场渐渐地安静下来。

大概在老人进行到40分钟的时候，坐在前面的一个妇女突然尖叫一声："球动了！"刹时间会场立即鸦雀无声，人们聚精会神地看着那个铁球。那球以很小的幅度动了起来，不仔细看很难察觉。老人仍旧一小锤一小锤地敲着，人们好像都听到了那小锤敲打吊球的声响。吊球在老人一锤一锤的敲打中越荡越高，它拉动着那个铁架子"哐哐"作响，它的巨大威力强烈地震撼着在场的每一个人。终于场上爆发出一阵阵热烈的掌声，在掌声中，老人转过身来，慢慢地把那把小锤揣进兜里。

奥本海默曾经说过："在成功的道路上，你没有耐心去等待成功的到来，那么，你只好用一生的耐心去面对失败。"耐心也是一种意志力，成功固然离不开创新，但许多创新的质的飞跃，就是将简单的事重复做。努力学习的奥秘不就如此吗？

# 成功路上的相对论

把长远的目标分成一个个短期小目标，这样实行起来就不会感到过于艰难，可以轻松地从一个胜利走向另一个胜利。

美国专栏作家弗兰克·A.格拉顿年轻时深受英国作家威廉·科贝特的影响，辞掉了报社的工作，一头扎进创作中去。由于没有收入，连房租都交不起。白天，为了躲避房东催交房租，只好漫无目的地在马路上走来走去，何时才能写出自己的鸿篇巨制呀，他感到有些绝望。

一天，在 42 号街遇到了他当记者时曾采访过的俄国著名犹太歌星夏里宾先生，没想到这位名噪一时的人物还记得他。格拉顿忍不住向夏里宾倾诉了自己的苦恼，夏里宾听过之后，对他说："我的旅馆在 103 号街，跟我一同过去，好不好？"

"什么，103 号街？我怎么可能一下子走这么远的路？"格拉顿惊叹道。

"是呀，从这里到 103 号街要过 60 个街口，少说也要走上两个多小时！"夏里宾换了一种口气说，"我们不到我的旅馆了，咱们向前走，过 6 条街，到贝里射击游艺场玩玩怎么样？"

夏里宾的这番话打消了格拉顿的顾虑，他们到了游艺场门口，看了一会儿两名屡次射击不中目标的水兵。然后继续前进，不一会儿就到了长纳奇大戏院，"现在离中央公园只有 5 条横马路了，我们去看看那只奇怪的猩猩吧"！夏里宾愉快的话语让格拉顿感到说不出的轻松……就这样走走停停，不知不觉间已到了 103 号街。原该精疲力竭的他，却并没感到一点累。格拉顿掏出怀表看了看，时间已过去了将近 4 个小时。

夏里宾先生满意地对他说："并不太远吧。现在我们到我旅馆附近的餐馆去吃饭吧。"在餐桌上，格拉顿听到了让他终生难忘的一席话："今天走的路你要记在心里，你无论与你的目标之间有多远，也要学会轻松地走路，只有那样，在走向目标的过程中，才不会感到烦闷，才不会被遥远的未来吓住。"

轻松地走路，轻松地享受生活。我们没有必要不断告诫自己马不停蹄日以继夜地朝目标赶路，有时候我们树立目标本身就只是为了确定一条我们到达它的线，怎样去走，才是我们真正要思考的。生活并不是为了追求赶路的疲惫，那样无异于南辕北辙，赶得再累，也难以达到生活的真谛。让我们的生活变得轻松而自在，生活并不是沉重的负担。

# 登山人的选择

人生就是一次登山的旅程，从哪条路上山，完全在于你自己的选择。每一条路上都有自己独特的风景，既然走过了，就不必后悔。

在迦南，有一座山，高耸入云，飞鸟难越，没有人知道它有多高。山前山后有两条路可供攀登，前山大路石级铺就，笔直坦荡；后山小路，荆棘丛生，蜿蜒曲折。

一天，希伯来人三父子来到山脚。父亲举手遮阳，眺望峰顶，声如洪钟："你俩比赛爬上这山，上山有两条路，大路平而近，小路险而远——选择哪条路，你们自己裁夺。"哥俩思忖再三，各自凭着自己的选择，踏上征程。

时间过去了两个月，一个身着亮装的身影出现在峰顶，哥哥走来了。他面色潮红，略显发福，头发油光可鉴。他骄傲地掸了一下笔挺的襟袖，走向充满期待的父亲，说："我赢了，我赢了！这一路真是春风得意。在坦荡的大路上我只需向前，向前！舒缓的坡度让我走得从容，平整的石阶使我心旷神怡。这里没有岔道让我伤神，没有突出的山石给我绊脚。我的心灵没有欺骗我，是英明的选择助我胜利。实践证明：在平坦和崎岖间，只有傻瓜才会放弃平坦，选择崎岖。聪明的选择使我有了多么得意的旅程啊。我获得了胜利，我理当获得胜利！"

父亲慈祥地看着他："你选择得的确聪明，一路走得也十分风光，我的好儿子……"

这之后不知过了多久，又一个身影出现了：他步伐稳健，全身充满着生命的活力；尽管瘦削，衣衫褴褛，但双目炯炯有神，透着聪慧与睿智。弟弟微笑着走向父亲和哥哥，从从容容地讲起路上的故事："哦，这是多么有意义的一次旅程！感谢您，父亲，感谢您给我选择的机会。一路上陡峭的山崖阻挡着我攀爬的脚步，丛生荆棘刺破了我裸露的臂膊，疲惫的身心增添着孤独的酸楚。但我坚持住了，终于我学会了灵活与选择，学会了机敏与自护，学会了独立与坚忍。路边美丽景色，使我放慢脚步享受自然的馈赠。在山脚下，我看见山花烂漫，彩蝶翩翩，于是我与山花同歌伴彩蝶共舞。在山腰，我看见绿草如茵，华木如盖，清澈的小溪静静流淌在林间，朝圣的百鸟尽情放歌于林梢。我拥抱自然的和弦，追逐欢快的节奏。这些往往是我最快乐的时光。可更多的时候是阴冷浓雾的环抱，荆榛丛棘的阻隔。放眼望去，黄叶连天，衰草满路，但我在黄叶林中看到丰硕的果实，从衰草丛内悟出新生的希望。

我感觉自己在成熟，一寸寸地成熟。再往上，是没有一点生机的寒风和石砾，我曾想放弃，但曾经的艰辛温暖着我，启迪着我，给我力量，给我信心，使我忘掉比艰险更艰险的死寂，抛掉比痛苦更痛苦的迷茫！我最终到达了这里！一路上，我阅尽山间春色，也饱尝征途冷暖，为此。我感谢您，父亲，感谢您给我选择的权利，我从自己心灵的选择中懂得了很多很多……"

哥哥眼中露出不解，但旋即消失，他不无轻蔑地说："可是你输了！""是的，"父亲遗憾地说，"孩子，你输掉了比赛……"

弟弟极目远方，脸上露出平和的微笑："但，我赢得了人生！"

凡走过，必留下痕迹。人生，没有任何过程是白费的，包括所有的辛苦、泪水、心酸，每一笔都会增加你未来成功的光彩。人生就是这样，正是因为崎岖才更多了几分韵味，才更显得其丰富。平坦纵然快捷，但却无法与崎岖之丰富相比。人生之崎岖往往于其崎岖之中包含智慧和成熟。顺境和逆境是书写人生的两张纸，相互承载了人生的酸甜苦辣。顺境和逆境共同承托起追求人生的更高境界。

# 改说"下一次"

过去的已经过去，永远也无法挽回，但是我们可以吸取过去的经验教训，在"下一次"中不再犯相同的错误。

有一位犹太心理医生，成就卓著，在他即将退休时，写了一本医治各种心理疾病的专著。这本书有 1000 多页，书中有各种心理疾病的治疗办法。

书出版后引起了很大轰动，许多团体和大学邀请他去为学生们讲学。一天，他应邀到一所大家讲学，在课堂上，他拿出了这本厚厚的著作，对学生们说："这本书有 1000 多页，里面有治疗各种心理疾病的方法 3000 种，药物 10000 类，但所有的内容，概括起来却只有几个字。"

学生们都很吃惊，纷纷投之以惊愕的目光。于是他转身在黑板上写下了"如果，下一次"。他继续说道："事实上，许多人备受精神折磨的原因都是'如果'这两个字，比如'如果我不做那件事''如果我当年不娶她''如果我当年及时换一项工作'……书中医治方法有几千种，但最终的方法只有一种，那就是把'如果'改为'下一次'，比如'下一次我有机会一定那样做''下一次我一定不会错过我爱的人'……总之，造成自己心理疾病的，影响自己幸福观念的，有时候，并不是因为物质上的贫乏或丰裕，而取决于一个人的心境的改变。如果心灵浸泡在后悔和遗憾的水中，痛苦就必然会牢牢占据你的整个心灵。

懊悔在人的一生中，就像一剂慢性毒药，在无休无止地磨灭你的意志，在不知不觉中消耗你的快乐，降低你成功的几率。它又像一些蛰伏在我们生命长堤上看似渺小的蚁穴，但总有一天，我们会被它引来的巨浪所吞噬。

去掉'如果'，改说'下一次'，你就找回了真实的自己，它就是你生命里的阳光、空气和水。"

学会向前看，如果硬要说这世界上有后悔药可以用来医治自己的懊悔，那就是对自己多说"下一次"。下一次机会来临时，记得全心全意去为自己的梦想而奋斗。不要用永不可能的"如果"将自己牢牢绑在过去，珍惜现在，珍惜将来，其实这才是对自己过去的悔恨最好的良药！

# 换 票

思路决定出路，想法决定命运。面对同样的环境，不同的人会有不同的想法，而正是这些想法决定了他们未来截然不同的命运。

有两个乡下人准备外出打工。一个爱尔兰人买了去纽约的票，一个犹太人买了去波士顿的票，到了车站，打听才知道纽约人很冷漠，指个路都想收钱；波士顿人特别质朴，见了露宿街头的人会特别同情。

去纽约的爱尔兰人想，还是波士顿好，挣不到钱也饿不死，幸亏车还没到，不然真掉进了火坑。去波士顿的犹太人想，还是纽约好，给人带路都能挣钱，幸亏还没上车，不然真失去了致富的机会。最后，两个人在换票地点相遇了，原来要去纽约的去了波士顿，打算去波士顿的去了纽约。

去波士顿的爱尔兰人发现，这里果然好。他初到那里的一个月，什么都没干，大商场里有欢迎品尝的点心也可以白吃。

去纽约的犹太人发现，纽约到处都可以发财。只要想点办法，再花点力气就可以衣食无忧。凭着乡下人对泥土的感情和认识，第二天，他在建筑工地装了 10 包含有沙子和树叶的土，以"花盆土"的名义，向不见泥土而又爱花的纽约人兜售。当天他在城郊往返 6 次，净赚了 50 美元。一年后，他竟然凭着"花盆土"拥有了一间小小的门面。

在常年的走街串巷中，他又有了一个新的发现：一些商店楼面亮丽而招牌较黑，一打听才知道这是清洗公司只负责洗楼不负责洗招牌的结果。他立即抓住这一机会，买了人字梯、水桶和抹布，办起一家清洗公司，专门负责擦洗招牌。如今他的公司有了 150 多个员工，业务还发展到了附近的几个城市。

不久，他坐火车去波士顿旅游。在路边，一个捡破烂的人伸手向他乞讨，两人都愣住了，因为 5 年前，他们曾换过一次票。

犹太家长都常常鼓励孩子敢于挑战自己，挑战生活！正所谓：宝剑锋从磨砺出，梅花香自苦寒来。安逸舒适的环境容易消磨人的意志，最后导致人的一事无成。而那些充满挑战的地方才是我们磨炼自己，施展抱负，实现梦想的好地方。

# 老钟表匠

人生在世，最重要的是要对他人、对社会有实际的用处，光有花哨浮华的外表终究会被社会所遗弃。

从前，德国有一位很有才华的犹太诗人，写了很多写景抒情的诗篇。可是他却很苦恼。因为，人们都不喜欢读他的诗。这到底是怎么一回事呢？难道是自己的诗写得不好吗？不，这不可能！犹太诗人向来不怀疑自己在这方面的才能。于是，他去向父亲的朋友——一位老钟表匠请教。

老钟表匠听后一句话也没说，把他领到一间小屋里，里面陈列着各色各样的名贵钟表。这些钟表，诗人从来没有见过。有的外形像飞禽走兽，有的会发出鸟叫声，有的能奏出美妙的音乐……

老人从柜子里拿出一个小盒，把它打开，取出了一只式样特别精美的金壳怀表。这只怀表不仅式样精美，更奇异的是：它能清楚地显示小星象的运行、大海的潮汐，还能准确地标明月份和日期。这简直是一只"魔表"，世上到哪儿去找呀！诗人爱不释手。他很想买下这个宝贝，就开口问表的价钱。老人微笑了一下，只要求用这宝贝，换下青年手上的那只普普通通的表。

诗人对这块表真是珍爱至极，吃饭、走路、睡觉都戴着它。可是，过了一段时间之后，渐渐对这块表不满意起来。最后，竟跑到老钟表匠那儿要求换回自己原来的那块普通的手表。老钟表匠故作惊奇，问他对这样珍异的怀表还有什么感到不满意。

犹太诗人遗憾地说："它不会指示时间，可表本来就是用来指示时间的。我带着它不知道时间，要它还有什么用处呢？有谁会来问我大海的潮汐和星象的运行呢？这表对我实在没有什么实际用处。"

老钟表匠还是微微一笑，把表往桌上一放，拿起了这位青年诗人的诗集，意味深长地说："年轻的朋友，让我们努力干好各自的事业吧。你应该记住：怎样给人们带来用处。"

诗人这时才恍然大悟，从心底里明白了这句话的深刻含义。

故事中的犹太诗人会用普通表换一个不能显示时间的"美丽的表"，会选择他人的评价作为自己诗篇的价值。我们不也一样吗，我们在确信事物的不同中忽视了有些东西的不可替代，忽视了它们带来了的不同用处。我们要在生活中学会欣赏自己内在价值，也要教育子女多干实事，而不要太在意表面的浮华。

# 你就是自己的上帝

每个人身内都埋藏着无限的潜能，只要充满自信，充分发挥潜能，你就没有做不到的事情。

有个贫穷的犹太工人在帮农场主人工作，搬运东西时，不小心打破了一个花瓶。农场主人看见后，要求他一定要赔偿，但是三餐都成问题的工人，哪里赔得起这么昂贵的花瓶？

苦恼的工人只好到教堂，向神父请教解决的办法。

神父听完工人的问题，他说："听说有一种能将碎花瓶粘好的技术，不如你去学习这种技术，只要能将这个花瓶修补、复原，事情不就解决了？"

工人听完后却摇了摇头，说："哪有这么神奇的技术？要把这个碎花瓶粘得完好如初，根本是不可能的事。"

神父指引他说："这样吧！教堂后面有一个石壁，上帝就待在那里，只要你对着石壁大声说话，上帝便会答应你的要求，去吧！"

于是，工人来到壁前，大声对着石壁说："上帝，请您帮帮我，只要您愿意帮助我，我相信，我一定能将花瓶粘好！"

工人的话一说完，上帝便立即回应他："一定能将花瓶粘好！"

工人真的听见了上帝的承诺，于是，他充满自信地向神父辞别，朝着"复原花瓶"的高超技术迈进。

一年以后，经过认真学习与不懈努力，他终于学会了粘贴碎花瓶的技术。结果他将农场主人的花瓶复原得天衣无缝，令人赞叹！

这天，他将花瓶送还给农场主人后，再次来到教堂，准备向上帝道谢，谢谢他给予的帮助与祝福。

神父将他再次带到教堂后面的石壁前，并笑着对诚恳的工人说："其实，你不必感谢上帝。"

工人不解地看着神父："为什么不必感谢？要不是上帝，我根本无法学会修补花瓶的技术啊！"

神父笑着说："其实，你真正要感谢的人，是你自己啊！因为，这里根本就没有上帝，这块石壁具有回音的功能，当时你听到的'上帝的声音'，其实就是你自己的声音啊！而你，就是你自己的上帝。人要勇敢地做自己的上帝，因为真正能主宰自己命运的人，不是别人而是我们自己。当你相信自己能够改变命运时，步伐便会慢慢地移动，一步步地实现心中的愿望。你的潜能就在你的身上，你的未来也掌握在你的手中，一切都等待着你开始行动，实现每一项'不可能的任务'。"

犹太小说家菲茨杰拉德曾经写过一段值得我们深思的感叹："在我们18岁的时候，信念是我们站在上面眺望的山头，但是到了45岁，我们的信念就成了藏身的山洞。"你还在等待别人的帮助吗？或者期望上帝赋予的"神奇力量"？别再等待了，因为只有你，才能将身上的潜能发挥出来，也只有你，才能主宰自己的命运。

# 你是胡萝卜，是鸡蛋，还是咖啡豆

困难像弹簧，你弱它就强。面对人生挫折，要学会做一颗坚强不屈的咖啡豆，把逆境转化为机遇，让自己更加完美。

在今天的以色列，父母教育子女，常常给他们讲下面这个真实的故事：

一个女儿对父亲抱怨她的生活，抱怨事事都那么艰难。她不知该如何应付生活，想要自暴自弃了。她已厌倦抗争和奋斗，好像一个问题刚解决，新的问题就又出现了。

她的父亲是位厨师，他把她带进厨房。他先往三只锅里倒入一些水，然后把它们放在旺火上烧。不久锅里的水烧开了。他往一只锅里放些胡萝卜，第二只锅里放些鸡蛋，最后一只锅里放入碾成粉末状的咖啡豆。他将它们浸入开水中煮，一句话也没有说。

女儿咂咂嘴，不耐烦地等待着，纳闷父亲在做什么。大约20分钟后，他把火关了，把胡萝卜捞出来放入一个碗内，把鸡蛋捞出来放入另一个碗内，然后又把咖啡舀到一个杯子里。做完这些后，他才转过身问女儿："亲爱的，你看见什么了？""胡萝卜，鸡蛋，咖啡。"她回答。

他让她靠近些并让她用手摸摸胡萝卜。她摸了摸，注意到它们变软了。父亲又让女儿拿一只鸡蛋并打破它。将壳剥掉后，她看到了一只煮熟的鸡蛋。最后，他让她喝了咖啡。品尝到香浓的咖啡，女儿笑了。她怯生生地问道："父亲，这意味着什么？"

他解释说，这三样东西面临同样的逆境——煮沸的开水，但其反应各不相同。胡萝卜入锅之前是强壮的，结实的，毫不示弱，但进入开水之后，它变软了，变弱了。鸡蛋原来是易碎的，它薄薄的外壳保护着它呈液体的内脏，但是经开水一煮，它的内脏变硬了。而粉状咖啡豆则很独特，进入沸水之后，它们倒改变了水。"哪个是你呢？"他问女儿，"当逆境找上门来时，你该如何反应？你是胡萝卜，是鸡蛋，还是咖啡豆？"

你呢，我的朋友，你是看似强硬，但遭遇痛苦和逆境后畏缩了，变软弱了，失去了力量的胡萝卜吗？你是内心原本可塑的鸡蛋吗？你先是个性情不定的人，但经过死亡、分手、离婚或失业，是不是变得坚强了，变得倔强了？你的外壳看似从前，但你是不是因有了坚强的性格和内心而变得严厉强硬了。或者你像是咖啡豆？改变了给它带来痛苦的开水，并在它达到高温时让它散发出最佳的香味。水最烫时，它的味道反倒更好了。如果你像咖啡豆，你会在情况最糟糕时，变得更有出息，并使周围的情况变好了。

当你似乎已经走到绝境的时候，离成功也许仅一步之遥了。问题在于，你将以怎样的心态面对人生的逆境。问问自己是如何对付逆境的。你是胡萝卜，是鸡蛋，还是咖啡豆？

# 坚持真理的人

认识事实和追求大众的人最本质的区别就是，前者对后者有质疑和评价的权利。前者正走在自己的路上，而后者可能迷失在别人的路上。别让自己的坚持死在别人的路上。

苏格拉底是古希腊最伟大的哲学家。

在一个春光明媚的上午，苏格拉底和他得意的学生聚集在学院。有人倚着多立克石柱思索，有人在回廊里散步，有人半躺在石阶上晒太阳。这时，苏格拉底拿出一个苹果问大家："这是什么？"

学生们纷纷聚拢过来，说："这是一个苹果。"

苏格拉底继续说："好，现在回答，你们闻到了什么？"

学生克里同第一个回答："苹果的香气，芬芳的苹果的香气。"

"你呢？"苏格拉底问另一个学生阿里莫斯，"你闻到了什么？"

阿里莫斯抬起鼻子仔细嗅了嗅，说："是苹果的香气，甘甜的苹果的香气。"

"那你呢？小艾利阿斯？"苏格拉底指着第三个学生问。

小艾利阿斯模仿着阿里莫斯的样子嗅了嗅，说："是苹果的香气，芬芳的甘甜的苹果的香气。"

苏格拉底一个一个问下去，被问到的学生都坚定地说闻到了苹果的香气，并极尽所能地描绘对苹果香气的感受。当他问到柏拉图时，柏拉图镇定地摇摇头，说："我什么也没闻见。"

苏格拉底显然生气了，他大声质问柏拉图："你真的什么也没闻见？"

柏拉图说："是的，我什么也没闻见。即使冒犯您，我也要说，我真的什么也没闻见。"

苏格拉底哈哈大笑起来。他说："我的学生们，这是一个假苹果，怎么会有香气呢？想当然的人和盲目追随别人的人，都是背叛真理的人。而根据自己看到的事实做出判断，并勇敢地提出不同意见的人，才是坚持真理的人。"

果然，后来柏拉图成为继苏格拉底之后古希腊又一位大哲学家，他提出了对真理本质的认识，为后人铺开一条通往真理的新路。

# 向生活索取一个梦想

不要因为贫穷就抑制自己正常合理的欲望，大胆地向生活要求自己的所需，并为之努力地付出，你的境遇将不断得到改变。

故事传到中国，人们已经忘记了她那冗长拗口的美国犹太人名字，都亲切地叫她阿济。阿济退休前，是美国的财政部长。

当阿济还是一个小姑娘的时候，脑海里就一直有一个问题萦绕不去：为什么别的孩子都跟爸爸妈妈生活在一起，而自己只能跟妈妈一起生活呢？她一遍又一遍地想，但总是不明白。她问她的妈妈，一次又一次地，但妈妈总是不回答她。她妈妈是个聋子，压根听不见她的话。

阿济入学了。她用最先学到的几个单词拼写了一句稚嫩的话，并把她写在纸上给妈妈看："我的爸爸在哪里？"

妈妈接过阿济手中的笔，写道："你没有爸爸。"

阿济接着问："为什么？"

妈妈略顿了一顿，写下这样一句话："因为你是个特别的孩子。"

阿济很高兴。她要为自己的"特别"格外努力。她认为自己了不起。

但当她真正地懂事后，她才知道，她得为这个"特别"付出多大的代价！

首先是周边同学的压力，大家都说她来自于一个不健全的家庭。这还不算什么，更难忍受的是贫困。别的孩子有的，她都没有。她于是盼着过圣诞节，因为她相信，那天会有圣诞老人送给她她想要的礼品。可是真正到了圣诞节，她还是失望，她收到的礼品总是比别的孩子的少。她虽然委屈，但还是忍住了，她在一张纸上写给自己一句话：不流泪。她觉得，作为一个"特别"的孩子，能跟其他孩子一起读书已经应该知足了。

不断抑制自己的欲望并没有给她带来好运，相反，她失学了。失学让她明白：她除了有一个聋子妈妈外，什么也没有。

她暗暗告诫自己：这已经是底线了。她必须开始学会向生活"索取"。

最容易索取的是什么呢？阿济开始想这个问题。这时候，她的"特别"帮助了她。因为她得到的答案不是金钱，不是圣诞礼物，甚至不是一次重新回到学校的机会，而是梦想。在阿济眼里，向生活索取一个梦想是她首先要干的。

搞定了这个，她想她还需要赚点钱。她得到的第一份工作是在一家农场的棉花田做事。她坚持了下来。在最困顿的日子里，不幸甚至有些残酷的生活拿走了她几乎所有的东西，但她死死地拽住了梦想，直至当上财政部长也没有松手。

犹太人认为："如果情况不尽如人意，我们总可以想办法加以改变。改变情况的办法有多种，但最可靠的一种就是：你首先回答'我希望变成什么样'这个问题，然后努力，再努力。""我希望变成什么样"，其实就是向生活索取一个梦想。

# 头上的那条绿色缎带

其实我们每个人本身都有一份独特的美丽，然而这份美丽往往被自卑的偏见所扼杀。勇敢地亮出自己，你将发现欣赏自己的人很多。

在一家以色列跨国集团中，大部分同事都有了自己的恋人，但是，没有人会邀请害羞的姑娘玛莉。玛莉沿着走廊走着，耷拉着头，从她的样子来看，心情很沉重。一块标着"吸引异性物"的招牌挡住了她，牌后放着一些丝带，周围摆着各式各样的蝴蝶结，牌上写着：各种颜色应有尽有，挑选适合你个性的颜色。玛莉在那儿站了一会儿，尽管她有勇气戴，但还为她母亲是否允许她戴上那又大又显眼的蝴蝶结而犹豫不决。是的，这些缎带正是伙伴们经常戴的那种。

"亲爱的，这个对你再合适不过了。"女售货员说。

"噢，不，我不能戴那样的东西。"玛莉回答道，但同时她却渴望地靠近一条绿色缎带。

女售货员显得惊奇地说："哟，你有这么一头可爱的金发，又有一双漂亮的眼睛，孩子，我看你戴什么都好！"

也许正是售货员这几句话，玛莉把那个蝴蝶结戴在了头上。

"不，向前一点。"女售货员提醒道，"亲爱的，你要记住一件事，如果你戴上任何特殊的东西，就应该像没有人比你更有权戴它一样。在这个世界上，你应抬起头来。"她用评价的眼光看了看那缎带的位置，赞同地点点头，"很好，哎呀，你看上去无比地令人兴奋"。

"这个我买了。"玛莉说。她为自己作出决定时的音调而感到惊奇。

"如果你想要其他在集会、舞会、正规场合穿着的……"售货员继续说着。玛莉摇摇头，付款后向店门口冲去。速度是那么快，以致与一位拿着许多包裹的妇女撞了个满怀，几乎把她撞倒。

过了一会儿，她吓得打了个寒战，因为她感到有人在后边追她，不会是为那缎带吧？真是吓死人了。她向四周看看，听到那个人在喊她，她吓得飞跑，一直跑到一条街区才停下来。

出人意料，玛莉眼前正是卡森咖啡馆，她意识到她开始就一直想到这儿来的。

这儿是镇上每个姑娘都知道的地方，因为伯特——大家都喜欢的一个好小伙每个星期六下午都在这儿。

他果然在这儿，坐在卖饮料的柜台旁，倒了一杯咖啡，并不喝掉。"莉妮把他甩了，"玛莉暗想，"她将与其他人去跳舞了。"

玛莉在另一端坐下来，要了一杯咖啡。很快她感觉到，伯特转过身来在望着她。玛莉笔挺地坐着，昂着头，意识得到，非常意识得到头上的那绿色缎带。

"嗨，玛莉！"

"哟，是伯特呀！"玛莉装出惊讶的样子说，"你在这儿多久了？"

"整个一生。"他说，"等待的正是你。"

"奉承！"玛莉说。她为头上的绿色缎带而感到自负。

不一会儿，伯特在她身边坐下，看起来似乎他刚刚注意到她的存在，问道："你的发型改了还是怎么的？"

"你通常都是这样注意吗？"

"不，我想正是你昂着头的样子。似乎你认为我应该注意到什么似的。"

玛莉感到脸红起来："这是有意挖苦吧？"

"也许。"他笑着说，"但是，也许我有点喜欢看到你那昂着头的样子。"

大约过了10分钟，真令人难以相信，伯特邀她去跳舞。当他们离开卡森咖啡馆时，伯特主动要陪她回家。

回到家里，玛莉想在镜子跟前欣赏一下自己戴着绿色缎带的样子，令她惊奇的是，头上什么都没有——后来她才知道，当时撞到那人时，绿色缎带被撞掉了……

亚伯拉罕说过："偏见常常扼杀很有希望的幼苗。"为了避免自己被"扼杀"，只要看准了，就要充满自信，敢于坚持走自己的路。把亚伯拉罕这句话作为格言，这样对你和孩子都有好处。

# 永远不说自己做不到

要从小用"你能行"、"你真棒"等正面词语激励孩子，永远不要对孩子说"你做不到"、"不可能"等打击孩子积极性的消极话语。

犹太男孩琼尼降生时，他的双脚向上弯着，脚底靠在肚子上。医生向他父母保证说经过治疗，小琼尼可以像常人一样走路，但像常人一样跑步的可能性则微乎其微。琼尼3岁之前一直在接受治疗，和支架、石膏模子打交道。经过按摩、推拿和锻炼，他的腿果然渐渐康复。七八岁的时候，他走路的样子已让人看不出他的腿有过毛病。

要是走得远一些，比如去游乐园或去参观植物园，小琼尼会抱怨双腿疲累酸疼。这时候父母会停下来休息一会儿，来点苏打汁或蛋卷冰激凌，聊聊看到的和要去看的。他们并没告诉他，他的腿为什么细弱酸痛；也不告诉他这是因为先天畸形。因为不对他说，所以他不知道。

邻居的小孩子们做游戏的时候总是跑过来跑过去，毫无疑问小琼尼看到他们玩就会马上加进去跑啊闹的。父母从不告诉他不能像别的孩子那样跑，从不说他和别的孩子不一样。因为不对他说，所以他不知道。

七年级的时候，琼尼决定参加跑步横穿全美的比赛。每天他和大伙一块训练。也许是意识到自己先天不如别人，他训练得比任何人都刻苦。虽然他跑得很努力，可是总落在队伍后面，但父母并没有告诉他为什么，没有对他说不要期望成功。训练队的前 7 名选手可以参加最后比赛，为学校拿分。父母没有告诉琼尼也许会落空，所以他不知道。

他坚持每天跑 4 ～ 5 英里。有一次，他发着高烧，但仍坚持训练。放学后父亲来到训练场，心想琼尼兴许不参加晚上的训练了。但父亲发现他正一个人沿着长长的林荫道跑步呢。两个星期后，在决赛前的 3 天，长跑队的名次被确定下来。琼尼是第 6 名，他成功了。他才是个七年级生，而其余的人都是八年级生。父母从没告诉他不要去期望入选，从没有对他说不会成功。是的，从没说起过……所以他不知道，但他却做到了！

犹太人坚信：上帝拯救那些能够自我拯救的人。你的欲望有多么强烈，就能爆发出多大的力量；当你有足够强烈的欲望去改变自己命运的时候，所有的困难、挫折、阻挠都会为你让路，欲望有多大，就能克服多大的困难，就能战胜多大的阻挠。父母也不要只是一心想当保护伞，不要告诉孩子"不可能"，而是要说"你真棒"！孩子完全可以挖掘生命中巨大的能量，激发成功的欲望，因为欲望即力量。

# 勇敢做自己，因为你就是你

每个人都是第一个"无前古人，后无来者"的自己，没有必要去做第二个别人。做别人的复制品，你只能永远生活在别人的阴影中。

多年前，有位受人尊敬的犹太拉比名叫苏西亚，他是个闻名世界的学者、老师和医生。弥留之际，他的学生聚集在他的床前，不久，拉比掉下眼泪。

拉比的学生不禁问他："老师，您为什么哭泣？"

拉比回答他说："如果上了天堂以后，天使问我：'为什么你不能像摩西一样？'我一定会肯定地回答他说，'因为我本来就不是摩西。'

如果天使再问我：'可是你也没有像艾利西（希伯来的大预言家）一样的丰功伟绩。'

那我也可以肯定地回答：'因为我来到世上的任务和艾利西不同。'

可是，有一个问题，恐怕我会答不出来。我怕他问：'你为什么不能像拉比苏西亚？'"

拉比苏西亚过世后的 200 年，一个小女孩珍妮佛·卡碧雅提在她的人生过程中崭露头角。她以 12 岁的小小年纪，多次向世界网球冠军赛叩关。她在尚未踏入青少年期时，就已经跃升为第一级选手，并向许多实力强大的成人明星球员挑战，且获胜利。

当有人问她是不是希望当第二个克莉丝·艾芙特时，珍妮佛回答说："不，我要当第一个珍妮佛·卡碧雅提。"这种当仁不让的自信心，和她在球场上的表现是一致的，因为她知道，成功的唯一途径，就是展现自我，而不是模仿别人。

芸芸众生都在追寻自我。有时候在愉悦的自我发现过程中，珍贵的自我即可显现，有时候却是经过煎熬和挣扎，才能求得自我。然而不论我们走的是哪一条路，我们都要和处于云端的自我意识，一起分享这段艰辛的旅程。家长一定要让孩子从小明白：每个人都带着独特的目的来到世上，希望每个人都能拿出勇气，发掘美丽的自我。

# 用忍耐构建生命的支点

千里之行，始于足下。一口吃不成一个胖子，要想实现远大的目标，就必须依靠持久的耐心，一步一个脚印地去达成。

普利策是一位犹太人，21岁时获得律师开业许可证，开始了他独自创业的生涯。作为一个有抱负的年青人，普利策觉得当个律师创不了大业。经过深思熟虑，他确定进军报界。

古希腊物理学家阿基米德说过："只要给我一个支点，就能使地球移动。"这给普利策以很大启发，他决心先找个"支点"，有了"支点"才去实现移动"地球"的壮举。据此，他千方百计寻找进入报业工作的立足点，以此作为他千里之行的起点。他找到圣路易斯的一家报馆，老板见他颇具热情，机敏聪慧，便答应留下他当记者，但有个条件，以半薪试用一年后再商定去留。

普利策明知老板对自己不那么信任，但仍乐意屈就。他在报馆期间，充分利用犹太人善于忍耐的优势，顶住老板的百般刁难和同事不屑的白眼，虚心研究报馆的各个环节的工作，最后老板高兴地提前吸收他为正式员工，第二年还把他提升为编辑。随着他署名的文章增多，影响力扩大，1869年他当选为密苏里州议会议员。1871年至1872年，他牵头筹组密苏里州自由共和党，声望大增，地位和声望常常与经济相关，普利策的收入也开始增多。1878年他用自己的积蓄买下一间濒临歇业的报馆，开始了独立办报的奋斗。他首先把该报改名为《圣路易斯邮报快讯报》，以一个新的名称引起读者注意，试图改变该报馆过去的形象。接着，他改革办报宗旨，以经济和社会生活为导向，汇集了当时美国人普遍关注的消息。此外，他还改革报馆内部的管理工作，裁减一些可有可无的部门和人员，增强广告部的力量。该报经过 5 年的经营，成为当时美国最成功的报纸，每年为他赚取 15 万美元以上的纯利润。

随着资本积累的增多，普利策又收购了《纽约世界报》，不久这家惨淡经营的报纸一举跃升为全美最有影响和利润最丰的大报。正是凭借忍耐和不断进取，普利策最终成为美国的报业巨头和大富豪，实现了他创业之初的目标。

忍耐是犹太民族的基本精神，逆境是成功的一种回响。根据一些心理学家分析，对于每一次失败的经验，他们都看成为一种"响应"，这种"响应"告诉他们应该怎样尝试不同的方法。在他们的信念系统中，他们坚信通过这样的回馈机制，他们总有一天会成功。

犹太人可以说是世界上忍耐力最强的民族，他们在恶劣的环境下和腹背受敌的攻击中，常常表现得从容自信，练就了一种特殊的心理素质：能忍一切不可忍之事。犹太人认为，逆境可以试验人有多大的忍耐力，境遇越恶劣，人就需要越强的忍耐力。

# 人生的竞赛场

生命是短暂的，人的精力也是有限的，要想做出一番成就，必须选一个目标，矢志不渝，心无旁骛地为之奋斗。

在人生的竞赛场上，没有确立目标，不能在逆境中完善自己，是不容易得到成功的。许多人并不乏信心、能力、智力，只是没有确立目标或没有选准目标，所以没有走上成功的途径。

伟大的爱因斯坦的一生所取得的成功，是世界公认的，他被誉为 20 世纪最伟大的科学家。他的一生是典型的树立目标坚持奋斗的一生。他出生在德国一个贫穷的犹太家庭，家里经济条件不好，加上自己小学和中学的学习成绩并不是很好，虽然有志向科学领域进军，但他有自知之明，知道必须量力而行。他对自己的学业情况进行了深入的自我分析：虽然总成绩平平，但对数学和物理很感兴趣，成绩比较突出。其他方面赶不上别人，只有在数学和物理方面确立目标才能有出路，因而他在读大学时选择了瑞士苏黎世联邦理工学院攻读理学专业。

由于选则了正确的奋斗目标，加上爱因斯坦勤奋好学，个人潜能得以充分发挥，短时间内积累了大量的专业知识，他在 26 岁时就发表了科研论文《分子尺度的新测定》。以后几年的时间里他又相继发表了 4 篇重要的科学论文，发展了普朗克的量子概念，提出了光量子除了有波的性状外，还具有粒子的特性，提出波粒二重性，圆满地解释了光电效应；建立了狭义相对论，成为人类对宇宙认识的重大变革，取得了前人所未有的显著成就。

假如他当年把自己的目标确立在音乐上或是文学上，恐怕就不能取得在物理学上那么辉煌的成就。爱因斯坦在物理学上奋斗目标的实现，与他能准确地选择学习目标和道路是分不开的。

他在 16 岁时就明白一个道理：知识海洋浩瀚无边，任何学者都不能在这个海洋漫无方向地漂荡。应该选定一个对自己最有利、最擅长的目标扬帆前进，避免耗费人生有限而宝贵的时光。爱因斯坦的学习善于根据目标的需要进行，使有限的学习时间得到充分的利用。他创造了高效率的定向选学法，即在学习中找出能把自己的知识引导到更深处的东西，抛弃使自己头脑负担过重和会使自己远离要点的一切东西，从而使他集中全部智慧和力量攻克选定的目标。他曾经说过："数学可以分成许多专门的领域，每一个领域都能花费我们短暂的一生。物理学也一样，分成了许多领域，其中每个领域都能耗费一个人短暂的一生。在我研究的这个领域里，我不仅学会了识别出能导致深化知识的东西，而且把其他许多肤浅的东西撇开不管，把许多充塞脑袋，并使我精力偏离主要目标的东西撇开不管。"他就是这样指导自己学习的。为了更好地阐明相对论，他专门选学了非欧几何知识。就是这样的定向选学法，使他的立论工作得以顺利地进行和正确的完成。如果他没有意向研究物理学，是不会在那个时候学习非欧几何的；如果他那时候漫无目的地涉猎各门数学知识，相对论也一定不能这么快就产生。爱因斯坦正是凭借自己在 10 多年时间内专心致志地攻读与奋斗目标相关的书，终于在狭义相对论、光电效应理论和布朗运动三个不同领域取得了重大突破。

特别值得一提的是，爱因斯坦不仅有可贵的自知之明精神，而且对已确立的奋斗目标矢志不渝。1952 年当以色列国第一任总统魏兹曼逝世后，政府官员们鉴于爱因斯坦是犹太人，科学成就卓越，声望众高，诚挚邀请他担任总统职务，而爱因斯坦却婉言谢绝了，并坦然承认自己不适合担任这一职务。确实，爱因斯坦是一位伟大的科学家，这是通过他终生努力奋斗才实现的目标。但这不代表他也拥有卓越的领导才能，如果他当上总统，那未必会有多大建树，因为他没有显露出管理方面的才华，也未曾树立这个目标，更没有为这个目标做过努力学习和奋斗。不仅犹太巨人爱因斯坦能够树立符合自身实际的远大目标，并为之进行艰苦卓绝的奋斗，其他犹太人因其民族的特性和所处的环境，也普遍都能从小怀志，确立自己人生的奋斗目标。正因为这样，犹太人都教育孩子要集中人生有限的时间和力量去攻克一个目标，而且从头到尾，决不气馁，在逆境中做到自强自大，只有这样成功率才能比别人高。

# 做个永不退缩的人

人生是一次奋斗的旅程，在强者的眼中，那些高山、峡谷、险滩、阴霾只增添了沿途的风景，让人生之旅显得更加壮丽。

在 6 年前，以色列有个小天使诞生了。珍妮·布拉斯对她的犹太家庭来说是个奇迹。几年前，医生早就告诉她母亲萝莉，她不可能再有小孩。而她却怀了双胞胎，三个半月时其中一个胎死腹中。小小的珍妮第一次展现了她不放弃生存的勇气。两岁半时，珍妮被诊断患了癌症。她的医生说她活不了太久，但凭借着爱与决心，她活了更多年。

珍妮患的是生殖细胞癌。每年 7500 个患癌症的孩子中只有 75 个患的是生殖细胞癌，医生们必须从她的骨盆中抽取骨髓。

珍妮在接受骨髓移植前经历了两年的化学疗法。那是一个威胁生命且不能预测结果的手术。骨髓移植和接近致命的化学疗法使她徘徊于生死之间。

医生说在化学疗法之后她会终生瘫痪不能走路。但她在重量仅 27 磅时竟能行走。萝莉说："孩子们的生存意志真是不可思议。"她的勇气自始至终都很惊人，她以顽强的斗志宣示她永不放弃。珍妮还因此在圣塔克拉拉的美的盛会中得到一个奖杯，以鼓励她不屈不挠的勇气。

在珍妮最难熬的时期，她常在夜里惊醒，坐直了身子，紧抓着她的父母，她要求她的母亲别让她到天堂去。萝莉只能以沙哑的声音回答："天哪！我多么希望我可以答应你。"

有时她甚至是个小讨厌。有天她跟她妈妈到杂货店去，有个友善的人对她们开玩笑："你把这个小男孩的头发剪太短了！"珍妮则不带攻击意味地回答："先生，你知道吗？我是一个患了癌症、快要死的小女孩。"

有天早上，珍妮不断地咳嗽，她妈说："我们必须再到斯坦福去。"

"不，我很好。"珍妮坚称。

"我认为我们必须去，珍妮。"

"不，我只是感冒而已。"

"珍妮，我们非去不可！"

"好吧，但只能去 3 天，否则我会搭便车回家！"

珍妮的不屈不挠和乐观精神让有幸在她周围的人觉得生命充满意义。

珍妮在意的并不是她自己和她的需要。当她病恹恹地躺在病床上，她还会跳起来帮助她的室友，倾听他们的需求。

还有一天，她看见有个满面愁容的陌生人走过她家，她就冲出门外，递给他一朵花，祝他有快乐的一天。

珍妮的母亲对珍妮和其他患了绝症的孩子有如下看法：

"他们用心度过短暂人生。他们本身自然重要，但周围世界更重要。"

4岁时，小天使珍妮在生死线上挣扎，她的家人知道到了她该离去的时候了。聚在她床边的家人，鼓励她走向通往光的隧道。珍妮回答："太亮了。"有人要她走向有天使的那条路，她回答："他们唱歌唱得太大声了。"

如果你路过基尔罗伊看到小珍妮的墓碑，你会读到她家人写的话："愿你和其他天使们手牵手。这世上没有任何东西可以改变我们的爱。"

以色列的一个总统说过："此路破败不堪又容易滑倒。我一只脚滑了一跤，另一只脚也因而站不稳，但我回过气来告诉自己，这不过是滑一跤，并没有死掉爬不起来了。"正如恶劣的品质可以在幸运中暴露一样，最美好的品质也正是在厄运中被显示的。犹太拉比希勒尔说过：若欠缺有待克服的障碍，在多样的人生经验中将失去一些回馈的喜悦。若欠缺需要跋涉的黑谷，山顶的时光，只有不到一半的美妙。

# 只要你想就能做到

你对自己的生命拥有比你想象的更多的主宰权。

曾有一个有关著名犹太医生卡尔·赛蒙顿的有趣故事。赛蒙顿医生是一位专门治疗晚期癌症病人的专科医生，他提起有一次治疗一位61岁喉癌病人的经过。当时这名病人因为病情的影响，体重大幅下降，瘦到只有98磅（约合44千克），癌细胞的扩散使得他无法进食。

赛蒙顿医生告诉这位患者，自己将会全力为他诊治，帮助他对抗恶疾。同时，每天将治疗进度详细地告诉他，并清楚讲述医疗小组治疗的情形，及他体内对治疗的反应，使病人对病情得以充分了解，并缓解不安的情绪努力与医护人员合作。

结果治疗情形好得出奇。赛蒙顿医生认为这名患者实在是个理想的病人，因为他对医生的嘱咐完全配合，使得治疗过程进行得十分顺利。赛蒙顿医生教这名病人运用想象力，想象他体内的白血球大军如何与顽固的癌细胞对抗，并最后战胜癌细胞的情景。结果两个星期之后，医疗小组果然抑制了癌细胞的破坏性，成功地战胜了癌症。对这个杰出的治疗成果，就连赛蒙顿医生也感到十分惊讶。

其实赛蒙顿医生是因为运用了心理疗法来治疗这名癌症病人，才获得了如此成功的疗效。他对患者说："你对自己的生命拥有比你想象的更多的主宰权，即使是像癌症这么难缠的恶疾，也能在你的掌握中。"他继续说："事实上，你可以运用这种心灵的力量，来决定你的生或死。甚至，如果你选择活下去，你还可以决定要什么样的生命品质。"

犹太先哲弥迦一向主张，当你设定一个目标时，必须先在心里想象自己实现目标时的情境，描绘出一幅成功的景象，并随时将那幅景象摆在脑海中。如此，总有一天你的愿望就会变成现实。

曾经有一幅反映"二战"时犹太人生活的电影海报，令人印象极深。海报上面分别画着一个蚕茧、一条毛毛虫和一只蝴蝶。底下则是一行文字，写着："选择——同样是一生，你愿意当哪一种？一个茧，一条虫，还是飞上枝头的蝴蝶？只要你想做，你就能做到！"

# 做自己命运的主人

上帝夺取了我们的一切，剩下的只有我们。

从前，一头驴子不小心掉到一口枯井里，它哀怜地叫喊呼救，期待主人把它救出去。驴子的主人召集了数位亲邻出谋划策，却想不出好办法。大家倒是认定反正驴子已经老了，"人道毁灭"也不为过，况且这口枯井迟早也会被填上。

于是，人们拿起铲子开始填井。当第一铲泥土落到枯井中时，驴子叫得更恐怖了，它显然明白了主人的意图。又一铲泥土落到枯井中，驴子出乎意料地安静了。人们发现，此后每一铲泥土打在它背上的时候，驴子都在做一件令人惊奇的事情：它努力抖落背上的泥土，踩在脚下，把自己垫高一点。

人们不断把泥土往枯井里铲，驴子也就不停地抖落那些打在背上的泥土，使自己再升高一点。就这样，驴子慢慢地升到了枯井口，在人们惊奇的目光中，从从容容地走出枯井。

这则故事给我们三个启示：其一，假若你现在就身处枯井中，求救的哀鸣也许换来的只是埋葬你的泥土。那么，驴子教会我们走出绝境的秘诀，便是拼命抖落背上的泥土，变本来用来埋葬你的泥土为拯救自己的泥土，即将不利因素转化为有利因素。其二，无论绝望与死亡如何惊天动地，有时候走出"枯井"原来就这么简单。其三，驴子走出枯井时，表现得从从容容，这应该说是从生活或从困境中走出来的人，面向未来，充满活力的一种值得探讨和推崇的理念。

《塔木德》教导人们："要救赎自己"，这种救赎不能靠别人，必须由自己来完成，看看犹太人是如何救赎自己的。

因为犹太人会精心设计自己的人生，所以在发现自己真正想要从事的职业之前，他们会不断地变换工作。美国犹太商人朗司·布拉文就属这一类人。

布拉文是37岁才开始经商的。他的父亲在洛杉矶经营一所拥有100名员工的会计师事务所，他在大学学的是会计学，毕业以后他马上进了父亲的事务所工作。周围人都认为他会顺其自然地成为事务所的第二代继承人继续经营会计师事务所，但是，他总是觉得事务所的工作不适合自己，最后辞职了，开始自己尝试着经商。

他进入商界也就十几年时间，但年交易额已达35亿日元。他主要向日本出口高尔夫用品等与体育有关的用品、服装及辅助设备等。经销地点除了公司本部的拉斯维加斯外，还有日本及瑞士。他设想有朝一日能够建立世界规模的公司。

幸亏布拉文转换了工作，才发现更适合自己发展的道路。但是，当初作出从父亲的事务所辞职的决定肯定是很难的。虽说犹太社会父子关系是各自独立的，但是就这么眼睁睁着放弃非常成功的父亲的事业，自己出去独立发展是需要很大决心的。但是，遇到该选择父亲还是该选择自己的情况，犹太人会毫不犹豫地选择自己。

看看下面这则很有寓意的故事吧，之后你会有所感悟：

有三个人要被关进监狱三年，监狱长说可以让他们每人提一个要求。

美国人爱抽雪茄，要了三箱雪茄。

法国人最浪漫，要一个美丽的女子相伴。

而犹太人说，他要一部与外界沟通的电脑。

三年过后，第一个冲出来的是美国人，嘴里鼻孔里塞满了雪茄，大喊道："给我火，给我火！"原来他忘了要火了。

接着出来的是法国人。只见他手里抱着一个小孩子，美丽女子手里牵着一个小孩子，肚子里还怀着第三个。

最后出来的是犹太人。他紧紧握住监狱长的手说："这三年来我每天与外界联系，我的生意不但没有停顿，反而增长了200%。为了表示感谢，我送你一辆劳斯莱斯！"

这个故事告诉我们：什么样的选择决定今后过什么样的生活。今天的生活是由三年前我们的选择决定的，而今天我们的抉择将决定我们若干年后的生活。

犹太人就是这样，什么事情都是靠自己来争取。不能因为环境改变了，就要放弃自己的计划。中国有句俗语：三句话不离本行。犹太人素来以经商为主，不管他在哪里，他都会牢牢记住自己的理想，不会放弃。因为一旦放弃了，那么就等于放弃了自己。在他们的意识里面，生活只能靠自己去选择，去创造。

追求成功，得靠实力，追求财富也离不开自身的拼搏。只要拥有了凡事求己的坚强和自信，人人都能成为自己的财神。其主旨就是要揭示这样一条真理：凡事不要依靠别人施舍，也不要希望财富与成功自天而降。只有将命运之舟紧紧地掌握在自己的手中，才能使它准确地驶向成功的彼岸，驶向财富的绿洲。只有自己才是操纵自己人生的真正主人。

休·赫胡是美国一家著名杂志的老板，他的杂志在国内极受读者欢迎，是美国最热门的杂志之一。

赫胡早年经历极为平凡，只不过是一位记者，这在美国是一个普通得不能再普通的职业。在他当记者的时候经常因为工作而耽误了吃饭休息，甚至连好几个女朋友都先后离他而去，但他仍然勤奋工作，毫不懈怠。

到后来，他才突然发现，自己这样做，并没有得到应该得到的报酬。

于是，他终于鼓起勇气，来到总编办公室，要求总编给他增加 10 美元的工资。

总编对这位年轻的记者丝毫不放在眼里。他轻蔑地对赫胡说："像你这样的年轻人，值得拿这么多的工资吗？况且，要那么多钱干什么？"

赫胡听到总编说出这样粗鲁的话，看到总编的态度如此蛮横无理，顿时有被耍弄的感觉，当场提出辞职要求，并且毫不犹豫地离开了报社。

他虽然离开了报社，但报社也曾给他带来很多好处，让他从这份薪俸微薄的记者工作中积累了丰富的生活素材，为他后来成就事业打下了坚实的基础。

赫胡凭着自身具备较为优越的条件，开始筹集资金，发行杂志。这个被迫辞职的记者，不久成了杂志社的编辑，又不久成了杂志社经理。

杂志成功后，赫胡又在芝加哥开设了俱乐部，其俱乐部形式生动活泼，项目新鲜，服务周到，分店很快就遍布了全世界。他也因此成了一个蜚声中外的成功人士，可谓名利双收。

休·赫胡决意掌握自己的命运，不甘于仰人鼻息，为他人卖命。他通过自己的努力，闯出一条成功之路。

# 第四章

# 智慧：成功大门的钥匙

## 爱生智慧，智慧改变命运

当你的心中充满爱，就会主动热情地寻找各种办法帮助他人解决困难，而智慧由此产生，你在帮助他人的过程中也会获得丰厚的回报。

一天夜里，已经很晚了，一对年老的夫妻走进一家旅馆，他们想要一个房间。犹太侍者回答说："对不起，我们旅馆已经客满了，一间空房也没有剩下。"但是侍者不忍心深夜让这对老人出门另找住宿。而且在这样一个小城，恐怕其他的旅店也早已客满打烊了，这对疲惫不堪的老人岂不会在深夜流落街头？于是好心的侍者将这对老人引领到一个房间，说："也许它不是最好的，但现在我只能做到这样了。"老人见眼前其实是一间整洁又干净的屋子，就愉快地住了下来。

第二天，当他们来到前台结账时，侍者却对他们说："不用了，因为我只不过是把自己的屋子借给你们住了一晚——祝你们旅途愉快！"原来如此。侍者自己一晚没睡，他就在前台值了一个通宵的夜班。两位老人十分感动。老头儿说："孩子，你是我见到过的最好的旅店经营人。你会得到报答的。"侍者笑了笑，说这算不了什么。他送老人出了门，转身接着忙自己的事，把这件事情忘了个一干二净。没想到有一天，侍者接到了一封信函，打开看，里面有一张去纽约的单程机票并有简短附言，聘请他去做另一份工作。他乘飞机来到纽约，按信中所标明的路线来到一个地方，抬眼一看，一座金碧辉煌的大酒店耸立在他的眼前。原来，几个月前的那个深夜，他接待的是一个有着亿万资产的富翁和他的妻子。富翁为这个侍者买下了一座大酒店，深信他会经营管理好这个大酒店。

# 吃亏即是占便宜

有些事情，从常规的角度看，似乎是吃了大亏，但从另一个角度看，却是占了天大的便宜。这就是智慧。

一个犹太人走进纽约的一家银行，来到贷款部，大模大样地坐了下来。

"请问先生，我可以为你做点什么？"贷款部经理一边问，一边打量着这个西装革履满身名牌的来者。

"我想借些钱。"

"好啊，你要借多少？"

"1 美元。"

"只需要 1 美元？"

"不错，只借 1 美元，不可以吗？"

"噢，当然，不过只要你有足够的保险，再多点也无妨。"经理耸了耸肩，漫不经心地说。

"好吧，这些做担保可以吗？"犹太人接着从豪华的皮包里取出一堆股票、国债等，放在经理的写字台上。

"总共 50 万美元，够了吧？"

"当然，当然！不过，你真的只要借 1 美元吗？"经理疑惑地看着眼前的怪人。

"是的。"说着，犹太人接过了 1 美元。

"年息为 6%，只要您付出 6% 的利息，一年后归还，我们就可以把这些股票退还给您。"

"谢谢。"

犹太人说完准备离开银行。一直站在旁边冷眼观看的分行长，怎么也弄不明白，拥有 50 万美元的人，怎么会来银行借 1 美元，于是他慌慌张张地追上前去，对犹太人说：

"啊，这位先生……"

"有什么事吗？"

"我实在弄不清楚，你拥有 50 万美元，为什么只借 1 美元呢？你不以为这样做你很吃亏吗？要是你想借三四十万美元的话，我们也会很乐意……"

"请不必为我操心。在我来贵行之前，问过了几家金库，他们保险箱的租金都很昂贵。所以嘛，我就准备在贵行寄存这些东西，一年只需要花 6 美分，租金简直是太便宜了。"

看到这个题目的时候你是不是很迷惑，吃亏与占便宜怎么可能是一回事？看了这个故事后你就豁然开朗了吧。打破自己的思维定势，换个角度去想问题，往往会有意想不到的收获。家长从小培养孩子的智力时，最重要的莫过于让他多角度思考问题。

# 财富与智慧

有财富而无智慧，财富是不能永久的，而有了智慧就不愁没有财富，因为智慧是财富的源泉。

在犹太人心中，学者是人们尊敬的中心。把学者置于一切人甚至国王之上，就可以看出犹太民族是多么重视智慧。这一点是犹太民族可引以自豪的传统，因为其他民族都把贵族、王侯、军人或商人的地位放在学者之上。

犹太儿童中间流传着这样一则寓言：

在远古的耶路撒冷有一种精灵，他们干着仆役的事情，做家务，打扫房屋，有时还兼管花园。其中有一个精灵，给一个小康之家管理花园。他干活不声不响，相当熟练，热爱主人，还特别热爱那个花园。他工作非常卖力，主人对他也很满意。尽管他和他的同伴一样，生性非常轻盈，可以随时去各种地方，但为了更好地表明他是个忠实的仆役，他始终住在这家主人那里。但可怕的是，他的同行——其他精灵对他百般诽谤，以至于精灵的头目很快下令，把他调到北极去照料一所终年被雪覆盖的房屋。动身前，精灵对他的主人说："我不知道自己犯了什么错误，别人逼着我离开你们。在这里，我只能再待很短的一段时间，可能是一个月，也可能是一个星期。请你们抓紧时机说出三个愿望，我帮你们实现这三个愿望，但是只能三个，不能再多。"主人和夫人合计了一下，第一个愿望就是要求财富。果然，立即便有大堆大堆的金钱装满了他们的钱柜和大大小小的箱子，仓库里全是小麦，地窖里全是酒，一切都装得满满的。但究竟怎样来管理这些财物呢？该设立多少账本，耗费多少时间和心血？两人都感到十分为难，贼人要来算计他们，王公大人要来借贷，国王要来征税，这对可怜的夫妇因为太过富有而感到痛苦。"快来帮我们摆脱这些因钱财而引起的麻烦吧！"他们两人请求说，"穷人是多么幸福，他们无忧无虑！贫困远远胜过财富。财富，快走开！而贫穷女神，快回来吧！"说完这些话，所有的一切都消失了，他们又和原来一样了。他们重新获得了安宁和平静。精灵因他们的觉悟而和他们同声大笑。最后他们请求精灵赐给他们智慧。他们明白，这才是一种从不引起麻烦的财富。

犹太人蔑视一般的学习，他们告诉孩子一般的学习只是一味模仿，而不是任何的创新。实际上，学习应该是思考的基础。"学识及能力，都像是价值最昂贵的怀表。"

# 动脑的结果

事在人为，积极的人只为成功想办法，不为失败找借口。

佛瑞迪只有 16 岁。在暑假即将来临的时候，他对父亲说："爸爸，我不要整个夏天都向你伸手要钱，我要找个工作。"

父亲从震惊中恢复过来之后，对佛瑞迪说："好啊，佛瑞迪，我会想办法给你找工作，但是恐怕不容易。现在正是人浮于事的时候。"

"你没有弄清我的意思，我并不是要您给我找个工作。我要自己来找。还有，请不要那么消极。虽然现在人浮于事，我还是可以找到工作，毕竟有些人总是可以找到工作的。"

"哪些人？"父亲带着怀疑问。

"那些会动脑筋的人。"儿子回答说。

佛瑞迪在"事求人"广告栏上仔细寻找，找到了一个很适合他专长的工作，广告上说找工作的人要在第二天早上 8 点钟到达 42 街的一个地方。佛瑞迪并没有等到 8 点钟，而在 7 点 45 分钟就到了那儿。可他看到已有 20 个男孩排在那里，他只是队伍中的第 21 名。

怎样才能引起特别注意而竞争成功？这是他的问题，他应该怎样处理这个问题呢？根据佛瑞迪所说，只有一件事可做——动脑筋思考。因此他进入了那最令人痛苦也是令人快乐的程序——思考。在真正思考的时候，总是会想出办法的，佛瑞迪想出了一个办法。他拿出一张纸，在上面写了一些东西，然后折得整整齐齐，走向秘书小姐，恭敬地对她说："小姐，请你马上把这张字条转交给你的老板，这非常重要。"

她是一名老手，如果他是个普通的男孩，她就可能会说："算了吧，小伙子。你回到队伍的第 21 个位子上等吧。"但是他不是普通的男孩，她直觉感到，他散发出一种自信的气质。她把字条收下。

"好啊！"她说，"让我来看看这张字条。"她看了不禁微笑了起来。她立刻站起来，走进老板的办公室，把字条放在老板的桌上。老板看了也大声笑了起来，因为字条上写着：

"先生，我排在队伍中第 21 位，在你没有看到我之前，请不要作决定。"

他是不是得到了工作？他当然得到了工作，因为他很早就学会了动脑筋。一个会动脑筋思考的人总能掌握住问题，也能够解决它。

在激烈的竞争中，如何使自己脱颖而出，又如何体现自己与他人的不同，你不能只是傻傻地等着，等着别人来证明你或是等着时间来证明你。你需要的是自己积极主动的行动，而这个时候开动你的脑筋吧，它会告诉你最好的方法！

# 看不懂的故事

很多可能的事会成为不可能，不可能的事却会成为可能……

胡塞尔教授每天都要给临睡前的孙子讲个故事，但《家教周刊》上的一篇叫作《三个猎人》的故事，却让胡塞尔教授讲不下去了。故事是这样的：

从前有三个猎人，两个没带枪，一个不会打枪。他们碰到三只兔子，两只兔子中弹逃走了，一只兔子没中弹，倒下了。

他们提起一只逃走的兔子朝前走，来到一幢没门没窗没屋顶也没有墙壁的屋子跟前，叫出房屋主人，问："我们要煮一只逃走的兔子，能否借个锅？"

"我有三个锅，两个打碎了，另一个掉了底。"

"太好了！我们正要借掉了底的。"三个猎人听了特别高兴！他们用掉了底的锅子，煮熟了逃走的兔子，美美地吃了个饱。

胡塞尔教授琢磨了好几天，也没有琢磨出这个故事是啥意思。于是给《家教周刊》写了封信，指出这篇故事让人瞠目结舌的逻辑性错误：其一，中了弹的兔子怎么能逃走，没中弹的兔子又如何会倒下？其二，既然兔子逃走了，猎人如何能将它提起煮着吃？其三，没底的锅怎么能煮熟逃走的兔子，且美美地吃了个饱？

胡塞尔教授的信刊出之后，多家报刊做了转载，胡塞尔教授也收到了大量的读者来信。来信当然都是支持胡塞尔教授的观点，胡塞尔教授深受鼓舞，对幼儿读物成人也看不懂的现象，又一连发表了多篇批评文章。

一年以后，胡塞尔教授的家里来了位客人。客人与胡塞尔教授一见如故，相谈甚洽。谈到某重点大学毕业生因为害怕失去一份高收入的工作，考上研究生之后却放弃读研究生的机会，到储蓄所去做了储蓄员；劣迹斑斑、臭名昭著的黑社会分子却做了警察局局长等现象，两人更是唏嘘不已、再三叹惜。

不知不觉大半天过去，醉眼蒙眬中客人突然举杯问教授："你还记得《三个猎人》的故事吗？你现在能读懂《三个猎人》了吗？"胡塞尔教授愣了愣，默然无语。客人止住谈兴，端起酒杯，咂了咂嘴，又终于放下。良久，教授又喊："喝酒、喝酒。"两人便再喝酒，边喝边叹，边叹边喝。突然，胡塞尔教授眼睛一亮，"哎哟"一声，端起酒杯顿了顿，说："最简单的真理往往最难发现。《三个猎人》就是为了让孩子们从小就懂得，有很多可能的事会成为不可能，不可能的事却会成为可能……"

最简单的真理往往是最难发现，最没逻辑的故事也许隐含最深刻的道理。真实往往是通过一种夸张表现出来的，最荒诞的论断正是以它的光芒让我们看到其中我们曾过分忽略的事物，正像文中《三个猎人》的故事，它以独特的角度告诉我们：生活的逻辑与思维的逻辑是不同的，生活才是真实的。

# 没有标准答案

任何问题都不只一种解决方案，也没有所谓必须如此的标准答案，要敢于打破权威，独辟蹊径，创造性地解决问题。

很久以前，以色列国立大学教授卡兰得拉接到他的同事的一个电话，他问卡兰得拉是否愿意为一个试题的评分做鉴定人。因为同事想给他的一个学生答的一道物理题打零分，而他的学生则声称应得满分。这位学生认为这种测验制度不对，他一定要争取满分。因此老师和学生同意将这件事委托给一个公平无私的仲裁人，而卡兰得拉被选中了……

卡兰得拉到他同事的办公室，并阅读了这个试题。试题是："试证明怎么能够用一个气压计测定一栋高楼的高度。"

学生的答案是："把气压计拿到高楼顶部，用一根长绳子系住气压计，然后把气压计从楼顶向楼下坠，直到坠到地面为止；然后把气压计拉上楼顶，测量绳子放下的长度。这长度即为楼的高度。"

这是一个有趣的答案，但是这学生应该获得称赞吗？卡兰得拉指出，这位学生应该得到高度评价，因为他的答案完全正确。另一方面，如果高度评价这个学生，就应该给他物理课程的考试打高分；而高分就证明这个学生知道一些物理学知识，但他的回答又不能证明这一点……

卡兰得拉让这个学生用 6 分钟回答同一个问题，但必须在回答中表现出他懂得一些物理学知识……在最后一分钟里，学生赶忙写出他的答案。答案是：把气压计拿到楼顶，让它斜靠在屋顶的边缘处。让气压计从屋顶落下，用秒表记下它落下的时间，根据落下的距离等于重力加速度乘下落时间的平方的一半，算出建筑物的高度。

看了这答案之后，卡兰得拉问他的同事是否让步。同事让步了，于是卡兰得拉给了这个学生几乎是最高的评价。正当卡兰得拉要离开他同事的办公室时，突然记得那位同学说他还有另外一个答案。于是卡兰得拉问是什么样的答案。学生回答说："啊，利用气压计测出一个建筑的高度有许多办法。例如，你可以在有太阳的日子在楼顶记下气压表的高度和它影子的长度，又测出建筑物影子的长度，就可以利用简单的比例关系，算出建筑物的高度。"

"很好，"卡兰得拉说，"还有什么答案？"

"有呀，"那个学生说，"还有一个你会喜欢的最基本的测量方法。你拿着气压表，从一楼登梯而上，当你登楼时，用符号标出气压表上的水银高度，这样你可以用气压表的单位得到这栋楼的高度。这个方法最直截了当。

"当然，如果你还想得到更精确的答案，你可以用一根弦的一端系住气压表，把它像一个摆那样摆动，然后测出街面和楼顶的 g 值（重力加速度）。从两个 g 值之差，在原则上就可以算出楼顶高度。"

最后他又说："如果不限制我用物理学方法回答这个问题，还有许多其他方法。例如，你拿上气压表走到楼房底层，敲管理人员的门。当管理人员应声时，你对他说下面一句话'亲爱的管理员先生，我有一个很漂亮的气压表。如果你告诉我这栋楼的高度，我将把这个气压表送给您……'"

问题的解决方法往往不只有一种，没有必要把自己的思维固定在某一点上。开放性的思维远比一些所谓的标准答案更值得我们的赞赏！因为你会发现，你原来并不需要待在狭小屋里，只要推开那扇门，你会发现，你的面前本有一片广袤的天地。

# 难忘的一课

不知并不可怕，最可怕的是不知道却要装作知道，欺骗自己，欺骗他人。

医学院三年级，他们开始临床实习，给病人看病了。

他们心情都有点紧张，口袋里装满了各种医疗手册和工具，显得鼓鼓囊囊的。但是我们没有带听诊器，他们的犹太老师让他们把自己的听诊器放在护士办公室了。

他们站在第一位病人的床头边。老师把他们上下打量了一番。"这位病人是沃特金斯先生，"他说，"我已把我们的实习安排向他作了解释，他不会介意的，只要你们需要，尽可以听听他的心脏。他患的是心脏僧帽瓣硬化症。简直太典型了，我不知道你们今后是否还能碰到这样的病例。"

"关于心脏僧帽瓣硬化症的病理知识，我们以前早就学过。我们知道这种病的心跳规律是先有一声清晰的强音，接着是两下微弱的杂音。"

指导老师把他的听诊器递给他们。"你们要仔细听听。沃特金斯先生的心跳强音很明显。"

他们一个接一个地拿过听诊器，集中精力听诊。"噢，没错，听得很清楚。"大家都点点头说。他们互相注视着，只见人人都是一脸轻松的表情。他们很感谢指导老师能把实习课安排得如此顺利。

这节实习课结束后，他们6个学生来到护士办公室，坐了下来。"你们都听清楚了吗？"指导老师问。他们点点头。老师并不多说，慢慢拆开他们刚用过的那个听诊器。只见他从口袋里取出一个小镊子，用它夹出塞在听诊器里的一团棉球。

原来这是一个失效的听诊器，仅仅一个摆设而已！根本不可能用它听清什么心脏杂音的。

"再也不要这么干了，"老师说，"如果你们听不到什么声音，就直说好了。如果你们不理解别人在讲什么，就告诉他你确实不明白。本来糊涂却假装清醒，也许能欺骗你们的同事，但对你们自己——还有你们的病人，一点好处也没有。"

一时间，他们都尴尬极了。现在，25年过去了，这也许是他们有生以来所上过的最好的一堂医学课。

我们不断地学习，就是因为有很多东西我们不懂，所以不懂并不可耻，最重要的是不能不懂装懂，不懂装懂往往比不懂更无知，因为它不但在欺骗别人，更是在欺骗自己。"知之为知之，不知为不知"，只有这样，我们才能不断学到新的知识，不断进步。而这种品质一定要从小培养。

# 扛着驴的父子

*凡事要自己拿主见，别人的意见只能作为参考，而不能听凭别人的摆布。*

有个父亲带儿子去市场卖驴子，驴子走在前头，父子俩随行在后，村里的人看了都觉得很可笑。"真傻啊！骑着驴子去多好，却在这沙尘滚滚的路上漫步。""对啊！说得对啊！"父亲突然觉得很有道理。

"孩子，骑上驴子吧！我会跟在旁边，不会让你掉下来的！"父亲让孩子骑在驴子上，自己则跟在旁边走着。这时，对面走来两个父亲的朋友。"喂！喂！让孩子骑驴，自己却徒步，算什么！现在就这么宠孩子将来还得了！为了孩子的健康，应该叫他走路才对，让他走路，让他走路！"

"噢！对呀！有道理。"于是父亲让孩子下来，自己则骑上驴背。孩子跟在驴子前面，蹒跚地走着。走着走着，碰见一个挤牛奶的女孩。女孩用责备的口吻说："哎唷！世间竟有这么残酷的父亲，自己轻轻松松地骑在驴背上，却让那么小的孩子走路，真可怜。瞧，那孩子多痛苦，跟跟跄跄地跟在后头，实在可怜啊！"

"是啊！你说得有理！"父亲点头赞同。于是，父亲叫孩子也骑到驴背上，朝着市场的方向前进。驴子同时要载两个人，渐渐地举步非常吃力，呼吸急促，腿摇摇晃晃地发抖。可是父亲并没有发觉，还轻轻松松地哼着歌曲，一边在驴背上摇晃呢！驴子好不容易走到教堂前，喘了一大口气，休息、休息。

教堂前面正好站了一位牧师，叫住了他们。"喂！喂！请等一下，让那么弱小的动物载两个人，驴子太可怜了。你们要去哪里呢？""我们正要带这匹驴子去市场卖呀！""哦！这更有问题。我看你们还没走进市场，驴子就先累死了，恐怕还卖不出去呢！信不信由你。""那么，该怎么办呢？""把驴子扛着去吧！"

"好！有道理。"父子俩立刻从驴背上跳下来，然后把驴子的脚绑起来，再用棍子扛着驴子。这样扛着，当然非常重，所以父子俩涨红了脸，摇摇晃晃地喊着："怎么这么重呢！"看见这情景的人都呆住了。"真是奇怪的人啊！"扛着驴子的父子不久走到一座桥上。"孩子，市场快到了，再忍耐一会儿吧！"父亲虽然这么说，可是自己和孩子都已经累得精疲力尽了。

驴子毕竟是驴子，被倒吊着反而痛苦得不得了，不但口吐白沫，还粗暴地扭动起来。"嘿！乖一点啊！"父亲严厉地斥骂着，可是驴子不听，扭动得更厉害，结果，棍子啪的一声折断了。绳子也弄断了，驴子倒栽葱似的掉进河里。很不凑巧，雨后河水暴涨，驴子就在那瞬间，被急流吞没，看不见踪影了。"啊！怎么会这样呢？这都是一味听别人的意见，而产生最严重的后果啊！"父子两只好垂头丧气地走回家。

父子俩由于自己不思考，盲目听从别人的意见，结果吃了大亏。凡事要动脑筋，不能随意采纳别人的意见。思维能力是智力活动的核心，也是智力结构的核心，因而思维能力是成才最重要的智力因素。思维能力也是要从小就开始发展的，它会使人更聪明、更胜人一筹。犹太人从孩子小时候就开始培养孩子的思维能力。

# 人是由猴子变的吗

孩子对这个世界充满了好奇，会提出许多稀奇古怪的问题，作为父母，对孩子的问题应耐心地认真回答。

一天，塞德尔兹先生正在与哈塞先生就孩子爱提问题这个话题进行讨论时，哈塞先生说："小孩子有时真的很烦，他那张嘴整天都没有停过，叽叽喳喳不停地问这问那，我的头都快要被他吵炸了。"

就在此时，塞德尔兹的儿子小塞德尔兹走了过来。他手里拿了一本达尔文的《进化论》的少儿读本，书中用生动的笔调描述了生物进化的过程，并且配有极为有趣的插图。

"爸爸，《进化论》中说人是由猴子变来的，这是对的吗？"儿子问道。

"我不知道是否完全对，但达尔文的理论是有道理的。"

"可是既然人是由猴子变的，那么为什么现在人还是人，猴子仍然是猴子？"儿子问。

"你没有看见书是这样写的吗？猴子之中的一群进化成了人类，而另一群却没有得到进化，所以它们仍然是猴子。"

"这恐怕有问题。"儿子怀疑地说。

"什么问题？"

"既然是进化论，那么猴子们都应该进化，而不光是只有一群进化。"

"为什么这样说？"

"我觉得另一群猴子也应该得到进化，变成一群能够上树的人。"

这时，哈塞先生的脸上流露出极不以为然的神色，他的眼光似乎是在说："看你有多大的耐心。"

"那是不可能的，因为事实上是猴子当中的一部分没有得到进化……"塞德尔兹说。

"为什么？"儿子仍然不放过这个问题。

于是，塞德尔兹只能尽自己所知给他讲明其中的原因："据我了解，一群猴子由于某种原因不得不在地面上生存，它们的攀缘能力逐渐退化，而又学会了直立行走，经过漫长的进化变成了人类；另一群猴子仍然生活在树上，所以没有得到进化。"

"我明白了。可是为什么要进化呢？如果人能够像猴子那样灵活不是更好吗？"儿子又开始了另一个问题。

"虽然在身体和四肢上猴子比人灵活，但人的大脑比猴子的灵活。"塞德尔兹说道。

"大脑灵活又有什么用呢？又不能像猴子那样可以从一棵树跳到另一棵树上。"儿子说道。

"身体灵活固然好，但只有身体上的优势是远远不够的，大脑的灵活才是最重要的，因为只有这样才能创造出文明。"

"为什么要创造文明？"儿子问道。

"因为文明代表着人类的进步。"塞德尔兹说道。

就这样，儿子的问题一个又一个地如潮水般涌来，他的很多问题在成年人看来非常可笑而毫无根据，但即使这样，塞德尔兹也尽力不让他失望。

"塞德尔兹博士，我真佩服你的耐心。"哈塞先生说道。

塞德尔兹说："其实也并非我的耐心比其他人好，只不过我认识到认真回答孩子问题的重要性，因为只有这样才能够培养起他的探索精神，而不是将这宝贵的品质抹杀掉。"

现在许多父母都讨厌孩子问问题，这是大错特错的。犹太父母认为，这种愚蠢的做法虽然能换来片刻的宁静，但却在不知不觉中压抑了孩子的好奇心和求知欲，更为严重的是抹杀了孩子最可贵的求知精神。犹太人总是认真而耐心地回答孩子提出的问题，决不会像很多父母那样嫌麻烦，而应付了事。

# 智慧的力量

智慧是世界上最强大的力量，学习知识必须转化为智慧才有意义。

世界著名的军事家拿破仑曾说过："在部队里面，勇敢的将军固然重要，但是善于动脑筋思考的将军更重要，一个士兵，更需要有一个智慧的将军。"其实，在生活的各个方面都是如此。

世界著名的"酒店大王"——希尔顿，觉得自己人生得到的最大一次启示，来自他12岁时的一段经历。当时在美国西部人人带枪，但他爸爸从来不带，他说："带枪的人必须依靠拔枪的速度，不带枪的人，需要的则是智慧，我相信智慧的力量会远远大过武器的力量。"

希尔顿很快领教了父亲这句话的含义：一天，他发现爸爸在一个酒馆里面，被一个醉汉用枪逼着，若没有回答出醉汉的任何一个问题，就会立即被枪打死。面对这生死存亡的一瞬间，他却吃惊地发现爸爸很平静，用一种非常感人的语调，慢慢地对那个拿枪的人说话，那人的态度逐渐软化，枪掉在了地上，最后，那人竟然抱着他的爸爸哭了起来！

"智慧的力量大于任何力量。"这一启示，指导了他后来的经商之道，最终成为闻名世界的"酒店大王"。

犹太民族非常重视学问，但是与智慧相比，学问也略低一筹，他们把仅有知识而没有智慧的人，比喻成"背着很多书本的驴子"。在犹太人看来，这种人即使有一肚子知识，也丝毫派不上用场。而且，知识必须为善，如果用知识做坏事，知识反而有害了。为此，犹太人认为，知识是为磨炼智慧而存在的。假如只是单纯地收集很多知识而不消化，就同徒然堆积许多书本而不用一样，都是一种浪费。

# 皇冠与杂草

有多少人又想过自己头上的并非皇冠、光环，而只是一些杂草呢？

又有多少人为了这些杂草，费尽了时间、精力、快乐呢？

尤其是年轻人，觉得所谓的"名誉"要比任何美丽的装饰品都要来得更有价值，但是，这种没有任何根基的"名誉"，也会像脆弱的花朵一样，经不起一阵风吹雨打就衰败了！

一个年轻的女模特非常虚荣和自负，无论做什么她都要争第一，读书时她喜欢拿第一，参加模特比赛她更要拿第一，为了拿到第一她可以不惜一切代价。但是她总是觉得自己很累，总是没有停歇的时候，因为怕别人将她比下去，独自一人的时候，她总是郁郁寡欢。为了改变现状，她决定去向一位德高望重的智者请教。

智者问女模特："得第一时，你的感觉如何？"

女模特想了想，回答道："哦！那种感觉奇妙极了！庄重的加冕典礼，隆重的颁奖仪式。之后，冠军的皇冠便有了神圣的意味。一旦拥有了它，我自己就感觉跟着一起神圣起来，所有人都会向我投来赞美和崇拜的目光，那真是太令人兴奋了！"女模特有些情不自禁起来。

智者问道："那你为什么还会感觉很累而不快乐呢？"

女模特又落寞了下来，喃喃地说："是啊，为什么我还会不快乐呢？"

智者微笑，说："看到你对皇冠带给你的光环的热衷，让我不由想起另外一些动物来。"

女模特不解地问："动物？"

智者缓缓地讲了一个故事："在野生的麋鹿群之中，每年夏秋的季节就会爆发一场王位之战。战胜者可以拥有王者的统治地位，同时拥有自由享用群落中所有母鹿的交配权。"

女模特打断说："这是自然界的规律，并没有什么特别之处啊！"

智者自顾自地说："但是让人感兴趣的是，获胜的鹿王在夺得王位之后，总是会挑起地上的杂草或枯枝顶到自己强有力的鹿角之上，然后在自己的鹿群中炫耀几圈，受用着群鹿看着自己头顶上的杂草温顺后退的美妙感觉。哦！就像你刚才所说的那样。"

智者接着说："或者，再扩大一点，与人类某些顶着'皇冠'掌握了一定权力和荣誉的人物也很近似。因为拥有了这些杂草或'皇冠'，便有了生杀予夺的威权和受人膜拜的光环。所以，也难怪人们会觉得'皇冠'是如此神圣令人向往了。"

女模特激动地说："对啊！就是这样！"

智者笑了，语重心长地说："可你不要忘记了，皇冠有时也只不过是一些杂草啊！"

# 因材施教

每个人都有自己的优点和长处，没有必要强求一致，重要的是要扬长避短。

犹太少年琼尼·马汶的爸爸是木匠，妈妈是家庭主妇。这对夫妇准备送儿子上大学，所以节衣缩食，一点一点地存钱。马汶读高中二年级时，一天，学校聘请的一位心理学家把这个16岁的少年叫到办公室，对他说："琼尼，我看过了你各学科的成绩和各项体格检查，仔细研究了你各方面的情况。"

马汶插嘴道："我一直很用功的。"

"问题就在这里，"心理学家说，"你一直很用功，但进步不大，你的各科成绩都远远落后于其他同学，你对高中的课程有点力不从心，再这样学下去，恐怕你就是在浪费时间了。"

孩子用双手捂住了脸："啊！那样我爸爸妈妈会难过的。他们一直巴望我上大学。"

心理学家抚摩着孩子的肩膀。"人的才能各种各样，琼尼，"心理学家说，"工程师不认识简谱，画家背不全九九乘法表，这都是可能的。但每个人都有自己的特长——你也不例外。终有一天，你会发现并发挥自己的特长。到那时，你的爸爸妈妈就会为你骄傲了。"马汶从此再没去上学。

那时城里的工作很难找，马汶替人修建园圃修剪花坪。因为勤勉，所以很忙碌。不久，他的手艺开始受到雇主们的注意，他们称他为"绿拇指"——因为凡经他修剪的花草无不出奇地美丽繁茂。

一天，他又进城来，凑巧来到市政厅后面，一位市政参议员就在他眼前不远处，马汶看到这是一块满是垃圾、污泥浊水的场地，便向参议员鲁莽地问道："先生，你是否能答应我把这个垃圾场改为一个美丽的花园？"

"市政厅没有这笔钱。"参议员说。

"我不要钱，"马汶说，"只要允许我去做就行。"

参议员大为惊异，他还不曾碰见过哪个人办事不要钱呢！于是他把这孩子带进了办公室。

马汶步出市政厅大门时，满面春风，因为他有权清理这块被长期搁置的垃圾场地了。

当天下午，他拿了几样工具，带上种子和肥料来到目的地。一位热心的朋友给他送来一些树苗；一些相熟的雇主请他到自己的花圃剪用玫瑰枝条，有的则提供做篱笆用的木料。消息传到了本城一家最大的家具厂，厂长立刻表示要免费承做公园里的条椅。

不久，这块泥泞的垃圾地就变成了一个美丽的公园：曲幽幽的小径，绿茸茸的草坪，因为马汶也没有忘记给小鸟安家，所以人们在条椅上坐下来还能听到鸟儿在唱歌。全城的民众都在谈论，说有一个人办了一件了不起的事。人们通过它看到了琼尼·马汶的才能，公认他是一个天生的风景园艺家。

这已经是好几十年前的事了，如今的琼尼·马汶已经是全国闻名的风景园艺家。

不错，马汶至今没学会说拉丁文，也不懂法国话，微积分对他更是个未知数，但园艺和色彩是他的特长。他使已年迈的双亲感到了骄傲，这不仅是因为他在事业上取得的成就，而且还因为他能把人们的住处弄得无比舒适和漂亮——他工作到哪里，就把他们带到哪里！

对于年幼的孩子来说，最重要的是教育而不是天赋。孩子的天赋是有差异的，然而这差异是有限的。就是那些只有一般禀赋的孩子，只要教育得法，也都能成为非凡的人。犹太人认为，孩子的不同爱好，或有益于身体的健康，或有益于智力的开发，有益于个性形成，或有益于情操的陶冶。只有尊重和发展孩子的正当爱好，方有遂愿的可能。

# 钥 匙

你的兴趣就是一把开启你人生成功大门的钥匙。

2001年5月，美国内华达州的麦迪逊中学在入学考试时出了这么一个题目：比尔·盖茨的办公桌上有5只带锁的抽屉，分别贴着财富、兴趣、幸福、荣誉、成功5个标签；盖茨总是只带一把钥匙，而把其他的4把锁在抽屉里，请问盖茨带的是哪一把钥匙？其他的4把锁在哪一只或哪几只抽屉里？

一位刚移民美国的外国学生，恰巧赶上这场考试，看到这个题目后，一下慌了手脚，因为他不知道它到底是一道英文题还是一道数学题。考试结束，他去问他的担保人——该校的一名理事。理事告诉他，那是一道智能测试题，内容不在书本上，也没有标准答案，每个人都可根据自己的理解自由地回答，但是老师有权根据他的观点给一个分数。

外国学生在这道9分的题上得了5分。老师认为，他没答一个字，至少说明他是诚实的，凭这一点应该给一半以上的分数。让他不能理解的是，他的同桌回答了这个题目，却仅得了1分。同桌的答案是，盖茨带的是财富抽屉上的钥匙，其他的钥匙都锁在这只抽屉里。

后来，这道题通过E-mail被发回了这位外国学生原来所在的国家。这位学生在邮件中对同学说，现在我已知道盖茨带的是哪一把钥匙，凡是回答这把钥匙的，都得到了这位大富豪的肯定和赞赏，你们是否愿意测试一下，说不定从中还会得到一些启发。

同学们到底给出了多少种答案，我们不得而知。但是，据说有一位聪明的同学登上了美国麦迪逊中学的网页，他在该网页上发出了比尔·盖茨给该校的回函。函件上写着这么一句话：在你最感兴趣的事物上，隐藏着你人生的秘密。

只有对自己感兴趣的事情，我们才会不惜倾洒我们的汗水；只有不惜倾洒汗水，我们才能在收获成功的果实的基础上，获得我们的荣誉；在获得心灵满足的基础上，发现我们的幸福所在！作为家长，一定要记住比尔·盖茨的这一句话：在孩子最感兴趣的事物上，隐藏着他人生的秘密。

# 杂草也有用处

生活中难免会遇到一些负面的事物，能化无用为有用，从失败中汲取前进的动力，才是真正的大智慧。

犹太人善于从别人轻视的东西中，寻找到它存在的价值和用途。所以有句犹太名言说："杂草亦有用处。"

据说，这句格言来自一则寓言故事：

有一天，一位农夫弯着腰在院子里锄草。天气很热，他满头大汗，汗珠不停地顺着脸颊流下来。

"可恶的杂草！假如没有这些杂草，我的院子一定很漂亮，神为什么要造这些讨厌的杂草来破坏我的院子呢？"农夫这样嘀咕着。

有一棵被拔起的小草正躺在院子里，它回答农夫说："你说我们可恶，也许你从来就没有想到过，我们也是很有用的。现在，请你听我说一句吧。我们把根伸进土中，等于是在耕耘泥土，当你把我们拔掉时，泥土就已经是耕过的了；此外，下雨时，我们防止泥土被雨水冲掉；在干涸的时候，我们能阻止强风吹起沙尘；我们是替你守卫院子的卫兵，如果没有我们，你根本就不可能种花、赏花的乐趣，因为雨水会冲走泥土，狂风会吹散泥土……所以希望你在看到花儿盛开之余，能够想起一些我们的好处。"

农夫听了这些话，不禁肃然起敬，站得直直的，从那天以后，他就再也不会瞧不起任何东西了。

犹太人这种观念同中国的"天生我材必有用"的古训有些类似。它强调每一件东西都有用处，每一个人也是这样。事物的好坏在相互转换、变化，好东西并不绝对的好，它也必定会有一种缺陷；坏东西也并不绝对的坏，它也有自身的特殊用途，凡事就在于人的发掘了。

人也是这样，每一个人都有坚强的一面，同时也有脆弱的一面。可是，在人们视之为脆弱的一面当中，也往往包含着许多有用的因素。逆境和顺境、失败和胜利也都如此。每一个人都能有作为，关键在于自身的努力与否。

犹太民族是一个很奇特的民族，他们纪念胜利的日子，同时也纪念败北屈辱的日子。曾经有人嘲笑犹太人，说他们是"败北的天才"，但是，几乎所有的犹太人都相信一点：只要记住失败那一天，就会产生出强大的力量。

在犹太社会的纪念日中，最隆重的节日应该算是"逾越节"了。这一天，是犹太人纪念他们重返以色列的日子。

在返回以色列之前，犹太人曾在埃及为奴，过着很悲惨的日子。犹太人在摩西的率领之下，越过沙漠，千里迢迢地回到以色列，这已经是很久很久以前的事了。可是时至今日，犹太人仍然在纪念那段苦难的日子。每年到这一天，分散在各地的犹太人都召开盛大的聚会，来庆祝这个"获得解放"的日子。

在逾越节的晚餐上，犹人人要吃一种很粗的面包，这种面包是当时犹太人在埃及做奴隶时吃的，它代表屈辱；还有一种很苦的叶子，这种叶子很难吃，一般谁也不会把它摆在庆祝宴会上，犹太人吃它是为了回味当时败北的苦味。

犹太人认为，遇到的苦难越艰深，败北的次数越多，就会越坚强。

人生有成功，也有失败，这是必然的，犹太人普遍地对失败持一种容忍、接受的态度。犹太人认为，如果一个人沉湎于成功的甜美之时，而忘掉了失败的苦涩，那么终有一天他会尝到失败的苦果。因为成功会使人松懈，使人自满；而失败却使人紧张，使人警戒，是一个很好的老师，人们可以从它那里学到一种本事，没有把它舍弃的道理。并且，人应该是透过自己的经验来学习的。

犹太人甚至还认为，失败比成功还要珍贵。自古至今，不可能有一个人从来没有失败过，失败是使人走向成功的必经之路。

失败不可怕，如果能振作起来，能够从失败中学习成功的经验，即便是杂草也一样有用处，有作为。犹太人能够在接踵而来的磨难中前进，就是因为他们坚信杂草也有用处。为此，他们善于在困难和失败时发现自身存在的价值。这就是犹太人不寻常的智慧。

# 智慧重于门第

智慧是内在的，谁也夺不走，而门第出身是外在之物，不过是贴在自己身上的标签。所以，一个人值得自豪的是自己的智慧而不是出身。

有一则小故事：有两个犹太人，一个是处处以自己家世为荣的青年，另一个则是一贫如洗的牧羊人。

当家世显赫的那个青年人夸耀完自己的祖先之后，牧羊人说："原来你是那样伟大祖先的后裔啊！不过，你要知道，我极有可能就是我们家族的祖先，而我的家族一定会像你的祖上一样的。"金钱和事业上的成功，对于"家"的荣誉并不是很重要的因素。

有一则这样的犹太故事：以色列某贵人有两个儿子。一个追求财富，一个研究学问。后来，一个成了大富翁，一个成为当代的博士。这富贵腾达的儿子很瞧不起他那学问的兄弟。他说："我富可敌国，你却依然一无所有。"那博士回答说："兄弟！我当感谢至尊至贵的上帝，给了我这样大的恩惠。因为，我得到的是先知的遗产——智慧。"

犹太人经常对孩子说，我们不能选择家庭出身，也没有必要重新选择，因为那不重要，不能代表我们的实力。我们应该做的事情是努力学习，掌握知识，并最终变为自己的智慧。

在人与人交往中，犹太人很少有趋炎附势之举，出身高贵的人也难以依靠出身攫取社会地位，或者取得其他什么优势，人们都是依靠智慧和勤劳获得个人地位。个人智慧重于门第出身是犹太人处世的重要理念，它激励了许多出身低贱的人去积极进取，也体现了社会公平竞争的原则。犹太人没有家园，四处流浪，没有生存和发展的权利保障。他们所到之处，唯一的支撑就是自己头脑中的知识，用知识创造财富，从而由财富来为自己争得一条求生的道路，一方生存发展的空间。

# 在老师面前要谦虚

老师对我们有教育之恩，我们应该像尊重自己的父母那样尊重老师，在老师面前要永远保持谦虚礼让。

约瑟夫擅长摔跤。他的技术高明，浑身的解数足有290种，并且每次出手都各有不相同。徒弟里头，他最喜欢长得英俊的萨缪尔。他力大无比，本事高明，是所有弟子中最有建树的一个。萨缪尔名气很大，有一天，所罗门国王点名要看他的摔跤。赢得比赛后，萨缪尔跑到国王面前夸口，说他不愿摔赢师傅的原因，不是自己技术差，而是因为师傅的年龄已大。其实，自己的本领和力气，决不比师傅差。

他这样不尊重师长、狂妄自大，所罗门很不高兴，叫人选了一处宽大的场地，把满朝文武百将都请了来。让师徒二人比赛。

萨缪尔耀武扬威地走进场地，像一只被激怒的狮子，仿佛他的敌人是一座铁山，也会被他推倒。

约瑟夫看他力气比自己大，所用技术又和自己如出一辙，于是就用一个谁也没见过的招数一把将他扭住。萨缪尔还不知怎样招架，已经被师傅举过头顶，摔在地上了。满场的人都欢呼起来。所罗门奖给师傅一件华丽的袍子，并斥责萨缪尔说："你太狂妄了，竟然妄想和你师傅较量，可是你失败了。"

萨缪尔说道："国王！他胜过我并不是凭力气，而是有一招没有传授给我。就凭这小小的一点本事，今天把我打败了。"

约瑟夫说道："我留下这一手就是为着今天。记得圣人说过：'不要把本事全部教给你的朋友，万一他将来变成敌人，你怎样抵挡得住？'从前有个吃过徒弟亏的人曾经说过，不知道是这世上本来就没有情义，还是如今人心变得太快，我向他们传授射箭技艺，最后他们却把我当作天上的鸽子。这些都让我不得不引以为鉴啊！本来我看你基础不错，把我全部的技艺传授给你，但你目无尊长，实在是太令我失望了。"

如果萨缪尔谦虚谨慎，尊敬传授给自己超人技艺的师傅，可以想象，不久的将来，约瑟夫一定会将这最后一招也传授给他，使他成为世界上最强大的摔跤手。

犹太人常常对孩子说："要像尊重你的父母一样，尊重你的老师。"尊敬老师，尊重老师的劳动，不仅仅是师生和谐相处的基本前提，更是每一个有良知的人应该拥有的最起码的品德。老师把所有知识毫无保留地传授给学生，如果他们希望得到什么回报的话，就是希望看到学生长大成才，在知识的高峰上越攀越远。

# 智慧是财富之源

犹太人唯一的财富是智慧。

犹太人有则笑话，谈的是智慧与财富关系。

两位拉比在交谈：

"智慧与金钱，哪一样更重要？"

"当然是智慧更重要。"

"既然如此，有智慧的人为何要为富人做事呢？而富人却不为有智慧的人做事？大家都看到，学者、哲学家老是在讨好富人，而富人却对有智慧的人摆出狂态。"

"这很简单。有智慧的人知道金钱的价值，而富人却不知道智慧的重要。"

拉比即为犹太教教士，也是犹太人生活等方面的"教师"，经常被作为"智者"的同义词。所以，这则笑话实际上也就是"智者说智"。

拉比的说法不能说没有道理，知道金钱的价值，才会去为富人做事，而不知道智慧的价值，才会在智者面前露出狂态。笑话明显的调侃意味就体现在这个内在悖谬之上。

有智慧的人既然知道金钱的价值，为何不能运用自己的智慧去获得金钱呢？知道金钱的价值，但却只会靠为富人效力而获得一点带"嗟来之食"味道的酬劳，这样的智慧又有什么用，又称得上什么智慧呢？

所以，学者、哲学家的智慧或许也可以称作智慧，但不是真正的智慧。在金钱的狂态面前俯首帖耳的智慧，是不可能比金钱重要的。

相反，富人没有学者之类的智慧，但他却能驾驭金钱，却有聚敛金钱的智慧，却有通过金钱去役使学者智慧的智慧。这才是真正的智慧。

不过，这样一来，金钱又成了智慧的尺度。金钱又变得比智慧更为重要了。其实，两者并不矛盾，活的钱即能不断生利的钱，比死的智慧即不能生钱的智慧重要；但活的智慧即能够生钱的智慧，则比死的钱即单纯的财富——不能生钱的钱——重要。那么，活的智慧与活的钱相比哪一样重要呢？我们都只能得出一个回答：

智慧只有化入金钱之中，才是活的智慧。钱只有化入了智慧之后，才是活的钱；活的智慧和活的钱难分伯仲，因为它们本来就是一回事。它们同样都是智慧与钱的圆满结合。

智慧与金钱的同在与统一，使犹太商人成了最有智慧的商人，使犹太生意经成了智慧的生意经！

真正有智慧的人，懂得金钱的价值，懂得如何用自己的知识来获取金钱，用自己的知识来创造现实社会的财富。

如果知识不应用到实践中去，知识没有转化为金钱也是没有价值的。

犹太人对待那些整天只知道学习的人的看法是："有些人过度钻研学问，以至于无暇了解真相。"他们甚至这样看待死读书的人："学者中也有类似驴马之人，他们只会搬运书本。学者中有人被喻为载运昂贵丝绸的骆驼，但骆驼与昂贵的丝绸是毫不相干的。"如果这样说来，他们只是书籍的搬运工而已，根本算不上是有知识的人。真正有知识的人就应该把自己所学的知识和实践联系起来，在实际的生活中，创造出他所能创造的价值。

财富不光是钱，也不光是财产。财富是智慧，财富是力量，财富是智慧和魄力的结晶，财富是物质和精神的统一。

有些人的财富装在脑袋里，有些人的财富装在口袋里，财富装在脑袋里的才是真正的富翁。财富的源头是智慧。有智慧的人，赤手空拳也可以创造财富。

很多年前，一则小消息在人们之间传播：皇宫的大殿需要重新装修，其中的石料因破损需要更换。这时，一位不起眼的珠宝店老板却没有等闲视之，他毅然买下了这些报废的石料。

没有人知道小老板的企图。他一定是疯了，人们都这样想。他关起店门，将那些石料重新打磨切制，变成一小块一小块的石块，然后装饰起来，作为纪念物出售。皇宫大殿的纪念物，还有比这更有价值的纪念品吗？

就这样，他轻松地发迹了。接着，他买下了宫廷中流传的皇后的一枚钻石。人们不禁问：他是自己珍藏还是抬出更高的价位转手？他不慌不忙地筹备了一个首饰展示会，当然是冲着皇后的钻石而来。可想而知，梦想一睹皇后钻石风采的参观者会怎样蜂拥着从世界各地接踵而至。他几乎坐享其成，毫不费力就赚了大笔的钱财。

许多人拥有智慧，但是他们的智慧都没有用来创造价值，所以他们始终是十分贫困的。学者应该运用自己的知识来获得智慧，而且应该学习那些真正的智慧。

有位叫阿巴的外科医生非常著名，他给人看病是收费的。当时人们的观念是医生是救死扶伤的天使，收费是不应该的，医生于是在大街上摆上一个箱子，向路人募捐。人们纷纷指责这位名医，但是阿巴告诉他们："不收费的医生是不值钱的医生。"

在商界，还流传着这么一个故事：

一次，美国福特汽车公司的一台大型电机发生故障，公司的技术人员都束手无策。于是公司请来德国电机专家斯坦门茨，他经过检查分析，用粉笔在电机上画了一条线，并说："在画线处把线圈减去 16 圈。"公司照此维修，电机果然恢复了正常。在谈到报酬时，斯坦门茨索价 1 万美元。一根线竟然价值 1 万美元！很多人表示不解。斯坦门茨则不以为然："画一条线只值 1 美元，然而，知道在哪里画值 9999 美元。"

这就是知识的价值。

有智慧的人敢于为自己的知识喊价，这也是他们善于把知识转化为金钱的聪明之处。

世界上各个民族中唯有犹太人是最能够运用智慧的，因为他们知道怎样把自己头脑中的智慧变成他们手中的金钱，这就是犹太人的过人之处。他们对知识的崇拜和敬爱之情达到了疯狂的程度，因为这些知识不仅仅显示他们的博学，最关键的是这些知识教会了他们怎样赚钱。犹太人说："手艺者比宗教家更值得尊敬。"因为宗教家虽然有知识，但是他的知识没有运用出来，这样的知识等于没有知识。而手艺者虽然知识不多，但是他们把自己仅有的一点知识也贡献出来了，这样他的智慧虽然少，但却是有用的，所以更值得尊敬。

# 笑是风力，哭是水力

思考时请感情离开，因为你需要的是理智。

"笑是风力，哭是水力。"犹太人的父母这样批评他哭泣的孩子。

一个犹太孩子和他的姐姐争夺玩具，他的姐姐不给他，他于是哭了。他旁边的父母这样笑话他："笑是风力，哭是水力。"这句话是什么意思呢？是说笑就像风刮过去一样消失了，而哭就像水流过去一样没有了痕迹。在他们的父母看来，小孩的哭泣是他自己一种不愉快的感情的宣泄。而小孩子任意宣泄自己的感情只是他不肯动脑筋想办法的一种没有能力的表现而已。犹太人是很不喜欢这样单纯的感情的需求的，他们需要的是事情的圆满解决，而事情的解决只能依靠他动脑筋，想办法。

笑也是一样的。没有根据的笑和不解决问题的哭都是一种短暂的感情宣泄，都是没有多大意义的。犹太人始终认为，在任何时候运用理性的思考，想办法去解决摆在面前的问题，才是真正有用的。而遇到问题就感情用事，是一件很没有意义、让人觉得可笑的事情。

用理性看待这个世界，绝不要盲目。这是犹太人的思维方式。而理性摒弃了愚昧和偏见，所以，人应该用理性去恢复这个世界的本来面目。在他们看来，生活中有许多事情，是我们自己的盲目和冲动造成的。我们任意使用自己的感情才造成了对世界的惶恐、惧怕。

犹太人为我们列举了生活中我们由于感情的冲动而造成的偏见，"我一点儿都不像自己的母亲"、"我忙得实在没有时间锻炼"、"我根本不需要治疗"、"我不想结婚"等。再如，大家讨厌"恶"的行为，但是犹太人却说："恶的冲动有善吗？有，如果没有恶的冲动，相信就不会有人盖房子，娶太太，生孩子，或者拼命地赚钱了。"

"没有根据的憎恨，是最大的罪恶。"犹太人这样理智地告诉人们，不要轻易地喜欢和憎恨一个人。

犹太人从来不喜欢感情用事，他们认为感情用事只是犯愚蠢错误的开始。而理性思考的人才是真正明智的人。那么，是不是就不需要感情，不再要热情，只是一味地理性呢？

犹太人把人的热情分为两种：一种是感情所煽起的热情，另一种则是理智所支持的热情。

犹太人认为，感情所煽起的热情是很危险的，因为感情不能持久，理智则可贯彻终生。

人的热情要靠理性来支持。比如爱因斯坦对相对论研究，都充满着热情，并以理智为基础，理智促进热情，使热情向困难挑战，终于建造了伟大的理论金字塔。

同时，在犹太人心中，凡是经不起时间折磨，过了一段时间就会失去价值的东西，都不珍贵，感情便是这种不堪时间折磨的东西。

犹太人认为同情是一种感情煽动起来的热情。

犹太人称同情为"雷赫姆"，"雷赫姆"是"母亲的子宫"之意。

拉比们说母亲怀胎 10 月时，不管肚子里的孩子是男是女，她都一定会流露出深切的母爱，"同情"的语源就是这么来的。

《圣经》上说：神本来打算让这个世界成为只有正义才可以统治的地方，但是没有成功。在不得已的情况下，他把"同情"给了人，使人能继续生存于世上。

犹太拉比告诫人们：绝不可因过度的热情而引火焚身，毁灭自己。因为这种热情会使人生的齿轮狂转，恋爱就是其中的一项。犹太人很少有激烈的热恋，他们认为，恋爱只不过是为建立家庭预做准备而已。

虽然如此，但并不是所有的犹太人都不重视感情。

作为商人，应该是一个纯粹的理性主义者，需要用理性的态度对待商务上发生的一切事情，而不应该感情用事。

众所周知，犹太人是最注重遵守契约的人，如果有谁违反了这个契约，那他就会被认为是犯了一件绝不可以饶恕的错误，这个错误是所有错误里面最严重的。但是一旦发生这样的事情，犹太人会怎么做呢？

一次有个印度人和犹太人洽谈好了一笔生意，结果最后的时候印度人不能履行合同了。这个印度人和犹太人打过交道，知道犹太人最讲究的就是生意的契约。他忐忑不安地去见犹太人，找出了种种的理由，试图说明不能履行合同的原因，同时他心里还在想对方是不是已经发怒了。可是犹太人简单地听了几句之后，就立即打断他，平静地对他说："哦，你违反了我们的合同，按照协议，你应该赔偿我损失，这个损失是这样计算的……"印度人听了，觉得简直不可思议，犹太人居然没有动怒。

其实，犹太人是聪明的。即便是你再计较契约的严肃性，愤怒地谴责他，也是没有任何的意义的。事情已经发生了，现在只有尽快地弥补自己的损失才是最重要的。生意人应该是彻底的理性主义者。因为金钱和利润是可见的、现实的。而感情是无形的、很快消逝的。

犹太人在经营自己的企业和公司时也是一样，如果自己的公司连续三个月都没有赢利，而且可以判断出三个月后仍然没有获利的可能，便会毫不犹豫地舍弃这个公司。而很多人在为当年开创公司时所流的血汗而感到难过，对自己对公司投入的深厚的感情感到难以割舍的时候，犹太人会轻松地一笑："伙计，公司又不是自己的老婆和情人，有什么好留恋的。"

总之，在处世智慧中，犹太人作为整体民族来说，是比较偏重理性而较少感情的。

# 舌头是善恶之源

语言的价值是一个塞拉，沉默的价值是两个塞拉。

沉默对聪明的人有好处，对愚蠢的人则更有好处。

犹太人强调，尽管舌头没有骨头，但也应该特别小心。因为话一旦说出口，就像射出的箭，再也不能收回了。

犹太人常常对他们的孩子讲这样一个故事，拉比西蒙·本·噶玛利尔对他的仆人塔拜说：

"到市场去给我买些好东西。"

塔拜去了，带回来一个舌头。

西蒙又对塔拜说："到市场上给我买些不好的东西。"

塔拜去了，又带回来一个舌头。

拉比对他说："为什么我说'好东西'你带回来一个舌头，我说'不好的东西'，你还是带回来一个舌头？"

塔拜回答说："舌头是善恶之源。当它好的时候，没有比它再好的了；当它坏的时候，没有比它更坏的了。"

从这则犹太故事中可以看出舌头的重要性。人之所以有两个耳朵、一张嘴巴，是为了让人多听少说。于是，那些懂得听话艺术的人总是让人尊敬，而那些只知喋喋不休地说个不停的人只能让人更厌恶。

犹太人认为，愚者常常暴露出自己的愚昧，贤者却总是隐藏自己的知性。基于这样，犹太人坚信："假如你想活得更幸福、更快乐的话，就应该从鼻子里充分吸进新鲜空气，而始终关闭你的嘴巴。"

犹太人有一句俗话说："当傻瓜高声大笑时，聪明人只会微微一笑。"因为善于听话的人，易表露知性；而喜欢表现自我、喋喋不休的人，通常都是些傻瓜。

一个波斯国王快要病死了。他的医生告诉他，喝母狮子的奶是存活的唯一希望。国王转向仆人们，"谁去把母狮子的奶给我拿来？"他问道。

"我愿意去！"有个人回答说，"条件是让我带上 10 只山羊。"

那人带着羊群上路了。他找到一个狮子洞，那儿有一头母狮子正在给幼崽喂奶。第一天，这人远远站着，把一只山羊扔给母狮子，它很快就把山羊吃掉了。第二天，他走近了一些，又扔过去一只山羊。这样他一点点往前走着。到第 10 天，他和母狮子成了朋友。最后他取了一些它的奶。这人就返回来了。

走到半路，这个人睡了一觉，梦见自己身体的各个部分吵了起来。他的腿说："要不是我们走近母狮，这个人就没办法取到奶。"

手回答说："要不是我们挤奶，他也没有办法取到奶给国王。"

"但是，"眼睛说，"要不是我们指路，他什么也干不了。"

"我比你们都好！"心喊叫着，"要不是我想到这个办法，你们都没有用。"

"而我呢，"舌头回答说，"是最好的！要不是我，你们还能干什么？"

"你怎么敢和我们比？"身体的各部分一起叫起来，"你整天在那个黑暗的地方待着，你甚至连一根骨头都没有。"

"你们早晚会知道的，"舌头说，"到那时你们就会承认我是统治者。"

这个人醒过来，继续赶路。当他走进国王的宫殿，他宣布："这是我给你带回来的狗奶！"

"狗奶！"国王咆哮道，"我要的是狮子奶。把这人带走吊死。"

在去刑场的路上，这个人身体的各个部分都颤抖起来。这时舌头对它们说："如果我救了你们，你们会不会承认我统治你们？"它们都忙不迭地同意了。

"把我送到国王那里去。"舌头冲着刽子手大喊。这人又被带到国王面前。

"为什么你下令把我绞死？"这人问道，"你不知道有时候母狮子也叫作母狗吗？"

国王的医生从这人手里接过奶，检查后发现真的是母狮子奶。国王喝了以后，病很快就好了。

这个人获得了丰厚的奖赏。现在身体的各部分都转向舌头：

"我们向你致敬，你是我们的统治者。"它们谦恭地说。

从这则犹太故事可知，话应该一字一句地斟酌才对。适量的言语可以一针见血，但是用量过多就会有害。警惕自己的舌头，如同慎重地对待珍宝一样。使自己的舌头保持沉默，人生将会得到很大的好处。

# 抓住好东西

拥有一份自己的比拥有九份别人的能让人更高兴。

正如犹太传说中的先贤和智者阿卡玛雅·本·玛哈拉雷尔所说：

"人正如来自母亲的子宫，终究还要离开，和来的时候一样赤条条。"

一只狐狸，发现了一座葡萄园，到处围着篱笆，只有一个很小的洞口。

它试图进去，可是进不去。

它3天没有吃东西，变得瘦骨嶙峋，然后从洞里钻了过去。它在葡萄园里大吃起来，变得肥胖了。

想离开的时候，它没法钻出那个洞。所以它又饿了3天，直到又变得瘦骨嶙峋。

然后它出去了。

走的时候，它回头看看这个地方，说：

"唉，葡萄园啊，葡萄园啊，你的一切都值得赞美。可是你给了我什么享受呢？谁进去了，都得离开。"

这个世界，也是这样，就像一个结婚礼堂。

一个男人走到华沙的小酒馆。晚上，他听到音乐和跳舞的声音从隔壁的房子里传来。

"他们一定是在庆祝婚礼。"他自己这样想着。

但是第二天晚上，他又听到了这样的声音。第三天晚上还是这样。

"一户人家怎么能有这么多的婚礼呢？"这个人问酒馆主人。

"那个房子是一个结婚礼堂，"酒馆主人说，"今天有人在那里举行婚礼，明天还会有别人。"

"这个世界也是这样，"一个哈西德派拉比说，"人们总是在享受，不过有时候是这些人，有时候是另外一些人。没有谁是永远快乐的。"

因为生活为一切而存在，为世间的每一种经历而存在。

有颠覆之时，有建设之时；有哭泣之时，有欢笑之时；有哀号之时，有舞蹈之时；有拥抱之时，有分离之时；有收获之时，有失落之时；有保存之时，有丢弃之时；有生之时，有死之时；有播种之时，有收割之时；有杀戮之时，有救助之时；有撕裂之时，有缝合之时；有沉默之时，有言笑之时；有爱恋之时，有憎恨之时；有战争之时，有和平之时。

在生活中，每个人都莫因所获渺小而放弃，要知足常乐。

一条落入网中的小鱼对渔夫说："我太小了，不值得你一吃。你把我放了，让我再长长，满两年以后我一定来让你吃。到那时候，你就会在老地方找到我，发现我大多了，比从前胖了7倍。那时，如果你把我煮在水里，你全家一定像过节一样开心。"

渔夫回答说："与其将一个巨兽让我的邻居们管制一年，还不如有条小鱼就抓在我自己的手中。"

每个人都能说出故事的含义：

别人手里一堆堆的希望也比不上你自己手中把握着的小小满足。

在篱笆上蹦蹦跳跳的两只鸟，还比不上关在笼子里面的一只鸟。

"抓住好东西，无论它多么微不足道；伸手把它捉住，不要让它溜掉。"

# 第五章

# 心态：一面生活的魔镜

## 以微笑面对不幸

一颗高尚的心应当承受灾祸而不是躲避灾祸，因为承受灾祸显示了意志的崇高，而躲避灾祸显示了内心的怯懦。

在美国艾奥瓦州的一座山丘上，有一座不含任何合成材料、完全用自然物质搭建而成的房子。住在里面的人需要依靠人工灌注的氧气生存，并只能以传真的形式与外界联络。

这个房子里的主人叫辛蒂。1985年，辛蒂还在医科大学念书。有一次，她到山上散步，带回了一些蚜虫。回来后，她拿起杀虫剂为蚜虫去除化学污染，就在这时，她突然感觉到一阵痉挛。她原以为那只是暂时性的症状，却没有料到自己的后半生从此变得悲惨至极。

原来，这种杀虫剂内所含的一种化学物质使辛蒂的免疫系统遭到破坏，使她对香水、洗发水以及日常生活中可接触的所有化学物质一律过敏，甚至连空气也可能使她的支气管发炎。这种"多重化学物质过敏症"是一种奇怪的慢性病，到目前为止仍无药可医。

患病的前几年，辛蒂一直流口水，尿液变成绿色，有毒的汗水刺激背部形成了一块块疤痕；她甚至不能睡在经过防火处理的床垫上，否则就会引发心悸和四肢抽搐——辛蒂所承受的痛苦是令人难以想象的。1989 年，她的丈夫吉姆用钢和玻璃为她盖了一所无毒房子，一个足以逃避所有威胁的"世外桃源"。辛蒂所有吃的、喝的都得经过选择与处理，她平时只能喝蒸馏水，食物中不能含有任何化学成分。

多年来，辛蒂没有见到过一棵花草，听不见一声悠扬的歌声，阳光、流水和风等正常人毫不费力就可以拥有的美好东西，她都无法享有。她躲在没有任何饰物的小屋里，饱尝孤独之苦。更可悲的是，无论怎样难受，她都不能哭泣，因为她的眼泪跟汗液一样也是有毒的物质。

坚强的辛蒂并没有在痛苦中自暴自弃，她一直在为自己，同时更为所有化学污染物的牺牲者争取权益。辛蒂在生病后的第二年，就创立了环境接触研究网，以便为那些致力于此类病症研究的人士提供一个窗口。1994 年辛蒂又与另一组织合作，创建了化学物质伤害资讯网，保证人们免受化学物质威胁。目前这一资讯网已有 5000 多名来自 32 个国家的会员，不仅发行了刊物，还得到美国上议院、欧盟及联合国的大力支持。

在最初的一段时间里，辛蒂每天都沉浸在痛苦之中，想哭却不能哭。随着时间的推移，她渐渐改变了生活的态度，她说："在这寂静的世界里，我感到很充实。因为我不能流泪，所以我选择了微笑。"因为她知道每一种生命都有自身的价值，因为在绝境中她仍然能看到自己的价值所在。

# 不要试图和自己过不去

人，就是一条河，河里的水流到哪里都还是水，这是无异议的。但是，河有狭、有宽、有平静、有清澈、有冰冷、有混浊、有温暖等现象，而人也一样。

有两个都有着亚洲血统的犹太孤儿，后来都被来自欧洲的外交官家庭所收养。两个人都上过世界各地有名的学校。但他们两个人之间存在着不小的差别：其中一位是 40 岁出头的成功商人，他实际上已经可以退休享受人生了；而另一个是学校教师，收入低，并且一直觉得自己很失败。

有一天，他们在一起吃晚饭。晚餐在烛光映照中开场了，不久话题进入了在国外的生活。因为在座的几个人都有过周游列国的经历，所以他们开始谈论在异国他乡的趣闻逸事。随着话题的一步步展开，那位学校教师开始越来越多地讲述自己的不幸：她是一个如何可怜的亚细亚孤儿，又如何被欧洲来的父母领养到遥远的瑞士，她觉得自己是如何的孤独。

开始的时候，大家都表现出同情。随着她的怨气越来越重，那位商人变得越来越不耐烦，终于忍不住在她面前把手一挥，制止了她的叙述："够了！你说完了没有？！你一直在讲自己有多么不幸。你有没有想过如果你的养父母当初在成百上千个孤儿中挑了别人又会怎样？"

学校教师直视着商人说："你不知道，我不开心的根源在于……"然后接着描述她所遭遇的不公正待遇。

最终，商人朋友说："我不敢相信你还在这么想！我记得自己 25 岁的时候无法忍受周围的世界，我恨周围的每一件事，我恨周围的每一个人，好像所有的人都在和我作对似的。我很伤心无奈，也很沮丧。我那时的想法和你现在的想法一样，我们都有足够的理由抱怨。"他越说越激动。"我劝你不要再这样对待自己了！想一想你有多幸运，你不必像真正的孤儿那样度过悲惨的一生，实际上你接受了非常好的教育。你负有帮助别人脱离贫困旋涡的责任，而不是找一堆自怨自艾的借口把自己围起来。在我摆脱了顾影自怜，同时意识到自己究竟有多幸运之后，我才获得了现在的成功！"

那位教师深受震动。这是第一次有人否定她的想法，打断了她的凄苦回忆，而这一切回忆曾是多么容易引起他人的同情。

商人朋友很清楚地说明他二人在同样的环境下历经挣扎，而不同的是他通过清醒的自我选择，让自己看到了有利的方面，而不是不利的阴影，"凡墙都是门"，即使你面前的墙将你封堵得密不透风，你也依然可以把它视作你的一种出路。

# 永远乐观的詹姆斯

生活乐趣的大小是随我们对生活的关心程度而定的。总是乐呵呵的人最能说明他聪明。如果把人生比喻成一条时而宁静时而波涛汹涌的大河，那么彼岸的灿烂烟火注定只有乐观的摆渡者才能看到。

詹姆斯是美国一家餐厅的经理，他总是有好心情。当别人问他最近过得如何，他总是有好消息可以说。他总是回答说："如果我再过得好一些，我就比双胞胎还幸运！"

当他换工作的时候，许多服务生都跟着他从这家餐厅换到另一家，为什么呢？因为詹姆斯是个天生的激励者，如果有某位员工今天运气不好，詹姆斯总是适时地引导那位员工往好的方面想。

这样的情景真的让约翰很好奇，所以有一天约翰到詹姆斯那儿问他："没有人能够老是那样地积极乐观，你是怎么办到的？"

詹姆斯回答："每天早上我起来告诉自己，我今天有两种选择，我可以选择好心情，或者我可以选择坏心情，我总是选择有好心情。即使有不好的事发生，我可以选择做个受害者，或是选择从中学习，我总是选择从中学习。每当有人跑来跟我抱怨，我可以选择接受抱怨或者指出生命的光明面，我总是选择生命的光明面。"

"但并不是每件事都那么容易啊！"约翰抗议地说。

"的确如此，"詹姆斯说，"生命就是一连串的选择，每个状况都是一个选择——你要选择如何回应，你要选择人们如何影响你的心情，你要选择处于好心情或是坏心情，你要选择如何过你的生活。"

数年后，约翰听到詹姆斯意外地做了一件令人想不到的事：有一天他忘记关上餐厅的后门，结果早上3个武装歹徒闯入抢劫，他们要挟詹姆斯打开保险箱。由于过度紧张，詹姆斯弄错了一个号码，造成抢匪的惊慌，开枪射击詹姆斯。幸运的是，詹姆斯很快被邻居发现了，送到医院紧急抢救，经过18小时的外科手术以及长时间的悉心照顾，詹姆斯终于出院了，但还有块子弹留在他身上。

事件发生6个月之后约翰遇到詹姆斯，问他最近怎么样。他回答："如果我再过得好一些，我就比双胞胎还幸运了。要看看我的伤痕吗？"约翰婉拒了，但约翰问他当抢匪闯入的时候，他的心路历程。

詹姆斯答道："我第一件想到的事情是我应该锁后门的。当他们击中我之后，我躺在地板上，还记得我有两个选择：我可以选择生，或选择死。我选择活下去。"

"你不害怕吗？"约翰问他。

詹姆斯继续说："医护人员真了不起，他们一直告诉我没事，放心。但是在他们将我推入紧急手术间的路上，我看到医生跟护士脸上忧虑的神情，我真的被吓到了，他们的脸上好像写着——他已经是个死人了！我知道我需要采取行动。"

"当时你做了什么？"我问。

詹姆斯说："当时有个护士用吼叫的音量问我一个问题，她问我是否会对什么东西过敏。

"我回答：'有。'

"这时，医生跟护士都停下来等待我的回答。我深深地吸了一口气喊着：'子弹！'

"等他们笑完之后，我告诉他们：'我现在选择活下去，请把我当作一个活生生的人来开刀，不是一个活死人。'"

詹姆斯能活下来当然要归功于医生的精湛医术，但同时也由于他令人惊异的态度。我们从他身上可以学到，每天你都能选择享受你的生命，或是憎恨它。这是唯一一件真正属于你的权利。没有人能够控制或夺去的东西，就是你的态度。如果你能时时注意这个事实，你生命中的其他事情都会变得容易许多。

# 至少我还有腿

总有一些人觉得自己很不幸，这个不如意，那个不顺心，每天都在怨天尤人。而或许，在你面前的风景其实并没有想象中那么差，只是眼前的障碍物挡住了你的视线。

希望是苦难的唯一药方。

卡特曾经是一个对一切都不满意的人，所以整天都不快乐。但是在 1934 年春天，当他在威培城道菲街散步的时候，目睹了一件事，使他的一切烦恼从此消解。这件事发生在 10 秒钟内，而他自称在这 10 秒钟里所学到的东西，比从前 10 年还要多。

当时卡特在威培城开了一家杂货店，经营了两年，不但把所有的积蓄都赔掉了，而且还负债累累。就在上一个星期六，他这家杂货店终于关门了。当时，他正在向银行贷款，准备回老家找工作。连他走路的样子看起来都像是一个毫无生气的人，因为他已经失去了信念和斗志。

这时，卡特突然瞧见一个没有腿的人迎面而来，他坐在一个木制的有轮子的木板上，他两只手各撑着一根木棒，沿街推进。卡特恰好在他过街之后碰见他，他正朝人行道滑去，他俩的视线刚好相碰了。他微笑着，向卡特打了个招呼："早安，先生！天气很好，不是吗？"他的声音是那样富有感染力，那样有精神，好像根本就不是一个身体有缺陷的人。

面对那个坐在轮椅上的先生自信的目光，卡特觉得自己才是一个残疾者！他对自己说："既然他没有腿也能快乐高兴，我当然也可以。至少我还有腿！"

顿时，卡特感到心胸豁然开朗，他想："我本来只想向银行借 100 元钱，但是，我现在有勇气向银行借 200 元了。我本来想到的只是回老家求人帮忙，随便找一件事做，但是，现在我自信地宣布，我要到堪萨斯城获得一份好工作。"最后他钱也借到了，工作也找到了。

后来，卡特把这次经历中的感想写了下来，贴在自己浴室的镜子上，每天早晨刮脸的时候。他都要大声地朗读一遍：

"我苦恼，因为我没有鞋。

直到在街上遇见一个人，

——他没有脚！"

# 医生与喜剧演员

面对一成不变的生活，我们有时会失去耐性，认为自己所从事的事情既无聊，又无趣，甚至会因此而产生厌世的心理。这时候，如果能让自己尝试另外一个角色，站在别人的立场上来审视自己的生活，你就会重新发现生活的意义和乐趣。

弗洛姆是一位著名的犹太心理医生，他每天要看许多病人，并且要很有耐心地倾听病人述说心中的忧郁和焦虑。他每天所接触的都是一张张的愁眉苦脸，所以被那些不快乐的情绪感染得也很不快乐，日子一久，他觉得心理压力非常大。为了稳定自己的情绪、缓解压力，他时常去看喜剧，让自己开怀大笑一番。

有一天，弗洛姆的病人又是一个接一个，他正低头在一位病人的病历卡上记录诊断结果，却听到一个很熟悉的声音说："医生，我很不快乐，生活中没有能够让我开心的事情，活着实在是没有什么意义，我真想死。"

弗洛姆抬头一看，却看到一张熟悉的面孔，他居然是让自己捧腹大笑的喜剧演员。

这样的巧遇，让弗洛姆不禁哑然失笑。他低头想了一下说："这样吧！你我交换，我当一天喜剧演员，你当一天心理医生，怎么样？"

喜剧演员原本以为弗洛姆在开玩笑，但是看他一脸认真的表情，又不像是开玩笑，于是考虑片刻，接受了这个建议。

喜剧演员扮演了一天"代理医师"，除了药方由在幕后的弗洛姆开列之外，他有模有样地询问病人的病情，并且努力开导病人要寻找一个正确的人生方向。

弗洛姆在喜剧演员的教导之下，也在剧院表演了一幕喜剧。他忘却了自己的医师身份，在舞台上装疯卖傻，惹得观众捧腹大笑。弗洛姆站在舞台之上，看到台下有这么多的笑脸，他的心情也好极了。

之后两人又恢复各自的身份。有一天，喜剧演员又来看心理医师。

"医生，我找到了平衡点。现在我知道了，其实我的工作非常有意义，我的每一个喜剧动作所引起的每个笑容都是我的成就。我不想死了，因为我的存在可以帮助那么多不快乐的人，让他们获得生活上的平衡。"喜剧演员容光焕发地说。

弗洛姆微笑着点了点头说："是啊！我也要谢谢你让我有机会知道，我也有能力制造许多的笑脸。"

从此以后，当病人坐在候诊室等候看病时，都能听到由弗洛姆的诊疗室中所传出来的幽默话语和病人的哈哈大笑声。

# 人生光明面

心态是我们命运的控制塔，悲观是失败、疾病与痛苦的源流，而乐观是成功、健康、快乐的保证！

无论情况好坏都要抱着积极的心态，莫让沮丧取代热心，生命可以价值很高，也可以一无是处，随你怎么选择。

美国亿万富翁约翰·洛克菲勒曾说过这样一句话："心态是一把双刃剑，是人人都有的精神物质。"的确，心态这一看不见的法宝会产生两种惊人的力量：它可以让你获得财富、拥有幸福、健康长寿；也能让这些东西远离你，剥夺一切使你的生活富有意义的东西。在这两种力量中，前者——积极心态，可以使你达到人生的顶峰，尽享成功的快乐和美好；后者——消极心态，则可以使你整个一生都陷于困难与不幸中。

一位忧愁的人找到智者，向他不断地诉苦。

智者对他说："拿张纸来，把你剩余的资产一一记下来。"他叹息："我已经一无所有了。"

"没有关系，让我们试试看，你太太还在你身边吗？"……"你的孩子呢？"……"你的朋友呢？"……"你的诚信情况？"……"你的健康？"……"对于我们的政府？"

"现在，把你拥有的资产列举出来吧！"

·了不起的妻子，结婚30年；

·愿意帮助我的3个乖顺的孩子；

·乐于帮助我，并尊敬我的好友；

·诚实……没有做过可耻的事；

·良好的健康状况；

·居住在世界上优秀的国家里。

终于，忧愁者露出了笑容，对智者说："我好像从没有想过这些事，甚至从来没有思考过。不过，现在我认为事态并不如我想象的那般严重。如果我能获得某些自信，或许我真的能够重新再来！"

请以合理、正确的态度对你所拥有的重新评估，将有助于你认清事实，进而了解，情况并没有你所想象的那般糟糕。

如何面对人生的得失？这其实取决于你的心态，平和、乐观、积极的心态会让丧失变为再度获取的基石，而悲观、消极的心态则会让丧失成为埋葬成功的坟墓。有人说，生活就像一面镜子，你用怎样的心态对待它，它就用怎样的态度对待你。的确，心态是世界上最神奇的力量，它常常栖息在你的心灵深处，悄无声息地左右你的思想和判断，控制你的情感与行动。

# 冷遇也是一种幸运

对冷遇说声感谢吧，它是另一种动力和幸运。

有时候，白眼、冷遇、嘲讽会让弱者低头走开，但对强者而言，这也是另一种幸运和动力。

美国人常开玩笑说，是一位布朗小姐的厚此薄彼，才刺激"造就"了一位美国总统。原来故事是这样的：

在读高中毕业班时，查理·罗斯是最受老师宠爱的学生。他的英文老师布朗小姐，年轻漂亮，富有吸引力，是校园里最受学生欢迎的老师。同学们都知道查理深得布朗小姐的青睐，他们在背后笑他说，查理将来若不成为一个人物，布朗小姐是不会原谅他的。

在毕业典礼上，当查理走上台去领取毕业证书时，受人爱戴的布朗小姐站起身来，当众吻了一下查理，给他来了个出人意料的祝贺。

当时，人们本以为会发生哄笑、骚动，结果却是一片静默和沮丧。

许多毕业生，尤其是男孩子们，对布朗小姐这样不怕难为情地公开表示自己的偏爱感到愤恨。不错，查理作为学生代表在毕业典礼上致告别词，也曾担任过学生年刊的主编，还曾是"老师的宝贝"，但这就足以使他获得如此之高的荣耀吗？典礼过后，有几个男生包围了布朗小姐，为首的一个质问她为什么如此明显地冷落别的学生。

"查理是靠自己的努力赢得了我的赏识，如果你们有出色的表现，我也会吻你们的。"布朗小姐微笑着说。

男孩们得到了些安慰，查理却感到了更大的压力。他已经引起了别人的嫉妒，并成为少数学生攻击的目标。他决心毕业后一定要用自己的行动证明自己值得布朗小姐报之一吻。毕业之后的几年内，他异常勤奋，先进入了报界，后来终于大有作为，被杜鲁门总统亲自任命为白宫负责出版事务的首席秘书。

当然，查理被挑选担任这一职务也并非偶然。原来，在毕业典礼后带领男生包围布朗小姐，并告诉她自己感到受冷落的那个男孩子正是杜鲁门本人。

查理就职后的第一件事，就是接通布朗小姐的电话，向她转述美国总统的问话："您还记得我未曾获得的那个吻吗？我现在所做的能够得到您的吻吗？"

生活中，当我们遭到冷遇时，不必沮丧，不必愤恨，唯有尽全力赢得成功，才是最好的答复与反击。

# 活着就是幸福

苦痛、伤害、低迷等，一切的一切仅仅是生活中小小的注脚而已。活着，即意味着追求幸福的资本和契机。

有位青年，厌倦了生活的平淡，感到一切只是无聊和痛苦。

为寻求刺激，青年参加了挑战极限的活动。

活动规则是：一个人待在山洞里，无光无火亦无粮，每天只供应 5 千克的水，时间为整整 5 个昼夜。

第一天，青年颇觉刺激。

第二天，饥饿、孤独、恐惧一齐袭来，四周漆黑一片，听不到任何声响。于是他有点向往起平日里的无忧无虑来。

他想起了乡下的老母亲不远千里地赶来，只为送一坛韭菜花酱以及小孙子的一双虎头鞋。

他想起了终日相伴的妻子在寒夜里为自己掖好被子。

他想起了宝贝儿子为自己端的第一杯水。

他甚至想起了前天与他发生争执的同事曾经给自己买过的一份工作餐……

渐渐地，他后悔起平日里对生活的态度来：懒懒散散，敷衍了事，冷漠虚伪，无所作为。

到了第三天，他几乎要饿昏过去。可是一想到人世间的种种美好，便坚持了下来。第四天、第五天，他仍然在饥饿、孤独、极大的恐惧中反思过去，向往未来。

他责骂自己竟然忘记了母亲的生日；他遗憾妻子分娩之时未尽照料的义务；他后悔听信流言与好友分道扬镳……他这才觉出需要他努力弥补的事情竟是那么多。可是，连他自己也不知道，他能不能挺过最后一关。此时，泪流满面的他发现：洞门开了。

阳光照射进来，白云就在眼前，淡淡的花香，悦耳的鸟鸣——他又迎来了一个美好的人间。

青年扶着石壁蹒跚着走出山洞，脸上浮现出了一丝难得的笑容。5天来，他一直用心在说一句话，那就是：活着，就是幸福。

放下死亡的包袱，敲开自己的心扉，积极地对待生活中的每一天，你才能好好地活着。

一位名人去世了，朋友们都来参加他的追悼会。昔日前呼后拥、香车宝马的名人躺在骨灰盒里，百万家财不再属于他，宽敞的楼房也不再属于他，他所拥有的只有一个骨灰盒大小的空间，山珍海味浇灌的肚子也化成了一把灰烬。

从名人的追悼会上回来，几乎每一个人都会产生看破红尘的念头，那么聪明的一个人，那么会算计的一个人，每一个曾经与他斗的人最终都败下阵来，可是他斗来斗去也斗不过命。撒手人寰以后，一切都是空。

人们想：趁现在好好活着吧，活着就是幸福，什么利、权、势，轰轰烈烈了一世，最后还不是一个人孤零零地上路？以前踩着那么多人的肩膀向上爬，得罪了那么多人，值得么？

追悼会是一次洗礼。从死亡的身边经过以后，才知道活着是怎么回事。

明天还是要忙忙碌碌地奔波，钩心斗角地生活。

一边是死亡的震撼，一边是活着的琐碎，我们很容易被死亡所震撼，然而我们更容易被活着的琐碎所淹没。不要去在意那些繁杂的纠葛，活着就是幸福，让我们好好珍惜现在鲜活的生命。

# 不幸造就的天才

幸福可以转化为苦难，苦难也能演变成幸福，一切只看你的态度与行动。

上天常常如此捉弄世人，给了你这样礼物，再拿走那样。善待苦难、厄运，你才能在另一面寻觅到奇迹。

有这样一个不幸者，4 岁时，一场麻疹和强直性昏厥症，差点使他进入棺材。7 岁时患上了严重的肺炎，不得不进行大量的放血治疗。46 岁牙床突然长满脓疮，拔掉了几乎所有的牙齿。牙病才刚刚痊愈，又染上可怕的眼疾，视线不再清晰，只能靠人搀扶着走路，于是幼小的儿子成了他手中的拐杖。50 岁后，关节炎、肠道炎、喉结核等多种疾病吞噬着他的肌体。后来声带也坏了，靠儿子按口型翻译他的思想。他仅活到 57 岁，就口吐鲜血而亡。死后尸体也备受磨难，先后搬迁了 8 次。

上帝带给他的苦难实在太残酷无情了。

而这个人似乎觉得这还不够深重，又给生活设置了各种障碍和旋涡。他长期把自己囚禁起来，每天练琴 10 ～ 12 小时，忘记饥饿和死亡。13 岁起，他就周游各地，过着流浪生活。

但他另一面的人生足以让人瞠目结舌：12 岁他就举办首场音乐会，并一举成名，轰动舆论界。之后他的琴声遍及法、意、奥、德、英、捷等国。他的演奏使帕尔玛首席提琴家罗拉惊异得从病榻上跳下来，木然而立，无颜收他为徒。

听了他的琴声，卢卡观众欣喜若狂，宣布他为共和国首席小提琴家。在意大利巡回演出时，人们到处传说他一定有魔鬼暗授他妖术，要不怎么他的琴声会魔力无穷。维也纳一位盲人听他的琴声，以为是乐队演奏，当得知台上只有他一人时，大叫一声"他是个魔鬼"，然后竟然逃走了。巴黎人为他的琴声陶醉，早忘记了当时正在流行的严重霍乱，演奏会依然场场爆满……

凭借独特的指法、弓法和充满魔力的旋律，他征服了整个欧洲和世界，几乎欧洲所有文学艺术大师，如大仲马、巴尔扎克、司汤达等都听过他的演奏并为之震动。音乐评论家勃拉兹称他为"操琴弓的魔术师"；歌德评价他"在琴弦上展现了火一样的灵魂"；李斯特大喊："天啊，在这四根琴弦中包含着多少苦难、痛苦和受到残害的生灵啊！"

他就是文艺史上的三大怪杰之一、伟大的小提琴家帕格尼尼。

将苦难当作情人，予以悲壮、热烈的拥抱，命运之神终会向你微笑。

# 不完满才是人生，不必追求完美

人生当有不足，因为不完美才让人们有盼头、有希望。古人常说，人生不如意事十之八九，聪明的人常想一二。

一位名叫奥里森的人希望寻找到一个完美的人生，他某天有幸遇到了一位女士，她告诉奥里森她能帮他实现愿望，并把他带到了一所房子前让他选择他的命运。

奥里森谢过了她，向隔壁的房间走去。

里面的房间有两个门，第一个门上写着"终生的伴侣"，另一个门上写的是"至死不变心"。奥里森忌讳那个"死"字，于是便迈进了第一个门。接着，又看见两个门，左边写着"美丽、年轻的姑娘"，右面则是"富有经验、成熟的妇女和寡妇们"。

当然可想而知，左边的那扇门更能吸引奥里森的心。可是，进去以后，又有两个门。上面分别写的是"苗条、标准的身材"和"略微肥胖、体型稍有缺陷者"。用不着多想，苗条的姑娘更中奥里森的意。

奥里森感到自己好像进了一个庞大的分拣器，在被不断地筛选着。下面分别看到的是他未来的伴侣操持家务的能力，一扇门上是"爱织毛衣、会做衣服、擅长烹调"，另一扇门上则是"爱打扑克、喜欢旅游、需要保姆"。当然爱织毛衣的姑娘又赢得了奥里森的心。

他推开了把手，岂料又遇到两个门。这一次，令人高兴的是，介绍所把各位候选人的内在品质也都分了类，两个门分别介绍了她们的精神修养和道德状态："忠诚、多情、缺乏经验"和"天才、具有高度的智力"。

奥里森确信，他自己的才能已能够应付全家的生活，于是，便迈进了第一个房间。里面，右侧的门上写着"疼爱自己的丈夫"，左侧写的是"需要丈夫随时陪伴她"。当然奥里森需要一个疼爱他的妻子。下面的两个门对奥里森来说是一个极为重要的抉择：上面分别写的是"有遗产，生活富裕，有一幢漂亮的住宅"和"凭工资吃饭"。

理所当然地，奥里森选择了前者。

奥里森推开了那扇门，天啊……已经上了马路啦！那位身穿浅蓝色制服的门卫向奥里森走来。他什么话也没有说，彬彬有礼地递给奥里森一个玫瑰色的信封。奥里森打开一看，里面有一张字条，上面写着："您已经'挑花了眼'。人不总是十全十美的。在提出自己的要求之前，应当客观地认识自己。"

# 生命的恩赐

万事万物，世间的一切名誉、地位最终统统都会随风而逝，而个人的终极命运则是"荒冢一堆草没了"。生让所有人平等，而死亡则会使卓越的人凸显出来。

在生命的黎明时分，走来一位带着篮子的仁慈仙女，她对一个少年说：

"篮子里都是礼物，你挑一样吧，而且只能带走一样。小心些，做出明智的选择。哦，之所以要你做出明智的抉择，因为，这些礼物当中只有一样是宝贵的。"

礼物有5种：名望、爱情、财富、欢乐、死亡。少年人迫不及待地说："这根本没有必要考虑，我选择欢乐。"

他踏进社会，寻欢作乐，沉湎其中。可是，到头来每一次欢乐都是短暂、沮丧、虚妄的。它们在行将消逝时都嘲笑他。最后，他颇为后悔地说："这些年我都白过了。假如我能重新挑选，我一定会做出明智的选择。"

话音未落，仙女出现了，说："还剩4样礼物，再挑一次吧，哦，记住，光阴似箭，要做出明智的选择。这些礼物当中只有一样是宝贵的。"

这个男人这次很慎重，沉思良久，然后挑选了爱情。仙女见此，眼里涌出了泪花。但是，这个男人并没有觉察到。

很多年过去了，这个男人坐在一间空屋里，守着一口棺材。他神情沮丧，喃喃自语道："她们一个个抛下我走了。如今，最后一个最亲密的人也躺在这儿了。一阵阵孤寂朝我袭来。爱情这个滑头的商人，每卖给我一小时的欢娱，我就需要付出一个小时的悲伤。我从心底里诅咒它呀。"

"重新挑吧，"仙女又出现了，说，"岁月无疑把你教聪明了。还剩3样礼物。记住，它们当中只有一样是有价值的，注意选择。"

这个男人沉吟良久，然后小心翼翼地挑了名望。仙女叹了口气，扬长而去。

很多很多年以后，仙女又回来了。此时，那个男人正独坐在暮色中冥想。她站在他的身后，她明白他的心思：

"我名扬全球，有口皆碑。我虽有一时之喜，但毕竟转瞬即逝！忌妒、诽谤、中伤、嫉恨、迫害却接踵而来，然后便是嘲笑，这是收场的开端；一切的末了，则是怜悯，它是名望的葬礼。哦，出名的辛酸和悲伤啊！声名卓著时，遭人唾骂；声名狼藉时，受人轻蔑和怜悯。"

"再挑吧。"仙女开口说，"别绝望，还剩两样礼物，记住我的礼物中只有一样是宝贵的，而且你很幸运，它还在这儿呢。"

"财富，它就是权力！我真瞎了眼呀！"那个男人疯狂地叫喊着，"现在，我终于挑选到生命中最有价值的礼物了。我要挥金如土，大肆炫耀。那些惯于嘲笑和蔑视的人将匍匐在我脚前的污泥中。我要用他们的忌妒来喂饱我饥饿的心魂。我要享受一切奢华，一切快乐，以及精神上的一切陶醉，肉体上的一切满足。我要买名望、买遵从、买崇敬——庸碌的人间商场所能提供的人生的种种虚荣享受。在这之前，那些糊涂的选择让我失去了许多时间。那时我懵然无知，尽挑那些貌似最好的东西。"

短暂的3年过去了。一天，那个男人坐在一间简陋的顶楼里瑟瑟发抖。他衣衫褴褛，身体憔悴，脸色苍白，双眼凹陷。他一边咀嚼一块干面包皮，一边愤愤地嘀咕道：

"为了那种种卑劣的事端和镀金的谎言，我要诅咒人间的一切礼物，以及一切徒有虚名的东西！它们根本不是礼物，只是些暂借的东西罢了。欢乐、爱情、名望、财富，都只是些暂时的伪装，它们永恒的真相是痛苦、悲伤、羞辱、贫穷。仙女说得一点不错，她的礼物之中只有一样是宝贵的，只有一样是有价值的。现在我知道，与那无价之宝相比，这些东西是多么可怜卑贱啊！那珍贵、甜蜜、仁厚的礼物呀！沉浸在无梦的永久酣睡之中，折磨肉体的痛苦和咬啮心灵的羞辱、悲伤便一了百了。给我吧！我疲倦了，我要安息。"

仙女又出现了，而且又带来了4样礼物，唯独没有死亡。她说：

"我把它给了一个母亲的爱儿——一个小孩子。他虽懵然无知，却信任我，求我代他挑选。你没要求我替你选择啊！"

"哦，我真惨啊！那么留给我的是什么呢？"

"侮辱，你只配遭受垂垂暮年的反复无常的侮辱。"

# 态度决定人生的高度

人的一生中，要紧处只有几步，如何使自己的生命更有意义，态度至关重要。

一天，有位犹太拉比带弟子们出行。途中，他问弟子们："有一种东西，跑得比光速还快，瞬间能穿越银河系，到达遥远的地方……这是什么？"弟子们争着回答："我知道、我知道，是思想！"

拉比微笑着点点头："那么，有另外一种东西，跑得比乌龟慢，当春花怒放时，它还停留在冬天；当头发雪白时，它仍然是个小孩子的模样，那又是什么？"

弟子们不知如何回答。

"还有，不前进也不后退，没出生也不死亡，始终漂浮在一个定点。谁能告诉我，这又是什么？"

弟子们更加茫然，面面相觑。

"答案都是思想！它们是思想的三种表现，换个角度来看，也可比喻成三种人生。"

望着聚精会神的弟子们，哲学家解释说："第一种是积极奋斗的人生：当一个人不断力争上游，对明天永远充满希望和信心，这种人的心灵不受时空限制，他就好比一支射出的箭矢，总有一天会超越光速，驾驭万物之上。

"第二种是懒惰的人生：他永远落在别人的屁股后面，捡拾他人丢弃的东西，这种人注定被遗忘。

"第三种是醉生梦死的人生：当一个人放弃努力、苟且偷安时，他的命运是冰封的，没有任何机会来敲门，不快乐也无所谓痛苦。这是一个注定悲哀的人，像水母的空壳漂浮于海中，不存在于现实世界，也不在梦境里……"

弟子们大悟。播种怎样的人生态度，将收获怎样的生命高度和深度。

# 没有卖不出去的豆子

罗曼·罗兰说："所谓内心的快乐，是一个人过着健全的、正常的、和谐的生活所感到的快乐。"对于一个乐观者而言，"倒霉"与他绝缘。

以智慧著称的犹太人说："这个世界上卖豆子的人应该是最快乐的！因为他们永远不必担心豆子卖不出去。"假如他们的豆子卖不出去，可以拿回家磨成豆浆，然后拿出来卖给行人，如果豆浆卖不完，可以制成豆腐，如果豆腐卖不成，变硬了，就当作豆腐干来卖。如果豆腐干卖不出去的话，就把这些豆腐干腌制起来变成腐乳。

另外一种选择是：卖豆子的人把卖不出去的豆子拿回家，加上水，让豆子发芽，几天后就可以改卖豆芽了。豆芽如果卖不动，就让它长大些，变成豆苗。如果豆苗还是卖不动，就让它再长大些，移植到花盆，当作盆景来卖，如果盆景卖不出去的话，那么再把它移植到泥土里，让它生长，几个月后，它结出许多新豆子，一颗豆子变成上百颗豆子，想想是多划算的事！

原来，小小的豆子，也可以让人如此快乐。

生活中，我们经常看到许多人，成天乐呵呵的，自己十分羡慕，却又学不来。总觉得现实中烦人的事经常出现，哪能乐得起来呢？其实，诚如古语所说："仁者乐山，智者乐水。"欧阳修说："山水之乐，得之心而寓之酒也。"即是说，如果自己心中无乐，再好的山水也不会使你快乐。

永远保持乐观的精神状态，经常"笑一笑"，不仅可以"十年少"，而且对我们事业的成功也大有裨益。俄国伟大的诗人普希金，曾写诗劝慰他的一位对人生充满失望与忧伤的朋友，希望这位朋友从痛苦的阴影中走出来，重新焕发对生活的乐观情绪。诗的结尾这样说：

啜饮欢乐到最后一滴吧！
潇洒地活着，不要忧心！
顺遂生命的瞬息过程吧！
在年轻的时候，你该年轻！

这最后一行饱含深情的嘱语，很值得人们永久地思忖。

# 快乐在于心灵的富有

快乐只在于心灵的富有，如果它可以用钱买到，大多数人都会因价格贵得离谱而不快乐。

快乐是一种心境，跟财富、环境和年龄无关。

50多年前，美国知名小提琴家梅纽因到日本演出，听说有一个擦鞋童为了听他的音乐会，想方设法凑钱买了一张最便宜的票。谢幕后，梅纽因穿越了贵宾席上的社会名流的盛情簇拥，径直来到低档席，找到了那位擦鞋童，轻轻地问他需要什么帮助。孩子羞怯地说："我什么都不需要，只想听听你的琴声。"

热泪盈眶的梅纽因，一把搂住衣衫褴褛的孩子，把心爱的小提琴送给了他。

转眼间，30年过去了。当梅纽因再度访日演出时，回忆起了当年的情景，他想方设法找到了在一家贫民救济院工作的小知音。梅纽因得知，30年来尽管小知音的生活清贫、坎坷，却多次决然地拒绝了想以高价购琴的人。

这次会面，他仍和第一次一样回答梅纽因："我什么也不需要，只想听听你的琴声。"梅纽因默默地接过那把阔别30年的旧琴，奏起当年的那支旧曲，所有在场的人无不落泪。

远隔时空，我们无法听到梅纽因的琴声，却能够用心演绎那支曲子，在人们共享的美好时光里，依然那么动人。

这个动人的故事验证了这样一句话：幸福的程度与金钱无关，心灵的富有才是最富有的。

# 你最喜欢的就是世上最好的

快乐的标准不一。无论是你拥有的，还是未曾拥有的；复杂的，还是简单的；便宜的，还是昂贵的；实在的，还是虚无的；只要你喜欢，它就是最好的。

一天，一个终日愁苦的青年去拜见一位大师以求得到快乐的良方。大师说："只有世界上你认为最好的东西才能使你快乐。"

于是，他辞别妻儿，踏上了寻找世界上最好的东西的漫漫旅途。

第一天，他遇见了一位重病患者，他问："你知道世界上最好的东西是什么吗？"病人恹恹地说："那还用问吗？是健康的体魄。"青年想，健康？我每天都拥有，算不上世界上最好的东西。

第二天，他遇见了一个正玩耍的孩童，他问："你知道世界上最好的东西是什么吗？"

孩童想了想，说："是一大堆玩具啊。"这个人摇了摇头，继续去寻找世界上最好的东西。

接着，他又先后遇到了一个老者、一个商人、一个画家、一个囚犯、一个母亲和一个女孩。

老者说："年轻是世界上最好的东西。"

商人说："利润是世界上最好的东西。"

画家说："色彩是世界上最好的东西。"

囚犯说："自由是世界上最好的东西。"

母亲说："我的宝贝孩子是世界上最好的东西。"

女孩说："我爱过一个青年，他脸上那灿烂的笑容是世界上最好的东西。"

唉！没有一个回答令他满意。

失望的他继续走啊走啊，最后，他穿过熙熙攘攘的人群，带着五花八门的答案又回到了大师那里。

大师见他回来了，似乎知道了他的遭遇和失望，微笑着说："先不要去追究你的问题，它永远不会有一个确切而唯一的答案。你现在考虑这样一个问题——把你最喜欢的东西和情景找出来，告诉我。"

此时，青年饥寒交迫、蓬头垢面。他想了一会儿，对大师说："我出门很多天了，我想念我亲爱的妻子和可爱的孩子，想念一家人冬夜里围着火炉谈笑聊天的情景……"说到这里，他长叹一声，"那是我现在最喜欢的东西啊！"

大师拍了拍他的肩，说："回去吧！你最好的东西在你的家里，它们可以使你快乐起来。"

青年疑惑地问："可我就是从那里走出来的啊！"

大师笑了，说："你出来之前，不知道自己喜欢什么东西；你出来之后——比如现在，你已经知道自己喜欢什么样的东西了。"

青年醒悟。

每个人的心目中，关于最好的、最快乐的答案各不相同，但有一点是相似的：最喜欢的，即是世上最好的。

# 保持自己本色，就会靠近幸福的天堂

不必为了世人的目光而活着，生活是你自己的。你有权利把它打造得像你，而非其他的一切人。

伊笛丝从小就特别敏感而腼腆，她的身体一直太胖，而她的脸使她看起来比实际还胖得多。伊笛丝有一个很古板的母亲，她认为把衣服弄得漂亮是一件很愚蠢的事情。她总是对伊笛丝说："宽衣好穿，窄衣易破。"而母亲总照这句话来帮伊笛丝穿衣服。所以，伊笛丝从来不和其他的孩子一起做室外活动，甚至不上体育课。她非常害羞，觉得自己和其他的人都不一样，完全不讨人喜欢。

长大之后，伊笛丝嫁给一个比她大好几岁的男人，可是她并没有改变。丈夫一家人都很好，也充满了自信。伊笛丝尽最大的努力要像他们一样，可是她做不到。他们为了使伊笛丝开朗而做的每一件事情，都只是令她更退缩到她的壳里去。伊笛丝变得紧张不安，躲开了所有的朋友，情形坏到她甚至怕听到门铃响。伊笛丝知道自己是一个失败者，又怕她的丈夫会发现这一点，所以每次他们出现在公共场合的时候，她假装很开心，结果常常做得太过分。事后，伊笛丝会为这个难过好几天，最后不开心到使她觉得再活下去也没有什么意思了，伊笛丝开始想自杀。

后来，是什么改变了这个不快乐的女人的生活呢？只是一句随口说出的话。随口说的一句话，改变了伊笛丝的整个生活，使她完全变成了另外一个人。

有一天，她的婆婆正在谈自己怎么教养几个孩子，她说："不管事情怎么样，我总会要求他们保持本色。"

"保持本色！"就是这句话！一刹那，伊笛丝发现自己之所以那么苦恼，就是因为她一直在试着让自己适应一个并不适合自己的模式。

伊笛丝后来回忆道："在一夜之间我整个人都改变了。我开始保持本色。我试着研究我自己的个性、自己的优点，尽我所能去学色彩和服饰知识，尽量以适合我的方式去穿衣服。我主动地去交朋友，我参加了一个社团组织——起先是一个很小的社团——他们让我参加活动，把我吓坏了。可是我每一次发言，就增加了一点勇气。今天我所拥有的快乐，是我从来没有想到可能得到的。"

# 快乐怕懒汉

幸福拒绝消极、懒惰。唯有一双辛勤的手、一颗乐观积极的心，才能找到快乐所在。

在一个富庶的乡村，来了一个乞丐，这个乞丐看上去只有 30 来岁，长得很结实。乞丐每天端着一个破碗到村民家中讨饭，他的要求不高，无论是稀饭还是馒头他从不嫌弃。

不久，便有人看中他的身体和力气，想让他去帮着打打零工，并许之以若干工钱，不料此等好事，该乞丐竟一口回绝，说："给人打工挣点钱多苦，还不如讨饭来得省力省心。"

而在邻村，每天傍晚，都会有一个老妇人到垃圾箱里捡垃圾。老人是个驼背，这使得她原本就矮小的身体越发显得矮小，老人每次从垃圾箱里拾垃圾都仿佛是在进行一场战斗。为了捡到垃圾，她必须将脸紧紧地靠在垃圾箱的开口上，否则她的手就不足以够到里面的"宝贝"。而那个开口正是整个垃圾箱最脏的地方。

每次捡完垃圾，老妇人都像打了一场胜仗，她完全不顾及别人脸上的那种鄙夷的目光。看着那些可以换钱的"战利品"，走在乡村的路上，她总是显得格外的高兴。

对于懒汉而言，命运会吝啬于给他幸福和运气。

生活中，穷困并不可怕，可怕的是在贫穷与苦难面前丧失积极进取的心态。其实，快乐与幸福的衡量标准不是财富的多少，而是我们在生活中有无美好、乐观的心态。

# 退化的名花

心灵无私，这是我们保持自身高贵的唯一秘密。其实，生活的真谛并不神秘，幸福的源泉大家也知道，只是常常忘了，记住：美丽需要共同培植，快乐要与人分享。

一个精明的犹太花草商人，千里迢迢从非洲引进了一种名贵的花卉，培育在自己的花圃里，准备到时候卖上个好价钱。对这种名贵花卉，商人爱护备至，许多亲朋好友向他索要，一向慷慨大方的他却连一粒种子也不给。他计划培植3年，等拥有上万株后再开始出售和馈赠。

第一年的春天，他的花开了，花圃里万紫千红，那种名贵的花开得尤其漂亮，就像一缕缕明媚的阳光。第二年的春天，他的这种名贵的花已经有五六千株，但他和朋友们发现，今年的花没有去年开得好，花朵变小不说，还有一点点的杂色。到了第三年的春天，他的名贵的花已经培植出了上万株，令这位商人沮丧的是，那些名贵的花的花朵已经变得更小，花色也差得多了，完全没有了它在非洲时的那种雍容和高贵。当然，他也没能靠这些花赚上一大笔。

难道这些花退化了吗？可非洲人年年种养这种花，大面积、年复一年地种植，并没有见过这种花会退化呀。他百思不得其解，便去请教一位植物学家。植物学家拄着拐杖来到他的花圃看了看，问他："你这花圃隔壁是什么？"

他说："隔壁是别人的花圃。"

植物学家又问他："他们种植的也是这种花吗？"

他摇摇头说："这种花在全荷兰，甚至整个欧洲也只有我一个人有，他们的花圃里都是些郁金香、玫瑰、金盏菊之类的普通花卉。"

植物学家沉吟了半天说："我知道你这名贵之花不再名贵的致命秘密了。尽管你的花圃里种满了这种名贵之花，但和你的花圃毗邻的花圃却种植着其他花卉，你的这种名贵之花被风传授了花粉后，又染上了毗邻花圃里的其他品种的花粉，所以你的名贵之花一年不如一年，越来越不雍容华贵了。"

商人问植物学家该怎么办，植物学家说："谁能阻挡住风传授花粉呢？要想使你的名贵之花不失本色，只有一种办法，那就是让你邻居的花圃里也都种上你的这种花。"于是商人把自己的花种分给了自己的邻居。次年春天花开的时候，商人和邻居的花圃几乎成了这种名贵之花的海洋——花朵又肥又大，花色典雅，朵朵流光溢彩，雍容华贵。这些花一上市，便被抢购一空，商人和他的邻居都发了大财。

近朱者赤，近墨者黑。高贵也是这样，没有一种高贵可以遗世独立。要想保持自己的高贵，就必须拥有高贵的"邻居"；要想拥有一片高贵的花的海洋，就必须与人分享美丽，同大家共同培植美丽。只有这样，我们才能保持自身的纯洁和华贵。

# 与他人讲和

*俗话说，多一个朋友多一条路。反过来说，多得罪一个人就少一条路！*

库克是英国一家公司的职员，在业务上是公认的尖子，可是在处理人际关系时往往意气用事，得罪了不少人。所以，他在公司干了好几年总是得不到升迁。

有一段时间，库克新搬来的一位女邻居进出时总是把门碰得很响，而且常常在房间里大声哼唱，吵得库克睡不好觉。直到有一天，他们碰到了一起，愤愤不平的库克瞪着女邻居大声喊道："你能不能安静一点，让我好好休息！"

女邻居也瞪圆双眼回敬库克："和谁说话哪！你以为你是谁，是总统！"说完对库克不屑一顾地扭转身子走了。

库克咬咬牙心想："我会让你尝尝我的厉害。"

第二天，库克回家时，女邻居也正好回了家。库克故意把门碰得很响，并在房间大声吼叫，也想让她尝尝吵闹的滋味。

可是接下来的几天，邻居的吵闹更厉害，令库克连连叫苦。

"老这样下去能行吗？该怎么办呢？"不久库克有了一个好主意。

几天后的一个早晨，女邻居一开门就发现地上放着一个信封，她打开一看，只见上面写着：

尊敬的女邻居：

很抱歉我那天向您大喊大叫，这也不是我惯有的作风，只是那天我从信箱里拿到了带来坏消息的信件……我希望您能够原谅我。

您的男邻居

紧接着一个早晨，当库克走出房门时，一眼就发现了地上的信封，他迫不及待地抽出信纸。

**尊敬的男邻居：**

这些日子我也一直心烦意乱，因为我工作上遇到了麻烦，我很高兴看到您写的便条，我想我会成为您的好朋友的。

**您的女邻居**

从那以后，每当他们再相见时，都会愉快地微笑着打招呼。

接下来的故事更耐人寻味：女邻居后来当上了一家大公司的董事长，经过一段时间的交往考察以后，她聘请库克担任了公司一个部门的经理。

库克改掉了得罪人的脾气，抱着与人为善的心态面对生活，最终使自己强大起来，由普通职员升迁为公司高层管理人员。

生活中，有很多人总是与别人斤斤计较，结果周围的人都成了他的敌人，他把自己陷入了尴尬痛苦的境地。

社会是由不同的人组成的，人活在社会上，不管日常生活、上班，还是经营自己的事业，都会和别人产生一种互动关系。换句话说，人是靠彼此互助才得以生存，即便是流落荒岛的鲁滨孙也得到了一位名叫"星期五"的伙伴的帮助，更何况身处竞争激烈、人际往来频繁的我们？因此，"得罪人"是一种剥夺自己生存空间的行为。

我们之所以不能轻易得罪人，至少有以下两个道理：

一是得罪一个人，就为自己堵住了一条去路。

当然，你也许会想，人还不至于得罪了几个人就无法生存下去吧。但你要知道，世界虽然很大，但有时却显得很小，连走在路上都会仇人相见，更何况同行？同行有同行的交往圈子，得罪同行，彼此碰面的机会更大，那多尴尬！而且多么不利！本来你可以和他合作获利，却因得罪他而失去机会，这多么可惜！

二是得罪一个人品不好的人，就为自己埋下一颗不定时的炸弹。

得罪君子只不过大家不讲话，各干各的；但要是得罪人品不好的人就会没完没了，他即使不采取报复行动，也要在背后对你造谣中伤，你有理也会变成无理，多不值得！

我们在这里强调"不轻易"得罪人，当然也是有一定分寸的。

当事有不可忍时，当正义公理不能伸张时，还是要有雷霆之怒的，否则就是是非不分、黑白不明了。这种雷霆之怒有时会得罪人，固然有可能为自己堵住一条去路，但也有可能开出更多的康庄大道。

总之，为了坚持真理，主持正义，该提出批评意见时就不要怕得罪人，但要注意方式方法。

所以，当你感到自己的利益被侵害时，得不到他人的尊重时，请冷静地想想，勿轻易动气。此外，也切记不要气焰嚣张，盛气凌人，这种只有自己而没有别人的态度也很容易得罪人，而且常常是得罪了人自己还不知道。

最重要的一点是，得罪人会成为一种习惯，老是压不下怒气，改不了个性，便会说"反正我就是这样"，那就会条条是死路。

# 拥有一颗爱的心

世界上最大的悲剧是一个人大言不惭地说："没人给过我任何东西！"这种人不论生活贫穷还是富有，他的灵魂一定是贫乏的。

以前，有一个犹太女孩名叫埃尔莎。她有一位年纪很大的老奶奶，头发都白了，脸上也布满了皱纹。

埃尔莎的父亲在山上有一栋大房子。

每天，太阳都从南边的窗户里射进来。房子里的每件东西都亮亮的，漂亮极了。

奶奶住在北边的屋子里。太阳从来照不进她的屋子。

一天，埃尔莎对她的父亲说："为什么太阳照不进奶奶的屋子呢？我想，她也是喜欢阳光的。"

"太阳公公的头探不进北边的窗户。"她父亲说。

"那么，我们把房子转个方向吧，爸爸。"

"房子太大了，不好转。"她爸爸说。

"那奶奶就照不到一点阳光了吗？"埃尔莎问。

"当然了，我的孩子，除非你给她带一点进去。"

从那以后，埃尔莎就想啊想啊，想着如何能带一点阳光给奶奶。

当她在田野里玩耍的时候，她看到小草和花儿都向她点头。鸟儿一边从这棵树跳到那棵树，一边唱着甜美的歌儿。

世间万物好像都在说："我们热爱阳光，我们热爱明亮、温暖的阳光。"

"奶奶肯定也是喜欢阳光的，"孩子想，"我一定要带一点给她。"

一天早晨，她在花园里玩时，看到了太阳温暖的光线照到了她金色的头发上。然后，她低下头，看到衣摆上也有阳光。

"我要用衣服把阳光包住，"她想，"然后把它们带进奶奶的房子。"于是，她跳了起来，跑进了奶奶的屋子。

"看，奶奶，看！我给你带来了一些阳光！"她叫着。然后，她打开了她的衣服，可是看不到一丝阳光。

"孩子，阳光从你的双眼里照出来了，"奶奶说，"它们在你金色的头发里闪耀。有你在我身边，我就拥有阳光了。"

埃尔莎不懂为什么她的眼睛里可以照出阳光。但她很愿意让奶奶高兴。

每天早上，她都在花园里玩耍。然后，她跑进奶奶的房子里，用她的眼睛和头发，给奶奶带去阳光。

小埃尔莎为了能给奶奶带去阳光而每天早上用眼睛和头发把阳光带进奶奶的房里。行为虽然幼稚，却足以显露出她的心灵之高尚。这是小埃尔莎在心灵深处为了表达对奶奶的关爱而做出的可爱举动。

我们也拥有阳光，但我们是否也有这样的爱心，乐意把爱的阳光带进黑暗的屋子，温暖那冰冷、孤寂的心灵？

当我们在享受着生命生活中的美好时，让我们也乐意关爱、帮助那些有需要的人，与他们分享生活中的美好事物，当我们这样做时，我们就是别人的阳光了。

# 第六章

# 习惯：决定未来的力量

## 把最重要的事情放在前面

在安排时间时，要永远把重要的事情放在第一位，在没有完成重要的事情之前，决不着手做次要的事情。

萨缪尔森教授在给即将毕业的 MBA 班的学生上最后一次课。令学生们不解的是，讲桌上放着一个大铁桶，旁边还有一堆拳头大小的石块。"我能教给你们的都教了，今天我们只做一个小小的测验。"教授把石块一一放进铁桶里。

当铁桶里再也装不下一块石头时，教授停下了来。教授问："现在铁桶里是不是再也装不下什么东西了？""是。"学生们回答。"真的吗？"教授问。

随后，他不紧不慢地从桌子底下拿出了一小桶碎石。他抓起一把碎石，放在已装满石块的铁桶表面，然后慢慢摇晃，然后又抓起一把碎石……不一会儿，这一小桶碎石全装进了铁桶里。

"现在铁桶里是不是再也装不下什么东西了？"教授又问。"还……可以吧。"有了上一次的经验，学生们变得谨慎了。

"没错！"教授一边说，一边从桌子底下拿出一小桶细沙，倒在铁桶的表面。教授慢慢摇晃铁桶。大约半分钟后，铁桶的表面就看不到细沙了。"现在铁桶装满了吗？""还……没有。"学生们虽然这样回答，但心里其实没底。

"没错！"教授看起来很兴奋。这一次，他从桌子底下拿出的是一罐水。他慢慢地把水往铁桶里倒。

水罐里的水倒完了，教授抬起头来，微笑着问："这个小实验说明了什么？"

一个学生马上站起来说："它说明，你的日程表排得再满，你都能挤出时间做更多的事。"

"有点道理。但你还是没有说到点子上。"

萨缪尔森教授顿了顿，说："它告诉我们：如果你不是首先把石块装进铁桶里，那么你就再也没有机会把石块装进铁桶里了，因为铁桶里早已装满了碎石、沙子和水。而当你先把石块装进去，铁桶会有很多你意想不到的空间来装剩下的东西。在以后的职业生涯中，你们必须分清楚什么是石块，什么是碎石、沙子和水，并且总是把石块放在第一位。"

最没有效率的人就是那些以最高的效率做最没用的事的人。总是做重要且紧迫的事的人，常常有很多的剩余时间。做完"正事"之后，他们有相当多的时间去做"重要而不紧迫"、"不重要且紧迫"甚至"不重要且不紧迫"的事，就像装石块的铁桶里有意想不到的剩余空间来装碎石、沙子和水。犹太人总是告诉自己的孩子：集中精力在能获得最大回报的事情上；别花费时间在对成功无益的事情上。

# 独木桥的走法

一个人的习惯性心态对其性格的形成有着决定性的作用，可以说习惯形成性格，性格决定命运。

曾有几个学生向弗洛伊德请教：心态对一个人会产生什么样的影响？

他微微一笑，什么也不说，就把他们带到一间黑暗的房子里。在他的引导下，学生们很快就穿过了这间伸手不见五指的神秘房间。接着，弗洛伊德打开房间里的一盏灯，在这昏黄如烛的灯光下，学生们才看清楚房间的布置，不禁吓出了一身冷汗。原来，这间房子的地面就是一个很深很大的水池，池子里蠕动着各种毒蛇，包括一条大蟒蛇和三条眼镜蛇，有好几只毒蛇正高高地昂着头，朝他们"滋滋"地吐着信子。就在这蛇池的上方，搭着一座很窄的木桥，他们刚才就是从这座木桥上走过来的。

弗洛伊德看着他们，问："现在，你们还愿意再次走过这座桥吗？"大家你看看我，我看看你，都不作声。

　　过了片刻，终于有 3 个学生犹犹豫豫地站了出来。其中一个学生一上去，就异常小心地挪动着双脚，速度比第一次慢了很多；另一个学生战战兢兢地踩在小木桥上，身子不由自主地颤抖着，才走到一半，就挺不住了；第三个学生干脆弯下身来，慢慢地趴在小桥上爬了过去。

　　"啪"，弗洛伊德又打开了房内另外几盏灯，强烈的灯光一下子把整个房间照耀得如同白昼。学生们揉揉眼睛再仔细看，才发现在小木桥的下方装着一道安全网，只是因为网线的颜色极暗淡，他们刚才都没有看出来。弗洛伊德大声地问："你们当中还有谁愿意现在就通过这座小桥？"

　　学生们没有作声，"你们为什么不愿意呢？"弗洛伊德问道。"这张安全网的质量可靠吗？"学生心有余悸地反问。

　　弗洛伊德笑了："我可以解答你们的疑问了，这座桥本来不难走，可是桥下的毒蛇对你们造成了心理威慑，于是，你们就失去了平静的心态，乱了方寸，慌了手脚，表现出各种程度的胆怯——心态对行为当然是有影响的啊。"

　　其实人生又何尝不是如此呢？在面对各种挑战时，也许失败的原因不是因为势单力薄，不是因为智能低下，也不是没有把整个局势分析透彻，反而是把困难看得太清楚、分析得太透彻、考虑得太详尽，才会被困难吓倒，举步维艰。倒是那些没把困难完全看清楚的人，更能够勇往直前。如果我们在通过人生的独木桥时，能够忘记背景，忽略险恶，专心走好自己脚下的路，我们也许能更快地到达目的地。

# 创新的作用

　　要从小教育孩子养成创新思维的习惯，一个人只有不断创新，才可能超越前人，有所成就。

　　1926 年，有着犹太血统的兰德才 17 岁，他还是哈佛大学一年级的学生。一天晚上，他走在繁华的百老汇大街，从他面前驶过的汽车车灯刺得他眼睛都睁不开。他突然灵机一动：有没有办法既让车灯照亮前面的路，又不刺激行人的眼睛呢？他觉得这是很有实用价值的课题。兰德说干就干，第二天便去学校办了休学手续，专心研究偏光车灯的创造发明。

　　1928 年，兰德的第一块偏光片终于制成了。他匆匆赶去申请专利，不料已有 4 个人申请此项专利。他辛辛苦苦做出的第一项成果就这样白费了。3 年后，经过改进的偏光片研制成功，专利局终于在 1934 年把偏光片的专利权给了兰德，这是他获得的第一项专利。

1937 年，兰德成立了拍立得公司。有人把他介绍给华尔街的一些大老板，他们对兰德的才能和工作效率十分赏识，向他提供了 37.5 万美元的信贷资金，希望他把偏光片应用到美国所有汽车的前灯上，以减少车祸，保证乘车人的安全。

1939 年，拍立得公司在纽约的世界博览会上推出的立体电影更是轰动一时。观众必须戴上该公司生产的眼镜才能入场，这又为拍立得赚了一大笔钱。

有一次，兰德给他的女儿照相。小姑娘不耐烦地问："爸爸，我什么时候才能看到照片？"这句话触动了兰德，经过多年高效率的研究，他终于发明了瞬时显像照相机，取名为"拍立得"相机。这种相机能在 60 秒钟洗出照片，所以又称"60 秒相机"。

拍立得公司 1937 年刚成立时，销售额为 14.2 万美元，1941 年就达到 100 万美元，1947 年则达到 150 万美元，为 10 年前的 10 倍。"拍立得"相机投入市场后，使公司销售额从 1948 年的 150 万美元猛增至 1958 年的 6750 万美元，10 年里增长了 40 倍。

然而兰德并不就此停步，后来他又制造出一种价格便宜，能立即拍出彩色照片的新相机。兰德说："一个企业，不仅要不断地推出新产品，改善人们的生活，给人们带来方便，而且要考虑下一步该怎么办。这样，企业就不会停滞不前，将永远充满活力。"

当人们问兰德有什么成功奥秘时，他只是笑笑说："我相信人的创造力，它的潜力是无穷的，我们只要把它挖掘出来，就无事不成。"

创造力是上天赐予我们的最珍贵的礼物，它能给我们带来许多意想不到的惊喜。但是怎样发掘你的创造力呢？兰德的经验告诉我们：创造并非遥不可及；只要你处处留心，你会发现在我们日常生活中处处充满创造的灵感，创造就在我们身边。

# 勇于尝试

当孩子认为自己"不行"、"办不到"时，要鼓励孩子勇于尝试，或许你会由此发现孩子真正的天赋所在。

犹太人经常强调这一点：父母是孩子最早的老师，父母的言传身教对孩子的影响非常大。父母应当鼓励孩子勇于尝试，让孩子不断提升自我。

拉比还经常给孩子们讲这个故事：

18 世纪下半叶，本杰明·韦斯特在英国画坛被称为艺术奇才"横空出世"。这位英国皇家学院的院长，一生的作品除少数宗教、神话题材以外，绝大多数是描绘英国在殖民北美洲时期的一些历史题材。他被英王乔治三世奉为上宾，雷诺兹爵士称他为最值得尊敬的怪物。本杰明·韦斯特1738年10月出生于美国，不到20岁就已经是纽约市颇有名气的肖像画家了。关于自己的成功，他宣称是母亲的一个吻才使他有了今天的成就。

本杰明·韦斯特的母亲年轻时叫萨拉·皮尔森，是一个贵格会信徒的女儿，她嫁给了一个贵格会信徒韦斯特之后就一直定居在宾夕法尼亚州的印第安人居住地。他们共有10个孩子，本杰明·韦斯特是10个孩子中的老幺。韦斯特的家庭很清贫，10个孩子的大家庭的重担几乎都压在了萨拉一个人的身上。

1745年，本杰明·韦斯特7岁。这年夏天的一天，母亲让本杰明去照看亲戚家的一个婴儿，让他用扇子赶走婴儿脸上的苍蝇。那天中午，在本杰明的细心呵护下，婴儿慢慢地进入了梦乡。小本杰明·韦斯特被熟睡着的婴儿的异常美丽吸引住了。他用手在扇子上比画着，好像要画下婴儿美丽的脸庞。这一切被母亲萨拉捕捉到了。"你想画下宝宝的脸吗？"萨拉微笑着问本杰明。"我不会画画，我画不出。"本杰明说。"可是你不画怎么知道你画不出呢？"萨拉指着桌子上的一红一蓝两瓶墨水说，"你试试。"母亲说完便走了。本杰明拿出一张纸，打开墨水瓶，画了起来。过了好一会儿，画是画好了，可是在他的脸上、衣服上都沾了很多的墨水，桌子上也是一片狼藉。他担心母亲看到这个脏乱的局面的话他可能会挨骂。哪知母亲走来后，用她特有的慈爱目光看了一眼那张画，声音颤抖着惊叫起来："哦，天哪，这简直就是小萨莉的照片啊！"然后她搂着本杰明的脖子，亲吻了他一下，并且说："总有一天你会成为一个伟大的艺术家。"

孩子的成长过程也是认知的过程，大人的经验固然对孩子的成长有很大的帮助，但孩子的亲身体会要比大人的教诲深刻得多，即使孩子在亲身体会的过程中犯错误，我们也要允许他们犯错误，因为他们有能力去犯错误，也同样有能力改正自己的错误，在犯错误中得到正确的答案，那是最珍贵的。

# 黄油狮子

生命中的一次小小的机会就很可能改变人生。

一天，在西格诺·法列罗的府第正要举行一个盛大的宴会，主人邀请了一大批客人。就在宴会开始的前夕，负责餐桌布置的点心制作人员派人来说，他设计用来摆放在桌子上的那件大型甜点饰品不小心被弄坏了，管家急得团团转。

这时，西格诺府第厨房里干粗活的一个仆人走到管家的面前怯生生地说道："如果您能让我来试一试的话，我想我能造另外一件来顶替。"

"你？"管家惊讶地喊道，"你是什么人，竟敢说这样的大话？"

"我叫安东尼奥·卡诺瓦，是雕塑家皮萨诺的孙子。"这个脸色苍白的孩子回答道。

"小家伙，你真的能做吗？"管家将信将疑地问道。

"如果您允许我试一试的话，我可以造一件东西摆放在餐桌中央。"小孩子开始显得镇定一些。

仆人们这时都显得手足无措了。于是，管家就答应让安东尼奥去试试，他则在一旁紧紧地盯着这个孩子，注视着他的一举一动，看他到底怎么办。这个厨房的小帮工不慌不忙地要人端来了一些黄油。不一会儿工夫，不起眼的黄油在他的手中变成了一只蹲着的巨狮。管家喜出望外，惊讶地张大了嘴巴，连忙派人把这个黄油塑成的狮子摆到了桌子上。

晚宴开始了。客人们陆陆续续地被引到餐厅里来。这些客人当中，有威尼斯最著名的实业家，有高贵的王子，有傲慢的王公贵族们，还有眼光挑剔的专业艺术评论家。但当客人们一眼望见餐桌上卧着的黄油狮子时，都不禁交口称赞起来，纷纷认为这真是一件天才的作品。他们在狮子面前不忍离去，甚至忘了自己来此的真正目的是什么。结果，这个宴会变成了对黄油狮子的鉴赏会。客人们在狮子面前情不自禁地细细欣赏着，不断地问西格诺·法列罗，究竟是哪一位伟大的雕塑家竟然肯将自己天才的技艺浪费在这样一种很快就会熔化的东西上。法列罗也愣住了，他立即喊管家过来问话，于是管家就把小安东尼奥带到了客人们的面前。

当这些尊贵的客人们得知，面前这个精美绝伦的黄油狮子竟然是这个小孩仓促间做成的作品时，都不禁大为惊讶，整个宴会立刻变成了对这个小孩的赞美会。富有的主人当即宣布，将由他出资给小孩请最好的老师，让他的天赋充分地发挥出来。

西格诺·法列罗果然没有食言，但安东尼奥没有被眼前的宠幸冲昏头脑，他依旧是一个淳朴、热切而又诚实的孩子。他孜孜不倦地刻苦努力着，希望把自己培养成为皮萨诺门下一名优秀的雕刻家。

也许很多人并不知道安东尼奥是如何充分利用第一次机会展示自己才华的。然而，却没有人不知道后来著名雕塑家卡诺瓦的大名，也没有人不知道他是世界上最伟大的雕塑家之一。

这个世界上有才能的人不在少数，但并非一切有才能的人都必定成功，这往往是因为有些人没有把握住成功的机遇。对于这种关键的时刻，人们都会很重视甚至会有点紧张，这些都是可以理解的。但我们要意识到，人只有在关键的时刻发挥出自己的水平才能够成功。这便是人与人能力的真正差距，这便是有的人能够成功有的人不能成功的原因。

# 父亲和儿子

很多道理，我们每个人都懂，但却没有将其贯彻在我们日常的生活习惯之中，因此，我们也无法从这些道理中获得真实的人生收益。

哈西德运动时期，有个流浪的犹太艺人，虽然才四十几岁，但是骨瘦如柴，形容枯槁，医生诊断结果是肝癌末期，临终前，他把年仅16岁的独子找来，叮咛着："你要好好读书，不要像我少壮不努力，老来没成就。我年轻时好勇斗狠，日夜颠倒，烟酒都来，正值壮年就得了绝症。你要谨记在心，不要再走我的老路。我没读什么书，没什么大道理可以教你，但你要记住把'少壮不努力，老来没成就'这句话传下去。"

说完，他咽下最后一口气，16岁的儿子却懵懵懂懂地站立一旁。

长大后，他儿子仍然在酒家、赌场闹事，有一次与客人起冲突，因出手过重而闹出人命，被捕坐牢。出狱后，人事全非，发觉不能再走老路，但是却无一技之长，无法找个正当的工作，只好下定决心，回到乡下，靠做一些杂工维生。

由于他年轻时无法体会父亲交代的遗言，耽误终身大事，年近半百才成婚。虽然年事渐长，逐渐能体会父亲临终前交代的话，但似乎为时已晚。他的体力一天不如一天，一年不如一年，面对着无法撑持起来的家，心里有着无限的忏悔与悲伤。

有个夜晚，他喝点酒，带着酒意，把16岁的儿子叫到跟前。他先是一愕，这不就是当年16岁的我吗！父亲临终前交代遗言的景象在脑海中显现。有些自责地喃喃自语：

"我怎么没把那句话听进去啊。"

说着，眼泪直滴脸颊，儿子站在面前，懂事地安慰着：

"爸爸，您喝醉了，早点休息吧！"

"我没有醉，我要把你爷爷交代我的话告诉你，你要牢牢记住。"

"爸爸！什么话这么慎重呀！"

"当年你爷爷临终时交代我不可以'少壮不努力，老来没成就'，我没听进去，也没听懂。结果我费尽一生才体会出这一句话的道理，但为时已晚。"

"这句话不是人人都知道吗？"

"是啊。但是，并不是每个人都愿意努力从年轻时就努力奋发向上。一定要年轻时就学好，不然老了就像我一无是处。你一定要认真对待这句话。希望你好好做人，将来儿孙都能成才，不必再把这句话当遗言交代了。"

懂道理的人很多，可是真正明白、并将其作为指导自己行为准则的人就太少了。所以，人在年轻时一定要懂得珍惜时间，懂得运用自己的时间多做一些有意义的事情。才不至于年老时悔恨，只能将自己的失败教训告诫给后辈。

# 剪除规矩的网

生活中，养成将东西整齐摆放的习惯固然值得称赞，但如果过于整齐，事事苛求，容不得一点乱，也会作茧自缚，自寻烦恼。

成长过程中，有很多烦恼伴随着我们左右，可往往这些烦恼源于我们自己心灵条条框框的束缚，是自己囚禁了自己。

一天，女儿走到雅斯贝尔斯面前，问了一个问题："爸爸，为什么东西总是很容易就弄乱了呢？"

雅斯贝尔斯便反问道："乖女儿，你这个'乱'字是什么意思？"

女儿说道："你知道吗，那是指东西没有摆放整齐。看看我的书桌，东西都不在一定的位置，这不叫作乱叫什么？昨天晚上我花了不少时间才把它重新摆放整齐，可是没法保持很久。所以，我说东西很容易便弄乱了。"

雅斯贝尔斯听完后就告诉女儿说："什么叫作整齐，你摆给我看看。"于是女儿便开始动手整理，把书桌上的东西都重新归位，然后说道："请看，现在它不是整齐了吗？可是它没法保持长久。"

雅斯贝尔斯又再问她："如果我把你的水彩盒往这里移动一二英寸，你觉得怎么样呢？"

女儿回答说："不好，这么做书桌又弄乱了，你最好让桌面维护规规矩矩的，不要出现那些'脱线'情形。"

随后雅斯贝尔斯又问道："如果我把铅笔从这儿移到那儿呢？"

"你又把桌面弄乱了。"女儿回答道。

"如果我把这本书打开呢？"他继续问道。

"那也叫作乱。"女儿再回答道。

雅斯贝尔斯这时微笑着对女儿说道："乖女儿，不是东西很容易弄乱，而是你心里对于乱的定义太多了，但对于整齐的定义却只有一个。"

无规矩不成方圆。可规矩太多，也是对心灵的束缚。生活中，我们的不少烦恼都是自找的，用自己的规矩捆住了自己，无怪乎一些人会被痛苦给缠得动弹不得。那就好像那些人给自己罩上了一张大网，越是想挣脱却越挣不脱，越是想逃避越逃避不了。犹太人不用过多的规矩束缚孩子的心灵，而是让他们的心灵自由飞翔。哲人雅斯贝尔斯的话定能让我们思考良久。

# 经验的障碍

每个人都有自己特殊的人生经验，由此形成自己对生活的看法。世界究竟是什么样的，需要自己亲身去体验，不可轻信所谓"过来人"的劝告。

麦立克要坐火车从佛勒斯诺去纽约旅行。临行前，他的舅舅嘉乐来看他，告诉他一些旅行的经验。

"你上了火车后，先选一个位置坐下，不要东张西望，"嘉乐告诉他的外甥，"火车开动以后，会有两个穿制服的顺通道走来问你要车票，你不要理他们，他们是骗子。"

"是的，舅舅。"麦立克点了点头说。

"走不到 20 里，会有一个和颜悦色的青年来到你跟前，敬你一支烟。你就说不会。那烟卷是上了麻药的。"

"是的，舅舅。"麦立克微微一怔，但照例点了点头。

"你到餐车去，半路上会有一个漂亮的年轻女子故意和你撞个满怀，差点儿一把抱住你。但是，你要理智地走远些。那女子是个妓女。要是她逗你说话，你就装个聋子。这是唯一的摆脱之道。"

"是的，舅舅。"麦立克不禁有点惊讶，还是点了点头。

"我在外边走得很多了，以上并非我无中生有的胡说，就告诉你这些吧！"

"还有一件，"嘉乐好像又想起了什么，叮咛道，"晚上睡觉时，把钱从口袋里取出来放在鞋筒里，再把鞋放在枕头底下，头在枕上，别睡着了。"

"是的，舅舅，多谢您的指教！"麦立克向他的舅舅深深地鞠了一躬。

第二天，麦立克坐上了火车，横贯美洲向纽约而去。

那两个穿制服的人不是骗子，那个带麻药烟卷的青年没有来，那个漂亮女子没碰上。第一晚麦立克把钱放在鞋筒里，把鞋放在枕头下，一夜未合眼。可是，到了第二晚他就不理会那一套了。

第二天，他自己请一个年轻人吸烟，那人竟高兴地接受了。在餐车里，他故意坐在一位年轻女子的对面。吸烟间里，他发起了一桌扑克。火车离纽约还很远，麦立克已认识车上的许多旅客了，而客人也都认识他了。

火车经过俄亥俄州时，麦立克与那个接受烟卷的青年，跟两个瓦沙尔女子大学的学生组成一个四人合唱队，大唱了一阵，获得了旅客们的好评。

那次旅行对麦立克来说是够快乐的了。麦立克从纽约回来了，他的舅舅又来看他了。

"我看得出，你一路没有出什么岔子，你依我的话做了没有？"一见面嘉乐就高兴地问麦立克。

"是的，舅舅！"麦立克还是那样做了回答。

嘉乐很高兴地自言自语道："我很高兴有人因我的经验而得益！"

很多人总是积极地为别人提供意见，虽然出自好心，但他们从没想到意见仅仅是从他们自己的经历中获得的，然而别人有别人的经历，在这一点上谁也代替不了谁的。人们总是过于武断地在别人的事情上加上自己的判断，其实大可不必。如果你曾经被别人这样断言过，也不必过于在意。要紧的是让自己去经历一切，并且从这份经历中获得快乐、感受痛苦，这样人生才有意义。

# 莫忘致谢

*教育孩子从小学会感恩，对别人的帮助、礼物，要及时表示谢意。*

依琳娜、莎拉和德鲁还小的时候，每当他们要向别人致谢，就口述感谢词句，由他们的母亲——犹太教信徒贝德福德作笔记。但是到孩子长大一些，有能力自己写谢柬了，却必须三催四请才肯动笔。

贝德福德会问："你写了信给爷爷，谢谢他送你那本书没有？"或问："陶乐思阿姨送了你一件毛线衫，你可向她道谢了？"他们的回应总是含糊其词，或耸耸肩膀。

有一年，贝德福德在圣诞节过后催促了几天，儿女们竟一直毫无反应，她大为气恼，便宣布："谢柬写妥投寄之前，谁也不准玩新玩具或穿新衣。"

但他们依旧拖延，还出言抱怨。

贝德福德忽然灵机一动，说："大家上车。"

"要去哪里？"莎拉问，觉得好奇怪。

"去买圣诞礼物。"

"圣诞节已经过去了。"她反驳。

"不要啰唆。"贝德福德斩钉截铁地说。

待孩子都上了车，贝德福德说："我要让你们知道，人家为了送你们礼物，要花多少时间。"

贝德福德对德鲁说："麻烦你记下我们离家的时间。"

来到镇里，德鲁记下抵达的时间。3 个孩子随贝德福德走进一家商店，帮她选购礼物送给她的姊妹。然后贝德福德他们回家。

3 个孩子一下车便向雪橇走过去。贝德福德说："不许玩，还要包礼物。"孩子们垂头丧气回到屋里。

"德鲁，记下到家的时间没有？"

德鲁点点头。

"好，请你记录包礼物的时间。"

孩子包礼物时，贝德福德替他们冲泡可可，终于最后一个蝶形结也系好了。

"一共花了多少时间？"贝德福德问德鲁。

他说："到镇上去，用了 28 分钟，买礼物花了 15 分钟，回家用了 38 分钟。"

"包这几个盒子用了多少时间？"依琳娜问。

"你们俩都是两分钟包一个。"德鲁说。

"把礼物拿去邮寄，要花多少时间？"贝德福德问。德鲁计算了一下，答道："一来一去 56 分钟，加上在邮局排队的时间，要 71 分钟。"

"那么，送别人一件礼物总共花多少时间？"德鲁又计算了一阵，"2 小时 34 分钟"。

贝德福德在每个孩子的可可杯旁放一页信纸、一个信封和一支笔。

"现在请写谢柬。写明礼物是什么，说已经拿来用了，用得很开心。"

他们沉默构思，接着响起了笔尖在纸面上的声音。

"花了我们 3 分钟。"德鲁一面说一面把信封封好。

"人家选购一件情意浓厚的礼物，然后邮寄给你，所花时间也许超过两个半小时，我要你们花 3 分钟时间道谢，这难道是过分要求吗？"贝德福德问。

3 人低头望着桌面，摇摇头。

"你们最好现在就养成这习惯。早晚你们要为很多事情写谢柬的。"

故事里的孩子一定是因为偷懒而不想写谢柬的，母亲非要督促他们写是想教会他们感恩。感恩是我们对待周遭事物应该保持的一种心态。人们习惯索取，所以无法体会付出、给予的分量，心中还总是盘算没有得到的东西，却从没想过自己已经获得了多少。写谢柬其实只是个形式，母亲真正想说的是对于很多事情我们应该学会感恩。

# 勤勉是生存的关键

勤勉和懒惰都源自习惯，养成什么样的习惯，就会拥有什么样的人生。

犹太人有一句发人深省的谚语："成功和失败都是习惯！"

在犹太人心中，成功的背后定有辛苦。远古犹太人生火，要花很长的时间去摩擦木头或石头；要吃果实，就爬到很高的树上去摘。因此《圣经》中有两句话："流泪撒种的，必欢呼收割。""那流着泪出去的，必要欢欢乐乐地带禾捆回来。"犹太人认为，勤勉或懒惰很少来自一个人的本性，很少有人一生下来就是辛勤的工作者，也很少有人是天生的懒虫，大多数人的勤勉或懒惰都是后天的，是习性所致。此外，孩童时期的家庭环境，以及所受的教育，也都有很大的影响。勤勉有两种：一种是外力强迫的勤勉，另一种是自己自愿的勤勉。

在贫穷的时代里，犹太人在劳动条件非常恶劣的环境中，从事长时间的劳动，否则，便无法维持生活。犹太人认为这是自愿的勤勉。

犹太人在埃及受奴役期间，曾经长时间从事田里的工作，劳动量大得使人们听了都会打寒战。但是，辛勤工作的结果并没有使他们的生活获得改善，这是因为这些辛勤是由于外力强迫之故。如果是外力所强迫的勤勉，是永远无法获得成功的。

外力强迫的勤勉对人自身决不会有作用，因为一旦外力消失，这种勤勉就会荡然无存。自愿的辛勤较易产生出自己的东西，从而逐步培养自己。久而久之，就能确立一个完完整整的自我。

有这样一个故事：埃及法老尼科看见一个犹太老人正在努力工作，种植无花果树。他问老人道："你是否期望自己能够享受果实？"老人回答说："如果我不能活到吃无花果的时候，我的孩子们将会吃到，或许上帝会特赦我。""如果你能够得到上帝特赦而吃到这树的果实，"法老对他说，"那就请你告诉我。"时光流逝，果树果然在老人的有生之年结出了果实，老人装了满满一篮子无花果来见法老。见到法老时，他解释说："我就是你看见过的那个种无花果树的老人，这些无花果是我劳动的成果。"法老命他坐在金椅子上，把他的篮子装满了黄金。

可法老的仆人反对道："您想给一个老犹太人那么多荣誉吗？"法老回答说："造物主给勤劳的他以荣誉，难道我就不能做同样的事吗？"后来，老人有一个懒惰的邻居，他妻子听了老人的故事，就对丈夫说："法老爱吃无花果，给他点无花果，他就会给你金子。"丈夫听从了妻子的话，也拿了满满一篮子无花果到皇宫，要求换取金子。

仆人报告法老，法老大怒："让这个人站在皇宫门口，每个进出的人都可以向他脸上扔一个无花果。"黄昏时，这个可怜的人被送回了家，浑身又青又肿。"我要把我得的全给你！"他冲妻子喊道。

在犹太人看来，懒惰使人一事无成，上帝和人们都是奖赏勤勉的人的。因此，犹太人的生存之法是培养勤勉的习惯，因为这才是成功的关键。永远不要让一个傻瓜看到一件做了一半的事。犹太人认为，勤勉和成功是互为表里的，常常有很多人因为勤勉而成功，但却很少因懒惰而成功的人。虽然勤劳并不一定能获成功，但是无论如何，人们都要辛勤工作，因为这是取得成功的最基本条件。

# 瑞典的法国建筑

命运掌握在自己的手中，强者总是主动寻找改变命运的途径、方法和机遇，而不是听凭命运的摆布。

19 世纪时瑞典有一位犹太青年，家境很不好，穷困得连肚子都填不饱，更别提入学受教育了。青年虽然在这种环境之下成长，但是丝毫不气馁，一有多余的时间就自学，因此学习了许多关于建筑和化工方面的知识。他决心要用自己的所学改变自己的命运。

后来，青年凭着所学的一些知识，开始进入建筑公司做起了小助理。他积极努力地工作，因为表现出色，先后协助了一些著名建筑师的工作，在这段时间里，他累积了许多宝贵的经验和知识，再加上潜在的天分，逐渐在建筑界小有名气，为许多人所肯定。但是，由于他没有好的学历和出身背景，所以不管他再怎么努力，也无法打入上流社会，成为地位崇高、有名望的建筑师。看到无法实现愿望，青年因此郁郁终日。

有一天，他在街上远远地见到一群侍卫，簇拥着瑞典国王查理四世出访，他情不自禁地想："如果我有跟国王接触的机会就好了。"

查理四世原来是个法国人，曾是拿破仑身边的元帅，由于他的卓越才能为老瑞典国王所赏识。因此在临终之前收他为义子，要他统治瑞典。

查理四世不负老瑞典王的厚望，将瑞典治理得井井有条。

但是，要怎么样才能引起国王的注意呢？青年动起了脑筋。

"如果我能建造一个很特殊的建筑物，来吸引国王，那就好了！"青年的眼睛一亮，

"对呀！国王原来是法国人，如果我在瑞典建造一座类似法国凯旋门的建筑物，一定能引起他的注意。"

有了这个想法，于是青年四处奔走，争取到几位过去有生意往来的企业家的支持，不久之后就在一座瑞典小城内，盖起了一座抓住了法国凯旋门神韵的建筑物。一天，国王经过小城，看到这个建筑物时，惊讶得说不出话来，睹物思情，缅怀过往，引了他许多的感慨。

事后国王特别召见这位青年，夸赞他的建筑技术。

受到国王赞赏的犹太青年，忽然之间声名大噪，各种媒体争相报道有关他和他的建筑作品，他被大家奉为天才。从此，他不但挤进了上流社会，更一跃成为瑞典建筑界的大师，身价百倍。

要想改变自己的命运，只能靠自己的双手，靠自己不懈的奋斗！家长一定要从小让孩子明白：路是自己走出来的，只要有恒心，没有什么困难不可以克服。记住一句老话：有志者事竟成！

# 小狗死亡之谜

习惯决定命运。习惯一旦形成，它就极具稳定性，心理上的习惯左右着我们的思维方式，决定着我们待人接物的方式；生理上的习惯左右着我们的行为方式，决定我们的生活起居。当我们的命运面临抉择时，总是习惯在帮我们作决定。

贝琳达夫人养了一条名叫卡洛儿的小狗，她特别钟爱卡洛儿，甚至把它当作孩子一样爱护。

一天，卡洛儿在散步时跑丢了，贝琳达夫人伤心极了，到处寻找都没有找到。后来，她想到一个好主意，就在当地报纸上发了一则寻狗启事：爱狗丢失，如捡到者归还，付酬金一万。并附有小狗的一张彩照，充满了大半个栏目。

寻狗启事登出后，前来给贝琳达夫人送狗者络绎不绝，但都不是卡洛儿。贝琳达夫人心想：一定是拣到狗的人嫌报酬太少，因为卡洛儿是一只纯正的爱尔兰名犬。于是她就把电话打到报社，要求酬金改为两万元。

此启事再出，引起全城人的巨大反响。一位沿街流浪的老乞丐也听说了，他特意去一个报摊买了一份报纸，看完这则启事及小狗的照片，他想起来，前几天捡到一条小狗，可能就是贝琳达夫人要找的那条。

第二天一大早，老乞丐就抱着小狗出了门，准备去领两万元酬金。这下，他终于不用再乞讨了，两万元足够他吃几年了。当老乞丐经过一个小报摊的时候，无意中又看到了那则启事，他看悬赏金额已变成了三万元。

老乞丐是个做事不果断的人，他总喜欢幻想明天的美好而对现在犹豫万分。于是，他觉得这件事情还有利可图，于是又折回他的桥洞，把狗重新拴在那儿。他想：先不把小狗送过去，主人如果找不到，还会继续加大悬赏金。第四天，悬赏额果然又涨了。

在接下来的几天时间里，老乞丐天天浏览那家报纸的广告栏，当酬金涨到使全城的市民都感到不可思议时，老乞丐返回他的桥洞决定把小狗送还给主人，并领到那份巨额赏金。可他回到桥洞时，发现那只小狗已经死了。因为这只小狗在贝琳达夫人家吃的都是鲜牛奶和烧牛肉，而老乞丐给它的食物都是从垃圾筒里拣来的，小狗实在吃不习惯，就被饿死了。

# 听与说

上帝给了我们一张嘴、两只耳朵，就是让我们多听少说。

当所有人都不再在背后道人长短时，一切纠纷的火焰就会熄灭。因此要如同对待珍宝一样，慎重地使用自己的舌头。犹太人非常强调说话时自我控制的重要性。他们认为话一旦说出口，就像射出的箭，再也不能收回了。他们也是这样教育孩子的。他们认为，话不可以随便乱说，应该一字一句地斟酌才对。为此犹太人常常用药来比喻言语，即适量的言语可以一针见血，但是用量过多就会越描越黑，反而有害。

有一个犹太女人很喜欢东家长、西家短地道别人是非。她的多嘴连平常饶舌的三姑六婆们也都无法忍受，终于有一天大家一起到拉比那里去控诉她的行为。拉比仔细倾听每一个女人的控诉之后，便要这些女人们先回去。然后拉比叫人去找那个多嘴的女人来。"你为什么对邻居太太们评头论足，无中生有？"多嘴的女人笑着回答说："也许我有一点夸大事实的习惯，但是我并没有杜撰什么故事啊！不过我说的不是很接近事实吗？我只是把事实稍微修饰一下，使它更有声有色而已。但是或许我真的太多嘴了，连我丈夫都这么说呢！""你已经承认你的话太多了，好吧！让我们来想一想，有没有什么好的治疗方法？"拉比想了一会儿之后，走出房间，然后拿回一个大袋子，他对女人说，"你把这个袋子拿去，到了广场之后，你就打开袋子，一面把袋子里的东西摆在路边，一面走回家。但是，回到家之后，你便要掉过头来，把东西收齐以后，再回到广场上去。"女人接过这个袋子，觉得很轻，她很纳闷，非常想知道里面装的是什么东西，于是加快脚步走到广场去。到了广场之后，她迫不及待地打开一看，里面装的竟然是一大堆羽毛。那是一个万里无云的晴朗秋天，微风轻吹，令人觉得非常舒服。女人照着拉比的吩咐，一面走，一面把羽毛摆在路边，当她走进家门时，袋子刚好空了。然后她又提着袋子，一边捡，一边回广场。可是，凉爽的秋风却吹散了羽毛，以致所剩寥寥无几。女人只好回到拉比那里，她向拉比说，一切都照拉比的吩咐去做了，但是，却只能收回几根羽毛。"我想也是的。"拉比说，"所有的马路新闻，都像是大袋子里的羽毛一样一旦从嘴里溜出去，就永远没有收回的希望。"于是，拉比的机智矫正了这个女人的坏习惯。

不要说得太多——听的分量要有说的两倍。犹太人认为，长舌远比三只手更令人头痛，假话传久就会变成恶言，谣言足以隔离亲近的朋友。因此，不要用嘴巴去发现看不见的东西。同时，拉比们还告诫人们说："遇到鬼的时候，你一定会拔腿就跑；同样地，遇到马路消息时，你也要快速地逃。"因此，犹太人在自己的周围，总是尊敬那些懂得听话艺术的人，而讨厌那些只是喋喋不休地说个不停的人。

# 伟大的称赞

养成随时随地对他人进行恰如其分地赞美的习惯，你将获得良好的人缘，处处受欢迎。

霍里斯和他的犹太人朋友在纽约搭计程车。下车时，朋友对司机说："谢谢，搭你的车十分舒适。"这司机听完愣了一愣，然后说："你是在嘲笑我吗？"

"不，司机先生，我不是在寻你开心，我很佩服你在交通混乱时还能沉住气。"

司机没再说什么，便驾车离开了。

"你为什么会这么说？"霍里斯不解地问。

"我想让纽约多点人情味。"他答道。

"靠你一个人的力量怎么办得到？"

"我只是起带头作用。我相信一句小小的赞美能让那位司机整日心情愉快。如果他今天载了 20 位乘客，他们受了司机的感染，也会对周围的人和颜悦色。这样算来，我的好意可间接传达给 1000 多人，不错吧？"

"但你怎能寄望计程车司机会照你的想法做呢？"

"我并没有寄望于他，"朋友回答，"我知道这种效果是可遇不可求的，所以我习惯多对人和气，多赞美他人，即使一天的成功率只有 30%，但仍可连带影响到 300 人之多。"

"我承认这套理论很中听，但能有几分实际效果呢？"

"就算没效果我也毫无损失呀！开口称赞那司机花不了我几秒钟。如果那人无动于衷，那也无妨，明天我还可以再称赞另一个计程车司机呀！"

"我看你脑袋有点毛病了。"

"从这就可以看出你越来越冷漠。我曾调查过邮局的员工，他们最感沮丧的除了薪水微薄外，还有就是欠缺别人对他们工作的肯定。"

"但他们的服务真的很差劲呀！"

"那是因为他们觉得没人在意他们的服务品质。我们为何不多给他们一些鼓励呢？"

他们边走边聊，途经一个建筑工地，有 5 个工人正在一旁吃午餐。朋友停下了脚步，"这栋大楼盖得真好，你们的工作一定很危险、很辛苦吧？"那群工人带着狐疑的眼光望着霍里斯的朋友。

"工程何时完工？"犹太人朋友继续问道。

"6 月份。"一个工人回应了一声。

"这么出色的成绩，你们一定很引以为荣。"

离开工地后，朋友对霍里斯说："这些人也许会因我这一句话而更起劲地工作，这对所有的人何尝不是一件好事呢？"

"但光靠你一个人有什么用呢？"

"我常告诉自己千万不能泄气，让这个社会更有人情味原本就不是一件简单的事，我能影响一个就一个，能两个就两个……"

"刚才走过的女子姿色平庸，你还对她微笑？"霍里斯插嘴问道。

"是呀！我知道。"他答道，"如果她是个老师，我想今天上她课的人一定如沐春风。"

犹太拉比认为，学会赞美他人的人，才会真正被他人称赞，世界上任何收获都需要付出。人类本质中最殷切的需求是：渴望被肯定。被人赞美是令人喜悦的事情，恰如其分的赞美，能使人感受到人际间的理解和温馨，并有效地增进赞美者与被赞美者之间的良性的心理交流，成功地缔结合作者之间的友谊。学会了赞美，能使人受益无穷。一句由衷的称赞虽然简单，却在不知不觉中改变了我们身边的人们，改变了我们的世界。

# 学会"照镜子"

认识自己，找回自信，是一个人走向成功的前提。

美国从事个性分析的犹太专家罗伯特·菲力浦有一次在办公室接待了一个因自己开办的企业倒闭而负债累累、离开妻女到处流浪的人。那人进门打招呼说："我来这儿，是想见见这本书的作者。"说着，他从口袋中拿出一本名为《自信心》的书，那是罗伯特许多年前写的。流浪者继续说："一定是命运之神在昨天下午把这本书放入我的口袋中的，因为我当时决定跳到密歇根湖，了此残生。我已经看破一切，认为一切已经绝望，所有的人（包括上帝在内）已经抛弃了我，但还好，我看到了这本书，使我产生新的看法，为我带来了勇气及希望，并支持我度过昨天晚上。我已下定决心，只要我能见到这本书的作者，他一定能协助我再度站起来。现在，我来了，我想知道你能替我这样的人做些什么。"

在他说话的时候，罗伯特从头到脚打量流浪者，发现他茫然的眼神、沮丧的皱纹、10来天未刮的胡须以及紧张的神态，这一切向罗伯特显示，他已经无可救药了。但罗伯特不忍心对他这样说。因此，请他坐下来，要他把他的故事完完整整地说出来。听完流浪汉的故事，罗伯特想了想，说："虽然我没有办法帮助你，但如果你愿意的话，我可以介绍你去见本大楼的一个人，他可以帮助你赚回你所损失的钱，并且协助你东山再起。"罗伯特刚说完，他立刻跳了起来，抓住罗伯特的手，说道："看在老天爷的份上，请带我去见这个人。"

他会为了"老天爷的份上"而做此要求，显示他心中仍然存在着一丝希望。所以，罗伯特拉着他的手，引导他来到从事个性分析的心理试验室里，和他一起站在一块看来像是挂在门口的窗帘布之前。罗伯特把窗帘布拉开，露出一面高大的镜子，他可以从镜子里看到他的全身。罗伯特指着镜子说："就是这个人。在这世界上，只有一个人能够使你东山再起，除非你坐下来，彻底认识这个人，否则，你只能跳密歇根湖里，因为在你对这个人作充分的认识之前，对于你自己或这个世界来说，你都将是一个没有任何价值的废物。"

他朝着镜子走了几步，用手摸摸他长满胡须的脸孔，对着镜子里的人从头到脚打量了几分钟，然后后退几步，低下头，开始哭泣起来。一会儿后，罗伯特领他走出电梯间，送他离去。几天后，罗伯特在街上碰到了这个人，而他不再是一个流浪汉形象，他西装革履，步伐轻快有力，头抬得高高的，原来那种衰老、不安、紧张的姿态已经消失不见。他说，他感谢罗伯特先生，让他找回了自己，并很快找到了工作。后来，那个人真的东山再起，成为芝加哥的富翁。

如今，在每一场成功训练里，都有这样一个"照镜子"的课程。哪位失败的朋友和追求成功的朋友，进去照一照，定会与你以往出门前照的效果大不一样。

# 一分钟

珍惜生命中的每一分钟，利用起来尝试改变一些什么，你的人生将变得充实。

著名教育家班杰明·D曾经接到一个青年人的求教电话，并与那个向往成功、渴望指点的青年人约好了见面的时间和地点。

待那个青年人如约而至时，班杰明的房门敞开着，眼前的景象却令青年人颇感意外——班杰明的房间里乱七八糟、狼藉一片。

没等青年人开口，班杰明就招呼道："你看我这房间，太不整洁了，请你在门外等候一分钟，我收拾一下，你再进来吧。"一边说着班杰明就轻轻地关上了房门。

不到一分钟的时间，班杰明就又打开了房门，并热情地把青年人让进客厅。这时，青年人的眼前展现出另一番景象——房间内的一切已变得井然有序，而且有两杯刚刚倒好的红酒，在淡淡的香水气息里还漾着微波。

可是，没等青年人把满腹的有关人生和事业的疑难问题向班杰明讲出来，班杰明就非常客气地说道："干杯。你可以走了。"

青年人手持酒杯一下子愣住了，既尴尬又非常遗憾地说："可是，我……我还没向您请教呢……"

"这些……难道还不够吗？"班杰明一边微微笑着一边扫视着自己的房间，轻言细语地说，"你进来又有一分钟了。"

"一分钟……一分钟……"青年人若有所思地说，"我懂了，您让我明白了一分钟的时间可以做许多事情，可以改变许多事情的深刻道理。"

班杰明舒心地笑了。青年人把杯里的红酒一饮而尽，向班杰明连连道谢后，开心地走了。

一分钟是能改变很多事情的，所以当我们对人生和事业的疑难问题苦苦思索而不得其解的时候，这时与其浪费时间，不如马上去尝试。也许尝试的结果是失败，但我们至少解决了疑难问题的一部分；当我们在尝试的时候，我们改变了问题，我们也改变了自己，生活也就生动起来！

# 依赖是一种束缚

依赖就像一根绳索，将你悬挂在半空，只有勇敢地剪断这根绳索，才能跌落到坚实的大地上，依靠自己行走。

有这样一个故事：

有一个登山者，一心一意想要登上世界第一高峰。在经过多年的准备之后，他开始了他的旅程。但是，由于他希望完全由自己独得全部的荣耀，所以他决定独自出发。他开始向上攀爬，但是时间已经开始变得有些晚了，然而，他非但没有停下来准备他露营的帐篷，反而继续向上攀登，直到四周变得非常黑暗。山上的夜晚显得格外的黑暗，这位登山者什么都看不见。到处都是黑漆漆的一片，能见度为零，因为，月亮和星星又刚好被云层给遮住了。即使如此，这位登山者仍然继续不断地向上攀爬着。就在离山顶只剩下几步的地方，他滑倒了，并且迅速地跌了下去。跌落的过程中，他仅仅能看见一些个黑色的阴影，以及一种因为被地心引力吸住而快速向下坠落的恐怖感觉。他不断地下坠着，而在这极其恐怖的时刻里，他的一生，不论好与坏，也一幕幕地显现在他的脑海中。当他一心一意地想着，此刻死亡是正在如何快速地接近他的时候，突然间，他感到系在腰间的绳子，重重地拉住了他。他整个人被吊在半空中，而那根绳子是唯一拉住他的东西。

在这种上不着天，下不着地，求助无门的的境况中，他一点办法也没有，只好大声呼叫："上帝啊！救救我！"

突然间，天上有个低沉的声音回答他说："你要我做什么？"

"上帝！救救我！"

"你真的相信我可以救你吗？"

"我当然相信！"

"那就把系在你腰间的绳子割断。"

在短暂的寂静之后：登山者决定继续全力抓住那根救命的绳子。

第二天，搜救队找到了他的遗体，已经冻得僵硬，他的尸体挂在一根绳子上。

他的手也紧紧地抓着那根绳子，在距离地面仅仅1米的地方。

当你在不断编织各种关系网的时候，你是否想过，这些网会把你围在中央。密封不透。你变成了茧中的幼虫，这就叫作作茧自缚。只有你鼓足勇气，破茧而出，才能化成美丽的蝴蝶。脐带被剪断，新生命才真正的诞生。而对于家长来说，你可以成为孩子的助手，但千万不要让孩子依赖你，这种依赖迟早会成为一种束缚。

# 一封感谢信

生活中要学会感谢那些批评你、打击你的人，因为正是他们指正你的错误，让你变得更加坚强。

乔治·罗纳是西欧犹太人后裔，他曾在维也纳当过多年律师，第二次世界大战期间，他逃到瑞典，变得一文不名，急切地需要一份工作。他能说能写几国的语言，希望能在一些进出口公司找到一份秘书的工作。但是，绝大多数公司都回信告诉他，因为正在打仗，他们不需要这类人才。不过他们会把他的名字存在档案里……

在这些回复中，有一封信这样写道："你完全没有了解我们的生意。你又蠢又笨，我根本不需要什么替我写信的秘书。即使需要，也不会请你这样一个连瑞典文也写不好，信里全是错字的人。"

乔治·罗纳看到这封信时，气得发疯。乔治·罗纳也写了一封信，想气气那个人。但他冷静下来对自己说："等等！我怎么知道这个人说得不对呢？瑞典文毕竟不是自己的母语。如果真是如此，想要得到一份工作，就必须不断努力学习。他用难听的话来表达他的意见，并不意味着我没有错误。因此，我应该写封信谢谢他才对。"

于是，他重新写了一封感谢信："你写信给我，我实在是感激不尽，尤其是在你并不需要秘书的情况下。我对自己将贵公司的业务弄错一事表示抱歉。之所以给你回信，是因为听他人介绍，说你是这个行业的领导人物。我的信上有很多文法上的错误，而自己却无法自知，我备感惭愧，而且十分难过。现在，我计划加倍努力去学瑞典文，改正自己的错误，谢谢你帮助我不断地进步。"

不久，乔治·罗纳就收到那个人的回信，并且给了他一份工作。通过这件事，乔治·罗纳发现了宽容的妙处。

犹太人教给孩子重要的美德之一，就是宽容，因为他们明白宽容别人也就是善待自己！让我们学着用一颗包容的心去对待身边的人和事，不知不觉中，我们会发现，自己的生活已经变得越来越美好了。

# 犹太人和骆驼

帮助他人也必须把握好度，面对别人得寸进尺的不合理要求，要斩钉截铁地给予拒绝。

一个寒冬的夜晚，在穿越戈兰高地的旅途中，有位犹太人正坐在自己的帐篷中，梦见弥赛亚的来临，外面是呼啸的寒风，里面则比较暖和。一会儿，门帘轻轻地撩起来了，原来是他的那头骆驼，它在外面朝帐篷里看了看。

犹太人很和蔼地问它："你有什么事吗？"

骆驼说："主人啊，外面太冷，我冻得受不了了。我想把头伸到帐篷里暖和暖和，可以吗？"

仁慈的犹太人说："没问题。"

骆驼就把它的头伸到帐篷里来了。过了不久，骆驼又恳求道："能让我把脖子也伸进来吗？"犹太人想想反正也占不了多少地方，又答应了它的请求。骆驼于是把脖子也伸进了帐篷。它的身体在外面，头很不舒服地摇来摇去，很快它又说："这样站着很不舒服，其实我把前腿放到帐篷里来也就是占用一点地方，我也可以舒服一些。"

犹太人说："说得也对，那你就把前腿也放进来吧。"犹太人挪动一下身子为骆驼腾出一点空间来，因为帐篷实在是很小。

一会儿，骆驼又摇晃着身体，接着说话了："其实我这样站在帐篷门口，外面的寒风引进来，你也和我一起受冻，我看倒不如我整个儿站到里面来，我们都可以暖和了！"可是帐篷实在是小得可怜，要容纳一人一驼是不可能的。但是，主人非常善良，保护骆驼就好像保护自己一样，说："虽然地方小了点，不过你可以整个站到里面来试试。"骆驼进来的时候说："看样子这帐篷是住不下我们两个的，你身材比较小，你最好站到外面去。那样这个帐篷我就住得下了，而且空间能被充分利用。"

骆驼说着，进来的时候挤到了主人，这位犹太人打了一个趔趄就退到了帐篷外面，主人就这样被骆驼挤了出去。

助人为乐本是一种美好的品质，但没有原则地答应别人的要求，是非常不明智的，有时候甚至会把自己搭进去。有时候我们也要学会拒绝。

# 鱼骨刻的老鼠

任何规则都有漏洞，有时候为了取胜，可以避开实力的对抗，直接钻规则的空子，以智巧取胜。

在犹太王国，有两个非常杰出的木匠，他们的手艺都很好，难以分出高下。在犹太新年来临之际，国王突发奇想：到底哪一个才是最好的木匠呢？不如我来办一次比赛，然后封胜者为"全国第一的木匠"。于是，国王把两位木匠找来，为他们举办了一次比赛，限时3天，看谁刻的老鼠最逼真，谁就是全国第一的木匠；不但可以得到许多奖品，还可以得到册封。在那3天里，两个木匠都不眠不休地工作，到第3天，他们把已雕好的老鼠献给国王，国王把大臣全部找来，一起做本次比赛的评审。

第一位木匠刻的老鼠栩栩如生、纤毫毕现，甚至连鼠须也会抽动。

第二位木匠的老鼠则只有老鼠的神态，却没有老鼠的形貌，远看勉强是一只老鼠，近看则只有三分像。胜负即分，国王和大臣一致认为第一个木匠获胜。

但第二个木匠当廷抗议，他说："大王的评审不公平。"工匠说："要决定一只老鼠是不是像老鼠，应该由猫来决定，猫看老鼠的眼光比人还锐利呀！"国王想想也有道理，就叫人到后宫带几只猫来，让猫来决定哪一只老鼠比较逼真。没有想到，猫一放下来，都不约而同扑向那只看起来并不像老鼠的"老鼠"，啃咬、抢夺。而那只栩栩如生的老鼠却完全被冷落了。事实摆在面前，国王只好把"全国第一"的称号给了第二个木匠。事后，国王把第二个木匠找来，问他："你是用什么方法让猫也以为你刻的是老鼠呢？"

木匠说："大王，其实很简单，我只不过是用鱼骨刻了只老鼠罢了！猫在乎的根本不是像与不像，而是腥味呀！"

人生的竞赛往往是这样，获胜者往往不是技巧最好的，而是最接近人性的，因此只有靠逻辑做事才能更符合自然规律，才能更容易成功。所以我们在教育孩子的时候，在注重外表的形式时，一定要使之接近自己孩子的品性，不要被纷繁复杂的教育法弄混了头脑，也不要因此而打乱孩子的心境。

# 勿盗窃时间

今天就是最后一天，永远不要等待明天，因为没有人知道明天会是什么样子。

在犹太人看来，时间和商品一样，是赚钱的资本，因此盗窃了时间，就等于盗窃了商品，也就是盗窃了金钱。

犹太人把时间看得十分重要，在工作中也往往以秒来计算时间。一旦规定了工作的时间，就严格遵守。下班的铃声一响，打字员即使只有几个字就可以打完，他们也会立即搁下工作回家。因为，他们的理由是"我在工作时间没有随便浪费一秒钟，因此我也不能浪费属于我的时间"。

瞧！这就是犹太人的时间观念。

他们把时间和金钱看得一样重要，无缘无故地浪费时间和盗窃别人金柜里的金钱一样是罪恶的事情。一个犹太富商曾经这样计算过：他每天的工资为 8000 美元，那么每分钟约合 17 美元，假如他被打扰而因此浪费了 5 分钟时间，这样就等于自己被盗窃现款 85 美元。

犹太人的思想观念里，时间是如此重要，千万不可以随便浪费。即使一些看来是必要的活动，也被他们简单化了。比如客人和主人约定时间谈事情，说好在上午 10：00 ～ 10：15 的，那么时间一到，无论你的事情是否谈完，都请自动离开。犹太人为了把会谈的时间尽量压缩，通常见面后，他们便直奔主题："今天我们来谈谈什么事情……"而不像其他民族，见面就谈一些"今天的天气不错"之类的客套话。在犹太人看来那些是毫无意义的，纯粹是在浪费时间，除非他觉得和你客套能从中得到什么好处，才跟你客套几句。

约定时间，请务必准时到达，即使差一分钟也是不礼貌的；一进办公室，立即进行谈话，这样才是礼貌的商人。在规定的时间把话题说完，如果需要，请你来之前作好谈话的准备，但是既然来了，切勿拖延对方的时间，这就是礼貌。

钱可以再赚，商品可以再造，可是时间是不能重复的。因此，时间远比商品和金钱宝贵。

犹太人把时间看得那么重，是有其道理的。时间是任何一宗交易必不可少的条件，是达到经营目的的前提。与对方签订合同时，要充分估计自己的交货能力，是否能按客户要求的质量、数量和交货期去履行合约。如果可以办到，就与其签约；如果办不到，切不可妄为。

时间的价值还显示在赶季节和抢在竞争对手前获取好价格和占领市场方面。在竞争激烈的市场中，谁能在一个市场上一马当先，把质优款新的产品抢先推出，谁就一定能够获得较好的经济效益。

时间的价值还表现在生意的全过程。一个企业经营效益的高低，是与其经营费用水平的高低息息相关的。如一个企业一年的营业额为 10 亿美元，其资金年周转率为两次，言下之意，该企业每年占用资金为 5 亿美元。按通常的银行利息为 12%（年息）计算，一年共支付利息达 6000 万美元。如果该企业能把握一切时间和进行有效管理，使资金周转达到一年 4 次，那么，其支付的利息就可节省 3000 万美元，换句话说，该企业就可多盈利 3000 万美元了。除此之外，加快货物购入和销出，加快货款的清收等，都体现出时间的价值。

时间就像海绵里的水，只要善于挤，就总会找出来。商人的时间更是如此，要想赚钱，首先就得有赚钱的时间。有空闲才能集中精力经商。会赚钱的商人，就应该是一个管理时间的高手。

时间，是这个世界上最宝贵的东西。她不像金钱和宝物，丢失了可以再找到或者赚回来，而时间只要被浪费掉了，就永远不会回来了。

人最不该浪费的东西就是时间，对人而言，时间就是命运；对于商人而言，时间就是金钱。要经商，首先就要保证自己拥有充足的时间。

犹太人喜欢紧迫地工作，一分钟都不可以放弃。因为要经商就要有时间，必须有大量的时间可以让你支配，否则是不会轻易成功的。成功是经过大量艰苦的劳动得到的。他们善于利用和把握时间。

把每一天都当作最后一天吧。犹太人就是这样紧迫地看待时间，时间就是金钱，是绝对不可以随便浪费的。犹太人说"不要盗窃时间"。

一个商人要赚钱，首先就要考虑好如何合理地安排好时间。

正因为对时间有了这样一种认识，犹太商人在做生意也好，工作也好，对时间的使用极为精打细算。

所以，犹太人在商业活动中非常注意时间安排。公司每天上班开始的一小时内，是所谓的"发布命令时间"，将昨天下班后至今天上午上班前所接到的一切业务往来的材料或事务处理或做出具体安排。在这段时间里，不允许任何外人的打扰。而外人即使是商业上的联系，也必须事先约定。"不速之客"在犹太人的商务活动中，几乎等于"不受欢迎的人"。因为不速之客会打乱原先的时间安排，也会浪费大家的时间。

日本某著名百货公司宣传部的一位年轻职员，曾经为了进行市场调查，来到纽约市。当他想到自己应该有效地运用自由时间，就直接跑到纽约某个著名犹太商人的百货店，贸然叩开了该公司宣传部主任办公室的大门，向门房小姐说明来意。

门房小姐问:"请问先生您事先预约好时间了吗?"这位青年微微一愣,但马上滔滔不绝地说:"我是日本某百货店的职员,这次来纽约考察,特意利用空闲时间,来拜访贵公司的宣传部主任……"

"对不起,先生!"小姐打断了他的话说。

就这样,这位职员被拒之于冰冷的大门之外。

这位职员利用余暇,主动地访问同行人,从某个角度看,应该值得表扬。但犹太人不假思索地拒绝了他,为什么呢?这仍然和"盗窃时间"的警言有关。对于贯彻"时间就是金钱"的犹太人来说,在工作时间里,放弃几分钟而跟一个根本没有把握的"不速之客"去谈判,是根本不可想象的。犹太人从来不做没有把握的生意,因此,"不速之客"在犹太人看来是妨碍他们工作的绊脚石。只有拒绝他,才能让自己的工作畅通无阻,直奔"时间就是金钱"的主题。

现在来看看犹太巨商摩根是如何有效利用时间的。

摩根的办公室和其他人的办公室是连接在一起的。摩根这样做就是为了经理们有什么需要请示的事情,他直接就在现场告诉他怎样处理哪个问题。如果工厂出现了什么问题,也可以直接来找他解决问题,他不会让问题随便拖延哪怕一分钟。

摩根和人会面的时候,就是犹太人这种处理方式。他直接地问你有什么事情要处理,他一般简明扼要地交代三两句,就把来人打发了。他的经理们都知道他的这种作风,于是给他汇报工作的时候,都必须干净利落地说明问题,任何含糊和拖泥带水的行为都会遭到他严厉的批评。他也很少和人客套寒暄,除非是某个十分重要的人物来了,他才说几句客套的话。但是他有个原则就是与任何人的聊天时间不超过5分钟,即使是总统来了,他也一样对待。

时间足可以使财富"无中生有"。

巴奈·巴纳特是一个旧服装商的儿子,出生于佩蒂扣特港,以后就读于一所专为穷人孩子建立的犹太免费学校。成年后,巴纳特带着40箱雪茄烟作为创业资本来到南非。他把这些雪茄抵押给探矿者,获得了一些钻石,从而开始了钻石买卖。巴纳特的赢利呈周期性变化,每个星期六是他获利最多的日子,因为这一天银行较早停止营业,巴纳特可以放心大胆地用支票购买钻石,然后赶在星期一银行重新开门之前将钻石售出,以所得款项支付货款。

说到底,巴纳特其实是钻了银行停止营业一天多这个"时间"空子,然而只要他有能力在每星期一早上给自己的账号上存入足够兑付他星期六所开出的所有支票的钱,那他就永远没有开"空头支票"。所以,巴纳特的这种拖延付款,是在吃透了市场运行的时间表,没有侵犯任何人的合法权利的前提下进行的。

巴纳特靠打"时间差"生财,真可谓精明到了极点。在此,时间成了商人手中的

"王牌"，"一寸光阴一寸金"已不再是一个隐性的比喻，而成为了一种现实的陈说。

商业竞争就是时间的竞争。学会合理有效地安排时间，这是商人最大的智慧。

# 只要弯一弯腰

当下的事情懒得去干，将来肯定要为此付出更多的代价。

夜深了，一位巴格达商人走在黑漆漆的山路上，突然有个神秘的声音传来："弯下腰，请多拣些小石子，明天会有用的！"商人决定执行这一指令，便弯腰拣起几颗石子。到了第二天，当商人从袋中掏出"石子"看时，才发现那所谓的"石子"原来是一块块亮晶晶的宝石！自然，也正是这些宝石，使他立即变得后悔不迭：天！昨晚怎么就没有多拣些呢？

这是苏联著名犹太裔科学家巴甫洛夫讲的一个故事，尤其发人深省的是，他在讲完故事后说："教育就是这么回事——当我们长大成人之后，才会发现以前学的科学知识是珍贵的宝石，但同时，我们也会觉得可惜，因为我们学的毕竟太少了！"

不是吗？教育送给人的明明是瑰丽的"宝石"，可总有人因为弯腰太累而视而不见，结果白白地错过了许多机会。

还有个故事更意味深长，是歌德在他的叙事谣曲中讲的。耶稣带着他的门徒彼得远行，途中发现一块破烂的马蹄铁，耶稣就让彼得把它拣起来，不料彼得懒得弯腰假装没听见，耶稣没说什么，就自己弯腰拣起马蹄铁，用它从铁匠那儿换来 3 文钱，并用这钱买了 18 颗樱桃。出了城，二人继续前进，经过的全是茫茫的荒野，耶稣猜到彼得渴得够呛，就让藏于袖中的樱桃悄悄地掉出一颗，彼得一见，赶紧拣起来吃，耶稣边走边丢，彼得也就狼狈地弯了 18 次腰，于是耶稣笑笑对他说："要是你刚才弯一次腰，就不会在后来没完没了地弯腰。小事不干，将来在更小的事情上操劳。"

# 第七章

## 情谊：与人为善，广交朋友

### 人缘的获得

好的人缘不是一朝一夕之间获得的，要靠平时在日常生活中点点滴滴地积累。

20世纪30年代，一位犹太传教士每天早晨，总是按时到一条乡间土路上散步。无论见到任何人，总是热情地打一声招呼："早安。"

其中，有一个叫米勒的年轻农民，对传教士这声问候，起初反映冷漠，在当时，当地的居民对传教士和犹太人的态度是很不友好的。然而，年轻人的冷漠，未曾改变传教士的热情，每天早上，他仍然给这个一脸冷漠的年轻人道一声早安。终于有一天，这个年轻人脱下帽子，也向传教士道一声："早安。"

好几年过去了，纳粹党上台执政。米勒成为了纳粹党中的一名指挥官。

这一天，传教士与村中所有的人，被纳粹党集中起来，送往集中营。在下火车、列队前行的时候，有一个手拿指挥棒的指挥官，在前面挥动着棒子，叫道："左，右。"被指向左边的是死路一条，被指向右边的则还有生还的机会。

传教士的名字被这位指挥官点到了，他浑身颤抖，走上前去。当他无望地抬起头来，眼睛一下子和指挥官的眼睛相遇了。

传教士习惯地脱口而出："早安，米勒先生。"

米勒先生虽然没有过多的表情变化，但仍禁不住还了一句问候："早安。"声音低得只有他们两人才能听到。最后的结果是：传教士被指向了右边——意思是生还者。

人是很容易被感动的，而感动一个人靠的未必都是慷慨的施舍，巨大的投入。往往一个热情的问候，温馨的微笑，也足以在人的心灵中洒下一片阳光，它很可能成为你走上柳暗花明之境的一盏明灯。有时候，人缘的获得就是这样"廉价"而简单。

# 把金牌熔掉

在人生的竞技场上，除了你输我赢的激烈竞争之外，还有更加珍贵的东西，那就是友谊。

运动员为奥运会上的一枚金牌，付出的太多了。他们从很小的时候起，就开始进行专项训练，以至于人生最美好的时光都在训练场度过。他们所做的一切努力只有一个目的：金牌。而当真正的金牌挂到脖子上时，蓦然回首，怅然若失：用半生的光景换取半分钟的掌声，到底值不值？金牌凝聚了他们几乎全部的注意力。他们为金牌执着，为金牌所伤。

而发生在1936年柏林奥运会上的一件事，则值得我们深思。当时最有希望夺得跳远金牌的是美国选手杰西·欧文斯。他是当时的一位田径天才，一年前，他曾跳出8.13米的好成绩。

预赛开始后，一位名叫卢茨·朗格的德国选手第一跳就跳出了8米的不俗成绩。卢茨·朗格的出色发挥使欧文斯很紧张——这次比赛对他有着非同寻常的意义，当时，希特勒的"非犹太民族白种优越论"甚嚣尘上，欧文斯太想用成绩证明这是谬论了！

由于心急，第一次试跳，欧文斯的脚超过了起跳板几厘米，被判无效。第二次试跳还是如此。如果第三次仍然失败，他将不得不被淘汰出局，而无缘真正的决赛。可欧文斯显然还是无法使自己平静下来，只要欧文斯被淘汰，决赛中可以说冠军就非卢茨·朗格莫属了。

可卢茨·朗格没有选择金牌，他选择的是友谊——他走上来，拍了拍欧文斯的肩膀说："你闭上眼睛都能跳进决赛。你只需跳7.15米就能通过预选，既然这样，你就根本用不着踩上跳板再起跳——你为什么不在离跳板还有几厘米的地方做个记号，而在记号处就开始起跳——这样，你无论如何也不会踩线了。"

欧文斯恍然大悟，照卢茨·朗格的话做了，轻松进了决赛。在决赛中，他发挥出了应有的水平，夺得冠军。夺冠后第一个上来向他祝贺的是卢茨·朗格。

后来，欧文斯在他的传记中深情地写道：把我所有的奖牌熔掉，也不能制造我对卢茨·朗格的纯金友谊。而在我熔掉奖牌之前，卢茨·朗格在心中早已把他的金牌熔掉了。

生活有时犹如比赛，目的就像挂在远处的金牌，不断招引着我们的注意力，使我们无暇顾及目的之外的路边的风景。

# 爱你的仇人

以恨对恨，恨将永无休止；以爱对恨，恨将消弭。

1944 年冬天，苏军已经把德军赶出了国门，成百万的德国兵被俘虏。每天，都有一队队的德国战俘面容憔悴地从莫斯科大街上穿过。当德国兵从街道走过时，所有的马路都挤满了人。苏军士兵和警察警戒在战俘和围观者之间。围观者大部分是妇女。她们当中的每一个人，都是战争的受害者，或者是父亲，或者是丈夫，或者是兄弟，或者是儿子，都让德国兵杀死了。她们每一个人，都和德国人有着一笔血债。

妇女们怀着满腔仇恨，当俘虏们出现时，她们把一双双勤劳的手攥成了拳头，士兵和警察们竭尽全力阻挡着她们，生怕她们控制不住自己的冲动。

这时，最令人意想不到的事情发生了：一位上了年纪的犹太妇女，穿着一双战争年代的破旧的长筒靴。她走到一个警察身边，希望警察能让她走近俘虏。警察同意了这个老妇人的请求。

她到了俘虏身边，从怀里掏出一个用印花布方巾包裹的东西。里面是一块黑面包，她不好意思地把这块黑面包塞到了一个疲惫不堪的、两条腿勉强支撑得住的俘虏的衣袋里。看着她身后那些充满仇恨的同胞们，她开口说话了："当这些人手持武器出现在战场上时，他们是敌人。可当他们解除了武装出现在街道上时，他们是跟所有别的人，跟'我们'和'自己'一样具有共同外形的共同人性的人。"

于是，整个气氛改变了。妇女们从四面八方一齐拥向俘虏，把面包、香烟等各种东西塞给这些战俘。

面对敌人，普通人的情感是恨不得杀之而后快，这种被我们视为再正常不过的感情，有时恰恰最具毁灭性，它使我们冤冤相报。故事里的犹太老妇恰恰看到了这一点，才能善待自己的敌人。其实，仇恨对于问题的解决根本没有任何作用，它只会激化已有的矛盾。而任何矛盾要想解决，前提就是忘记仇恨，淡化差异，找到双方利益的共同点。

# 5万人的名字

记住别人的名字并正确地称呼，能帮助你处处受人欢迎，获得良好人缘。

吉姆·佛雷10岁那年，父亲就意外丧生，留下他和母亲及另外两个弟弟。由于家境贫寒，他不得不很早就辍学，到砖厂打工贴补家用。他虽然学历有限，却凭着犹太人特有的精明和坦率，处处受人欢迎，进而转入政坛。

他连高中都没读过，但在他46岁那年已有4所大学颁给他荣誉学位，并且高居民主党要职，最后还担任邮政首长之职。

有一次有记者问起他成功的秘诀，他说："辛勤工作，就这么简单。"记者有些疑惑，说道："你别开玩笑了！"

他反问道："那你认为我成功的原因是什么？"

记者说："听说你可以一字不差地叫出1万个朋友的名字。"

"不，你错了！"他立即回答道，"我能叫得出名字的人，少说也有5万人。"

这就是吉姆·佛雷的过人之处。每当他刚认识一个人时，他定会先弄清他的全名、他的家庭状况、他所从事的工作，以及他的政治立场，然后据此先对他建立一个概略的印象。当他下一次再见到这个人时，不管隔了多少年，他一定仍能迎上前去在他肩上拍拍，嘘寒问暖一番，或者问问他的老婆孩子，或是问问他最近的工作情形。有这份能耐，也难怪别人会觉得他平易近人，和善可亲。

吉姆很早就已发现，牢记别人的名字，并正确无误地唤出来，对任何人来说，是一种尊重、友善的表现。

对别人的尊重、友善不仅要放在心里，更要表现在行为中。只要有你真诚的灌注，哪怕只是你一个小小举动，也会让人深深感动！

# 把最后一碗粥留给自己

信任一种有效的制度比信任个体的人更可靠。

有这样 7 个犹太人，命运安排他们必须住在一起。他们每天都会得到一桶粥，这桶粥勉强可以维持他们 7 个人的生计。

开始他们一看见装粥的桶，就争先恐后地去抢，唯恐少了自己那份。后来大家觉得这样会伤和气，就聚拢起来商量，最后他们想出一个办法：轮流分粥，每人负责一天。这样做，当然比争来抢去好多了，但是每个礼拜，只有自己负责分粥的那天才能吃饱，其余 6 天还是饿肚子——毕竟，给自己尽量多分一点粥的权力，每个人每周也就那么一次。时间久了，他们觉得这个办法不妥，于是决定选一个德高望重的人出来，由他负责每天的分粥事务。

开始还好，可没过多久，大家就跟当初抢粥那样，抢着巴结讨好那个德高望重的人——其间当然会产生腐败，分粥仍然没有公正可言。最后，他们决定：选出 3 个人组成分粥执行委员会，另 4 个人组成分粥评议委员会。这样大家互相监督，权力制衡，谁也不能轻易给自己多分一点粥。这个精妙的办法导致的直接结果是：每到粥桶送到的时间，大家都围着粥桶喋喋不休，互相争辩，等最终分到大家都满意的程度时，粥显然已经凉了。虽然这样谁也不能轻易占到别人的便宜，但每次都喝凉粥显然还是令人很不愉快。

最终，他们还是放弃了这个看来不失民主的办法，而重新选择了那种古老的分法：轮流分粥，每人负责一天。但他们给这条规则后加了一条限制语：负责分粥的那个人，只有等别人挑完后，最后一碗粥才是他的。这条限制语的聪明之处在于：负责人为了不让自己拿到最少的那碗粥，所以会尽可能把粥分得一样多——这样，他虽然在行使权力时无法为自己谋取比他人更多一点的粥，但至少能保证自己不吃亏。"不吃亏"这时候已经成了负责人的目标，而不是像以前那样仅仅是他人的目标。从此以后，他们便和和气气地住在一起，谁也没有因为分粥的事跟他人闹过不愉快。

如今，我们生活在一个分工非常细化的时代，每个人都不可能脱离了他人而存在，这样，人际关系就是令许多人非常头疼的事情。之所以头疼，是因为每个人潜意识里都认为那桶粥是不变的，而他人多分去一份，也就意味着自己少了一份，他人于是变成自己的地狱——设防是当然的了，不信任是当然的了。在这种心理机制下，快乐离我们越来越远。要重获那种久违了的快乐，犹太人总结出的办法之一就是：把最后一碗粥留给自己。

# 不能分享是痛苦的

快乐有人分享，快乐就加倍；痛苦有人分担，痛苦就减半。

有一个故事，说一位犹太教的长老，酷爱打高尔夫球。在一个安息日，他觉得手痒，很想去挥杆，但犹太教义规定，信徒在安息日必须休息，什么事都不能做。

这位长老却终于忍不住，决定偷偷去高尔夫球场，想着打9个洞就好了。

由于安息日犹太教徒都不会出门，球场上一个人也没有，因此长老觉得不会有人知道他违反规定。

然而，当长老在打第2洞时，却被天使发现了，天使生气地到上帝面前告状，说某某长老不守教义，居然在安息日出门打高尔夫球。上帝听了，就跟天使说，会好好惩罚这个长老。

从第3个洞开始，长老打出超完美的成绩，几乎都是一杆进洞。长老兴奋莫名，到打第7个洞时，天使又跑去找上帝：上帝呀，你不是要惩罚长老吗？为何还不见有惩罚？上帝说：我已经在惩罚他了。

直到打完第9个洞，长老都是一杆进洞。因为打得太神乎其技了，于是长老决定再打9个洞。天使又去找上帝了：到底惩罚在哪里？上帝只是笑而不答。

打完18洞，成绩比任何一位世界级的高尔夫球手都优秀，把长老乐坏了。天使很生气地问上帝：这就是你对长老的惩罚吗？

上帝说：正是，你想想，他有这么惊人的成绩，以及兴奋的心情，却不能跟任何人说，这不是最好的惩罚吗？

生活需要伴侣，快乐和痛苦都要有人分享。没有人分享的人生，无论面对的是快乐还是痛苦，都是一种惩罚。

原来当快乐不能分享时，竟然会变成一种惩罚。快乐如果能够分享，快乐会加倍，痛苦如果能够分担，痛苦会减少。一个很有名的人举了一个例子，他用物理的公式来传达这个想法，他说：压强公式 $P=F/S$，压强的大小等于外力除以接触面积，换句话说，当外力都是一样的时候，如果接触的面积大，压强就会变小。我们心里会有压力，一定有什么事情困扰着我们，我们可能没有办法改变这件事，但要让心里的压力减小，我们可以跟其他人倾诉，让受力面积扩大。当然你要记得，不是只有痛苦才找人分担，快乐也要跟人分享，否则以后大家看到你就躲得远远的。最后，你也可以想想，如果你愿意当那个分享人家快乐的人，或是分担别人痛苦的人，我相信，你会是一个很幸福的人，因为很多人会很感激你的。

快乐简不简单？与其说追求快乐，还不如说拥有快乐，因为它本来就在我们身上。说穿了，快乐是一个观念的拥有，但它还必须具备一些条件，那就是分享。一个人无论看到怎样的美景奇观，如果他没有机会向人讲述，他就决不会感到快乐。人终究是离不开同类的。一个无人分享的快乐决非真正的快乐，而一个无人分担的痛苦则是最可怕的痛苦。所谓分享和分担，未必要有人在场，但至少要有人知道。永远没有人知道，绝对的孤独、痛苦便会成为绝望，而快乐——同样也会变成绝望！

# 渡过"法门"

每个人都有一道属于自己的法门，看准了就要勇敢地闯进去，生命经不起太多的等待。

犹太著名作家卡夫卡给我们讲述了一个故事。

从前在法的门前站着一个门卫，一个男人来到法的门前，他要求进去。但门卫说："现在不能让你进去。"他就问："那么以后可不可以进呢？"门卫说："以后是可能的，但现在不行。"通往法的大门其实一直大开着，这个男人便弯下腰，以便通过大门看一看法的内部。门卫见了笑道："你既然那么想进去，何不试试看，不顾我的禁令，往里走好了。不过，我不过是最下级的门卫，一层一层门厅都站着门卫，而且一个比一个威武。"这么多难关他可没料到，他决心等待下去，直到获准进去为止。这个男人日复一日，年复一年地等在法门外。他做了许多设法进去的尝试，一次一次的请求都把他自己弄疲倦了，可门卫还是说不能进去。他为这次出门曾经带了好多东西，如今他把什么都拿来花了，贵重的东西当然用以贿赂那位门卫。门卫一件件收下，但同时又说："我收下这一切，只是为了使你不致因此耽误了什么。"在等待的日子里，这个男人忘记了还有其余的门卫，他只认为这一个是他进法门的唯一障碍。于是他咒骂这一倒霉的偶然性，渐渐地，他等老了，视力也不行了，身体不能再站起来了。最后他示意门卫过来听他说话。门卫俯下身，他说："所有的人都在追求法，但为什么这么多年来除我之外没有一个人到这里来要求进法的大门呢？"门卫见他快走至生命的终点时才开始注意到这一点，便大声说："这里不可能再有人获准进去了，因为这个门仅仅是为你而开的。我现在只好把它关上了。"

可怜的人，他本来是可以走进他想进去的法门的，只是因为缺乏勇气，又不善用智慧，并且心怀侥幸。他死在法门之外了。对于我们来说，大到事业、爱情，小到一次约会、一次巧遇，种种都可能是面临的一道法门。当我们站在门槛前的时候，心中大约早已有了一些领悟。每个人都会有一道属于自己的法门，有多少道门卫并不重要，重要的是你自己的力量、智慧和执着。生活的前景就在你闯开第一道门卫的防守时洞开，进去了，酸甜苦辣都是自己的生命旅程。

我们还会期冀谁的引渡吗？

# 共同的信赖

值得信赖是幸福的，而信赖他人是高尚的。

心理学教授柏格森带着一群学生做实验。他先让同学们面朝他站成两排横队，然后命令后一排的同学做好救助准备，待他喊了"开始"之后，前一排同学就往后一排相对位置的同学身上倒，他说："前面的同学别有顾虑，要尽力往后倒。好，开始！"

前排的同学们嘻嘻哈哈地笑着，按照柏格森教授的指令，身子一点点向后倾斜，但是，大家明显地暗自掌握着身体的平衡，并不肯把身体毫无保留地撂倒到后面那个人的身上；后排的同学本来已经拉开了架势，预备扮演一回救人危难的英雄角色，但是，由于前面送过来的重量太轻，他们也只好扫兴地用手轻触了一下别人的衣服就算完事。

可是，这里面有个例外——一位男生在听到柏格森教授的指令之后，紧紧地闭上了双眼，十分真实地向后面倒去。他的搭档是一位小巧玲珑的女生。当她感到他毫不掺假地倒过来时，先是微微一怔，接着就倾尽全力去抱住他。看得出，她有些力不自胜，却倔强地抿紧了双唇，誓死也要撑起他……

她成功了。

柏格森教授笑着去握他和她的手，告诉大家说："他俩是这次实验中表现最为出色的人。这位男生为大家表演了信赖——信赖是什么呢？信赖就是真诚地抽干心里的每一丝猜疑和顾忌，连眼睛都让它暂时歇息，百分之百地交出自己。这名女生为大家表演的则是值得信赖——值得信赖，其实是信赖催开的一朵花，如果信赖的春风吝于吹送，那么，这朵花就有可能遗憾地夭折在花苞之中，永远也休想获取绽放的权利；当然，如果信赖的春风吹得温暖，吹得和畅，那么，被信赖的人就被注入了一种神奇的力量——就像你们看到的那样，一个弱不禁风的女生可以扶起一个虎背熊腰的男生，一只充满了爱意的手可以托举起一个美丽多彩的世界。同学们，值得信赖是幸福的，而信赖他人是高尚的。让我们先试着做高尚的人，然后再去做幸福的人吧。"

"值得信赖是幸福的，而信赖他人是高尚的。"学会去信赖他人，因为它是我们与他人进行交往的必要前提；学会让我们自己变得值得信赖，因为在我们与他人进行交往时，还有什么比获得别人信赖更让我们幸福的呢？

# 没有人能独自成功

一个好汉三个帮，每个人的成功都离不开他人的帮助。

15 世纪，在纽伦堡附近的一个小村子里住着一户犹太人家，家里有 18 个孩子。光是为了糊口，一家之主、当金匠的父亲丢勒几乎每天都要干上 18 个小时——或者在他的作坊，或者替他的邻居打零工。

尽管家境如此困苦，但丢勒家年长的两兄弟都梦想当艺术家。不过他们很清楚，父亲在经济上绝无能力把他们中的任何一人送到纽伦堡的艺术学院去学习。经过夜晚床头无数次的私议之后，他们最后议定掷硬币——输者要到附近的矿井下矿 4 年，用他的收入供给到纽伦堡上学的兄弟；而胜者则在纽伦堡就学 4 年，然后用他卖作品的收入支持他的兄弟上学，如果必要的话，也得下矿挣钱。

在一个星期天做完礼拜后，他们掷了钱币。阿尔勃累喜特·丢勒赢了，于是他离家到纽伦堡上学，而艾伯特则下到危险的矿井，以便在今后 4 年资助他的兄弟。阿尔勃累喜特在学院很快引起人们的关注，他的铜版画、木刻、油画远远超过了他的教授的成就。到毕业的时候，他的收入已经相当可观。

当年轻的画家回到他的村子时，全家人在草坪上祝贺他衣锦还乡。音乐和笑声伴随着这顿长长的值得纪念的会餐。吃完饭，阿尔勃累喜特从桌首荣誉席上起身向他亲爱的兄弟敬酒，因为他多年来的牺牲使自己得以实现理想。"现在，艾伯特，我受到祝福的兄弟，应该倒过来了。你可以去纽伦堡实现你的梦，而我应该照顾你了。"阿尔勃累喜特以这句话结束他的祝酒词。

大家都把期盼的目光转向餐桌的另一端，艾伯特坐在那里，泪水从他苍白的脸颊流下，他连连摇着低下去的头，呜咽着再三重复说："不……不……不……"

最后，艾伯特起身擦干脸上的泪水，低头瞥了瞥长桌前那些他挚爱的面孔，把手举到额前，柔声地说："不，兄弟。我不能去纽伦堡了。这对我来说已经太迟了。看……看一看 4 年的矿工生活使我的手发生了多大的变化！每根指骨都至少遭到一次骨折，而且近来我的右手被关节炎折磨得甚至不能握住酒杯来回敬你的祝词，更不要说用笔、用画刷在羊皮纸或者画布上画出精致的线条。不，兄弟……对我来讲这太迟了。"

为了报答艾伯特所做的牺牲，阿尔勃累喜特·丢勒苦心画下了他兄弟那双饱经磨难的手，细细的手指伸向天空。他把这幅动人心弦的画简单地命名为《手》，但是整个世界几乎立即被他的杰作折服，把他那幅爱的作品重新命名为《祈求的手》。

如果你有机会看见这幅动人的作品时，请多花一秒钟看一看。记住这幅画，记住关于它的故事，它会提醒你，没有人——永远也不会有人能独自取得成功。

# 这是詹姆斯的儿子

好名声是一个人一生最大的财富，它的价值是无法估量的。

有一年夏天，拉姆的父亲叫他去自己的农场买些铁丝和修栅栏用的木材。当时拉姆 16 岁，特别喜欢驾驶自家那辆"追猎"牌小货车。但是这一次他的情绪可不是那么高，因为他的父亲叫他去一家商店赊货。

16 岁是满怀傲气的年龄，一个年轻人想要得到的是尊重而不是怜悯。当时是 1934 年，欧洲犹太人的生活中到处仍笼罩着种族主义的阴影。拉姆曾经亲眼目睹过自己的朋友在向店老板赊账时屈辱地低头站着，而商店的老板则趾高气扬地盘问他是否有偿还能力。拉姆知道，像他这样的犹太青年一走进商店，售货员就会像看贼一样地盯着他。拉姆的父亲是个非常守本分的人，从来没有欠账不还的情况。但谁知道别人会不会相信他们？

拉姆来到戴维斯百货商店，只见老板巴克－戴维斯站在出纳机后面，正在与一位中年人谈话。老板是位高个子的男人，看上去饱经风霜。拉姆走向五金柜台时，慌张地对老板点了点头。拉姆花了很长时间选好了所需要的商品，然后有点胆怯地拿到出纳机前。他小心地对老板说："对不起，戴维斯先生，这次我们得赊账。"

那个先前和戴维斯谈话的中年人向拉姆投来轻蔑的一瞥，脸上立刻露出鄙视的神色。然而戴维斯先生的表情却没有任何的变化，他很随和地说："行，没问题。你父亲是位讲信用的人。"说着他又转向中年人，手指着拉姆介绍到："这是詹姆斯·威廉斯的儿子。"

就是在那一天，詹姆斯·威廉斯的儿子，一个 16 岁的少年，发现一个好名声竟然能够给一个人带来如此意想不到的收获。他父母所获得的好名声，不仅使他们全家人赢得了邻居们的尊敬，而且还为了他们将来的创业奠定了良好的基础。好名声是一笔财富，它的价值是任何数字都无法表达的。

# 做我的朋友吧

一句温馨的祝福比得过大笔的资金，社交能力是孩子所必要的一种能力。

斯特娜夫人在女儿很小时，就教她学习世界各国的语言。同时，让她用世界语和世界各国的小朋友通信，这一方面当然是为了提高孩子的学习兴趣和学业水平，但是，另一方面却是为了让女儿逐渐学习与人交往。

斯特娜夫人很注意培养女儿的社交能力。她让女儿经常和其他小朋友一起玩，也常常让女儿和男孩子们一同玩耍，但是，绝对不允许她只跟一个孩子玩。她认为，女孩子敏捷并富于想象力，而男孩子则富于理解力。让他们在一起玩，可以互相取长补短，女孩子可以从男孩子身上学习勇敢果断等品德，男孩子可以从女孩子身上学习亲切柔和等品德，这样对双方都有益。两个孩子在一起玩的结果，很容易使一个居"主人"地位，另一位则处在"仆人"的地位。几个孩子在一起玩，就能有效地避免这种情况。当女儿长大一些后，母亲又鼓励她和其他小朋友一起组织开会等集体活动。当然，这类会应是有益而愉快的。在母亲的鼓励和支持下，女儿担任了"美国少年和平同盟"会长以及"少年慰问团"会员等职务。

斯特娜夫人从完善孩子性格的角度出发，鼓励女儿与同龄孩子一起游戏、组织活动。而更多的犹太人是出于经商的需要。犹太人以其卓越的经商才能闻名于世，在与人做生意的时候，他们善于把握对方心理，比其他民族的商人更懂得人际交往的技巧。有关人际交往中的技巧及注意原则，是犹太儿童从小就要接受的重要方面。

与人交往是人类特有的社会性需要，儿童也不例外。儿童在与成人的交往中，不仅能够得到关心和爱抚，而且通过成人的言行了解了初步的社会道德规范和行为准则，并逐步以成人的要求评价、判断和调节自己的行动。在与同龄伙伴的交往中，通过共同的游戏和共同的活动也能逐渐学会如何表达自己的愿望，如何彼此友好相处。

但好多父母对孩子的关切过度，事事代为安排，往往令孩子失去发展合群性的机会。

例如当孩子学习自己玩的时候，父母常过分注意他，拿东西给他、抱他，令孩子不能自由、充分地发展自己的兴趣。这样的孩子很少向人打招呼，因为总是父母先开口，教他叫某叔叔或某姨姨。父母常喜欢拿他来向人炫耀，次数多了则令孩子感到尴尬。孩子生病时，父母总是不眠不休地细心照顾，同样，当孩子顽皮时，父母也往往把事情看得太严重，以致小题大做。凡此种种，使孩子太少练习出口的其乐之道，不懂如何合群与讨人喜欢。入学以后，这类孩子也很难适应学校生活，不容易结识朋友。与同龄的伙伴玩耍时，也不能相安无事，不是畏缩，便是争吵打架，最后被群体孤立。

正因为以上原因，使当代独生子女的社会适应能力普遍发展较缓慢。如果不能及时辅导，孩子便逐渐养成内向、孤僻、沉默寡言、软弱怕事的性格，没有一般小朋友的天真活泼气息。另一方面，也会造成做事过分认真，追求完美，以致容易钻进"牛角尖"。

一个女孩走过一片草地，看见一只蝴蝶被荆棘弄伤了，她小心翼翼地为它拔掉刺，让它飞向大自然。后来蝴蝶为了报恩化作一位仙女，向小女孩说："为了报答你的仁慈，请你许个愿，我将帮您实现。"小女孩想了一会儿说："我希望永远快乐。"于是仙女弯下腰来在她耳边悄悄细语一番，然后消失无踪。小女孩果真很快乐地度过一生。当她年老时，邻人问她："请告诉我们吧，仙女到底说了什么，让您的一生都这么快乐？"她只是笑着说："仙女告诉我，我周围的每个人，都需要我的关怀，需要我真心以待。"

那么，如何培养孩子的交往能力呢？下面几点犹太父母常用的方法可供你参考：

（1）创造平等和谐的交往氛围。家长不能摆出"长道尊严"的面孔训斥孩子。家庭中涉及到孩子的问题，更应想到孩子，听听他们的意见。家庭中的大事，孩子可以知道的应该让孩子知道，适当地让孩子"参政议政"。

（2）教给孩子基本的交往技能。孩子的交往技能，如分享、协商、轮流、合作等，需要家长在潜移默化中传授给孩子。通过一个个生动的故事，教孩子学会关怀别人——这正是与他人积极相处、培养孩子的社交能力的根本。

（3）鼓励孩子走出家门。交往的技能只有在与人交往中才能学会，家长应该尽可能地为孩子打开生活空间，鼓励孩子走出家门，广交朋友，要提供更多的交往机会。如：让孩子去找伙伴玩，邀请邻居家的小孩子、同班同学来家做客。心理学家指出，同伴对指导或训练儿童掌握社会交往技能，帮助孩子走出孤独具有特殊作用，因为这种技能，儿童是无法在成年人那里学到的。还应适当地带孩子进入自己的社交圈，外出做客时，尽可能带孩子参加，提醒孩子注意大人间的交往与谈话礼貌；家中有客来，把孩子介绍给大家，让孩子参与接待，倒茶、让座、谈话等，不要一味地将孩子赶走。让孩子在实践中学习交往，有利于消除孩子交往中的胆怯、恐惧心理。平时家长还可以有意识地让孩子去完成一些需要交往的任务，比如说去楼下小店买个日用品，帮忙把什么需要转交的东西送到哪里等。总之，很多帮孩子学习交往的机会就在生活中，家长只要花点心思注意利用就可以了。

（4）鼓励孩子的每一点进步。随着孩子的成长，在与他人交往时一定会有明显的进步，一见陌生人就胆怯退缩不敢说话等情况一定会有所改变。但这时候，别忘了，为人父母者还有一件十分重要的事要做：及时去发现孩子的每一点变化——课堂上勇敢地举手发言；第一次主动与老师打招呼；热情邀请同学来自己家做客；向一个陌生人微笑致意；购物时学着讨价还价；同情弱者；帮助他人——所有这一切，你要随时看在眼里，记在心里，并持续不断地鼓励他。如此坚持下去，你一定能看到孩子的良好表现而备感欣慰。

人是社会人，每个人要想在社会上生存就必须学会与他人沟通、交流，掌握一定的交往技巧有利于少走弯路、少得罪人，更快地融入团体。所以本篇列出了犹太人教育子女与人交往时应注意的事项，希望可以为中国的父母提供一个借鉴。

# 1 + 1 + 1 > 3

合作就是个人或群体相互之间为达到某一确定目标，彼此通过协调作用而形成的联合行动。参加者须有共同的目标、协调的互动、相近的认识、一定的信用，才能使合作达到预期的效果。在合作中双方的目标是共同的，所取得的成果也是共享的。

1996年8月，在某城市举行的国际小学数学邀请赛上。比赛分两场进行，一场是团体赛，每队派5人参加，按个人比赛成绩的总分排列团体名次；一场是队际赛，每队派3人，靠集体的力量完成8道题目，成绩最好、花时最少的为优胜者。比赛结果是：团体赛成绩，A队遥遥领先；而队际赛成绩却是B队领先。也就是说，在团体赛中取胜的A队3位单个成绩优秀的学生，合作起来完成8道题目时，却失败了。失败的根本原因在于队际赛不仅仅是凭个人的努力，还需要3个人的合作精神，尤其是合作策略。

事实上，在规定时间内要完成8道题是有很多策略的。如大家先审题，然后按自己的水平来选择题；分工做题，遇到困难再集体讨论等。所以不仅要有合作的愿望，还要有合作的策略。选择策略的过程实际上就是对问题的分析过程。这里会涉及问题解决者的智力水平、知识、经验及思维水平等诸多因素。A队恰恰缺少的就是这些，才"三个和尚没水喝"。在教导子女具有团队合作精神这一点上，我们可以学学犹太人的教育方法。

犹太民族在其5000多年的发展历史中，有2000多年是过着颠沛流离的生活，在长期的流浪生涯中，每到一处，他们十分注重与当地的居民合作，友好相处，建立起和睦的关系。因此，在孩子小时候，他们就教导孩子：团队精神是指一种团结一致、互帮互助，为了一个共同的目标坚毅奋斗到底的精神。目前，在青少年甚至成人中都存在着缺乏团队精神，一意孤行的现象。这其中一个重要原因就是在幼儿教育中缺乏对孩子团队精神的培养。

父母要通过学习情境以及日常生活，让孩子明白任何合作的有效性取决于选择合适的合作策略。例如要用最快速度完成家庭清洁工作，如果妈妈一个人做，要花 1 个多小时；如果爸爸、妈妈和儿子分工合作，则半个多小时就完成了。妈妈也可以同时提出几个合作分工方案，大家讨论，在讨论中教育孩子明白分工的合理性和可行性，则合作的有效性也就高。

卡耐基通过自己的成功经验发现了一个重要的规律：一个人的成功，15% 靠专业知识，85% 靠人际关系和处世技巧，而所谓处世技巧和人际关系就是学习合作。现在企业在招聘人员时特别强调：应聘人员要求具备有关的知识技能，爱岗敬业并具有团队精神。团队精神包含着诸如团结、合作、信任、诚实、奉献、敬业等很多道德品质的内容，其中主要的是善于合作。

中国有句古话：一个篱笆三个桩，一个好汉三个帮。能正确认识这个道理，是人们合作成功的一个很重要的条件。在科技高度发展的 21 世纪，一个人的成功在某种意义上取决于他是否善于合作。父母要利用生活中、学习中、游戏中的有关情境，让孩子从具体事实中初步体会到：一个人再能干，也难以独自做完所有的事。有些事需要众多人的同心协力来做。人与人只有彼此尊重和理解，各自发挥自己的长处，共同向着同一目标努力，才能产生 1 + 1 + 1 大于 3 的功能。如果互相都不信任，甚至相互攻击、相互推诿责任，那么 1 + 1 + 1 就小于 3。

帮助别人是对的，但是要以尊重对方为前提。在现实生活中，人们总是带着良好的愿望与人交往，但有时却达不到预期目的。究其原因，除了有些是双方缺乏真诚合作的需要和有效的策略之外，还有一个很重要的原因就是在交往中人们缺乏认知的换位。认知的换位，要求人们在交往过程中经常需要站在对方的位置上，思考一下自己的言行对对方可能产生的影响和心理反应。例如，富有同情心是与人共处的基本素质，但同情不等于施舍，当你同情人，帮助人的时候，特别要注意维护被帮助者的尊严。

让孩子懂得一个"合"字，也就是要培养孩子有与人合作的愿望，有合作的能力和行为，这是时代和社会发展的需要。有一项调查显示，在六种儿童人格需要中，独生子女的亲和需要最强，孩子盼望能和同辈交往。有 20% 左右的独生子女感到孤独，认为"孤单寂寞"是最大的苦恼。但儿童还有另一种人格倾向就是富有攻击性，这是儿童向外界证实自己的存在和自己的力量的一种方式，但直接的结果却使儿童在行为上表现出不懂交往、不会交往，甚至破坏交往的情形。这两种人格体现在一个孩子身上是一种矛盾的心态。

家庭成员相互尊重本身就是一种无声教育。如果家中每个人都能为别人着想，多付出些，互相帮助，孩子就会从父母的言行中学会关心别人，与人合作，与人共处，学会做人。除了家庭之外，现代的年轻父母可以从犹太人对孩子的培养中学到一些在其他环境下的团队精神的养成方式：

首先，在学校日常生活中培养孩子的爱心和责任心，消除孩子孤僻的心理障碍。要想具有团队精神，爱心、责任心以及合群意识是必不可少的，因此在日常生活中要注意这些素质的综合培养。比如，在吃饭和睡觉时要让孩子互相帮助，值日时要负责任，对有困难的小朋友要有同情心并及时给予帮助。对于孤僻的儿童，首先要消除他与其他孩子的疏远感，使他真正参加到孩子们中间去，然后才有可能进一步培养其团队精神。

其次，在游戏中培养儿童的团队精神。游戏可以说是孩子的重要课目，它是一种对社会活动的模仿，深受孩子们的喜爱，因而也就能起到很好的教育效果。游戏中父母和老师有意识培养孩子团结协作，为了集体的荣誉而努力的精神。比如，将孩子分成几个小组，选择需要互助合作才能完成的游戏让孩子比赛，赛完后分析获胜和失败的原因，让孩子知道只要服从集体利益，即使自己吃亏也是光荣的。

最后，树立孩子正确的竞争意识。在当今社会竞争日益激烈的形势下，对孩子教育时适当让他树立争第一的意识，使每个小朋友用较高标准要求自己。但同时也要让孩子明白，在争第一中要有正确的心态，要用正当的手段，各种教育活动对孩子起着潜移默化的影响。

未来的时代是一个需要团队精神的时代，因此，我们从小注重培养儿童的团队精神是非常重要和亟须的。

# 我来帮助你

乐于助人，是构成当今世界高素质人才非常重要的品质要素。人的本质是爱的相互存在，人的生活是与他人的相互交往构成的。乐于助人，就是要求人们善于理解他人的处境、他人的情感和需要随时准备从道义上去支持别人，从行动上去关心帮助别人。培养孩子从小乐于帮助他人的美德，对孩子今后具有高尚的情操、健全的人格有不可估量的影响。

从前有一个商人在过河时翻了船，他只好抓住水中漂浮的一堆枯枝乱草拼命挣扎。一个捕鱼的人听到呼救的喊声，立即把船划过去救他。商人看到了缓缓驶来的小船，顿时产生了获救的希望。然而汹涌的河水无情地告诉他，随时都有被淹没的危险。为了抓紧时间死里逃生，商人对着渔夫大声喊道："我是济阴的名门富豪，只要你能救我，我就送给你100金！"渔夫使出浑身的力气，抢在商人沉没之前把他救到岸上。可是商人上岸后只给了渔夫10金。渔夫对商人说："你不是答应给我100金的吗？现在你得救了就只给10金，这样做对不对呢？"商人一听变了脸色，他恶狠狠地说道："像你这样的一个渔夫，往常一天能挣几个钱？刚才一眨眼工夫你就得到了10金，难道还不满意吗？"渔夫不好跟他争辩，低着头、闷闷不乐地走了。过了些日子，那个商人从吕梁坐船而下。他的船在半路上又触礁翻沉了。从前的那个渔夫碰巧正在附近。有人对渔夫说："你为什么不把岸边的小船划过去救他呢？"渔夫答道："他就是那个答应给我酬金，过后却翻脸不认人的吝啬鬼！"说完，渔夫一动不动地站在岸上袖手旁观。不一会儿，那个商人就被河水吞没了。

在这个故事中，商人爱财如命、言行不一和渔夫见死不救的行为，反映出他们缺乏乐于助人的人道主义精神，都是不可取的。独生子女在智能、体能发展方面比较占优势，但在个性品德方面却是个弱势。这是由于他们处在特殊地位：没有兄弟姐妹一起生活，这就失去了许多和别人分享食物、玩具，争论、吵架，吃亏，让步或合作互助的实践机会。加之双亲、家族不鼓励，不要求其与别的伙伴交往，不要求他关心别人，帮助别人，以致使他们"自我中心"严重，只知自己接受抚爱和关心的需要，不知别人也有被抚爱和关心的需要。所以当他们一旦进入集体生活，在建立良好的人际关系方面就遇到较大的困难，缺少"帮助他人"的责任心和义务感。

骡子自私自利，不帮助驴子驮货物，最后得到了应有的下场。

乐于助人是犹太人格外崇尚的美德。犹太儿童从小就被灌输乐于助人的思想。犹太拉比经常给孩子讲这个故事来教育他们。

现实生活当中，常常会有些事情给人带来喜悦或烦恼，带来幸福或悲伤，带来顺利或困难，带来成功或失败，无论处于何种境地，人都需要别人给予相应的理解和帮助。对于儿童也需要去关心和帮助别人及接受别人的关心和帮助。因此，培养孩子乐于助人的精神就成为了儿童教育中的一个重要课题。犹太人在这方面是这样做的：

首先，布置有用的任务。让孩子在邻居之间或是校园里做点有益的事情，比如照料宠物，做饭，教更小的弟弟妹妹们做游戏，或者给不幸的孩子制作玩具，这些都可以培养大多数孩子乐于助人的品质。当然，并非所有的孩子都能自发地做这些事情，必须有人鼓励他们，教他们，甚至有时需要强迫他们，但只能是温和的强制，否则会适得其反。

其次，父母以身作则。要培养乐于助人的核子，最重要的就是：如果你希望孩子表现得体贴、大度、肯帮忙，你就必须身体力行，示范给孩子们看。要是你自己都言行不一，孩子们只会模仿你的行为，即使你把原则和指令讲得头头是道，也一点用处也没有。

再次，要创造温馨的家庭环境。有些父母爱孩子，教育孩子时经常鼓励孩子，他们的孩子就总是乐于助人、更为别人着想、更富有同情心。这反映出孩子效仿了你的行为。要是孩子情绪好的话，他是极有可能帮助别人的，所以努力让他保持那种状态是非常值得的。

最后，定规矩，并且解释。有些父母会对孩子说："要是你打他，会弄痛他的。"然后他们会向孩子解释这类行为的后果，然后指出"你不可以打人"这条原则。他们用这种方法培养的孩子更具有同情心。有许多研究表明，对孩子阐明慷慨助人的理由，尤其是强调说明他人的感受时，最能帮助孩子养成体贴、友善的行为方式。

许多父母都花大量时间告诫孩子别去做什么，其实更重要的是告诉孩子们为什么有些事不应该做——特别是当行为的结果可能会影响到别人的时候。完全没有纪律约束对培养孩子是有害的。略带专制的家长式作风会令孩子成长、发展得更好。大体上说，使孩子对于行为标准和规矩有明确的偏好，这也是培养高度自尊和令孩子受欢迎的方法。

# 只捡 5 分的硬币

嘲笑就是恶意的捉弄，嘲笑某人通常是为了让被嘲笑者遵守某种规则，或把被嘲笑者驱赶出某个群体。

一棵无花果树枝头挂满了青青的果子。无花果树发现，一棵大树挡住了它的阳光，这棵遮挡阳光的树上一个果子也没有。"你是谁，敢把我的阳光夺走！"那树回答："我是一棵老榆树。"无花果树说："你一个果子都不会结，你还站在我的面前，难道不感到害羞吗？你等着瞧吧，我的青果子成熟以后，我的孩子们每一个都会变成一棵大树，组成一片茂密的森林，把你团团地围住！"无花果一天一天地成熟了，青果子也变成了红果子。不久，一队士兵从这儿路过，发现了这棵果实累累的无花果树。他们立刻爬上去摘果子。结果可想而知，树枝被踩断了，树叶被弄掉了，所有的无花果一个也不剩，全被采光了，可怜的无花果树只剩下光秃秃的树干和断枝残叶。榆树感慨万千，十分同情地对无花果树说："无花果树呀，如果你不曾结果实，如果你不会想入非非，那么你也不会变成今天这副可怜的模样啊！"

儿童喜欢嘲笑他人是有原因的。他们不再因为喜欢同一种颜色或同一首歌而交友，相反，他们喜欢与外表相似、行为也相似的孩子在一起，嘲笑他人能使这些孩子团结起来，孩子们也用嘲讽来表达他们的竞争意识。在学校里，在运动与功课方面，孩子们经常要参加考试，以分出个上下，而嘲讽是显示自己占了上风的最简单方式。孩子语言能力的增强也对嘲讽起了加速剂的作用，稍微大些的孩子不仅能够表达较为复杂的思想，而且还会把个人的价值观念附加到自己的观察上去。一个幼童会天真地评论说另一个孩子超重了，而大些的孩子就会附加一个观念上去"傻胖蛋"。在这个例子中，这种附加是负面的，因为他们会说这个孩子笨手笨脚。

犹太家长在孩子小时候就教育他们，不要嘲笑别人。还经常给孩子讲下面这个故事。

美国第九届总统威廉·亨利·哈里逊出生在一个小镇上。他幼时怕羞而文静，被认为是一个小傻瓜。小镇上的人经常捉弄他，把一枚一角和一枚 5 分的硬币同时扔到他面前，让他任意捡一个，威廉总是捡那枚 5 分的硬币而引来大家的一阵嘲笑。一天，一位老妇人看到小威廉的样子很可怜，就把小威廉拽到一旁，问他："你难道不知道一角比 5 分值钱吗？"威廉慢条斯理地说："我当然知道，不过，如果我捡了那个一角硬币的话，他们恐怕就再没兴趣扔钱给我了。"

在这个故事中，嘲笑者让被嘲笑者嘲笑了，这大概不是嘲笑者的初衷；而嘲笑者并不知道自己才是被嘲笑者，这是深层次的悲哀。威廉后来成为总统，当初的嘲笑者会不会有人去献媚，说自己曾经"救济"过他呢？当然，这则小故事的流传，并不因为威廉是总统，只是依赖故事本身的幽默。

嘲讽给孩子以一种控制他人或控制局面的快感，嘲讽者很快地发现聪明的嘲笑会产生两个结果，其他孩子的哄笑与被嘲笑者的反应，大多数孩子都承认他们嘲笑同伴主要是为了寻找乐趣。作为家长，要像犹太家长那样，教育孩子从小养成不嘲笑别人的好品质。

# 外貌不重要

对于境况不如自己的人，不要以貌取人，不要歧视他们，不要瞧不起他们。

有个小老鼠没见过什么世面，有一天它回家对它的母亲说："妈妈，我简直吓坏了！我发现了一只庞然大物，我不知道它是什么动物。它的头上有顶红冠，眼睛特别凶，盯住我看。它还有个尖嘴巴，用两条腿走路。忽然，它伸出长脖子，把嘴巴张得非常大，叫出的声音尖得吓人，我认为它要来吃我了，就拼了命跑回家来。遇到它真是倒霉。因为我刚才先看到另一只动物可爱得多，个子很高大，要不是头上有顶红冠子的那只讨厌的动物，我就会和那只漂亮的动物交上好朋友的。它有着很温和的眼睛，有点像没睡醒的样子。它的毛和我们的一样柔软，只不过是灰白的颜色。它很温和地看着我，摇动着它的长尾巴。我想它是要和我谈话，我本想靠近它，可是那只可怕的大动物开始喔喔叫了，我就只好急忙跑回来。"

母鼠听完它的话说："我的傻孩子，你跑回来就对了。你说的那只凶恶的动物倒不会害了你，那是只对我们无害的公鸡。反倒是那只毛很柔软的漂亮东西很危险，它是猫，一口就会把你吃掉，在这个世界上它是我们最大的敌人。"

还有一个寓言是关于孔雀的。百鸟聚会选举鸟中之王。孔雀翘起它的尾巴，展示绚丽的彩屏，并且自命为鸟中魁首。于是所有的鸟儿都推举孔雀为王，因为它实在是太漂亮了，任何鸟儿都不能和它相提并论。但是喜鹊却在这时候说话了："孔雀，请你告诉我们，假如你当了鸟中之王，万一碰到敌人来迫害我们，你能采取什么措施保护我们呢？"孔雀不知道怎么回答才好。一看到这种局面，所有的鸟儿都开始重新思考，它们选孔雀为王是对还是错。最后，它们放弃了孔雀，推举能够保护它们的鹰为百鸟之王。

在犹太人的社会里，尽管富人和穷人的差距有时候是十分巨大的，但是，他们认为富人并不一定快乐，穷人也并不一定绝望。一直以来，犹太人是非常尊重穷人的，但是，他们坚持认为，即使一个靠别人施舍为生的穷人也应该有施善行为。这就是犹太人对于穷人的态度。

# 再好吃的东西也要适量

以不利条件强迫他人的做法是不可取的，不能强迫别人。

皇帝安冬尼有一次派使者到朱丹拉比那里，问了这样一个问题："帝国的国库马上就要空了，你能给我一个增加收支的建议吗？"朱丹拉比一句话也没有回答，他把使者带到了自己的花园里，然后安静地干起活来。他把大的甘蓝拔掉，种上小甘蓝，对萝卜和甜菜也是这样。看到朱丹拉比无意回答问题，使者对他说："请您抽出宝贵的时间，给我个回信。"

"你什么都不需要，马上回到皇帝身边去吧！"

于是，使者返回到皇帝安冬尼那里。

"朱丹拉比给我什么回信了吗？"皇帝问。

"很遗憾，他没有。"

"那他给你说了什么吗？"

"也没有。"

"那他一定做了什么吧？"

"是的，他把我领到他的花园里，把那些大棵的蔬菜拔掉，种上小的。"

"那我明白他的建议是什么了！"皇帝兴奋地说。于是，他立刻遣散了他所有的税收大臣和官员，换成少量的但更诚实、更有能力的人。不久，国库就充足起来。

犹太人运用这个国王要补充国库应该去想办法，而不能以不利的条件去强迫百姓多缴税的故事说明：不要去强迫别人做他们不愿意做的事情。这不仅是犹太人的处世方法之一，在现实生活中犹太人更是反对以不利条件去强迫别人。

在现实生活中，人们进行种种欺骗的事情屡见不鲜，但是，犹太人认为坏事掩不住别人的耳目，人们终会有一天发现事情的真相。即使能够侥幸地瞒过别人，但是做了坏事之后，自己的心里一定会觉得很不舒畅，并时时怀着恐惧之心。因此，以不利条件强迫他人的做法是不可取的，不能强迫别人。

犹太父母经常给孩子们讲这样一个故事：有一天，拉比在路上碰到两个男孩正在争辩。两个男孩子正在面红耳赤地争论到底谁的个子比较高，吵来吵去，还是没有结果。后来，其中一个男孩强迫另一个男孩站在水缸里和自己比较，他终于证实了自己的个子高一些。

拉比看到了这一幕，很伤心地对自己的弟子说："是否世界上的人都经常这么做呢？为了证实别人不如自己，就强迫别人站到水缸里；如果别人不愿意下去，他们就会自己爬到椅子上面，以显示自己优越于别人。"

犹太人经常引用这个故事告诫那些以不利条件去强迫别人的人。还有一则故事更是清楚无误地说明这个道理：

福卡准备了一大锅汤，请朋友杰米扬前来品尝。

"请啊，老朋友，快吃啊！这个菜是特别为你准备的。"福卡热情地说。

"不，亲爱的福卡，我吃不下了！你的菜都很好吃，我已经吃到喉咙眼了。"杰米扬回答道。

"没关系，才一小盆而已，一定能吃得下去。味道好极了，能够喝到这样的鱼汤是一种口福啊！"

"我知道，可是我已经吃过3盆了！"

"嗨，何必那么计较数量呢？哦，你的胃口太差了！凭良心说，这汤真稠，真香，在盆子里凝结起来，简直跟琥珀一样漂亮。请啊，老朋友，替我吃掉它！吃了对身体有好处的！看，这些都是我今天早上买来的，可新鲜了！这是肚片，这是鲈鱼，这是鲟鱼。只吃半盆，吃吧！"福卡喊自己的妻子，"亲爱的，你来敬客，客人会领你的情的。"

福卡就这样热情地款待杰米扬，不让他停止，不让他休息，一个劲儿劝他吃。杰米扬汗流浃背，勉强又吃了一盆，并装出吃得津津有味的样子，把盆子里的汤吃了个干净。

"这样的朋友我才喜欢，我一看见那些吃东西挑剔的先生大人们，我就觉得可气。"福卡嚷道，"吃得痛快！好，再来一盆吧！"

可怜的杰米扬虽然喜欢吃汤，但却马上站起身来，赶紧拿起帽子、手杖和腰带，用足全力跑回家去了，从此再也不登福卡家的门。

再好的东西，如果不加节制地强加于人，也会变得和福卡的汤一样令人讨厌。

因此，犹太人在教育孩子和别人进行竞争时，总是站在平等公平的立场上，而不是以不利的条件去强迫别人。

# 选准你的伙伴

如果孩子失去了朋友，或者不被同伴接受，那么即使日后取得了很大成功，也会终生有一种不满足感和不完全感。

从前有一个农夫跟蛇交上了朋友。我们都知道，蛇是很聪明的，它不久就设法使农夫跟它十分亲热。农夫只夸赞它一个，并且永远把它捧到天上。然而，如今农夫的一切老朋友和亲戚，竟然没有一个上门来了。

"这是怎么回事呢？"农夫问他的一个昔日的朋友说，"请你告诉我，你们一个也不来看我，这是为什么呢？是我的老婆没有按照礼数款待你们呢，还是你们嫌弃我的食物粗劣呢？"

"不，"他的朋友回答道，"问题不在这儿！我们很愿意和你一起谈谈说说。你们夫妻两人，谁也没有在什么地方得罪我们或是叫我们不高兴，没有人会这样埋怨你们的，我可以保证！可是，如果跟你一块儿坐着，老是要东张西望、提心吊胆的，提防着你的朋友蛇会爬过来从背后咬我们一口，那又有什么乐趣呢！"交上了坏朋友的人，是难以得到世人的敬重的。

农夫交上了蛇这个朋友，因此失去了其他的好朋友，即使这条蛇不会对其他的朋友造成危害，别人在与农夫交往时也是战战兢兢，这对农夫来说是得不偿失的。所以在鼓励孩子交朋友时，要妥善选择自己的择友范围，交对朋友。

犹太人非常重视人际关系对孩子性格发育的重要性，认为孩子的性格发育和他的人际关系的总和是相等的。当然，孩子的人际关系首先开始于与父母的相处，同时也包括同龄人对他的影响。孩子到了七八岁时，开始脱离父母的影响，越来越看重同学和朋友对他的喜欢、支持和赞成。尽管他们的感情食粮理所当然地要从父母身上汲取，但从朋友身上也能得到意外的精神与情感的源泉。儿时的友谊影响孩子的自尊心和交友习惯等，其程度几乎相当于父母的抚育和爱护。

孩子的交友技能在儿童期过后就很难再学会了，它有些像学习游泳，对蹒跚学步的幼儿来说极其容易，但如果在童年时代失去了机会，等到成年时再学就比较难了。当然，尽管孩提时代没有朋友并不注定成人后就会孤单，但应该承认，有些情商技能的发展是有时间性的，正常的时间一过去，一样的技能就会变得很难学会。所以要鼓励孩子们多交朋友，但择友时一定要慎重。

鸡蛋确实很好吃，可是对于老鼠来说偷运鸡蛋却是件不容易的事情。老鼠甲想出了一个绝妙的主意——它找来了朋友乙，在鸡窝里，让老鼠乙仰面朝天，四只脚紧紧抱住鸡蛋，老鼠甲咬紧乙的尾巴，拖着战利品和它的朋友上路了。

一路上，老鼠甲心中有说不出的骄傲和自豪："不是吹牛，这绝对是鼠类的创举！"它为自己的主意哼起了小曲。老鼠乙却闷不作声地打起了小算盘：它悄悄地用牙齿叩开了蛋壳，在老鼠甲的歌声里品尝起美味来。

目的地终于到了。老鼠乙一翻身推开了已吃光只剩下的鸡蛋壳："倒霉！没挑准，弄了一只空的！再见吧，我亲爱的朋友。"说着，它一抹嘴巴，腆起大肚子，溜了。

看着老鼠乙的背影，老鼠甲感叹道："哎，再妙的主意，也得选准伙伴哪！"

除此以外，犹太父母还经常给孩子们讲这个故事，说明交友要慎重的道理：

在孩子交友的不同阶段，父母应给予不同的帮助与指导。

### 1. 以自我为中心阶段（0~7岁）

在这个阶段，父母应该设计一些活动，邀请有共同兴趣或性格相近的孩子参加。活动中，孩子们如何相处并不是重要的，重要的是他们有机会在一起，这些共同的经历为日后的社交技能打下了基础。当孩子上学以后，就会更愿意和同龄伙伴相处。如果父母这时仍然不断地出现在孩子的左右，对他们是有害的。

### 2. 满足需要阶段（4~9岁）

孩子一旦喜欢和同伴相处，你就应该对他们强化朋友的价值，鼓励他们交往，看重孩子们之间的友谊。如果你的孩子对另一个孩子表示出正面的积极情感，即使你对对方表示怀疑和担忧，也千万不要否定和诋毁对方。并且，如果孩子被他人取笑或欺侮后，怀有一些负面的情绪，你也决不能火上浇油。不要鼓励孩子抱怨同学，否则就会强化他的孤僻，你只要当个好听众就可以了。

父母应起到表率和带头作用，经常和孩子谈谈自己的朋友，谈你们一起做过的事，为什么朋友对你很重要等。让孩子参加你和朋友的活动，让他们亲眼看到你们如何相处，以及友谊对你们的重要性等。

### 3.互利互惠阶段（6~12岁）

这个阶段父母的支持和参与，会给孩子以安全感和满足感。当孩子们在交友相处的过程中，体会到酸甜苦辣咸五味俱全的感受时，你的知识和经验就会使孩子大大受益。孩子与朋友相处出现危机时，为人父母者过去或现在的经历会给孩子提供一些教益，但请不要给他们任何劝告。应该让他们养成容忍他人的品格，忍受亲密朋友的不可避免的伤害，由自己决定如何处理这些负面感情和经历。不管他们最后如何决定，是保持还是放弃这份友谊，或是寻找新朋友，都是正确的。只要不是就此避开同伴就可以。

### 4.亲密相处阶段（8~15岁）

当孩子有了亲密的朋友以后，父母的作用便是指导：灌输适当的价值观，确定与孩子年龄适应的限制，鼓励孩子个人的成长和人际关系的发展。同时，这时孩子对你的依赖日益减少，你一方面觉得解脱，而另一方面却又感到失落，这是很正常的。

父母在帮助孩子学会交友时应该牢记教诲：拥有一个好朋友是孩子成长过程中的重要任务，这会影响他日后的人际关系，要保证让孩子有机会掌握与年龄相适应的交往的技巧。

# 善待他人也是善待自己

善待他人就是善待自己。学会善待他人，用理性、善意、爱心和责任去面对生活的现实。只有善待他人，才能把自己融入人群，获得友谊、谅解、信任和支持；只有善待他人，才能调整失衡的心态，解脱孤独的灵魂，走出无助的困境；只有善待他人，才能在人生的道路上，拥有充满快乐的感觉，踏入充满机遇的境界，走向充满希望的未来。

从前有一个渔夫，他一整天也没有休息。他站在没膝的海水中，在黎明的微光已经照在岸边岩石中间时，把捕捉到的海鲜熟练地扔进大篓子里。夜色降临，在离大海不远的渔夫家里，一只牡蛎遇到了渔夫的这几条鱼。它们被扔在地上，喘着粗气，脸色十分难看。"哎，我真害怕，我们在这儿都得死，真是没有办法呀！"牡蛎从来没有这样忧伤过，它望着同伴们低声地说。就在这时，一只老鼠从这儿经过。这只老鼠对自己的健康十分得意。牡蛎准备利用这从天而降的唯一机会来挽救自己。"老鼠，您的心肠这么好，肯定能把我带到海边去吧？"老鼠看了牡蛎一眼。它可不是傻瓜，心里想，这个牡蛎又肥大又漂亮，一定有许多富有营养的、可口的精肉。"好，我马上就行动！"老鼠回答，它已经决定要吃掉牡蛎，"但是，为了把你带到海边，你得把壳张开一点。你的壳紧闭着，我怎么带你走呢！""好的，听你的！"牡蛎同意了。但是，它十分警惕地将其壳半张半开，因为牡蛎也不是傻瓜。老鼠立刻伸过嘴巴就来咬牡蛎。尽管老鼠的行动很迅速，但牡蛎事先就预料到了这一步，一下子就夹住了老鼠的脑袋。老鼠疼得吱吱叫。叫声传到猫的耳朵里，猫立刻跑过来，捉住了这只害人害己的老鼠。

从这则故事我们可以看出，在伤害别人之前，要想到别人也会同样伤害我们。所以要培养孩子从小就要有一颗善良的心，害人之心不可有。

犹太人很早就意识到了这个道理。犹太儿童经常听拉比讲下面几则故事。

有位犹太青年住在海边，非常喜欢鸥鸟，鸥鸟也乐于亲近他。每天晨曦初露，当他摇船出海的时候，总有一大群鸥鸟尾随在他的渔船四周，或在空中盘旋，或径直落在他的肩上、脚下、船舱里，自由自在地与青年一道嬉戏玩耍，久久不愿离去，相处十分和谐。后来，青年的父亲听说了这件事，就对他说："人家都说海上的鸥鸟喜欢跟你一道玩耍，毫无戒备，你何不乘机抓几只回来，给我也玩玩？"于是他满口答应道："这有何难？"第二天，青年早早地出了家门，他将小船摇出海面，焦急地等待着鸥鸟们的到来。可是，那些聪明的鸥鸟早已经看出了他今日的神情不对，因此总只是在空中盘旋，而不肯落到他的船上。当青年准备伸手抓它们的时候，鸥鸟们就"呼"的一声全飞走了，青年只好干瞪眼。

这个故事告诉我们，彼此交往要想达到和谐友好的境界，必须以真诚为前提，要善待他人。如果你自以为聪明，想去算计朋友，那么朋友必然会弃你而去。

有一个在阿而特国出生，在土洼国长大，直至花甲之年还不曾回过家乡的阿而特国人，因为思乡心切，不顾年事已高，气血衰退，居然独自一人不辞劳苦，千里迢迢去寻故里。他在半路上遇到一个北上的人。两人自我介绍以后，很快结成了同伴。他们一路上谈天说地，起居时互相照应，因此赶起路来不觉得寂寞，时间仿佛过得很快。不知不觉，他们就到了尼尔国的地界。

可是这个阿而特国人没有想到与自己朝夕相处、一路风尘的同伴竟在这时使出了捉弄人的花招。他的那个同伴指着前面的尼尔国城郭说道："你马上就要到家了。前面就是阿而特国的城镇。"这阿而特人一听，一股浓厚的乡情骤然涌上心头。他一时激动得说不出话来，他的两眼被泪水模糊了。过了一会儿，那同伴指着路边的土神庙说："这就是你家乡的土神庙。"阿而特人听了以后，马上叹息起来。家乡的土神庙可是保佑自己的先辈在这块阿而特国的土地上繁衍生息的圣地呵！他们再往前走，那同伴指着路边的一栋房屋

171

说："那就是你的先辈住过的房屋。"阿而特人听了这话，顿时热泪盈眶，滚滚的泪水把他的衣衫也弄湿了。祖居不仅是父母、祖辈生活过的城堡，而且是自己初生的摇篮。祖居该有多少动人的往事和令人怀念的、神圣而珍贵的东西呵！那同伴看到自己的谎话已经在阿而特人身上起了作用，心里暗暗为这种骗人的诡计自鸣得意。他为了进一步推波助澜，拿阿而特人取乐，没有等阿而特人的心情平静下来，又指着附近的一座土堆说道："那就是你家的祖坟。"这阿而特人一听，更是悲从中来。自己的祖辈和生身的父母都安息在眼前的坟墓里。这座祖坟不就是自己的根吗？虽然说这个阿而特人已年至花甲，然而他站在阔别多年的先辈坟前，却感到自己像一个失去了爹娘的孤苦伶仃的孩子，再也忍不住强烈的心酸，一个劲地放声痛哭起来。到了这个地步，那同伴总算看够了笑话。他忍不住满腹的畅快，哈哈大笑起来。像个胜利者一样，那同伴对阿而特人解嘲地说："算了，算了，别把身子哭坏了。我刚才是骗你的。这里只是尼尔国，离阿而特国还有几百里地哩。"听了同伴这一说，阿而特人知道上了当。他怀乡念旧的虔诚心情顿时烟消云散。紧接着占据他心灵的情感是，他对因轻信别人而导致的过度冲动深感难堪。

这个阿而特国人真正到了阿而特国的时候，阿而特国的城镇和祠庙，先辈的房屋和坟墓，已不像他在尼尔国见到的城市、祠庙、房屋和坟墓那样具有感召力。回到了自己的家乡，他触景生情的伤感反而减弱了。在几十年里蓄积起来的一腔思乡激情提前在尼尔国爆发，随后又遭到了亵渎。因此，当他真的到了故乡，不仅再也无法重新积聚刚踏上归途时的那股强大的追求力量，而且神圣的信仰也被欺诈蒙上了一层暗淡的阴影。

其实，善待他人就是真诚地对人。这则寓言告诉我们，要用真诚的态度对待朋友。尔虞我诈的社会环境，很容易动摇人们高尚的信念。真诚有"听君一席话，胜读十年书"的作用，就像汪洋中有一艘轮船。真诚也有使一株枯草起死回生的作用，就像黑暗中有束阳光，生活中有个向导。无论在何时何地，我们都应该拥有真诚。用真诚的阳光支起一片丽日晴空。每个人的一生既有喜悦、欢乐与追求，也有忧愁、寂寞与失落，然而，我们不能只享受晴空丽日的温暖而忘了乌云翻滚的寒流，即使虎啸雷鸣，沧海横流，大地颤抖也不必失去生活的信心，因为人生有真诚相伴，人生有真诚相陪。

一天早晨，一个农人挑了一担菜进城去卖，在街上，农人拾到一叠钱，他点了一下，共有15张。回家后，农人把15张钱交给他母亲，他母亲说："孩子，人家丢了钱。一定很着急，我们怎么能要人家的钱呢？赶快送还失主，说不定人家正找得着急呢！"这位农人按照母亲的吩咐，赶回拾钱的地方，等待失主来领。在前面不远处，农人发现有一个人好像低着头在地上寻找什么东西，便连忙上前问他："老弟，你丢了钱吧？这，我拾到了，现在还给你吧。"不等那人回答，农人便将15张钱全都给了那人。这时，有一些人围了上来，见此情景，有人提出，失主应给些赏钱给农人。不料，这个人却十分吝啬地说："我丢失的原本是30张钱，现在才只找回一半，我怎么能再分一些赏给他呢？"

农人觉得那人太不讲理，自己如数将钱归还给他，他不但不谢，反而有诬蔑自己贪了一半的意思。农人实在气愤不过，便跟那人争吵起来，两人互相扭着来到县衙门的堂上，他们各自向县令叙说事情的缘由。县令听后，心里已有几分底了，他对那领钱人的行为颇为生气。县令派人将农人的母亲叫来，当面对质核实，证明农人说的情况属实。接着，县令让农人和那个领钱人各自具状。于是他们分别写道："拾钱人的确是拾到15张钱钞"，"丢钱人确实是丢失了30张钱钞"。县令将两张状纸捏在手上，对失主说："你丢的是30张钱钞，而他拾到的是15张钱钞，可见这钱不是你的钱，而是上天赐给这位贤良母亲的养老钱。假若他拾到的是30张，那就是你的了，你可以到别的地方去找你的钱吧！"那人知道自己撒谎，自觉理亏，便也不敢再作狡辩，灰溜溜地离开了县衙。于是，县令把15张钱钞交给农人的母亲，说："你是位贤德的母亲，这钱就归你了！"人们听说了，都拍手叫好。

那位贤良的母亲教儿子将拾来的钱交还失主，反遭讹诈；贤明的县令又机智地将钱判送贤母，而那靠讹诈欺骗的人却不得好下场。所以，为人都应有一颗善良的心才好。

犹太家长经常告诉孩子们不能总想着自己，也要多想想别人。应该以开朗豁达的心境、热情友好的态度，去尊重他人，理解他人，关爱他人，帮助他人。

在人生的道路上，我们需要感情的理解、安全的庇护、精神的安慰、生活的照顾、行为的支持。苦恼的时候，希望别人能接受自己的倾诉；成功的时候，希望别人能赞赏自己的成绩；危难的时候，希望别人能伸出援助之手；困惑的时候，希望别人能给予指点……

# 爱人者人恒爱之

希望得到别人的关心和注意是人的心理需要，世上每一个人都应当了解这一点。当一个人感到周围的人对自己十分关心时，他心中便会有一种安全、温暖的感觉，就会充满自信和快乐。既然受了别人的关心，那么同样也会去关心别人，这样，人们互相间就容易有一种亲密友好的关系。

犹太人中流传着这样一则寓言：狐狸跟鹤成为了好朋友。有一天，狐狸突然想要鹤到自己家里做客，它邀请鹤来吃晚饭。"鹤，亲爱的，来吧，一定要来！真的，我要请你吃顿饭！"

鹤拗不过狐狸的邀请，只好去赴宴。此时的狐狸已经将碎麦米饭煮好，把饭平抹在盘子上。它端上盘子，对鹤说："吃吧，亲爱的鹤！"

鹤用嘴笃笃地敲着盘子，但由于它尖尖的嘴，什么也没有吃着。而狐狸灵巧地舔着盘子上的饭粒，就这样它把饭全都吃掉了。它把饭吃光以后，说："鹤，亲爱的。请别见怪！没有别的东西可以招待啦。"

鹤回答道："狐狸，我怎么会怪你呢？为此我该谢谢你啦！明天请到我家里做客吧。"

第二天，狐狸来到鹤的家里，鹤已经把冷杂拌汤做好，并且把汤倒入颈部细长的罐里，然后把罐放到桌上说："狐狸，请吃吧！说实话，没有别的东西可以招待你。"狐狸围着罐打转转。它一会儿绕着罐走，一会儿又闻闻罐，一会儿舔舔罐，总之，任凭它怎样做，它也没法使它的嘴钻到罐里去。而鹤用它那尖尖的嘴啄汤喝，直到把汤全部喝光为止。"狐狸，请别见怪！没有别的东西可以招待你啦。"

狐狸懊恼极了。它原来想在鹤家吃上它整整一个星期，然后再跑回家里，可现在只得灰溜溜地回家了。

如果狐狸真心地对待鹤，考虑到鹤嘴尖而细长的特点准备饭食，让鹤饱餐一顿，那么在鹤回请它时，也一定不会如法炮制，使狐狸饿着肚子回家的。这就叫以其人之道，还治其人之身。

当别人有求于自己时，只要是正当的要求，就要尽己所能满足对方的要求；当看到别人有困难时，要主动地去帮助别人，这样能使别人懂得你的存在对他的价值，其结果必然是"爱人者人恒爱之"。

犹太父母告诫小孩子说：人不自利，会变成寄生虫；但只自利，则会成为吸血鬼。完美的人生，是自利与利人的统一！现在他们经常给幼小的孩子们讲述这个故事：

弗莱明是一个穷苦的苏格兰农夫。有一天，当他在田地里工作时，听到附近泥沼里有人发出哭喊声，于是急忙跑过去，发现一个小孩子掉到了粪池里，于是他把这个小孩从死亡边缘救了出来。

第二天，一辆崭新的马车停在农夫家门前，一位绅士优雅地走出来，自我介绍是那个被救小孩的父亲。绅士诚恳地说："你救了我小孩的生命，我要报答你。"农夫说："我救你的小孩是为了自己的良心和对于生命的呵护，我不能因救你的小孩而接受报酬。"就在这时，农夫的儿子从茅屋里走出来，绅士说："让我们来个协议，让我带走他，并让他接受良好的教育。假如这小孩像他父亲一样，他将来一定会成为一位有用于社会的人。"

农夫答应了这个协议。后来农夫的小孩就读于圣玛利亚医学院，并以优异成绩毕业，成为举世闻名的弗莱明·亚历山大爵士，也就是盘尼西林的发明者，并因此荣获诺贝尔奖。

数年后，绅士的儿子不幸染上肺炎。此前，这是一种不治之症，无药可救，但是，有了盘尼西林，他就得救了。绅士是谁呢？是上议院议员丘吉尔。他的儿子是谁呢？就是英国政治家丘吉尔爵士。

真诚地关心他人要无私。生活中这类情况屡见不鲜：有些人，一开始接触给人印象不错，但时间长了，人们却逐渐对他敬而远之，疏远他；有的人刚刚相处，似乎很难交往，但时间一长，人们却越来越喜欢他了。是什么原因造成这种局面呢？原因就在于他们的人品不同。前一种人尽管表面上待人很热情，实际上却是奔着回报去的。他帮助别人，目的是希望放长线钓大鱼，想从别人那里捞取更多的好处。后一种人正好相反，他帮助别人不露声色，施人勿念，并不要求什么回报；但别人对他的帮助，他却受施勿忘，时刻铭记在心，一定找机会报答才能安心。真诚地关心别人还要尽可能避免给对方出难题。有些人只顾自己的需要，丝毫不考虑别人的难处，常向别人提出一些使人难以达到的要求，例如同学之间，考试时要求同学将考卷给他抄袭等。这样做只会使同学之间产生隔阂，造成关系紧张。

犹太父母告诉孩子们说：为人处世之道就是要真诚地对待每一个人，发自内心地去关怀他们。互利改善了世界的品质。汉语的"人"字，十分具有哲学意味，那就是两个人之间的互相支撑——今天你帮我，明天我帮你，这是最浅显的表述。犹太民族之所以具有强大的生命力，就是因为人们之间的互相帮助，这不仅给当事人带来了益处，也给世界带来了进步与温馨。

# 不许和任何人说

能够守口如瓶的人才是善于处世的高手。

从前有一个国王，对手下的臣仆说了一个秘密，他嘱咐他们不能对任何人说。这个秘密在他们中间保守了一年多没有讲，可是有一天，这个秘密还是被传了出去，并且立即传遍了大街小巷。国王对此很愤怒，叫刽子手把手下的臣仆一律斩首，决不留情面。

一个臣仆请求道："国王啊！请您别乱杀我们，秘密泄漏出去错不在我们，而是您的错误。这好比洪水泛滥，而您正是洪水的源头，您没有截住它，才使今天白浪滔天。您心中的秘密本来就不应该对别人说出。古人说得好：要想保守秘密首先要自己当心。秘密只要不说出口永远是秘密，一旦出口那便由不得自己。"

在处世智慧中，犹太人很强调为人保守秘密，认为能够守口如瓶的人才是善于处世的高手。保守秘密是一个人是否值得信赖的试金石，犹太人常常把人的价值用保守秘密到何种程度来予以计量。同样，他们认为没有秘密就不算真正的儿童时代。秘密的存在可以帮助儿童的成长。但是，保密与撒谎之间的痛苦挣扎，始终会伴随着拥有秘密的儿童。

犹太人告诉孩子许多的格言，说明保守秘密的重要性：

"听到秘密很容易，但要将之保存下来则是很困难的。"

"有 3 个以上的人知道的消息就不能称之为'秘密'了。"

"只有傻瓜和小孩不能保守秘密。"

在众多犹太人守秘的格言中，犹太人最喜欢的是："喝下秘密这种酒，舌头就会跳起舞来，所以应该特别小心。"

巴斯·莱维林和范梅南教授把人与人之间的秘密分成三种类型：生存秘密、交际秘密和个人隐私。世界上没有两个完全相同的人，每个人对他人来讲，都是一个程度不等的秘密存在，在这种意义上，他人的存在永远是一个神秘的生存秘密。此外，人与人之间交往会受到语言和思想等各方面的限制，人们往往不可能充分地表达自己，不可能达到完全的交流与沟通，因此，人与人之间也存在着交际秘密，实际上，交际秘密就是人不能充分向别人表达的部分，是人不能充分理解的部分。个人秘密则是人可以诉说，但是不愿意向别人诉说的事情。

个人秘密会影响人际关系，人们通常会把秘密告诉自己信赖的人，围绕着秘密的知晓者之间是亲密关系，而被秘密排斥在外的，则有可能是排斥关系甚至敌对关系。

孩子们的秘密多种多样，有不让父母知道的秘密、有不让朋友知道的秘密、令人难以理解的幻觉秘密、藏身或脱身的秘密场所、被人出卖的秘密、被人信任的秘密以及与其他重要的人共同拥有的秘密。

一项心理研究发现，只有 6～9 岁的孩子才会经常去思考该不该把秘密泄露出去的问题。10 岁的孩子就会用友谊的标准来衡量自己的行为。12 岁的孩子就越来越能够感觉到自己有为他人保守秘密的责任，他们认为，泄露他人的秘密就意味着自己失去一份友谊。如果他们泄密，会受到朋友和良心上的谴责。

犹太人认为当一个人得知一个秘密时，都会沉不住气地想把那一份秘密透露出去，并且认为这是人之常情。因为一个人拥有某种秘密时，他希望可以借此引人注意。每一个人都喜欢打探别人的秘密，同时也希望吸引众人注目的眼光。说出秘密时，必定会受到大众的注目，而使人觉得高人一等。但是，犹太人又认为，当一个人从朋友甲处听来一个秘密，再将此秘密转告给乙时，表面上似乎非常信任乙，事实上却不是这样。他非但不信任乙，而且也已经辜负了朋友甲的信任。为此，犹太人说："只要秘密仍在你手中，你便是秘密的主人；但当你说出秘密后，便会成为它的奴隶。"

在日常生活中，犹太人保守秘密，为人守口如瓶，常常表现为对别人隐私的尊重。

犹太人把对隐私的高度尊重诉诸法律，防止对隐私做任何方式的探查。为了尊重别人的隐私，犹太人告诫人们说："在他宣誓的时候不要向他提问。"

《犹太法典》规定，如果一个人的屋顶特别高，高到可以俯瞰邻居的庭院，他应该在屋顶周围修建足够高的栏杆，以拦住视线，使自己看不到人家的庭院。

犹太人是这样解释特殊规定的：庭院的主人没法知道屋顶的主人什么时候到屋顶上来，这样庭院的主人就没法不让人看到自己在院子里，也没办法保护自己的隐私。

所以，每一个犹太父母都会教育小孩要尊重别人，尊重他人不同的生活习惯，保守别人说给自己的秘密。只有这样，才能成为一个值得别人信赖的人，成为一个人人尊敬的人。

# 等待狼的灭亡

亲和是人们在交际应酬里，往往因为彼此间存在着某种共同之处或近似之处，从而感到相互之间更加容易接近。而这种相互接近，通常又会使交往对象之间萌生亲切感，并且更加相互接近，相互体谅。

在说明这个道理时，犹太父母通常给孩子们讲这样一个长长的故事。

有那么一座山，山清水秀，丰庶富饶，半山处最好的地方生活着一群羊，羊们守着天赐的足水足食，过得很舒服，以为自己就是这山上唯一的统治者。直到有一天从山顶忽然冲下来一群狼，羊们在损失惨重后才意识到山顶是狼的世界，没有什么比狼更有威胁了，羊们的日子开始暗无天日。老羊头领是个投降派，一味地为了保命不予抵抗，甚至还把不听话的小羊送入狼口，这么一来，羊们觉得攘外必先安内，于是造了老羊的反，新一代羊领袖诞生了。

这个领袖有着"过羊"的智慧和"惊羊"的胆识，羊们像崇拜水源一样的崇拜他，都尊称他为"阿水"，特别是阿水领着众羊奇迹般地打退了一次狼的进攻后，羊们更加发疯似的爱戴他，家家户户都挂着阿水的肖像，言必称阿水，阿水说的话被印成了小册子，每羊一本，广为流传。但是狼依旧在吃羊，羊们没有还蹄之力，整日里东躲西藏的，羊们活得十分辛苦。终于有一天，阿水召集众羊开会。阿水说他和狼们有了一次谈判，狼首领同意由阿水每天提供给狼足够的羊，这样狼就不再下山来捕羊了，在狼吃饱的前提下，羊们可以过一种相对平安的日子。羊们被这个谈判结果震惊了，因为这样每天就将有不少数量的羊被送上山吃掉，那么羊们最终不是全被吃完了嘛，阿水为什么要同意这样做呢？但是羊们还是相信阿水的权威，他是几百年来羊群中罕见的睿智的领袖，羊们仰望着阿水，希望他只不过是说了一个玩笑。

阿水语气沉痛但十分刚毅地说，这是一个没有法子的法子，这不是玩笑而是即将实行的法律。阿水说他将亲自组建一只铁血执行队，每天所有的成年羊都要参加抓阄，抓到的羊不能有异议，由铁血执行队送上山顶去给狼吃。铁血队的羊也毫不例外，也要参加抓阄，只不过为了不影响任务的执行，每天轮流派铁血队的一只羊参加。阿水说自己和未成熟的小羊不参加抓阄。阿水不抓阄并不是因为他怕死，阿水说他若死得太早这方法就无法推行，等到阿水挑选出新的有足够毅力和决心来继续实行其方法的新羊类领袖时，阿水将不抓阄就自行上山去送给狼吃。讲到这里，阿水已是泪流满面，羊们都被震撼了。为了那个崇高而壮丽的梦想，羊们热血沸腾。终于，羊们全体通过阿水的新法律，那就是每天送10只羊给狼吃。在阿水的提议下，考虑到要照顾母羊和小羊的合法权益，每天只要求一半的母羊参加抓阄，小羊则除非是狼特别提出要吃羊羔餐，否则不能参与抓阄。

此外，还有一些补充细则也在阿水的建议下秘密讨论通过，比如，羊们要致力于烹饪事业，尽管羊不吃荤，但手艺不可不练；又比如，羊们要致力于生育事业，鼓励多生，只要能生，就要不停地生下去。再比如，羊们要加强外语学习，特别是狼的语言，要作为羊的第二语言普及教育等。日子就这样一天天过去了，狼和羊的世界都在悄无声息地发生着变化。

首先是羊的数量飞速地增多了，狼们再能吃，每天10只大肥羊也足够了，想想以前穷追猛打下来，一天也不见得能猎到几只羊，狼们现在的日子简直像天堂一样。而羊呢，除了抓阄时凄惨一点外，其余的时候，羊们不再担惊受怕地左躲右闪，一日三餐两觉过得极有规律，身体都健壮起来，半山坡又不缺水草，羊们吃饱喝足后可以放心大胆地生儿育女，到后来每天出生的羊发展到几十只乃至上百只。狼呢？狼本来就不如羊会生，而且狼们比较文明，狼们一定要相爱才生孩子，加上每只狼都过得很舒服，物质生活水平一高，精神生活就更上档次，狼们不愿意为了生育孩子而让自己辛苦不堪，所以慢慢的狼社会开始流行丁克家庭。许多年轻狼都声称这辈子只要两狼世界。

这时候，羊的数量已经多得不能在半山坡上住下了，有本事、有条件的羊都开始千方百计谋求到山顶狼的世界，虽然那个世界与他们的家园是那么的不相同，但是好歹可以换个身份，成了狼以后就不用再遵守羊国的法律，至少没有日日抓阄的恐惧，就算是在羊国当大款也比不上在狼国当小厮啊。

就在阿水的孙子顺利成为第一个留学狼国的羊的那一年，阿水去世了。他选了一只被尊称为阿山的年轻羊作为下一任头领，阿山完全明白老头领的计划，他在老头领在世时就是法律最忠实的执行者。

狼世界的变化越来越大，主要是由于大多数狼不用捕食，一天到晚什么事都不干，一闲古怪就多，狼的后代们开始变得叛逆怪异。最突出的是有一批自称为护羊党的狼出现了，他们要求不再歧视在狼国生存的羊，要给具有狼国籍的羊们和狼一样的权利，狼和狼国籍的羊应有平等地位等。甚至还说，羊是狼的朋友，号召众狼抵制吃羊。狼集中全部精力，一门心思收拾兔子，就算不吃羊也饿不死。

最后一只纯种狼的去世，在狼国并没有受到关注，但是在羊国，却引起了地震般的轰动，因为羊领袖（第四代领导）大草宣布，已是到了打开老首领阿水留下的盒子的时候了。这时距阿水时代已差不多有百年，阿水当年当着众羊声称他要将狼从山顶上赶走的故事几乎已成了神话，现在居然神话在现实中实现，每只羊都激动地聚到了安放阿水遗体的灵堂里。

大草无比崇敬地从阿水棺中小心地取出了盒子，打开来，拿出一张已经发黄发脆的纸，上面写着密密麻麻的字。大草的嗓子微微有些发颤，但声音还是清晰可辨的："我的子孙们，我的后代们，你们如能听见下面我要说的话，那就说明我的梦想终于实现了，我从心底坚信这一点，真的到了这一天时，我在九泉之下也会大笑。我的方法，想必聪明的你们已经猜到了。是啊，我们是羊，狼吃羊是天道自然的规律，而如果我们和狼比拼武力，则千代万世都逃不脱被吃的命运，所以，唯有忍得了一时，用我们羊最厉害的武器去谋求长远的胜利。而我们的武器是什么？那就是亲和。我们所谋求的最终胜利是什么呢？那就是再也没有吃羊的狼存在。我们一定要对狼亲和，学会忍让，要学会他们的生活，要渗透到他们中间，甚至要变成他们的样子。我坚信，若论生命的坚韧力和适应力，我们羊比狼要强。为了生存，我们能忍受千辛万苦。狼本来也是善于生存的，可是，如果我们让他们过得越来越舒服，他们的生活能力就会越来越弱，他们最后就不得不什么都依赖我们，我深信最后连生育繁衍他们都将不得不依靠我们，那么到了那个时候，羊征服狼的日子就不远了。"

羊群因为听了阿水的话，最初忍受了狼的霸道，牺牲了部分羊的生命，而最终换来的是永久的平静生活。由此可见，亲和的力量是无穷的。

亲和是人们在交际应酬里，往往会因为彼此间存在着某种共同之处或近似之处，从而感到相互之间更加容易接近。而这种相互接近，则通常又会使交往对象之间萌生亲切感，并且更加相互接近，相互体谅。交往对象由接近而亲密、由亲密而进一步接近的这种相互作用，有时被人们称为亲和力。犹太人很早就意识到了这一点的重要性，并且身体力行。家长应该从孩子小时候就注意对他们亲和力的培养，可以让孩子在今后的人生道路上更加具有亲和力，与人为善，有所作为。

# 无朋友，毋宁死

两个人总比一个人好。

犹太人认为，人需要有朋友一起吃饭，一起喝酒，一起学习，给自己找个朋友，对他倾诉心底所有的秘密。

有这样一个故事：画圈者豪厄生活于公元前 5 世纪的罗马帝国早期。他不但是位著名的学者，还被认为是魔法师，尤其擅长求雨。他的绰号"画圈者"大概来自他求雨时最壮观的技艺表演：他在地上画一个圈，和他的祈祷者一起站进去，雨不多不少正好满足庄稼的需要。当雨下够了，他就再祈祷，雨就停了。

有一天画圈者豪厄看到有个老人在栽豆荚树。他问那人需要多长时间这棵树才能结果子，那人回答说要 70 年。

豪厄坐下来吃东西，觉得昏昏欲睡，他躺下睡着了。他周围的石头升起把他遮在里面，他一口气睡了 70 年。

醒来的时候，他看见有个人正在摘树上的果子。

"你是栽这棵树的人吗？"豪厄问。

"不，我是他的孙子。"那人说。

"那么我睡了 70 年！"豪厄惊讶地叫起来。

豪厄回到原本自己生活的地方。

"画圈者豪厄的儿子还活着吗？"他问那个地方的人。

"他的儿子不在了，"人们说，"不过他的孙子还活着呢！"

"我是画圈者豪厄。"他说，但是没人相信他。

豪厄不得不离开家，来到他学习的地方，他看到很多学者正在一起学习。

"法律对于我们就像在画圈者豪厄的时代一样清楚，"他听见学者说，"因为不论什么时候豪厄来到学习的地方，他总能澄清学者们阅读文本时遇到的问题。"

"我是豪厄。"他兴奋地对他们大声说。

但是学者们不相信他。

豪厄受到深深的伤害，他祈求死去。他的祈祷得到回应，他死了。

于是便有了谚语："要么结成伙伴，要么死去。"从这个悲剧可知，友谊犹如生命的阳光，缺少友谊，不如死去。犹太先贤对此认为，要么和朋友在一起，要么去死。

还有这样一则故事：

有个富翁生了 10 个儿子，他计划自己去世的时候给他们每人 100 第纳。

可是，随着时光流逝，他只剩下 950 第纳。所以他给前 9 个儿子每人 100 第纳，对最小的儿子说：

"我只剩下 50 第纳了，我还得留出 30 第纳作丧葬费。我只能给你 20 第纳。不过，我有 10 个朋友，准备都给你，他们比 100 个第纳好多了。"

他把最小的儿子介绍给朋友们，不久就死去了。

那 9 个儿子各自谋生，最小的儿子也慢慢地花父亲留给他的那点钱。当他只剩下最后一个第纳的时候，他决定用它请父亲的 10 个朋友美餐一顿。

他们一起吃啊喝啊，纷纷说："在这么多兄弟中他是唯一还记得我们的人。让我们报答他对我们的好意。"

于是，他们每个人给了他一只怀了牛犊的母牛和一些钱。母牛产下小牛，他卖了牛犊，开始用换回来的钱做生意。最后他比自己的父亲还富有。

然后他说："我父亲说朋友比世上所有的钱都珍贵，这话一点都不假。"

朋友的可贵之处在于，他总在你最需要帮助的时候出现，救你于水火。中国有句俗语说"患难见真情"，就是这个道理。

在犹太人看来，朋友比世上所有的金钱都珍贵，为了朋友，甚至可以牺牲生命。

有两个亲密的朋友，由于战争受阻，被分隔在两个敌对的国家。

有一次，其中的一个去看望另一个，结果被当作间谍囚禁起来，判了死刑。

他乞求国王发一次善心。

"陛下，"他说，"您让我回自己的国家用一个月时间料理好后事，月底我就回来接受死刑。"

"我怎么能相信你还会回来？"国王说，"你给我什么保证？"

"我的朋友可以保证，"这个人说，"如果我不回来，他可以替我死。"

国王把这个人的朋友找来，他的朋友对这个条件表示同意。

到了一个月最后一天，太阳已经落下去了，那人还没有回来。国王下令把他的朋友处死。就在刀即将落下的时候，那个人飞快地赶回来了，把刀搁在了自己的脖子上。可是他的朋友阻止了他。

"让我替你死吧。"他请求道。

国王被深深地感动了。他下令把刀拿开。

"既然你们有这么深的爱和友谊，"他说，"我恳求你们让我也加入进来吧。"从那一天起，他们都成了国王的朋友。

忠诚的朋友是可靠的避难所。中国名言说得更妙："人生得一知己，足矣！"

犹太人相信一种东西和另一种东西接触时，一定会互相影响、互相渗透。

同样道理，当一个人和另一个人接触时，一定也会产生出同一种现象——甲的一部分进入乙的心中，乙的一部分进入甲的心中，但两个都毫无感觉。丑恶和善良都可能潜移默化地进入人的内心深处。

犹太人对于交友是非常慎重的。每当他们遇到一个人时，他们都会思索一个问题：应该花多少时间接触那个人？又该沾上多少他的习性呢？

但是，犹太人又认为没有朋友的人就如同失去手臂一样。因此，他们把朋友分成三种：第一种是像面包的朋友，这种朋友是经常需要的；第二种是像菜的朋友，这种朋友是偶尔需要的；最后一种是像病的朋友，这种朋友应尽量避开。

没有一个人能独自成长或独自堕落，所以在犹太人看来，寻求一个适合自己的朋友是人生中一件很重要的事。

正如犹太格言所说："走进香水店，就是什么都不买，也会沾上芳香的气味。"

# 第八章

## 进取：塑造完美的自我

## 自己爬台阶

　　自己的事情一定要亲自去做。哪怕你完成得没有别人好，那终归也是你自己的劳动成果。只有一次一次的不好，才能换来以后的完善。如果总是依赖别人，那么你的一生将始终与贫穷和低声下气为伴。孩子有了自己的能力和地位后，与家人和社会的沟通才会变得更容易，才更能适应周围环境的变化。

　　洛克菲勒家族仅在 1974 年资产总额就已经达到 3305 亿美元。纵观创始人约翰·戴维森·洛克菲勒的成长历程，他所取得的成就无不归功于其父母的严格要求和其自身的独立。洛克菲勒从小家教严厉，平时靠给父亲做"雇工"挣零花钱。清晨他便到田里干农活，有时还帮着母亲挤牛奶。他有一个专门用于记账的小本子，将自己的工作按每小时 0.37 美元记入账，然后再与父亲结算。他做这件事做得很认真，因为感到既神圣又趣味无穷。更有意味的是，洛克菲勒的第二代、第三代乃至第四代，都严格照此方法办理，而且还要定期接受检查，否则，谁也别想得到一分钱的零花钱。

　　洛克菲勒的家长让孩子这样做并非家中一贫如洗，也不是父母有意苛待孩子，而是为了从小培养孩子艰苦自立的品格和勤劳节俭的美德。那小账本上记载的不仅仅是孩子打工的流水账，更是孩子接受考验和磨难的经历！

　　犹太父母从小便教育孩子，自己的事情自己做，只有这样才能适应环境变化，使自己不断成熟起来，从而走向成功。

从前有一个犹太商人有两个儿子。父亲宠爱大儿子，他想把自己的全部财产都留给他。但是母亲很可怜小儿子，她请求丈夫先不要宣布分财产的事。她总想找个办法让两个儿子分得平均一些。商人听从了妻子的劝告，暂时没有宣布分财产的决定。

有一天，母亲坐在窗前哭泣，一位过路人看见了，就走上前来，问她为什么哭得这么伤心。她说："我怎么能不伤心呢？对我来说，两个儿子都一样亲，可是我的丈夫却想把全部财产留给大儿子，而小儿子什么也得不到。在我还没想出帮助小儿子的办法以前，我请求丈夫先不要向儿子们宣布他的决定。但是我到现在也不知道怎样才能解决这个烦恼。"过路人说："你的烦恼其实很容易解决。你只管让丈夫向两个儿子宣布，大儿子将得到全部财产，小儿子什么也得不到。但以后他们将各得其所。"小儿子一听说自己什么也得不到，就离开家到外地去谋生了。他在那里学会了许多手艺，增长了知识。而大儿子一直依赖父亲生活，什么也不学，因为他知道，他是富有的。父亲去世后，大儿子什么都不会干，最后把自己所有的财产都花光了；而小儿子却在外面学会了挣钱的本事，变得富裕起来。

实际上，在不少发达国家，对在校学习的孩子要求也是非常苛刻的。在日本，许多学生利用课余时间，在饭店端盘子，洗碗，做家教，在商店售货或照顾老人等，以此挣钱交学费及零用。美国人一贯教育孩子自主自立，七八岁的小孩就成了"小商人"，出售他们的"商品"来挣零用钱。美国中学生有个口号："要花钱自己挣。"每逢假期，他们就成了打工族，自食其力。

今天的孩子是21世纪的主人。在这个充满竞争、复杂多变的快节奏的现代社会，要求每一位社会成员都要具备较强的应变能力。而现代家庭里的孩子大多是独生子女，物质生活相对优越，许多事情都由大人包办，衣来伸手，饭来张口，孩子在这样的环境中免不了失去独立生活的能力。这对以后孩子参与社会竞争是十分不利的。因此为人父母者要从小就培养孩子的独立能力。家长应该让孩子成长为一棵独立支撑、独当一面的大树，而不是靠大树遮风挡雨的、经不起风吹雨打的脆弱小草。

有一个1周岁左右的小男孩，被年轻的妈妈牵着小手来到公园的广场前，等到要上有十几个阶梯的台阶了，小男孩一下子挣脱开了妈妈的手，要自己爬上去。他用胖胖的小手向上爬，他的妈妈也没有抱他上去的意思。当他爬上两个台阶时，他就感到台阶很高，回头看一眼妈妈，妈妈没有伸手去扶他，只是眼睛里充满了慈爱和鼓励。小男孩又抬头向上看了看，他放弃了让妈妈抱的想法，还是手脚并用小心地向上爬。他爬得很吃力，小屁股抬得老高，小脸蛋也累得通红，那身娃娃服也被弄得都是土，小手也脏乎乎的，但他最终爬上去了。年轻的妈妈这才上前拍拍儿子身上的土，在他那通红的小脸蛋上亲了一口。这个小男孩就是后来的美国第16届总统——林肯。他的母亲便是南希·汉克斯。

不言而喻，人的一生有无数级台阶——学习、工作和生活。可是如何面对和攀登这些人生的台阶呢？对于孩子，是牵着手、搀扶着上，还是抱着上？不同的父母会有不同的答案。显而易见，如果家长牵着、搀扶着孩子，就会使孩子产生依赖性，常常把父母当成拐棍而难以自立。如果家长抱着孩子上台阶，把孩子揽在襁褓里，那么，孩子就会成为"被抱大的一代"，不经风雨，不见世面，更难立足于社会。平时，孩子饭来张口，衣来伸手，上学接送，晚上陪读，甚至考上大学父母还要跟着做"保姆"。孩子大学毕业后找工作，又得父母跑单位，当"职介"……这样，孩子是很难自立，大有作为的。

犹太父母认为，再富也不能富孩子，我们也不妨让孩子吃点苦，有"台阶"让他自己爬。这样，孩子才能"一鼓作气"，攀上光辉的顶点。

# 我要负责任

责任感，是一个人日后能够立足于社会、获得事业成功与家庭幸福至关重要的人格品质。不论孩子有什么过失，只要他有一定的能力，就应当让他承担责任。自瞒自欺其实很容易，但是却无法逃离世人锐利的眼睛。因此，自己的责任一定要自己负。

犹太父母教导孩子说："好事可以分享，但是自己的责任一定要自己负。"因为不管是把事情推给别人，还是归咎于环境，自己的责任仍然存在而无法消失，所以犹太人从不把责任推给别人，而是自己动手去做。

关心和爱护孩子是所有父母的天性。可是，很多父母在关心、保护孩子的同时，却忽略了孩子是需要学会承担责任的。他们总是怕孩子为难，怕孩子辛苦。于是，有的家长替孩子做值日，有的替孩子洗衣服、洗袜子，更有甚者替孩子做家庭作业……长期这样，孩子不知道怎样自己照顾自己，更谈不上对他人、对社会的责任感了。犹太人认为在这种家庭环境中长大的孩子，由于从小就受到过多的呵护，不会动脑筋，一方面他们会变得自我意识很强，处处都以自我为中心；而另一方面，他们对周围的人和事经常表现出漠不关心的态度，缺乏基本的责任感。

有一位 11 岁的美国男孩踢足球，一不小心踢碎了邻居家的玻璃，人家向他索赔 12.5 美元。那个时候，12.5 美元可不是个小数目，可以买 125 只鸡蛋。闯了大祸的美国男孩向父亲认错后，父亲让他对自己的过失负责。儿子为难地说："可是我没有钱赔人家。"父亲说："我先借给你 12.5 美元，一年后你必须把钱还我。"从这以后，这位美国男孩开始了自己艰苦的打工生活。经过半年的努力，小男孩终于挣足了这 12.5 美元，把钱还给了父亲。

这位男孩就是已经故去的美国前总统里根。他在回忆这件事时说，通过自己的劳动来承担过失，使我懂得了什么叫责任。

犹太人认为，孩子有了过失的时候，恰好是父母对其进行教育的良机。因为内疚和不安使他急于求助，而此时明白的道理有可能刻骨铭心。不论孩子有什么过失，只要他有一定的能力，就应当让他承担责任，这才是现代父母的真正爱心。同时，犹太父母还经常给孩子们讲这个故事，以告诉他们具有责任感能为别人，同时也能为自己带来幸福。他们让自己的孩子切记："我应该负责任。"

从前，有个犹太人开设的公司招聘员工，他们在面试的房间里故意把一个椅子倒放在地上，用以观察应聘人员的反应，是否能把椅子扶起来成了能否进入复试的第一道题目。可见，缺乏责任感的人是不可能在现代社会立足的。也许有的家长会说："孩子还小，长大后他们就知道该怎么做了，不要对孩子要求太高。"然而，他们却忽略了孩子的责任感是在生活中一点一滴地形成的。平时把所有事情都为孩子安排好的家长，希望孩子能在某一天突然变得有责任感，这无异于白日做梦。

放弃自己的责任是上帝所不宽恕的事情，所以犹太人在现实的生活中，从不逃避自己的责任。为了负起自己的责任他们甚至可以倾家荡产，可以牺牲性命。正是因为犹太人在任何时候都不会放弃自己的责任，所以他们在别人心中讲究诚信，在商场注重契约。

有一个犹太人，接到美国芝加哥一个食品公司3万个刀叉餐具的订货单，双方商定的交货日期是9月1日。这个商人必须在8月3日从本港运出货物，才能在9月1日如期交货。但是，由于发生一些意外，这个商人没能在8月3日赶制出3万个刀叉餐具。这位犹太商人陷入了困境，但他丝毫没有想到要给对方写封真意切的信，要求延期交货并表示歉意，因为这本身就是违背契约，不符合犹太商法，并且也是逃避责任的做法。结果后来，这位犹太商人花巨资租用飞机送货，3万个刀叉如期交货了，这位犹太商人也因此损失了1万美元。

在犹太人眼中，人是永远无法逃避责任的。但是责任感不是天生的，孩子的"先天"不足，不应该责怪孩子，它应归咎于我们的家庭教育。许多父母对孩子在生活上呵护备至，而对责任感的教育却严重不足。他们认为孩子还小，长大会慢慢意识到的。有一位年轻的母亲对儿子自私、不合群发愁，她去请教生物学家达尔文。达尔文问："你的孩子多大啦？"她回答说："快4岁了！"达尔文马上严肃地说："对不起，你对孩子的教育已经晚了快4年了！"这则故事告诉我们，对孩子责任感的教育应从小抓起。

不逃避责任，自己的责任自己负，这是犹太人为人处世的一个原则。也正是因为他们这样做了，犹太人才在世界赢得了良好的声誉。孩子是一张纯净的白纸，他一来到世界，就观察大人的一言一行、一举一动。家长们应像犹太父母那样，严格要求自己，做有责任感的好家长，好公民，并时刻以身作则。要求孩子办到的事，自己首先要做到，为孩子树立一个好的榜样。从平时抓起，从点滴做起，让孩子们时时处处去体验。让他们学会去关心他人、热心公益、热爱集体、尊敬师长，使这些行为成为孩子们日常生活的一种习惯，把这些教育作为责任感培养过程中，由浅入深，由低到高，由表及里的阶梯。父母应该让孩子学会为自己的行为负责，以培养他们的责任感。要让孩子懂得，如果是自己办错了的事，就该自己负责任，从而引以为鉴，不犯或少犯类似错误。

# 什么是美的，什么是丑的

美感教育又称审美教育。它主要是通过艺术手段，或者借助于大自然和社会生活中一切美好的事物对人们进行有计划、有目的的教育。

犹太人是这样认为的，也是这样来教育其子女的。犹太孩子经常听家长讲下面这个故事。

德国法学家卡尔·威特的父亲很讲究住宅的布置，在住宅里，决不放置任何没有情趣和不和谐的东西。墙上糊着使人心情舒畅的壁纸，上面挂着经过自己精心挑选的有镜框的画。室内摆设的各种器具都很有情趣，决不摆设与周围物品不搭配的东西。如果人们赠送的礼品和自家的陈设不和谐就决不摆出来。穿衣服也是这样，父亲反对花哨的服装，不仅要求自己这样，而且要求孩子也穿着朴素、雅致、衣帽整齐，打扮得干净朴素。在住宅的周围，父亲砌上雅致的花坛，里面种上四季常开不败的花卉，但同样不种植没有情趣和与周围环境不和谐的花卉。父亲十分注意培养威特的文学爱好，结果使得威特成了了不起的文学通，几乎背下了所有的名诗，而且很早就会写诗，后来又成了研究但丁的权威。父亲还注意陶冶孩子的感情。威特3岁时候的一天，他看到一条狗跑过，他像其他孩子喜欢做的那样，一把拽住狗的尾巴，把它拉到自己身边，这个举动正巧被父亲看见。于是父亲拽住威特的头发，脸色吓人，揪住不放。威特吃了一惊，把拽着狗尾巴的手放开了。这时他父亲也把手放开了，然后说："威特，你喜欢被人拽着头发吗？"威特红着脸说："不喜欢。""如果是这样，那么对狗也不应当那样。"在父亲的教导下，威特终于成为一个感情丰富、心地善良、情趣高雅的人。

犹太人认为，孩子大部分时间是在家庭中度过的，因此对孩子进行美感教育应先从家庭开始。日常生活中，只要我们对孩子进行细致的观察就会发现：刚出生几个月的孩子就喜欢看色彩鲜艳的会动的物体，他们听到有韵律的乐曲会停止哭声。1～2岁的孩子对穿颜色好看的新衣服会流露出愉快的表情，喜欢听别人夸奖他好看之类的话。学龄前儿童则多半以新奇作为评判美与丑的标准。儿童表现出的对某一事物所持有的喜爱度，是他们最初对美的感受能力的原始反应。因而对儿童进行的审美教育应该从出生后不久就开始。当孩子处在婴儿时期时，家长有目的地在他视觉所能触及到的范围内，悬挂一些色彩艳丽的气球、形象可爱的玩具、简洁明快的图片，这虽对孩子的审美教育不可能有即时效果，但对他形成最初美的感受能力有着不可低估的作用。

在日常生活中，家长要经常帮助孩子提高鉴赏、评判美的能力，告诉孩子什么东西是美的，什么是丑的。同时家长在平时不论是与成年人交谈，还是和孩子们说话，都要注意自己的言语对孩子产生的影响。行为举止要符合社会文明规范，待人接物要彬彬有礼，不要说粗话、脏话。从小就对孩子进行文明礼貌教育，使孩子养成良好的习惯。

随着孩子的成长，知识的逐渐积累，生活经验的不断丰富，他们对美的感受能力也会有所提高，但毕竟还不成熟，在感知美的过程中具有表面性、情绪性和模仿性的特点。即他们对事物的认识往往是停留在物体外表的形状、色彩上，不能理解美的内在含义。他们经常以是否认识感知对象或是否对它感兴趣作为评判的依据。儿童善于模仿的特点，导致他们在感受美的过程中出现严重的从众心理。鉴于孩子的这些特点，家长在对孩子的教育中，须从孩子的生活实际出发，具体地加以培养和指导。

对学龄前儿童的美感教育，是不能一蹴而就的，家长必须身体力行，时时做有心人。首先，在家庭的室内布置上要注意色彩协调而不繁杂，整洁而有条理，美观而不入俗套，让孩子在其中享受到一种协调的美。全家和睦相处，尊老爱幼，给孩子心理上充分的安全感，产生愉悦的情绪体验，时时体味到家庭所特有的温馨，这些对于孩子审美情趣的形成和发展、高尚情操及健康审美能力的形成都有很大的帮助。

随着孩子年龄的增长，家长也要逐步扩大审美的内容。带孩子走出家门到大自然中领略自然风光和造型优美的建筑，参加有特色的音乐会，阅读优秀的儿童作品，欣赏五彩缤纷的展览等，激发孩子对美的事物的情感流露，启发他们把对事物现象美的认识发展到对事物本质美的认识。

犹太家长认为，培养孩子的审美意识，这样既能丰富孩子的精神生活，陶冶情操，也能起到发展孩子智力的作用。

美是到处都有的，对于我们的眼睛不是缺少美，而是缺少发现。如果我们不想让孩子成为"美盲"，那么仅仅带他们到自然环境中去是很不够的，还要引导、培养他们热爱自然和注意知识的陶冶。

有人认为，自然美是客观存在的，只要有眼睛和耳朵，就都能感受和理解美了。其实不然。美学史上有一首题为《美盲》的诗，描写一农妇置身于枫林夕照、画眉清音、美丽如画的境界中，却视而不见，听而不闻，对此美景无动于衷。如果撇开诗中嘲讽劳动妇女的意思，人们对自然美的欣赏不确实需要具备一定的审美能力和艺术修养吗？既然这样，那么如何使孩子有一双审美的眼睛呢？

犹太人认为，幼儿思维的主要特征是通过具体形象来认识事物进行联想的。培养孩子认识自然美的能力，要从他们思维的特点出发，从一花一木，一山一水入手，采取由表及里、由浅入深的方法引导。

首先，让孩子认识自然界外部的特征美。拿颜色美来说，自然界中可谓是五光十色。黄菊花、红玫瑰、粉杜鹃、白水仙，争奇斗艳，媚态百生。不同种类的动物也以特有的色彩装扮自己，金龟子金光闪烁，红蜻蜓通透鲜红，大熊猫黑白分明，孔雀开屏更是灿烂夺目。节假日带孩子到公园或郊外，以自然界提供的天然色彩为教材，给孩子讲解颜色的种类和特点，相互的关系，以及各种颜色构成的自然画，从而能给孩子以美的享受，提高孩子感受自然美的能力。自然界形态美也极其丰富：挺拔的青松，巍峨的山峰，给人以不同的造型美；奔腾的江河，咆哮的大海，给人以锐不可挡的力量，表现出磅礴的气势美……面对自然界各处独具一格的形态美，只要家长引导得法，孩子必将从中吸取美的养料。

其次，运用知识提高孩子审美能力，可从多方面入手。比如：建筑美的欣赏。建筑艺术历来被称作"凝固的音乐"。那些造型精巧、风格多样的古今中外建筑，以其巧夺天工而被世人赞叹。我国是建筑艺术驰名世界的国家，在辽阔的国土上，有数不胜数的宫殿、寺院、石碑、桥、塔、楼、台、亭、阁、轩、廊，像明珠一样灿烂夺目。平时，家长只要有机会就可进行审美教育。在观赏时，先让孩子看到建筑物的全貌，讲解建筑物的布局、功能、结构、色彩、造型上的特点，使孩子真正感受到古代建筑宏伟、气势的美。有的古代建筑和风景胜地还有动人的神话传说，让孩子了解这些故事和传说，既可增长知识，又能激发孩子的想象力，使审美有一定的广度和深度。

家长们要积极利用并创造各种条件，用知识启迪孩子感受美、发现美、欣赏美的能力，全面提高孩子的审美能力。

# 不要胆小怕黑

胆量、勇气和魄力无疑是这个时代重要的品质。许多成功人士都是依靠勇气在事业上胜人一筹、取得成功的。

居里夫人被称为"镭的母亲"，是世界著名的科学家。她不仅在事业上取得了辉煌成就，而且在对女儿的教育上也非常成功，她的长女也曾经获得过诺贝尔奖。居里夫人一心钻研科学，很晚才结婚。婚后她生了一个女儿叫绮瑞娜。绮瑞娜出世后，居里夫人把她当作掌上明珠，疼爱地叫她"我的小皇后"。每天她都把女儿的体重、饮食和乳齿的生长情况记录下来，就像观察镭一样细致地观察女儿的生长发育情况。绮瑞娜的胆子很小，连雨天响雷她都害怕。居里夫人心想：一个人要在科学上有所发明创造，胆小怕事肯定是不行的。于是她便有意识地注意培养她不怕雷鸣的勇气。一次夜里下着大雨，居里夫人悄悄地到女儿房里一看，绮瑞娜正用被子蒙住头呢！居里夫人掀起被子，把她领到窗前，给她讲雷电的原理。从此，女儿的胆子渐渐大了起来。居里夫人不喜欢孩子们轻率鲁莽，也并不鼓励她们进行杂技式的冒险，但是鼓励她们勇敢尝试。她教育女儿们不要胆小怕黑，不许她们在打雷下雨的时候用枕头遮住头，不许怕贼或怕生病。虽然她的丈夫死于车祸，可是她仍旧放心地让孩子们从 11 岁起就单独出门。

胆小的孩子可能有很强的自尊心，他总担心自己受到别人的训斥而不敢去做；胆小的孩子可能有完美主义倾向，他总怕自己做错了什么而不敢去做；胆小的孩子还可能有着强烈的不安全感，他总担心自己会受到伤害而不敢去做。胆小在很大程度上来自于先天，但后天的教育也有着很大的影响。所以，如果能给胆小的孩子一个适宜的家庭环境，他们同样也可以勇敢地去面对生活的挑战。

做父母的都希望自己的孩子具备勇敢的品质，但有些孩子胆子却很小。比如有些孩子，父母不在身边时就会感到害怕，有的孩子怕黑，有的孩子怕"鬼怪"等。长期下来，这些都会影响到孩子的个性发展，使他们缺乏独立性，甚至会导致某些心理疾病的发生。有些父母往往会在这种情况下训斥孩子，说孩子是"胆小鬼"，甚至给以处罚，这些做法是极不明智的，会对孩子的自尊心造成极大伤害。而且改变不了孩子的胆小状况，反而可能使孩子的惧怕心理更加严重。

一位儿童心理学家说过："儿童产生惧怕心理的原因与成年人一样，关键的问题是成年人懂得如何去应付恐惧，而孩子们却还不知道如何应付。"因此，父母应细心观察，找出孩子产生恐惧的原因，并帮助他们消除恐惧，从而培养孩子的自信心和勇敢的品质。犹太父母在这方面是从以下几个方面做的：

（1）注重父母的榜样力量。孩子特别爱模仿自己父母的言行，因而，父母的榜样作用对孩子影响极大，父母应该以自己无所畏惧的形象来影响孩子。此外，父母还应该坦率地承认自己也曾害怕过某些东西，但现在已经不再害怕它们了。这样，孩子就会明白，他并不是世界唯一害怕这些事物的人。让孩子从你的身上知道，这些事物并不那么可怕，是可以被征服的，恐惧的心理便会得到克服。

（2）按照孩子的方式消除他们的惧怕心理。孩子们从小就从童话故事和小人书里知道了"鬼怪"的故事，因而他们惧怕"鬼怪"。但是这时给他们讲唯物论是没用的。最有效的办法是对孩子说他是勇敢的孩子，当他在屋里时"鬼怪"是不敢跑进来的，或者说"鬼怪"怕好孩子等。这样，孩子便很容易接受你的话，并消除惧怕心理。

（3）了解孩子真正害怕的事。有些时候，孩子们往往言行不一地掩盖他们真正所害怕的事情。比如一些孩子每当父母要外出时总是哭闹不止，不让父母出去，实际上他们是怕一个人待在屋子里。因此，要细心观察孩子的日常言行，了解他真正害怕的事情，然后对症下药加以解决。

（4）从小就培养孩子的独立性，树立他们的自信心。父母不要对孩子过分呵护，相信他们自己能够做到很多我们认为他们难以做到的事情。要经常鼓励孩子自己去面对困难，克服其依赖性，使他们感到自己有能力、有办法应付遇到的问题和困难。

（5）不要强迫孩子否认令他们感到害怕的事物及掩盖他们的恐惧感。做父母的要正确对待孩子所害怕的事物。心理学家认为只有当孩子感到你承认他们害怕的东西是客观存在的时候，他才会相信你对解除他的害怕所作的解释。一种非常有效的方法是教给孩子关于某些事物的知识。如有的孩子害怕猫、狗等小动物，父母就可以给孩子讲一些有关这些动物的小故事，并告诉他们这些动物一般不会伤害人，但要学会与它们相处的方法。这样，就可以帮孩子增强安全感。

从以上犹太家长教育孩子的方法上看，要培养出勇敢的孩子，父母们就要从自身做起，并经常与孩子进行沟通，了解他们的真实想法，有意识地锻炼他们的独立性。坚持下去，你就会发现自己的孩子正渐渐成为一个勇于面对困难的勇敢的孩子！

# 从小爱劳动

只有那些既学到了智慧又能维持生计的人，才算是选择了人生的正道。那是一条能给选择者以他人之赞誉和荣耀的道路。

从前，在犹太的一个城镇里有个人上无片瓦，下无立锥之地，自己又无一技之长，没有谋生的手段，每天只有靠在城里乞讨度日，生活十分困窘。那时的城市又不大，他天天走的都是那几条街巷，讨的总是那几户人家。开始，人们出于一种同情心，还给他一点残菜剩饭；时间长了以后，人们就觉得他来的次数太多了，令人生厌，于是谁也不愿意再给他一些食物了。为此，他只有忍饥挨饿的份儿了。恰在此时，有个马医因活儿太多，忙不过来，需要找一个帮手。这个乞丐便主动找上门去，请求在马厩里给马医打打杂工，以此换取一日三餐。这样，他再也不用沿街乞讨，晚上也不必漂泊流浪，安定的生活使他的日子变得充实起来，干活也格外卖力。可是，又有人在一旁取笑他了："马医本来就是一个被人瞧不起的职业，而你不过是为了混口饭吃，就去给马医打杂、当下手，这不是你莫大的耻辱吗？"这个昔日的乞丐平静地回答："依我看，天下最大的耻辱莫过于寄生虫，靠乞讨度日。过去，我为了活命，连讨饭都不感到羞耻；如今能帮马医干活，用自己的劳动养活自己，这又怎么能说是耻辱呢？"

故事中这个人的生活态度是正确的，劳动没有高低贵贱之分，在任何情况下，都是自食其力好。

犹太人认为只有具备精明和勤奋的人才能有所建树。因此他们把培养孩子爱劳动作为孩子全面发展的一种重要手段，当作早期幼儿教育的重要组成部分。他们要利用幼儿期这个人类身心发展的重要阶段，对他们进行早期劳动教育，让他们在轻松愉快、多种多样的劳动中获得全面发展。让孩子从小就"自己能做的事情自己做"，能增强他们动手做事，克服困难的信心和能力，而且有助于培养他们的独立意识。随着孩子年龄的增长，犹太父母还会培养他们为大家做事的良好意识。这样还可以促使孩子神经系统、骨骼、肌肉及各部分器官都得到锻炼，同时培养孩子良好的社会公德。

犹太儿童经常听家长讲这个故事：在炎热的夏天，蚂蚁们仍是辛勤地工作着，每天一大早便起床，紧接着一个劲儿地工作。蟋蟀呢？天天"叽哩叽哩，叽叽、叽叽"地唱着歌，游手好闲，养尊处优地过日子。每一个地方都有吃的东西，满山遍野正是花朵盛开的时候，真是个快乐的夏天啊！蟋蟀对蚂蚁的辛勤工作感到非常奇怪。"喂！喂！蚂蚁先生，为什么要那么努力工作呢？偶尔稍微休息一下，像我这样唱唱歌不是很好吗？"可是，蚂蚁仍然继续工作着，一点也不休息地说："在夏天里积存食物，才能为严寒的冬天作准备啊！我们实在没有多余的时间唱歌、玩耍！"蟋蟀听蚂蚁这么说，就不再理蚂蚁。"啊！真是笨蛋，干吗老想那么久以后的事情呢！"快乐的夏天结束了，秋天也过去了，冬天终于来了，北风呼呼地吹着，天空中下着绵绵的雪花。蟋蟀消瘦得不成样子，到处都是雪，一点食物都找不到。"我若像蚂蚁先生，在夏天里贮存食物该多好啊！"蟋蟀眼看就要倒下来似的，蹒跚地走在雪地上。一直劳动着的蚂蚁，冬天来了也不在乎。积存了好多食物，并且建了温暖的家。当蟋蟀找到蚂蚁的家时，蚂蚁们正快乐地吃着东西呢！"蚂蚁先生，请给我点东西好吗？我饿得快要死了！"蚂蚁们吓了一跳。"咦！你不是在夏天里见过面的蟋蟀先生吗？你在夏天里一直唱着歌，我们还以为你到了冬天还会跳舞呢！来吧！吃点东西，等恢复健康，再唱快乐的歌给我们听好吗？"面对着善良亲切的蚂蚁们，蟋蟀忍不住留下欣喜的眼泪。

列宁爱劳动的习惯就是在父母的教育和影响下养成的。列宁的父亲能够熟练地使用旋工工具和木工工具。他教列宁和其他的孩子们手工劳动，男孩子大一点就教他们使用凿子、刨子和其他工具。男孩子们用小锯锯出盛菜的盘子、相框，用硬木头、纸板、箔和锡制作玩具，几乎所有玩具都是孩子们自己制作的。成功使孩子们感到劳动的愉快，也使他们更加热爱劳动。母亲教儿女们使用针线，简单地缝补衣服。等女儿们稍大一点就教她们刺绣、编织和缝纫等手工艺活。列宁的姊妹玛利姬总是觉得为手帕镶边这种工作没有趣味，想到院子里去玩。于是妈妈就一边干活，一边用温柔的话劝她留下来做，并给她讲故事来增添劳动中的趣味。最后，玛利姬终于顺利地完成了。此外，母亲还从玩玩具做游戏开始，让孩子自己收拾玩具和小人书，当然也让他们自己穿衣服、自己吃饭；等孩子们稍大一点就让他们帮忙做家务，照顾小弟弟小妹妹。

每年，列宁的母亲都要和孩子们一起用彩纸和硬纸板为新年松树做装饰品。在制作五彩缤纷的装饰物的过程中需要孩子们互相帮助、齐心协力才能完成得好，这里还包含着劳动竞赛，看谁更有创造性，手更巧，制作更精美。集体劳动的方式很多，如帮助大人打扫屋子、整理果园、打扫院子等。整理果园的劳动更具有乐趣，孩子们在这里观察昆虫的生活习性和植物的生长过程。各种各样绿色的果树、彩色的花朵，使孩子们心旷神怡。所有的孩子都参加为树木花草浇水的劳动，用木桶在井里打水，提着喷壶将水送到指定的地方，既快又好，谁也不叫苦，谁也不甘落后。

劳动教育的目的在于培养孩子做人的基本能力和基本品质。列宁父母的做法就很值得各位家长借鉴。家长们应该意识到如果家长忽视了劳动教育，就是忽视了孩子学做人的最重要的内容和机会，害处很大。另外，进行劳动教育，家长在提高认识的同时，还要解放思想。有的家长怕耽误孩子学习不让他们劳动，但是这些孩子未必会把时间真正用在专心学习上，何况劳动不仅养成好习惯、好品德，还对发展智力有很大好处呢！一旦孩子成了懒人，想让他变勤奋就非常困难了。

一个犹太家长这样讲道："我有 7 个孩子，家里条件很优越，但为了给孩子更多机会学习各种劳动技能，每年我都要在夏季带孩子到山里去住一段时间，让他们过山里人的生活：喂牛、砍柴、挖水渠、给牛建围栏、给马洗澡。每天要给他们布置劳动任务，为了在劳动中培养他们的责任心，每个人分配不同的工作，让大一点的孩子挖水渠、建牛栏，让小一点的孩子照顾比他更小的孩子，让他们在自己工作的范围内去发现问题，解决问题，学会并懂得如何战胜困难。孩子们从山里回来增加了许多生活经验，认识了各种植物，他们比其他孩子知道的多，还会把山里劳动学会的技巧和解决问题的方法用到学习中去。还有重要的一点就是孩子不怕吃苦了。我的 7 个孩子都已读完大学工作了，从他们的成长看，我认为我带他们在山里生活的经历对他们有着积极的影响。"

随着孩子年龄的增长，还应培养他们为大家做事的良好意识，这样可以促使孩子神经系统、骨骼、肌肉及各部分器官都得到锻炼，同时培养良好的社会公德。所以，要利用幼儿期这个身心发展的重要阶段，对他们进行早期劳动教育，让他们在轻松愉快、多种多样的劳动中获得全面发展。具体来讲，重视劳动教育要注意三个层面：

首先，劳动岗位应固定。给孩子确定一个长期固定的劳动岗位，如洗碗、铺自己的床等，并规定具体的标准。完成得好应给予一定的奖励。有意逃避劳动的，应与孩子交谈，了解其心理状况，视具体情况加以解决。

其次，随时教授孩子劳动技能。孩子做事常常会越帮越忙，比如洗碗反而打破了碗等，这时不应责备，更不要由此不让孩子做事，而应教给他一些技巧。如有进步，及时鼓励。

最后，选择劳动岗位应有的放矢。这里有两个原则值得借鉴：一是"推进"，孩子有哪方面长处，可以为他选择相关联的劳动活动。如孩子喜欢看母亲做菜，家长可以让孩子试试手。二是"弥补"，孩子有哪方面弱点，则可以选择一些对他弱点进行锻炼的劳动活动。如孩子胆小羞涩，就可以安排让孩子上街购物等。

犹太人认为，无论孩子是聪明早慧还是大器晚成，他们所取得的成绩都和环境有直接的影响，他们所受的教育也与个人是否勤奋努力都有着密切的联系。因此，有意识地培养孩子的劳动习惯，对于今后的发展也是大有裨益的。

# 尽我所能帮助你

能适时付出点点滴滴的爱，关怀他人、帮助他人，如此才会有美好幸福的人生。一般人常常觉得自己所拥有的太少，永远不满足，也吝于布施。然而求助者也许所求不多，只需要微小的东西而已！若不肯及时帮助遇到困难、逆境的人，往往会造成无法弥补的悔恨。

犹太儿童从小就常听父母"日行一善""积善之家必有余庆""施比受幸福"等庭训，每每都是在鼓舞善良的民风，能持之以恒并发扬光大。

在法兰德斯的一个小村庄里，有一个名叫约翰的小男孩，他跟着爷爷住在一起。爷爷是靠着为村民们运送牛奶到安特瓦普的小镇的工作，来维持祖孙两人的生活。约翰的爷爷因为年纪已大，脚部有些毛病，不可以走太远的路或用太多的力气，所以约翰常常在后面推着车，减轻爷爷的负担。他们就这样努力地工作着。

有一天当他们将工作都做完了之后，正准备早些回家的途中，突然约翰发现有一只狗，非常痛苦地倒在路边呻吟。"好可怜啊！如果没人理会，这样下去一定会死掉的，让我来帮助他吧，爷爷！"约翰回过头征求爷爷的同意。爷爷便把小狗放在他们的板车上，带回了家中。祖孙俩亲切地为这只狗治病，喂它吃东西。贫穷的他们，将他们所吃的面包、牛奶全都给小狗吃，一点儿也不吝啬！小狗在他们的亲切照顾之下，渐渐恢复了体力。约翰和爷爷看着健康的小狗，心里都很高兴。约翰决定帮小狗取个好听的名字，他想了又想，终于决定叫它"汉思"，小狗好像也很喜欢被叫"汉思"一般，高兴地摇了摇尾巴。

汉思在被约翰祖孙救起以前，每天必须为主人拖着沉重的板车。如果稍微走慢一点，就会被主人用鞭子毒打。可怜的汉思就这样日复一日地工作着，身子变得非常虚弱，终于病倒在路旁，汉思便被主人丢弃在路边了。汉思受约翰和爷爷的爱护，心里十分的感激和快乐。有天早上，约翰和爷爷像往常一样，将牛奶搬上了板车，正准备运送到镇上的时候，汉思忽然跑了过来，钻到板车的手把前，就再也不愿意走开。"噢！汉思，是不是想帮约翰和爷爷的忙呀？"爷爷呵呵地笑了起来，汉思听了爷爷的话，赶忙摇了摇尾巴，老爷爷便将皮绳系在汉思的身上，让它可以轻松地拉动板车。汉思的力气非常大，它一站起来之后，就很快地将车子拉动了。如此一来，真的是帮了爷爷一个大忙了呢。可是好景不常，爷爷因为年纪大了，生了病，脚也无法走路了，只好躺在床上休养。

约翰便和汉思一起去搬牛奶，虽然爷爷不在身边，但有汉思的帮忙，约翰一样可以工作得很好。每天把工作做好之后，约翰总会到镇上的教会去为爷爷祷告，汉思总是乖乖地在外面等。可是有一天，当汉思像往常一样在外面等的时候，小主人约翰却一面叹着气，一面自言自语地说："我真想看看那个啊！"汉思看到了约翰这样叹气的样子，也很心疼，它不禁想着："小主人到底想看些什么啊？"原来这教会里面，陈放着许多幅名字叫达·芬奇的画家的作品。约翰小时候非常地喜欢画画，尤其是达·芬奇是他最喜欢的一个画家。可是尽管只是看一眼，也不可能啊，因为约翰没有钱。教会的人是很现实的，约翰没捐献钱，是不被允许去观赏那些名画的。教会的人曾大声地赶约翰说："没有钱就赶快出去吧！"

约翰和村子里的一个叫作阿萝的女孩非常要好，常常在一块玩耍。有一天，正当约翰在草地上为阿萝画像的时候，正巧被阿萝的父亲看见了，便很不高兴地责怪着阿萝："阿萝！你不可以跟那穷小子在一起，赶快跟我回家去！"阿萝的父亲强拉着阿萝的手，把她带回家去了，剩下约翰和汉思呆立着。约翰的爷爷自从生病后，一直躺在床上，无法工作。而且病情似乎越来越不乐观，为了爷爷的病，约翰已经花去了所有的积蓄，如今就连为爷爷买药的钱，也没有着落。约翰被安特瓦普镇所举行的一个盛大的绘画比赛给吸引了，他想拿自己所画的图去比赛，以争取那些奖金。"汉思，如果我能得到第一名，那么爷爷的药和你的食物便没有问题了。"约翰打定了主意之后，便利用送完牛奶后的空当时间，赶紧画图，好赶上绘画比赛的时间。

终于，寒冬降临了大地，而约翰的图也已经完成了，约翰望着自己的图，心里默默地祈祷着："上帝啊，请你赐给我力量，为了生病的爷爷，我一定要争取最好的成绩，才能够为爷爷买最好的药来治病啊！"汉思坐在一旁默默地望着小主人。当约翰做完了工作，在回家的途中，捡到了一个可爱的布娃娃。"这个布娃娃送给阿萝的话，阿萝一定会很高兴的。"约翰想到这里，便很快地跑到阿萝的家门前，他站在阿萝房间的窗下小声地叫着："阿萝！阿萝！我是约翰啊！"阿萝听见了约翰的声音，很快地打开了窗户，约翰便将布娃娃送给了阿萝。那一天夜晚，阿萝家的仓库发生了大火，村子里的人都纷纷跑过来救火。约翰听到了这个消息之后也赶过来帮忙。可是，阿萝的父亲看见了约翰，便很生气地抓住他，并且大骂着："你这小子刚才是不是跑到我家附近，贼头贼脑的，是不是你放的火？快点给我招来。"阿萝的父亲无理的态度，把约翰吓得不知所措。"各位，一定是约翰放的火，请各位以后不要再给他工作，好吗？"因为阿萝的父亲是村子里最富有的人家，所以他所说的话，没有一个人出来反对。可怜的约翰从这件事发生以后，再也没有人愿意让他搬运牛奶了。如此一来，原本就很穷的约翰，失去了工作后，就完全没有钱买东西过活了。

圣诞节即将来临了，村子里的人都纷纷准备着食物和圣诞节礼物，村里面一片欢乐的景象。可是，可怜的约翰家，因为没钱买食物，也没钱买药为爷爷治病，爷爷的病越来越严重了，最后终于去世了。"呜……爷爷，不要死啊！……"不管约翰怎么伤心地哭着，爷爷只是紧闭着眼睛，约翰知道再也唤不回爷爷了，便抱着爷爷不停地哭。隔天早上，约翰便和汉思草草地为老爷爷做了一个简单的墓地，让爷爷安静地躺在地下。埋葬了爷爷后的约翰，连租房的钱也付不出来了，只好搬离了那个房子。这时候，风雪呼呼地下个不停，道路全被掩在一片白雪之中。

约翰带着汉思，孤独地走在街上，肚子非常的饥饿，以至于连抬起脚的力气都没有了，就这样走着走着。到了圣诞节的早上，也就是安特瓦普镇所举行的绘画大赛公布入选的日子。约翰带着汉思，一早便来到了会场。会场里，早已有很多人在那里，等待着名单的公布，约翰一走进去以后，便看到了入口处最醒目的墙壁上，挂着一幅入选的作品，可是，这并不是约翰花了好几天所完成的作品。"唉！汉思，我真的不行呢！那作品不是我的！"约翰说到这里，眼泪不停地流了下来。他盼望已久，第一名的美梦终于被无情地粉碎了。约翰很失望地离开了会场，这时候雪却越下越大，约翰又饿又累地走在寒冷的街上，好像要不支倒地似的。汉思的肚子虽然也很饥饿，可是却打起精神，一步不离地跟在小主人后面。"汪！汪！"突然间，汉思好像发现什么似的，停了下来。汉思不停地用脚挖着雪堆。约翰蹲了下来，从雪堆中发现了一个钱包，约翰便把它拾起来打开一看："哇！好多钱啊！咦！这皮包上面还写着阿萝父亲的名字。我得赶快把皮包拿去还给人家。"约翰就加快脚步，向着阿萝家的方向走了过去。

约翰将皮包交给了阿萝的母亲。此刻，阿萝和他的母亲，正在为这个皮包不见了而烦恼呢！约翰很有礼貌地对阿萝的母亲说："是汉思发现的喔！请你们给汉思一点食物吃好吗？拜托拜托！"

约翰说完话以后，就赶紧跑出去，走回原来的路。"等一等！约翰，你的肚子一定也饿了吧！"阿萝的妈妈在背后叫着。可是汉思面对着眼前的食物，一点儿也不心动。它急忙冲了出去，在风雪之中寻找着他一向敬爱的小主人。风雪实在太大了，以至于饥饿的汉思支持不住跑到教会去避风雪时，意外地发现倒在一旁的小主人约翰，约翰看见了汉思，非常高兴地说："汉思，你还是跑来了！你真是个忠心的伙伴呢！"约翰感动得泣不成声。汉思疼爱地舔了舔小主人的脸，并且用力地拉开了布幔。这时候月光从窗口照了进来，正巧照在墙上那幅达·芬奇的名画上，约翰看到画，不禁睁大了眼睛。"那是我长久以来盼望见到的画啊！一定是神听到了我的祷告，特地让我看的吧！感谢上帝，此刻我觉得非常的幸福呢！……"约翰的眼中流下了喜悦的眼泪。第二天早上，约翰抱着汉思，静静地躺在教会的地板上，永远地睡着了。

这个情形，被到教会来祷告的人发现了，约翰的脸上还依然留着一个甜美的微笑。以前曾经责骂过他的人，心里都很惭愧。尤其是阿萝的父亲，当他知道了约翰和汉思的死后心里更是羞愧万分。从此以后变成一个乐善好施的人。

不仅阿萝的父亲，我们大家都应该像约翰和爷爷那样，乐善好施。其实大多数的人都能做到乐善好施。但是都说一些财主缺乏精神财富，内心空虚，他们想做好事，以获口碑；老百姓期望他们做些好事，不要"为富不仁"。难道他们果真是"一毛不拔的铁公鸡"吗？实际上，在这些人的创业阶段，他们大多数是勤劳苦干的人，有着丰富的道德资源，也需要释放自己的道德能量，他们又希望自己的善举和义行得到社会的承认、尊重和褒奖。

那么在日常生活中，怎么样才能做到乐善好施呢？犹太人在这方面是这样教育子女的：

首先，个人必须妥善处理好自己的事情，在经济能力许可下，无后顾之忧后，才能安心地对他人伸出援手。

其次，必须用智能来衡量施舍的对象，是否值得去帮助。正确的选择才不会被不肖之徒，利用人性的弱点来骗取财物，满足自私贪婪的欲望，助长不良的风气。

最后，直接将爱心送达，不必借助他人，更不要因为一时的挫折而减低爱心的热度。

# 思考敏于行

想要事情做得好，就必须善用你的头脑。人的一生，难免会经历许多困难和危险，假如在事前能有周密的思虑，想出万全的办法来加以防范，就可以化解很多麻烦。

犹太人认为，做任何事情，都要思考敏于行。他们也是这样教育其子女的。孩子们经常听家长讲下面这个故事。

有一户人家住着婆媳两人，儿子经常外出，很长时间才能回家一次。这个婆婆在家专横跋扈，经常对媳妇横挑鼻子竖挑眼，媳妇不能申辩，更不敢反抗，总是偷偷地伤心。幸亏隔壁有位好心的大妈，十分同情这位媳妇，常常安慰这位媳妇并暗中帮助她。一次，婆婆外出走亲戚，下午回到家里，忽然发现家里的肉少了。婆婆心里顿时来了气，她怎么想也觉得是媳妇偷吃了。于是不问青红皂白就劈头盖脸地骂起来："你这个好吃懒做的贱女人，我不在家你就无法无天了，竟敢在家偷吃东西！"媳妇觉得实在冤枉，忍不住说："老天爷在上，我偷没偷吃东西，他看得最清楚。"还没等媳妇说完，婆婆就气得要跳起来，她指着媳妇大声喊道："这还了得，敢顶撞我！算是我冤枉了你，我瞎了眼睛！我家养不起你这个媳妇了，你马上给我滚回你娘家去，我家不要你了！"就这样，婆婆把媳妇给休弃了。

媳妇无可奈何，只得服从婆婆的命令。她在回娘家之前，去向隔壁的大妈告别，哭着向大妈讲了这件事。大妈听了，很替这位媳妇难过，但大妈也知道那位婆婆的为人，如果现在马上去替媳妇解释，恐怕婆婆是不会听的。于是大妈安慰了媳妇一阵后，对她说："你先慢慢地走，我这就去想办法让你婆婆把你叫回来。"媳妇擦了擦眼泪，慢慢朝村外走去。

大妈待媳妇一走，马上在家里搜寻了一把乱麻，她将乱麻扎在一个小棍上做了一个火引子，然后到这个媳妇家里去找婆婆借火。婆婆问："现在不是做饭的时候，借火做什么？"大妈对婆婆说："我家的狗不知从哪里叼来一块肉，几条狗为争这块肉，互相咬得很凶，我想借个火回去治治它们。"婆婆一听，恍然大悟，肉原来是被狗叼走了。她心里感到有几分愧疚。因此赶紧找来一个人，让他马上去追赶媳妇，把她接回来。

这则故事告诉我们，在解决人与人之间的矛盾纠纷时，必须讲究策略。要想弄明真相、息事宁人，既要抓住问题的症结，又不可急于求成。

从前，有一个人要过河，他穿了一套新衣服，腰上佩着一把宝剑，来到渡口，找到一个船夫替他撑船过河。船夫看他穿着新衣，以为他腰包里一定装了不少金银财宝，便想等船到河中央时，谋财害命。这个人坐在船尾，看船夫不住瞟过来不怀好意的眼光，知道他心中有邪念，便故意叫着说："哎呀！好热哟！要不要我来帮你撑一会儿船？"说着，当着船夫的面，把身上的衣服一件件脱下来放在船板上。船夫看他放下衣服时，并没有钱币的声音，知道他身上没有财宝，便打消抢劫的坏主意了。

孩子的年龄小，在这个充满迷惑的世界里容易由于无知而受到伤害，因此在他们成长过程中需要与一些敏感的、有责任心的、了解他们的身心发展的成人在一起以获得安全，逐渐地一步一步学会做事。他们才能像故事中的这个人一样，机智地逃避生活中遇到的灾难。如果父母对孩子的控制太多，孩子将很难有机会发展独立性，他们会更多地依靠父母告诉他们该做什么、如何做以及什么时候做、怎么做。我们在生活中常常会看到一些孩子不管做什么事之前总是不能离开父母的眼神或指导，这样如何才能真正地敢于去尝试，掌握做事的技能呢？

古埃及有一位将军，曾经降服了一个叫科西亚的山贼作他的侍卫。科西亚力大无穷，可惜生性粗心大意，不大用头脑。这一天，将军骑马，科西亚步行，两人来到一片树荫下休息。见树下有一群蚂蚁在爬，将军便对科西亚说："科西亚，你打这些蚂蚁看看。"科西亚伸出拳头，第一次用力，地面凹进一块，蚂蚁却没事；再用力，痛得哇哇大叫，蚂蚁还是若无其事。科西亚眼见小小蚂蚁都打不死，急得满面通红。将军说："看我的。"只见他伸出食指，轻轻一揉，蚂蚁一下死了好几只。科西亚看得目瞪口呆，将军便对他说："有很大的勇气和力量，还要懂得运用谋略和智慧，只有这样才能做大事、成大器。"

这则故事告诉我们：做事情若靠蛮力，而不懂得运用技巧，效果就会大打折扣。这就好比打棒球，你本来具有能打出全垒打的力气，但假如你不用心选球、不晓得用正确的姿势来挥棒的话，往往就会失误。

犹太人认为，人做事是需要勇气的，但在勇气之前更需要思考的智慧。通常，在婴幼儿时期，成人总是容易把自己放在发号施令的位置上，一会儿让孩子干这个，一会儿指使干那个。对孩子来说，玩什么、怎么玩似乎都被大人限制住了，孩子自身的主动性思考常常无从体现。因而父母在培养孩子做事能力之前最重要的在于训练孩子学会自己独立的思考。别看孩子年纪小，可是他们也有自己的思维能力和计划性。父母怎么在做事中培养孩子的自主思考呢？犹太家长是这样做的：

（1）分享孩子做事的快乐。良好的情绪情感是促进孩子智能发展的重要因素。与孩子分享做事的快乐能够使孩子经常处于正向的情绪中，并且增加他的做事热情和积极性。譬如当孩子即使做成一件很小的事时，爸爸妈妈都会真诚地邀请孩子展示一下，或者和孩子一起重新体验一遍他做事的过程，这种情绪将极大丰盈孩子做事的激情。

（2）父母要学会平衡自己的权威和孩子自主之间的关系。比如妈妈在洗衣服的时候，孩子也想凑凑热闹，在旁边转来转去，跃跃欲试，这时妈妈不要怕麻烦或担心孩子弄湿衣服，可以拿一块小手巾给孩子，问孩子："手巾该怎么洗啊？"有意识地让孩子用行动或语言来展示一下，这样孩子就会细心观察、模仿学习、产生思考的兴趣。

（3）多鼓励孩子的探究行为。孩子的探究行为是一种主动的适应性行为。由于孩子在很小的时候就表现出内在兴趣，随着孩子年龄的增长，用于探索的时间逐渐延长，在这种情形下，妈妈千万不要急躁，急于让孩子做自己认为有用的活动，其实孩子此时正是处于发挥想象力、思维能力和创造力的时候。

可以说孩子在做事的过程中总是在无意识地深化自己对世界的认识，逐渐形成自己的一套经验和知识系统，并从中抽象出一定的规律和模式，进而增强自己的做事能力。所以，家长要培养孩子学会做事，还是要像犹太家长那样，从锻炼孩子学会思考开始吧！

# 自信是成功的良药

很多时候，阻碍我们成功的主要障碍，不是我们能力的大小，而是我们的心态。当孩子认为自己一无所用时，就会走向自暴自弃，那便是教育的失败和家长的悲哀。只要孩子保持着自信，就是希望，就有进步的立足点。

1952年，世界著名的游泳好手弗洛伦丝·查德威克从卡德林那岛游向加里福尼亚海滩。两年前，她曾经横渡过英吉利海峡，现在她想再创一项纪录。这天，当她游近加里福尼亚海岸时，嘴唇已冻得发紫，全身一阵阵地寒战。她已经在海水里泡了16个小时。远方，雾霭茫茫，使她难以辨认伴随着她的小艇。查德威克感到难以坚持，她向小艇上的朋友请求："把我拖上来吧。"艇上的人们劝她不要向失败低头，要她再坚持一下。"只有一英里远了。"他们告诉她。浓雾使她难以看到海岸，她以为别人在骗她。"把我拖上来。"她再三请求着。于是，冷得发抖、浑身湿淋淋的查德威克被拉上了小艇。后来，她告诉记者说，如果当时她能看到陆地，她就一定能坚持游到终点。大雾阻止了她去夺取最后的胜利。

这件事过后，她认识到，事实上，妨碍她成功的不是大雾而是她内心的疑惑。是她自己让大雾挡住了视线，迷惑了心，先是对自己失去了信心，然后才被大雾给俘虏了。两个月后，查德威克又一次尝试着游向加里福尼亚海岸。浓雾还是笼罩在她的周围，海水冰凉刺骨，她同样望不见陆地。但这次她坚持着，她知道陆地就在前方；她奋力向前游，因为陆地在她的心中。同样道理，犹太女子玛莉身为一个举重者，最大的障碍是如何突破当前的瓶颈，顺利地举起500磅的重量。

几乎每一位运动员在某一段时间都会遇到瓶颈，像是无法突破既有的分数、表演形式或演出水准；也可能是无法超越快速球的速度、射击的准确性、竞赛的时间、某一高度或距离。玛莉在举重训练中稳定地持续克服更高的重量限制：从400磅、450磅、475磅、490磅、495磅、一直到498磅。但玛莉举不起500磅的重量。虽然玛莉口口声声说自己一定能够举起500磅的重量，但玛莉心中并不以为然。

当你举重达到一定重量时，你通常不会自己抬着举重杆，否则在你举重开始前，你已经疲惫不堪了。所以一般而言，都由教练或看守员帮你抬着举重杆。有一天玛莉的教练对玛莉说："玛莉，再试一次，然后就可以洗个澡回家。来吧，再来一次400磅。"玛莉举起重量杆，然后玛莉的教练宣布："我的天！我想他们弄错了，我敢肯定这个杆子有506磅！"从那刻起，对玛莉而言要举重500磅不再有任何困难。

当时真正阻碍玛莉的不在于玛莉的训练不够或体能不足。单以玛莉的体力来看，玛莉很可能在几个星期前就可以举起500磅的重量。真正的原因在于玛莉的意念：玛莉知道自己能举重500磅是因为自己已经做到了。虽然事后为了确定起见，玛莉数度尝试再举起500磅的杆子却举不起来，但玛莉明白是因为体力的原因而非心理因素。玛莉不再怀疑自己有能力担起500磅的重量。

可见，孩子的潜力是巨大的。但是，对孩子期望、要求过高，远远超出孩子的能力所及的水平，也是家长对孩子不满、难以发现长处的一个重要原因。孩子达不到家长的要求和标准，自然得不到家长的表扬和鼓励。长此以往，在父母的训斥和批评中长大的孩子，会逐渐对自己的能力失去信心，变得消极、被动，对学习自然就毫无兴趣。特别是对年幼的儿童来讲，自我意识正在形成中，长期的失败感，持久的来自家长的批评，会使其形成一种消极的自卑意识。一旦形成消极的自我意识，那他就可能用低标准要求自己，甚至自暴自弃。所以，家长一定要从点滴做起，发现孩子的长处，培养孩子的自信心。

亨利·比彻博士曾经做过一个试验。他以100个医学院学生为研究对象。他将这些研究对象分为二组，每组50人。第一组人分配了红色胶囊包装的兴奋剂，第二组人则分配了蓝色胶囊包装的镇定剂。可是实际上，胶囊里面的药粉却被博士调了包，但学生并不知道。结果两组学生的反应都如先前所以为的那样，吃了红色胶囊的一组很兴奋，吃了蓝色胶囊的一组则很平静，由此可见，他们的信念压制住了身体对药物的化学反应。亨利·比彻因此推论，药物的功效不仅得看药性，同时还得看病人是否相信药物的药效。

亨利·比彻博士的研究结果说明，与其说是药物使病人身体康复，不如说是归功于病人的信念。这就是诺曼·卡曾斯所说的："吃药打针不是绝对必要，但康复的信念不能没有。"

《圣经》中记载了这样一个故事：有一个女人，患了一种奇怪的血漏病，流血长达12年之久，拜访了各方名医，但都不见好转。她听说只要摸一下耶稣，便可百病全无。于是有一天她趁着耶稣给大家布道的时候，夹在人群中摸了摸耶稣的衣服，令人惊奇的是血漏的源头立即干了，血也不再流了，血漏病奇迹般地痊愈了。正在这时，耶稣发觉到了，于是问道："刚才谁摸过我？"女人恐惧战兢，俯伏在地上将情况一五一十地告诉了耶稣，耶稣说："女儿，是你的自信救了你。平平安安回去吧，你的灾病痊愈了。"

故事中的妇女相信只要摸耶稣一下，她就会痊愈，正是这种信心，使她战胜了自己的心理障碍，重新获得了健康。人们常常在和别人比较后，发现自己有许多不如人的地方，渐渐地，连自己也讨厌起自己来了。与人接触时，这种晦暗、卑下的心态会不自觉地传达给对方，而惹人嫌恶。不过，只要观念一转，结果就会大大不同。虽然自己不是满分，但也有不少优点，做事规规矩矩，态度谦和有礼，有耐性，运动方面更是拿手。如果能把心思放在这些地方再加以发挥，便会对自己产生信心，心情也会慢慢开朗起来。这种明亮的气氛感染周围的人，自己便成为一个拥有自我的发光体。我们无法期望一个人完美无缺，每个人都优缺点并俱，但是选择以缺点或优点看待自己，衍生出的人生态度便天差地别。发现并发挥自己的优点，是积极人生努力的目标。

自信不仅是故事中的妇女战胜疾病的法宝，更是孩子进步的强大内驱力。孩子学业的暂时落后并不可怕，可怕的是自信心的丧失以及精神的垮塌。当孩子认为自己一无所用时，就会走向自暴自弃，那便是教育的失败和家长的悲哀。只要孩子保持着自信，就是希望，就有进步的立足点。那么，该怎样树立孩子的自信心呢？犹太家长是这样看待这个问题的。

（1）要善于发现并且开启孩子自信的"窗户"。有句话说得好："天生我材必有用。"事实上，人的才能是各种各样的，不可能存在全才，每个人都是专才、偏才。有的人善于学习，有的人善于手艺，有的人善于组织，有的人善于文体。单单是在学习上，又有人擅长形象思维，有人擅长计算，有人擅长抽象思维，有人擅长语言。西方有句谚语说："上帝为你关上了一道门，必然为你打开一扇窗。"对于孩子，我们不可能也没有必要要求他们门门学科拔尖、总分领先。当今社会不只需要科学家和学者，还需要企业家、工人、农民、商人等各行各业的建设者。我们何不允许孩子各学科平平而优先发展某一领域？孩子在某一方面进步了、领先了，听到的表扬、接受的鼓励多了，自信的"窗户"自然而然就会开启

（2）要将孩子自信的"窗户"开多、开大。孩子在某一方面领先了，证明了自己并不笨，那为什么不能在其他方面也有所进步呢？已经开启了一个自信的"窗户"，为什么不能开启更多的"窗户"呢？家长要密切关注孩子各个方面的点滴进步，及时给予表扬和鼓

励，及时指出进一步提高的路径和方法。进步不可能是一帆风顺的，做家长的要宽容地看待孩子的反复和倒退，更多地注意孩子发展的总趋势，这便是开大"窗户"。

20世纪80年代日本曾创办过一所"鼓气学校"，办学宗旨就是要千方百计培养孩子的自信心。学校经常组织各种活动，让孩子们寻找自我的"闪光点"，组织他们在公共场合表现自己，甚至高呼口号"我是最优秀的！""我能行！"这种做法家长们在家庭教育中也可借鉴。要经常鼓励孩子，让孩子在学习中有成就感，因为成就感是激励孩子认真学习的动力。如果孩子在学习中经常获得成功（如获奖、考试得高分等），他的自尊心就会得到满足，进而产生较强的自信心，对学习会更有兴趣，更有信心，从而不断地进步，形成良性循环。相反，如果孩子学习成绩总是上不去，考试分数总是落在后面，就会逐渐失去对学习的兴趣，甚至对自己失去信心，一旦形成恶性循环，孩子就很可能一步步地走向下坡路。因此，积极培养孩子对学习的兴趣，家长的鼓励和积极、肯定的评价显得尤为重要。比如从孩子读幼儿园开始，家长就应该把孩子获得的奖状贴在起居室的墙上，以此来鼓励他继续努力，以获得更多的奖状。

（3）父母要多给孩子抚慰。造成孩子羞怯的主要原因是他们缺乏依靠，缺乏安全感，缺乏交流和亲情的抚爱，从小就觉得比别人差，有低人一等的感觉，形成羞怯自卑的情结。所以父母不要长时间地与孩子分离；孩子出生后要尽量母乳喂养，让孩子在母亲的怀抱中有一种温暖、安全的感觉；父母要多与孩子进行交流，多抚摩、拥抱他，这是消除其羞怯心理的良策。

（4）父母对孩子要多鼓励，少批评。孩子需要父母的肯定和表扬，对于胆怯的孩子，赞赏就如一缕缕阳光，能照亮其心灵的每一个角落。相反，父母若一味地苛求孩子，经常批评、责备孩子，则会使孩子变得更加无所适从，唯唯诺诺，不敢与人交往，甚至封闭自己，用一种退缩的方式来保护自己受伤的心灵。

（5）父母要给孩子营造温馨的家庭气氛。平等、民主、充满亲情和理解的家庭环境能给孩子勇气和信心。对于与孩子有关的事，父母要多与孩子商量，征求他们的意见，尊重他们的意愿，不要滥用家长权威。和孩子说话时要注意使用平等民主的语言，诸如"你认为怎样？""这样行吗？"等。不管孩子为你做什么，父母都应说："谢谢！"让孩子体会到平等和尊重，这有利于克服其自卑情绪。

（6）父母应鼓励孩子多交朋友，多参加有益的社会活动。结交朋友是孩子社会化的一种表现，有利于孩子增强信心。可先让他与比较熟悉的孩子一起玩，然后再鼓励他与陌生的孩子交往。另外，让孩子多参加自己感兴趣的活动，比较容易使孩子摆脱羞怯情绪。幼儿园的各种兴趣班是害羞孩子的最佳选择，是他们走向自信、走向成功的第一步。

# 积极进取，永不停留

"世间没有不能成功的事，只有不愿意走向成功的人。"不管是一个国家、一个民族、一个企业或是个人，都应该具有积极进取，永不停留的精神，这样才能在时代发展的潮流中不被大浪淘沙，衰退落伍。

犹太人是颇具积极进取的精神的，他们无论在任何场合、任何环境、任何时间都能保持着寻求积极面的意识，这是犹太人成功的秘诀。他们对自己的子女也从小就灌输这种思想。当然，他们在正视积极面的过程中，并不是忽视否定面。恰恰相反，他们敢于面对现实，无所畏惧或自我陶醉。正因为犹太人具有的这种积极进取的精神，使他们遇到困难时总能设法把它转变为积极面，帮助自己克服困难。

确实，在人类发展的进程中，如果知足不前，那会有今天的高度文明的社会吗？

大财团罗思柴尔德是犹太商人的典型。罗思柴尔德的始祖名为梅耶·亚莫夏，少年当学徒的时候，由于积极进取、刻苦好学，自己开始经营古董商店，逐步积累资本。他利用欧洲工业革命的时机，把资金、情报及自己的智慧融合，纵横于英国、法国等欧洲各地进行紧俏货物的买卖，不惜斥下巨资开设银行，开展股票业务，投资矿业、铁路，甚至把自己5个儿子分散在法兰克福、巴黎、伦敦等5大城市开设公司，很快把罗思柴尔德家族办成一个跨国大财团。

类似罗思柴尔德的发财致富成功的犹太商人不胜枚举，在世界许多地方都有，如连锁先驱卢宾，报业奇才奥克斯，好莱坞老板高德温，沙逊跨国集团，金兹堡金融家，地产大王里治曼等，均是凭着一双空手，靠积极进取精神，创立他们的企业的。

在科学技术方面，犹太人的伟大发明，也是举世闻名的。据历史记载，飞船的发明人是都柏林，但有人证实是犹太人大卫·舒华滋发明的。大卫·舒华滋自己建造飞船，经过数次试飞，在接近成功时，不幸猝死，因此，都柏林伯爵向舒华滋的未亡人买到了这一飞船的技术，完成了具体的飞行而一举成名。

发明飞机的莱特兄弟能够名扬世界，在其背后也是有一位犹太人奥多·利安达替他们开飞机促成的。发明直升飞机的，是犹太人亨利·斐纳。

据历史记载，发明有线电话者为葛拉汉·贝尔。但在贝尔发明成功的1076年之前16年，已经有犹太人试制成电话机，该电话机现在被收存在史密苏尼安博物馆。

此外，有近百名犹太人获得诺贝尔科学文艺奖，如前面讲的20世纪最伟大的科学家爱因斯坦，原子结构理论权威波尔，著名化学家赫维西，免疫学奠基人埃尔利希，"氢弹之父"特勒，化学名家赖希施泰因等，举不胜举。

又如杰出文学家有：世界著名画师毕加索，音乐大师马勒，文学巨匠比亚利克，杰出女作家米林，魔术大师霍迪尼，还有众多的政坛上的大将名人等。

犹太人中有那么多的出类拔萃的人物，很关键的一个原因，是他们形成一种积极进取的民族精神，自幼接受了"我一定要有所作为"的积极观念。由于犹太人从小就被培养了成功的信心，所以他们能够努力学习，应用本身所具有的潜力，把自己升高壮大。这种精神成为他们前进路上的"马达"，加速了他们的速度，增强了面对现实和排除困难的信心和力量。他们永远相信"世上无难事，只怕有心人"。

# 勇敢的斯诺

当你必须面对一些似乎无可逾越的障碍时，最重要的是做你自己，运用上帝给你的天赋，即使在困惑、痛苦、恐惧和磨难中，坚持你认为对的东西是生活唯一真实的道路。只有当你面无惧色地面对每一次经历，你才会得到力量、经验与信心……

斯诺和他的家人生活在加里亚洲的一条街上，这条街的尽头是一个贵族学校，斯诺就在这个学校上学。可有一段时间，斯诺表示不想去学校，因为她感觉自己的身体很不舒服。

周末，斯诺被家人带到医院看医生，医生的诊断结果是白血球过多症。接下来的几个月，她都必须定期到医院接受治疗。

医生建议使用化学疗法，因为这可能是一个治愈的机会，但这种治疗的副作用会让她失去那一头漂亮的头发。

斯诺每隔一段时间都要回医院治疗，病情是好转了，但她那极漂亮的头发却越来越少了。直到要升入七年级时，她不得不戴上假发，虽然感觉不太舒服，会痒，可是她还是戴着。

以前斯诺相当受欢迎，很多同学都喜欢她，总有一大堆孩子围绕在她身旁。但现在似乎变了，孩子们会用怪怪的眼神看她，有人甚至还在背后嘲笑她。对斯诺伤害最大的是，会有同学把她的假发拉掉，故意让她难堪。

每当此时，斯诺总是弯腰捡起并戴好她的假发，抹着眼泪走到自己的座位上，她埋怨为什么没有人为她挺身而出。

这样的事情持续了一段时间，斯诺再也无法承受了，她把一切告诉了妈妈。斯诺说："我没有头发不算什么，我走在校园里，而他们却远远地把我隔开。没有人愿意和我做同桌，没人陪我一起去餐厅吃饭。只因为他们怕和一个戴假发、得怪病的女孩在一起。他们摘我的假发不要紧，可是他们难道不知道我也需要朋友吗？"

妈妈安慰斯诺说："我可怜的孩子，如果你觉得在家比学校快乐，你可以不去上学。但我要给你讲一个故事，你听了之后再作决定好吗？"斯诺点了点头，妈妈讲了一个这样的故事。

"有一个六年级的女孩从遥远的地方，随着父母搬到阿肯尼亚，女孩把她最爱的一本书——《圣经》也带来了，但是新同学并不接受她的《圣经》。尽管如此，女孩还是每天上学都随身带着《圣经》。一次，有几个男孩翻出她的《圣经》说：'你这胆小鬼，宗教和祈祷都是为胆小鬼设的，别再把《圣经》带到学校来。'女孩却虔诚地把《圣经》递给看起来年龄较大的男孩，说：'看你有没有胆子，把它带到学校，绕着校园走一圈！'男孩一时无话可说，女孩因而和这几个男孩成了好朋友。"

斯诺听完妈妈讲的故事，被那个女孩的勇敢所鼓舞，周一，她又戴上假发上学。她尽量把自己弄得很漂亮，告诉她的父母："我今天要回学校上学。我必须去发现谁是我最好的朋友，谁是我真正的朋友。"

到了学校，斯诺摘掉了假发，把它放在自己的座位旁。她想，如果是真正的朋友，就必须接受自己原来的样子。奇迹发生了，她经过运动场，走进学校，没有人大声讥嘲，没有人敢作弄这个充满勇气的小女孩。从此，她又回到了快乐的生活中。

# 每一次冒险，都是一次跨越

每个人都有自己的安全底线，如果想成长，就要勇于跨出自己的安全线，接受挑战新的自我，最终，我们会发现一个全新的自我，肯定比现在的自己更强大。对于那些惧怕危险的人，危险却无处不在。

深海里，一只小龙虾与寄居蟹做了邻居。这个龙虾可真小啊，只有寄居蟹的一个钳子那么大。

一天，这只小龙虾费劲地把自己的硬壳蜕了下来，丢到了一边。此时，它露出了粉红色的小身躯，显然它的身体软弱极了，仿佛一个波浪就能把它卷走。

寄居蟹看见了，恐惧地大叫起来："小龙虾，你为什么把保护身体的硬壳脱掉，难道你不怕鳗鲡来吃了你？"

小龙虾没有害怕，反而挺了挺自己的身体，说："我不怕！"

寄居蟹摇了摇头，说："果然是只年轻的小龙虾啊，不知道这深海的危险！你还是赶紧穿上你丢掉的硬壳吧！"

小龙虾说："我们龙虾每次成长，都要脱掉之前的旧硬壳，才能长出更大更坚实的新硬壳。寄居蟹，你也可以脱掉你的硬壳，长出新的硬壳试试？"

寄居蟹："你说的可能有道理，可是我可不敢冒险。我的身体本来就很软，我现在的硬壳还是好不容易捡到的一个海螺的壳，我可不能丢掉，否则必死无疑！"

小龙虾见寄居蟹这样固执，也没有劝他。几个月过去了，小龙虾脱了很多次壳，变成了一只大龙虾，现在寄居蟹只有龙虾的螯子那么大了。寄居蟹不打算让自己成长得更强壮，整天躲在那个海螺的壳里。

# 是油炸圈饼还是窟窿

乐观者在每次危难中都会看到机会，而悲观的人在每个机会中都看到了危难。乐观的态度对孩子的成长发育起着至关重要的作用。

犹太人有一则名叫"飞马腾空"的童话故事。从前，一个人因惹怒国王而被判了死刑，这个人请求国王饶恕一命，他说："只要你给我一年的时间，我就能让您最心爱的马飞上天空。如果过了一年，您的马不能在天空自如飞翔的话，我宁愿被处死刑，绝不会有半点怨言。"国王答应了他。在他回到牢房之后，另一位囚犯对他说："请你不要胡乱说好不好，马怎么能飞上天空呢？"这个人回答说："在一年之内，也许我自己病死，也许国王会死，也许那匹马出了意外送了命。总之，在这一年之内，谁知道会发生什么事呢？所以只要有一年的时间，没准儿马真的能飞上天空！"

犹太民族一向是以苦中作乐而著称的。我们纵观犹太人颠沛流离的历史，尽管大多数时期都与苦难为伴，但他们对生活一直充满坚定的信念，到处都弥漫着这种乐观的精神。否则他们的民族就不可能经受住那么多磨难而幸存下来。事实上正是苦难造就了犹太人不可动摇的乐观精神。欢乐和笑声是犹太人生活中必备的良药，这使他们总能保持一种乐观的生活态度。可以说，犹太民族就是因为心中充满希望，有了这种乐观的精神，他们才能生存下来。

有一对犹太孪生兄弟，其中一个过分乐观，而另一个则过分悲观。父亲欲对他们作性格改造。一天，他买了许多色泽鲜艳的新玩具给悲观孩子，又把乐观孩子送进了一间堆满马粪的车房里。第二天清晨，父亲看到悲观孩子正泣不成声地哭泣，便问："为什么不玩那些玩具呢？""玩具玩了就会坏的。"孩子仍在哭泣。父亲叹了口气，走进车房，却发现那乐观孩子正在兴高采烈地在马粪里掏着什么。"告诉你，爸爸，我想马粪堆里一定还藏着一匹小马呢！"那孩子得意扬扬地向父亲宣称。

乐观者与悲观者之间，其差别是很有趣的：乐观者看到的是油炸圈饼，悲观者看到的是一个窟窿。犹太人中有一句流传很广的谚语："有十个烦恼比仅有一个烦恼好得多。"他们认为，因为仅有一个烦恼时，这个烦恼一定是相当深刻的，所以一个人如果同时有很多烦恼，他就应该谢天谢地。我们常听说有人为一个烦恼而自杀身亡，但却很少听到有人为十个烦恼而自杀。犹太人的这个观念听起来似乎十分有趣，但是其中也体现出了犹太人面对苦难的从容姿态。

珍珠港事变之后，尼米兹元帅接任美军太平洋舰队司令的职务。他为人平易近人，遇事沉着稳定，留着一把胡子，士兵们背后都叫他"老山羊胡"。有一天，他乘坐的旗舰在海上遇到敌人的军舰，双方立刻展开猛烈的炮轰，尼米兹一连指挥好几个钟头，觉得有点儿疲倦，便叫旁边一个水兵替他端一杯咖啡来。水兵才离开没多久，因为日机来袭，尼米兹便下令熄灯，一下子整条旗舰立刻一片漆黑。水兵端了咖啡，在黑暗中到处找尼米兹，找了很久都没找到，便很不耐烦地说："咖啡来了，可是这个'老山羊胡'哪里去了？"不巧尼米兹就站在他旁边，便回答说："山羊胡子就在这里，不过下次要记住，最好不要加个'老'字！"

幽默感可以调剂精神生活，松弛我们紧张的情绪，并进而促进人与人之间情感与心灵的交流。尼米兹因为有充分的幽默感，所以能丝毫不介意属下对他不敬的称呼，轻松地化解了尴尬的场面。"只要是幽默就能使人放松心情，而唯有贤者才能在任何情况下，都永远保持着轻松的心情。"

对于犹太人来说勇气和希望是深深地埋藏在他们心底的，任何人都无法夺去。所以，他们一直乐观向上，纵使在世间最罕见的苦难中也坚强无比。苦中作乐是犹太民族最杰出的处世智慧。犹太人常说："笑是百药中最佳的良药之一。"在犹太人眼中，幽默是只有强者才能拥有的特权。因此他们很重视幽默。因为幽默是人所具备的力量中最强大者。"笑"能在痛苦时安慰他们的心，能使快乐的犹太人更加充满活力，可是，犹太人认为笑所隐藏的力量绝不仅如此；只要重视笑，它就会成为人类所有与生俱来的能力中，最强而有力的一种武器。犹太人认为幽默就是要使人笑起来。对犹太人来说，他们的生活压力太大了，他们无法用泪水和无休止的呻吟来化解它。迫害、痛苦和他们在潮湿的"贫民监狱"里的贫困生活都不能阻止他们的欢笑。

幽默是人们所能拥有的最强大的力量。它能使人放松心情，持宽和的心态。因此，每逢尴尬的场面，犹太人总喜欢借助笑话、幽默来使气氛、场面活跃起来。犹太人时常教育他们的子女们把幽默当作一种重要的精神食粮。因为他们认为只有那些坚强的人，那些不屈不挠的人，才能在危机之中，瞬间离开自己所处的境地一步，站在客观的立场上，来观察自己、幽默自己。在犹太人眼里，幽默既代表了强人的韧性，也代表了强人的胆量。因此，他们要让自己的子女也具备这种胆量。

# 说大话者让人鄙视

虚张声势，从来是不可怕的。

从前，有个农夫正在菜园里松土，突然从土疙瘩后面跳出一只很大的毒蜘蛛。"多么可怕的蜘蛛！"农夫吓得惊叫一声，跳到一边去。"谁敢动动我，我就咬死谁！"毒蜘蛛发出嗞嗞怪叫，舞动着长爪子，威胁农夫。毒蜘蛛向前爬了几步，张开大嘴做出咬人的凶相，对农夫说："蠢农夫，你要听明白，只要被我咬一口，你就会有死的危险。你先是在痛苦中抽搐，接着在极度痛苦中咽气！走开，别靠近我，否则，你就要倒大霉了！"农夫心里清楚，这个小东西是在装腔作势，而且过高地估计了自己。农夫向后退了一步，用足了力气，光着脚丫子狠命地踩着蜘蛛，一边说："你嘴上讲得挺厉害，可你又怎么样呢？我这个泥巴腿倒要领教领教，看你能不能咬死我！"毒蜘蛛被踩死了。在它生命的最后一息，仍然狠命地在农夫的大脚掌上咬了一口。不知是农夫因为脚掌长满了厚厚的老茧，还是深信蜘蛛的威胁只不过是吹牛，他除了感到轻轻一蜇之外，没有任何别的感觉。

说大话者永远让人鄙视。犹太人很早就认识到了这一点，他们也是这样教育孩子的。犹太父母经常给孩子们讲这两个故事。

从前，有一只山雀飞到海边，它夸下海口，说是要把大海烧枯。全世界都为山雀这一奇怪的举动而不安地议论纷纷。京城里挤满了吃惊的居民；森林里的野兽川流不息地跑过来；鸟儿也成群结队地往海边飞。大家都想看海水怎样燃烧，热量又有多大。那些听到这轰动消息的人们都跑了过来，大家挤到一块，张大着嘴巴眺望这场奇观，他们默默地凝视着海洋，这时有人说话了："快看！快看！海沸腾了！快看，海着火了！""不对头！海在燃烧吗？不，没有燃烧。海发烫了吗！一点没有呀！"山雀吹牛夸口，结果如何呢？我们的英雄羞惭地逃回了它的巢。山雀的大话闹得满城风雨，却不曾把海烧着。

有只老鹰总在村子上空飞翔，一心一意想要下来抓小鸡。可不幸的是它被猎人看见了，猎人瞄准他就是一枪。空中强盗给打中了，顿时掉在地上，然而，鹰毛仍在空中飘了很久……这时公鸡从矮树林里正往外走，一看，它最怕的家伙一动也不动，两眼没有了神，利嘴失去了劲。这时候公鸡一下子变得威武万分！它的那顶鸡冠简直跟血一样红。"喂，鸟儿们，都来瞧一瞧吧！"它发出胜利的呼声，几乎喊破了喉咙。鸟儿飞来，看见老鹰在公鸡脚下。"好样的，大公鸡！好样的，智谋家！你的力气竟这么大！"这位吹牛大王越叫越威风，用战胜者的姿态向四面瞅。偏偏有位朋友过去把那老鹰翻个脸朝天，从毛里面一啄啄出一颗子弹，接着又啄出一颗。于是，真相大白，吹牛大王灰溜溜地溜走了。

有的人很像这只公鸡，最擅长的就是吹牛。

犹太家长从孩子小时候就教育他们要实事求是，不说大话。只有凡事符合实际，才能令人信服，赢得他人的信任。盲目吹嘘只能引起别人的反感，久而久之，会失去原本相信自己的朋友。

# 你不比别人差

自卑，就是自己轻视自己，自己看不起自己。自卑是缺乏魅力的根源，也是衰老的催化剂。许多心理问题来自于自卑情结。通往成功的道路上，完全不必为自卑而彷徨，只要把握好自己，成功的路就在脚下。让孩子排除自卑心理，战胜自我、超越自我对孩子的成长发育也是至关重要的。

拿破仑的父亲是一个极其高傲但又很穷困的科西嘉贵族。但是他却把拿破仑送进了一个在布列讷的贵族学校。在这里与拿破仑往来的都是一些在他面前讥讽他穷苦，而极力夸耀自己富有的同学。这种讥讽行为，虽然引起了他的愤怒，但是他却无从选择，只能一筹莫展，屈服在威势之下。后来拿破仑实在受不了了，他写信给父亲，说道："为了忍受这些外国孩子的嘲笑，我实在疲于解释我的贫困了，他们唯一高于我的便是金钱，而至于说到高尚的思想，他们是远在我之下的。难道我应当在这些富有高傲的人面前谦卑下去吗？"

"虽然我们没有钱，但是你必须在那里读书。"这是他父亲的回答。这使他在这所学校忍受了 5 年的痛苦。但是每一种欺侮，每一种嘲笑，每一种轻视的态度，都使他增加了决心，他发誓要做给他们看看，他要告诉这些人，自己确实是高于他们的。他是如何做的呢？这当然不是一件容易的事。他一点也不空口自夸，他只在心里暗暗计划，决定利用这些没有头脑但却傲慢的人作为桥梁，去使自己得到富有、得到技能、得到名誉的地位。

等他到了部队的时候，他看见他的同伴们正在利用多余的时间赌博和追求女人。而他那不受人喜欢的身材使他决定改变方针，用埋头读书的方法，去努力跟这些人竞争。对他来讲，读书是和呼吸一样自由的。因为他可以不花钱在图书馆里借书读，这使他得到了很大的收获。他并不是以读书来消遣自己的烦恼，也不是读些没有意义的书，他读书是为了自己的理想和将来做准备。他下定决心要让全天下的人知道自己的才华。因此，在他选择图书时，也就是以这种决心作为选择的范围。平时他住在一个既小又闷的房间内。在这里，他脸无血色，而且沉闷、孤寂，但是他一点也不在乎这些，只是不停地读书。他经常将自己想象成是一个总司令。他将科西嘉岛的地图画出来，在地图上清楚地指出哪些地方应当布置防范，这些都是用数学的方法精确地计算出来的。他的数学才能也因此获得了提高，这使他第一次有机会表现自己能做什么。

拿破仑的长官看见拿破仑的学问很好，便派他在操练场上执行一些工作，这是需要极其复杂的计算能力的。他的工作做得极好，于是长官又给了他新的机会，拿破仑慢慢地开始走上有权势的道路了。这时，一切情形都改变了。以前嘲笑他的人，现在都涌到他面前来，想分享一点他得的奖励金；从前轻视他的，现在都希望成为他的朋友；从前讽刺他的人，现在也都改为尊重他。现在，这些人都变成了拿破仑的忠心拥戴者。

可见，自卑的心理就是促使一个人在人生道路上常走下坡路，加速自身衰老的催化剂。因此，希望健康的人如果想要防止早衰，就应像拿破仑那样，摒弃自卑心理，客观地分析自我，认识自我，热爱自我，树立起生活的勇气。

犹太人认为，自卑心理严重的人，并不一定就是他本人具有某种缺陷或短处，而是常把自己放在一个低人一等的位置，不能容纳自己，自惭形秽，不被别人喜欢，进而演绎成被别人看不起的位置，并由此陷入不可自拔的境地。他们经常给孩子们讲下面这个例子来教育他们不要自卑。

美国总统罗斯福是一个有缺陷的人，小时候是一个脆弱且胆小的学生。他在学校课堂上动不动就显露出一种惊惧的表情。他呼吸就好像喘大气一样。如果被喊起来背诵，他的嘴唇立即会颤动不已，双腿发抖，回答问题含含糊糊，吞吞吐吐，然后会颓然地坐下来。由于牙齿的暴露，难堪的境地使他更没有一个好的姿态。

虽然罗斯福有这方面的缺陷，但他却有一种积极奋斗的精神。事实上，正是这些缺陷才促使他更加努力奋斗。他没有因为同伴对他的嘲笑而气馁。他喘气的习惯变成了一种坚定的嘶声。他咬紧自己的牙床，用坚强的意志，使嘴唇不颤动而克服心里的惧怕。没有一个人能比罗斯福更了解自己，他清楚地知道自己身体上的种种缺陷。他从来不欺骗自己，也从不认为自己是勇敢、强壮的。但是他能用自己的行动来证明自己是可以克服先天的障碍而得到成功的。凡是他能够克服的缺点他便克服，不能克服的他便加以利用。通过演讲，他学会了如何利用一种假声，掩饰他不被人喜欢的姿态，以及他那无人不知的龅牙。虽然他的演讲中并不具有任何惊人之处，但他不因自己的姿态和声音而认为自己是失败的。他没有洪亮的声音或是威严的姿态，他也不像有些人那样具有惊人的辞令，然而在当时，他却是最有震撼力的演说家之一。

由于罗斯福没有在自己的缺陷面前消沉和退缩，而是全面、充分地认识自己。在意识到自我缺陷的同时，能做到不气馁，能正确地评价自己，在顽强之中抗争，甚至将它加以利用，将这些缺憾变为资本，变为扶梯而登上名誉巅峰。后来，到了罗斯福晚年的时候，很少有人知道他曾经有过这些严重的缺憾。

故事中的罗斯福克服了自身的困难及自卑心理，最终取得了成功。我们知道，自卑的人做事缺乏信心，没有自信，优柔寡断，毫无竞争意识，享受不到成功的喜悦和欢乐，因而感到疲劳，心灰意冷。他们终日郁郁寡欢，心情低沉，常常因害怕别人瞧不起自己而不愿与别人来往，只想与人疏远。他们缺少朋友，甚至内疚、自责和自罪。因此要时刻提醒自己：我能行！

曾长期担任菲律宾外长的罗慕洛穿上鞋时身高只有 1.63 米。原先，他与其他人一样，为自己的身高而自惭形秽。年轻时，他也穿过高跟鞋，但这种方法终令他不舒服，主要是精神上的不舒服。他感到自欺欺人，于是便把高跟鞋扔了。后来，在他的一生中，他的许多成就却与他的"矮"有关，也就是说，矮促使他成功。以致他说出这样的话："但愿我生生世世都做矮子。"1935 年，大多数的美国人都不晓得罗慕洛是什么人。那时，他应邀到圣母大学接受荣誉学位，并且发表演讲。那天，高大的罗斯福总统也是演讲人，演讲结束后，罗斯福笑吟吟地怪罗慕洛"抢了美国总统的风头"。

更值得回味的是，1945 年，联合国在旧金山举行创立会议。罗慕洛以无足轻重的菲律宾代表团团长身份，应邀发表演说。讲台差不多和他一般高。等大家静下来，罗慕洛庄严地说出一句："我们就把这个会场当作最后的战场吧。"这时，全场顿时寂然，接着爆发出一阵掌声。最后，他以"言辞和思想比枪炮更有力量、维护尊严……唯一牢不可破的防线是互助互谅的防线"结束演讲时，全场响起了雷鸣般的掌声。后来，他分析道：如果大个子说这番话，听众可能客客气气地鼓一下掌，但是菲律宾那时离独立还有一年，自己又是矮子，由他来讲，就有意想不到的效果。从那天开始，小小的菲律宾在联合国中就被各国当作资格十足的国家了。

这件事以后，罗慕洛认为矮个子比高个子有着天赋的优势。矮子起初总被人轻视，等到后来有了表现，别人就觉得出乎意料，不由得佩服起来。在人们的心目中，平常的事一经他手，也就有了惊天破石的效果。身为"矮子"的罗慕洛的成功之处，就在于承认缺点，却又超越缺点，把它化为发展自己的机会。

罗慕洛由于不自卑，而且能够充分利用自己的缺点，使其转化为优点，取得了成功。我们知道，由于自卑的人大脑皮层长期处于抑制状态，中枢神经系统处于麻木状态，导致体内各器官的生理功能也不能得到充分的调动，不能发挥各自应有的作用；与此同时，他们的分泌系统的功能也因此失去常态，有害激素随之分泌增多；免疫系统失去灵性，抗病能力下降，从而使人的生理过程发生改变，出现各种病症，如头痛，乏力，反应迟钝，记忆力减退，食欲不振，焦虑，性功能低下等，这些表现也都是身体衰老的征兆。因此，要像罗慕洛那样，勇于战胜自卑心理。犹太人在这方面是这样教育孩子的。他们认为要让孩子克服自卑感，要做到如下几点：

（1）观察自己的自卑感是由什么原因造成的。你会发现原来自己的自我主义、胆怯心、忧虑及自认比不上他人的感觉小时候就已存在，而自己和家人、同学、朋友之间的摩擦往往是由自卑的消极心态造成的。若对此能有所了解，则你就等于已经踏出克服自卑感的第一步了。为了证明你不再是小孩，若能将小时候不愉快的记忆从内心清除，即表示你向前迈进了一步。通过辩证、全面地看待自身情况和外部评价，认识到人并不是神，不可能十全十美，也不可能全知全能这一现实。人的价值追求，主要体现在通过自身的努力达到力所能及的目标，而不是片面地追求完美无缺。对自己所遇到的挫折，无论什么时候都应该持理智的态度，既不能自欺欺人，也不能将其视为天塌地陷，而应该以积极的方式面对这些挫折，这样才会有效地消除自卑。

（2）用自己的行动证明自身的能力与价值。要看一个人有没有价值，用不着进行什么深奥的思考，也用不着问别人。原则就是，有人需要你，你就有价值；你能做事，你就有价值；你能做成多大的事，你就有多大的价值。因此，你可先选择一件自己较有把握也较有意义的事情去做，做成之后，再去找一个目标。这样，你就可以不断取得成功的喜悦，又在成功的喜悦中不断走向更高的目标。每一次成功都将弱化你的自卑感，强化你的自信心，一连串的成功则会使你的自信心趋于巩固。当你切切实实地感觉到自己能干成一些事情时，你还有什么理由怀疑自己的价值呢？

（3）全面了解自己，正确评价自己。不妨将自己的兴趣、嗜好、能力和特长全部列出来，哪怕是很细微的东西也不要忽略。然后再和其他同龄人做一比较。通过全面、辩证地看待自身情况和外部世界，认识到凡人都不可能十全十美，人的价值主要体现在通过自己的努力，达到力所能及的目标，对自己的弱项和遭到失败持理智态度。既不能自欺欺人，又不看得过于严重，而是以积极态度应对现实，这样自卑便失去了温床。

（4）对自己的自卑进行心理分析。这种方法可在心理医生的帮助下进行。具体做法就是通过自由联想和对早期经历的回忆，分析找出导致自卑心态的深层原因。并让自己明白自卑情结是因为某些早期经历而形成的，并深入潜意识，一直影响着自己的心态，而实际上目前的自卑感是建立在虚幻的基础上的，与自己的现实情况无关，因而是没有必要的。这样就可以从根本上瓦解自卑情结。

（5）从另一个方面弥补自己的弱点。一个人有着多方面的才能，社会的需要和分工更是万象纷呈。一个人这方面有缺陷，便可从另一方面谋求发展。一个身材矮小或过于肥胖的人，可能当不成模特和仪仗队员，可是这世界上对身材没有苛刻要求的工作多得是。一个人只要有了积极心态，扬长避短，将自己的某种缺陷转化为自强不息的推动力量，也许你的缺陷不但不会成为你的障碍，反而会成为你的福音。因为它会促使你更加专心地关注自己选择的发展方向，往往能促成你获得超出常人的发展，最终成为超越缺陷的卓越人士。这方面的著名事例数不胜数，如身短耳聋的贝多芬、下肢瘫痪的罗斯福、身材矮小的拿破仑、少年坎坷艰辛的巨商松下幸之助，这些人要么有自身缺陷，要么有家庭缺陷，但他们都成了卓越人士，都从某个方面改变了世界。

（6）要勇敢地面对自己的恐惧。一定要记住，对自己绝不可放纵，应该正视自己的问题，从正面去试着解决问题。譬如你害怕在众人面前发表意见，就应多在大庭广众前与人交谈；如果你为了加薪问题想找上司谈判，但因心生胆怯，事情一拖再拖无法获得解决，那么你不妨一鼓作气走到上司面前，开门见山地要求加薪，相信结果一定比你想象的还好。因此，如果你现在心里有尚未完成而需要完成的事，切勿迟疑，赶快展开行动吧！

（7）转移注意力。一个人既不可能十全十美也不可能一无是处。不要老关注自己的弱项和失败，而应将注意力和精力转移到自己最感兴趣，也最擅长的事情上去，从中获得的乐趣与成就感将强化你的自信，驱散你自卑的阴影，缓解你的心理压力和紧张。

（8）投入各项活动。将注意力转移到自己感兴趣也最能体现自己价值的活动中去。可通过致力于书法、绘画、写作、制作、收藏等活动，从而淡化和缩小弱项在心理上的自卑阴影，缓解心理的压力和紧张。每当做好一件工作，你便能获得进一步的信心；而有了信心，又可为你带来物质上的报酬，使你获得别人的赞美，进而得到心理上的满足。这些连续美好的反应，是让你走上成功的推进器，使你爬得更高，看得更远，彻底发挥所长，并获得自己想要的事物。

（9）悦纳自己。每个人的成长经历不同，表现的风格也不一样，不可能存在唯一"好"的模式。在你身上的一些问题，其实可能就是你的特点，是构成你独特风格的一部分。学会接受自己，悦纳自己。因为这些特点是由许多方面的因素所形成的，它是难以完全改变的，也是没有必要改变的。相反，能保持整个个性协调，展示个人的风采，你的人生会变得更加美丽。

最后，通过自己的努力奋斗，用某一方面的突出成就来补偿自身生理上的缺陷或心理上的自卑感。有自卑感就是意识到了自己的弱点，就要设法予以补偿。强烈的自卑感，往往会促使人们在其他方面有超常的发展，这就是心理学上的"补偿作用"。通过补偿的方式扬长避短，把自卑感转化为自强不息的推动力量。家长们都应该有这个意识，像犹太家长那样让孩子克服自卑。

# 只有老鹰才能飞

人能守本分，才能尽本事。就像小鸟飞翔在天空中，歌声嘹亮而悦耳，增添了大自然的生气，这就是它们的本分、本事。

本分是安分守己，本事是发挥良能为人群服务。但是有的人只想展现本事，却不知自己的本分，不愿守住本分，导致人生方向脱序违规，这实在是很可怕的事情！

一位年轻人靠着卖鱼来维生，有一天，他一面吆喝，一面环视四周，注意看是否有人来买鱼。突然，一只老鹰从空中俯冲而下，在他的鱼摊咬了一条鱼后立刻转身飞向空中。卖鱼郎很生气地大喊大叫，可是，只能无奈地看着那只老鹰越飞越高、越飞越远……

他气愤地自言自语："可惜我没有翅膀，不能飞上天空，否则一定不放过你！"那天他回家时，经过一座地藏庙，他就跪在地藏庙前，祈求地藏王菩萨保佑他变成老鹰，能展翅飞翔于天空。从此以后，他每天经过地藏庙，都会如此殷切地祈求。一群年轻人看到他天天向菩萨祈求，就很好奇地相互讨论，其中一人说："这位卖鱼的人，每天都希望能变成一只老鹰，可以飞上天空。"另一人就说："哎哟！他傻傻地祈求，要求到何时？不如我们来作弄作弄他！"大家交头接耳，想了一个方法要欺负他。

第二天，其中一位年轻人先躲在地藏菩萨像的后面。卖鱼郎来了，照样虔诚地祈求、礼拜，这时，躲在菩萨像后面的那位年轻人就说："你求得这么虔诚，我要满足你的愿，你可以到村内找一棵最高的树，然后爬到树上试试看。"卖鱼郎以为真的听到地藏菩萨的指示，非常欢喜，赶快跑进村里找到一棵最高的树，然后爬到树上。那棵树实在太高了。他越往上爬，越觉得担心。他爬上树顶，向下看——"哇！这么高！我真的能飞吗？"那群年轻人也跟着来了，他们在树下故意七嘴八舌地喊道："你们看，树上好像有一只大老鹰，不知道它会不会飞？""既然是老鹰，一定会飞嘛！"卖鱼郎心里很高兴，他想：我果然已变成一只老鹰了！既然是老鹰，哪有不会飞的呢？于是展开双手，摆出展翅欲飞的架势，从树顶跳下去。可是，怎么不是向上飞，而是向下坠落呢？好怕啊！但是已经来不及了。幸好，他落在泥浆地上，陷入烂泥巴和水草之中，只受到轻伤。那些年轻人跑过来，幸灾乐祸地取笑他。他说："你们笑什么？我是两只翅膀跌断了，不是飞不起来啊！"

这故事给我们很大的警示——

一个人要守本分，才能尽本事。若只想得到大本事，却没有守好自己的本分，不自量力盲目去做超越自己能力的事，是非常危险的。所以，孩子们要时刻反省自己的信念、言行是否已偏离本分，如此才能尽本事，充分发挥良能为人群服务。总归一句话：一定要多用心啊！

# 最丑陋的是自大

世界上有很多不美丽的东西，但是其中最丑陋的便是自大。

犹太人认为，当一个人自满自大时，就会失去一个人应有的谦虚以及改过向上的念头。自满自大的人很容易犯错。因此，犹太人虽不认为自大是一种罪过，但却认为它是一种愚昧。有很多人总以为自己是世界的中心，但是周围的任何人却不可能那么重视自己，因此他厌恶别人的漠不关心，同时更为自己没有达到更高的目标而生气，于是就会产生过度的自我厌恶。在犹太人看来，这也是自大的一种。这种自我厌恶和虚荣心是互为表里的。

犹太人常说："如果自己的内心已由自己占满，就再也不会有留给神住的地方了。"因此在犹太人中，在夸奖别人之前，绝不会夸奖自己。

犹太人告诫孩子们不可自大时，常引用《圣经·创世记》作比喻：在《创世记》中，神首先分开了光明和黑暗；再分割天空和地面；并将地面划分为水和陆；然后他开始创造生物；到了最后才创造人——亚当；因此，甚至连跳蚤都比人早到这个世界，所以人有什么了不起呢？就是在动物面前，也没有耀武扬威的资格。

同时，犹太人教育孩子要谦虚，谦虚是一种美德。犹太父母告诫人们说："即使是一个贤人，只要他炫耀自己的知识，他就不如一个以无知为耻的愚者。"

中国古代也流传着一个有关做人要谦虚，不要狂妄自大的故事，相信很多人都知道。

　　从前，有个小国，国土面积极小，人口稀少、土地贫脊，物产也极少。可是那个国家的国王却非常骄傲，自以为他所统治的国家是天下唯一的大国。有一次，一个国土面积大概是该国 10 倍的大国使臣访问该国。这位国王在和使臣谈话的时候，竟不知高低地说道："你国与我的国家比起来，究竟哪个大？"所以这个故事广为流传，用来比喻妄自尊大的人。

　　自大者不知天多高，地多厚，也不知道山外有山，天外有天，盲目自高自大。

　　人的某种盲目性的产生，往往是因为他们对某种事物缺乏深刻的了解。人的高傲或者自卑，也是由于他们对自身缺乏一定的了解所致。实践证明，人们只有对自己有了透彻的了解，那他才会将自己置于恰当的位置，做到有自知之明。这里，如何认识自己的角色是很重要的。

　　以一个男人为例，他们对爷奶来说是孙子，对爸妈来说是儿子，对妻子来说是丈夫，对儿女来说是爸爸，对哥姐来说是弟弟，对弟妹来说是哥哥等。再以上司乘专车外出开会为例，此时上司和司机，一个是前去参加会议，一个是为了保证参加会议者能够及时到会，二人志同道合，可谓同志；第二天饭后，二人同逛商店，相互出主意购买各自喜欢的东西，彼此可互为参谋；晚上有文艺节目，司机非常想看，可上司却想和他下象棋，司机便成全了上司的意愿，二人可谓是朋友；上司在街上遇到歹徒的纠缠，司机挺身而出，为其解除了麻烦，此时的司机可谓是上司的保镖，如此等等。类似以上角色，决不会以人的职务来划分。

　　上述事实说明，一个人的角色多种多样的，职务的角色仅是一个人众多角色中的一种。角色会随着时间、地点、条件的变化而变化，决不可能固定在一种方式上。可以说，分析自己的多种角色是人们能够做到有自知之明的思想基础，离开了这个基础要想做到自知之明是不可能的。

　　"夜郎自大"者好大喜功，属于功劳型。这里的功劳型并非真正的功劳型，是专指那种自以为对某个领导成员的任命等帮过"大忙"的人，例如说些好话，拉了选票等。这种人视野很狭窄，闭口不讲受命者的功绩和才干，看不到组织的力量，无视群众的作用，常常在人们面前借今夸其谈以炫耀自己。因他也曾说些好话，拉过选票，所以就"居功自傲"，甚至使领导受之驾驭。一旦被驾驭，就可能会在工作的协调中失去平衡，先是在部属中，继而在领导成员中形成积怨，经常导致新的矛盾。功劳型的人将自己应享受的民主权力当作要挟领导的资本，一旦目的达不到，就会散布不满情绪，腐蚀领导班子的团结。

　　此外，犹太人还对自大的危险提出了警告："金钱是自大的捷径，而自大是罪恶的捷径。"

　　犹太家长时常告诫孩子：不把内在显现给别人看的人，才是最聪明的人。不自大，也是犹太民族处世技巧之一。

# 荣誉的圣殿

在人生的旅途中谁都不会一帆风顺。在遇到被拒绝、挫败等事情时，不要太早放弃努力，也许你与成功就差这一点坚持的距离。一切都是暂时的状态，对此我们要对自己说："我只是还未成功。"切莫因放弃而与荣誉失之交臂。

凡尔纳是享誉世界的法国著名科幻小说家，但是在他成名之前可谓饱尝挫败的滋味。凡尔纳的父亲是一名颇有成就的律师，正因为此，父亲希望他能够子承父业，然而这并不是凡尔纳的兴致所在。

他从小喜欢幻想，爱海洋，也爱冒险，一次他偷偷地报名作为海上见习生想航行印度，但计划未能如愿，因为他的行踪被家人获悉。回到家后等待他的是一顿猛烈的拳头。从此，凡尔纳开始了他的幻想之旅，利用想象来表达他眼中的世界。"天将降大任于斯人也"，一个伟大作家的诞生注定要一波三折。

1863 年冬天的一个上午，凡尔纳刚吃过早饭，正准备到邮局去，突然听到一阵敲门声，凡尔纳开门一看，原来是一个邮政工人。工人把一包鼓囊囊的邮件递到了凡尔纳的手里。一看到这样的邮件，凡尔纳就预感到不妙，自从他几个月前把他的第一部科幻小说《乘气球五周记》寄到各出版社后，收到这样的邮件已经是第 14 次了，他怀着忐忑不安的心情拆开一看，上面写道："凡尔纳先生：尊稿经我们审读后，不拟刊用，特此奉还——××出版社。"每看到这样一封封退稿信，凡尔纳都是心里一阵绞痛：这次是第 15 次了，还是未被采用。

凡尔纳此时已深知，对于出版社的编辑来说，一个籍籍无名的作者是多么微不足道。他愤怒地发誓，从此再也不写了，他拿起手稿向壁炉走去，准备把这些稿子付之一炬。凡尔纳的妻子赶过来，一把抢过手稿紧紧抱在胸前，此时的凡尔纳余怒未息，说什么也要把稿子烧掉。他妻子急中生智，以满怀关切的感情安慰丈夫："亲爱的，不要灰心，不妨再试一次，也许这次能交上好运的。要知道在荣誉的大道上，从来没有放弃的容身之处。"听了这句话以后，凡尔纳抢夺手稿的手，慢慢放下了，他沉默了好一会儿，然后接受了妻子的劝告，又抱起这一大包手稿到第 16 家出版社去碰运气。

这次没有落空，读完手稿后，这家出版社立即决定出版此书，并与凡尔纳签订了 20年的出版合同。

没有他妻子的开导，没有永不放弃的精神，我们也许根本无法读到凡尔纳笔下那些脍炙人口的科幻故事，人类就会失去一份极其珍贵的精神财富。

# 屡败屡战的菲尔德

人生在世，不可能事事如愿。遇见了什么失望的事情，你也不必灰心丧气。你应当下个决心，想法子争回这口气才对。

当塞洛斯·W.菲尔德从商界引退的时候，他已经积累了大量的财富。而这时他却对在大西洋中铺设海底电缆这一构想产生了极大的兴趣，这样一来欧洲和美洲就能建立电报联系。塞洛斯·W.菲尔德倾其所有来完成这一事业。前期的准备工作包括建造一条从纽约到纽芬兰的圣约翰的电话线路，全长1600多公里。这其中有600多公里需要穿过一片原始森林，为此他们不得不在铺设电话线的同时修建一条穿越纽芬兰的道路。这条线路中还有200多公里要通过法国的布列塔尼，建设者们在那儿也投入了大量的人力。与此相同的还有铺设通过圣劳伦斯的电缆。

通过艰苦的努力，塞洛斯·W.菲尔德得到了英国政府对他的公司的援助。但是在国会里，他遭到了一个很有影响力的团体的强烈反对，在参议院表决时，塞洛斯·W.菲尔德的方案仅以一票的优势勉强获得通过。英国海军派出了驻塞瓦斯托波尔舰队的旗舰阿伽门农号来铺设电缆，而美国则由新建的护卫舰尼亚加拉号来承担这一工作。但是由于一次意外，已铺设了8公里长的电缆卡在了机器里，被折断了。在第二次实验中，船只驶出300多公里时，电流突然消失了，人们在甲板上焦急沮丧地来回走动，似乎死期就要来临。正当菲尔德先生要下令切断电缆的时候，电流就像它消失时那样，突然又神奇地恢复了。接下来的一个晚上，船只以每小时6公里的速度移动，而电缆以每小时10公里的速度延伸，但由于刹车过于突然，船只猛烈地倾斜了一下，电缆又被卡断了。

菲尔德不是一个轻言放弃的人。他重新购买了1100多公里长的电缆，委托一位精通此行的专家设计一套更好的铺设电缆的机器设备。美国和英国的发明家齐心协力地工作，最后决定从大西洋中央开始铺设两段电缆。于是两艘船开始分头工作，一艘往爱尔兰方面，另一艘驶往纽芬兰，每艘船都各自承担一头的铺设工作。大家希望这样能够把两个大陆连接起来。就在两艘船相距5公里时，电缆断了。人们重新连上了电缆，但是当两艘船相距120多公里时，电流又消失了。电缆再次连上了，大约又铺设了300公里之后，在距阿伽门农号不远处，不幸电缆又断了，阿伽门农号随即返回了爱尔兰海岸。

项目负责人都感到非常沮丧，公众开始怀疑，投资商开始退却。如果不是菲尔德先生不屈不挠、夜以继日、废寝忘食地工作，说服众人，整个工程项目早就被放弃了。终于开始了第三次尝试，这一次成功了，整条电缆线顺利地完成铺设。几个信号在大西洋上传送了将近 1000 多公里之后，电流突然中断了。

很多人都失去了信心，只有菲尔德先生和他的一两个朋友仍然对此抱有希望。他们继续坚持工作，并且说服了人们继续投资进行试验。一条崭新的更为高级的电缆由大东部号负责铺设。大东部号慢慢地驶向大西洋，一边前进一边铺设。一切都进行得很顺利，直到距离纽芬兰 1000 公里处，电缆突然折断沉入海底。几次捞起电缆的尝试都失败了，这一项目也因此停顿了将近一年。

但是菲尔德先生并没有被这些困难吓倒，他继续为自己的目标努力。他组建了新公司，并制造了一条当时最为先进的电缆。1866 年 7 月 13 日，试验开始了，这一次成功地向纽约传送了信息，全文如下：

无比满足，7 月 27 日。

我们于早上 9 点到达，一切顺利。感谢上帝！电缆铺设成功，运行良好。

塞洛斯·W. 菲尔德

那条旧的电缆也找到了，重新连接起来，通往纽芬兰。这两条线路现在仍在使用，而且将来也会继续使用。

# 不断地自我挑战

每个人成长的道路都不可能是一帆风顺的，但为什么有的人在不平坦的人生道路上摘取了迷人的桂冠，而有的人却碌碌无为呢？成功者之所以取得了成功，就在于他们在人生的旅程中，选择了努力作为人生和生命的支点，直到登上了理想的高峰。

海伦刚出生的时候，是个正常的婴孩，能看、能听，也会咿呀学语。可是，一场疾病使她变成既盲又聋的小聋哑人，那时，小海伦刚刚 1 岁半。

这样的打击，对于小海伦来说无疑是巨大的。每当遇到稍不顺心的事，她便会乱敲乱打，野蛮地用双手抓食物塞入口里。若试图去纠正她，她就会在地上打滚，乱嚷乱叫，简直是个十恶不赦的"小暴君"。父母在绝望之余，只好将她送至波士顿的一所盲人学校，特别聘请沙莉文老师照顾她。

在老师的教导和关怀下，小海伦渐渐地变得坚强起来，在学习上十分努力。

一次，老师对她说：希腊诗人荷马也是一个盲人，但他没有对自己丧失信心，而是以刻苦努力的精神战胜了厄运，成为世界上最伟大的诗人。如果你想实现自己的追求，就要在你的心中牢牢地记住"努力"这个可以改变你一生的词，因为只要你选对了方向，而且努力地去拼搏，那么在这个世界上就没有比脚更高的山。

老师的话，犹如黑夜中的明灯，照亮了小海伦的心，她牢牢地记住了老师的话。

从那以后，小海伦在所有的事情上都比别人多付出了 10 倍的努力。

在她刚刚 10 岁的时候，名字就已传遍全美国，成为残疾人士的模范，一位真正的强者。

1893 年 5 月 8 日，是海伦最开心的一天，这也是电话发明者贝尔博士值得纪念的一日。贝尔在这一日建立了著名的国际聋人教育基金会，而为会址奠基的正是 13 岁的小海伦。

若说小海伦没有自卑感，那是不正确的，也是不公正的。幸运的是她自小就在心底里树起了颠扑不灭的信心，完成了对自卑的超越。

小海伦成名后，并未因此而自满，她继续孜孜不倦地努力学习。1900 年，这个年仅 20 岁，学习了指语法、凸字及发声，并通过这些方法获得超过常人知识的姑娘，进入了哈佛大学拉德克利夫学院学习。

她说出的第一句话是："我已经不是哑巴了！"她发觉自己的努力没有白费，兴奋异常，不断地重复说："我已经不是哑巴了！"

在她 24 岁的时候，作为世界上第一个受到大学教育的盲聋哑人，她以优异的成绩毕业于世界著名的哈佛大学。

海伦不仅学会了说话，还学会了用打字机著书和写稿。她虽然是位盲人，但读过的书却比视力正常的人还多。而且，她写了 7 册书，她比正常人更会鉴赏音乐。

海伦的触觉极为敏锐，只需用手指头轻轻地放在对方的嘴唇上，就能知道对方在说什么；她把手放在钢琴、小提琴的木质部分，就能"鉴赏"音乐；她能以收音机和音箱的振动来辨明声音，还能够利用手指轻轻地碰触对方的喉咙来"听歌"。

如果你和海伦·凯勒握过手，5 年后你们再见面握手时，她也能凭着握手认出你来，知道你是美丽的、强壮的、幽默的，或者是满腹牢骚的人。

这个克服了常人"无法克服"的残疾的人，其事迹在全世界引起了震惊和赞赏。她大学毕业那年，人们在圣路易博览会上设立了"海伦·凯勒日"。

她始终对生命充满了信心，充满了热爱。

在第二次世界大战后，海伦·凯勒以一颗爱心在欧洲、亚洲、非洲各地巡回演讲，唤起了社会大众对身体残疾者的注意，被《大英百科全书》称颂为有史以来残疾人士最有成就的由弱而强者。

美国作家马克·吐温评价说："19 世纪中，最值得一提的人物是拿破仑和海伦·凯勒。"身受盲聋哑三重痛苦，却能克服残疾并向全世界投射出光明的海伦·凯勒，以及她的老师沙莉文女士的成功事迹，说明了什么问题呢？答案是很简单的：如果你在人生的道路上，选择信心与热爱以及努力作为支点，再高的山峰也会被踩在脚下，你就会攀登上生命之巅。

# 哑巴与奥斯卡金像奖

人生并非一帆风顺。真正的成功者是那些在跌倒后能一次一次爬起，在苦难中毫不退缩、不言放弃的人。就像玻璃钢的杯子，哪怕摔得再多，它还是能一次又一次以自己的完好证明着自己的韧性。不倒翁并非不倒，只是它在倒了之后能重新站立！

1987 年 3 月 30 日晚上，洛杉矶音乐中心的钱德勒大厅内灯火辉煌，座无虚席，人们期盼已久的第 59 届奥斯卡金像奖的颁奖仪式正在这里举行。在热情洋溢、激动人心的气氛中，仪式一步步地接近高潮——高潮终于来到了。主持人宣布：玛莉·马特琳凭借在《上帝的孩子》中出色的表演，获得最佳女主角奖。全场立刻爆发出雷鸣般经久不息的掌声。玛莉·马特琳在掌声和欢呼声中，一阵风似的快步走上领奖台，从上届影帝——最佳男主角奖获得者威廉·赫特手中接过奥斯卡金像。

手里拿着金像的玛莉·马特琳激动不已。她似乎有很多很多话要说，可是人们没有看到她的嘴动，她又把手举了起来，但不是那种向人们挥手致意的姿势，眼尖的人已经看出她是在向观众打手语，内行的人已经看明白了她的意思："说心里话，我没有准备发言。此时此刻我要感谢电影艺术科学院，感谢全体剧组同事……"

原来，这个奥斯卡金像奖最佳女主角奖获得者，竟是一个不会说话的哑女。

玛莉·马特琳不仅是一个哑巴，还是一个聋子。

玛莉·马特琳出生时是一个正常的孩子，但她在出生 18 个月后，被一次高烧夺去了听力和说话的能力。

这位聋哑女对生活充满了激情。她从小就喜欢表演。8 岁时加入伊利诺伊州的聋哑儿童剧院，9 岁时就在《盎司魔术师》中扮演多萝西。

但 16 岁那年，玛莉被迫离开了儿童剧院。所幸的是，她还能时常被邀请用手语表演一些聋哑角色。正是这些表演，使玛莉认识到了自己生活的价值，克服了失望心理。她利用这些演出机会，不断锻炼自己，提高演技。

1985 年，19 岁的玛莉参加了舞台剧《上帝的孩子》的演出。她饰演的是一个次要角色。可就是这次演出，使玛莉走上了银幕。

女导演兰达·海恩丝决定将《上帝的孩子》拍成电影。可是为物色女主角——萨拉的扮演者，使导演大费周折。他用了半年时间先后在美国、英国、加拿大和瑞典寻找，但竟然都没找到中意的。

于是她又回到了美国，观看舞台剧《上帝的孩子》的录像。她发现了玛莉高超的演技，决定立即启用玛莉担任影片的女主角，饰演萨拉。

玛莉扮演的萨拉，在全片中没有一句台词，全靠极富特色的眼神、表情和动作，揭示主人公矛盾复杂的内心世界——自卑和不屈、喜悦和沮丧、孤独和多情、消沉和奋斗。玛莉十分珍惜这次机会，她勤奋、严谨，认真对待每一个镜头，用自己的心去拍，因此表演得惟妙惟肖，让人拍案叫绝。

就这样，玛莉·马特琳实现了人生的飞翔。她成为美国电影史上第一个聋哑影后。

正如她自己所说的那样："我的成功，对每个人，不管是正常人，还是残疾人，都是一种激励。"

是的，如果你想成功，不管自身条件如何，都不能坐等和指望苍天，一切取决于自己。

# 人生总有路可走

命运并非机遇，而是一种选择；我们不该期待命运的安排，必须凭自己的努力创造命运。

1967 年夏天，美国跳水运动员乔妮·埃里克森在一次跳水事故中，身负重伤，除脖子以上，全身瘫痪。

乔妮哭了，她躺在病床上夜不能眠。她怎么也摆脱不了那场噩梦，为什么跳板会滑？为什么她会恰好在那时跳下？不论家里人怎样劝慰她、亲戚朋友们如何安慰她，她总认为命运对她实在不公。出院后，她叫家人把她推到跳水池旁。她注视着那蓝盈盈的水波，仰望那高高的跳台。她，再也不能站立在那洁白的跳板上了，那蓝盈盈的水波再也不会溅起朵朵美丽的水花拥抱她了，她又掩面哭了起来。从此她被迫结束了自己的跳水生涯，离开了那条通向跳水冠军领奖台的路。

她曾经绝望过。但是，她拒绝了死神的召唤，开始冷静思索人生意义和生命的价值。

她借来许多介绍前人如何成才的书籍，一本一本认真地读了起来。她虽然双目健全，但读书也是很艰难的，只能靠嘴衔根小竹片去翻书，劳累、伤痛常常迫使她停下来。休息片刻后，她又坚持读下去。通过大量的阅读，她终于领悟到："我是残了，但许多人残了后，却在另外一条道路上获得了成功，他们有的成了作家，有的创造了盲文，有的创造出美妙的音乐，我为什么不能？"于是，她想到了自己中学时代曾喜欢画画。"我为什么不能在画画上有所成就呢？"这位纤弱的姑娘变得坚强起来了，变得自信起来了。她捡起了中学时代曾经用过的画笔，用嘴衔着，练习画画。

这是一个多么艰辛的过程啊。用嘴画画，她的家人连听也未曾听说过。

他们怕她不成功而伤心，纷纷劝阻她："乔妮，别那么死心眼了，哪有用嘴画画的，我们会养活你的。"可是，他们的话反而激起了她学画的决心，"我怎么能让家人养活我一辈子呢"？她更加刻苦了，常常累得头晕目眩，汗水把双眼弄得咸咸的，而且辣痛，有时委屈的泪水把画纸也弄湿了。为了积累素材，她还常常乘车外出，拜访艺术大师。多年过后，她的辛勤劳动没有白费，她的一幅风景油画在一次画展上展出后，得到了美术界的好评。

不知为什么，乔妮又想到要学文学。她的家人及朋友们又劝她了："乔妮，你绘画已经很不错了，还学什么文学，那会更苦了你自己的。"她是那么倔强、自信，她没有说话，她想起一家刊物曾向她约稿，要她谈谈自己学绘画的经过和感受，她用了很大力气，可稿子还是没有写成，这件事对她刺激太大了，她深感自己写作水平差，必须一步一个脚印地去学习。

这是一条满是荆棘的路，可是她仿佛看到艺术的桂冠在前面熠熠闪光，等待她去摘取。

是的，这是一个很美的梦，乔妮要圆这个梦。终于，这个美丽的梦成了现实。1976年，她的自传《乔妮》出版了，轰动了文坛，她收到了数以万计的热情洋溢的信。两年后，她的《再前进一步》一书又问世了，该书以作者的亲身经历，告诉残疾人，应该怎样战胜病痛、立志成才。后来，这本书被搬上了银幕，影片的主角由她自己扮演，她成了千千万万个青年自强不息、奋斗不止的榜样。

# 坚持自己的选择

美丽的梦，不可因为小小的风浪而随意搁浅。许多时候，放下多余的东西，坚持自己的梦想，幸福都有希望完满。

每一个人都有各种各样的梦，但并非谁都能圆梦。

科尔和马克一起去医院看病，他们都是鼻子不舒服。在等待化验结果期间，科尔说如果是癌，立即去旅行。马克也表达了相同的意愿。

结果出来了，科尔得的是鼻癌，马克长的是鼻息肉，科尔留下了一张告别人生的计划表离开了医院，马克却住了下来，科尔的计划是：去一趟埃及和希腊，以金字塔为背影拍一张照片，在希腊参观一下苏格拉底雕像；读完莎士比亚的所有作品……

他在这生命的清单后面这样写道："我的一生有很多梦想，有的实现了，有的由于种种原因，没有实现。现在上帝给我的时间不多了，为了不遗憾地离开这个世界，我打算用生命的最后几年去实现剩下的愿望。"那一年，科尔辞掉了公司的职务，去了埃及和希腊。现在科尔正在实现他出一本书的夙愿。

一天，马克在报上看到科尔写的一篇有关生命的文章，于是打电话去问科尔的病情。科尔说："我真的无法想象，要不是这场病，我的生命该是多么的糟糕。是它提醒了我，去做自己想做的事，去实现自己想去实现的梦想。现在我才体味到什么是真正的生命和人生。你生活得也挺好吧？"

马克没有回答。他早把自己亲口说的去埃及和希腊的事放在脑后了。

人生在世，每个人最后都不可避免地走向生命的尽头，有的人走得快，有的人走得慢。而走得快的人，为了把自己未完的事情做完，不再让生命留下遗憾，反而活出了精彩的人生。而走得慢的人，总是想着自己还有足够的时间去实现自己的人生目标，一拖再拖，直到最后仍然没有完成，碌碌无为地度过了自己平庸的一生。

# 不放弃年少时的梦想

一个有事业追求的人，可以把"梦"做得高些。虽然开始时是梦想，但只要不停地做，不轻易放弃，梦想终能成真。

有个叫布罗迪的犹太英国教师，在整理阁楼上的旧物时，发现一叠练习册，它们是皮特金中学 B（2）班 31 位孩子的春季作文，题目叫《未来我是 ××》。他本以为这些东西在德军空袭伦敦时被炸飞了，没想到它们竟安然地躺在自己家里，并且一躺就是 25 年。

布罗迪随便翻了几本，很快被孩子们千奇百怪的自我设计迷住了。比如，有个叫彼得的学生说，未来的他是海军大臣，因为有一次他在海中游泳，喝了 3 升海水，都没被淹死；还有一个说，自己将来必定是法国的总统，因为他能背出 25 个法国城市的名字，而同班的其他同学最多的只能背出 7 个；最让人称奇的，是一个叫戴维的盲人学生，他认为，将来他必定是英国的一个内阁大臣，因为在英国还没有一个盲人进入过内阁。总之，31 个孩子都在作文中描绘了自己的未来。有当驯狗师的；有当领航员的；有做王妃的……五花八门，应有尽有。

布罗迪读着这些作文，突然有一种冲动——何不把这些本子重新发到同学们手中，让他们看看现在的自己是否实现了 25 年前的梦想。当地一家报纸得知他这一想法，为他发了一则启事。没几天，书信纷纷向布罗迪寄来。他们中间有商人、学者及政府官员，更多的是没有身份的人，他们都表示，很想知道儿时的梦想，并且很想得到那本作文簿，布罗迪按地址一一给他们寄去。

一年后，布罗迪身边仅剩下一个作文本没人索要。他想，这个叫戴维的人也许死了。毕竟 25 年了，25 年间是什么事都会发生的。

就在布罗迪准备把这个本子送给一家私人收藏馆时，他收到内阁教育大臣布伦克特的一封信。他在信中说："那个叫戴维的就是我，感谢您还为我保存着儿时的梦想。不过我已经不需要那个本子了，因为从那时起，我的梦想就一直在我的脑子里，我没有一天放弃过。25 年过去了，可以说我已经实现了那个梦想。今天，我还想通过这封信告诉我其他的 30 位同学，只要不让年轻时的梦想随岁月飘逝，成功总有一天会出现在你的面前。"

布伦克特的这封信后来被发表在《太阳报》上，因为他作为英国第一位盲人大臣，用自己的行动证明了一个真理：假如谁能把 15 岁时想当内阁大臣的愿望保持 25 年，那么他现在一定已经是内阁大臣了。

# 拥有积极的心态，把缺点转化为优点

把自己最弱的部分转化为最强的优势，对任何人都非常重要。

一位神父要找三个小男孩，帮助自己完成主教分配的 1000 本《圣经》销售任务。

神父觉得自己只能完成 300 本的销售量，于是他决定找几个能干的小男孩卖掉剩下的 700 本《圣经》。神父对于"能干"是这样理解的：口齿伶俐，言辞美妙，让人们欣喜地做出购买《圣经》的决定。于是按照这样的标准，神父找到了两个小男孩，这两个男孩都认为自己可以轻松卖掉 300 本《圣经》。可即使这样还有 100 本没有着落，为了完成主教分配的任务，神父降低了标准，于是第三个小男孩找到了。给他的任务是尽量卖掉 100 本《圣经》，因为第三个男孩口吃很厉害。

5 天过去了，那两个小男孩回来了，并且告诉神父情况很糟糕，他们俩总共只卖了 200 本。神父觉得不可思议，为什么两个人只卖掉了 200 本《圣经》呢？正在发愁的时候那个口吃的小男孩也回来了，他没有剩下一本《圣经》，而且带来了一个令神父激动不已的消息：他的一个顾客愿意买他剩下的所有《圣经》。这意味着神父将能卖掉超过 1000 本的《圣经》，神父将更受主教青睐。

神父彻底迷惑了。被自己看好的两个小男孩让自己失望，而当初根本不当回事的小结巴却成了自己的福星，神父决定问问他。

神父问小男孩："你讲话都结结巴巴的，怎么会这么顺利就卖掉我所有的《圣经》呢？"小男孩答道："我……跟……见到的……所有……人……说，如……果不……买，我就……念《圣经》给他们……听。"

故事中的小男孩知道自己的缺点就是口吃得厉害，所以他顺势将自己的缺点转化成了优势。所以，有的时候缺点不一定是件坏事，如果引导得好，就会把缺点转化为优点。

把自己最弱的部分转化为最强的优势，对任何人都非常重要。格兰恩·卡宁汉自小双腿因烧伤无法走路，但是他却成为奥运会历史上长跑最快的选手之一。

他认为，一个运动员的成功，85% 靠的是信心及积极的思想。换句话说，你要坚信自己可以达到目标。他说："你必须在三个不同的层次上去努力，即生理、心理与精神。其中精神层次最能帮助你，我不相信天下有办不到的事。"

拥有积极的心态，就能使一个人将自己的弱点积极地转为最强的部分。这种转化的过程有点类似焊接金属一样，如果有一片金属破裂，经过焊接后，它反而比原来的金属更坚固。这是因为高度的热力使金属的分子结构结合得更为严密的缘故。

你可根据下列步骤，把自己的缺点转化为优点。

（1）孤立弱点，将它研究透彻，然后设计一个计划加以克服。

（2）详细列出你期望达到的目标。

（3）想象一幅将你自己的弱势变成强势的景象。

（4）立即开始成为你希望成为的强人。

（5）在你的最弱之处，采取最强的步骤。

# 想到更要做到

古希腊哲学家德谟克利特说："一切都靠一张嘴来谈理想而丝毫不实干的人，是虚伪和假仁假义的。"唯有做到理想与行动二者合一，才有可能让梦境全部实现。

安妮是大学里艺术团的歌剧演员。在一次校际演讲比赛中，她向人们展示了一个最为璀璨的梦想：大学毕业后，先去欧洲旅游一年，然后要在纽约百老汇中成为一名优秀的主角。

当天下午，安妮的心理学老师找到她，尖锐地问了一句："你今天去百老汇跟毕业后去有什么差别？"安妮仔细一想："是呀，大学生活并不能帮我争取到去百老汇工作的机会。"于是，安妮决定一年以后就去百老汇闯荡。

这时，老师又冷不丁地问她："你现在去跟一年以后去有什么不同？"安妮苦思冥想了一会儿，对老师说，她决定下学期就出发。老师紧追不舍地问："你下学期去跟今天去，有什么不一样？"安妮有些晕眩了，想想那个金碧辉煌的舞台和那双在睡梦中萦绕不绝的红舞鞋，她终于决定下个月就前往百老汇。

老师乘胜追击地问："一个月以后去跟今天去有什么不同？"安妮激动不已，她情不自禁地说："好，给我一个星期的时间准备一下，我就出发。"老师步步紧逼："所有的生活用品在百老汇都能买到，你一个星期以后去和今天去有什么差别？"

安妮终于双眼盈泪地说："好，我明天就去。"老师赞许地点点头，说："我已经帮你订好明天的机票了。"第二天，安妮就飞赴到全世界最巅峰的艺术殿堂——美国百老汇。当时，百老汇的制片人正在酝酿一部经典剧目，几百名各国艺术家前去应征主角。按当时的应聘步骤，是先挑出10个左右的候选人，然后，让他们每人按剧本的要求演绎一段主角的对白。这意味着要经过百里挑一的两轮艰苦角逐才能胜出。安妮到了纽约后，并没有急着去漂染头发、买靓衫，而是费尽周折从一个化妆师手里要到了将排的剧本。这以后的两天中，安妮闭门苦读，悄悄演练。正式面试那天，安妮是第 48 个出场的，当制片人要她说说自己的表演经历时，安妮粲然一笑，说："我可以给您表演一段原来在学校排演的剧目吗？就一分钟。"制片人首肯了，他不愿让这个热爱艺术的青年失望。而当制片人听到传进自己鼓膜里的声音，竟然是将要排演的剧目对白，而且，面前的这个姑娘感情如此真挚，表演如此惟妙惟肖时，他惊呆了！他马上通知工作人员结束面试，主角非安妮莫属。就这样，安妮来到纽约的第一天就顺利地进入了百老汇，穿上了她人生中的第一双红舞鞋。

# 第九章

# 勤奋：重视人生的每一步奋斗

## 榜样的力量是无穷的

犹太人在教育子女时，总是鼓励他们树立自己可以效仿的榜样，像他们一样拼搏奋斗实现自己的目标，被视为榜样的既包括犹太传统中的成功商人，也包括各个领域的专家学者，但不管是谁，犹太父母都会辅导孩子结合自己的天赋和能力，树立恰当的榜样。

犹太父母告诉孩子树立榜样时首先观察要被树为榜样的这个人是否真的值得学习、效仿，因为一旦发现原来自己的榜样盛名之下，其实难符，孩子幼小的心灵会受到极大的伤害，影响他们正常世界观的形成。犹太儿童经常听大人们讲这个故事：

在一个寂静的夜晚。黑暗中，一只色彩绚烂的流浪汉——蝴蝶，没有目标地乱闯。忽然，它发现远方有一点点火光。"那是什么啊？"被火光迷惑的蝴蝶好奇地问。它想都不想就向火光快速地飞去。它靠近了火光，兴奋地绕着火焰飞翔。啊，多么美丽哟！不过，蝴蝶不满足于只欣赏一下火焰，它还想品尝一下，就像吮吸田野上的花蜜一样。它姿势优美地停在了半空，准备落在火焰上。啊！多么可怕的教训！它惊恐地一跳，逃开了。在火光的照耀下，蝴蝶发现自己缺了一条腿，还有非常漂亮的翅膀尖儿也被烧焦了。"这是怎么了？我遇到了什么事？"蝴蝶不知道是什么原因导致这一切的发生。这么美丽的"光亮"还能令人感到遗憾？真是难以想象！蝴蝶带着这种疑虑，休息了一会儿，等恢复了力气，又重新开始"品尝"。被火光迷惑的蝴蝶，眼睛紧紧地盯着窜跳的火焰，怀着占有它的决心，一头扎进了火焰。蝴蝶没有遇到任何东西的阻拦，一下子跌在油灯的油盆里。生命弥留之际，蝴蝶低声地嘀咕："可恶的火焰！我渴望你给我带来光亮、带来幸福，而你却只给我死亡！我现在唯一能做的就是为自己疯狂的梦想哭泣！可惜，我明白得太晚了，是你使我遭遇不幸！"火焰听见蝴蝶的抱怨，心平气和地回答道："可悲的蝴蝶，我可不是你想象的太阳！我是火焰。你知道么？火焰！不谨慎的人不但不会使用我，而且还会自焚！"

犹太父母用这则寓言教育孩子们：崇拜带光环的偶像，可能跟蝴蝶一样跌跟头。告诉他们无论在学习，还是在自己的成长过程中，都要选对榜样，不能像故事中的蝴蝶一样，错把火焰当作自己的偶像，结果送了性命。选对榜样并且从自己做起，从身边做起，才能离目标越来越近。

从很古很古的时代起，鹰王就被认为是价值、尊严和权力的象征。它的形象被波斯人、罗马人、波兰人、德国人、奥地利人和西班牙人用作国徽。

有一只高傲的鹰王，在他年老的时候，选择了最高峰作为住所，并在那里独居多年。一天，他感到死期将近，就把所有的孩子叫到自己身边。等他们聚齐了，鹰王一个一个地看过他们，说："我养育你们，目的是为了让你们从小就有能力看太阳。我把那些视力低下的孩子——你们的兄弟们都饿死了，因此，你们有资格，也有能力比其他鸟类飞得更高。所有不愿意送死的鸟，从来不会靠近你们的巢。"孩子们恭恭敬敬地听着鹰王的教诲，不断地点着他们高傲的头颅。停了片刻，鹰王继续说道："所有的野兽都应该惧怕你们，但是，你们不能伤害尊敬你们的野兽，并且应该把你们吃剩的食物让给他们吃。""是的，我们遵命……"所有的鹰一齐低声回答。"我马上就要离开你们了，"鹰王说，"但是，我绝不会死在巢里，我要飞向那辽阔的苍穹，飞到双翅能把我带到的天空，我要飞向那万能的太阳。假如能飞到那里，就让太阳的光焰焚烧我的羽毛，我再飞速地冲向地面，跃进大海。在大海中，我会神奇地复活和恢复青春，获得新生。这就是鹰的天性，这就是我们高贵的命运。"讲完之后，鹰王就开始飞行。他庄重、威严地先围绕孩子们居住的高峰飞了一圈。接着，他猛然向高空飞去，以便让太阳的光辉焚烧那一双疲劳的翅膀。

从鹰王那里，孩子们学到了宝贵的尊严。故事中的鹰王选择最高贵、最勇敢的方式结束自己的生命，他用自身的行动为后来的山鹰们树立一道丰碑，成为他们的楷模。

"榜样的力量是无穷的。"对青少年来说这一点更为重要，孩子的年龄越小，榜样的感染力就越大。犹太人对这个问题是这样看的。他们认为，孩子出生以后，首先接触的就是父母及其家庭成员，其最初形成的行为习惯几乎都是从模仿家长而来的。因此，家长要特别重视榜样对孩子的巨大影响作用，时时处处给孩子树立好榜样。苏联的著名教育家马可连柯曾经讲过："一个家长对自己的要求，一个家长对自己家庭的尊重，一个家长对自己每一行为举止的注重，就是对子女最首要的、也是最重要的教育方法。"如果家长处处以身作则，其一言一行就会成为子女的表率，这不仅可以提高和树立家长在子女心目中的威信，而且可以使家长牢牢地把握住教育管理子女的主动权。

所以，在日常的具体生活中，家长要时时严格要求自己，事事起模范带头作用。要求孩子做到的，家长首先要做到；要求孩子好好学习，做一名好学生，父母首先要在本职岗位上兢兢业业，做出一番成绩来；要求孩子在思想品德上和同学团结友爱，互相帮助，家长自己首先要与邻里和睦相处，友好往来，不在一些鸡毛蒜皮的小事上斤斤计较，不占小便宜，公正无私。

如果家长能始终如一地这样严于律己，就会给孩子以耳濡目染、潜移默化的影响，也就会赢得孩子的信赖与尊敬，因为家长本身的言行就是一种实实在在的巨大的教育力量。

# 试一试才知道

鼓励孩子勇于尝试，让孩子不断提升自我。

有一个故事叫《小马过河》，说的是从前有一匹小马驹，它第一次过河，但是不知道河的深浅，就去请教正在河旁的老水牛和小松鼠。老水牛对小马驹说：这条河的水很浅，可以过得去。而小松鼠却对小马驹说：这条河的水很深，过不去的。小马驹听这么一说就没了主意，跑去问妈妈，妈妈建议说：你自己下水去试试，不就明白了吗？小马驹听了妈妈的话，跑到河边小心地蹚了过去。原来河水并不像老水牛说的那么浅，也没有小松鼠说的那么深。

这个故事中的小马妈妈教育小马的方法就很得当。小马妈妈不是直接告诉小马可不可以过河，而是让小马自己去试一试，让它在这个过程中自己得出结论。这种方法与我们很多父母的"训诫"教育相比，能使孩子更深刻地体验到实践的重要性。

犹太人经常强调这一点：父母是孩子最早的老师，父母的言传身教对孩子的影响非常大。但很多父母在教育孩子时，往往只是直接灌输自己的过往经验，代替孩子回答问题，而不是启发孩子，让孩子在亲身实践中得出自己的答案。

孩子的成长过程也是认知的过程，大人的经验固然对孩子的成长有很大的帮助，但孩子的亲身体会要比大人的教诲深刻得多，即使孩子在亲身体会的过程中犯错误，我们也要允许他们犯错误，因为他们有能力去犯错误，也同样有能力改正自己的错误，在犯错误中得到正确的答案，那是最珍贵的。

犹太儿童还经常听长辈们讲这样一个故事。

很久以前，森林中的动物，不论是足智多谋的，还是勇猛强悍的，谁也弄不清楚森林里到底发生了什么灾祸，摸不清楚在那棵粗壮繁茂的古树下面隐藏着什么可怕的动物。这个消息传开之后，传闻变得越来越捉摸不定，大家议论纷纷，最后，大家都说古树下面出现了可怕的怪兽，森林动物的末日到了！动物们胆战心惊地聚在一起商量，一个个苦思冥想，最后，他们不得不求助于狐狸。他们说："狐狸老兄，你是森林动物中最善于思索最聪明的天才，请你发发善心，设法弄清楚到底发生了什么事，探听一下，古树下面到底藏着什么怪兽。"

由于动物们苦苦恳求，狐狸推辞了很久，最后，他才答应去看看。但是，狐狸根本不想为了别人的安危去冒生命危险。因此，他迟迟不肯动身。狡猾的狐狸思索了半天，决定先派自己的朋友、好奇心极强的喜鹊去看个究竟。喜鹊在古树四周飞来飞去，观察了半天，才发现在茂密的古树树叶中有两颗闪闪发光的亮点，还听到不停扇动翅膀的声音。喜鹊急急忙忙地飞回来，把所见所闻告诉狐狸，喜鹊自己也吓得胆破心惊。狐狸立刻召集森林中的动物开会，说："朋友们，我们大难临头啦！森林要毁灭啦！古树下面出现了个大怪物。目前，我们还没法看清怪兽的獠牙和鬼脸，也无法听到他的鸣叫和怒吼。不过，我可不想拿自己的生命当儿戏，我也奉劝各位，别拿自己的生命开玩笑！"狐狸的话音刚落，就夹起大尾巴，窜入密林深处逃命去了，其他动物也一窝蜂似的跟着他逃进了森林。

其实，那棵古树下并没有什么怪兽，一只大眼睛的猫头鹰在茂密的叶丛中栖息着。此时此刻的猫头鹰也感到莫名其妙，他不知为什么森林中的动物都惊恐地逃跑，也不知为什么森林变得死一般的沉寂。动物们都不能做到身体力行，不能探究问题的究竟，结果弄得自己惶惶不可终日。

孩子也是一样。孩子在日常的学习和生活当中会有许许多多的疑问。做家长的要意识到疑问是孩子求知的动力。犹太家长在孩子有了疑问的时候，先不忙着给孩子正确的答案，他们会因势利导，让孩子在疑问中探求事情的真相，借此启发孩子的探求欲望，这样，孩子的分析问题能力和解决问题能力将会得到加强。家长们都应该像犹太家长那样，鼓励孩子勇于尝试，让孩子不断提升自我。

# 五个成功小故事

有时候，成功的起点不一定是拥有未来的明确方向，而是想要改变现状。不是每一个目标都能够实现，不是每一个人都注定成功，但是，想要努力在"现在"活好的人，就一定不是失败者。

做好"现在"的事情，过好"现在"的生活，哪怕对"未来"迷茫，那么无数个正确的"现在"积累出来的道路，又能够错到哪里去呢？

一个心理学教授在一次授课中讲了几个成功的小故事。

故事一——赚钱：杰克是一个法国的小伙子，他有着法国人的浪漫特质。他觉得自己的人生就要奢华，住好的房子，穿名牌衣服，跟最美丽的姑娘约会。但是这些都需要花费很多钱，那么自己为了实现梦想，就需要努力赚大钱。在法国，他觉得没有什么赚大钱的机会，于是只身一人到了美国。经过几年的努力，他赚到了很多钱。面对成功，他说："如果我当初没有赚到钱的想法，我可能就不会有现在的成就。"

故事二——施舍：布莱克是一个小农场的主人，他虽然没有多少财富，但是他懂得施舍。每次有人遇到困难找到他，他都是尽力帮忙。有时候，他还把自己多余的东西送给真正需要的穷人。一天，一个年轻人想开一家磨房，但是缺少资金，于是布莱克给了他资金，并且不要回报。几年过去了，年轻人做大了磨房事业，拿出更多的资金帮助布莱克扩大农场规模。现在布莱克已经成了拥有上万头奶牛的大农场主，当地很多鲜奶加工企业，都用他的牛奶。

故事三——冒险：强尼从小就敢于冒险，19岁的时候，曾经一个人穿越一片森林。镇上通往外面最近的路被一条大河阻隔了，每次去外面都要绕行几十里的山路，很不方便。镇长决定要在河上修一座大桥，可是在公开招标的时候，没有一家建筑公司愿意做这个项目。因为河面太宽了，水流太湍急了，他们觉得桥墩根本不能修上去。可是强尼接了这个项目，最终他成功地把大桥修好了。这次强尼解决这么大的难题，镇上的人们都觉得他能力强，以后不管有什么项目，都找强尼来完成。

故事四——躁动：卡特在一家汽车修理厂工作，每天的工作很累，也很脏，但是却拿着很微薄的收入。卡特觉得很不满意现在的工作。于是，他辞职了，向朋友借了些钱，买了维修设备，在家门口开了一个小型的汽车修理厂。几年过去，他的修理厂规模扩大了几十倍。

故事五——贫穷：生长在贫穷家庭的艾比，因为穷怕了，一心想赚很多的钱，不想再过之前的日子。她这几年一直做推销员。一天，她在推销的过程中，发现一个老妇人，她制作的衣服装饰品很好看，还带有印第安的狂野风格。她跟老妇人学习了这门手艺活，回去之后，她招了几个工人，开始了自己的装饰品买卖。不几年，她有了固定的客户，也赚了不少钱。

教授最终总结说：成功的终点可能都一样，但是通向它的道路却有千万条，而且有一些道路的起点不一定有明确目标。

# 我可以穷

"因为我可以穷"，道出了布埃尔对艺术梦想的痴心，不因眼前的利益而放弃对信念的坚持，不会因为金钱而卖掉自己的灵魂，这是可贵的，也是可敬的。而那些以利益去诱取他人灵魂的人是可笑的，也是可悲的。

真正的成功，重要的不是懂得做什么，而是懂得不做什么。

布埃尔是一个著名的雕塑家，他非常热爱艺术，热爱他精心创作的每一个作品。

一次，一幢地标级建筑即将落成，建筑投资商和建筑师特别邀请布埃尔来给建筑物雕塑一件不朽的作品。

同时，为了表示诚意和对布埃尔的重视，他们提供了不菲的制作费，但是为了谨慎起见，他们还是先请布埃尔制作一个模型，以便能够对布埃尔的创作理念有个大致的了解。

没过多久，布埃尔的作品模型就完成了，当这件作品被送到投资商的办公桌上时，所有人都为这件令人惊艳的作品赞不绝口，同时也对布埃尔登峰造极的手笔深感佩服。

但是有一个人却与众人持有不同的意见，他认为这个作品的一些细节可能影响大楼未来的招商运营。

这个意见让投入庞大资金的投资商心神不宁。

于是，他们去找布埃尔，希望他能在大方向不变的情况下，适当对作品做一些细微的修正。但是布埃尔断然拒绝了，双方会谈陷入了僵局。

投资商对布埃尔的态度感到很意外，但是从商多年的他马上认为布埃尔这样做是为了钱，于是他趾高气扬地提醒布埃尔，如果经过修改雕塑完成后，布埃尔就依据双方合约名利双收；但是若他不同意修改，那么协议就不会达成，相应地，布埃尔将一分钱都得不到。

布埃尔对投资商的提醒嗤之以鼻，什么也没说就起身离开了，在他心里，自己的创作是独一无二、毋庸置疑的。

但是布埃尔走了几步突然停了下来，转过身问投资商和建筑师："你们知道，我为什么会成为如此知名的雕塑家吗？"

还在为布埃尔的拒绝不解的投资商此时回过神来，态度也不再趾高气扬："那还不是因为您热爱艺术，喜欢雕塑嘛！"

布埃尔冷笑了一下，反驳道："不，是因为我可以穷！"

# 成功一次不代表什么

角马和狮子的实力差别显而易见，那只是一次巧合、一次偶然，偶然不能复制。

可怜的角马却把这次成功当作自己实力的体现，以为自己真的力大无穷、动作灵敏，进而不思进取，最后成了狮子的大餐。真正的本事要靠不断地锻炼，万万不能骄傲自大，否则，一次的成功反而会导致终生的失败。

在广阔的大草原上生活着一群角马，角马头上长着一对弯弯的犄角，它们世世代代在草原上繁衍生息。

一次，角马群遭到了狮子的袭击，角马们惊慌失措，四处逃窜。眼看一只小角马就要落入狮子的口中了，情急之下，一头角马冲了过来，用犄角一顶，正好顶在了狮子的肚子上。当时也不知道哪里来的力气，角马用力一挑，狮子被甩了老高，然后一下子摔在了石头上，就这么一命呜呼了。

角马群顿时沸腾起来，欢呼一片。它们认为这只角马是大力神，是角马家族的英雄，它们让这只角马做它们的领袖，希望在它的带领下摆脱被狮子们捕食的厄运。

这样一来还真是见效。

角马杀死狮子的事情传遍了整个草原，狮子们听说了这件事情既震惊又害怕，没想到一只角马竟然这么厉害，从此它们再也不敢袭击角马了。

没有了狮子的威胁，角马们开始安逸起来。成为首领的角马也变得不思进取，它每天悠然地吃草、休息，也不去运动，慢慢地它变得越来越胖，肚子越来越大，腿越来越短，奔跑起来就像一个滚动着的肉球。

雨季过后，角马群开始迁徙，在首领的带领下成群结队地前往新的领地。当它们经过一片陌生的草原时，遇到了一头狮子。这头狮子已经饿了很久了，看到如此多的角马，口水直流。它隐蔽在枯萎的树干后面，寻找目标伺机出动。这时，角马首领进入了它的视线。这只角马又肥又大，走路缓慢，非常容易得手，还能美美地吃顿饱饭。狮子欣喜若狂，一个箭步冲上前，向角马首领发起了攻击。角马首领看到狮子袭来，心想："我可是顶死过狮子的角马，我可一点儿都不怕你！"

于是，这只肥硕的角马不但没有逃跑，反而将犄角对准狮子猛冲过去。可是身材肥胖的它动作迟缓，发起攻击的一瞬间，狮子已经扑在了它身上，一口咬在了它的脖子上，鲜血四溢。其他的角马都吓坏了，没想到大家崇敬的首领竟然被狮子一招致命，大家目瞪口呆，四处逃窜。

# 这湖里有多少桶水

在20岁的时候，觉得社会中很少有这么成功的年轻人，自己没有成功也是应该的；30岁的时候，觉得大有所成的人也很少，不成功也没有什么不好；40岁的时候，觉得大部分人都没成功，人生也不算失败……这样的人，到80岁也不会有所作为。

当我们给自己设定所谓的极限时，也就是极限出现的时候！

一天，老师带着学生们到湖边散步。

经过湖边的时候，老师看似不经意地问学生："你们谁知道这湖里有多少桶水？"

学生们很是惊讶，看着这广阔的湖面，一时不知道怎么回答。

过了一会儿，他们开始议论起来。

一个说："这么大一个湖，一桶一桶地量，那要量到什么时候？所以，湖应该是由无数桶水组成。"

另一个回答："我们可以利用数学公式，先计算出湖的体积，然后再除以桶的体积就可以知道到底有多少桶水了。"

第三个反问说："怎么计算湖的体积呢？我们根本没法计算啊！"

老师听见他们的回答，微微摇了摇头。

这时一个学生高声回答说："其实这个问题很简单，我们可以做一个假设：假如桶的大小是和湖一样大，那湖里的水就只有一桶；假如桶的大小只有湖的一半那么大，那湖里的水就有两桶；假如桶的大小只有湖水的三分之一，那湖里的水就有三桶；假如……"

老师听了这位学生的回答，满意地笑了。

这个学生就是柏拉图。

老师接着说："你们心中的桶是一成不变的，所以你们遇到问题的时候，就走向了僵化的地步。"

# 从我做起

一切都要从自己开始，寄希望于别人远远不够，与其指望别人，不如自己亲自动手。

人最爱犯的错误就是认识和观念错误，一旦观念不正确，就必然导致行为跟着错。任何人都希望别人给予帮助。在困难和危险面前，我们总在想：要是有人帮我一把有多好！于是，我们老寄希望于别人，特别是自己的朋友。但实际上，朋友再好也仅仅是朋友而已，他的心里想什么你只能去揣测，而绝对不会受你的左右，而至于那些不曾相交的一般人，就更别指望了。一般而言，人是有善心的，但是绝不是每个人都是菩萨。所以，自己不做事而寄希望于别人，自己便是天生的寄生虫；与其将希望寄托在别人身上，不如从自己开始，牢牢把握自己。这一点犹太人很早就认识到，他们也是这样教育他们的子女的。

人人都希望有一个好的家庭，在生活中获得成功与幸福；同时也希望自己有个好的工作条件和拥有一个好的祖国。这样的话，我们不怎么努力也可衣食无忧。可是，我们知道如何来创造一个良好的家庭环境、好的工作条件和富裕的国家吗？

那些显赫的家族确实令人羡慕，可我们必须知道的是，当他们的先辈创业时多半也是白手起家，靠自己的双手和智慧才赢得了这片天地。而后继者也是勤耕不辍，兢兢业业，在先辈的基础上继续前进，而绝不是坐享其成，坐吃山空。我们梦想着有个优雅舒适的工作空间，做着令人艳羡的白领或金领贵族，可是我们必须知道，这样的工作空间是靠自己不断地学习和积累经验才可能有的。同样，我们希望自己降生在一个美丽富饶繁荣的国度，可是，正如肯尼迪说的那样：不要问你的国家能给予你什么，而要问自己能为自己的祖国做些什么。如果没有一个个个体的奋斗与努力，一个国家又怎么能够繁荣与富强呢？

可是，人的天性就是对别人的过失总是很敏感，而对自己却异常的宽容，有时甚至还会强词夺理，为自己巧言辩护。人总是严格地要求自己的妻子、儿女、朋友、上司、同事、下属，却唯独不能严格要求自己。因此，人最大的一个缺点就是不能够做到以身作则，从我做起。中国有句俗话叫"正人先正己"，更告诫人们"其身正，不令而行；其身不正，虽令不从"。我们要时时反省自己，"吾日三省吾身也"，先自我批评，管好自己，然后才能推己及人。

犹太祖先这样告诫自己的子孙："最值得依赖的朋友在镜子里，那就是你自己。""人们介意他人身上些微的皮肤病，却睁眼不见自己身上的重病。""人有两片耳一张嘴，就是要人凡事应多做少说。"

可见，人首先要严格要求自己，然后才可以要求别人。路要真正自己去踩，才算真正走自己的路。叫别人走，自己不走，是毫无道理的；而踩着别人的脚后跟走，实际上是替别人走路。

犹太人在经营管理活动中，他们从来都是以身作则，先自己做好表率，然后才以自己的行动去影响感化别人，而很少有自己都没有遵守却让别人遵守的情况。或许，履行契约、遵守规章，从我做起，这些只是犹太人从我做起的比较浅层次的表现。在商业活动中，犹太商人严格遵守契约合同，哪怕这种约定是口头上的。在他们看来，既然双方达成了某种一致，就应该一丝不苟地去执行。犹太人在内心的灵魂深处，有着可贵的"慎独"精神，也就是可贵的自我反省、自我批评的精神，他们总是去问自己做了什么，应该做什么，做对了什么，却很少去要求别人该怎样。

同样，犹太人有着凡事从自己做起，善于自我反省，慎独自律的传统。他们以信守合约，遵守法律著称于世。也就是说，不管如何，都要求自己遵照契约的约定来履行自己的义务和享用自己的权利。他们相信，只有从自己做起，从自己这方面去执行合约，才符合上帝对他们的要求，而只有这样，才能真正体现合约的精神——按照合约规定来履行自己的义务。两方都按合约来要求自己，这样合约的价值才能真正体现；否则，一方不从自己做起，却要求对方，那合约的执行就会遇到困难；如果双方都想着用合约去牵制别人，那么这个合同就可能要破产。在与犹太人的商业往来中，根本不存在犹太人不履行合约的情况，除非是合约本身有问题。正是这种先从自己做起，自己严格要求自己遵守约定的商业精神，使犹太人获得了"世界第一商人"的桂冠。

在公众面前受到社会的压力，遵守规范是比较容易的。而单居独处之时，外界压力完全消失，只剩下内心的良知抵御着蠢蠢欲动的恶念。唯有此时能把持得住自己，方算得上有道德根底的人，所以犹太人说："在他人面前害羞的人，和在自己面前害羞的人之间，有很大的差别。"这个差别，就是所谓"罪感"和"耻感"的区别。

所谓"罪感"就是把罪之恶看作是由罪本身的属性决定的。无论何时何地，人知我知，犯罪就是为恶，就是一件应该激起愧疚之心的事情。

而所谓"耻感"，则把罪之恶看作某种取决于外界状态的属性，为人知者方为恶，不为人知则无所谓恶不恶。所以，犯罪者的愧疚或者忏悔，不是为了作恶本身，而是为了作恶竟然被人发现。这种"悔"是因为搞错时机而悔，要是正逢无人发现的机会，何悔之有？

很明显，在"罪感"支配下的个体行为要比在"耻感"支配下的行为，在遵守规范时有着更大的自愿性、自觉性和自律性，这在犹太人的行为中表现得是十分明显的。

犹太民族的大门始终敞开着，不能遵守上帝律法的人尽可以自己走出教门，何况连犹太共同体都长期处于某种"独居"状态，更不要说犹太人个体了，这样一个民族不能不要求其成员多多"慎独"，多多"知罪"。在犹太人的教诲中，"独居闹市而不犯罪"，之所以能同"穷人拾遗不昧"和"富人暗中施舍十分之一的收入给穷人"同立为"神会夸奖的三件事"，其共同之处，尽在一个"独"字。犹太人的上帝所赞赏的"慎独"，其实正是犹太民族延存的基本要求。

犹太民族弘扬"慎独精神"，但绝不必意味着一切以自我为中心，他们绝不提倡"独善其身"式的"隐士"，而是教导人们要和普通大众生活在一起。

有个拉比，行为高洁，为人亲切而仁慈；对神虔敬，做事审慎，因此他理所当然成为受人景仰爱戴的人。过了80岁后的某一天，他的身体突然一下子开始变得虚弱了，并很快地衰老下去，他知道，自己的死期已经临近，便把所有的弟子叫到床边。弟子到齐了之后，拉比却开始哭了，弟子十分奇怪，便问道："老师为什么要哭呢？难道您有忘记读书的一天吗？有过因为疏忽而漏教学生的一天吗？有过没有行善的一天吗？您是这个国家中最受尊敬的人，最笃敬神的人也是您，照理老师您没有任何哭的理由才是。"

拉比却说："正是因为像你们说的这样，我才哭啊。我刚刚问了自己：你读书了？你向神祈祷了？你是否行善？你是否做了正当行为？对于这些问题，我都可以作肯定的回答；但当我问自己，你是否参加了一般人的生活时，我却只能回答：没有。所以我才哭了。"

以后的拉比们常用这则故事来劝说一些不在犹太人共同体活动中露面的人，以使他们一起"参加一般人的生活"。从这里不难看出，这个"一般人的生活"不是指一般意义上的衣食住行，也不是指常人的其他感性生活，而是特指犹太民族的集体生活。

可见，犹太人"从我做起"的这种以自我为基点的人生观念，并不是与集体或者与别的个体相离移的，犹太人"从我做起"的意义在于提升了自己，却又影响感化了别人，这比单纯地求别人要强得多。

# 我是最美的

一个人必须懂得如何珍惜自己，然后才懂得如何珍惜别人，不爱自己的人绝不可能做到"爱你的邻居"之类的事情。人只有首先学会了爱自己，才能够很快地爱别人，并通过关心自己、帮助自己来关心别人、帮助别人。这样，你对他人的帮助也就没有虚伪的成分。你帮助别人，不是为了博得他人的感谢或获取奖赏，而是因为你从帮助别人或爱别人之中能够享受真正的快乐。

教育孩子：只有珍惜自己才懂得去珍惜别人。

美国幽默作家霍尔摩斯有次出席一场会议，席间他是身材最为矮小的人。一天，一位朋友问霍尔摩斯先生："你站在我们中间，是否有鸡立鹤群的感觉？"霍尔摩斯反驳了他一句："我觉得我像一堆便士里的铸币。铸币面值十分，但比便士一分体积小。"

爱你自己，就是根据你的意愿将自己作为一个有价值的人而予以接受；接受，则意味着毫无抱怨。一个思维健全的人从不会经常抱怨，尤其不会抱怨天气太冷、石头太硬、冰太凉等。接受，意味着不加抱怨；要保持精神愉快，则意味着不抱怨那些自己力不能及的事情。缺乏自我依靠的人常常从抱怨和牢骚中求得慰藉。向别人诉说你不喜欢自己的地方，只能使你继续对自己不满，因为别人对此几乎总是无能为力的，至多只能加以否认，可你又不会相信他们的话。向别人抱怨是无济于事的，同样，让别人无休止地倾诉其自我怜悯和痛苦也无助于任何人。要结束这一无益而讨厌的行为，只需要问一个简单的问题："你为什么要给我讲这些问题？"然后你就会认识到，你的抱怨是非常荒唐可笑的，是在浪费时间，而你本可以用这些时间来进行自爱活动，比如帮助别人实现其愿望，或默默地自我赞扬。

一个15岁的女孩曾经问一个哲人："我该怎么做才能过充实的生活？"他的答案很简单，只有4个字："做你自己。"

在这个世界上，"我"是独一无二的个体。"我"有自己的幻想、希望、美梦以及恐惧。"我"是自己的主人。因为"我"是自己的主宰，所以我能深刻了解自己。由于"我"认识自己，所以"我"能喜欢自己，接纳自己的一切，进而将自己最好的一面呈现出来。

然而多少人会对自己产生疑惑，内心总有一块连自己也无法理解的角落；但只要"我"多支持和关爱自己，"我"必定能鼓起勇气和希望，为心中的疑问找到解答，并更进一步地了解自己。"我"必须接受自己的一言一行，所见所闻，所思所想，因为这是自己的真实感受。之后自己可以回头检视这些发自内心的行为，若有不适宜之处，便加以纠正；若有可取之处，则应继续保持。"我"身心健全，能自食其力。"我"愿发挥自身潜能，并关怀他人，为创造一个更美好的世界贡献一份力量。"我"能掌握自己，做自己的主宰。"我"就是"我"，世上不会有第二个"我"。

"道路的右侧冻成冰块，左侧是一片火海，如果走向右侧就会受冻，如果走左侧便会烧成焦炭。唯有道路的中间保持不冷不热，这是一条恰当的前进道路。"

犹太人在 2000 多年的流浪漂泊中，受尽歧视、冷落甚至迫害。他们身在异地他乡，除了依靠自己，再无别所依。因此，他们养成了依靠自己，靠自己来拯救自己的信念。在他们看来，人活在世上，首先就要学会为自己谋福利，只有自己有了财富，才会真正具有帮助别人、普善众生的力量；一个有价值的人生，就是靠自己奋斗与拼搏，最终获得成功的人生，而那些一天到晚心忧天下，而自己却潦倒穷困的人，固然值得尊敬，但他们实际上并没有做出贡献。犹太人相信，只有懂得珍惜和完善自己，才真正懂得，也才真正有能力去帮助、去解救别人。

一个人爱自己的方式很多，你可以选择从喜欢自己的身体开始。也许你的某些身体特征确实令自己无法喜欢，你不停地羡慕别人。

对于自我形象，你也可以做出同样的选择。如在智力方面，你可以按照自己制定的标准来判断自己是否聪明。事实上，你越让自己保持愉快，你也就越聪明。如果你在数学、英语或者写作方面水平较差，这并不说明你智力很差，只不过是你到目前为止选择的一种结果，如果你多花些时间加以训练，一定可以大大提高自己的水平，因此，这与你聪明与否并无直接联系。

有些人认为，自爱行为是一种无异于极端利己主义的令人反感的行为，这实在是一种极大的误解。自爱与那种到处夸耀自己多么了不起的行为毫无共同之处。后者并不是一种自爱行为，而是企图靠自吹自擂来赢得他人的注意和赞许。它与自我轻蔑行为一样都是病态行为。自负行为的目的在于赢得他人赞许，采取这些做法的人是根据别人对他的看法来评价自己。如若不然，他便没有必要靠自吹自擂来说服别人。自爱则意味着你爱你自己，它并不要求别人爱你，因而也没有必要说服别人。只要你接受自己便足够了，自爱与别人对你的看法如何毫不相干。

犹太家长经常这样教育自己的孩子：如果要自爱，就必须摒弃一个观点——人的自我形象要么是积极的，要么是消极的。实际上，你具有许多自我形象，而且它们经常在不断变化。如果要你回答："你喜欢自己吗？"你可能倾向于将所有消极的自我形象汇集起来，说"不"。可是，如果你能具体分析自我嫌恶的表象的实质，你就可以明确努力的方向。

# 讨巧的哈巴狗

**不要盲目模仿别人，必须头脑清醒；没头没脑的模仿，定会铸成大错！**

蚂蚁排着长长的队伍正在忙忙碌碌地搬运食物。一只乳燕飞过来问："你们在这里做什么？""贮藏食物准备过冬啊！"蚂蚁回答。"你们可真聪明啊！"乳燕敬佩地说，"我也要这样做。"它立即动手把一些死苍蝇、死蜘蛛往自己的巢里衔。母亲忍不住问："你弄这些东西做什么呢？"乳燕回答说："准备过冬呀！亲爱的妈妈，你也来搜集吧！是蚂蚁把这种方法教给我的。""噢，把这种小聪明让给那些蚂蚁吧，"老燕子说，"适合于它们做的并不适合于优秀的燕子。仁慈的大自然给我们做了更好的安排。如果食物丰盛的夏天结束了，我们就从这里飞走。在旅行中我们慢慢地休养生息，随后迎接我们的是温暖的沼泽，在那里我们一点也不缺乏必需的食物，直到一个新的春天到来。"

乳燕和蚂蚁的生活习性本身就不同，而乳燕却要模仿蚂蚁的生活方式，这显然是不合适的。

看见过猴子的，谁都知道它们善于模仿。在阿非利加洲，有许许多多的猴子。有一天，一大群猴子坐在叶子浓密的树枝上，偷偷地瞅着地上的猎人。猎人在草丛里不断地打滚，猴子们暗暗地你推我，我推你，窃窃私语。

"这个人的玩法儿可真不少，简直没完没了！你瞧他呀，一会儿鹞子翻身，一会儿又滚又爬，一会儿跌跌扑扑，一会儿又缩成一团……我们学东西够灵巧的，这挺好的新鲜玩艺儿，干吗不试一试？来吧，亲爱的姐妹们，我们来模仿一下。猎人大概玩得过瘾了，恐怕要走了。他一走，我们就开始模仿。"过一会儿，猎人果然走了，他留下了罗网。"嗨，快来吧！"猴子们嚷道，"别错过机会了，看谁模仿得最像哦！"美丽的猴子们从树上跳下来，一个筋斗翻进猎人的罗网，又跳又闹，相拥相抱，嘻嘻哈哈，叽叽喳喳，玩得真开心！当猴子们玩累了想到要出去时，这场欢喜也就到头了。猎人拿着袋子走出来，把它们一个一个装进袋子里。猴子们想找逃走的办法，可是被罗网裹得紧紧的，谁也没办法逃走。结果，全部被逮进了袋子，一个也没有漏网。猴子不加思考，盲目地模仿猎人的动作，结果被逮个正着。可见，在模仿他人的时候，一定要头脑清醒。

从前有个人养了一头驴和一只哈巴狗。驴子被关在栅栏里，虽然不愁温饱，却每天都要到磨坊里拉磨，到树林里去驮木材，工作很繁重；而哈巴狗会演许多小把戏，很得主人欢心，每次都能得到好吃的奖励。驴子在工作之余，难免有怨言，总抱怨命运对自己不公平。这一天机会终于来了。驴子扭断缰绳，跑进主人的房间，学哈巴狗那样围着主人跳舞，又踢又蹬，撞翻了桌子，碗碟也摔得粉碎。驴子还觉得这样不够，它居然趴到主人身上去舔他的脸，把主人吓坏了，直喊救命。大家听到喊叫急忙赶到，驴子正等着奖赏，没想到反挨了一顿痛打，被重新关进了栅栏里。

孩子是最容易和善于模仿他人的行为的。因此，在孩子成长过程中，犹太家长在他们很小的时候就给孩子们讲这些故事，告诫他们，万万不可盲目地模仿他人，可能铸成大错不说，甚至会给自己带来灭顶之灾。

# 1100 万美元的旧房

每一个天真无邪的儿童都是一缕纯洁的白丝，而环境则是一个大染缸，好的环境就像一个色彩明朗的染缸，染出来的丝明艳耀眼；不好的环境却像一个色彩混浊的染缸，染出来的丝暗淡无光。丝一经染过，再怎么洗也不能恢复本色了。想使自己品行端正，做一个有出息的人，就要远离那些容易使你变坏的朋友和环境。

从前，有一位老师率领他的学生经过一家染厂，看见主人把一缕一缕洁白的丝丢进染缸里，立即变了颜色。这位老师看了，非常感慨地说："丝本来是多么纯洁呀，可是丢到红色的染缸里，就变成红色；丢到蓝色的染缸里就变成蓝色；我们人在一出生的时候不也是很纯洁吗？可是却因为后天的影响，就变得形形色色，成为各种各样不同的人了。"

孩子们也是一样，一旦在不好的环境里学坏了，想要再改过来就很不容易了。

从前，有个叫沃伦的人，生性诚恳老实，又是饱学之士，待人忠实厚道，从不跟人家耍心眼。沃伦的家教极严，他对每一个晚辈都耐心教导、严格要求、注意监督，所以他家形成了优良的家风，家庭中的每一个成员都待人和气、品行端正。沃伦家的好名声远近闻名。

康而思州长法兰克是个正直的人，他为官清正耿直，秉公执法，从来不愿屈服于达官贵人的威胁利诱，为此他得罪了很多人，一些大官僚都视他为眼中钉、肉中刺，总想除去这块心病。终于，法兰克被革了职。

法兰克被罢官以后，一家人只好从壮丽的大府第搬了出来。到哪里去住呢？法兰克不愿随随便便地找个地方住下，他颇费了一番心思，离开住所，四处打听，看哪里的住所最符合他的心愿。很快，他就从别人口中得知，沃伦家是一个君子之家，家风极好，不禁大喜。法兰克来到沃伦家附近，发现沃伦家子弟个个温文尔雅，知书达理，果然名不虚传。

说来也巧，沃伦家隔壁的人家要搬到别的地方去，打算把房子卖掉。法兰克赶快去找这家要卖房子的主人，愿意出1100万美元的高价买房，那家人很是满意，二话不说就答应了。于是法兰克将家眷接来，就在这里住下了。沃伦过来拜访这家新邻居。两人寒暄一番，谈了一会儿话，沃伦问法兰克："先生买这幢宅院，花了多少钱呢？"法兰克据实回答，沃伦很吃惊："据我所知，这处宅院已不算新了，也不很大，怎么价钱如此之高呢？"法兰克笑了，回答说："我这钱里面，100万美元是用来买宅院的，1000万美元是用来买您这位道德高尚、治家严谨的好邻居的啊！"

法兰克宁肯出高得惊人的价钱，也要选一个好邻居，这是因为他知道好邻居会给他的家庭带来良好的影响。所谓"近墨者黑，近朱者赤"，环境对于一个人各方面的影响，是不容忽视的，孩子们应当万分珍惜身边的良师益友。

从前，有一个叫菲克兰的人，他是当时一位有名的哲学家。菲克兰和路易斯是好朋友，但在哲学上他们又是一对观点不同的对手。路易斯与菲克兰经常在一起讨论切磋学问。他们在互相争论研讨中不断深化、提高各自的学识。特别是路易斯，从菲克兰那里受到很多启发。后来菲克兰死了，路易斯再也找不到像他那样才智过人、博古通今，能与自己交心、驳难、使自己受益匪浅的朋友了。因此，路易斯感到十分痛惜。一天，路易斯给一个朋友送葬，路过菲克兰的墓地，伤感之情油然而生。为了缅怀这位曲高和寡不同凡响的朋友，他回过头去给同行的人讲了一个故事：

有这样一个泥水匠，有一次，他在自己的鼻尖上涂抹了一层像苍蝇翅膀一样又薄又小的白灰，然后请自己的朋友、一位姓石的木匠用斧子将鼻尖上的白灰砍下来。石木匠点头答应了。只见他毫不犹豫地飞快抡起斧头，一阵风似的向前挥去，一眨眼工夫就削掉了泥水匠鼻尖上的白灰。看起来，石木匠挥斧好像十分随意，但他却丝毫没有伤着泥水匠的鼻子；泥水匠呢，接受挥来的斧子也算是不要命的，可他却稳稳当当地站在那里，面不改色心不跳，泰然自若。倒是旁边的人为他们捏了一把冷汗。后来，这件事被其州长知道了。州长十分佩服这位木匠的高超技艺，便派人把他找了去。州长对姓石的木匠说："你能不能再做一次给我看看？"木匠摇摇头说："小人的确曾经为朋友用斧头砍削过鼻尖上的白灰。但是现在不行了，因为我的这位好朋友现在已不在人世了，我再也找不到像他那样跟我配合默契的人了。"路易斯讲完了故事，十分伤感地看着菲克兰的坟墓，长叹了一口气，然后自言自语地说："自从菲克兰先生去世以后，我也失去了与我配合的人，直到现在，我再也没有能够找到一位与我进行辩论的人了！"

路易斯和石木匠的感受向我们表明，高深的学问和精湛技艺的产生，依赖于一定的外界环境；红花虽好，还要靠绿叶扶持。一个人如果不注意从周围的人和事中吸取营养，他的智慧和技巧是难以得到发挥和施展的。

家庭的心理氛围、家长的心理特征对孩子的心理发育有着更加至关重要的影响。要创造并保持良好的家庭心理氛围。犹太人在这方面是这样做的：

首先，创造平等的家庭氛围。平等是创造良好的家庭心理氛围的前提，父母、子女任何一方的优越感都会对其他家庭成员造成心理压力、产生心理隔阂。

其次，培养开放的家庭环境。这里所说的开放是指家庭成员能够坦率地平等地以其他成员可接受的方式，表达自己的想法，而不是毫无顾忌地发泄。另外，家长的教育能力和家长之间关系的好坏，也直接影响良好的家庭心理氛围的形成。总之，家长应根据时代的要求和孩子不同年龄段的心理特点，努力创造良好的家庭心理氛围，营造和保护良好的家庭环境。

最后，家长要理智。只有理智能够克制自己的心理冲动，并冷静地对待和处理问题，这样有利于保持良好的家庭心理氛围，而更重要的是有利于孩子形成稳定的心理特征。

# 一分耕耘，一分收获

认真是做好任何事情的保证和前提。只有认真负责，通过艰苦细致的劳动才能达到理想的效果。

犹太人十分强调这一点。犹太儿童经常听家长讲这样一个故事。

柯比是一位木匠，他擅长砍削木头制造一种乐器，那时人们称这种乐器为镰。柯比做的镰，看到的人都惊叹不已，认为是鬼斧神工。柯比的君主闻听此事后，召见柯比问："你是用什么方法制成镰的？""我是个工匠，谈不上什么技法。"柯比回答说："我只有体会，在做镰时，从来不分心，而且实行斋戒，洁身自好，摒除杂念。斋戒到第3天，不敢想到庆功、封官、俸禄；第5天，不把别人对自己的非议、褒贬放在心上；第7天，我已经进入了忘我的境界。此时，心中早已不存在晋见君主的奢望，给朝廷制镰，既不希求赏赐，也不惧怕惩罚。"柯比在把外界的干扰全部排除之后，进入山林中，观察树木的质地，精心选取自然形态合乎制镰的材料，直至一个完整的镰已经成竹在胸，这个时候才开始动手加工制作。"否则，我不会去做！"柯比向君主详细介绍制镰过程后，继续说，"以上的方法就是用我的天性和木材的天性相结合，我的镰制成后之所以能被人誉为鬼斧神工，大概就是这个缘故。"

这个寓言教育人们，要想成就任何事情，都必须专一、执着、忘我。柯比制镰虽然有些过分夸大精神作用，但是强调干事业精神专注、摒除杂念是非常重要的。

卡拉出任纽兰西镇的长官。有一天，他碰到他以前的学生奥莱，三句话不离本行，他与奥莱探讨治理地方、管理纽兰西的方法。卡拉和奥莱谈得很投机。卡拉讲到自己的治理经验，认为处理政务绝不能鲁莽从事，管理农民更不可简单粗暴。从治理之道又谈到种田之道，卡拉说自己曾种过庄稼。那时，耕地马马虎虎，无所用心，果实结出来稀稀拉拉；锄草粗心大意，锄断了苗根和枝叶，一年干下来，到了收获季节、收成无几。听了卡拉的讲述后，奥莱很关心地打听他以后的状况。卡拉吃一堑长一智，总结自己种田的教训，第二年便改变了粗枝大叶的态度。他告诉奥莱，从此他开始精耕细作，认真锄草，细心护理庄稼，想不到当年获得好收成，一年下来丰衣足食。

有了种田的失败和成功，卡拉悟出一条道理，做任何事都贵在认真。现在他当镇长，便守住这条做人的准则。奥莱常常拿卡拉的事教育他人。一分耕耘，一分收获。种庄稼是这样，干其他任何事都是这样。做家长的要培养孩子凡事认真的态度，只有这样孩子才能有所作为。

# 每次都是初交

只有自己才能养活自己，靠别人来过活绝对是天真的幻想。

有一天，一只鹦鹉把一颗苹果带上了钟楼。这只鸟用爪子踩着苹果，三番五次地啄着。啊呀！这苹果突然逃掉了。它先滚了一阵，最后掉进墙缝里，不见了。"墙，好墙！"苹果看见自己从鹦鹉的嘴里逃出来，就可怜巴巴地说，"感谢上帝，你被建造得这么结实和高大，厚厚的，又有那么多漂亮的钟。它们响得多好听啊！全世界都能听见！你救救我吧！可怜可怜我吧！"鹦鹉在上面呱呱叫。墙却沉默不语。"墙，好墙！"苹果更加悲切地说，"您知道，我注定要从我的老父亲——苹果树上掉下来，落进铺满黄叶、肥沃的土壤里……啊，你不要抛弃我，我求求您！"苹果接着又说："当我在野蛮的鹦鹉的嘴里时，我曾发誓：如果上帝保佑我逃出来，不管流落到多么艰苦的地方，也决心在那里度过我的余生。"钟轻声地忠告墙壁："你可要当心点啊……注意，苹果可是个危险人物。""危险？它是多么渺小啊！"最后墙说了话。墙终于发了善心，决定客客气气地把苹果留下来：它掉在那儿，就让它在那儿待着吧！过了些日子，苹果裂开了嘴，接着，又长出来根，长长的须根四处延伸，枝叶也从墙缝中探出脑袋。苹果长得那么迅速，枝叶那么繁茂，不久就长到钟楼上。它的根须是那么粗壮有力，悄悄地毁坏了墙壁，把旧墙弄倒了。墙壁意识到苹果的祸害时，为时已晚。它长叹一声，说："我真后悔，没有听钟的劝告啊！"苹果树还在长，它毫不动摇，长得结实有力，而那可怜的墙壁，却倾斜倒塌了。

对那些不值得信任的人不要存有幻想！钟楼墙壁的悲剧是非常容易重演的。因为每个人在童年时都有一颗纯洁的心，他们并不知道世界的真实面目，只觉得世界很美好。他们不仅相信自己，而且信任周围所有的人。如此天真单纯的人，是无法应付复杂的人类社会的。

"不怕一万，就怕万一"，它提醒人们做事千万要小心谨慎，千万不要因为有多次经历后，就不再那么警惕了。犹太人的现实生活，几乎都是处于动荡与逆境之中。如何在逆境中求得生存和发展，把握住自己的命运，是每个犹太人都在思考和关心的问题。长期的流浪和居无定所，加上所料不及的歧视和压迫，使他们在艰苦恶劣的环境中形成了一种独立的生命意识。而对于后代，在他们还是孩提时就被灌以独立自救的意识，以期能在未来的坎坷人生路上自如应付。这种独立意识的培养，主要来自于父母对孩子只相信自己的知性教育。他们经常给孩子讲下面这个故事。

从前有只母山羊，她有7只小山羊，她非常喜爱这些山羊。一天她要到森林去弄吃的，就把小羊都叫到跟前，向他们交待说："孩子们，我走以后，你们可要多加小心，特别是要小心恶狼，这恶狼很狡猾，又善于伪装，如果让他进屋，他会把你们都吃掉的。你们千万注意，只要听到他的粗嗓门，看他的黑脚掌，就可以把他认出来。"小山羊们说："知道了，我们会当心的。"母山羊放心地走了。一会儿小山羊们就听到敲门声："开门吧，亲爱的孩子们，妈妈回来了。给你们带来了很多好吃的东西。"一听那粗嗓门，小山羊们就知道是狼。"我们不开门。"小山羊说，"你不是我们的妈妈，瞧你那粗嗓门，准是狼。"狼只好走了，他去买了一块粉团，吃下去后，嗓门就变细了，他回来又敲敲门："开门吧，亲爱的孩子们，妈妈回来了，给你们每个人都带来了好吃的东西。"狼在说话时，把一只黑爪子放在窗户上，小山羊看见了。"我们不开门，瞧你这黑脚掌，你是狼。"狼只好又走了，他跑到一个面包师那儿，说："我碰伤了脚，请给点生面团敷在脚上。"面包师照办了。狼又跑到面粉店，让主人给他脚上撒点面粉。店主心想，这狼一定又去骗人，于是拒绝了他。但是狼恶狠狠地说："你不给我撒上白粉，我就吃掉你。"店主只好帮他把爪子弄白了。狼又去敲山羊的门："开门吧，孩子们，你们的妈妈回来了，给你们带回好吃的东西。"小山羊们叫道："先给我们看看你的脚。"狼把爪子放在窗上，他们一见是白的，就相信了，便打开了门。狼进来了，小山羊害怕极了，他们东躲西藏，结果还是一只一只被狼抓住，一个接一个被吃掉。

小山羊们轻易相信了狼的谎言，结果葬送了自己的性命。犹太父母在孩子小时候就给他们灌输这种不轻信别人的思想，他们认为这是孩子们独立意识形成的基础，它使犹太小孩从小便有独立生存的意识存在。因此，他们在任何条件下，都能顽强地生存下去。他们凭靠的是自己的能力，再加上强烈的生存意识，他们当然能找到赚钱的好办法去解决自己的生活问题。

犹太人正因为不轻信别人，不被许多事物的表象所迷惑，所以才能在生意场上成就卓然，纵横捭阖。这种"唯我可信"的做法，也使他们在处理所有事务时，小心谨慎，认真思考后再做出抉择，所以他们很少上当受骗。这种培养孩子独立意识的做法，在我们看来虽有些残酷，但这是绝对理智的做法！它正是犹太民族长期流而不散不亡的一个重要原因。在长期的流浪生涯和被人排挤中顽强生存下来的犹太民族自然会对他人疑窦丛生。而商业经营者作为独立掌握自己命运的市场经济一分子，首先应具备的便是这种理智的独立意识与生存意识。这种意识还构成了犹太商人自我保护的防护膜，使他们从不陷于别人的商业陷阱。生意场上最忌讳的就是轻信别人，而一定要有自己的立场。

有一天，一位日本商人请一位犹太画家上银座的饭馆吃饭。宾主坐定之后，画家趁等菜之际，取出纸笔，给坐在边上谈笑风生的饭馆女主人画起速写来。不一会儿，速写画好了。画家递给日本商人看，果然不错，画得形神皆具。日本人连声赞叹道："太棒了，太棒了。"

听到朋友的奉承，犹太画家便转过身来，面对着他，又在纸上勾画起来，还不时向他伸出左手，竖起大拇指。通常，画家在估计人的各部位比例时，都用这种简易方法。日本商人一见画家的这副架势，知道这回是在给他画速写了。虽然因为面对面坐着，看不见他画得如何，但还是一本正经摆好了姿势，让他画。日本人一动不动地坐着，眼看着画家一会儿在纸上勾画，一会儿又向他竖起拇指，足足坐了10分钟。"好了，画完了。"画家停下笔来说道。

听到这话，日本人松了一口气，迫不及待地欠身，一看，不禁大吃一惊。原来画家画的根本不是那位日本商人，而是他自己左手大拇指的速写。日本商人连羞带恼地说："我特意摆好姿势，你……你却作弄人。"犹太画家却笑着对他说："我听说你做生意很精明，所以才故意考察你一下。你不问别人画什么，就以为是在画自己，还摆好了姿势。单从这一点来看，你同犹太商人相比，还差得远呢。"

这时候，那位日本商人才如梦方醒，明白过来自己错在什么地方——看见画家第一次画了女主人，第二次又面对着自己，就以为一定是在画自己了。

正是基于对类似于这位日本商人所犯的错误，犹太商人的生意经上，赫然写着一条："每次都是初交"。哪怕同再熟的人做生意，犹太商人也决不会因为上次的成功合作，而放松对这次生意的各项条件、要求的审视。他们习惯于把每次生意都看作一次独立的生意，把每次接触的商务伙伴都看作第一次合作的伙伴。这样做，起码有两大好处：其一是不会像日本商人那样，因为自己对对方的先入之见而掉以轻心。相反，可以有足够的戒备防止对方可能的一切手脚。其二是可以保证自己第一次辛辛苦苦争取得到的赢利，不至于在第二次生意中被顾念前情而做出的让步所断送。生意毕竟是生意，容不得"温情脉脉"，否则第一次就没有必要斤斤计较。

在商业活动当中，商人之间都以利益维系，一旦不在意，就可能受骗上当。金钱的关系往往会把人的良知和道德扭曲，因此我们看到了那么多的商海骗术上演，一方可能由巨骗变成巨富，而另一方就可能倾家荡产，却呼告无门。"每一次都是初交"讲的就是"切忌轻信"，意思是要把每一次生意都看作与对方第一次打交道，不要因为对方先前与你有来往就放松警惕，更不能被对方表现的真诚所迷惑，一定要有自己的立场。所以，"每次都是初交"实在是犹太人在漫长的历史中由活生生的商业活动而得出的高级生意经，而其适用范围竟然已经到达潜意识层次。只有一个创立了精神分析学的民族，才会在这种极其细微、极不容易觉察的地方，有如此清晰的认识，并且驾轻就熟、游刃有余。

"先生，您买这把漂亮的伞吧！我保证这是真绸面子的。""可是，太贵啦。""那么，您就买这把吧。这把伞也很漂亮，可是并不贵，只卖5美元。""这把伞也有保证吗？""那当然。""保证这是真绸？""你放心，我们绝对向你保证……""可它明显不是绸的啊！""这个嘛……我保证它是一把伞。"顾客好险，差一点掉进自己造成的语言陷阱，幸好没有把"第二个保证"当作"第一个保证"，才不至于买下一把仅仅保证是"伞"的伞。

"姜还是老的辣"，犹太商人轻易地走过了"轻信别人"这一关，如果全世界的商人都能像他们那样，那么将会避免多少悲剧。

猴子收到了狐狸的请束，请它光临狐狸舍赴宴。换一只狐狸，猴子或许会婉言谢绝："不胜感激……实在抱歉……因身体不适……敬祈海涵……"不过，这只狐狸可与众不同，虽然说不以仁慈闻名，可是它遇见猴子从不呲牙瞪眼，在森林或野外从不把猴子摧残，猴子给它鞠躬，它也以礼相还……因此，猴子受宠若惊，告诉母猴："快梳洗打扮！盛情难却，咱们俩一块儿去赴酒宴！"猴子对狐狸怀着深深的敬意，应邀来到了狐狸夫妇的门前，它心里想的是菜肴丰盛，美酒盈盏。客人驾到，主人格外喜欢。狐狸说："多日不见，二位的身体看来很健康！"猴子夫妇刚刚迈步走进前厅，狐狸冲着长獠牙的厨师挤了挤眼睛："怎么样？足足有20公斤重！"

犹太商人深知，由于人的潜意识，先入之见的厉害之处在于使人都想不到去纠正它。直到事情结果出来，大失所望甚至绝望之余，人们才察觉自己的疏忽。社会上发生的诸多合同诈骗案中，有多少善良的人们就是因为单凭熟人甚至仅仅一面之交的熟人的面子或者一次小小的"成功"而上了别人圈套的。

# 失败了，重新再来

人生就是一种挣扎与奋斗，只有受过一次打击就一蹶不振的人才是真正失败的人，而只要敢于从失败中重新认识自己，汲取经验和教训，就可以达到新的起点，最终就会取得成功，我们周围充满着困难与障碍，也充满着希望与绝望，我们要做的就是坚定信念，培植希望。

雨后，一只蜘蛛艰难地向墙上一张已经支离破碎的网爬去，由于墙壁潮湿，它爬到一定的高度，就掉下来，它一次次地向上爬，一次次地又掉下来……第一个人看到了，他叹了一口气，自言自语："我的一生不正如这只蜘蛛吗？忙忙碌碌而无所得。"于是，他日渐消沉。第二个人看到了，他说："这只蜘蛛真愚蠢，为什么不从旁边干燥的地方绕一下爬上去？我以后可不能像它那样愚蠢。"于是，他变得聪明起来。第三个人看到了，他立刻被蜘蛛屡败屡战的精神感动了。于是，他变得坚强起来。

或许再没有哪一个民族像犹太民族一样，经历过那么多的不幸，经历过那么多的压迫和杀戮。犹太人四处流浪，他们从血腥的屠杀中挣脱出来，他们从险象环生的黑暗丛林中突围出来，他们在无尽的偏见和仇视中默默地抗争着、奋斗着。面对不幸与欺辱，他们从未被击倒，身临困厄与逆境，他们从不畏缩和气馁；他们坚信自己是上帝的"特选子民"，只要自己不失去信念，不停止奋斗就最终会取得胜利；他们把逆境和打击看作是检验自己信念与意志的机会，也把它们看成是下一次成功的垫脚石。他们已经历了太多的不幸与风浪，习惯了十之八九都是不如意之事的人生，深知世上绝没有一帆风顺。

罗森沃德是美国最大的百货公司西尔斯——娄巴克公司的最大股东，他也是美国 20世纪商界风云人物。然而，这个做服装生意起家的富翁却也经历了许多创业时的失败与艰辛。罗森沃德 1862 年出生在德国的一个犹太人家庭，少年时随家人移居美国，定居在伊利诺伊州斯普林菲尔德市。罗森沃德的家境不大好，为了维持生活，中学毕业后，他就到纽约的服装店当跑腿，做些杂工。罗森沃德从年幼时就受犹太人的教育影响，确立了艰苦奋斗的精神。他确信凡人皆有出头日，一个人只要选定了目标，然后坚持不懈地往目标迈进，百折不挠，胜利一定会酬报有心人的。罗森沃德本着这种精神，十分卖力地赚了几百块钱。

"我要当一个服装店老板。"这是罗森沃德的奋斗目标。为了实现这个目标，他除了在工作中留心学习和注意动态外，把全部的业余时间用于学习商业知识，找有关的书刊阅读。到 1884 年，他自认为有些经验和小小本金了，决定自己开设服装店。可是，他的商店门可罗雀，生意极不佳，经营了一年多，把多年辛苦积蓄的一点点血汗钱全部亏光了，商店只好关门，罗森沃德垂头丧气地离开纽约，回伊利诺伊州去。痛定思痛，罗森沃德反复思考自己失败的原因。最后，他找出了原由：服装是人们的生活必需品，但又是一种装饰品，它既要实用，又要新颖，这才能满足各种用户的需求。而自己经营的服装店，没有自己的特色，也没有任何新意，再加上自己的商店未建立起商誉，没有销售渠道，那注定要失败的。针对自己出师不利的原因，罗森沃德决心改进，他毫不气馁继续学习和研究服装的经营办法。他一边到服装设计学校去学习，一边进行服装市场考察，特别是对世界各国时装进行专门研究。一年后，他对服装设计很有心得，对市场行情也看得较为清楚。于是，决定重振旗鼓，向朋友借来几百美元，先在芝加哥开设一间只有10多平方米的服装加工店，他的服装店除了展出他亲自设计的新款服饰图样外，还可以根据顾客的需求对已定型的服式改进，甚至完全按顾客的口述要求重新设计。因为他的服装设计款式多，新颖精美，再加其灵活经营，很快博得了客户的欣赏，生意十分兴旺。两年后，他把自己的服装加工店扩大了数十倍，改为服装公司，大批量生产各种时装。从此以后，他的财源广进，名声鹊起。

罗森沃德的成功经验告诉我们：相信信心是成功之父。犹太人历来相信这个观点。他们认为：胜利是一种习惯，失败也是一种习惯，如果想成功，就得取得持续性的胜利。不能贪图一时的胜利，要的是持续性胜利，只有这样才能成为强者。信心会激发人们成功的能力。信心会有伟大的结果，它是所有伟大的事业、书籍、剧本，以及科学新知背后的动力，信心会使人成功，是已经成功的人所拥有的一项基本而绝对必备的要素，但失败者丢掉了这些。失败者经常会说："老实说，我并不以为它会行得通。""我在开始进行之前就感到不安了。""事实上，我对这件事情的失败并不会太惊奇。"采取"我暂且试试看，但我想还是不会有什么结果"的态度，最后一定会导致失败。"不信"是消极的力量。当你心中不以为然或产生怀疑时，你就会想出各种理由来支持你的"不信"。怀疑、不信潜意识里有要失败的倾向，不是很想成功，这些都是失败的主因。心中存疑，就会失败；反之，相信会胜利，就必定成功。

1832年，林肯失业了，这显然使他很伤心，但他下决心要当政治家，当州议员，糟糕的是他竟选失败了。在一年里遭受两次打击，这对他来说无疑是痛苦的。他着手自己开办企业，可一年不到，这家企业又倒闭了。在以后的17年间，他不得不为偿还企业倒闭时所欠的债务而到处奔波，历尽磨难。他再一次决定参加竞选州议员，这次他成功了。他内心萌发了一丝希望，认为自己的生活有了转机："可能我可以成功了！"第二年，即1835年，他订婚了，但离结婚还差几个月的时候，未婚妻不幸去世。这对他精神上的打击实在太大了，他心力憔悴，数月卧床不起。在1836年他还得过神经衰弱症。1838年他觉得身体状况良好，于是决定竞选州议会议长，可他失败了。1843年，他又参加竞选美国国会议员，但这次仍然没有成功。

他虽然一次次地尝试，但却是一次次地遭受失败：企业倒闭、情人去世、竞选败北，他没有放弃，他也没有说："要是失败会怎样？" 1846 年，他又一次参加竞选国会议员，最后终于当选了。两年任期很快过去了，他决定要争取连任。他认为自己作为国会议员表现是出色的，相信选民会继续选举他，但结果很遗憾，他落选了。因为这次竞选他赔了一大笔钱，他申请当本州的土地官员。但州政府把他的申请退了回来，上面指出"做本州的土地官员要求有卓越的才能和超常的智力，你的申请未能满足这些要求"。接连又是两次失败。在这种情况下你会坚持继续努力吗？你会不会说"我失败了"？然而，他没有服输。1854 年，他竞选参议员，但失败两年后他竞选美国副总统提名，结果被对手击败；又过了两年他再一次又竞选参议员，还是失败了。

在林肯大半生的奋斗和进取中，有 9 次失败，只有 3 次成功，第三次成功就是当选为美国的第十六届总统。那屡次的失败并没有动摇他坚定的信念，而是起到了激励和鞭策的作用。每个人都难免要遇到挫折和失败。亚伯拉罕·林肯面对失败没有退却、没有逃跑，他坚持着、奋斗着。他始终有充分的信心向命运挑战，压根就没想过要放弃努力，他可以畏缩不前，不过他没有退却，所以迎来了辉煌的人生。

有 3 只青蛙掉进了鲜奶桶中，第一只青蛙说："这是神的意志。"于是盘起后腿，一动不动，静静地等待着。第二只青蛙说："这桶太深，没有希望出去了。"于是绝望地慢慢死去。第三只青蛙说："糟糕，怎么掉到鲜奶桶里了，但我的后腿只要还能动，我就要奋力上跳。"这只青蛙一边划一边跳，慢慢地，青蛙的后腿碰到了硬硬的东西，于是他奋力一跃，出了奶桶。原来，鲜奶在他的搅拌下渐渐变成了奶油。

第一只青蛙相信宿命，第二只青蛙毫无信念可言，第三只青蛙坚守信念，顽强努力，充满希望，他便是犹太人的写照。犹太人顽强而坚韧的精神意志和挑战风险、永不气馁的进取意识，恰恰构成了犹太人成功的又一重要精神积蕴，从而使他们在充满竞争的世界舞台上纵横捭阖，卓尔不群。犹太人不但敢于冒险，更能在逆境当中从容镇定，自由应付。他们不怕风险，更善于在风险中施展自己的智慧和生存技巧。他们面对失败，决不气馁，而是汲取教训，重新再来。

在人生的游戏中，失败时常发生，每个人都不要悲观，因为失败并不意味着没有希望，相反失败是成功之母，活用失败与错误，是自我教育和提高的有效途径。商场如战场，成功的背后可能有更多的失败的辛酸。作为商人，面对失败，就应该像爱迪生那样坦然而决不气馁。爱迪生一生有 1000 项科技发明，当有人问他经过许多试验而失败时是否会感到心灰意冷，他回答说："不，我抛弃了错误的试验，重新采取别的方法，决不沮丧！"的确，面对失败一定要记住，决不气馁！现代管理学的说法就是：失败就是我们的学习曲线和经验曲线的自变量，只有经历失败，才会汲取教训和积累经验，为下一次作准备。总结起来，犹太人教育孩子面对失败和挫折时，遵循的法则就是：首先，遇到失败时，千万不能气馁，要坚忍不拔，矢志不渝；其次，焦点不要对着过错与失败！应对准远大的目标，活用自己的过错或失败。再次，对失败持正确健康的态度，不要恐惧失败，要懂得失败乃是成功必经的过程。最后，要善于伺机，巧于乘势，等待机遇，发现此路不通时，要设法另谋出路，使自己顺应环境，适应潮流。

# 坚持就是胜利

孩子有毅力，才能学习好。要学好本领，必须苦练基本功，必须持之以恒。只有坚持不懈地练习，才能精通。

有一天，一只兔子嘲笑乌龟腿腿短，走起路来慢腾腾的。乌龟笑着回答说："虽然你跑起来快得像一阵风一样，但如果赛跑我一定能赢你。"兔子认为乌龟的话是在吹牛皮，便同意赛跑，它们商量一致，请狐狸选定跑道，定好终点。到了比赛那天，它们同时出发，兔子自信天生跑得快，就没把比赛放在心上，跑到中途它在路边躺下来竟呼呼大睡了。等到兔子一觉醒来，奋力快跑，来到终点，发现乌龟早已到达终点，正在那儿恭候呢！

这个故事告诉我们，虽然慢点，只要坚持不懈，最终会赢得胜利。孩子的意志品质总体情况令人担忧。这首先是家庭教育失误造成的。对独生子女生活方面的溺爱和迁就，势必助长他们的任性和怕苦。过度保护和包办代替严重妨碍孩子意志品质的提高，因为意志本质上是自己管住自己，家长管得太多，他就没有机会学习自己管住自己了。家长对孩子学习上的过高要求也破坏孩子意志，因为意志品质只能在压力较大而不算太大的情境中才能提高，压力过大会导致放弃，意志无法发挥作用。

犹太家长尤其注重孩子非智力因素的培养。非智力因素包括许多方面，对于孩子来说，意志应该是一个重点。意志太重要了。意志薄弱对任何人来讲都是致命的弱点，意志薄弱不只影响孩子的学习成绩，它还会影响孩子一生的发展。杰出人物几乎都是意志非常坚强的人；而几乎所有违法犯罪者都是意志薄弱者，他们控制不了感情，抵挡不了诱惑。犹太家长经常给孩子讲下面的故事。

意大利著名小提琴家帕格尼尼，最擅长演奏旋律复杂多变的乐曲，他高深的琴技很受喜欢古典音乐者的欣赏。有一天晚上，帕格尼尼举行音乐演奏会，有位听众听了他出神入化的演奏之后，以为他的小提琴是具魔琴，便要求一看，帕格尼尼立即答应了。那人看看小提琴，跟一般的琴没什么两样，心里觉得很奇怪。帕格尼尼看出他的心事，便笑着说："你觉得奇怪是不？老实告诉你，随便什么东西，只要上面有弦，我都能拉出美妙的声音。"那人便问："皮鞋也可以吗？"帕格尼尼回答："当然可以。"于是那人立刻脱下皮鞋，递给帕格尼尼。帕格尼尼接过皮鞋，在上面钉了几根钉子，又装上几根弦，准备就绪，便拉了起来。说也奇怪，皮鞋在他手上，演奏起来竟跟小提琴差不多，不知情的人，在听了这个美妙的旋律之后，还以为是用小提琴拉的呢！

可见，钻研任何一种技艺，一定要长期坚持苦练，才能达到出神入化、随心所欲的境界，这是绝对没有偶然的。

从现实生活中的应试来说，孩子的意志品质更加重要。这道理很简单：考试的科目设置和题目安排是不考虑学生有没有兴趣的，考试不能从学生的兴趣出发，只能从选拔的需要出发。而绝大多数学生很难对所有的考试科目都感兴趣。不感兴趣也要学下去，还要学好，这就只好靠意志了。我们会发现，那些考上重点中学和重点大学的学生，差不多都是在学习方面意志比较坚强的学生，他们能忍耐，能坚持，能控制自己的感情去做自己不感兴趣的事情。反之，我见过很多学生，十分聪明，学习成绩却不佳，或者严重偏科，他们的问题往往出在意志上。他们怕苦，他们任性，怕苦和任性是意志薄弱的典型表现。这就是人们通常说的"非智力因素"有问题，影响了孩子的学习成绩。

从前有两个和尚，一个很有钱，每天过着舒舒服服的日子；另一个很穷，每天除了念经时间之外，就得到外面去化缘，日子过得非常清苦。有一天，穷和尚对有钱的和尚说："我很想到印度去拜佛，求取佛经，你看如何？"有钱的和尚说："路途那么遥远，你要怎么去？"穷和尚说："我只有一个钵、一个水瓶、两条腿就够了。"有钱的和尚听了哈哈大笑，说："我想去印度也想了好几年，一直没成行的原因是旅费不够。我的条件比你好，我都去不成，你又怎么去得成？"过了一年，穷和尚从印度回来，他还从印度带了一本佛经送给有钱的和尚。有钱和尚看他果真达成愿望，惭愧得面红耳赤，一句话也说不出来。

俗话说："天下无难事，只怕有心人。"只要下定决心，有恒心、有毅力，那么天底下再难的事也会变得容易了。穷和尚虽然没有钱，坐不起车船，但是因为他有坚强的毅力，能够长途跋涉，达成愿望。

杰克是一位射箭能手。他只要一拉弓射箭，将箭射向野兽，野兽就应声而倒；将箭射向天空飞翔着的飞鸟，飞鸟就会顷刻间从空中坠落下来。只要看到过杰克射箭的人，没有哪一个不称赞他是射箭能手，真是箭无虚发，百发百中。杰克的学生叫保罗，他跟着杰克学射箭非常刻苦，几年以后，保罗射箭的本领赶上了他的老师杰克，真是名师出高徒。后来，又有一个名叫汤姆的人，来拜保罗为师，跟着保罗学射箭。

保罗收下汤姆作徒弟后，对汤姆学习射箭可真叫严！刚开始学射箭时，保罗对汤姆说:"你是真的要跟我学射箭吗?要知道不下苦功夫是学不到真本领的。"汤姆说:"只要能学会射箭,我不怕吃苦,愿听老师指教。"于是,保罗很严肃地对汤姆说:"你要先学会不眨眼,做到了不眨眼后才可以谈得上学射箭。"

汤姆为了学会射箭,回到家里,仰面躺在他妻子的织布机下面,两眼一眨不眨地直盯着他妻子织布时不停地踩动着的踏脚板。天天如此,月月如此,心里想着保罗老师对他的要求和自己向保罗表示过的决心。要想学到真功夫,成为一名箭无虚发的神箭手,就要坚持不懈地刻苦练习。这样坚持练了两年,从不间断;即使锥子的尖端刺到了眼眶边,他的双眼也一眨不眨。汤姆于是整理行装,离别妻子到保罗那里去了。保罗听完汤姆的汇报后却对汤姆说:"还没有学到家哩。要学好射箭,你还必须练好眼力才行,要练到看小的东西像看到大的一样,看隐约模糊的东西像明显的东西一样。你还要继续练,练到了那个时候,你再来告诉我。"

汤姆又一次回到家里,选一根最细的牦牛尾巴上的毛,一端系上一个小虱子,另一端悬挂在自家的窗口上,两眼注视着吊在窗口牦牛毛下端的小虱子。看着,看着,目不转睛地看着。10天不到,那虱子似乎渐渐地变大了。汤姆仍然坚持不懈地刻苦练习。他继续看着,看着,目不转睛地看着。3年过去了,眼中看着那个系在牦牛毛下端的小虱子又渐渐地变大了,大得仿佛像车轮一样大小了。汤姆再看其他的东西,简直全都变大了,大得竟像是巨大的山丘了。于是,汤姆马上找来用北方生长的牛角所装饰的强弓,用出产在北方的蓬竹所造的利箭,左手拿起弓,右手搭上箭,目不转睛地瞄准那仿佛车轮大小的虱子,将箭射过去,箭头恰好从虱子的中心穿过,而悬挂虱子的牦牛毛却没有被射断。这时,汤姆才深深体会到要学到真实本领非下苦功夫不可。他便把这一成绩告诉保罗。

保罗听了很为汤姆高兴,甚至高兴得跳了起来,并还用手拍着胸脯,走过去向汤姆表示祝贺说:"你成功了。对射箭的奥妙,你已经掌握了啊!"

做家长的经常会因为孩子的下述表现而苦恼:孩子一会儿学这,一会儿学那,一天到晚忙忙碌碌,却不见成效,这是学习无目的、无计划的表现;孩子在做事前,前怕狼,后怕虎,怯懦胆小,犹豫不决,这是行为缺乏果断性的表现;孩子自制力差,上课经常开小差,学习时精力无法集中,或者是制订计划但不执行,一遇到困难就退缩,这是缺乏行为持久性的表现。以上行为的目的性、果断性、自制性、坚韧性都是意志品质的体现,如果孩子长期存在这种问题,那么他们将来很难有所成。犹太家长在这方面是这样做的:

(1)从点滴小事上培养。有些孩子意志不够坚强,但又不肯从小事做起,以为一节课,一次作业,无多大关系,这些与意志无关。岂不知,就是这小小的一堂课,一次作业,滋长了意志薄弱,最后才导致学习上的"全线崩溃"。反之,学习上意志坚强的人,必定认真对待每一堂课,每一次作业,积小胜为大胜而获得学习上的成功。"不积跬步,无以至千里;不积小流,无以成江海。"这是中国古代学者在学习上的经验之谈。

（2）凡是孩子自己能做的事情，家长决不要插手，更不能包办。若一时搞不清孩子能不能做到，应该让他先试一试，家长再决定帮不帮、帮到什么程度。请家长注意，孩子经过自己的努力能做到的事情，家长哪怕只多帮一分，都是在阻碍孩子意志力的发展。这方面家长犯的错误太多了，而自己往往并不觉察。为什么？因为他们总怕孩子受委屈，他们心软。这"心软"其实是家长本人意志薄弱的表现，他们控制不了自己的感情。可见，要想使孩子意志坚强，家长自己先要做一个理智的人、能保证自己的"爱心"不泛滥的人。

（3）学会拒绝。对孩子的不合理要求，家长必须学会拒绝，否则就是在鼓励孩子放纵感情。这方面特别要注意的是各位家长要互相通气，保持一致，以免孩子钻空子。绝不可以认为谁满足孩子的一切要求谁就是爱孩子，那样会使孩子任性的，任性是学习成绩不好的最重要的原因之一。

（4）学会"撤退"。当孩子遇到确实解决不了的学习问题时，家长不要硬逼他完成什么指标，要"撤退"。"撤退"不等于"败退"，"撤退"之后要想办法找内行的人看看孩子问题到底出在哪里，加以解决。明明打不胜的仗硬要打，很容易摧毁孩子的意志。

（5）延迟满足。对孩子的合理要求，只要情况允许，最好也不要立刻满足，要让他等一些时日，让他学会忍耐，让他知道这个世界不是为他一个人准备的，他所要的东西不是立刻就可以到手的。要磨孩子的性子，磨他的脾气，使他变得更有弹性，更有耐心，这对学习是非常重要的，因为学习是慢功，不能一蹴而就。

（6）帮助孩子制订学习目的和计划。对每章、每节的学习，要制订出学习的目的和计划，且要经常检查和监督。对日常生活中许多小事，也要有计划和目的。比如，为了培养自理能力，坚持让孩子自己洗衣服，自己打扫房间等，日积月累，就会养成干事有目的性的习惯。

（7）培养孩子分辨是非的能力。因为孩子意志的自觉性还不强，所以很容易受外界的影响。又由于不能分辨是非，常常不加选择地模仿别人的行为。比如电视、电影中反面人物的动作、语言，日常生活中许多低级下流的东西，应避免让孩子看，同时要教他分辨这些事情的好与坏，积极阻止不良行为的发生。

（8）对孩子进行适当的挫折教育。学习中的失败，是哪个孩子也不能避免的，关键是教他如何面对失败。遇到困难和挫折时，帮孩子冷静分析其原因，看看用什么办法才能克服困难，切忌动不动就给予帮助和呵护。这样容易使孩子的意志品质不断地被"软化"，无法经受住暴风雨的袭击。如果孩子始终成绩好而失败较少，没有经过这种耐性的磨炼，很可能细微的刺激都会扰乱情绪。所以对孩子不要娇生惯养得像小皇帝那样，这不利于培养其坚强的意志。

（9）要求孩子学习时要一心一意。有的孩子学习时，经常是削削铅笔，捅捅这个，摸摸那个，总不能集中精力去学习。有时慑于家长的威严，在那里磨时间，其实是他对学习不感兴趣。为了养成一心一意学习的习惯，可适当缩短其学习时间，要求在一定时间内完成一些作业，做完后，就可以痛痛快快地玩。不通过学习时间的长短来判断学习质量。如果常常在那里磨时间，容易在学习中形成一种惰性，一遇到困难就止步不前。

（10）形成良好的学习习惯。孩子意志水平的高低往往取决于是否有良好的学习习惯，独立思考、持之以恒、锲而不舍、循序渐进等都是些良好的学习习惯。而一曝十寒、半途而废、虎头蛇尾、知难而退等，都是些不良的学习习惯。

（11）给孩子找点需要长期坚持的事情做。例如天天扫地，坚持晨练，写日记，照顾邻居老人，为教室开门等，至少要能坚持一个学期。这种事对培养孩子意志作用很大。不过不要硬派，要和孩子商量，让孩子自己下决心。中间如果孩子半途而废，家长不要发火，要再给孩子机会。培养坚持性本身就需要家长有坚持性，不能急于求成，也不要讲什么大道理。培养意志靠的是行动，而不是说教。

总而言之，能否培养孩子毅力，这是对家长教育艺术的考验，更是对家长毅力的考验。意志坚强的家长才能培养出有毅力的孩子。

# 让我想想

思维能力是孩子智力活动的核心，也是智力结构的核心，因而思维能力是孩子成才最重要的智力因素。思维能力也是孩子从小就开始发展的，它会让孩子更聪明、更胜人一筹。犹太人从孩子小时候就开始培养孩子的思维能力。

一个小学生在认真地做作业。这是一系列加、减、乘、除的四则应用计算题，难度相当大，特别那几个繁分数题，计算起来太繁杂。他额头上不知不觉地渗出细珠般的汗珠来了。正在这个时候，不知从什么地方来了一个微型机器人，手里提着火柴盒般的一台小箱子，一跳一蹦地来到小学生跟前，细声细气地冲他问："朋友，你在演算吗？""嗯，是——"小学生抬头看了看，立刻又低着头专心做作业了。他不愿分散注意力，爱理不理地嘟囔一声了事。"你计算遇到了困难了吗？""唔，有点儿——"小学生不想回答，可又回答了。"那么，"细声细气的声音紧接着响起来，"我给你带来一台计算机了。""做什么？"小学生的声音显然很不高兴。"没什么，我是来帮助你的。"细声细气的声音倒是很和气，仿佛在赔不是似的。小学生还是怒气冲冲的："怎么帮助？帮助什么？……""这个你也知道，"细声细气的声音马上搭上茬儿了，"你何必苦思苦索啊，按几下我带来的计算机就得了。它帮助你，一下子把所有的题目全都计算出来了，而且正确无误，速度快，很容易。"余怒未息的小学生，粗嗓门说："不用，我不用计算机！""你不要我帮助？"机器人很失望地，说话声音也大了点儿。"不，不，"小学生摇摇头，"我不愿意，一百个不愿意！我要的是'自力更生'！"后面四个字说得很响很清楚。机器人吃惊地说："你，你，你要自己发明创造一台新的计算机？……""嘻嘻！"小学生笑出声来。"计算机本来是人发明的，它作为人的工具、助手，人使用它，用它来工作，但它并不能代替人思考！你知道吗？"机器人细声细气的声音十分软弱无力，低声下气地说："那么，那么，那么计算机没有什么用处了？""人能思考，独立自主地思考一切。"小学生说着，指指自己的脑袋瓜，"我先要使用我自己的'计算机'，然后才能使用你带给我的计算机，不是吗？——不是你来帮助我，而是我来使用你！"机器人被小学生揭去了罩在身上的神秘的面纱，恍然大悟地说："喔，原来如此。我和计算机都不过是按照人指定的程序动作办事，怪不得我只能是主人要我做什么，我就做什么，自己六神无主地唯命是从！""哈哈，你明白这个道理就好。我相信依靠我自己不断的努力思考，是能把算术题全计算出来的，将来也能发明创造新的机器人和计算机的。"小学生放大了嗓门说话，但是很有礼貌地一字一顿地说，"亲爱的机器人，再会吧！"

小朋友们应该欢迎人家帮助，也接受人家帮助——真诚友谊的帮助，可要让对方在自己努力的基础上来启发自己，帮助自己，最后仍要靠自己的力量排除障碍，克服困难的。要不，帮助反而养成依赖的坏习惯和不良的惰性。这位小学生虽小，却能懂得这个道理，知道自己思考，这很值得孩子们学习。

"学而不思则罔，思而不学则殆。"意思就是说，只学习而不思考，就会迷茫无知，得不出结果；只思考而不学习，就会疑惑不解，也得不出结论，讲的其实就是思维的意义所在。培养孩子的思维能力并不仅是老师的事情，家长也有很多事情可以做，几乎可以说是随时随地都可以做到。思维是一项高级的智力活动，它有一定的规律可循，在实际操作中，可以多加利用。那么，究竟如何培养孩子的思维能力呢？犹太家长是这样做的：

（1）让孩子处在问题情景之中。思维是从问题的提出开始的，接着便是一个问题的解决过程，所以说问题是思维的引子，经常面对问题，大脑就会积极活动。当孩子爱提各种各样问题的时候，家长要跟孩子一起讨论、解释这些问题，家长的积极主动对孩子影响很大。如果遇到自己也弄不懂的问题，可以通过请教他人、查阅资料、反复思考获得答案，这个过程最能提高孩子的思维能力。孩子一两岁以后，就不像以前那么爱向家长提问题了，这时家长应该主动提出一些问题进行讨论。

（2）利用想象打开思路。想象力是智力活动的翅膀，为思维的飞跃提供强劲的推动力。因此，要善于提出各种问题，让孩子通过猜想来打开思路。牛顿从树上掉苹果而产生想象，进而研究出万有引力定律。某物理学家在评论爱因斯坦时说："作为一个发明家，他的力量和名声，在很大程度上应归于想象力给他的激励。"这些都从一个方面说明了想象的重要性。要孩子发挥想象并不难，关键在于家长随时随地的启发。比如，当看到自己车圆圆的轮子时，可以让孩子想象一下圆的轮子还可以用在什么上面。随便你提出什么需要想象的问题，孩子们的回答都可能千奇百怪，大大出乎你的预料，这个时候千万别嘲笑孩子的创意，打击他的积极性！

（3）要有丰富的知识与经验。孩子的知识越丰富，思维也就会越活跃，因为丰富的知识和经验可以使孩子产生广泛的联想，使思维灵活而敏捷。著名的化学家门捷列夫，他因制定了元素周期表而对化学研究的发展起到无法替代的作用，但他不仅仅是懂化学，还对物理、气象等科学领域都有涉猎，才能制定出元素周期表。孩子的阅读能力有限，家长要给孩子多买一些动画书、卡片等，还可以和孩子一起找动脑筋的故事，如寓言故事、科普性读物等，常常拿出来和孩子一起讨论。

（4）培养孩子独立思考的习惯。有的孩子遇到疑难问题，总希望家长给他答案；甚至有时候孩子还在自己思考的过程中时，家长就迫不及待地把答案告诉孩子了。虽然当时解决了问题，但从长远来说，对发展孩子智力没有好处。因为家长经常这样做，孩子必然依赖家长的答案，而不会自己去寻找答案，不可能养成独立思考的习惯。高明的家长，面对孩子的问题，应告诉孩子寻找答案的方法。也就是启发孩子，一个问题应该怎样去想、去分析，怎样运用自己学过的知识和经验，怎样看书，怎样查参考资料等。当孩子自己得出答案时，他会充满成就感，思维能力提高而且产生新的动力。

（5）讨论、设计解决实际问题的思路。在孩子的生活、学习中，在家庭生活中经常出现各种各样的问题需要解决。家长应引导孩子并与孩子一起共同讨论、设计解决问题的方案，并付诸实施。这个过程中，需要分析问题、归纳问题，需要推理，需要设想解决的方法与程序。这对于提高孩子的思维能力和解决实际问题的能力大有好处。

# 没有最好的

凡事不可能尽善尽美。

从前，有条鳄鱼对他卧室里的糊墙纸越看越喜欢。他好久好久地注视着它。有一次他自言自语地说："看看这一排排整洁的花朵和叶子，它们就像一个个士兵那样排列得整整齐齐。""我亲爱的，"鳄鱼的妻子说，"你在床上待的时间太长了，快到花园里来吧，这儿空气新鲜，阳光充足。""好吧！如果你一定要我这么做，那么就请你稍微等一会儿。"为了保护自己的眼睛不受到阳光的照射，他戴上了一副深色的眼镜，随后走了出去。鳄鱼的妻子为自己有这样一个美丽的花园感到骄傲。她说："请你看看这些一品红和万寿菊，再闻闻那玫瑰和百合花……""天哪，"鳄鱼大叫道，"这花园里的花和叶子长得这么凌乱不堪，参差不齐，一点秩序也没有，太糟了，太糟了。"鳄鱼非常生气地回到自己的卧室。可是当他一看到他的糊墙纸时，就高兴得把刚才的一切都忘光了。"啊，"鳄鱼叹道，"这儿才算是一个美丽的花园呢。这些花儿使我觉得多么的欢乐，多么的安宁啊！"从此以后，鳄鱼很少离开那张床，他一直躺在那里朝着墙壁微笑。最后他变成了一条面色苍白、容貌憔悴的鳄鱼。

毫无疑问，像这一类过分强调秩序的事情，世上还是有的。鳄鱼由于过分强调完美而变得憔悴不堪。其实，世界上任何事情都一样，不可能存在完美无缺，即使有，也是人们的想象罢了。

犹太人很早就意识到了这一点，而且在孩子小时候就给他们灌输这种思想。孩子们经常听家长讲这个故事。

曾经有一个男人，他一辈子独身，因为他在寻找一个完美的女人。当他 70 岁的时候，有人问他："你一直在到处旅行，从普那到加德满都，从加德满都到果阿，从果阿到喀布尔，你始终在寻找，难道你连一个完美的女人也没有找到吗？"那老人变得非常悲伤，他说："不是这样的，我碰到了一个，有一次我碰到了一个完美的女人。"那个发问者说："那么后来发生了什么？为什么你们不结婚呢？"他变得非常非常伤心，说："没办法啊，她也正在寻找一个完美的男人，让我怎么办呢？"

而那位寻找完美丈夫的姑娘，对丈夫的标准是：年轻俊朗、身体健康，温文尔雅，既不冷淡，又不妒忌，还希望他财产多，有个好门第，再加上聪明机智。总之，要十全十美。许多显贵的求婚人接踵而至，我们的美人觉得他们大半都太瘦弱。"怎么？我怎么能嫁给这些人？他们的样子太可怜了，来呀，大家最好来把他们瞧一瞧！"一个毫无风趣，另一个鼻子太难看，这个这里有毛病，那个那里有缺点，总之全不行。

高傲的公主把优秀的求婚人打发走之后，那些平庸的人便成群结队地前来求婚。她立刻嘲笑他们："啊，我真够宽宏大量的，还肯走来给诸位打开大门。你们以为我已经为自己发愁了吗？感谢上帝，尽管我有那么一点点孤单，但夜里一点也不感到寂寞。"

当时，这位美人的心情还相当轻松愉快，但随着岁月消失，年岁增长，她的处境每况愈下，所有求婚人全都走光了。她日益感到微笑、游戏、爱情都离她而去，后来连她的容貌也无法讨人喜欢了。她虽然涂上各种脂粉，但这番苦心对爱情也无济于事。她无论怎么努力，都无法逃脱那神通广大的窃贼——时间对她容貌的侵蚀。房子倒塌了，可以修葺，但容貌变丑了却没法子恢复。原来装腔作势的她，这时也只好改唱另一种调子，她对着镜子说："快去找一个丈夫吧！"最后她嫁给了一个粗鄙的家伙，自己还感到十分幸福和愉快。

犹太家长经常教育孩子说，世界上没有十全十美的事情，过分强调完美，有时候会把自己弄得疲惫不堪。家长们都应该像犹太家长那样教育孩子，让孩子懂得这个道理，做事情适可而止，不要走极端。

# 第 11 次敲门

困难，是动摇者和懦夫掉队回头的便桥，但也是勇敢者前进的垫脚石。面对困难掉头就走的人是懦夫，迎头痛击的是勇士。

瑞德公司的面试通知，像一缕阳光照亮了克里弗德焦急期待的心。

面试那天，克里弗德精心地梳洗打扮了一番，又换了一条新领带，以祝福自己好运。上午 10 点钟，他走进了瑞德公司人力资源部。

等秘书小姐向经理通报后，克里弗德静了静心，提着手提包来到经理办公室门前，轻轻地敲了两下门。

"是克里弗德先生吗？"屋里传出问询声。

"经理先生，你好！我是克里弗德。"克里弗德慢慢地推开门。

"抱歉，克里弗德先生。你能再敲一次门吗？"端坐在沙发转椅上的经理悠闲地注视着克里弗德，表情有些冷淡。

经理先生的话虽令克里弗德有些疑惑，但他并未多想，关上门，重新敲了两下，然后推门走进去。

"不，克里弗德先生，这次没有第一次好，你能再来一次吗？"经理示意他出去重来。

克里弗德重新敲门，又一次踏进房间。

"先生，这样可以吗？"

"这样说话不好……"

克里弗德又一次走进去："我是克里弗德，见到你很高兴，经理先生。"

"请别这样。"经理依然淡淡地说道，"还得再来一次。"

克里弗德又做了一次尝试："抱歉，打扰你工作了。"

"这回差不多了，如果你能再来一次会更好，你能再试一次吗？"

当克里弗德第 10 次退出来时，他内心的喜悦和憧憬已消失殆尽，开始有些恼火。心想，进门打招呼哪有这么多讲究？这哪是招聘面试呀，分明是在刁难戏弄人。

克里弗德生气地转身离开，可刚走几步又停了下来。"不行，我不能就这样逃开，即使瑞德公司不打算录用我，也得听到他们当面对我说。"

于是，克里弗德稍稍地舒了一口气，第 11 次敲响了门。这次，他得到的不是拒绝，而是热烈欢迎的掌声。克里弗德没有想到，第 11 次敲门，叩开的竟是一扇成功之门。

原来，瑞德公司此次是打算招聘一名市场调查员。而一名优秀的市场调查员，不仅要具备学识素质，更要具备耐心和毅力等心理素质。这 11 次敲门和问候就是考察一个人心理素质的考题。

# 做好身边的小事

机遇在人人面前都是平等的，就如同玩具中柔软的胶泥一般，可以任由你做主将它捏成任何形状。因此，在平常的社会生活中，只要认真做好每件事情，哪怕只是一件小事情，那么机遇肯定会把成功主动送到你面前。

阿尔莱特是一家美国标准石油公司的普通职员，他在任何场合中签名时，都不忘附加上一句公司的宣传词——一桶 4 美元的标准石油。后来，客户、朋友们干脆就给他取了个绰号，叫"一桶 4 美元"。这样时间一长，大家都不习惯叫他的本名了。

公司董事长洛克菲勒听说这件事后，便叫来了阿尔莱特，并问道："大家都用'一桶 4 美元'的绰号叫你，你怎么不生气呢？"

阿尔莱特笑了笑后回答道："我们公司的宣传词不正是'一桶 4 美元'吗？大家叫我一次，就是为公司免费宣传了一次，我又为何要生他们的气呢？其实应该感谢他们才对呀！"

洛克菲勒听后深有感触地说道："像你这样能时时记得为公司做宣传的人还真不多，我们公司就是需要像你这样的职员。"

几年后，当洛克菲勒退下董事长一职后，阿尔莱特接替了洛克菲勒的职位，他得到升迁最重要的原因就是他始终处处为公司着想，哪怕仅是一件极小的事情。洛克菲勒曾说：

"我之所以能够成功，就是由于我注意到了别人常常容易忽略的小事情。因此，不要总为自己没能完成一件惊天动地的事情而感到沮丧，其实只要努力地做好你身边的每一件小事，你的成功都会因它而起。"

# 工作是幸福的保障

一个人的价值不在于职位的高低，而在于体现在工作中的精神、态度。

这世上，工作并无贵贱之分，但是对于工作的态度却有高低之别。看一个人是否能做好事情，只要看他对待工作的态度。要知道，所有正当合法的工作都是值得尊敬的。没有人会否认或贬低你的价值，关键在于我们如何看待自己的工作。那些只知道要求高薪，却不知道自己应承担的责任的人，无论对自己，还是对老板，都是没有价值的。

闻名中外的希尔顿饭店有位清洁员，他在这家饭店工作了将近 20 年，一直在洗手间做保洁工作。洗手间总是被他打扫得干干净净，他甚至自己花钱在洗手间放上一瓶高级香水，客人进来都能闻到一股芳香的味道。客人们对他的服务交口称赞，有的甚至冲着他的良好服务而专门住进这家饭店。他的朋友都替他惋惜，劝他换份工作。他却骄傲地说："我为什么要换工作呢？我的工作就是最好的，看到客人们对我的赞扬，这就是我最大的幸福了，我又何必换工作呢？"

把自己的工作当成自己最喜欢的事并且乐在其中，我们就能发掘自身特有的能力。其中最重要的是能保持一种积极的心态，即使是辛苦枯燥的工作，也能从中感受到价值，在你完成使命的同时，会发现成功之芽在萌发。我们每一个人的工作，就是自己给自己画的一幅画，是美丽还是丑恶、可爱还是可憎，都是由自己一手造成的。我们每一个人的细微表现，无论是上班赶时间，还是工作中的每一个协作，都在说明自己的美或丑，可爱或可憎。

下面这句话也许是古罗马哲学家们提供给人类的最伟大的告诫之一："没有卑微的工作，只有卑微的工作态度，而我们的工作态度完全取决于我们自己。"

# 热情，事业成功的加油站

激情需要我们自己创造，这就像信心和机遇一样，等待和抱怨会使你失去仅存的激情，同时也使你的智慧和力量在不经意间消磨殆尽。

美国哲学家、散文家及诗人爱默生说过："没有热情，任何伟大的业绩都不可能成功。"对成功不利的所有因素，如迷惑、失望、恐惧、消极、颓废、猜忌、犹豫等都是由缺少激情而引起的，这些因素的存在使我们未老先衰、止步不前；而由激情带来的希望、果断、积极、主动、兴奋等，则可以使我们获得与困难搏斗的勇气和向目标迈进的力量。

激情是我们事业成功和生活幸福的源泉。

激情给我们以智慧，电脑巨人比尔·盖茨说："每天早晨醒来，一想到所从事的工作和所开发的技术将会给人类生活带来巨大的影响和变化，我就会无比兴奋和激动。"

激情给我们以灵感，牛顿从司空见惯的苹果落地现象发现了万有引力定律。

激情给我们以力量，贝多芬能够在耳朵失聪的情况下奏响恢宏壮丽的命运交响曲。

不管什么样的事业，要想获得成功，首先需要的就是工作的激情，而家庭的幸福和生活的快乐也同样需用激情来浇灌。可以说，没有恒久的激情和蓬勃的朝气，我们将一事无成。

洛克菲勒在写给儿子的信中说："如果你视工作为一种乐趣，人生就是天堂；如果你视工作为一种义务，那么人生就是地狱。"那么，在这位石油大王心目中，工作到底是什么呢？

我初进商界时，时常听说，一个人想爬到高峰需要很多牺牲。然而，岁月流逝，我开始了解到很多正爬向高峰的人，并不是在"付出代价"。他们努力工作是因为他们真正地喜爱工作。任何行业中往上爬的人都是完全投入正在做的事情，且专心致志，衷心喜爱从事的工作，自然也就成功了。

热爱工作是一种信念。怀着这个信念，我们能把绝望的大山凿成一块希望的磐石。一位伟大的画家说得好："痛苦终将过去，但是美丽永存。"

……

热忱是工作的灵魂，甚至就是生活本身。事实上一个热忱的人，等于是有神在他的内心里。人本身就有绝对控制事件的能力——心神。

如果时时保持一颗热忱的心，那么你的事业和生活就会蒸蒸日上。

# 锲而不舍才能成功

由平凡起步，才会超越平凡。幸福不是空中楼阁，它需要一步步地构建。

生活中，一般人的工作都是很平凡的。虽然是平凡的工作，但只要努力去做，和周围的人配合好，依然可以做出不平凡的成绩。

那种大事干不了、小事又不愿干的心理是要不得的。小至个人，大到一个公司、企业，它们的成功发展，正是来源于平凡工作的积累。

18世纪时，瑞典化学家舍勒在化学领域做出了巨大的成就，然而瑞典国王毫不知情。有一次去欧洲旅行的旅途中，国王才了解到自己的国家有这么一位优秀的科学家，于是国王决定授予舍勒一枚勋章。可是负责发奖的官员孤陋寡闻，又敷衍了事，他竟然没有找到那位全欧知名的舍勒，却把勋章发给了一个与舍勒同姓的人。

当时，舍勒就在瑞典一个小镇上当药剂师，他知道要给自己发一枚勋章，也知道发错了人，但他只是付之一笑，只当没有那么一回事，仍然埋头于化学研究之中。

在业余时间，舍勒用极其简陋的自制设备，首先发现了氧，还发现了氯、氨、氯化氢，以及几十种新元素和化合物。他从酒石中提取酒石酸，并根据实验写成两篇论文，送到斯德哥尔摩科学院。科学院竟以"格式不合"为理由，拒绝发表他的论文。但是舍勒并不灰心，在他获得了大量研究成果以后，根据这个实验写成的著作终于与读者见面了。舍勒在32岁那年当选为瑞典科学院院士。

如果我们也有舍勒这种埋头苦干、锲而不舍的精神，有在平凡中求伟大的品性，那么成功也就离我们不远了。

许多年轻人，尤其是名牌大学，学历又高的毕业生，他们来到工作单位后，总觉得自己比别人高一等，简单的工作不愿做，觉得自己大材小用了；繁杂一点的任务，又总是眼高手低，缺乏经验。可就算是遇到问题了，也不愿向人请教，觉得太丢面子了；出错了，还批评不得。俗话说："山外有山，人外有人。"所以，初入社会，还是得放下架子，虚心求教！

毕竟，成功不会从天而降或一蹴而就。

# 做好每一个细节

工作中无小事。只有把小事、平凡的事做好了，才能做成大事，才能创造自己人生的非凡业绩。

在许多人眼中，大人物总是和大事件联系在一起，小人物总是和小事情联系在一起。有的人一辈子也不会做成一件大事，但是，无论大人物还是小人物，都会和一件又一件的小事发生关系。因此说，小事情是人一生中最基本的内容，只有做好小事，才能成就你的大事。

美国前国务卿鲍威尔是威望很高的将领和领导人，他就把"注重小事"当成人生信条，而另一位美国人，世界上唯一依靠股市成为亿万富豪的沃伦·巴菲勒也认为一个人要取得成功必须要做好工作中的每一件小事。他认为无论在投资策略还是商务策略上，都必须谨记："细节决定成败。"

20世纪世界上4位最伟大的建筑师之一的密斯·凡·德罗，在被要求用一句最概括的话来描述他成功的原因时，他只说了5个字"魔鬼在细节"。他反复强调的是，不管你的建筑设计方案如何恢宏大气，如果对细节的把握不到位，就不能称之为一件好作品。细节的准确、生动可以成就一件伟大的作品，细节的疏忽会毁坏一个宏伟的规划。

看不到细节，或者不把细节当回事的人，无法把工作当作一种乐趣，而只是当作一种不得不受的苦役，因而在工作中缺乏工作热情。而考虑到细节、注重细节的人，不仅认真对待工作，将小事做细，而且注重在做事的细节中找到机会，从而使自己走上成功之路。

几十年前，格茨·维尔纳白手起家创建了DM连锁店。他有自己的一套注重细节的经营理念，有的地方还会为注重细节做出一些特别"古怪"的行为。

一天，当维尔纳走进一家DM分店时，他要求分店经理拿扫帚来。这家分店的经理把扫帚递给维尔纳，非常疑惑地说："维尔纳先生，我不明白您要它做什么？"维尔纳指着地下的灯光说："您看，灯光的亮点聚在地上，什么用处也没有。"于是，维尔纳用扫帚柄拨了一下上面的灯，让灯光照在货架上。

这样的小事也要由大老板过问，并且亲自动手，岂不把他累死？可就是这样一个大老板现已拥有1370家连锁店、两万名员工，2002年的销售额高达26亿欧元。维尔纳也是同行业中最富有的，2003年年初时他的个人财产达到9.5亿欧元。

工作中注重细节，就表明有一种强烈责任感的敬业精神。没有从细微处做起的敬业精神，眼高手低，小的不能干，大的不能做，岂能成就大事？

# 不断挑战新的难度

当我们把过多的精力与才华放在一个低水平的事情上，我们的能力就无法提高。想突破事业的瓶颈，必须勇于挑战高难度的工作。

伍德是音乐系的学生，这一天，他走进练习室。在钢琴上，摆着一份全新的乐谱。

"超高难度……"伍德翻动着乐谱，喃喃自语，感觉自己对弹奏钢琴的信心似乎跌到了谷底。

已经3个月了！自从跟了这位新的指导教授之后一直是这样，不知道为什么教授要以这种方式整人。

伍德勉强打起精神，他开始用手指奋战、奋战、奋战……琴音盖住了练习室外教授走来的脚步声。

指导教授是个极有名的钢琴大师。授课第一天，他给自己的新学生一份乐谱。"试试看吧！"他说。

乐谱难度颇高，伍德弹得生涩僵滞、错误百出。

"还不熟，回去好好练习！"教授在下课时，这样叮嘱学生。

伍德练了一个星期，第二周上课时正准备让教授测试。没想到，教授又给了他一份难度更高的乐谱："试试看吧！"上星期的课，教授提也没提。

伍德再次挣扎于更高难度的技巧挑战。

第三周，更难的乐谱又出现了。

同样的情形持续着，伍德每次在课堂上都被一份新的乐谱所困扰，然后把它带回去练习，接着再回到课堂上，重新面临两倍难度的乐谱，却怎么都追不上进度，一点也没有因为上周的练习而有轻车熟路的感觉。伍德越来越感到沮丧和气馁。

教授走进练习室。

伍德再也忍不住了，他向钢琴大师提出这几个月来自己承受着巨大的压力。

教授没有开口，他抽出了最早的那份乐谱，交给伍德。"弹弹看！"他以坚定的目光望着伍德。

不可思议的结果发生了，连伍德自己都惊讶万分，他居然可以将这首曲子弹奏得如此美妙、如此精湛！教授又让伍德试了第二堂课的乐谱，伍德依然呈现超高水准的表现……演奏结束，伍德怔怔地看着老师，说不出话来。

"如果，我任由你表现最擅长的部分，可能你还在练习最早的那份乐谱，就不会有现在这样的程度。"钢琴大师缓缓地说。

# 第十章

## 学习：孜孜以求的求知精神

## 每个人都是你的老师

成功的方法不能复制，不同的人有不同的发展环境和机遇，但绝大多数真正的成功者都有共同的特点——善于寻找生活中的榜样，学习和借鉴他们的经验。

杰弗逊 17 岁时就读于威廉与玛丽学院，学习成绩非常优秀，特别是在历史和语言方面。此外，他对农艺、数学和建筑学等也有浓厚的兴趣。后来他自行设计的蒙蒂塞洛宅第，既具有传统的古典式建筑风格，又有自己独特的特点，堪称为当时美国第一流的建筑，至今仍是美国最值得赞赏的乡间府第之一。

杰弗逊出身贵族，他的父亲是军中的上将，母亲也是名门之后。当时的贵族除了发号施令以外，几乎不与平民百姓交往。但杰弗逊没有秉承贵族阶层的恶习，而是主动与各阶层人士交往。他的朋友中当然不乏社会名流，可更多的是普普通通的仆人、园丁、农民或者贫穷的手工业者。他的优点便是善于从各种人身上学习，因为他知道每一个人都有自己的长处，都有金子般发亮的东西。

杰弗逊仪表堂堂，谈吐生动，富于朝气，喜爱社交。他善于演奏小提琴，常有机会在总督府与一些比他年长很多的社会名流一同演奏古典乐曲。杰弗逊跻身于这些名流之中，经常同他们交谈，获益匪浅。

有一次，他还劝说法国伟人拉法叶特："你必须像我一样到普通民众家去走一走，尝一尝他们吃的面包，看一看他们的菜碗。只有你亲自这样做了，你才会了解到民众不满的原因，并会懂得正在酝酿的法国大革命的意义了。"

不耻下问，善于学习是杰弗逊的过人之处，他也因此比其他的领导者更清楚民众到底在想什么，到底最需要什么，这也是他成为一代伟人的原因所在。

不论是做学问，还是做人，都要善于向每个有专长的人学习，向含有真知灼见的任何一本书、任何一种见解学习。那种"我比我周围的人都聪明，因此我完全不用理会别人说什么"的想法是错误的。学习是一个非常广泛、综合的内容，每个人都有自己的优点与弱点，你可以向每一个人学到很多东西，要看到每个人的长处，取人之长补己之短。

林肯是美国人心目中最有威望的总统。说起林肯，谁都知道他的父亲是一个庸碌无为而且目不识丁的木匠，他的母亲也是平庸的家庭主妇。那么林肯怎么会有那么卓越的领导和管理才能呢？人们一定会认为林肯受过良好的教育和训练。事实并非如此，不少美国人都知道，林肯所受的教育是极不完整和正规的，他一生中只上过几天的学校而已。在他被选为国会议员后，自己也曾对众人承认过这一点。那么谁是林肯的老师呢？答案就是在肯塔基州森林地带数位巡游的村儒学究，是他们在无意之中帮助了林肯得到长进。

林肯的老师还包括伊里诺州第八司法区的许多人。他曾每天和许多农夫、律师、商人讨论着国家大事和世界上发生的事情，从他们身上学习到很多知识和道理。林肯成功的秘诀就是：每个人都可能做他的老师。

犹太父母教育孩子说，老师和同学，乃至周围的每一个人都可能成为请教的对象，对青年人而言，其实没有哪一个环境是所谓的好环境，也没有哪一个人是唯一的所谓好老师，只有不断变化的环境才是你最好的环境，也只有不断地向不同的人学习才是你不断进步的途径。

# 厚网捞起大鱼

在人生的竞赛场上，没有确立目标，不能在逆境中完善自己，是不容易得到成功的。许多人并不乏信心、能力、智力，只是没有确立目标或没有选准目标，所以没有走上成功的途径。

一个年轻的大学生在逛集市的时候，看见一位犹太老人摆了个捞鱼的摊子，他向有意捞鱼的人提供渔网，并承诺捞起来的鱼归捞鱼人所有。这个年轻人一时童心大发，蹲下去捞起鱼来，但他一连捞破了三只网，一条小鱼也没有捞到。

年轻人见老人眯着眼看着自己的蠢样、心中似乎正在暗自窃笑，便不耐烦地说："老板，你这网子做得也太薄了，几乎一碰到水就破了，又怎么捞得起来那些鱼呢？"

老人回答说："年轻人，看你也是念过书的人，怎么也不懂得这个道理呢？当你心生意念想捞起你认为最大最好的鱼时，你打量过你手中所握的渔网是否真有那个能耐吗？追求不是件坏事，但是首先要了解你自己呀！"

"可是我觉得这个不是主要原因，关键还是觉得你的网太薄，根本捞不起鱼。"

"年轻人，你还是不懂得捞鱼的哲学！这和世人所追求的爱情、事业、金钱都是一样的。当你沉迷于眼前目标的时候，一定要衡量自己的实力。"

人的生命虽然各有长短，有的人长命百岁，也有的人青壮之时夭折。但不管怎样，每个人都有宝贵的一生，生命对于每个人来说都只有一次。因此，人必须珍惜自己难得的一生，在这有限的人生中确立自己的奋斗目标，实现自己的愿望。

# 不要"三分钟热度"

在你的生活中，至少有一个领域应当是你最感兴趣的、最认真的，要将重点集中在这件事情上，它可能是你的工作、业余爱好，也可能是某些集体活动。你必须对某件事情有所擅长，而且擅长到能使你自己暗暗为之自豪的程度，从而使你知道自己是一个有价值的人。

犹太人大卫·布朗是一位英国商人，他的发迹过程，就是他一生确立明确的奋斗目标的实现过程。他生于 1904 年，父亲经营一间小型齿轮制造厂，几十年来一直惨淡经营，仅仅能够赚取一点生活费。尽管如此，布朗的父亲是一个头脑清醒的人，他总结自己没有选好奋斗目标的教训，把希望寄托在儿子身上。为此，他严格要求布朗要勤于读书学习，还规定每逢假日布朗就到自己的齿轮厂去参加劳动工作，与工人们一样艰苦工作，绝不特殊照顾。

布朗在父亲的教育下，在工厂里工作和劳动了很长时间，逐渐熟悉了工业技术和知识，养成了艰苦奋斗的精神，形成了自己人生的奋斗目标，而且知道只有在逆境中才能成才的道理。这样，布朗父亲教育儿子的目标总算实现了。而布朗自己的奋斗目标，不在于齿轮厂方面，而是想利用自己在齿轮业务积累的经验，往生产赛车这个方向去发展。他通过观察，发现当代人对汽车使用已经普及，预感到汽车大赛将会成为人们的一种流行娱乐。这就形成了他自己的奋斗目标——大力发展赛车。凭借着这个信念，他克服了重重困难，成立了大卫布朗公司，不惜投入大量资金聘请专家和技术人员搞设计，采用先进设备机器进行生产。1948 年在比利时举办的国际汽车大赛中，布朗生产的"马丁"牌赛车一举夺魁，大卫布朗公司因此名声大振，订单如雪片般飞来，布朗从此走上发迹之路。正是布朗对自己生产赛车的目标坚持不懈的努力，才使布朗父亲及布朗自己确立的目标都实现了，可谓一箭双雕。

每个人都要求自己至少能做好一件事。你不可能在各个领域都做得很好，也没有必要这样。正如一位百发百中的神枪射击手，如果他漫无目标地乱射，其结果可想而知。正如驴子一天到晚绕着石磨不停地转动，但是什么地方也到达不了，这是因为它没有确定的目标。要像布朗一样，确立明确的奋斗目标，矢志不渝地为之努力。

凡是具有创造力、努力工作的人，其最终目的就是为了实现自己的愿望。如果一个人没有了自己的愿望，那他根本不可能有什么动力；而如果他的愿望一会儿一个，太多变化，那么他很有可能只有三分钟的热度，什么事都做不成。

36 岁的斯蒂芬·史匹柏是世界上最成功的制片人，好莱坞电影史上十大卖座的影片中，他个人囊括四部。他是怎么能在这样的年纪里就有这么伟大的成就？他的事迹实在值得我们学习。

史匹柏在十二三岁时就知道，早晚有一天他会成为电影导演。在他 17 岁那年的某天下午，当他参观完环球制片厂后，他的一生就此改变了。那只不过是一次普通的参观活动，但对于他却远远不是。在他窥得电影全貌后，当场他就决定要怎么做。他先是偷偷摸摸地观看了一场电影实际的拍摄，然后与剪辑部的经理长谈了一个小时，才恋恋不舍地结束了参观。

对许多人而言，故事到此为止，但史匹柏可不一样，他很明确，他知道自己要什么。于是第二天，他借了套西装，提起他老爸的公文包，里头只有一块三明治，再次来到摄影现场，装出一副他是那里的工作人员的样子。当天他故意避开了大门守卫，找到一辆废弃的手拖车，用一些塑胶字母，在车门上拼成"斯蒂芬·史匹柏"、"导演"等字样。然后利用整个夏天去认识各位编剧、导演、剪辑，终日流连于他梦寐以求的电影世界里。从与别人的交谈中学习、观察并发展出越来越多关于电影制作的感觉。

终于在 20 岁那年，他成为了正式的电影工作者——放映了一部他拍得不错的片子，因此与环球制片厂签订了一纸 7 年的合同，导演了一部电视连续剧。他的梦想终于实现了！

史匹柏为什么能够成功呢？因为史匹柏知道他所追求的目标，并矢志不渝地向目标迈进，同时知道做法，善于学习，用恰当的目标，为自己铺就了成功的道路。

确立自己的奋斗目标时还要注意一定要符合客观实际，不能异想天开、哗众取宠。

有一位卡车司机叫拉利·华特斯，他毕生的理想是当一名飞行员。高中毕业后他便加入了空军，希望成为一位飞行员。不幸的是，他的视力不及格。因此当他退伍时，只能看着别人驾驶喷气式战斗机从他家后院上空飞过，而他只有坐在草坪的椅子上，幻想着享受飞行的乐趣。

一天，拉利想到一个办法，可以实现自己的飞行愿望。他到当地的军队剩余物资店，买了一筒氦气和 45 个探测气象用的气球——那可不是颜色鲜艳的花花气球，而是非常耐用、充满气体时直径达 4 英尺的大气球。

在自家的后院里，拉利用皮带把大气球系在草坪的椅子上，再把椅子的另一端绑在汽车的保险杆上，然后才开始给气球充气。接下来他又准备了大量的三明治、饮料和一支气枪，以便在想要降落时可以打破一些气球，使自己缓缓下降。

完成这些准备工作后，拉利便坐上椅子，割断拉绳。他的计划是缓缓地降落回到地上，但事实并不像他想的那样。当拉利割断拉绳，他并没有缓缓上升，反而是像炮弹一般向上发射；他也不仅只是飞到 200 英尺高，而是一直向上升，直停在 11000 英尺的高空！在那样的高度，他当然不敢贸然弄破任何一个气球，因为那样会失去平衡，在半空中突然坠落。于是他只有停留在空中，飘浮了大约 14 个小时，他完全不知道该怎样回到地面。

终于，拉利飘到了洛杉矶国际机场的进口通道。一架法美航机的飞行员发现了他，并通知指挥中心，说他看见一个家伙坐在椅子上悬在半空中，膝盖上还放着一支气枪。洛杉矶国际机场的位置是在海边，到了傍晚，海岸的风便会改变方向。到那时候，海军立刻派出一架直升机去营救，但救援人员却很难接近他，因为螺旋桨发出的巨大风力一再把那自制的新奇椅子吹得越来越远。费尽九牛二虎之力，他们终于停在拉利的上方，放下一条救生索，把他慢慢地拖上去。

拉利一回到地面便立刻遭到逮捕。当他被戴上手铐，一位新闻记者大声问他："华特斯先生，请问你这样做的原因是什么？"拉利停下来，瞪了那人一眼，满不在乎地说："人总不能无所事事。"

故事中的拉利不顾实际想让自己飞起来，结果就飞起来了，却差点为此影响航班的正常运行及自己的性命，实在是毫无意义的冒险。

当然，人各有志，在不同时期、不同社会和不同背景下，人的志向会发生变化的。

几年前的一个炎热的夏天，一群工人正在铁路的路基上工作。这时，一列缓缓开来的火车打断了他们工作。火车停了下来，最后一节特制车厢的窗户被打开了，一个低沉而友好的声音响了起来："是你吗，大卫？"大卫·安德森——这群工人的负责人回答说："是我，吉姆，再次见到你真高兴。"于是，大卫·安德森和吉姆·墨菲——整段铁路的总裁，进行了愉快的会面。在长达一个多小时的愉快交谈后，两人热情地握手道别。

大卫·安德森的下属立刻包围了他，对于他是铁路总裁墨菲的朋友这一点，他们感到非常震惊。大卫解释说，23 年以前他和吉姆·墨菲是在同一天开始为这条铁路工作的。其中一个人半开玩笑半认真地问大卫："那为什么你现在仍在骄阳下工作，而吉姆·墨菲却成了总裁？"大卫非常惆怅地说："23 年前我为每小时 1.75 美元的薪水而工作，而吉姆·墨菲却是为这条铁路而工作。"

法国的萨特用了几乎 10 年的时间来写他的第一本书。在这 10 年的时间当中，萨特只专心撰写这唯一的一本书，三易其稿，可是最后却不幸遭到了所有出版商的拒绝。而英国作家托尔金把自己大半辈子的心血都花在他的三部曲史诗《行会首领》上。试想如果没有一个远大的愿望和梦想支撑着他们，他们会有这么大的动力吗？他们会牺牲自己生命中这么多宝贵的时间吗？很多艺术家长达几年地专攻一本小说、一部戏剧或一幅画作，过着完全没有保障的生活，常常经济拮据，陷入贫困，但所有这一切他们都可以置之不顾，只为了能够实现自己的梦想。演员、舞蹈家和歌唱家也是如此，虽经几年的奋斗仍然不成功，但是他们却从不肯轻易放弃自己的理想，他们当中有许多人是过了很久的艰苦生活才成名的。如果问他们：付出这么多艰辛值得吗？他们会回答说：必要的话，还会一直这么做下去。在他人的眼里一个人丰富的内心世界和梦想也许会显得很古怪，但这恰恰是一个人拥有的真正财富。犹太人教育孩子们要在少年时代就拥有自己的梦想，矢志不渝、坚持不懈地向目标努力奋斗。

# 爱之深，责之切

只有爱不见得能培养和教育出优秀的孩子来，而应该把热爱和严格要求结合起来。

美国第三十二届总统富兰克林·德拉诺·罗斯福是美国历史上唯一一位连任四届的总统。他的政绩在全美国民众中是有口皆碑的，人们在谈论他所受到的家教时也同样津津乐道。

他出身于富豪家庭，父亲学法律出身，是美国有名的商人，家里很有钱。罗斯福的父亲和母亲年龄相差 26 岁，当罗斯福出生时，父亲的年纪已经很大了。罗斯福有一个同父异母的哥哥很早就离家在外，罗斯福的降生给这个本来就十分幸福和睦的家庭带来了无比的欢乐。幼小的罗斯福自然成为父母关注的中心。然而，罗斯福的父母并不是娇惯他，而是严格地管束他，特别是罗斯福的母亲。她为小罗斯福安排了严格的作息时间表：7 点起床，8 点吃饭，然后跟家庭教师学习二三个小时才可以休息，下午 1 点吃饭，午饭后又学到 4 点才能够自由活动。

小罗斯福玩游戏时总习惯于自己是赢家，为了教育他，有一次母子二人玩一种棋类游戏，母亲故意不让着他，接连几次赢了儿子。小罗斯福生气了，母亲故意不理他，并坚持让儿子向自己道歉。结果，小罗斯福认输了。

正是父母从小对罗斯福的严格要求，才使他比同龄人自立、自律，促使自己不断奋进，取得骄人的成就。

犹太人像世界上所有的父母一样很疼爱孩子，但在他们视为传统的教育问题上，对下一代的要求极为严格。他们认为，对孩子来说，严格要求是很重要的。因为孩子们往往缺乏经验，是非界限有时弄不清楚，而且对自己行为和情感往往也不善于独立控制。如果家长对他们不严格要求，他们往往不能自觉、主动地学习和按行为道德标准来行动。因此，就更需要父母对他们的思想和行为有严格的要求，使他们养成良好的思想和行为习惯。

家长在对孩子进行严格教育时，若不能了解孩子的特点，具备基本的教育知识，盲目地严格要求会造成教育失败。家长的见解高低在把握分寸时起着关键的作用。不能对孩子的教育以"严"失误，但也绝不能溺爱孩子、放任孩子。还有的家长或宽或严都缺乏依据，凡事随心所欲，教育效果就更难保证。自己一高兴，对孩子百依百顺，该约束的也放任不管；自己心里有气，一点小事就将孩子大加管束，严厉得可怕；有的父母平日一贯溺爱孩子，从来不提要求，学习、品德、锻炼放得很松，时间长了，孩子的坏毛病出来了，父母感到问题严重，立即急刹车，进行严格管教，不择时间、场合，方法粗暴，强迫孩子保证以后再也不犯错误。然而长期积累起来的毛病是不可能因家长突然严格要求就立即消失的，所以这种严格也是无济于事的。

所谓"爱之深，责之切"，就是说，严格要求正是出于深切的爱。所以，做父母的不应该受盲目的爱所支配，要严中有爱，爱中有严。当然严格要求并不意味着对孩子的态度严厉、动辄打骂训斥，而是要做到以合情合理为前提。同时，态度应该是耐心的，循循善诱的。父母对子女一定要怀着带有严格要求的热爱，千万不要溺爱姑息孩子、过分地宠爱孩子与迁就孩子。一定要有分寸，有理智。只有这样，才能把孩子培养成为有良好个性品行的优秀人才。

严格教育对生活在优裕环境中的儿童尤为重要。人生要经过许多磨难，特别是要成就大事业。如果只会享福，不能受苦，这样的人将不能立足于社会，更不能为社会献身，为他人造福了。因为这样的人只能满足于自己的成功和幸福，心理永远不会成熟。

# 无时无刻不在学习

成功需要成本，时间也是一种成本，对时间的珍惜就是对成本的节约，而时间最有效的利用就是在学习上。

居里夫人，作为一位杰出的女科学家，在仅隔 8 年的时间内就分别摘取了两门不同学科的最高科学桂冠——诺贝尔物理学奖与诺贝尔化学奖，并且在一生中获得了难以计数的其他科学殊荣，可谓是技艺超群、硕果累累。她的长女伊伦娜，核物理学家，与丈夫约里奥因合作发现人工放射性物质共同获得诺贝尔化学奖；次女艾芙，是一名音乐家和传记作家，她的丈夫曾于 1965 年以联合国儿童基金组织总干事的身份接受瑞典国王授予该组织的诺贝尔和平奖。作为一名普通的母亲，居里夫人十分注意充分利用一切时间与机会培养和教育自己的子女。

居里夫人一生科研工作都十分繁忙，然而她很善于抓紧时间对子女进行早期教育，并善于把握孩子智力发展的年龄优势。比如，居里夫人在女儿不到 1 岁时，就让她们开始所谓的"幼儿智力体操"训练，带她们到公园去看绿草、蓝天、白云，看色彩绚丽的各种植物和人群；让她们广泛接触生人，到动物园看动物，让她们与小猫玩；让她们到水中拍水，使她感受大自然的美景。孩子大了一点后，居里夫人又开始了一种带艺术色彩的"智力体操"，给孩子讲童话，教孩子唱儿歌。再大些，就开始智力训练和手工制作，如数字的训练，字画的识别，还教她们作画、弹琴、做泥塑，让她们自己在庭园栽花、种菜等，并抽出时间与她们散步，在散步时给她们讲许多关于动物和植物的趣事，如种子是怎样在花里长成的，小老鼠和鼹鼠是怎样打洞的，哪里能找到兔子窝等。她还教孩子骑车和烹调等。

居里夫人的教育都力求从实物开始，并且每天更新，以提高孩子的兴趣。全方位幼儿早期"智力体操"的训练，抓住生活中每一分钟的时间，不仅使孩子智力得到了开发，同时也培养了孩子的各种能力，增强了孩子的自信心，锤炼了孩子的性格。

精明的犹太人不仅在经商时考虑投资、成本，在日常生活中更是教育孩子凡事都要考虑投入与产出。他们教育孩子珍惜时间，要善于利用零碎时间。他们从来不认为半小时是微不足道的一段时间。一个人如果认识到学习的重要，看到自己水平不高，感到时间的紧迫，就会自觉地去利用零碎时间。零碎时间最好用来学习自己最喜欢的学科，以吸引自己的注意力。

18 世纪俄国有一位杰出的科学家叫罗蒙诺索夫，他生长在俄国北方的一个渔村，是一个渔民的儿子。他 8 岁丧母，10 岁时父亲又娶了继母，从此他从早到晚在咒骂声中度过，整天干着繁重的家务活。凶狠的继母只要看见小罗蒙诺索夫手里拿着书本，就立即上前夺过来，撕个粉碎。可怜的小罗蒙诺索夫只好趁夜深人静的时候，悄悄一个人躲到屋后的一间板棚里，靠着一支蜡烛的微弱光亮，如饥似渴地读书。

有一次，罗蒙诺索夫和父亲一起出海捕鱼。突然间，狂风怒吼，海上掀起了巨浪，帆船在海中颠簸起来。就在这千钧一发之际，小罗蒙诺索夫勇敢地爬上了摇摇晃晃的桅杆，迅速地扎起了吹脱的帆篷。帆船安全了，继续平稳地行进。父亲为了奖励他，要给他买一件鹿皮上衣，但是被他拒绝了，而是只要父亲给他买一本讲授自然知识的书。他要去探索天空、陆地和大海的奥秘所在。得到这本书后，他更是抓紧点点滴滴的时间阅读。

1730 年，罗蒙诺索夫从家乡来到莫斯科，想求学读书。但在沙俄时代，渔民的儿子是没有读书的权利的。一个偶然的机会，他遇见了同乡的已经做书记官的杜季科夫。以后，他就在书记官家里当佣人，并教书记官的儿子识字。有一天，瓦尔索诺菲神父来到杜季科夫家里，听了罗蒙诺索夫不远千里、长途跋涉来求学的诉求后，感到十分惊奇，深表同情。于是，瓦尔索诺菲决定隐瞒罗蒙索诺夫的出身，保举他上扎伊科罗帕斯基学校。

罗蒙诺索夫得到了读书的机会，就像鱼儿得水一样。他仅仅用 3 个月的时间就完成了别人要学一年的课程，一年内连跳三级。在俄国圣彼得堡科学院选拔学生的严格考试中，罗蒙诺索夫的总分名列第一。

但在这时，同为老乡的书记官杜季科夫告发了瓦尔索诺菲神父隐瞒罗蒙诺索夫的出身的真相。神父受到了严厉的谴责，而罗蒙诺索夫则要被发配到边远地区的修道院去服苦役。在宣布了对他的惩罚结果之后，官员们征求罗蒙诺索夫还有什么话要说，他用低沉有力的语调说："我的家乡是一个艰苦的地方。我是一个渔民的儿子，有勤劳的双手，艰苦的生活对我并不可怕。从记事起，我就习惯在冰天雪地上听着暴风的吼叫读书，我并不害怕那恶劣的天气。现在我怕的并不是那艰苦严峻的生活，而是不能再学习和认识自己迫切想要了解的世界。对我来说，如果不再学习的话，还不如让我死去。"

这一番感人肺腑的话，使全场的人都激动起来。

这时，科学院代表突然站起来，大声喊道："我代表圣彼得堡科学院宣布，科学院从你校录取的第一名学生就是罗蒙诺索夫！"

罗蒙诺言索夫在科学院认真学习了一年，又因成绩优异被送往德国留学。

他孜孜不倦的追求，终于使他成为伟大的哲学家、科学家和诗人。他的伟大业绩不仅为俄国人民所敬仰，同时，也给全世界的科学事业增添了光辉的一页，激励着全世界的人们。人们从他身上学到的不仅仅是顽强的意志，还有珍惜时间，抓住点点滴滴的时间，分秒必争的学习精神。

当代父母在教育孩子时，要注意将学习与游戏、生活相结合，抓紧每一分、每一秒的时间，寓教于乐，让学习变得生动有趣，不再枯燥。

# 书是人类的朋友

犹太人重视学问、重视智慧、重视教育，在这些文化传统的影响下，以"书的民族"著称的犹太人对读书有一种特殊的爱好。

古时候犹太人的墓园常常放有书本，说是在夜深人静时死者会出来看书。当然，它还象征着生命有结束的时候，求知却无止境。犹太人家庭有一个世代相传的习俗，那就是书要放在床头，要是放在床尾，就会被认为是对书不敬。犹太人自己热爱读书、教导孩子读书的同时，还经常把世界上成功人物的爱书故事讲给孩子们听。比如列宁小时候受的教育：列宁的父母力求使孩子们从小养成读书的习惯。爸爸向孩子们提供了适合不同年龄阅读的书籍，订阅了各种儿童读物。他们家里的图书馆有很多藏书，孩子们还从市图书馆借阅各种书籍。书是列宁父母促使孩子智力发展的最主要的手段，它以各种各样的新知识丰富了孩子们的头脑。

流散各地的犹太人，把掌握知识视作谋生的手段与资本。即使是一本攻击犹太人的书，犹太人也不禁书。犹太人爱书的传统由来已久，深入人心。在现在的以色列，处处都体现了犹太人嗜书如命的特点。据联合国教科文组织最新的统计数字表明，以色列每年出版的图书达 2000 种以上，其中不包括教科书和再版书，14 岁以上的公民平均每月读一本以上的书。全国的大学图书馆和公共图书馆共 1000 多所，平均每不到 4000 人就有一所公共图书馆。在全国 450 万居民中，办借书证的就有 100 多万。在以犹太人为主要人口的以色列，在人均拥有图书馆、出版社和每年人均读书的比例上，以色列是世界之最，超过世界上任何一个国家，包括那些发达国家在内。此外，以色列出版的各种刊物达 890 多种之多，报纸有 29 种。在街头的报刊亭里，每天都可以买到当天出版的《泰晤士报》、《纽约时报》、《世界报》等西方各大报纸。总之，犹太民族是名副其实的"知识的民族"、"书的民族"。正是在这种爱书如命、刻苦求知的优良风尚的滋养下，犹太人形成了独特的教育观。

热爱读书的同时还要讲究方法。犹太人阿尔伯特·爱因斯坦（1879~1955）是世界著名的物理学家，相对论的创立者。被誉为"20 世纪的哥白尼"、"伟大的自然科学的革新家"，他就很注意读书方法的选择，选用"淘金式"读书方法。

爱因斯坦的"淘金式"读书方法的实质在于：在所阅读的书本中找出可以把自己引到本质的东西，而放弃使头脑负担重和会使自己诱离要点的一切东西。

曾有人问爱因斯坦不锈钢的成分是什么，他建议那个人去查《冶金手册》；有人问爱因斯坦从芝加哥到纽约有多少英里，他说："实在对不起，我记不住那么多，你可以去查《铁路交通》。"爱因斯坦说："我从来不去记辞典上已有的东西。"显然，爱因斯坦有着丰富的阅读经历，但他更乐意去粗取精地把握书本的要点，对一般知识只记住其来源和出处，而把主要精力放在透彻理解重点知识上，放在记忆实质性问题上，放在独立思考和革新创造上，就好像记住了书的目录一样。爱因斯坦说他获得的知识主要是靠自己获得的，热衷于深入理解，但很少背诵。有一次，爱因斯坦读到一本装帧十分精美的几何教科书，立刻就将书中的精华部分清晰地讲了出来。有人十分钦佩他读书的本领，便向他讨教读书的秘诀，爱因斯坦说："我只是抓住了书的骨头，抛掉了书的皮毛。"

如果你的孩子发现读书是一种有趣而且顺利的体验，那你更应当在他心中植入读书的欲望。你应该每天或每周数次念书给孩子听，并形成定时读给他听的习惯。并且选择有趣味性的书给孩子看，比如那些惹人喜爱的有漂亮插图的图书。孩子们喜欢有人物、场景以及他们熟悉的事物的图画和照片。同样，他们也喜欢动物图片。童话故事对孩子们来说是很有魅力的。理论显示它们是有效的工具，可以帮助孩子们在认识世界时免受伤害，并认清现实和虚幻之间的差异。此外，童话故事还能促进孩子们的抽象思维和创造性思维能力。

在给孩子挑选图书时，当代的犹太人通常注意以下几点：

首先，给孩子们看的书篇幅必须简短，几页而已，因为孩子的注意力只能集中一小段时间。另外，这些书应有较大的插图，文字部分较少。孩子们大多喜欢那些有插图但是没有文字的图书。

要确保书里的文字部分人容易理解。一本字号印得很大的书看起来简单，但却有可能包含难字、僻字，所以做父母的事先要把它浏览一遍，看看你的孩子是否能够理解接受里面的文字。

在读书给孩子听时，尽量把气氛搞得很轻松愉悦，这样他们会从中体会到更多乐趣。朗读时，让手指在你读过的字下移动，但不要强迫孩子跟随你的手指读字或者看这些字。

让他们猜测下一步将要发生什么，鼓励孩子注意图画中的事物。并且当他们这样做时，给予表扬。如果孩子要求的话，重复阅读某些书，一本他特别喜爱的书可以反复读给他听。

判断孩子是否对某个问题感兴趣的最好方法是：看他是否常常谈到它，或看他有多少次能够自发地重看他最喜欢的书。当孩子表示出他要读书时，给他一些他熟悉喜爱而又能

"读"的书，即使他已经记住了书里面的文字。以后当他在其他书里再看到这些熟悉的词汇时，他就能知道它们的意思了。还要给孩子准备一些新书，这些书里的故事最好有一定的反复性，而且再三出现相同的词汇，要特别注意书的多样性。

即使孩子已经能够自己阅读也不要停止读书给他听。有你与他一起度过这段亲密时光，他仍然会从中得到很多快乐。同时父母还要教导孩子爱惜书籍，保持书的整洁、美观，不让他们乱涂乱画。把书放在孩子房间里低矮的书架上以便于他们翻阅。

# 因材施教

对于年幼的孩子来说，最重要的是教育而不是天赋。孩子的天赋是有差异的，然而这差异是有限的。就是那些只有一般禀赋的孩子，只要教育得法，也都能成为非凡的人。

威特是近百年来德国少有的奇才。他 8 岁时能够自由运用德语、意大利语、拉丁语、法语、英语和希腊语 6 国语言，并且通晓动物学、植物学、化学、物理学，尤其擅长数学。9 岁考上莱比锡大学，14 岁由于提交数学论文被授予哲学博士学位，16 岁又获得法学博士学位，并被任命为柏林大学法学教授。

可是，这样聪明绝顶的一个奇才，婴幼儿时期却是极傻的，连母亲和邻居都认为他是一个白痴。他妈妈当时还曾说："这样的孩子，教育他也不会有什么出息，只是白费力气。"然而威特的爸爸老威特却不这样看，他认为：今天的孩子大都受的是非常不完全的教育，他们的禀赋连一半也没有发挥出来。比如禀赋为 80 的只能发挥出 30，禀赋为 60 的只能发挥出 20。如果实施能发挥禀赋八成到九成的有效教育，那么，即使生下来禀赋只有 50 的普通孩子，也会优于禀赋为 80 的孩子。他坚持用自己的方法教育儿子，没有多久，这个"傻孩子"就轰动了整个街区乃至后来全德国。

正是老威特的因材施教，才使少年威特从一个别人眼中的"傻瓜"成为德国乃至世界少有的奇才。他的理论及成功的实践，给千万望子成龙的父母增添希望和信心。

犹太人认为，为人父母者应该按孩子的思维长项来寻找学习和研究的领域。爱迪生偏向观察，于是选择发明。爱因斯坦的思考方式偏向直觉，于是选择理论物理，唯有用好自己的长处，才能找到最适合自己学习与创造的领域。爱因斯坦在《自述》中说："我看到数学分成许多专门领域，每一个领域都能费去我们的短暂一生。因此，我觉得自己的处境就像布里丹的驴子一样，它不能决定究竟该吃哪一捆干草。这显然是由于我在数学领域里的直觉能力不够强，以致不能把真正带有根本性的最重要的东西，与其余那些多少是可有可无的广博知识可靠地区分开来。"

意大利著名的天文学家、物理学家伽利略是中世纪的一颗明星。他在物理学方面的发现，打破了 1700 多年以来人们对亚里士多德的迷信。牛顿说过："如果我能看得比别人远一点，是因为我站在巨人的肩上。"他所说的巨人，指的就是伽利略。

可是，有谁会想到伽利略年轻的时候曾一度想当修道士。这位科学界的天才差一点被埋没在修道院里。及时改变伽利略这个主意的，不是别人，正是他的父亲凡山佐。

那时候欧洲的教育和科学都是神学的奴仆，许多学校都是附设在修道院下的。为了让伽利略做好进大学的准备，凡山佐把孩子送到修道院的学校去学习。伽利略决心要当一个修道士，把一生都贡献给宗教。

凡山佐自己擅长数学。但是，那时人们并不了解数学的用处，连大学里都没有专职的数学教授。凡山佐又是一个作曲家和琵琶演奏员。但是，他也不能靠音乐来谋生，他只能开一个他不愿意开的小铺子养家糊口。在这种情况下，凡山佐当然不愿意儿子学音乐，也不愿意儿子学数学。他希望儿子成为一名医生。伽利略的名字伽利里奥，就是为了纪念他们的祖先——一位著名的医生而起的。

凡山佐当然不同意伽利略的这个错误决定。他知道这个孩子从小对任何事情都喜欢问一个"为什么"，这样的人是不会甘愿长期受宗教教条束缚的。而且，修道院中令人窒息的枯燥生活，也不是伽利略这样的人能够忍受得了的。他找了一个借口，说伽利略一只眼睛有问题，不能看书，把伽利略从修道院带回家中。

后来，经过凡山佐的耐心劝说，伽利略接受了父亲的劝告，改变了想当修道士的念头，进比萨大学当了学生。虽然他始终没有成为一名好医生，可是，他毕竟摆脱了做一个枯燥的修道士的命运。而且，他在比萨大学读书期间结识了一些数学家，开始观察和研究了一些物理学的现象，走上了科学研究的道路。

"知子莫若父"，如果没有凡山佐果断、及时而正确的引导，伽利略这颗科学巨星很可能埋没在修道院里。

犹太人认为，孩子的不同爱好，或有益于身体的健康，或有益于智力的开发，或有益于个性的形成，或有益于情操的陶冶。只有尊重和发展孩子的正当爱好，方有遂愿的可能。

# 爸爸陪你玩

家庭气氛是两种环境关系的产物，一是家庭物质环境，一是家庭心理环境。

丹麦童话作家安徒生住在富恩岛上一个叫奥塞登的小城镇上，那里住着不少地主和贵族，而安徒生的父亲只是个穷鞋匠，母亲是个洗衣妇，祖母有时还要去讨饭来补贴家用。那些贵族地主们很厌恶这些穷人，都不允许自己家的孩子与安徒生一块儿玩。

父亲一点也没有在孩子的面前流露自己对孩子孤独的焦急情绪，反而十分轻松地对安徒生说："孩子，别人不跟你玩，爸爸来陪你玩吧！"安徒生的家很简陋，只有一间小屋子，破凳烂床把这个小小的空间塞得满满的，没有给孩子留下多大的活动空间。然而，就是这么一间破得不能再破的小屋，父亲却把它布置得像一个小博物馆似的，墙上挂满了图画和做装饰用的瓷器，书架上放满了书籍和歌谱，橱窗柜上摆了一些玩具，就是在门玻璃上，也画了一幅风景画。父亲常给安徒生讲《一千零一夜》等古代阿拉伯的故事，还会找时间给他念一段英国莎士比亚的戏剧本，或者丹麦喜剧作家荷尔堡的剧本。

正像安徒生的父亲一样，犹太人认为家庭气氛是家庭教育中发挥重要作用的一个因素。尽管犹太民族在5000多年的发展历史中，大多过着颠沛流离的流浪生活，但是他们竭尽全力给孩子营造出和谐、温馨的家庭氛围。所以不仅犹太人如此，像上文中提到的安徒生一样，大多有所成就的名人在其童年时代就有着良好的家庭氛围。

除此以外，列宁的父母也很注意让孩子有一个良好的学习环境。在物质上，父亲给童年的列宁订制了一张书桌供他学习之用，后来又给了他一个书柜。不仅列宁，每个孩子都有一个自己学习的天地。那里非常整洁，所有的书本和文具都摆放得整整齐齐。避免了由于寻找乱放的课本、笔记本、尺子、钢笔等，引起的孩子情绪烦躁，进而妨碍学习。

此外，在家庭的心理环境上，列宁的父母相亲相爱，家庭气氛和睦快乐。他们热爱孩子尊重孩子，孩子们也深爱并尊敬父亲母亲。有这样优异的学习环境，孩子们的学习热情很高、学习效率也很高。

家庭的物质环境依每个家庭的富有程度不同而不同，但每个做父母都要尽最大努力满足孩子在学习上的物质需要。犹太父母更注重的是家庭心理环境的营造。良好的家庭气氛主要包括爱的气氛和智力气氛两种。

要创造良好的家庭气氛：一是创造良好的爱的气氛，这不仅要求父母相亲相爱，还要求家长与子女关系融洽。当着孩子的面夫妻不要吵架，家庭成员之间关系不能紧张，要相互信任和体贴，以免给孩子精神上带来苦闷。二是重视和创造家庭中良好的智力气氛，父母本身对知识就要具有巨大的兴趣和追求，给孩子的健康成长产生无形的巨大力量。有的家庭智力气氛差些，可利用邻居、亲戚、朋友及请家教等外部环境的智力气氛来改变家庭智力气氛。

还有一则寓言可以看出家庭环境的重要：有只小袋鼠是学校里最坏的一个学生，他常常将吐有唾沫的小纸团在教室里扔来扔去，把图钉放在老师的椅子上，把胶水倒在门把手上，还在厕所里放鞭炮。

"你的行为简直太不像话了！"校长气愤地说，"我要到你父母那里去告你的状。你是一个多么调皮的孩子！"

校长来到了袋鼠家，袋鼠先生客气地给他让座。

"哎哟！"校长刚坐下去就跳了起来，"椅子上有颗图钉！"

"对，我知道那儿有个图钉，我就是喜欢把图钉放在椅子上。"袋鼠先生说。

嗖，一个沾有唾沫的小纸团飞过来，正好打在校长的鼻子上。

"校长先生，请您原谅，"袋鼠太太说着，走了过来，"我就是喜欢扔东西玩。"

乒乓！一声巨响从卫生间里传了出来。

"别怕先生，那响声是我们放在洗漱台上的鞭炮声。我们就是喜欢听这噼里啪啦的声音。"袋鼠太太对校长说。

校长一听，赶紧站起来，开门准备离去，可是他的手被粘在门把手上了。

"用力拉呀，我们家里每个门把手上都有胶水。"袋鼠太太边示意边说。校长好不容易把手拉了下来，急匆匆地跑出了房间，头也不回地走了。

"这人真奇怪，我不知道他到这儿来干什么，他一句话也没说就走了。"袋鼠先生说。

"您别在意，他一定是另有约会。晚饭好了，我们来吃饭吧。"袋鼠太太说。

于是，袋鼠一家人便高高兴兴地吃晚饭。饭后，他们就在饭厅里扔起沾有唾沫的小纸团来游戏。

可见，一个孩子的行为是受其父母及家庭环境影响的。

营造良好家庭气氛的同时，要防止孩子从小受较窄家庭智力气氛的影响，教育孩子在良好家庭智力气氛的影响下正常地学习，愉快地成长，又要不受家庭智力气氛的束缚，广泛地吸收来自外界一切有益的"养料"。

在加利福尼亚有一片高大的红杉树林，其中有一种叫作"大谢尔曼"，高达 200 多英尺，树围有 79 英尺，它被砍倒后，木料足够建 35 幢带 5 个房间的房屋。日本人种植一种叫"盆景艺术"的树，它虽然只有几英尺高，却有着完美漂亮的树形。"大谢尔曼"与"盆景艺术"种子的质量都不足 1/300 盎司，但长成后差别却是巨大的，差别背后的故事就是一个环境带给我们的启示。

"大谢尔曼"扎根于加利福尼亚的沃土，吸收丰富的水分、矿物质和阳光，最后长成一棵高大的植物。而当"盆景艺术"冒出芽时，日本人将它拔出泥土，除去直根和部分须根，故意抑制其生长，最后它就长成了一棵虽然漂亮但是很小的小型植物。

由此可见不同的生长环境和条件会造成多么大的不同。家庭的心理氛围、家长的心理特征对孩子的心理发育有着重要影响。

总之，家长应根据时代的要求和孩子不同年龄段的心理特点，努力创造良好的家庭心理氛围。

# 轻松学外语

要跟对方做生意，不会对方的语言，就不能够了解对方的思维模式，也就不能及时地把握对方的思想趋向，当然就很难对生意做出正确的判断。

学过英语的人都知道由韦伯斯特编纂的《英语词典》，这是世界上最有权威性的英语词典之一。把韦伯斯特的成功归功于家庭成员对他的早期教育，这样说一点也不过分。1785 年，韦伯斯特出生在美国康涅狄格州的首府哈特福德市，韦伯斯特的父亲为刚出生的孩子制订了一个富有想象力的大胆的教育计划，并在家庭其他成员的支持与合作下，始终不渝地贯彻这项计划。

根据老韦伯斯特的计划，在家里，父亲只用英语，母亲只讲法语，而祖父只用德语说话，绝对禁止使用其他语种。家里还特意雇用了一名北欧人做保姆，规定她也只能用本国语言和家人交流。从小开始，父亲、母亲、祖父和保姆就用 4 种不同的语言与小韦伯斯特交流，他居然毫不费力地就掌握了这 4 国语言。等到小韦伯斯特长大了，开始接触左邻右舍，他对每个人都只用英语说话大惑不解，因为他一直以为，世界上每个人都在用不同的语言说话的。

老韦伯斯特的教育计划终于在儿子身上取得令人羡慕的结果。韦伯斯特从耶鲁大学毕业后，十分顺利地从事了记者、教师、语言家和法律学家的工作，25 岁时，编撰出版了由语法、缀字和课文三部分组成的本国教科书，晚年终于完成了《英语词典》的编纂。

随着社会的进步，科学技术的不断更新，人类生产力的高度发展，国与国之间的交往不断深入，人类对信息量的需求在不断加强。这种发展和变化将引发世界范围内人们的接触和流动加强，使地球变得越来越小。然而，使不同民族和国家的人们进行相互交往、相互接触成为可能的首要条件，便是语言。犹太商人被认为是掌握语言的天才，他们普遍懂得两门以上的语言，在与外国人打交道时显得自信、从容而又反应准确。为了在生意场上更深一步了解对手，达到知己知彼的目的，犹太人特别强调用外语思考。秉持着这个想法，他们在对孩子进行早期教育时，很注意孩子的语言能力。

学好外语不仅是犹太人对自己的要求，也是世界上各位有识之士对孩子教育的重要方面。

德国伟大的法学专家威特8岁时能够自由运用德语、法语、拉丁语、意大利语、英语和希腊语6国语言。威特父亲认为，人类之所以优于其他动物，就因为使用了语言。语言是接受知识的工具，要及早教孩子语言。因此，在威特刚学会辨别事物时，父亲就开始教他说话。他经常和儿子玩这个游戏：拿各种东西给他看，同时用缓和而清晰的语调重复东西的名称，没多久，威特就能清楚地发出这些东西名称的音了。比如在儿子的眼前伸出手指头，儿子看到后就要捉住它，刚开始时由于看不准，总是捉不到，最后终于捉到了，儿子非常高兴，把手放到嘴里吃起来。这时他的父亲就用清晰而和缓的语调反复说"手指"给他听。威特稍大一点时，父亲就抱着他教他饭桌上的食品、餐具、衣服各部分和身体的各部位，房子各处，室内器具和物品，院子里草木的名称，丰富孩子的词汇。巧妙地使孩子每天练习这些生活中接触到的单词，持之以恒。

当威特稍微能听懂大人说话时，父母就天天给他讲故事，让孩子尽早知道这个世界。讲故事不仅能丰富词汇，也扩展知识面。威特父亲不仅让威特认真听，而且要他复述，这样就能更好地达到讲故事的效果。

当威特3岁半时，父亲开始正式教他认字，但不是强迫性的，这是一大原则。他给威特买来许多有趣的画册和小人书，念给他听，并且说："如果你能认字，这些书你自己就能明白。"激发他要识字的愿望。再大一点，老威特就用10厘米见方的德语印刷铅字、阿拉伯数字、罗马字贴在墙上，以游戏的方式教字母，然后做拼音游戏。威特五六岁时，就能够毫不费力地记住1万多词汇，这是多么惊人的数字！他教语言时，很注意不教方言或土话。他认为孩子在2岁左右时，父母如能清晰、缓慢地把名词、动词说给孩子听几遍，一般情况下，孩子都可以发出声来。当然，像学"砸砸"（吃奶）、"YY"（脚）、"汪汪"（狗）这样的词容易些，但没有意义，因为标准的语言同样可以教会。当孩子发音准确时，父亲就摸着他的脑袋表扬说："说得很好，说得很好！"在父亲的有效教育下，威特很快就学会了，由于学了标准德语，所以很快能读书了。

西方语言有许多相似处，所以威特学英语、法语、意大利语也较快。威特父亲教他外语采取了"背不如练"的方法，他不教孩子系统的语法，而是用各种不同的语言去读同一个故事，此方法非常行之有效。6岁时，父亲让他开始学法语，用了一年时间，就可自由阅读法文书籍了。他之所以学得这样快，也是由于他的德语知识丰富，基础好。学完法语后，开始学意大利语，也只用了6个月的时间。

威特 7 岁那年，父亲常带他去参加莱比锡音乐会。一次休息时，威特拿着印有歌剧歌词的小册子对父亲说："爸爸，这既不是法语也不是意大利语，这是拉丁语么？"父亲说："不错，那你看看，它们是什么意思。"威特从法语和意大利语类推，基本明白了歌剧大意。他满怀信心地对父亲说："爸爸，如果拉丁语这么容易，我很想早点学。"这样他只用了 9 个月时间就学会了拉丁语。

以后学希腊语，再学英语，前者用 6 个月，后者仅用 3 个月。到威特 8 岁就能读德、法、希腊、意、罗马等国文学家的作品。

现代生理心理学、脑科学研究表明，0～6 岁不仅是儿童学习母语的关键期，更是儿童学习第二语言的最佳时期。如果过了这个最佳时期，那么学习第二语言就要相对困难得多。赖特和拉姆齐等人对接触第二语言的 6 岁组和 13 岁组儿童分别进行了实验研究。结果表明，年幼组儿童中，有 68% 的孩子的口音被认为"酷似说本族语的人"，而在年龄较大一组中这样的儿童只占 7%。

那么，该如何对学前儿童进行语言教育呢？犹太父母多采用自然的方式，激发儿童学习外语的兴趣，创造语言氛围。我国家长可以学习一下，采取以下 3 种方法，有意识地参与幼儿的双语学习。

（1）自然习得法。生活中有很多孩子感兴趣的东西，家长要有目的地选择日常事物，作为激发幼儿兴趣的素材。如逛超市时，家长要时刻注意孩子的眼光，适时地用双语来丰富他们的词汇量；在游玩时，家长要主动地运用英语问候语向外国友人打招呼，使孩子在潜移默化中掌握问候语的使用。再比如，孩子喜欢看卡通片，家长可选择卡通和英语相融的，让孩子在放松看片中习得英语。

（2）游戏兴趣法。孩子的思维方式是直观行动思维，主要以行动的、直观的方式进行。这种思维的主要特点是在实际行动和直接感知中进行的。要结合幼儿思维发展的趋势，让孩子在游戏中记忆、在直观中感知的方法，潜移默化地产生学习英语的兴趣和积极性。还以英语为例，当孩子积累了若干个动物单词后，家长们可自编一个边讲边玩的儿歌：I can walk like duck；I can run like horse；I can swim like fish；I can jump like frog.

（3）氛围营造法。设立学习外语的情景，与孩子形成一种亲切、良好的个人感情交往的氛围。多与他们玩游戏，多给他们讲故事，在玩玩讲讲中自然渗透已学会的外语内容，互动中给孩子把听到和看到的内容进行充分复述的机会。比如：把孩子已学会的单词标贴在家中相应的物体上，创设语言学习的氛围，增加孩子看、说、练的机会；孩子前几天刚学会小鸡这个单词，家长可以有意识地做小鸡的动作，讲有关小鸡的故事，看小鸡的图书等。运用各种方法帮助孩子练习并运用已学会的英语。

# 兴趣是最好的老师

幼年阶段对周围事物发生浓厚的兴趣，可能是终生成就的能源。兴趣是最好的老师，兴趣正是儿童对某种事物的欲望，只要有了欲望，你就会从内心的深处去争取喜欢的事物，才会不知疲惫，感到快乐。

发明轮船的富尔顿，出生在一个贫苦的农民家庭。14岁的时候，他对制炮很感兴趣，并和一个造炮工人结为朋友。他们时常同坐一条小船，到河里去钓鱼。河水流得很急，船在逆水行进的时候，只靠一根竹篙撑动，又缓慢，又费劲。一次一次的劳累使爱用脑子的富尔顿思索起来：能不能制造一样东西来帮人划船，既省了力气，又可节省时间？这个从生活需要所激发的创造火花，一天到晚都像影子一样跟随着他。父母时常看到他在发呆，其实他正在煞费苦心地捕捉创造的灵感，决心把这个既像是玩具又像是机器的东西设计出来。但只停留在想象阶段是没有用的，后来他又一头钻进舅舅家的工棚中——那里什么工具和材料都有，富尔顿可以随着兴趣施展自己的本领。富尔顿一鼓作气地干了7天，带回家一件新奇的玩意，所有人都不明白它的用处。富尔顿不慌不忙地又到那一条湍急的小河中，把那件东西装在小船上，先用手摇动几下，接着就听到突突突的声音响起来了，人们在船上也感觉到船的抖动，船尾有一股被搅动的浪花翻滚着。奇怪，今天再也不需要用竹篙划船了，它却走得比往日快那么多！伙伴们围着含笑的富尔顿欢呼起来。那一件使大家惊奇得喊不出名字的东西，就是现在汽船上的轮子！后来，富尔顿不断地设计创新，不断地摸索改进，终于使他成为有史以来第一个创造轮船的人。

富尔顿幼年时的兴趣，启发引导他创立了自己终生从事的奋斗目标，并艰苦卓绝地为之奋斗。可见，兴趣是最好的老师。

犹太人认为，世人往往对自己的兴趣不了解，大众的行为往往会误导个人去寻找不适合自己的事物。所以要做一个独立的人，不要随大流。

后来成为科普作家的法布尔原本是个教师，在长期的业余研究中，他积累了大量丰富的观察记录和心得体会，写成了闻名全球的《昆虫记》一书。法布尔觉得种族众多的昆虫王国，是一个比人类社会还要有趣的世界。有史以来，这个神奇的领域几乎无人认真地探索过它的奥秘，但他想要做第一个！法布尔常常来到校园的一角，蹲在那里观看黄蚂蚁与黑蚂蚁打仗！他常常不知不觉地趴在草地上，静静地以一个观察员的身份，眼巴巴地盯着双方阵容的变化。蚂蚁是用接吻来传递信息的，它们带着互相厮斗的勇猛劲头，顽强拼杀直到援兵大队的匆匆赶来……真是趣味无穷！法布尔对昆虫的业余研究，有效地促进了他所教授的生物课，博得了师生的一致好评和钦佩。

还有苏联的生物学家米丘林，原本是个铁路职工，收入微薄。为了能够拥有一块种植果树的园地，就节衣缩食地过日子，日积月攒，好不容易租种了一块贫瘠的荒土，种上各种各样的果树，作为科研的基地。这时的米丘林才十七八岁。他顶着寒风翻地，培育了许多色美味香、果肉丰满的新品种，创立了自己的园艺学体系。兴趣的力量使他成为苏联和全世界的著名的园艺人才。

实践是检验真理的唯一标准。亲身经历是非常重要的，只有亲身经历过，我们才能够获得经验，而随着经验而来的则是价值非凡的知识。回忆自己的亲身经历，了解自己的成败得失，有助于我们了解自己的优点和弱点，在制定人生大目标的时候，知道自己的兴趣所在，扬长避短。如果你在全市音乐比赛中一举夺冠，或者在校园编程大赛中荣获第一名，那么你绝对有实力成为歌唱家或电脑奇才。

犹太父母还反复教育孩子：人们往往在失败时，过低估计自己的实力。其实失败的时候，你应该努力分析这件事你做成功了哪些部分，而这几部分正是实践的结果，你要相信自己的实力。当然，失败正说明你能力还不够，需要继续努力，但千万不要以成败论英雄。要由兴趣出发，设立远大目标。如果爱玩电脑，你可以追求成为下一个比尔·盖茨；如果喜欢游泳，你可以立志成为游泳运动员；如果看重金钱，你可以学习企业管理，成为一个犹太商人一样精明的企业家。

# 像凸透镜一样聚焦

注意力是通向知识世界的窗户，没有它，再多的知识也无法走入孩子的心灵。

贝索是爱因斯坦最好的朋友，被爱因斯坦称为"在全欧洲都找不到第二个的知音"。他在相对论的创立过程中曾经给予爱因斯坦很多启示，被誉为"相对论的助产士"。他鉴别能力强、思维敏捷、知识渊博，但是他一辈子也没有自己的建树。对此，爱因斯坦曾对他直言相劝："我坚信，如果你具有专注的热情，你一定能够在科学领域中孕育出一些有价值的东西。"

生活中有太多的像贝索一样智商很高的人，但是却未能有多大的成就，原因是没有将精力聚焦在问题上，结果导致能量无端耗散。犹太人做任何事情都很认真，他们非常专注于手中的工作。犹太人说：注意力不集中，易分心，是所有孩子的共性。年龄越小，控制注意力的时间越短，小学一年级的学生一次集中注意力时间至多也只有 15 分钟，1~2 岁的孩子自然更短，最多不会超过 3 分钟。

历史上凡是事业真正有所成的人，在工作和学习时总是注意力高度集中，达到如痴如迷的程度。著名的化学家和物理学家居里夫人就有着非凡的注意力。她小时候读书很专心，完全不知道周围发生的一切，即使别的孩子跟她开玩笑，故意发出各种使人不堪忍受的喧哗之声，都不能把她的注意力从书本上转移走。有一次，她的几个姊妹搞恶作剧，用 6 把椅子在她身后搭了一座不稳定的三角架。她由于在认真看书，一点也没有注意到头顶上的危险。"木塔"突然轰然倒塌，引起周围的孩子们的轰笑。至于爱因斯坦看书入了迷，把一张 1500 美元的支票当书签丢掉了；大科学家牛顿把怀表当鸡蛋煮做午饭；黑格尔一次思考问题，在同一地方站了一天一夜等类逸事，都是这些伟大人物做事时注意力高度集中，事业上成功的奇闻趣事。

然而，有些孩子的情况却很糟，几乎片刻不停，忙忙碌碌，一丁点儿的事物也可以轻易把他们吸引过去。虽然他们也有兴趣爱好，但对感兴趣的事情也无法主动集中注意力。像这类孩子就具有注意力分散度较大的气质特点，应该及早给予帮助，否则到学龄时期就会出现多动症症状，影响纪律，影响学习。

有一次，一个青年苦恼地对昆虫学家法布尔说："我不辞辛苦地把自己的全部精力都花在我喜爱的事业上，结果却收效甚微。"法布尔赞许说："看来你是一位有志于献身科学的有为青年。"这位青年说："是啊！我爱科学，可我同时也爱文学，对音乐和美术我也很感兴趣。我把时间全都用上了。"法布尔从口袋里掏出一块放大镜对他说："把你的精力集中到一个领域上试试，就像这块凸透镜一样！"

许多有一番成就的人物都是"聚焦"成功的。就拿法布尔来说，他为了观察昆虫的习性，常常达到废寝忘食的地步。有一天，他大清早就趴在一块石头旁，几个村妇去摘葡萄时看见法布尔，到黄昏收工时，她们看到他仍然伏在那儿，她们实在不明白："他花了一天工夫，怎么就只盯一块石头看，简直中了邪！"其实，为了观察昆虫的习性，法布尔不知花去了多少宝贵的时间。

一个人在读书时，如果他的注意力高度集中，书的内容位于他的意识中心，兴奋区域高度兴奋，就会抑制各种外界干扰。反之，读书时注意力不集中，书的内容只位于他的意识边缘，那么他的学习效果肯定不好。苏联有个教育学家说过，"注意力是心灵的唯一门户，意识的一切都要经它进来"。排除外界干扰，也是提高注意力的一个重要方面。

有人曾经问爱迪生，"成功的第一要素是什么"？爱迪生答道："我认为成功的第一要素就是，能够将你身体与心智能量锲而不舍地运用在同一个问题上而不会厌倦。你整天都在做事，不是吗？每个人都是一样。假如你早上 6 点起床，晚上 11 点睡觉，你做事就做了整整 17 个小时。对大多数人而言，他们肯定是一直在做一些事情，唯一的问题是，他们做了很多很多件事，而我只做一件。假如将这些时间运用在一个目的、一个方向上，那就会取得成功。"

是否高度专一，一天就有很大的差别，那么一个月、一年、十年呢？不言而喻，那差异就更大了。因此，卡莱尔说："最弱的人，如果集中精力于单一目标，也能有所成就；反之，最强的人，如果分心于太多事务，很可能一无所成。"使注意力高度集中一个必要的条件就是：使刺激引起的兴奋强烈起来。

作为家长需要了解到，注意力是人的心理现象，分为无意注意和有意注意。一个人从无意注意到有意注意的形成需要有一个发展过程：人在出生后的最初一段时期内，只有无意注意；在教育培养下，随着语言的发展和生活经验的增长，有意注意才逐渐形成和发展起来。学龄前和学龄初期的孩子无意注意占优势，注意力容易随外界事物的变化而转移。有些家长不了解孩子无意注意占优势的心理特点，要求孩子老老实实坐着，布置提前练字或做枯燥的计算题等，孩子总是很难做到。应该说绝大部分孩子的注意力发展是正常的，家长大可不必过于担心。但是要遵循孩子心理发展规律，关心并培养孩子的有意注意，为今后健康的成长和有效的学习打好基础：

（1）注意孩子脑营养。活动要消耗大量的营养物质。在紧张的学习期间，家长应该让孩子多吃容易消化的食品和高蛋白的食物。每次吃饭以八分饱为宜。此外每天还要保证孩子的饮水量，最好每天维持在 1.5 升以上，多喝矿泉水或温开水，少喝甚至不喝刺激或兴奋性的饮料。

（2）增强孩子的信心。孩子在家长的正面引导和鼓励下会渐渐对自己增强信心，认为自己是能够安静地坐下来集中注意力学习的。所以家长要经常用亲切的口吻，平和的态度对孩子说："我相信你再坚持一下，会比前些天做得更好"，"你做作业的速度一定会加快的"，"你注意力比以前集中了"。这样的心理暗示对加强孩子的信心很有好处。

（3）保证充足的睡眠。睡眠对保护神经细胞免于衰竭很重要，所以家长要关心孩子睡眠的质和量。学龄孩子每天晚上睡觉不宜晚于 10 点，这样孩子神经系统还没有彻底疲乏就开始休息，有助于尽快恢复精力。一般而言，孩子的睡眠时间不应少于 9 个小时。

（4）孩子不能过于疲劳。如果连续几个小时埋头做功课，学习效率就会下降。要使孩子能够有效地集中注意力，就要帮助孩子防止、克服和消除疲劳。注意孩子学习内容不要单一化，隔一段时间换一项活动，适当地给孩子中间休息的机会。

（5）排除干扰因素。一个好的学习环境能养成孩子一坐到书桌前就投入学习的习惯，集中注意力变得容易主动。学习环境的周围不要有噪音，避免阳光直晒刺激孩子的眼睛，书桌不宜太靠近窗口以免窗外的景物分散孩子的注意力。孩子刚放学回家，家长不妨让他先洗洗脸，吃些点心，和他聊聊学校里的趣事，这样让孩子兴奋的神经先安静下来，把会让孩子分心的事先排除掉。

犹太父母以亲身实践的经验告诉大家：还有一点要记住，只要孩子有一点进步，立即给予鼓励赞美；不要对他心灰意冷或怒加斥责，让孩子在轻松的学习气氛下学习，这样容易集中注意力，学习效果也好。

# 热爱音乐吧

**热爱音乐吧！因为它是最情真意切的艺术。**

据说，大卫王本人就有很高的音乐天赋，他不仅写出了许多气势磅礴的优美诗句，而且还能谱写出悦耳动听的乐曲，除此之外，他还是一位优秀的歌手和竖琴师。他为扫罗王及其3个儿子的壮烈牺牲所谱写的哀歌，长期流传在民众中间，感人至深。在大卫王执政时期，雇用了大批音乐老师，开展音乐活动，普及音乐教育，从小培养儿童的音乐天赋，以便使他们或者能独立接待朋友，或者能参与集体活动，或者通过赞美上帝的恩典感化人们的心灵，或者通过自我娱乐领悟美妙音乐的高雅情感。

自古以来，犹太人就以酷爱音乐而著称。音乐在犹太教中有非常重要的地位，犹太人除了普通的读书之外，如果有条件，音乐学习是最基本的。犹太人特别喜欢学习小提琴，所以出名的小提琴家也非常多。世界一流的就有帕尔曼、祖克曼、明茨等。除了小提琴之外，犹太民族还向世界贡献了众多优秀的音乐家，如波兰作家兼音乐家瓦迪斯瓦夫·希皮曼，奥地利音乐家、西方现代主义音乐代表人物安诺德·动伯格等都是犹太人。

音乐可以调节人的情绪，也可以治疗病患，这早已为人们所发现。但许多人"知其然"而不知其"所以然"。近几十年来，人们已逐渐认识到音乐疗法其实是一门科学的心理治疗方法，高血压病人听完一首协奏曲，血压下降 1733.186 ～ 2666.44 巴；美国剑桥口腔治疗室，用音乐代替麻醉剂，成功拔牙 200 多例。此外，各国科学家还发现音乐可以调节动物的情绪，促进母鸡多下蛋，奶牛多产奶。音乐可以治病，其主要原因就是音乐对大脑皮层的刺激，可以改变脑电波和调节情绪。

法国教育家卢梭在他刚出生时就失去了母亲，由他的姑姑将他抚养成人，姑姑对他从小进行的音乐教育给他留下了终身难忘的印象。他在《忏悔录》中写道：我对于音乐的爱好，确信是受了姑姑的影响。姑姑会唱无数美妙的歌曲和小调，她清细的嗓音，唱起来十分动听。她的爽朗心情，可以驱散她本人和她周围一切人的悲愁和怅惘。她的歌声对我的魅力是那么大，不仅她唱过的一些歌曲还一直留在我的记忆深处，甚至在我的记忆力已经衰退的今天，有些在我儿童时代就已经完全忘却的歌曲，随着年龄的增长，又浮现在我的脑海中，给了我一种难以言表的乐趣。

国外著名的音乐教育家都非常重视结合语言来培养儿童的音乐能力。德国音乐教育家奥尔夫强调从节奏入手进行音乐教育，其中一个重要的内容就是结合语言的节奏。匈牙利音乐教育家柯达伊认为，只有民间歌曲才最好地保留了本民族的语言和音乐传统，儿童音乐能力的培养必须从本国语言的韵律和音调入手，儿童歌曲应该表现出本国语言的韵律特征。日本音乐教育家铃木镇一发现，不管某种语言的发音和结构多么复杂，幼儿都能够熟练地掌握自己的母语。在这一发现的启示下，他致力于为儿童创造一个同学习本国语言一样的学习音乐的环境。

家长应有意识地为孩子提供学习和欣赏音乐的机会，为孩子创造家庭及社会等不同的环境，如听各种音乐会，利用电视、音像手段，购置各种音像带，让孩子多多接触音乐。如果条件允许的话，可学学唱歌、跳舞、演奏各种乐器，更直接地接触音乐。让孩子融入艺术世界，在艺术殿堂中发展个性、培养美感、完善自我。

小孩生下来就有不同程度的音乐才能——感知节奏、旋律或完美音调，而音乐在很大程度上是后天获得的技能。在音乐之家长大的小孩显然比那些没有同样环境的小孩更容易培养音乐上的技能。为了让你的小孩喜欢音乐，并不要求你必须是一位训练有素的音乐家。比较不同技能的学音乐的学生表明：父母越喜欢音乐，或者父母只是常听音乐，小孩在音乐方面的成绩就越好。在家中放一些乐器也同样会有助于培养小孩的音乐才能。

听音乐、谈音乐，随音乐做一些充满乐趣的游戏，甚至哪怕仅仅让小孩触摸一些乐器，都是激发小孩形成长时间对音乐感兴趣的重要组成部分。如果能播放贝多芬的奏鸣曲，对小孩都是极好的开端与鼓励，但这并不是让小孩热爱音乐的必要条件。有时，正当你和孩子一起分享音乐并告诉他音乐是多么有意思时，他要求你停止唱歌，你千万不要惊讶或失望，有时小孩只希望音乐是他自己的一种经历，或者有时他希望你成为听众而不是参与者。

儿歌与歌曲有着密不可分的关系：好的儿童歌曲常常是在好的儿歌基础上谱曲而成的；可以歌唱的儿歌也就成了儿童歌曲。具有教育意义和充满儿童情趣的儿歌伴随着幼儿的成长，是幼儿喜爱的精神食粮。儿歌对于培养儿童的基本音乐能力具有重要意义，因为儿童音乐能力的培养可以从儿歌开始。

此外，对孩子的音乐学习不要有什么顾虑，不要怕影响学习。事实上，表现音乐作品时情感和意境的再现所作的艺术创造，综合性艺术表演时不同艺术门类之间的协调与融合，欣赏音乐作品时所产生的独特理解和丰富联想，对音乐的社会功能和艺术品味所作的价值判断和评论，即兴创造中应变与发展等，都给予发展人的想象力，培养人的创造能力的广阔空间。在孩子年级较低时，作业负担不重的情况下，让孩子们广泛接触音乐不但不会影响学习，反而有助于发展孩子的想象力和理解力。

# 寓教于乐

孩子们更愿意在玩耍、游戏和娱乐中学习知识，增长才干，适应生活，认识环境，促进孩子智力和体力的发育成长。

列宁的父母总是十分注意使孩子们对学习产生兴趣。因为兴趣是促使孩子主动地自觉地好好学习的一个非常重要的条件。对于幼小的孩子，列宁母亲在教他学习外语时总是边玩边学，把学习和游戏结合起来。空闲的时候，父母还和孩子做答题游戏、玩猜字谜，以增强孩子的学习兴趣，促进他们的动脑能力。列宁父亲还很关心培养孩子对学习的责任感和刻苦学习的精神。当二儿子过于轻松地就学会了所有的功课，他没有为之高兴，反而十分担心，恐怕这样会妨碍他刻苦学习的品德和应有的学习责任感的养成。于是便带他去参加一个小学的毕业典礼，给一个勤奋学习因而成绩优异的学生颁发奖状，让他看一看毕业典礼的庄严场面，学习那位学生在学习和生活条件都很差的情况下勤奋顽强学习的精神。通过这些游戏和活动的参加，使孩子们不仅学到知识，更重要的是学会了做人的道理。

从列宁成为一代革命导师的行为来看，他早期的家庭教育是卓有成效的。正是如此，犹太父母在教育孩子时，十分注意将学习与游戏、生活结合起来，寓教于乐，让孩子在愉快的环境下学到知识，让学习不再枯燥。幼小的孩子在家庭生活中一项重要的实践活动是玩耍、游戏和娱乐，寓教于玩，寓教于乐也是教育孩子的一个有效办法。孩子在玩耍、游戏和娱乐中学习知识，增长才干，适应生活，认识环境，促进孩子智力和体力的发育成长。

威特这位近百年来德国少有的奇才，八九岁时能够自由运用德语、意大利语、拉丁语、法语、英语和希腊语 6 国语言，并且通晓植物学、动物学、化学、物理学，尤其擅长数学。威特父亲就很讲究对他的教育方法，他认为填鸭式的灌输知识，还不如开阔他的眼界，他利用一切机会丰富威特的见识。在他三四岁时，父亲每天带他散步一两个小时。散步中，他一边与威特谈话，一边捉个小虫，或在路旁摘一朵野花解剖，教他有关昆虫的知识，用一草一木为素材，进行动物学和植物学中有关知识的教育。

在学习外国语的同时，威特还轻松地学到了许多其他知识并养成好的习惯，如动物学、植物学、数学、化学、地理、历史等，但这种学习并不是坐在书桌前读书。威特坐着读书的时间比任何一个同龄人都少，他的父亲用大量时间通过玩耍、散步、运动、旅行以及吃饭等生活时间，使他学到知识，懂得道理。如看到古城和建筑物，就讲它们的名称和历史。从两岁以后，不论是串亲访友、参加音乐会或买东西，到哪儿都带着他，有空就带他去参观所有的美术馆、博物馆、植物园、动物园、矿山、工厂、医院和保育院等开阔他的眼界。威特父亲的教育秘诀，在于唤起孩子的兴趣，并且他鼓励孩子提出问题，他耐心地加以解释和说明，决不随便敷衍，他认为这样教授的知识最自然并且富有成效。参观中，威特总是用心观察各处景观，认真听导游或父亲的说明。3 岁以后，父亲带他到全国各地周游，回来就要他把看到的名胜古迹和古战场等写信告诉母亲或朋友，加深记忆。

威特的父亲没有给他买什么玩具，只是在院子里修了一个大游戏场，上面铺着厚厚的沙子，孩子可以自由地坐在上面玩。威特有一套炊事玩具，可以和母亲一起学做菜。有时威特当主妇，妈妈当厨师，如果威特下达的命令不得要领，就失去了当主妇的资格，改由妈妈当主妇，那样威特就得听从妈妈的命令，去菜园取某种蔬菜等，如果材料拿错，就连厨师的资格都没有了。这种演剧式的游戏很多，妈妈是导演，他们还经常演某个历史事件的某些情节或重游周游过的地方等，使威特得到正确的历史和地理知识。

父亲还为他做了许多形状的木块，他可用这些木块盖房子、修塔、建教堂、造城、架桥，这些活动非常有利孩子用脑创造发展。

所以，虽然他们只有很少的玩具，但即使在漫长的冬天，威特也不感到无聊，总是可以愉快而丰富地玩着，并且在游戏中学习知识、增长见闻。

威特父亲的教育，就没有什么学习时间和游戏时间的区分。在散步、游玩或吃饭的时间中，他都注意扩大威特的知识面。他每天只为威特规定了平均只有 15 分钟的功课时间，用来学习外语等。在这个时间里，他要求威特专心致志地学习，如果不专心，就会受到父亲严厉的批评。在学习中，其他事情都一律停止，包括客人来访等，这就养成了威特学习时严肃认真的精神。

家长在条件允许的情况下，尽量给孩子创造开展娱乐活动和游戏的环境，让孩子玩得高兴，想象得到实现，好奇心得到满足，从而训练孩子的思维，培养孩子的动手技能。比如，让孩子自己骑小自行车，或推动玩具汽车在地上跑，或把铁片、小木板、玻璃瓶、塑料瓶等放在水中，让孩子仔细观察，哪些深入水底，哪些浮在水面。引导孩子自己做事，通过玩耍游戏等实践活动进行教育，对增强孩子体质，提高孩子的智力和能力都是极为有益的。

学习不应该是枯燥的，父母有责任为孩子创造有利于学习的环境，这不单单指窗明几净的书房和温馨和睦的家庭气氛，更重要的是让每一件能够引起孩子兴趣的活动都含有知识的踪影，让孩子在潜移默化中学到知识，学到道理。

# 101 比 100 好

*一个成功的学者要手脑并用，并且通过熟读和记忆来引发思考。*

在俄国，音乐家拉赫玛尼诺夫有着非凡的记忆力，长期以来，人们一直为此而感到惊叹。有一天，另一位著名音乐家到拉赫玛尼诺夫的老师家里做客，演奏了他刚刚写好的一部新的、任何人都没有听过的交响曲。拉赫玛尼诺夫的老师和他开了个玩笑——把自己的学生事先藏在卧室里，当这位著名的音乐家演奏完他的交响曲之后，老师就把拉赫玛尼诺夫领出来，让他坐到钢琴面前，把这支交响曲完整地重新演奏了一遍。那位音乐家听后百思不得其解：这的确是我头一次演奏这首曲子啊！这个音乐学院的学生是从哪儿知道我的作品的？

故事中的拉赫玛尼诺夫以其非凡的记忆力震惊了他人。的确，人类不仅具有惊人的记忆力，而且记忆保持的时间也很长。人的有些记忆常常能保持七八十年或更长一些，一个90岁的老人，常常还能回忆起五六岁时的许多事情。人的一切活动，从简单的认识和活动，到复杂的学习和劳动，都离不开记忆。记忆对一个人来说是非常重要的。没有记忆，人们的思考就失去了前提。记忆是人智力活动的仓库。在智力发展最重要的幼儿时期，记忆则具有更重大的意义。苏联心理学家维果斯基认为：学前儿童心理活动的各个方面以记忆占有优势地位，记忆处于意识的中心。如果没有记忆能力，那么幼儿每一次都要去重新认识那些已经见过的事物，那么他们不可能获得任何生活知识经验。有了记忆，先后的经验才能联系起来。通过记忆，人们丰富自己的知识，并形成各自的心理特征。所以说，幼儿记忆的发展对学习文化科学知识有直接作用。

因此，背诵和记忆是古希伯来教育最通用的教学方法。在古以色列人中有读101遍要比读100遍好的说法。在学者们当中，最值得夸耀的事是能一字不差地背诵下《圣经》。犹太人认为：一个成功的学者要手脑并用，并且通过熟读和记忆来引发思考。

公元前3世纪在古希伯来刚刚兴起的学校里，年轻人开始从学习古代律法转向了解民族衰败和兴旺的各种问题，探索人生的真谛，学习有关实际事物的知识。教师们常常要求学生先背熟内容，然后再逐段、逐句地讲解，其目的就是要让学生一点不落地掌握圣典的内容。除此之外，希伯来人在强调机械性记忆的同时，还主张要勤于思考。当犹太学生背下了所学的内容之后，老师常常引导学生提出各种问题，并对这些问题进行讨论。而在讨论的过程中，学生对所学的知识的认识又会上升到一定的高度。

大多数人躲避思考的理由是"费脑筋"，思考确实是一件苦差事。然而，天才们之所以能够成为天才，正是由于他们勇于完成这个"转换"——变逃避用脑为乐于用脑。

爱迪生仅有 17 岁的时候，就以发明二重发报机开始了科学发明生涯。尝到思维价值甜头的他，从此就在实验室的墙壁上，贴了一张条幅，上面是雷洛兹爵士的语录："人总是千方百计躲避真正艰苦的思考。"下面是他自己的一句话："不下决心艰苦思考的人，便失去了生活中的最大乐趣。"这种提法耐人寻味：一方面，承认思考是艰苦的；另一方面，思考又是"生活的最大乐趣"！也就是说：艰苦是可以超越的，被超越为"乐"！

爱迪生还有一句世人通晓的名言："天才就是 1% 的灵感加上 99% 的汗水！"请注意爱迪生"汗水"的真正含义，他并不是从事机械工作、而是从事发明工作的，所谓"流汗"，就是指不断地用脑，不断地思考。

正因为有这样的勤于思考的意识，爱迪生一生之中的发明近 2000 多件，平均每 15 天就有一项发明，被人们称为"世界发明大王"。

犹太人认为，按记忆时的意识状态来分，记忆可以分为无意记忆和有意记忆。孩子越小，无意记忆就越占优势。当孩子年龄小的时候，常常忘记父母的吩咐，为人父母者不要轻易地说他"没记性"，那只是因为他不太感兴趣而已。随着孩子年龄的增长，有意记忆就逐渐发展起来，占主导地位。比如，六七岁的孩子常会自言自语地重复家长对自己说的事情，对一些一下子不太懂的事情还会再度"请示"。

有意记忆又分为机械记忆和意义记忆两种。孩子由于知识经验少，缺乏对事物内在联系的认识，年龄越小，就越多地抓住事物的外部联系去机械记忆，而小学阶段的孩子在记忆某篇文章或某些事情时，就不再逐字逐句地原文照背，已经能在理解的基础上记忆。对于孩子的学习而言，意义记忆的效果会更好。不过，机械记忆也是必不可少的，因为有一些知识内容，如字母的记忆等必须机械记忆。

讲到记忆就会讲到它的"孪生姐妹"——遗忘。人们记忆、背诵，总是希望永远不忘。可是，现实生活中偏偏会出现遗忘。有人做过实验，测试人在学习半个月以后的遗忘情况，结果令人大吃一惊：大学生对物理知识忘了 85%，中学生对生物知识忘了 60%，小学生对地理知识忘了 55%。

犹太人教育孩子说，遗忘并不可怕，关键在于你怎么去认识遗忘。首先，遗忘是生活的常规，只要不超过一定的范围，是很正常的。遗忘对一个人的认识起着过滤的作用，滤去那些不重要、不符合社会和个人需要的东西，保存下来的就是对个人很重要的东西。不要认为只要能记住就是好事，有时记忆中有大量我们完全不需要的琐事，如果我们不把它们赶快遗忘的话，势必会拖累记忆，影响记忆的效果。在日常生活中，有的同学在听老师上课或听演讲的时候，把老师或演讲者的口头禅记住了，而忘记了主要内容，这对他的生活和学习都是不利的。

其次，要与遗忘做斗争。也就是让那些我们不希望遗忘的东西不遗忘或少遗忘，最主要的方法就是复习。通过复习，加强识记就能减少遗忘。

中国有句古话，叫作"学而不思则罔，思而不学则殆"，在教育孩子掌握知识时，必须将记忆与思考结合起来，提高学习效率，取得学习的最佳效果。

# 没有教育，就没有未来

"没有教育，就没有未来。"

在建立教育体系的过程中，犹太人高度重视免费义务教育。在犹太历史上，多次记载着为穷苦孩子免去学费的事情。希雷尔年轻时享受的就是这种待遇。从希雷尔以后，在犹太人中间就有了一条不成文的规定：遇到像希雷尔那样贫穷而又渴求知识的学生，在条件许可的情况下可免交学费，享受免费义务教育。

"没有教育，就没有未来"，这是以色列开国元勋本·古里安的名言。在犹太人的传统中，文化教育和宗教始终占据着举足轻重的地位。每个犹太人都认为，人的一生有三大义务，而教育子女是第一位的。《圣经·箴言》中明确地告诫以色列人要把教育儿童作为毕生最重要的事情。犹太人之所以如此强调父母对子女的指导与教诲，是因为他们很早就意识到了平和、虔诚、优雅的个人性格是后天教育的结果。

根据规定，儿童从6岁开始就要学习《圣经》，10岁起学习《密西拿》，13岁开始学习犹太戒律，15岁要学习《革马拉》。19世纪，犹太教育的突出现象是，东欧不少地区形成了律法研究中心，兴办了大量的经学院。在这些经学院中开始划分年级，成绩优异者可以继续学习，终身研究，成为犹太经典的专家拉比。

俄国犹太人一直有热衷于教育的传统。苏联，犹太人的教育水平超过了其他任何民族。据1920年的统计，当时俄国犹太人只有29.6%处于文盲、半文盲状态，远远低于其他民族。而且，由于对高等教育的渴求和得天独厚的机遇，他们大量地进入大学和各类技术学院。到1929年，在俄罗斯的经济和医学学院中，犹太学生占学生总数的60%以上。在苏联解体前，即20世纪七八十年代，犹太人接受大学教育占全部犹太人的2/3，而苏联其他民族中上大学的人口仅占全部人口的1/4。

在俄罗斯的许多犹太社团里，人们都把接受教育看成是最自豪且值得夸耀的事情。希伯来语启蒙作家亚伯拉罕·帕佩纳在他的自传体作品里，详细地记录了在尼古拉一世统治下的一个俄国小城市里犹太人重视教育的现象。科皮尔这座小城市缺少现代化学校，连一所国立或公立的世俗学校也没有。基督徒居民全部都是文盲，可是犹太人却办起了大量的学校。当时，科皮尔共有3000居民，其中包括白俄罗斯人、鞑靼人和犹太人。犹太人数量最少。所有4～30岁的犹太男子都在传统的男子小学校学习。虽然没有规定女孩子必须受教育，但她们大多数都能朗诵祷词。在科皮尔，有位犹太父亲为了送自己的孩子上学，不惜倾家荡产。不少穷人为了交纳学费卖掉自己仅有的枕头或最后一个枝形灯架。科皮尔的犹太人中没有一个文盲，即使那个为浴池烧火和担水的呆子梅尔克——一个低能的水夫也懂些祷词，能够一字不差地背诵对《摩西五经》的祝词。

犹太人认为：如果学习是最高的善，那么，创造有利于学习的机会与环境便是仅次于学习的善。因此，许多犹太社团都把教育投资看成一种责无旁贷的责任与义务。

美国犹太人人口中受过高等教育的人所占的比例，是整个美国社会平均水平的5倍。在现代社会中，这种重视教育、善于学习的回报就是知识和金钱。所以，每一位年轻的父母请重视对孩子的教育，这不仅是你对孩子的责任，更是你应尽的义务。

# 这是为什么

怀疑是学习的钥匙，它可以打开知识的大门，因此发问可以使人进步。

英国著名物理学家瑞利小的时候很爱琢磨。一天家里来了客人，母亲端茶出来的时候，由于碟子很光滑，所以茶杯在上面滑动了一下，结果茶泼出来一点在碟子上，但这时茶杯却不再滑动了。这本来是一件很平常的小事，但却引起了瑞利的思考：为什么开始时茶杯很容易滑动，当母亲洒了点热茶在碟子上后，却纹丝不动了呢？瑞利想：这太有趣了，我一定要弄清楚这到底是为什么。

经过反复的试验和分析，他得出这样的结论：茶杯和碟子表面总有一些油腻，使它们之间的摩擦力减少，所以容易滑动，等洒上热茶之后，油腻就被溶解，摩擦加大，所以不容易滑动了。接着，他又开始研究油在固体物摩擦中的作用，提出了润滑油能够减少摩擦力的理论。后来，润滑油被广泛应用于汽车制造等各个行业，瑞利也因此得了诺贝尔奖。

实际上每个孩子天生就是一个发问家。对儿童而言，整个世界就是由一个个问号构成的，所以他的问题很多，为人父母者要做的就是启发孩子敢于怀疑，敢于发问。人没有理由对什么事情都确信无疑。怀疑一旦开始，疑点便会越来越多，循着怀疑的线索去追寻答案，答案通常是比较正确的。

"好的问题常会引出好的答案。"好的问题和好的答案同样重要。问题提得出人意料，通常答案也是深刻的。思考就是由怀疑和答案共同组成的，没有好奇心的人，不会产生怀疑。所以有智慧的人其实就是知道如何怀疑和发问的人。

犹太人重视知识，更重视才能。他们教育孩子说，一般的学习只是一种模仿，没有任何的创新。学习应该以思考为基础，而思考恰恰就是由怀疑和问题所组成的。学习便是经常怀疑，随时发问。怀疑是智慧的大门，知道得越多，就越会发生怀疑，而问题也就随之增加。

所有的怀疑和迷惑，都可通过行动予以终止。所以，无论多大的怀疑和迷惑，最后都要寻求答案予以解答。每一个天才，都是真正的"问题猎手"，所以一定要养成凡事多问"为什么"的习惯。即使是一个貌似平常的小事，如果不断将"为什么"问下去，说不定就能够找到一座"金矿"。

牛顿在学校成绩不太好，只喜欢动脑筋做各种模型。有一天，他模仿水车碾粉机做了一个小模型，拿到学校去炫耀，做实验给班上的同学看。实验很成功，可是，当班上的一个高才生让他说明，他所做的水车为什么能够这样把麦碾成粉时，他却无言以对。

那个高材生讽刺说："如果你不能说明的话，你不就是一个手指灵活的呆子么？"周围的同学也开始嘲笑他，受了羞辱的牛顿扑了过去，双方大打出手，牛顿被打得喘不过气来。但从此以后，不论面对任何事他都会想"为什么"，因此成为一位伟大的科学家。

孩子爱提问题是求知欲的一种表现，但很多时候，孩子的问题在大人看来根本不是什么问题，因此他们会说："傻孩子，这算是什么问题？！"但为人父母者要认识到这一点：孩子的"问"表明了他在思考，如果能给予他巧妙的"答"，就会进一步激发他的求知欲望，点燃他智慧的火花。任何一项创新活动都是伴随着积极的思维活动，而思维总是从问题开始的。因此，父母不仅要鼓励孩子提问题，而且对孩子所提出的问题，首先要做的就是热情地、耐心地倾听；其次，对孩子提出的问题，不要急着给出答案，而要给双方留出思考的时间和空间，让孩子自己也认真地想一想；最后，给出简明、易于理解的答案，如果家长能在回答孩子问题后顺着孩子的问题再提出一些新的有关的问题，就会更有利于孩子思维能力的发展。

孩子积极思考、主动提出问题这对孩子思维的发展极其重要。或许有些父母会问，怎样才能让孩子想问、会问？要让孩子想问题并提出问题，我们可以仿效犹太人的做法——安排一个情境，以激发孩子想问的兴趣。所谓安排"情境"，有些技巧可依循。

首先，让孩子感到好奇。如玩猜谜游戏，给一些暗示；故事说一半，让孩子好奇地想问结果等，然后引导孩子问得清楚，而且有礼貌地问。

其次，鼓励孩子积极思考，主动提出问题。在孩子的天性中，有一种求知的欲望，他们心中原本装着无数个"为什么"，想了解这个奇妙世界的本来面目。是成人不以为然的态度和习以为常的姿态，逐渐扼杀了孩子的这种求知冲动。因此，父母如果能够有意识地引导、保护好孩子的好奇心，鼓励孩子积极思考，对孩子的提问表现出自己的兴趣，与孩子一起思考，去寻找未知的答案，孩子提出问题的欲望就会不断增强。

总之，父母要牢记：发问才能使人进步，鼓励孩子多问问题，开发他们的思维能力。

# 读书自有妙用

与一切有知识的人交朋友，也可以从朋友那里学习知识。

犹太民族是"书的民族"。犹太人对书的崇拜，对知识的渴望和追求，已经不能用一般的求知好学来概括了。

用他们的话来说，书就是他们一切智慧的根源，也是获取一切财富的根本。他们对书的喜爱达到了嗜书如命的地步。

以色列每年都要举办国际图书博览会。博览会期间，很多世界各地的图书爱好者或商人前来洽谈、参观，选购者都能得到自己想要的书。

当地每年还要举办"希伯来图书周"，这是以色列人自己的图书节。不少犹太人很早就准备一部分钱，像盼望盛会一样等待图书节的来临。

犹太人说：把书本当作你的好友，把书架当作你的庭院，你应该为书本的美丽而骄傲！采其果实，摘其花朵。

在每一个犹太家庭里都会有着世代相传的规定：书橱及学习用具只可放在床头，不可放在床尾。这样的规定就是告诫本民族的人：书是神圣的、不可侵犯的，不能对书本有所不敬。

如果一个人在旅途中，发现了他们未曾见过的书，那么这个犹太人一定会买下这本书，带回去与家乡人共同分享。因为他们认为外来的书籍和知识是别人智慧的结晶，应充分地学习和利用，为自己的未来打下深厚的基础。

犹太人认为，人们之间可以有各种恩怨，然而知识却是没有界限的，它是属于全人类的，不能因为存在偏见而影响智慧和真理的存在及传播。因此，不论在什么情况下，都不能抛弃书本。

为了保护书籍的传承性，1736 年拉脱维亚的犹太社区通过了一项法律。

该法律规定：当有人借书时，如果书本的拥有者不把书本借给需要它的人，应罚款；如果有人去世了，要在棺材里放几本他生前喜欢的书，让书伴随他死去的躯体，宽慰他的灵魂。这些都充分地体现了犹太人对知识的态度：学习可以让人获得对生命的期望和更多的奖赏。

有一则这样的故事：

在以色列，有一个富翁的儿子对学习毫无兴趣，最后，他的父亲放弃了所有努力，只是教他《创世记》一书。

后来，侵略者攻打他们居住的城市时，俘虏了这个男孩，并把他囚禁在一个很远的监狱里。

几年过去了，国王来到了这个城市，视察男孩被囚的那座监狱。在视察时，国王要看一看监狱中的藏书，结果他发现了《创世记》这本书。

"这可能是一本犹太人的书，"国王说，"这里有人会读这种书吗？"

"有！"典狱官答道，"我这就带一个人来见你。"

典狱官把男孩从监狱里提出来，对他说："如果这次你不能读这本书，国王就会把你的脑袋砍掉。"

"父亲只教我读过这一本书。"男孩答道。

他被带到国王面前。

国王把那本书拿给他，男孩就开始大声朗读起来。

国王听完说："这显然是上帝让我打开囚禁他的监狱，把这孩子送回到他父亲身边。"

于是，国王送给男孩一些金银，安排两名士兵护送他回到父亲身边。

这个普通的故事已经在犹太民族中流传很久了。它教给犹太人这样的道理：虽然这孩子的父亲只教会他读一本书，赐福的上帝就奖赏他了。那么，如果一个父亲能不辞辛苦地教他的孩子读其他有益的书，那他该得到上帝多大的赐福呀！

由此可见，读书自有妙用。

# 万事教育为先

只因有了活泼可爱的学生，世界才得以万世长存。一定不能使学生耽误了学业，即便是为了修筑庙宇。没有学生的城镇终将毁灭。

在犹太社会中，文化教育占据着举足轻重的地位。犹太人认为，人生的第一义务是教育子女。在犹太典籍中常见到这样的话："父亲给子女的教诲，就是智慧之言"；"孩子，要听你父亲的教诲，不可背弃你母亲的教导"。

由此可见犹太人把教育儿童作为毕生的事情。犹太人之所以如此强调对子女的教诲，是因为他们意识到一个人的成才不在先天，而在后天的教育。

早在中世纪的时候，遍及欧美的犹太社团都极为重视教育与学术研究。为了让孩子成为有知识的人，犹太人对教育怀着极高的热忱。

以色列建国后为了振兴教育事业，很多以色列国家领导人从领导岗位退下来之后，又全身心投入到教育事业当中来。如前总统纳冯教授在卸职以后又勤勤恳恳地当上了教育部长，而且还全身心投入其中。这在其他国家是极为罕见的，但在以色列却是很平常的事，其原因就在于他们真正认识到了"教育是社会发展的先决条件之一"。

1978年，著名科学家卡齐尔在卸任总统职务后，便到魏茨曼科学研究院和特拉维夫大学从事学术研究，而且常常给学生们上课，三尺讲坛成了他工作中的一部分。

尽管以色列历任政府施政纲领不同，但在教育问题上的政策却始终如一。他们都"视教育为以色列社会的一种重要财富，它是开创未来的关键"。他们教育的目标是把一个人造就成对国家、对民族富有责任感的成员。

犹太人对教育的重视不是空喊口号，而是实实在在地投入，政府会千方百计地为教育创造各种优厚的条件。

犹太典籍上曾经指出：如果学习是最高尚的事，那么，创造学习的机会便是仅次于学习的事。所以，许多犹太社团都把教育投资视作一种责任与义务。

犹太人的教育观是：每一个社团都要提供年轻人去各种学校学习所需的经费。他们还支持每个年轻人辅导两个小孩，以便他能和孩子们口头讨论他已学过的知识。小孩将由社团慈善基金会或公共食堂提供伙食。

如果社团是由50个家庭组成的，那么它至少要抚养200个青年和儿童。一个家长将被指定抚养一个青年和两个儿童。

在每个社团，学院的院长都享有盛誉。每一个人，不管是富人或穷人都听从他的教诲，每个人都顺从他的吩咐，也没有人对他的权威性表示疑问，当然他的学识很渊博。他手持木棍和鞭子，惩戒和责打越规者，颁布学院法令和禁令。但是，每个人都热爱学院的院长。

由于学习和研究需要花费大量的资金，单靠社团本身来筹措，往往力不从心。因此，犹太人把教育事业与慈善机构结合起来，把"什一税"作为追求学问的经济支柱。

关于"什一税"的用途有一点极为明确，即"什一税"首先要用在"那些把时间都花在研究《圣经》和其他典籍的人身上"。

此外，一些发迹的犹太人也纷纷解囊，为教育和研究提供经费。在他们中间早已达成一种共识：赚钱营利并非最终目的，而是要用赚来的钱"购买知识与经验"。

直至今天，犹太人捐款的第一投向仍是学校建设。在以色列的一些大学里，奖学金、研究基金都由外国犹太商人提供。希伯来大学、特拉维夫大学、以色列理工学院这三所最有名的大学中，至少有一半董事是外国人，尤其是美国犹太人。

20世纪70年代中期以来，以色列教育经费在国民经济中的比重一直很高，甚至超过了许多发达国家。能做到这一点，对于资源贫乏、军费高昂的以色列来说，确实极为不易。

犹太典籍就这样告诫人们："弃绝管教的必致受辱，领受责备的必将尊荣。"由此可见犹太人对教育的态度。犹太人形成了一整套自己的教育思想，这在世界教育史上占有一定的地位。

聪明的犹太人，在流离辗转中，始终念念不忘教育，把教育视作头等大事。以色列建国后，就积极地提出了"教育兴国"的口号，并迅速建立健全了一整套完备而有效的教育制度，发达的教育事业成为这个年轻国家创造奇迹的坚实基础。

一个尊师重教的民族，必然是文化素质很高的民族。犹太民族有尊师重教的优良传统，它使犹太人成为世界上公认的文化水准很高的群体，并为人类社会的进步做出了令人瞩目的贡献。

以色列的第一任总统就是著名的物理学家魏兹曼，刚建国，还在炮火隆隆声中，以色列的首任教育部长盖尔，叫来了他的秘书艾德勒。

"艾德勒，我们一起来草拟教育法，必须强迫3岁到15岁的孩子们，让他们接受免费教育。"

"免费！"艾德勒惊愕不已，要知道当时整个教育部只有盖尔和艾德勒两个人，唯一的财产是一架破打字机。

"是的！免费！"盖尔坚定地回答，"我们处在敌人的包围之中，我们必须培训高素质的人，只有这样才能对付几十倍于我们的敌人。"

盖尔激动地说："我们要建立一个历史博物馆。让孩子们知道3000年前圣殿被罗马人毁掉的悲剧，让他们知道在第二次世界大战中犹太人被屠杀的事实，知道那些毒气室、骷髅、鲜血和希特勒。"

当第一次中东战争结束后，盖尔和艾德勒已用那架破打字机打出了以色列的义务教育法。

第二年，这部法律在以色列议会全票通过。

以色列历届领导人一直把培养高质量的人才看作一个关系到民族生存与否的根本问题。教育立国、科技立国是以色列从成立之日就追求的目标。他们认为，如果不培养高质量的人才，建立一个模范的社会，则以色列在国际上得不到尊重，也无法吸引众多的犹太人来定居。这样，以色列就无法生存下去。

以色列建国后，始终把教育放在优先地位。

1953 年颁布了《国家教育法》，1969 年颁布了《学校审查法》等。这一系列法律的制定，确立了教育的地位，形成了以色列特色的教育制度。

以色列是个移民国家，来自四面八方的移民把世界各地的文化带到以色列。其中既有东方文化又有西方文化，既有传统农业文化也有现代工业文化。以色列教育的目的之一就是填平这些不同文化的鸿沟与差距。为此《国家教育法》明确规定："以色列的教育目的，一方面是让学生学习知识和技能，以适应国家发展的要求；另一方面是促进来自世界各地的犹太人之间的融合，清除他们之间的文化差别，以形成一种新的犹太国民文化。"

以色列在教育方面投入了较高的经费。从 20 世纪 70 年代始，以色列教育经费始终高于全国国民生产总值的 8%，最高的 1979～1980 年度竟达 8.8%。

以色列的教育投资之高，在世界上也是罕见的。

另外，散居在世界各地的犹太人都捐款资助以色列发展教育。犹太人重视教育这一优良传统在以色列的发扬光大，造就了大批高质量的杰出人才。除了依靠发展自己的民族教育，浓厚的学术氛围也给以色列送来了大量优秀的人才。几十年来，来到这个国家的移民中，有不少是欧、美、亚地区第一流的科技文化人才。他们的到来，使以色列的科学和教育从一开始就建立在很高的起点之上。正是因为有了较高的教育投资，以色列的教育才有了迅速发展的坚实基础。

高昂的教育投资使以色列的教育结出了累累果实。

以色列的人口只有 500 多万，但是在校人数达到 138 万人之多，还有很多成年人参加各种形式的学习。在以色列人中有 1/3 是学生，也就是说，每 3 个人中就有 1 个学生。

以色列的大学是公认的世界一流的大学。凡是到过以色列的人都必去"游览"以色列的大学。凡是到过这些大学的人无不为校园之优美、建筑之宏伟、设备之先进和藏书之丰富而赞叹不已。以色列的大学的许多研究成果被国际学术界承认为权威性项目。

以色列每 4500 人中就有一名教授或副教授。由于国内容纳不了这么多专家、学者，以色列已开始"输出"人才。

正是对教育的重视，使以色列在许多方面都处于世界前列，如每10万人口中的在校大学生为2769人，仅比美国和加拿大略低；以色列14岁以上的公民平均受教育达11.4年，与美国和英国相等；目前，以色列已基本扫除了文盲，妇女识字率占93.2%。以色列的历届总理也都有大学学历：本·古里安曾上大学法律系；夏里特在3个国家学习过；梅厄夫人毕业于美国一所师范学院；贝京毕业于华沙大学法律系；沙米尔先后在两所大学学习过；佩雷斯是哈佛大学的毕业生；拉宾也曾到一所军事学院进修过。这在其他国家是极其罕见的。难怪以色列人会自豪地说："我国资源缺乏，有的只是阳光、沙漠和大脑。"

发达的教育和优良的人才素质终于使"弹丸之国"以色列成为一股不可忽视的政治力量和国际力量。

套用现在的一个观点，犹太人非常重视人力资本的投资，其中又以教育上的投资为第一。犹太人深刻地体会到教育投资不仅仅是经济上的投资，因为知识是特殊形式的资本，它往往起到放大其他资本（土地、货币）的作用。知识，包括脑的知识——学习，手的知识——技能，同时也就是他们投资的浓缩和凝固形式。犹太人在流散四方的过程中或移居新的居住地后能迅速地找到那些他们具有竞争优势的位置，从而站稳脚跟，恢复元气进而兴旺发达起来，这种智力资本起了至关重要的作用。

在国外居住的犹太人同样对教育非常重视。

以美国为例：

在金融、商业、教育等文化行业中，美籍犹太男子占70%以上，女子占40%以上，而同期全美国平均仅仅有28.3%的男子和19.7%的女子占有这样的比例。在收入最高的两大职业：医生和律师中（他们要求文化素质特别高），犹太人位居首位。如20世纪70年代，美国共有3万多名犹太医生，占美国医生总数的14%；另外有约10万名律师，占美国律师总数的20%左右。

对于任何一个时代来说，教育都是通向成功的途径。在今天的社会中，受教育程度和收入水平之间更是存在着直接关联。据统计，一个高中毕业生一生大约要比一个初中毕业生多挣10万美元。一个大学毕业生要比一个高中毕业生多赚25万美元。一位分析家这样说道："犹太人家庭是学问受到高度评价的地方，在这方面，非犹太人的家庭则相形见绌。就是这个因素构成了其他一切差异的基础。"

早在11世纪时，犹太民族就几乎消灭了文盲，人人都能阅读识字。而在当时欧洲的基督教徒中，绝大多数人却是文盲。当历史进入近现代以后，犹太民族乐于学习、善于学习、崇尚知识的巨大优势立刻体现了出来。他们迅速地适应和接受了现代世俗教育，在文化科学领域里迅速地走到了别人的前头。因此，在近现代，犹太民族人才辈出，出现了一大批的科学家、众多的诺贝尔奖获得者和各行各业的杰出人物。一位著名的学者总结得好："犹太人善于赚钱，他们的知识和教育决定了主要方面。"

# 知识是永远的财富

生活困苦之余，不得不变卖物品以度日，你应该先卖金子、宝石、房子和土地，到最后一刻，仍然不可以出售任何书本。

犹太民族是一个对知识非常重视的民族。虽然他们在很长的一段时期里连最基本的生活来源都无法保证，但是只要有一段时间的安定生活，他们也能创造出惊人的财富。因为他们其实是富有的，这种富有就是他们本身所拥有的丰富知识。

相传，古时候，犹太人的墓园里常常放有书本。他们认为夜深人静时，死人会出来看书。当然这种做法有一种象征的意义：生命有结束的时候，求知却永无止境。

犹太人还有这样的规定：生活困苦之余，不得不变卖物品以度日的时候，你应该先卖金子、宝石、房子和土地，到了最后一刻，仍然不可以出售你的书籍。他们认为，世间的金银珠宝、房屋土地，都是可以变化消逝的东西，而知识则是可以长久流传的财富。

犹太小孩最早期得到的关于书本的教育就是：书是甜的。

在每一个犹太人家里，当小孩稍微懂事时，母亲就会翻开《圣经》，点一滴蜂蜜在上面，然后叫小孩子去吻上面的蜂蜜。这个仪式的用意不言而喻，书本是甜的，让孩子从小就养成与书接触的习惯。慢慢地，孩子们开始喜欢看书。小时候是因为蜂蜜，长大了则是从书的内容中体会到书是"甜"的。

犹太人把知识视为财富，认为"知识可以不被抢夺且可以随身带走，知识就是力量"。

在每个犹太人小的时候，他们的母亲就会经常地问他："假如有一天，你的房子被火烧了，你的财产也被抢光了，你会带着什么逃跑呢？"

如果孩子们回答是"钱"或者是"钻石"的话，他们的母亲就会进一步地问："有一种东西比钻石更重要，它没有形状、没有颜色、没有气味，你们知道是什么东西吗？"

如果孩子回答不上来，母亲就会说："孩子，你们带走的东西，不应该是钱，不应该是钻石，而应该是知识。因为知识是任何人也抢不走的，只要你还活着，知识就永远跟着你。"

父母就是这样告诉他们的孩子：知识是一切财富的来源，是唯一可以永久打开财富之门的金钥匙。犹太人的历史也一再验证了知识的价值。与其把那些有限的财富交给他们，不如把可以永远打开财富之门的金钥匙——知识给他们。

在这个世界上，财富是可以随着境遇的改变而消失和增加的，而知识却是永恒的，它是不会随着时间和条件的变化而改变的。有这样一个故事：

有一次，一艘大船出海航行。船上的乘客中除了一位拉比外，全是大亨。

大亨们互相炫耀自己的财富。正在他们争得面红耳赤时，拉比插话了："我觉得还是我最富有，只是我现在的财富无法拿给你们看。"

中途，海盗袭击了这艘船，并把大亨们的金银财宝全抢劫一空。等海盗们离去后，这艘船好不容易抵达了一个港口，但已无法继续航行了。

这位拉比因其渊博的学识，很快受到当地居民的尊重，并被聘为学校的教师。

后来，这位拉比偶然遇到曾经同船旅行的大亨。这时，他们已身无分文，只好再一次白手起家。

大亨们深有体会地说："只有知识才是夺不走的财富啊！"

所有的犹太人都知道这个道理，因此，犹太人就特别重视学习。

犹太人热爱知识，因为在他们的眼里，知识是唯一的永远也夺不走的财富。在这个世界上世俗的权威不重要，财富和金钱不重要，只有知识才是最重要的。权威没有了人们的拥戴和支持就不能形成，财富和金钱也会随着时间发生变化，而知识是你生存和发展的可靠保证。

犹太人在历史上不断地遭人驱逐，被迫四处流浪，他们的财富可以被任意地剥夺，然而只要他们拥有了知识，他们依然可以凭借自己良好的教育、杰出的智慧、经商的经验，很快再次变得富有。知识是他们在长期的流浪生活中重新振作起来的根本原因。

犹太人在经济运营、商业运作上的非凡成就，是与他们孜孜不倦、不断探索的求知精神分不开的。

犹太人求知精神的基点在于他们对知识有着深刻的，也相当实际的认识，知识就是财富，由此便产生了对知识这种财富近似贪婪的欲望。犹太人四处流浪，没有家园，居无定所，没有生存和发展的权利保障。他们所到之处，唯一的支撑点就是自己头脑中的知识，靠知识创造财富，从而由财富、金钱来为自己争得一条生路，一个生存发展的空间。物质财富随时都可能被偷走，但知识永远在身边，智慧永远相伴，而有智慧有知识，就不怕没有财富。这正是犹太人流浪数千年依然生生不息的原因所在。

也正基于此，犹太人才会认为没有知识的商人不算真正的商人。犹太人绝大部分学识渊博，头脑灵敏。在他们眼里，知识和金钱是成正比的。只有丰富的阅历和广博的知识，在生意场上才能少走弯路少犯错误，这是商人的基本素质。

犹太商人具有令人叹服的经商头脑，正是他们的民族尊重知识、酷爱学习、重视教育的必然结果。以知识武装起来的犹太商人，纵横捭阖，处变不惊，这就是"第一商人"的魅力所在！

以色列是一个小国，资源贫乏，既缺水，又缺能源，且沙漠比重大。但是，它却有丰富的人才。数十年来，世界各地的犹太人纷纷移民到自己的祖国，他们带来了资金，也带来了知识、技术和特长，他们将这些知识用于国家建设，以色列迅速崛起。这个国家独创了举世闻名的农业技术，靠贫瘠的土地养活了自己，还大量出口农产品；这个国家拥有世界上一流的工业技术。创造这些奇迹，靠的就是知识。

在世界上任何地方，犹太人凭借着自己拥有的"可以随身带走"的知识，跻身于知识要求高、流动性强的各种行业，特别是金融、商业、教育、科技、律师、娱乐和传媒行业。科技人员中一半以上是犹太人；犹太人执掌着《纽约时报》、《华盛顿时报》、《新闻周刊》、《华尔街日报》和美国三大电视网 ABC、CBS、NBC 的帅印，时代华纳公司、米高梅公司、福克斯公司、派克公司也都是犹太人开拓的。在美国前 400 名巨富中，犹太人占了近三成。我们不得不感叹犹太民族神秘的知识力量。知识在这个古老民族中竟然能焕发出如此巨大的力量，是知识拯救且复兴了这个古老而年轻的民族。

# 学校在，民族就在

*一个不重视教育的民族是没有前途的民族。*

犹太民族的智慧与丰富的知识除了具有学习和求知的传统这样的"软"的东西外，在"硬件"上，则表现为他们尊奉着一套完善的教育制度。犹太人四处流浪，他们的"学校"也随着他们迁移，在流动不居的恶劣环境下，犹太人从来没有忽视教育，而是将其列为第一位的事情。

从历史上看，犹太人很早就实行了义务教育，称得上源远流长。

犹太传统规定父亲对儿子有三项应尽的义务，其中之一就是教儿子学习犹太经典。许多犹太儿童在幼儿时期就随父亲一道学习识字，诵读犹太经典。公元前 516 年，波斯王居鲁士打败新巴比伦尼布甲尼撒二世，允许巴比伦的犹太人返回故乡。一批有识犹太先知为了保持民族精神和文化传统，进行了一系列宗教改革，家庭教育被看成是保持民族传统的一个重要环节，因而受到极大的重视。犹太会堂的出现使人们多了学习场所。公元前 3 世纪，犹太会堂开始开办学校，招收儿童入学。公元前 1 世纪，出现了一些非犹太会堂办的学校，主要向儿童教授读书写字的基本技能。大一些的儿童则进专门学校，在那里系统学习犹太宗教文献。至此，义务教育体系开始在犹太民族中形成。第一位为创立全民义务教育体系做出重要贡献的是耶路撒冷元老院的大法官西缅·本·蔡奇。他于公元前 75 年制订了一项教育计划，推行广泛的初级教育。他颁布法令规定犹太社区必须资助公共教育，父母必须送儿子入学。到了公元 64 年，大祭司约书亚·本·加玛拉拉比重申西缅的法令，并规定每个犹太社团都必须设立学校，供 6 岁以上的儿童就学，同时规定 6 岁至 10 岁的儿童必须入学，在老师的监督下学习。约书亚的这一做法标志着正规学校教育的开始。约书亚的功绩在于，他以法律的形式规定每个社团都必须出资聘用教师，以保障所有的儿童都有受教育的机会，从而在立法上完善了义务教育体制。班级规模有具体规定：如一名教师最多只能教 25 名学生。如果学生数超过 40 人，则必须聘请两名教师进行教学。儿童 6~10 岁在小学学习，10 岁毕业后进入律法学校。15 岁以后，如父母有能力支付教育费用，还可留校进一步深造。

20 世纪以前，犹太教育在很大程度上是为犹太男子服务的。犹太女子受到的主要是伦理道德的教育和对《圣经》的了解，有关口传律法的课程从不为女子开设。这一局面在 20 世纪终于得到改变。自 1917 年美国正统犹太教学校开始系统地为犹太女子开设课程以来，几乎所有的宗教学校都同时为男女开设同样的课程，打破了在教育上男女有别的传统。

20 世纪以来，美国正统犹太教为了鼓励人们学习、研究犹太教教义，开设了一些全日制宗教学校，在主要讲授宗教课程外，也开设部分世俗课程。今天这样的学校数量已从第二次世界大战结束的 100 所增加到了 600 所。此外，传统经学院的数量也开始在以色列和美国迅速增长。这些经学院主要招收高中毕业生入校，有的是专为大学毕业生开办的。第二次世界大战结束以来，世界许多大学纷纷开办犹太学系，向犹太和非犹太青年提供学习希伯来语和其他犹太学方面知识的机会，使犹太学研究真正成为一种科学。

"宁可变卖所有的东西，也要把女儿嫁给学者；为了娶得学者的女儿，就是丧失一切也无所谓。"

"假如父亲与教师两人同时坐牢而又只能保释一个人出来的话，做孩子的应先保释教师。"

这些犹太格言正是犹太人尊师重教传统的真实写照。

从犹太人对教育的重视和对教师的敬重，任何人都不难想象出教育的场所——学校，会在犹太人生活中具有何等的地位。

今天，人口仅 400 多万的以色列却拥有 6 所跻身世界一流的名牌大学：希伯来大学、特拉维夫大学、以色列理工学院、海法大学、内格夫—本古安大学和巴尔伊兰大学。

犹太人之所以特别重视学校的建设，除了他们具有那种"以知识为财富"的价值取向之外，还因为在他们看来，学校无异于一口保持犹太民族生命之水的活井。《塔木德》中记载的三位伟大拉比之一，约哈南·本·札凯拉比就认为：学校在，犹太民族就在。

传说公元 68 年前，耶路撒冷正陷于罗马军队的包围之中，城内的犹太人面临灭绝的危险。

当时，犹太人内部分成相互对立的两派：一派是主张以武力相拼的鹰派，另一派是主张通过和平解决的鸽派。

相互对立的两派形成了剑拔弩张的态势。鸽派斗争失败后，约哈南被鹰派关押在耶路撒冷的监狱中，受到了严格的监控。

这时，约哈南突然想到了一个办法。

之后不久，从监狱中传出了约哈南的死讯，并且很快传遍了耶路撒冷的大街小巷。

信徒们把约哈南的遗体装进棺材，这样约哈南以下葬为名，逃出了鹰派的看守，来到罗马军队驻守的阵地前。

罗马守兵正要用刀刺入棺材来验尸，约哈南的信徒们纷纷跪地求情说："如果罗马的皇帝死了，你们是不是用刀验尸？我们现在已经没有武装，还能做出危害罗马军队的事吗？"

最后他们一行终于来到了罗马统帅部。

这时，约哈南走出棺材，要求见罗马军队的统帅。

约哈南直视着司令官韦斯巴芗的眼睛，说道："一直以来我对将军阁下和罗马皇帝怀着非常高的敬意。"约哈南想的是，韦斯巴芗不久将会成为罗马帝国皇帝。

粗暴的韦斯巴芗对这位长者所给的头衔摸不着头脑，并怀疑约哈南在羞辱他。

约哈南此时看出了韦斯巴芗的不悦，解释道："阁下不久就会成为罗马帝国的皇帝。"

韦斯巴芗看到约哈南十分认真的样子，火气大消，说道："那么，你来拜见我的目的是什么呢？"

约哈南回答说："请您答应我一个请求，给我留下一个能容纳 10 多个拉比的学校，并且永远不要破坏它。"

韦斯巴芗认真地点了一下头，并说如果他能到耶路撒冷，约哈南保存学校的愿望就会得以实现。

那一年，先是尼禄皇帝突然遇害。不久，执掌大权的三员大将又相继被暗杀。韦斯巴芗作为帝国最有贡献的将军成为帝位继承人中的预选者，这时他自称国家元首。其帝位被元老们认可。

韦斯巴芗登上皇帝宝座之后，也许是为了感谢约哈南拉比对他做出的预言，也许他还没有认识到一所学校对一个正在沦落的民族所起的精神作用。

当罗马军队血洗耶路撒冷时，他发出了一道命令：留一所能容10个拉比学习的学校。这样位于沿海平原小镇亚布内的圣经学院才得以幸存。

实际上，约哈南拉比早就想到罗马军队最终会杀进城来，血洗耶路撒冷。为了保留民族生存的希望，他才冒着生命危险保下了这所学校。

学校留下了，留下了学校里的几十个老年智者，维护了犹太民族的知识、犹太民族的传统。战争结束后，犹太人的生活模式也由于这所学校而得以继续保存下来。

约哈南拉比以保留学校这个犹太民族成员的塑造机构和犹太文化的复制机制为根本着眼点，无疑是一项极富历史感的远见卓识。

一方面，犹太民族在异族统治者眼里，大多不是作为地理政治上的因素考虑，而是文化上的吞并对象。小小的犹太民族之所以反抗世界帝国罗马而起义，其直接起因首先不是民族的政治统治，而是异族的文化统治，亦即异族的文化支配和主宰。

另一方面，犹太人区别于其他民族，首先又不是在先天的种族特征上，而是在后天的文化内涵上。在一个犹太人的名称下，有白人、黑人和黄种人；至今作为犹太教大国的以色列向一切皈依犹太教的人开放大门，因为接受犹太教就是一个正统的犹太人。

为了达到这一文化目的，犹太人长期追求的，不仅仅是保留一所学校，而是力图把整个犹太人生活的传统和犹太文化的精髓保留下来。从犹太民族2000多年来持之以恒、极少变易的民族节日，到甘愿被幽闭于"隔都"之内以保持最大的文化自由度，到复活希伯来语，所有这一切都典型地反映出了犹太民族的这种独特追求和这种独特追求中生成的独特智慧。

无独有偶。流散时期的犹太人更注重学校教育，当他们在某一处站稳脚跟后就立即创办学校，使学校成为犹太社团存在的标志。

犹太人对学校教育的重视程度从上海犹太难民身上可以窥见一二。

20世纪30年代，在德国实行的灭犹政策下，大约有3万名德、奥犹太人远渡重洋在黄浦江畔登陆，来到了上海滩。

来到上海后，待生活稍有好转些，犹太人便急于为自己的孩子寻找求学的地方。

在著名的犹太财团嘉道理家族的慷慨援助下，1938年和1939年抵达的120名犹太儿童被送进了上海犹太学堂，由嘉道理家族主持的"上海犹太青年协会"代付他们的学费。

当时上海犹太学堂已人满为患，但陆续而来的难民儿童却与日俱增，因此，为了解决实际困难，上海犹太社团又先后办起了几所学校，其中最有名的是"上海犹太青年学校"（即嘉道理学校）。他们聘请了经验丰富的教员，传授数学、美术、历史、语言（包括汉语、英语、法语）等课程。

由于教学严谨、治学有方，1946年，这所学校的学生参加了剑桥学校的考试，并取得很好的成绩。而那些前往美国的学生，也先后进入了名牌大学。

当时一位著名的教育家在参观了嘉道理学校后留言："欢乐的笑声一直回荡在这个已经忘记了怎样笑的世界里。"

一些经历过上海犹太社区生活的犹太人，回忆这段岁月留给他们的感触时说："青少年教育是上海犹太人生活中的一个亮点。"

犹太人在建立自己家园的行动中，对学校教育更寄予了厚望。

以色列建国之后，学校建设被列入了国家的主要计划，在很短的几年内就建立了各级门类齐全的学校。

犹太人非常注重学校建设，一个原因是由于他们的文化传统；另一个原因是由于他们对学校教育各种层面上的不同认识。他们认为，学校的责任不仅是培养人才，更是"维护民族共同体的重要途径"。通过正规的学校教育，才能保证其后代们很好地维护犹太人的民族身份，发扬犹太人的民族精神。

# 活到老，学到老

**直到老去也要孜孜不倦。**

《圣经》中有这样一个故事：

犹太人曾被多次召集起来学习上帝授予他们的律法。摩西这样命令各长老："把你们各支派的男人、女人、孩子都召集来，将这些律法说与他们听，让他们研读。"

摩西死后，约书亚成为犹太人的领袖。上帝第一次召谕他就说："这《律法书》不能离开你的嘴，要日夜诵记，好使你谨守书上所写的每一句话。"

在犹太教中，勤奋好学不只是仅次于敬神的一种美德，而且也是敬神本身的一个组成部分。在世界上所有的宗教中，把学习和研究提到这样高度的，几乎绝无仅有。

学习之为善，在于其本身。它是一切美德的本源。

12世纪的犹太哲学家、犹太人的"亚里士多德"，精通医学、数学的迈蒙尼德明确把学习规定为一种义务：

"每个以色列人，不管年轻年迈，强健羸弱，都必须钻研《托拉》，甚至一个靠施舍度日和不得不沿街乞讨的乞丐，一个要养家糊口的人，也必须挤出一段时间来钻研。"

由这一原则所带来的结果是形成了一种全民学习的传统。尽管并非人人都有研习的能力，但确实人人都把各种程度的研习视作当然之事。

这样一种为学习而学习的传统，对长期流散的犹太人尤其是其中的青年人来说，在调节其心理、保持其民族认同方面所起的作用是十分巨大的。即使从现代的立场上看，作为一种卓有成效的培养、激发人们的学习积极性的价值观念来说，也深深浸透着犹太人的独特智慧。

在犹太人看来，不管一个人到了多大岁数，也不论他有多么贫穷，只要他是人，就可以学习。人们可以透过学习保持"青春"，保持年轻人的心态，还可以通过学习而获得财富，取得精神上的富足。

"忍冻学习的西勒尔"的故事，是一个为犹太人熟悉的故事：

名垂千古的西勒尔年轻的时候，抱着一个很大的希望，那就是专心致志研究《塔木德》。可是，他没有足够的时间，也没有充裕的金钱。因为他实在太穷了。

在左思右想之后，他终于发现了一个办法：拼命地工作，靠工钱的一半过活，把剩下的钱送给学校的看门人。

"这些钱给你，"西勒尔对看门人说，"不过，请你让我进学校去听课，我很想听听贤人们在说什么。"

西勒尔就靠着这种办法听了不少课，可是他的钱实在太少了，到最后他连一片面包也买不起。这时候，看门人坚决地拦住了他，不再让他走进学校一步。

怎么办呢？他终于找到了一个好办法。他沿着学校的墙壁慢慢爬上去，然后躺在天窗边。这时候，他就可以清楚地看见教室里面上课的情形，也可以听到教师讲课的声音。

安息日前夕，天寒地冻，冷风刺骨。第二天，学生们照常到学校去上课，屋外阳光灿烂，可是屋里却漆黑一片。

原来，西勒尔躺在天窗上，已经被冻得半死。他在天窗上已经躺了整整一夜了。

从此以后，凡是有犹太人以贫穷或者没有时间为借口不去求学，人们就会这样问："你比西勒尔还穷吗？你比他还没有时间吗？"

犹太典籍中有这样一些话：

"对于像孩子那样学习的人，我们把他比作什么呢？就像用墨水在新鲜洁净的纸上书写。

"但对于像老人那样学习的人，我们把他比作什么呢？就像用墨水在破旧不堪的纸上书写。

"世界只为了学童们的呼吸而持久存在。"

拉比阿基瓦是一个贫苦的牧羊人，直到40岁才开始学习，但后来却成了最伟大的犹太学者之一。

拉比阿基瓦在40岁之前什么都没有学过。在他与富有的卡尔巴·撒弗阿的女儿结婚之后，新婚妻子催他到耶路撒冷学习《律法书》。

"我都 40 岁了，"他对妻子说，"他们都会嘲笑我的，因为我一无所知。"

"我来让你看点东西，"妻子说，"给我牵来一头背部受伤的驴子。"

驴子牵来后，她用灰土和草药敷在驴子的伤背上，于是，驴子看起来非常滑稽。

他们把驴子牵到市场上的第一天，人们都指着驴子大笑。第二天又是如此，但第三天就没有人再理那头驴子了。

"去学习《律法书》吧，"阿基瓦的妻子说，"今天人们会笑话你，明天他们就不会再笑话你了，而后天他们就会说：'他就是那样。'"

阿基瓦妻子的意思就是他 40 岁去学习，即使别人会嘲笑他，但是第三天就不会嘲笑了，因为什么时候学习都不迟。

因此，犹太人常把西勒尔说过的一句名言挂在嘴边："此时不学，更待何时？"以此激励自己或鼓励别人去学习知识。

只要是活着，犹太人总是不停地学习。因为对犹太人来说，学习是一种神圣的使命。犹太人认为到达天国以前，人必须不断地学习。学问的追求是永无止境的。所有的犹太人一向秉持着这样一种观念：肯学习的人比知识丰富的人更伟大。

在犹太人眼中，学问不只是学习，而是以本身所学为基础，自行再创造出新东西的一种过程。学习的目的，不在于培养另一个教师，也不是人的拷贝，而是在于创造一个新的人。

在犹太人看来学生有 4 种：海绵、漏斗、过滤器、筛子。

海绵把一切都吸收了；漏斗是这边耳朵进那边耳朵出；过滤器把美酒滤过，而留下渣滓；筛子把糠秕留在外面，而留下优质面粉。

因此，犹太人倡导：学习知识，应该去做筛子一样的人，只有学习才能使人更接近完美。

犹太人把学习称作"重复"。从字面上看，它的意思是亲自读、说、听，多遍地练习，最终将文章全部内容记住。这种韧性在犹太人当中是普遍存在的。

这种韧性是在犹太人的生活方式中养成的。年复一年，犹太人在自己的节日到来之际，整整一周时间都会吃一种无味的面包，以体味辛劳的感觉。饭后，他们还要诵读经文，感谢上帝的恩赐。犹太人在漫长的历史中一直遵守着这种传统。

在这种环境中培养出的犹太子女，即使不聪明，也会不断地通过练习和复习来达到对某事物的理解。正是这种努力进取的热情使犹太人比别的民族明显高出一筹。

犹太人对教育的热情早就人所共知。在希伯来语中，教育是"hinukh"，有服务、奉献之意。就是说，教育不是知识的传授，而是培养能为上帝和社会做贡献的人才。

犹太人喜欢探索，敬畏事物背后隐藏的神秘。犹太人关心的问题不是人类掌握了多少知识，而是拥有了多深的造诣和洞察力。

犹太人在教育方面最大的特点应该是贯彻完全的幼儿教育和一生学习的生涯教育。对于犹太人来说，学习却是一生的课题。

70 多年前，有一个基督教徒想在街上雇一辆马车。他环顾了一下四周，发现不远处有一排犹太人的马车。走近一看，马正在吃草，却找不到车夫。他就问在路上玩耍的小孩："车夫哪去了？"小孩回答说："在车夫俱乐部吧。"于是，这个基督教徒就来到街道深处的车夫俱乐部，看到在狭窄的屋子里面，车夫们都在学习。虽然是车夫，但他们一有时间就学习圣书。

这就是传统犹太人的写照。

# 学习永远不会太迟

聪明睿智的特点就在于，只需看到和听到一点就能长久地思考和更多的理解。而思考正是一切智慧的开端。

1921 年，印度科学家拉曼在英国皇家学会上作了声学与光学的研究报告，取道地中海乘船回国。甲板上漫步的人群中，一对印度母子的对话引起了拉曼的注意。

"妈妈，这个大海叫什么名字？"

"地中海！"

"为什么叫地中海？"

"因为它夹在欧亚大陆和非洲大陆之间。"

"那它为什么是蓝色的？"

年轻的母亲一时语塞，求助的目光正好遇上了在一旁饶有兴味倾听他们谈话的拉曼。拉曼告诉男孩："海水之所以呈蓝色，是因为它反射了天空的颜色。"

在此之前，几乎所有的人都认可这一解释。它出自英国物理学家瑞利勋爵，这位以发现惰性气体而闻名于世的大科学家，曾用太阳光被大气分子散射的理论解释过天空的颜色。并由此推断，海水的蓝色是反射了天空的颜色所致。

但不知为什么，在告别了那一对母子之后，拉曼总对自己的解释心存疑惑，那个充满好奇心的稚童，那双求知的大眼睛，那些源源不断涌现出来的"为什么"，使拉曼深感愧疚。作为一名训练有素的科学家，他发现自己在不知不觉中丧失了男孩那种到所有的"已知"中去追求"未知"的好奇心，心中不禁为之一震！

　　拉曼回到加尔各答后，立即着手研究海水为什么是蓝的，发现瑞利的解释实验证据不足，令人难以信服，决心重新进行研究。

　　他从光线散射与水分子相互作用入手，运用爱因斯坦等人的涨落理论，获得了光线穿过净水、冰块及其他材料时散射现象的充分数据，证明出水分子对光线的散射使海水显出蓝色的机理，与大气分子散射太阳光而使天空呈现蓝色的机理完全相同。

　　进而又在固体、液体和气体中，分别发现了一种普遍存在的光散射效应，被人们统称为"拉曼效应"，为 20 世纪初科学界最终接受光的粒子性学说提供了有力的证据。

　　1930 年，地中海轮船上那个男孩的问题，把拉曼领上了诺贝尔物理学奖的奖台，成为印度也是亚洲历史上第一个获得此项殊荣的科学家。

# 第十一章

## 幸福：无悔人生的音符

### 大海里的船

在大海上航行，没有不受伤的船。

英国劳埃德保险公司曾从拍卖市场买下一艘船，这艘船原属于荷兰福勒船舶公司，它1894年下水，在大西洋上曾138次遭遇冰山，116次触礁，13次起火，207次被风暴扭断桅杆，然而它从没有沉没过。

劳埃德保险公司老板犹太人劳伦斯基于它不可思议的经历及在保费方面带来的可观收益，最后决定把它从荷兰买回来捐给祖国以色列。现在这艘外壳凹凸不平，船体微微变形的船就停泊在以色列国家船舶博物馆里。

不过，使这只船名扬天下的并非劳埃德公司，而是一名来观光的犹太律师。当时，他刚打输了一场官司，委托人也在不久前自杀了。尽管这不是他的第一次失败辩护，也不是他遇到的第一例自杀事件，然而，每当他遇到这样的事情，他总有一种负罪感。他不知该怎样安慰这些生意场上遭受了不幸的人，这些人有的被骗，有的被罚，他们或血本无归，或倾家荡产，也有的因打输了官司，落得债务缠身。

当他在萨伦船舶博物馆看到这只船时，忽然有一种想法，为什么不让他们来参观参观这条船呢？于是，他就把这艘船的历史抄下来，和这艘船的照片一起挂在他的律师事务所里，每当商界的委托人请他辩护，无论输赢，他都建议他们去看看这艘船。据英国《泰晤

士报》说，截止到 1987 年，已有 1230 万人次参观过这艘船，仅参观者的留言就有 170
多本。

我们大多数人没有去过以色列，也不知道这些参观者在留言簿上写了些什么，但有一
点似乎是不能少的——那就是，在大海上航行的没有不带伤的船。

在大海上航行，没有不带伤的船。在生命旅行中，没有不受伤的心！我们的家长应当
用这艘船的故事告诉孩子：坚持住，不要沉没。

# 机会的种子

世界上没有十全十美的事物，你手中已经拥有的或许就是最好的。

上帝给两个犹太人各一粒种子，并许诺说："3 年后，谁培育出人间最大的花朵，以致
我在天堂都能够观赏，谁就能获得飞翔的机会。"

甲立即揣着种子出发。他发誓要找到世界上最肥沃的土壤，最优良的气候条件。

乙没有出发。因为他觉得脚下的土地蛮不错，随手将种子种入土中。

两年过去了。甲走遍天涯海角，但始终没有找到合适的土地，因为再好的土地都有些
可疑，似乎仍有更好的土地在遥远的地方召唤他。因此，他的那粒种子一直揣在怀中，无
处发芽。

而此刻乙所在的地方，已是漫山遍野的花朵了。这些花朵形态各异，多姿多彩；虽然
没有一朵堪称大花，但乙不感到失望，因为种花本身的乐趣令他欣喜不已，充满创意，他
更加投入这项工作了。

第三年春天，上帝站在天堂的大门边，看见人间有一朵硕大无朋的花，乙正在忙忙碌
碌。上帝还看见甲依然揣着种子到处奔波，像个投机分子。

这时候，乙感觉自己身轻如燕，飘飘欲仙。

他抬头看见上帝的微笑，赶忙说："上帝呀，请原谅，我不再想飞！"上帝感到惊诧：
"难道这不是你种花的初衷吗？"

乙说："当初，我的确是为了飞翔的欲望而种花，并为此漫天撒种；不料机会的来临
竟如此简单而主动，它也因此在我眼中失去原有的份量；现在，我更重视种花本身，因为
它是飞翔之母，它高于一切机会和欲望！"

当你千方百计地寻找机会时，机会也在千方百计地寻找别人；幸福和成功是虚掩的一

扇门，你努力、奋斗就能够开启幸福和成功的大门；选择正确的事业以后就要脚踏实地地工作，不去行动，就不会有半点机会。

# 快乐的城堡

你的心态对了，你的世界也就对了。

塞尔玛陪伴丈夫驻扎在一个沙漠的陆军基地里。丈夫奉命到沙漠里去演习，她一个人留在陆军的小铁皮房子里，天气热得受不了——在仙人掌的阴影下也有华氏125度。她没有人可谈天——身边只有墨西哥人和印第安人，而他们不会说英语。她非常难过，于是就写信给远在以色列的父母，说要丢开一切回家去。

赎罪日那天，她收到了父亲的回信，回信只有两行，这两行信却永远留在她心中，完全改变了她的生活："两个人从牢中的铁窗望出去，一个看到泥土，一个却看到了星星。"塞尔玛一再读这封信，觉得非常惭愧。她决定要在沙漠中找到星星。

塞尔玛开始和当地人交朋友，他们的反应使她非常惊奇，她对他们的纺织、陶器表示兴趣，他们就把最喜欢但舍不得卖给观光客人的纺织品和陶器送给了她。塞尔玛研究那些引人入迷的仙人掌和各种沙漠植物、物态，又学习有关土拨鼠的知识。她观看沙漠日落，还寻找海螺壳，这些海螺壳是几万年前，这沙漠还是海洋时留下的……原来难以忍受的环境变成了令人兴奋、留连忘返的奇景。

是什么使这位女士内心发生了这么大的转变呢？

沙漠没有改变，印第安人也没有改变，但是这位女士的念头改变了，心态改变了。一念之差，使她把原先认为恶劣的情况变为一生中最有意义的冒险。她为发现新世界而兴奋不已；并为此写了一本书，以《快乐的城堡》为书名出版了。她从自己造的"牢房"里看出去，终于看到了星星。

在推销员中，广泛流传着一个这样的故事：两个犹太人到非洲去推销皮鞋。由于炎热，非洲人向来都是打赤脚。第一个推销员看到非洲人都打赤脚，立刻失望起来："这些人都打赤脚，怎么会要我的鞋呢？"于是放弃努力，失败沮丧而回。另一个推销员看到非洲人都打赤脚，惊喜万分："这些人都没有皮鞋穿，这皮鞋市场大得很呢。"于是想方设法，引导非洲人购买皮鞋，最后发大财而回。

这就是一念之差导致的天壤之别。同样是非洲市场，同样面对打赤脚的非洲人，由于一念之差，一个人灰心失望，不战而败；而另一个人满怀信心，大获全胜。

成功人士的首要标志，在于他的心态。一个人如果心态积极，乐观地面对人生，乐观地接受挑战和应付麻烦事，那他就成功了一半。人与人之间只有很小的差异，但这种很小的差异却往往造成了巨大的差异！很小的差异就是所具备的心态是积极的还是消极的，而这种很小的差异却是我们小时候所受的教育所决定的，巨大的差异就是成功与失败。

# 快乐总在放弃后

**事情的意义并不在于事情本身，而在于我们对待它的态度。**

所罗门的后妃们为他生了一群白白胖胖的儿子，后来，他最宠爱的妃子又生下了一位伶俐可爱的公主。国王非常疼爱小公主，视如掌上明珠，一点也舍不得训斥责备，凡是公主所要求的东西，国王从来不会拒绝，就是天上的星星，国王也恨不得亲自上天，为公主摘下来，为其点缀彩衣。

公主在国王的呵护、娇惯下，慢慢成长为亭亭玉立的少女，渐渐懂得装扮自己。有一天，春雨霏霏的午后，公主带着婢女徜徉于宫中花园，只见树枝上的花朵，经过雨水的润泽，花苞上挂着几滴雨珠，显得越发的娇艳；蓊郁的树木，翠绿得直逼人眼。公主正在欣赏雨后的景致，忽然目光被荷花池中的奇观所吸引住了。原来池水热气正在蒸发，正冒出一颗颗状如珍珠的水泡儿，浑圆晶莹，闪耀夺目。公主入神忘我，突发异想：

"如果把这些水泡儿串成花环，戴在头发上，一定美丽极了！"打定主意，于是叫婢女把水泡捞上来，但是婢女的手一触及水泡，水泡便破灭无影。折腾了半天，公主在池边等得非常不悦，婢女在池里捞得心急如焚。公主终于气愤难忍，一怒之下，便跑回宫中，把国王拉到池畔，对着一池闪闪发光的水泡说：

"父王！你一向是最疼爱我的，我要什么东西，你都依着我。女儿想要把池里的水泡串成花环，作为装饰，你说好不好？"

"傻孩子！水泡儿虽然好看，终究是虚幻不实的东西，怎么可能做成花环呢？父王另外给你找珍珠水晶，一定比水泡儿还要美丽！"国王无限怜爱地看着女儿。

"不要！不要！我只要水泡儿花环，我不要什么珍珠水晶。如果你不给我，我就不想活了。"公主骄纵撒野地哭闹着。

束手无策的国王只好把朝中的大臣们集合于花园，忧心忡忡地商议道：

"各位大臣们！你们号称是本国的奇工巧匠，你们之中如果有人能够以奇异的技艺，把池中的水泡为公主编织成美丽的花环，我便重重奖赏。"

"报告陛下！水泡瞬间生灭，触摸即破，怎么能够拿来做花环呢？"大臣们面面相觑，不知如何是好。

"哼！这么简单的事，你们都无法办到，我平日如何善待你们的？如果你们无法满足我女儿的心愿，将格杀勿论。"国王盛怒地呵斥道。

"国王请息怒，我有办法替公主做成花环，只是老臣我老眼昏花，实在看不清楚水池中的泡沫，哪一颗比较均匀圆满，能否请公主亲自挑选，交给我来编串。"一位须发斑白的大臣神情笃定地出面请示。

公主听了，兴高采烈地拿起瓢子，弯腰，认真地舀取自己中意的水泡。可是水泡经公主轻轻一触摸，霎时变为泡影。捞了老半天，公主一颗水泡也捞不起来，睿智的大臣于是和蔼地对一脸沮丧的公主说："水泡儿本来就是生灭无常，不能常驻久留之物，如果把人生的希望建立在这种虚假不实、瞬间即逝的现象上，到头来必然只是一场空。"

完美主义者是很难快乐的，更何况是这种给自己和他人设定了一个无法达到标准的人。人应该将目标和方法订得灵活一些，而不是死钻牛角尖，才能退一步海阔天空。犹太人正是在残酷的现实中用这种方法走出了自己的天空，他们也将这一真谛代代相传，让自己的后代在夹缝中获得广阔的天空。

# 你就是百万富翁

我们总是为自己没有的东西而唉声叹气，却常常忽视了自己拥有的宝贵财富。

智慧而年老的犹太牧师胡里奥在密西西比河边，遇见了忧郁的年轻人费列姆。

费列姆唉声叹气，满脸愁云惨雾。

"孩子，你为何如此郁郁不乐呢？"胡里奥关切地问。

费列姆看了一眼胡里奥，叹了口气："我是一个名副其实的穷光蛋。我没有房子，没有太太，更没有孩子；我也没有工作，没有收入，整天饥一顿饱一顿地度日。像我这一无所有的人，怎么能高兴得起来呢？"

"傻孩子，"胡里奥笑道："其实，你应该开怀大笑才对！"

"开怀大笑？为什么？"费列姆不解地问。

"因为，你其实是一个百万富翁呢！"胡里奥有点儿诡秘地说。

"百万富翁？您别拿我这穷光蛋寻开心了。"费列姆不高兴了，转身欲走。

"我怎敢拿你寻开心？孩子，现在能回答我几个问题么？"

"什么问题？"费列姆有点好奇。

"假如，现在我出20万美元，买走你的健康，你愿意么？"

"不愿意。"费列姆摇摇头。

"假如，现在我再出20万美元，买走你的青春，让你从此变成一个小老头儿，你愿意么？"

"当然不愿意！"费列姆干脆地回答。

"假如，我现出20万美元，买走你的美貌，让你从此变成一个丑八怪，你可愿意？"

"不愿意！当然不愿意！"费列姆头摇得像个拨浪鼓。

"假如，我再出20万美元，买走你的智慧，让你从此浑浑噩噩，度此一生，你可愿意？"

"傻瓜才愿意！"费列姆一扭头，又想走开。

"别慌，请回答完我最后一个问题：假如现在我再出20万美元，让你去杀人放火，让你从此失去良心，你可愿意？"

"天哪！干这种缺德事，魔鬼才愿意！"费列姆愤愤地回答道。

"好了，刚才我已经开价100万美元了，仍然买不走你身上的任何东西，你说，你不是百万富翁，又是什么？"胡里奥微笑着问。

费列姆恍然大悟。他笑着谢过胡里奥的指点，向远方走去。从此，他不再叹息，不再忧郁，微笑着寻找他的新生活去了……

在羡慕别人的同时，我们往往忽略了本身的财富。与其"临渊羡鱼，不如退而结网"。健康、青春、美貌、智慧、良心，每一样都是无价的，而当你具备这些时，你还缺什么呢？让孩子懂得好好珍惜他的所得，好好利用他的所有，他会发自己已经是一个百万富翁！那么，你的孩子一定会走过快乐的一生。

# 请勿忘记身边的宝物

有时自己的院子里也埋藏了许多宝物，只是我们没有去挖掘而已！

有一个人即将离开他居住多年的城镇，搬到另外一个陌生的地方去定居。临行前，他去拜访拉比，并请拉比吉米克给他一些忠告。

拉比给他讲了一个这样的故事：

有个住在柏林的犹太人，时常梦见在一个碾房的地下，埋藏了许多等待他去挖掘的宝物。终于有一天，他抑制不住自己的好奇心，而决定次日一早便去挖掘宝物。

第二天早晨天未破晓时，他就已经起床准备好了，到了碾房之后，他便仔仔细细、小心翼翼地开始挖了起来，可是几乎挖遍了碾房，却仍然没有掘出任何值钱的东西。

碾房的厂主闻声而至，问他为什么在此地挖掘，当房主听完这人说明缘由后，突然高声大叫：

"太奇妙了，我也经常梦见一个住在柏林的人，而他的院子里也埋着许多宝贝。"

厂主不但这么说，甚至还指出梦中那个人的名字，说来也真凑巧，这正是那个犹太人自己的名字啊！

于是犹太人立刻马不停蹄地回到自己的家里，而且赶忙挖掘院子，没想到他真的挖出许多宝物来了。

这一个故事对这个准备移居的人有很大的启示，他决定不再移迁地方了。在很多人眼中，"外国的月亮比自己的圆"，但是犹太人却不一样，他们决不嫌弃自己独特的传统和文化而一味地崇拜别人。

犹太人有一句这样的格言："请勿忘怀身边的宝物。"

犹太人还有一句类似的格言："不要老是妄想去坐在国王的餐桌前；你自己家里的餐桌更好，因为在那里你便是国王。"看重自己，善于从自己身上找优势，致力于发掘自己的能力和潜力；同时珍惜身边的人和事，这就是犹太人较之其他民族的处世杰出之处。

# 乞丐让我富足

*人人心中都有一位国王。去跟这位国王倾谈，国王就会现身。*

有一次，阿格农访问了越南的胡志明市。那些天，在阿格农下榻的那家饭店外常常出现一个小女孩。她守候在门口，挂着一根拐杖，频频将手伸向进进出出的人。她是个乞丐。每次遇见她的时候，阿格农会握住她伸过来的小手，或是用当地话跟她打一声招呼，冲她笑笑。

在访问的最后一天，阿格农莫名其妙地被困在了饭店门前街道上的车流中。之前阿格农得到的忠告是，穿行马路时，直接从车水马龙中穿过去，不必东瞧西看，来往奔驰的车辆自然会给路人让道。但这一次，面对熙攘的车流，阿格农却有些手足无措。正当阿格农踟蹰不前的时候，一只手忽然搭在了阿格农的胳膊上。低头一看，是那个小乞丐，正笑吟吟地抬头看着阿格农。她朝街对面点点头，意思是要带阿格农过街。随后，她领着阿格农，他们一块儿在乱哄哄的路上缓缓穿行，她不停地催阿格农往前走。

到了路中央，阿格农忍不住又瞧了瞧她，不由得叫出声来："你笑得真是好看！"看得出来，她不懂英语，但显然从语气中体会到了阿格农的意思，因为她蓦地伸出双手紧紧拥抱了阿格农一下，当时他们身旁是络绎不绝的车流。他们俩继续小心翼翼地往前躲避着走，终于有惊无险地来到了人行便道。她勾住阿格农的脖颈往下拽，一左一右亲了两下阿格农的脸，然后一瘸一拐地走了，还不忘回头冲阿格农招招小手，脸上洋溢着灿烂的笑容。

自始至终，阿格农没有给过她一分钱。

阿格农只是面带着微笑，真诚地看待那些靠乞讨为生的人，而不是给他们鄙夷的一瞥。当那只祈求的手伸过来的时候，阿格农只是紧紧地握了一会儿，并且学着用当地语言向人家问候了一声。所有这些都是小事，人人都可以轻而易举地做到，但这又是头等重要的大事，无论是对你自己还是对他人来说。就像德雷莎修女曾说过的一句话："如果你做不了大的善事，你可以做那些细小的，带着伟大的爱去做。"

几分钟前，大家还是互不相识的陌生人，只一会儿工夫，他们就成了久别重逢的老友。互相交换姓名时，他的眼睛熠熠闪光。这段情谊非常短暂，但很真挚，它正应了犹太人的一句谚语："人人心中都有一位国王。去跟这位国王倾谈，国王就会现身。"

在生活中，和这些再平凡不过的人打交道，你所获得的东西远远超越了金钱的价值，你的人生因而变得愈加充实。这样的经历在不断重复着一个朴素的道理：没有人是无价值的——人人都是一座宝藏，值得你花一番工夫去挖掘。

# 人生的试金石

有时候那神奇的试金石就握在我们的手中，而我们却浑然不觉。

著名的亚历山大图书馆在一次火灾中被毁之后，人们在废墟中发现了残存的一本书。可惜这本书没有什么学术价值，政府打算把这本书拍卖掉。由于大家都知道这本书的学术价值不大，没有人愿意买这本书，最终，一个犹太学生购得了这本书。

这本书不但没有学术价值，内容也枯燥无味。那个犹太学生在少有其他的书读的情况下，还是经常把这本书拿出来翻阅，翻阅到后来，书被翻破了，书脊中掉出一个小字条，上面写着试金石的秘密：试金石是能把任何金属变成纯金的一种小鹅卵石，它看起来和其他的鹅卵石没有什么区别，静静地躺在沙滩上，然而，一般的鹅卵石比较冷，只有试金石摸起来是温暖的。

犹太学生获知这个秘密后欣喜若狂，立刻赶到大海边寻找试金石，犹太学生满怀信心地挑选那些鹅卵石，可是那些石头摸起来都是凉凉的。犹太学生渐渐地有些失望了，他愤怒地把捡起来的鹅卵石朝大海深处扔去。他就这样日复一日，年复一年地在海边扔鹅卵石，而且扔鹅卵石的力气越来越大，那些鹅卵石也被越扔越远。

多年后的一天，犹太学生捡到一块温暖的鹅卵石。然而，他已经形成了到手就扔的习惯，当他意识到那是一块温暖的鹅卵石的时候，那块传说中的试金石已经被他扔到了深海中。他懊恼地潜入海底，寻找了许多天，还是找不到扔出的那块试金石。

犹太学生终于失望了，他一无所获地回到了首都，当时，国内正举行建国百年庆典，国王一时开心摆擂台寻找全国力气最大的人，冠军将被封为伯爵，并可获得大量黄金和良田的赏赐。犹太学生想起这么多年来在海边扔鹅卵石的经历，觉得机会来了。犹太学生随着众人去看热闹，看来看去，觉得那些人的力气都没有自己的力气大。于是他上台去比试，结果把参赛者一个个打败了，获得了大力士冠军，得到了国王的赏赐。

犹太学生变成了富裕而体面的伯爵，他感谢那本给他带来好运的书，决定把那本书重新装订并保存起来。他拆开书脊以便重新装订，却在书脊里发现了夹藏的另外一张字条，上面写着：世界上没有真正的试金石，你对人生的态度就是试金石。当你老是抱怨没有机会的时候，或许机会真的到了手边你也把握不了。

犹太人经常用这个故事教育自己的子女：不要老是抱怨没有机会，其实机会就在手边，关键在于我们是否能好好把握。"世界上没有真正的试金石，你对人生的态度就是试金石。"

# 帮助需要帮助的人

要教育孩子懂得为他人服务。

有一对住在达拉斯富有的犹太夫妇，他们常为如何教导他们的孩子们服务他人而烦恼。孩子们已习惯要什么有什么，接受他人的服务，至于服务他人，那简直是中古时代甚至像火星那样遥远的事。做父亲的开始明白这一点时已太晚，但没什么，总比完全不开始好！

于是孩子的父母准备了一个特别的活动。假期开始前一周，他告诉全家："这次感恩节我们要做点不一样的事。"

几个十几岁的孩子立刻坐直，因为通常在这种情形下，父亲会告诉大家一些特别有趣的活动，例如：到巴拿马群岛去玩小艇拖曳的降落伞等。但这次却不一样。

"我们一起到救济中心去，"他说，"去侍候穷人和流浪者吃感恩节晚餐。"

"我们要做什么？"

"得了，爸，你在开玩笑，是不是？告诉我们你在开玩笑。"

他没有。由于他的坚持，孩子们一起去了，但路上孩子们并不很高兴，他们很奇怪父亲怎么会作出这样的决定——到救济中心服务他人！若是朋友们知道会怎样想？

但是当天发生的事完全出乎了孩子们的预料，之后也无人能想到有哪一天会比那天更美好。他们在厨房忙来忙去，把火鸡和调味料捧上餐桌，切南瓜派，添了无数杯咖啡。他们在小孩子们面前扮小丑，听老人家说许久以前和遥远的感恩节故事。

父亲看到自己孩子的举动简直开心极了。几周后，孩子们提出了要求："爸……我们想回去救济中心侍候圣诞节晚餐！"他们去了。如同孩子们所盼望的，在那里遇见感恩节时认识的一些人。他们尤其记得一个有着特殊需要的家庭。当这家在吃饭的行列中出现时，他们高兴极了。从那时起，两家人有过数次接触。原本娇生惯养的孩子不止一次卷起袖管，侍候达拉斯最贫穷的家庭之一。

这个家庭发生了既明显又微妙的改变，孩子们不再以为凡事皆理所当然，父母亲发觉他们变得更认真、更负责任。是的，虽然晚了一点，但那总是一个开始。

# 什么是幸福的人生

幸福其实并不遥远，就在你身边，触手可及。

有一个美国商人坐在红海海边一个小渔村的码头上，看着一个犹太渔夫划着一艘小船靠岸。小船上有好几尾大黄鳝，这个美国商人对犹太渔夫能抓这么高档的鱼恭维了一番，还问要多少时间才能抓这么多。

犹太渔夫说，才一会儿工夫就抓到了。美国人再问，你为什么不待久一点，好多抓一些鱼？

犹太渔夫觉得不以为然：这些鱼已经足够我一家人生活所需啦！

美国人又问：那么你一天剩下那么多时间都在干什么？

犹太渔夫解释：我呀？我每天睡到自然醒，出海抓几条鱼，回来后跟孩子们玩一玩，再跟老婆睡个午觉，黄昏时晃到村子里喝点小酒，跟哥儿们玩玩吉他，我的日子可过得充实又忙碌呢！

美国人不以为然，帮他出主意，他说：我是美国哈佛大学企管硕士，我倒是可以帮你忙！你应该每天多花一些时间去抓鱼，到时候你就有钱去买条大一点的船。自然你就可以抓更多的鱼，再买更多渔船，然后你就可以拥有一个渔船队。到时候你就不必把鱼卖给鱼贩子，而是直接卖给加工厂。然后你可以自己开一家罐头工厂。如此你就可以控制整个生产、加工处理和行销。然后你可以离开这个小渔村，搬到犹太城，再搬到洛杉矶，最后到纽约。在那里经营你不断扩充的企业。

犹太渔夫问：这要花多少时间呢？

美国人回答：15～20 年。

然后呢？

美国人大笑着说：然后你就可以在家当皇帝啦！时机一到，你就可以宣布股票上市，把你的公司股份卖给投资大众。到时候你就发啦！你可以几亿几亿地赚！

然后呢？

美国人说：到那个时候你就可以退休啦！你可以搬到海边的小渔村去住。每天睡到自然醒，出海随便抓几条鱼，跟孩子们玩一玩，再跟老婆睡个午觉，黄昏时，晃到村子里喝点小酒，跟哥儿们玩玩吉他！

犹太渔夫疑惑地说：我现在不就是这样了吗？

人的一生，到底应该追求什么？舍得放弃是一种超脱，当你能够放弃一切无谓的忙碌，做到简单、从容、快乐地活着的时候，你人生中的那道坎也就过去了。你就拥有了一个幸福的人生。

# 五盘三胜制

一次失败，并不等于最终的失败。不断挑战，终有成功之时。

一向一帆风顺的皮特，在生意上第一次遭受了巨大的挫折与失败。皮特心灰意冷，整天待在家里闷闷不乐。

7 岁的儿子普里特放学回来，兴高采烈地向皮特大声宣布："爸，我有个好消息向您宣布！"

"是吗？普里特。"

皮特漫不经心地回答。聪明的普里特看出了皮特的不快，问道："哦，爸爸，您为什么总不高兴？是打球输了吗？"

普里特刚刚加入学校乒乓球业余培训班，对乒乓球非常感兴趣。皮特回答他说："差不多，我输给了对手。"

"那有什么了不起！"普里特说，"我刚进业余班那阵，连球拍都不会握，可我盯住了班上的冠军，非要跟他拼拼不可。每天训练一完，我就找他挑战，当然我从来没赢过，心情非常沮丧，所以我非常同情您，爸爸，您的对手是冠军吗？"

"那不见得！"皮特答道。

"哇！"普里特叫了起来，"连冠军都不是，那就更不应该输给他。您知道我是如何战胜冠军的吗？"

"如何？"

"我给自己打气，经过一段时间准备后，我又去向骄傲的冠军挑战，果然，第一局我又输了。"

"第二局呢？"

"也输了。"

"那你真的又输了。"

"可是，爸爸，第三局我赢了他。"

"可你，最终还是输给了他。"

"不，爸爸。"普里特自豪地说，"记住，第三局我赢了他，我终于打败了他一回。爸爸，您失败了几次？"

"一次！"

"爸，您真笨，才一局您就认输了，您应该来五盘三胜制，彻底打败对手。"

"五盘三胜制？这主意真好！"皮特豁然开朗，心情也好多了，便问普里特，"你刚进门时说有好消息告诉我，是什么好消息？"

普里特认真地答道："就是在第三局我终于战胜了对手呀！"

成功者的人生并不是没有失败的人生。失败了能再爬起来，从失败中吸取教训，牢牢盯住自己的目标，才能获得真正的成功。犹太人是不怕失败挑衅的，他们敞开胸怀迎接失败的挑战，因为谁能笑到最后，才是笑得最好。不到最后，绝对不放弃。

# 希望与失望

每一个失败里，总包含着成功的种子。

自从传言有人在死海畔散步时无意中发现金子后，这里便常有来自四面八方的淘金者。他们都想成为富翁，于是寻遍了整个河床，还在河床上挖出很多大坑，希望借助它找到更多的金子。有一些人找到了金子，但另外一些人却一无所得，只好扫兴而归。

也有不甘心落空的人，便驻扎在这里，继续寻找。彼得·弗雷特就是其中的一员。他在河床附近买下一块没人要的土地，一个人默默地工作。他为了找金子，已把所有的钱都押在这块土地上。他埋头苦干了几个月，直到土地全变成坑坑洼洼，他失望了——他翻遍了整块土地，却连一丁点儿金子都没看见。

这样的日子又过了3个月，他连买面包的钱都快没有了。于是他准备离开这儿到别处去谋生。

就在他即将离去的前一个晚上，天下起了倾盆大雨，并且一下就是三天三夜。雨终于停了，彼得走出小木屋，发现眼前的土地看上去好像和以前不一样：坑坑洼洼已被大水冲刷平整，松软的土地上长出一层绿茸茸的小草。

"这里没找到金子，"彼得忽有所悟地说，"但这土地很肥沃，我可以用来种花，并且拿到镇上去卖给那些富人。他们一定会买些花装扮他们华丽的厅堂。如果真这样的话，那么我一定会赚许多钱，有朝一日我也会成为富人……"

彼得仿佛看到了将来，美美地撇了一下嘴说："对，不走了，我就种花！"

于是，他留了下来。彼得花了不少精力培育花苗，不久田地里长满了美丽娇艳的各色鲜花。

他拿到镇上去卖，那些富人一个劲地称赞："瞧，多美的花，我们从没见过这么美丽鲜艳的花！"他们很乐意付少量的钱来买彼得的花，以便使他们的家庭变得更富丽堂皇。

5年后，彼得终于实现了他的梦想——成了一个富翁。

在我们的生命旅途中，一定会遇到各种各样的挫折和困境，如果在面临困境时，你认为自己真的失败了，那么你就会倒下来的；如果你对自己说，一定要坚持，那么就意味着，你的人生有了希望，你就会走过险境获得成功。看完这则犹太故事后，家长可以有把握地对孩子说，只要我们用心，就能从任何一件事中找到其中的正面含义和积极因素。

# 想象人生

想象是创造的源泉，它比知识更重要。

有一个女孩子，她除了有着丰富的想象力之外，与别人相比没有什么不同，平常的父母，平常的相貌，上的也是平常的大学。

大学的宽松环境让她有了更多的时间去想象，她的脑海中常会出现童话中的情景：穿着白衣裙的美丽姑娘、蔚蓝的天空、绿绿的草地，当然，还有巫婆和魔鬼……他们之间有着许多离奇的故事，她常常动手把这些想法写下来，并且乐此不疲。

在大学里，她爱上了一个男孩，他的举止和言谈真的和童话里一样，他是她想象中的"白马王子"，她很爱他。但是，他却受不了她的脑海中那荒唐的不切实际的想法。她会在约会的时候，突然给他讲述一个刚刚想到的童话，他烦透了这样的远离人间烟火的故事。他对她说："你已经 23 岁了，但你看来永远都长不大。"他弃她而去。

失恋的打击并没有使她停止梦想和写作。25 岁那年，她带着一些淡淡的忧伤和改变生活环境的想法，来到了她向往的具有浪漫色彩的葡萄牙。在那里，她很快找到了一份英语教师的工作，业余时间继续写她的童话。

一位青年记者很快走进了她的生活，青年记者幽默、风趣而且才华横溢。她爱上了他，并且很快步入了婚姻的殿堂。

但她的奇思异想也让他苦不堪言，他开始和其他姑娘来往。不久，他们的婚姻走到了尽头，他留给她一个女儿。

她经受了生命中最沉重的一击。祸不单行的是离婚不久，她又被学校解聘了，无法在葡萄牙立足的她只得回到了自己的故乡，靠领取社会救济金和亲友的资助生活。

但她还是没有停止她的写作，现在她的要求很低，只是把这些童话故事讲给女儿听。

有一次，她在英格兰乘地铁，她坐在冰冷的椅子上等晚点的地铁到来，一个人物造型突然涌上心头。回到家，她铺开稿纸，多年的生活阅历让她的灵感和创作热情一发不可收拾。

她的长篇童话《哈利·波特》问世了，并不看好这本书的出版商出版了这本书，没想到，一上市就畅销全国，达到了数百万之巨，所有人都为此感到吃惊。

她叫乔安娜·凯瑟琳·罗琳，她被评为"英国在职妇女收入榜"之首，被美国著名的《福布斯》杂志列入"100 名全球最有权力名人"，名列第 25 位。

无论是想象的还是现实的，我们都应该自己选择自己的人生并为自己选择的人生进行奋斗。前途也许一片迷茫，也许荆棘丛生，但过程本身就是幸福的，因为你确信：总有一天，它会带你到达心中的圣地！

# 幸福的秘密

幸福的秘密在于欣赏世界上所有的奇观异景，同时永远不要忘记汤匙里的两滴油。

有位犹太商人，把儿子派往世界上最有智慧的人那儿去讨教幸福的秘密，少年在沙漠里走了40天，终于来到一座位于山顶上的美丽城堡，那里住着他要寻找的拉比。

少年走进了一间大厅，可他并没有遇到拉比。相反却目睹了一个热闹非凡的场面：商人们进进出出，每个角落都有人在进行交谈，一支小乐队在演奏轻柔的乐曲，一张桌子上摆满了那个地区最好的美味佳肴。拉比正在一个个地和所有的人谈话，所以少年必须要等两个小时才能轮到。

拉比认真地听了少年来访的原因，但说此刻他没有时间向少年解说幸福的秘密。他建议少年在他的宫殿里转上一圈，两个小时后再回来找他。

"与此同时我要求你办一件事，"拉比边说边把一个汤匙递给少年并在里面滴了两滴油，"当你走路的时候，拿好这个汤匙不要让油洒出来。"

少年开始沿着宫殿的台阶上上下下，眼睛始终紧盯着汤匙不放。两个小时后，他回到了拉比的面前。

"你看到我餐厅里的波斯地毯了吗？看到园艺大师花千年心血创造出来的花园了吗？注意到我图书馆里那些美丽的羊皮纸文献了吗？"拉比问道。

少年十分尴尬，坦率地承认他什么也没有看到。他当时唯一关注的只是拉比交付给他的事，即不要让油从汤匙里洒出来。

"那你就回去见识一下我这里的种种珍奇之物吧。"拉比说，"如果你不了解一个人的家，你就不能信任他。"

少年轻松多了。他拿起汤匙重新回到宫殿漫步。这一次，他注意到了天花板和墙壁上悬挂的所有艺术品，观赏了花园和四周的山景，看到了花儿的娇嫩和每件艺术品都被精心地摆放在恰如其分的位置上。当他再回到拉比的面前时，少年详详细细地讲述了他所见到的一切。

"可是我交给你的两滴油在哪里呢？"拉比问道。

少年朝汤匙望去，发现油已经洒光了。

"那么，这就是我要给你的唯一忠告，"拉比说道，"幸福的秘密在于欣赏世界上所有的奇观异景，同时永远不要忘记汤匙里的两滴油。"

做到真正的自己，不被外界所搅乱自己的心情，不在乎别人的赞誉与吹捧，更不在乎别人的批评和攻击，这样的人才是真正快乐的人！用这种处世智慧去教导孩子，你会得到意想不到的宽慰。

# 永不休息的鬼

永远不停地工作，其实是最大的缺点。

一个人大起胆子去问一个卖鬼的犹太人："你的鬼，一只卖多少钱？"

犹太人说："一只要 200 两黄金！"

"你这是搞什么鬼？要这么贵！"

犹太人说："我这鬼很稀有的。它是只巧鬼，任何事情只要主人吩咐，它全都会做。又是只工作鬼，很会工作，一天的工作量抵得 100 人。你买回去只要很短的时间不但可以赚回 200 两黄金，还可以成为富翁呀！"

过路的人感到疑惑："这只鬼既然那么好，为什么你不自己使用呢？"

犹太人说："不瞒您说，这鬼万般皆好，唯一的缺点是，只要一开始工作，就永远不会停止。因为鬼不像人，是不需要睡觉休息的。所以您要 24 小时，从早到晚把所有的事吩咐好，不可以让它有空闲，只要一有空闲，它就会完全按照自己的意思工作。我自己家里的活儿有限，不敢使这只鬼，才想把它卖给更需要的人！"

过路人心想自己的田地广大，家里有忙不完的事，就说："这哪里是缺点，实在是最大的优点呀！"

于是花 200 两黄金把鬼买回家，成了鬼的主人。

主人叫鬼种田，没想到一大片地，两天就种完了。

主人叫鬼盖房子，没想到 3 天房子就盖好了。

主人叫鬼做木工装潢，没想到半天房子就装潢好了。

整地、搬运、挑担、炊煮、纺织，不论做什么，鬼都会做，而且很快就做好了。

短短一年，鬼主人就成了大富翁。

但是，主人和鬼变得一样忙碌，鬼是做个不停，主人是想个不停。他劳心费神地苦思下一个指令，每当他想到一个困难的工作，例如在一个核桃核里刻十艘小舟，或在象牙球里刻9个象牙球，他都会欢喜不已，以为鬼要很久才会做好。

没想到，不论多么困难的事，鬼总是很快就做好了。

有一天，主人实在撑不住，累倒了，忘记吩咐鬼要做什么事。

鬼把主人的房子拆了，将地整平，把牛羊牲畜都杀了，一只一只地种在田里。将财宝衣服全部压碎磨成粉末。再把主人的孩子杀了，丢到锅里炊煮……

正当鬼忙得不可开交，主人从睡梦中惊醒，才发现一切都没有了。原来，永远不停止地工作，真是最大的缺点呀！

当我们马不停蹄地围绕着工作转的时候，我们忘记了工作的目的。让自己变成工作的附庸，还在扬扬自得的人，其实是悲哀的。更多的时候，我们需要的是停下来，哪怕什么也不想都是好的，因为这至少证明你还有思考自己人生的可能。

故事正是以它似乎夸张的手法告诉我们："原来，永远不停地工作，真是最大的缺点呀！"别以为不停地工作是一种成功的前兆，是一种人生的优点。其实，工作与休息是相得益彰的，而且工作的同时，还需要有时间思考。读完这个犹太寓言后，我们的家长应该有很多感慨吧。

# 钻石就在我们的身边

*每个人都拥有钻石宝藏，那就是你的潜力和能力。*

古犹太国有个年轻的国王，他既有权势，又很富有，但却为两个问题所困扰，他经常不断地问自己：我一生中最重要的时光是什么时候？我一生中最重要的人是谁？

他对全世界的哲学家宣布，凡是能圆满地回答出这两个问题的人，将分享他的财富。哲学家们从世界各个角落赶来了，但他们的答案却没有一个能让国王满意。

这时有人告诉国王说，在很远的山里住着一位非常有智慧的老人，也许老人能帮他找到答案。

国王到达那个智慧老人居住的山脚下时，他装扮成了一个农民。

他来到智慧老人住的简陋的小屋前，发现老人盘腿坐在地上，正在挖着什么。"听说你是个很有智慧的人，能回答所有问题，"国王说，"你能告诉我谁是我生命中最重要的人？何时是最重要的时刻吗？"

"帮我挖点土豆，"老人说，"把它们拿到河边洗干净。我烧些水，你可以和我一起喝一点汤。"

国王以为这是对他的考验，就照他说的做了。他和老人一起待了几天，希望他的问题能得到解答，但老人却没有回答。

最后，国王对自己和这个人一起浪费了好几天时间感到非常气愤。他拿出自己的国王玉玺，表明了自己的身份，宣布老人是个骗子。

老人说："我们第一天相遇时，我就回答了你的问题，但你没明白我的答案。"

"你的意思是什么呢？"国王问。

"你来的时候我向你表示欢迎，让你住在我家里。"老人接着说，"要知道过去的已经过去，将来的还未来临——你生命中最重要的时刻就是现在，你生命中最重要的人就是现在和你待在一起的人，因为正是他和你分享并体验着生活啊。"

有个农夫拥有一块土地，生活过得很不错。但是，他听说要是有块土地的底下埋着钻石的话，他就可以富得难以想象。于是，农夫把自己的地卖了，离家出走，四处寻找可以发现钻石的地方。农夫走向遥远的异国他乡，然而却没发现钻石，最后，他囊空如洗。一天晚上，他在一个海滩自杀身亡。真是无巧不成书！那个买下这个农夫土地的人在散步时，无意中发现了一块异样的石头，他拾起来一看，晶光闪闪，反射出光芒。他拿给别人鉴定，才发现这是一块钻石。这样，就在农夫卖掉的这块土地上，新主人发现了从未被人发现的最大的钻石宝藏。

每个人都拥有钻石宝藏，那就是你的潜力和能力。你身上的这些钻石足以使你的理想变成现实。你必须做到的，只是更好地开发你的"钻石"，为实现自己的理想不断地付出辛劳。珍惜现在要比期望未来要重要得多，生活给予我们的实在太多了，可惜大多数人都不懂得珍惜。钻石就在我们身旁，关键是我们要有一双发现生活，发现钻石的慧眼。

# 最不起眼的地方

平常的事物里，往往隐藏着极其珍贵的东西。

犹太拉比们常说：最好的机会往往就像宝矿一样，永远隐藏在其貌不扬的石块中，等着有心人去发现、去珍惜。所以，把握住每一次机会，绝不轻易放弃。机会总是藏在最不起眼的地方，我们要小心翼翼地把机会握在手中，慢慢地发现蕴藏在璞石里的无价宝玉。珍惜身边的一切，因为，那些能抓在手中的事物，可能在某个时刻会变成无价的宝物。

犹太人最著名的拉比希勒尔正将自己年轻时冒险犯难的故事，一一说给儿子听。老父亲那段艰苦而又精彩的创业故事，深深感动了儿子，也鼓舞了孩子，成为他创造无价人生的目标。

他决定要离开温暖的家，出外寻找宝物。他特别订制了一艘大船，在亲友们的祝福下，大船载着男孩的梦想扬帆出发。

他历经了险恶的风浪，穿越了无数岛屿，终于在热带雨林中，找到一棵十几米高的树木。

他砍下这棵树，剥开树皮，这时他发现木心是黑色的，而且黑色木心还飘出阵阵香气，清香的气味让人感到非常舒适。

而且更特别的是，他将这棵树放入水中时，它居然不像其他的树木那样浮在水面，而是沉入水底，年轻人开心地想："啊！我找到宝物了！"

虽然，他不知道这棵树到底是什么，也不知道它真正的用途，但他相信自己一定是找到宝物了！

随后，年轻人将芳香无比的树木运送到市场里贩卖，但是不管怎么叫卖也无人问津，这令他十分苦恼。

尤其当他看见身旁卖木炭的生意相当好时，心里更不是滋味，忽然间，他对眼前的宝物失去了信心。

他暗自想着："既然木炭这么好卖，我何不把这个卖不出去的黑色木心，也烧成木炭来卖呢？"

不久，他将木材烧成了一般木炭，并挑到市场去卖，很快就卖光了。

年轻人为自己的改变与创举感到相当自豪，不久之后便得意地回家把这段经历告诉他的父亲。

没想到，老父亲听完儿子的诉说后，反而难过地掉下泪水。

原来，青年烧成木炭的原木，是百年难得一见的沉香木。老父亲摇了摇头说："孩子，你知道吗？你只要切下木心的一小块，磨成粉末，它的价值就超过了你卖一整年的木炭价值啊！"

我们是否也曾经像希勒尔的儿子那样，获得了珍贵的机会，却又因为不知道它的价值，不懂珍惜而轻易放弃？不要再懊恼地说："我当时不知道其中价值的，真是有眼无珠。"因为，许多机会都是在我们放弃之后才发现其中价值，我们只能不断增强自己的鉴识能力，等待另一个宝贵的机会。

# 幸福的意义在于付出

人生的价值体现在奉献的多寡，而非索取的多少。付出的人永远比索取的人富有，因为只知索取的人贫困不堪，否则缘何不知馈赠？

以色列有两个内海——加利利海和死海。

死海在海平面下 392 米的低处，它的周围是一片无垠的沙漠，对岸则是约旦的领土。死海的水中含有很高的盐分，盐的比重很大，当人掉进去时，身体会自然浮起而不会淹死。死海的水中无鱼，也没有其他任何生物。

加利利海是一个淡水湖，里面含有很多生物，因耶稣基督曾在此地渔猎而享有盛名。海中盛产一种"圣彼得鱼"，这种鱼虽然外观丑陋，可是肉味鲜美，已成该地名产。加利利海边餐厅林立，都以售圣彼得鱼为主，来游览的旅客们常常因此大饱口福。

加利利海的岸边，老树枝叶茂密，树上百鸟云集，啼声悦耳，真是一个充满生趣的美丽世界！

相形之下，死海就没有这么活跃。死海没有任何生物生存在其中，周围也没有半棵树，更听不到鸟儿的歌声。连死海上空的空气，都让人觉得沉重。从来没有一只住在沙漠上的动物，到岸边去喝水。因为如此，人们才会将其命名为"死海"吧。

两者为什么形成如此差别呢？

先哲们的解释是：加利利海不像死海——只知收，而不知出。

约旦河流入加利利海之后，又流了出来，最后归之死海。

加利利海接受了多少东西，也会给别人多少东西，所以它经常是活生生的。而每一滴水，到了死海之后，都要被占有。死海把所有的东西都据为己有，只知进而不知退，因此它才会有一片死气沉沉的景象。

世间的事情都一样，只有付出，才有回报。只取不予的做法，是永远不会有成就的。死海因为从不分给别人什么，它才会"死"在那里，人生也如此。

# 第十二章

# 金钱：世俗的上帝

## 金钱是现实的上帝

金钱给人间以光明，金钱给众生以温暖。金钱让说坏话的人舌头发硬，金钱让举起屠刀的人呆立发愣。金钱给神购买了礼物，敲开了神那紧闭的门。

钱对犹太人来说，绝不仅止于财富的意义。钱居于生死之间，居于他们生活的中心地位，是他们事业成功的标志。这样的钱必定已具有某种"神圣性"。钱本来就是为应付那些最好不要发生的事件而准备的，钱的存在意味着这些事可以避免发生。所以赚钱、攒钱并不是为了满足直接的需要，而是为了满足对安全的需要。至今在犹太人家庭中还有一种习惯，留给子女的财产至少不应该比自己继承到的财产少。这种心愿代表着犹太人对后辈的祝福。

犹太人的长期流散，使他们不可能鄙视金钱。因为每当形势紧张，他们重新踏上出走之路时，钱是最便于他们携带的东西，也是他们保证自己旅途中生存的最重要物品。

犹太人的寄居地位，也使他们不可能鄙视钱。因为他们原来就是用钱才买下了在一个国家中生存的权利。犹太人缴纳的人头税和其他特别税，名堂之多、税额之重，也是绝无仅有的。"犹太人若非自己在财政方面的效用，早就被消灭殆尽了。"这是犹太人与非犹太人之间为数不多的共识之一。

犹太人在历史上数次惨遭灭国之祸，他们被迫流亡世界各个国家。犹太人要想在当地生存就必须要缴纳各种高额的税金和说不清楚的捐税，甚至他们日常生活中的一举一动都要受制于他们所纳的捐税。结婚要纳税，生孩子要纳税，连给死者举行葬礼也要纳税。假如他们少缴了什么税金，立即就会遭到驱逐和屠杀。

犹太人的四散分布，也使他们不可能鄙视钱。因为钱是他们相互之间彼此救济的最方便的形式。

犹太人的长期经商传统，也使他们不可能鄙视钱。因为尽管钱在别人那里只是媒介和手段，但在商人那里，钱永远是每次商业活动最终争取的目标，也是其成败的最终标准。

犹太人对金钱几乎到了顶礼膜拜的程度。在 2000 多年的流浪历史中，他们没有自己的土地，也没有自己的国家。他们只能在异国他乡寄居生存。他们唯一能掌握的便是通过商业经营而赚来的钱。金钱在这个世界上无疑成了万能的上帝。它不但给犹太人生存的机会，而且能为犹太人争得权利和地位。

他们流浪到各地，可以说没有权利、没有地位、没有尊严，但是他们有钱。有了钱，他们就获得了统治者眼里的价值，也就获得了自己生存的条件。只有金钱可以给他们提供一点保护，让他们感觉到安全。当他们遭到各地统治者驱逐的时候，金钱就可以换取别人的收留和保护；当当地人发起反犹暴乱的时候，他们就可以用金钱贿赂而求得一条生路；他们外出做生意的时候遭到土匪的抢劫，钱可以赎回他们的性命。钱是犹太人必不可少的东西。金钱对于犹太人来说，是他们能看得见的、摸得着的、实实在在的"上帝"，是可以永远保护自己，让自己平安的"上帝"。金钱，让世间的权势们都匍匐在他们的脚下，让犹太人真正地能够站立起来，重新获得世人对他们的尊敬。

一位银行家的儿子获得博士学位后，改信了基督教。这件事深深地伤了这位犹太教徒的心，尽管两个孙子经常来看他，他仍然闷闷不乐。

一天，银行家看到两个孙子在玩纸牌，便问他们在玩什么游戏。

"我们在玩银行家的钱。"孙子不假思索地说。

老头一听，喜形于色："孙子身上流的仍然是我的血脉！"

这个故事告诉我们，为了自己的发展，有些犹太人改变了信仰，但是犹太人喜欢金钱、崇尚金钱的习惯却是丝毫也没有改变。

不论在古代还是现代，金钱在社会中的作用是不可以低估的。犹太人这样说："富亲戚是近亲戚，穷亲戚是远亲戚。"犹太人的历史一再地验证了这个事实。当他们没有金钱的时候，就处于社会的底层，人们都看不起他们，他们走到哪里都会受到凌辱和压迫。而等到他们有了钱，就可以和贵族平起平坐，让人们对他们钦慕和妒忌不已。

犹太人终于认识到了：在社会中，没有钱的人注定是可怜的人，而要获得尊严和尊敬就必须有钱。

在驻日本的联合国某司令部里，犹太士兵总是无端地受到多方的歧视，根本没有尊严可谈。犹太士兵只要走过，白人士兵必然要满怀憎恨而轻蔑地骂一声，任何人都可以随便地挖苦犹太士兵一番，而犹太士兵虽然恼火却无可奈何。

有个叫威尔逊的犹太人，由于他的军衔低微，因此更是受尽了白人士兵和高级军官们的歧视。大家都看不起他，背地里经常议论他，他也饱尝了人们对他的各种侮辱。但是他拥有犹太人智慧的头脑。一开始他口袋里也没有钱，他就省吃俭用，积攒一小笔钱，然后他就把这笔钱借贷出去。在白人士兵里花钱大手大脚的现象很普遍，他们总是等不到发薪水的时候，就囊中羞涩了。他们看到威尔逊有钱，就迫不及待地向他借。

威尔逊就借钱给他们，同时还要求他们在一个月内还清，且附带高额的利息，但是那些士兵们早就管不了那么多了。威尔逊收到这些利息之后总是继续攒起来再借贷给那些士兵们。对于没有钱可还的人，威尔逊就让他们把他们自己的一些值钱的东西做抵押，然后再高价卖出去。这样，过了不多久，威尔逊就过上了富裕的生活。他还买了两部车和别墅，他变成了士兵里面的"大款"。这些待遇即使是高级军官也未必可以享受得到。那些经常过山穷水尽、灰头土脸日子的白人士兵，对威尔逊趾高气扬的样子再也没有了。他们对威尔逊惊羡不已。

威尔逊用自己的富有为自己赢得了尊严。

犹太人认为金钱是上帝给的礼物，是上帝给人以美好人生的祝福。他们对金钱的热爱不仅仅局限于现实生存的需要，而是一种精神的寄托，更是美好人生的必需的手段和工具。

简言之，金钱成为犹太人现实的上帝。

下面来看看金钱这位现实的上帝是如何一次又一次地救赎犹太人的。

由于历史和宗教的原因，犹太人的命运始终处于风雨飘摇之中。在遭受异族排挤时，在面临反犹分子的血腥杀戮时，他们不止一次地"请"出了钱——这位现实的上帝。这时，我们或许能明白犹太商人不惜一切赚钱的真正原因了。对他们来说，赚钱就是为了生存。

在历史上，金钱曾多次充当了犹太人的"保护神"。17世纪的荷兰是世界上第一个典型的资本主义国家。当时，荷兰已经一方面摆脱了西班牙的军事政治统治，另一方面摆脱了宗教的干涉和纷争。工商业尤其是商业发展很快，它的资本总额比当时欧洲其他所有国家的资本总额还要多。

1654年9月，一艘名为"五月花"的航船由巴西抵达荷属北美殖民地的一个小行政区——新阿姆斯特丹。这里属于荷兰西印度公司的前哨阵地。

"五月花"为北美带来了第一个犹太人团体——23个祖籍为荷兰的犹太人，他们是为了逃避异端审判而来到新阿姆斯特丹的。但当他们筋疲力尽地抵达这里时，出于宗教偏见，当地的行政长官彼得·施托伊弗桑特却不允许他们留在当地，而是要他们继续向前航行，并呈请荷兰西印度公司批准驱逐这些犹太人。

但是，施托伊弗桑特没有想到，当时的荷兰已不是中世纪的荷兰，犹太人也不是毫无权力和任人宰割的。这些新来的犹太人一方面据理力争，一方面设法与荷兰西印度公司中的犹太股东取得了联系。在犹太股东，也就是施托伊弗桑特的"雇主"的有力干预下（荷兰西印度公司对犹太股东的依赖远甚于对施托伊弗桑特的依赖），这个小行政区的行政长官不得不收回成令，准许犹太人留下，但保留了一个条例：犹太人中的穷人不得给行政区或公司增加负担，应由他们自己设法救济。这个条例对犹太人来说毫无意义，因为自大流散以来，犹太人就没有向基督教会乞讨过。他们有足够的能力照顾好自己。这些犹太人就此定居下来，并且建立了北美洲第一个犹太社团。以后，这里发展成了北美洲最大的犹太居住区。

就这样，犹太人用金钱铸造了一根魔杖。然而，这根魔杖的无上法力又指向何处呢？钱对于犹太人来说，绝不仅是财富的象征。在他们看来，金钱保证了生存，指挥了政治，推进了慈善。

众所周知，经济是政治的基础，政治反作用于经济。精明的犹太商人早已参透了金钱与权力之间的玄妙。他们以金钱为饵，换来了政治上的发言权，又倚靠着政治资本，在商场上肆意驰骋。

"国会山之王"是美国政治活动家保罗·芬德利在其所著的《美国亲以色列势力内幕》一书第一章的标题，也是他对美国犹太人院外活动组织"美国以色列公共事务委员会"（简称美以委员会）的称呼，从这一称呼，我们不难看出美国犹太人对美国政府的最高决策层的决定性影响。用该书中的话来说："美以委员会实际上已有效地控制了国会所有的中东政策行动，这绝非夸大之词。参众两院的议员，几乎无一例外地遵照其旨意行事，因为多数人把美以委员会视为一股政治势力在国会的直接代表。一位议员能否连任，这股势力可以说是握有生杀予夺的大权。"

毫无疑问，这股力量就是美国犹太人的力量。说得更明确些，就是由美国犹太商人的经济权力衍生出来的"政治权力"。美国犹太人虽然占全世界犹太人的 40%，但以其 600 万人口的数量，只占美国总人口的 3%，投票人的 4%，凭什么"予夺"议员的连任资格？他们凭的就是手中掌握的大量的金钱。

在犹太人的历史上，金钱这东西一直都是他们赖以存活的根本。金钱可以在他们被异族追杀时买通别人以得到收留；金钱可以在他们被人看不起时买回自己的尊严，得到尊敬……金钱对于犹太人来说是如此的重要。犹太人将其视为现实生活中的上帝也就不难理解了。

# 金钱无贵贱之分

金钱平等，因此人格平等，于是怀有赚大钱的欲望才好。金钱对于任何人来说，都是平等的，它没有高低贵贱的差别。

有一位演讲者在一个公众场合演讲。他拿起了 50 美元，高举过头顶："看，这是 50 美元，崭新的 50 美元。有谁想要？"结果所有的人都举起了手。然后，他把这张纸币在手里揉了揉，纸币变得皱巴巴的了，然后又问观众："现在有人想要这 50 美元吗？"所有的人举起了手。

他把这张纸币放在地下，用脚狠狠地踩了几下。纸币已经变得又脏又烂了。

他拿起钱来，又问："现在还有人想要吗？"结果还是所有的人都举起了手。于是他说："朋友们，钱在任何的时候都是钱，它不会因为你揉了它，你把它踩烂，它的价值就会有任何的变化。它依然可以在商店里花出去。"

为什么那张钞票在那个演讲者的手里揉皱了，又被他踩脏弄破了，还是有人想要它呢？

因为钞票就是钞票，钞票是没有高低贵贱的。它不会因为受到了什么待遇就有所差别。

它还是以前一样的价值，和其他等面值钞票的价值是一样的。只要它们的价值一样，钞票都是平等的。

犹太人就是这样的观念。他们从不以自己做的生意小而自卑，在他们看来，所有的生意都是由小做到大的。那些成天只想干一番大事业，对一些小生意提不起兴趣的人，到头来一事无成。因而在他们的经商历史中，他们从不会喜大厌小。他们喜欢把"钞票不问出处"这句话挂在嘴上，实际上是在教人们创造和积累财富，必须巧捕商机，必须妙用手腕。

钱是货币，是一个人拥有物质财富多少的标志，有时候更是一个人社会地位的象征。它本身不存在贵贱问题。犹太人的赚钱观念和我们的传统观念不一样。他们丝毫不认为拉三轮、扛麻袋就低贱，而当老板、做经理就高贵。钱在谁的口袋里都一样是钱，它们不会到了另一个人的口袋里就不是钱了。

因此他们在赚钱的时候，不会觉得钱是低贱或高贵的。他们不会因为自己目前所从事的职业不好而感到自愧不如。他们在从事所谓的低贱职业的时候，心态也表现得十分平和。

更主要的是由于犹太人对金钱不问出处，这样保证了他们的思想丝毫不受世俗观念的拘束。在他们的眼里，什么生意都可以做，什么钱都可以赚，即使卖棺材的也可以赚钱。

正是因为犹太人认识到金钱的性质，所以，犹太商人在投机时，对于所借助的东西，是不存在一点感情的，只要有利可图，且不违法的事情，拿来用就是了，完全不必过多考虑。

犹太人认为"金钱无姓氏，更无履历表"。他们不像有些国家和民族那样，把钱分为"干净的钱"或"不干净的钱"。他们自信，不管通过什么方式、什么途径，只要是通过自身辛勤劳动合法赚来的钱，都是心安理得的。因此，他们通过千方百计的经营，尽量赚取更多的钱。不管这些钱是农夫出卖了产品得来的，或是赌徒赢来的，还是知识分子以脑力劳动得来的，都是收之无愧，泰然处之。

赚钱有术的犹太人数不胜数，以放债发迹的亚伦就是典型的一例。

这位移居英国的犹太人从打工开始，用积蓄的一点小钱做些小生意。由于生意的扩大，他需要资金周转，不得不向钱庄或银行借钱。他在自己的实践中发觉，向别人借钱的代价确实太高，往往与商业经营获得的利润相差无几。他想，自己辛辛苦苦经营全为银行打工，而且风险比银行还大，倒不如自己从事放债业务合算。几年后，他开始了放债业务。他一边维持小生意经营，一边抽出部分资本贷给急需用钱的人。另外，他又从银行贷来利率相对较低的钱，以较高的利率转贷给别人，从中赚取差额利润。有些等钱应急的生产者或个人，宁愿以月息20%借贷，这样，等于100元放贷1年，可获得可观的回报率，这比投资做买卖更能赚钱。亚伦正是盯着这个赚钱的路子，才迅速走上发迹之路的。亚伦63岁逝世时，留下的钱财在当时英国是首屈一指的。

犹太人的经商活动，有一个看似简单却很难做到的特点，他们对顾客总是一视同仁，且不带一丝成见。在犹太人看来，因为成见而坏了可以赚钱的生意，简直是太不值得了。

要想赚钱，就得打破既有的成见，这是犹太人经商得出的训示。就像金钱没有肮脏和干净之分似的，犹太人对赚钱的对象也是不加区分的。只要能赚钱，达成生意协议，能从你的手中得到钱，就可以做。

犹太人观念中，除了犹太人外，不管是英国人、德国人、法国人或意大利人等，一律被称为外国人。为了赚钱，不管你是哪一国的人，主张何种主义，信仰何种宗教，都是他们交易的对象。他们绝对不会因为对方是异教徒或者是黑人而放弃一笔能赚钱的生意。

犹太人散居世界各地，虽然依地区有美国系及苏俄系之别，但是他们都自视为同胞。无论是住在华盛顿、莫斯科，或伦敦等地，犹太人之间都经常保持密切的联系。例如，住在美国的一位犹太人名叫合利·威尔斯顿的钻石商人，他联合全世界的犹太钻石商组成一个庞大的集团和其他国的人做生意。又如居住在瑞士的犹太人，最能利用中立国的特性，同时联络美国的犹太人和俄国的犹太人来从事国际性的交易。在犹太人的脑海里，没有资本主义和共产主义的意识存在。无论是资本主义社会里的犹太人，还是共产主义社会里的犹太人，为了各自共同的目的，他们可以紧密地联系在一起，共同对付外人。在进行贸易往来时，无论你是美国人还是俄国人，无论你是西欧人还是非洲人，只要你和他的这笔交易能给他带来利润率，他就可以和你交易。因此，如果有人对他们与苏联商人做生意而指责他们时，犹太人会疑惑不解地歪着头反问："和俄国人做生意有什么不好呢？"他们的目的就是赚钱，他们所信奉的就是做生意，获得最大的利益。哈默就是突出的代表。在苏联刚刚成立时，世界上的资本家都不敢涉足这个国家，只有这个犹太人"胆大包天"，与苏联人做生意，在苏联发了大财。他也由此起步，成了20世纪世界历史上最富传奇色彩的商人。

要赚钱，就不要顾虑太多，不能被原来的传统习惯和观念所束缚。要敢于打破旧传统，接受新观念。试想一下，如果因为和对方的思想意识不同，自己在原来成见的作用下，主动放弃了一次赚大钱的机会，岂不是太可惜，太不值得了！我们知道，金钱是没有国籍的，所以，赚钱就不应当区分国籍，为自己设置赚钱的种种限制。聪明的犹太人很早就认识到这点，所以他们很团结，结合在一起共同赚外国人的钱，这就是他们成功的原因所在！

由于特殊的历史原因，犹太人失去了家园，长期流浪于世界各地。国籍对于犹太人来说是不存在的，犹太人从不看重这个政治概念，他们只看重是否有可靠的生意伙伴。犹太人与俄国人做生意，也与美国人做生意，卢布是钱，美元也是钱。所以对于生意而言，国籍和政治不是最重要的，它们只是提醒人们做生意要采取不同的方式和方法而已。

犹太人认为金钱是没有性质的，所谓的性质是人自己主观强加给金钱的。如果说金钱在恶人手里就是罪恶的，那么让善良的人把它赚回来就可以是善的了。犹太人认为，主观区分钱的性质是件荒唐的事，那样做不但浪费时间，而且束缚思想。

# 现金至上

手头没钱就是穷人。

有一家犹太人的小餐馆的墙壁上贴着一首歌谣："我喜欢你，你要借钱，我不能不借，怕借了你便不再上门。"说白了，就是"现金交易，恕不赊欠"。然而其言语却很婉转。

其实，这小餐馆的一杯酒才几块钱，却为何绞尽脑汁，编出这样的歌谣来拒绝顾客的赊欠呢？答案很明显，如果小餐馆允许顾客赊欠，其中的利息势必自己承担。换言之，自己所得利润必然被这部分利息所侵蚀。再者，小本经营的生意，如果赊欠太多，必将影响餐馆的资金周转，甚至使餐馆陷入困境。从这首歌谣，可以看出餐馆主人如何煞费苦心了。

再来看一则笑话：有一位犹太人，临终之际，把所有的亲戚朋友都叫到了床前，对他们嘱托后事，说道："请将我的财产全部换成现金，用这些钱去买一床最高档的毛毯和一张最昂贵的床，然后把余下的钱放在我的枕头底下。等我死了，再把这些钱放进我的坟墓，我要带着这些钱到那个世界去。"

亲友们按照他的安排，买来了毛毯和床。这位富翁躺在豪华的床上，盖着柔和的毛毯，摸着枕边的现金，安详地闭上了眼睛。

遵照富翁的遗嘱，死者留下的那一笔现金和他的遗体一块，被放进了棺材。

这时，死者的一位老朋友前来向他的遗体告别。当他听说死者的财产都换成了现金并已随死者的遗体一块被放入了棺材时，立即从衣袋里掏出了支票和笔，飞快地签上金额，撕下支票，放入棺材。同时，又从棺材中取出现金，并轻轻地拍着死者的脑门，说道：

"老朋友，金额与现金相同，你会满意的。"

这则笑话说明了犹太人对现金的偏爱。

在现实生活中，犹太商人中也不乏痴爱现金的。19世纪的南非首富之一、犹太钻石商巴奈·巴纳特就说："我始终和现金或现金之类的东西打交道，喜欢钻石、金镑和纸币。"这位富翁从来不喜欢那些称为"股票"的纸类的玩意儿。

还有一位英国犹太富商，欧洲第三大食品生产和经营集团卡文哈姆公司的老板詹姆斯·戈德文密斯爵士也特别迷恋现钞，他有这样的怪癖：他在卖东西时，一般都要求别人支付现金，但是在买别人的东西时，他尽量地用股票支付或者用长期赊购的方式。

犹太人之所以奉行彻底的现金主义，一方面是因为他们在大流散中可以随身携带现金逃跑，另一方面是因为他们对任何人都不放心，一旦将商品赊出去，拿不回钱来怎么办？如果马上要逃跑，岂不要白白损失？所以，唯有现金是安全、可靠和永恒的。

动荡的生活环境，决定了犹太人在财产选择上与众不同。他们通常是持有现金，或把钱换成黄金或钻石，固定财产几乎是零。

聪明的犹太人不会去购买土地营建价值连城的别墅，尤其在战乱的年代，一看政治风向不对，他们就马上席卷家产而逃，只有随身携带的财产是他们逃难时的生活依靠。有了它们，任何天灾人祸他们都不会担心。现金就是他们生活的保障，因此犹太人对现金的偏爱程度是无以复加的。

彻底采取现金主义，是犹太人的商法之一。这在日常生活及交往中表现得特别明显。与他国商人打交道时，他们心中想的是："那个人今天究竟带了多少现款？"更令人惊讶的是他们对公司的评价："今天那个公司，换成现款，究竟值多少？"总的来说，他们关心的是现金，脑子中除了现金，没有其他的货币形式。他们力求把一切东西都"现金化"。

犹太人这一"保守"的观念，决定了他们的商品交易力求现金交易。纵然交易的对方，在一年后确能变成亿万富翁，也难保证他明天不发生意外。人、社会及自然，每天都在变，只有现金是不变的。这是犹太人的信念。

银行存款，短期内的确可以获得一大笔利息，但是物价在存款生息期间不断上涨，货币价值随之下降，尤其是存款者本人死亡时，还须向国家缴纳继承税。所以，无论多么巨大的财产，存放在银行，相传三代，将会变成零。这就是税法上的原则。世界各国概莫能外。

现款确实不增值，但物价上涨对其影响不大，而且最关键的是手持现款，避免了在银行的财产登记，在财产继承时，不需要向国家缴纳遗产继承税。所以，手持现款时，财产既不增多，也不减少。

银行存款和现金相比，当然是现金最可靠，既不获利也不亏损。小心谨慎的犹太人自然在二者择一的条件下选择了后者。因为对犹太人来说，"不减少"正是"不亏损"的最基本做法。

犹太人不把现款存入银行，那么腰缠万贯的犹太人到底怎样保护现款，他们难道不担心它们的安全吗？如果每天都把现款携带在身，当然不可能，也是不安全的。他们已经为现款找到安全之处——银行，不是存款于银行，而是把现款放在银行的保险柜里。

日本具有"银座的犹太人"之称的藤田先生，在访问美国服饰用品商、犹太人狄蒙德先生时，曾参观了他的现款保险柜。狄蒙德先生领他到银行地下室放置保险柜的昏暗地方，打开了装满现款的保险柜。藤田先生十分惊讶地发现保险柜里装着现行的各种纸币，也有五六年前的各种旧币，还有金块，合日币达二三十亿元。如此巨大的财产，狄蒙德先生却十分放心地置放于此。因为银行是个极其安全的地方，有一流的安全防卫措施、专门的防卫人员，把现款放于此，当然可以高枕无忧了。

# 有钱不置半年闲

上帝把钱作为礼物送给我们，目的在于让我们购买这世间的快乐，而不让我们攒起来还给他。

一个犹太财主有一天将他的财产托付给 3 位仆人保管与运用。他把钱分成 8 份，给了第一位仆人 5 份，第二位仆人 2 份，第三位仆人 1 份。犹太财主告诉他们，要好好珍惜并妥善管理自己的财富，等到 1 年后再看他们是如何处理钱财的。

第一位仆人拿到这笔钱后进行了各种投资；第二位仆人则买下原料，制造商品出售；第三位仆人为了安全起见，将他的钱埋在树下。1 年后，财主召回 3 位仆人检查成果。第一位及第二位仆人所管理的财富皆增加了 1 倍，财主甚感欣慰。唯有第三位仆人的金钱丝毫没有增加，他向主人解释说："唯恐运用失当而遭到损失，所以将钱存在安全的地方，今天将它原封不动奉还。"

犹太财主听了大怒，并说道："你这愚蠢的仆人，竟不好好利用你的财富。"

第三位仆人受到责备，不是由于他乱用金钱，也不是因为投资失败遭受损失，而是因为他把钱存在安全的地方，根本未好好利用金钱。

犹太人的观念里面，就是"有钱不置半年闲"，与其把钱放在银行里面睡觉，靠利息来补贴生活费，养成一种依赖性而失去了冒险奋斗的精神，不如活用这些钱，将其拿出来投资更具利益的项目。

这个故事也告诉我们这样一个道理：要想捕捉金钱，收获财富，使钱生钱，就得学会让死钱变活钱。千万不可把钱闲置起来，当作古董一样收藏。而要让死钱变活，就得学会用积蓄去投资，使钱像羊群一样，不断地繁殖和增多。

犹太人经商有个共同特点，即采取彻底的现金主义。

犹太富商凯尔，资产上亿美元，然而他却很少把钱存进银行，而是将大部分现金放在自己的保险库。

一次，一位在银行有几百万存款的日本商人向他请教这一令他疑惑不解的问题。

"凯尔先生，对我来说，如果没有储蓄，生活等于失去了保障。你有那么多钱，却不存进银行，为什么呢？"

"认为储蓄是生活上的安全保障，储蓄的钱越多，则在心理上的安全保障程度越高，如此积累下去，永远没有满足的一天。这样，岂不是把有用的钱全部束之高阁，把自己赚大钱的机会减少了，并且自己的经商才能也无从发挥了吗？你再想想，哪有省吃俭用一辈子，光靠利息而成为世界上知名富翁的？"凯尔不慌不忙地答道。

日本商人虽然无法反驳，但心里总觉得有点不服气，便反问道："你的意思是反对储蓄了？"

"当然不是彻头彻尾的反对，"凯尔解释道，"我反对的是，把储蓄当成嗜好，而忘记了等钱储蓄到一定时候把它提出来，再活用这些钱，使它能赚到远比银行利息多得多的钱。我还反对银行里的钱越存越多时，便靠利息来补贴生活费。这就养成了依赖性而失去了商人必有的冒险精神。"

凯尔的话很有道理，金钱只有进入流通领域，才能发挥它的作用。因为，躺在银行里的钱，对于自己来说，几乎和废纸没什么区别。

犹太人经商，很重要的秘方是不把钱放在银行变成存款。在18世纪中期以前，犹太人热衷于放贷业务，就是把自己的钱放贷出去，从中赚取高利。到了19世纪后，直至现在，犹太人宁愿把自己的钱用于高回报率的投资或买卖，也不肯把钱存入银行。

犹太人这种不让钱作存款的秘诀，是一门资金管理科学。它说明做生意要合理地使用资金，千方百计地加快资金周转速度，减少利息的支出，使商品单位利润和总额利润都得到增加。

做生意总得要有本钱，但本钱总是有限的，连世界首富也只不过百亿美元左右。但一个企业，哪怕是一般企业，一年也可做几十亿美元，如果是大企业，一年要做几百亿美元的生意，而企业本身的资本，只不过几亿或几十亿美元。他们靠的是资金的不断滚动周转，把营业额做大。

在犹太人眼里，衡量一个人是否具有经商智慧，关键看其能否靠不断滚动周转的有限资金把营业额做大。

美国著名的通用汽车制造公司的高级专家赫特曾说过这样一段耐人寻味的话："在私人公司里，追求利润并不是主要目的，重要的是如何把手中的钱用活。"

对这个道理，许多善于理财的小公司老板都明白，但却没有真正地利用。往往一到公司略有盈余，他们便开始胆怯，不敢再像创业那样敢做敢说，总怕到手的钱因投资失败又飞了，赶快存到银行，以备作应急之用。虽然确保资金的安全乃是人们心中合理的想法，但是在当今飞速发展、竞争激烈的经济形势下，钱应该用来扩大投资，使钱变成"活"钱，来获得更高的利益。这些钱完全可以用来购置房产铺面，以增加自己的固定资产，到10年以后回头再看，会感觉到比存银行要增很多利，你才会明白"活"钱的威力。

商业是不断增值的过程，所以要让钱不停地滚动起来，犹太人的经营原则是：没有的时候就借，等你有钱了就可以还了，不敢借钱是永远不会发财的。攒钱只会让人变得越来越贫穷，因为连他的思维也贫穷了；赚钱会让人富有起来，因为这是一个富人的思维。

攒钱是成不了富翁的，只有赚钱才能赚成富翁，这是一个普通的道理。并不是说攒钱是错误的，关键的问题是一味地攒钱，花钱的时候，就会极其的吝啬，这会让你获得贫穷的思想，让你永远也没有发财的机会。

有句话说："人往高处走，水往低处流。"还有句话说："花钱如流水。"金钱确实流动如水。它永远在不停地运动周转流通，在这些过程中，财富就产生了。像过去那些土财主一样，把银子装在坛子里埋在房基下面，过一万年还是只有这么多银子，丝毫也没有增值。

# 赚钱天经地义

金钱既非可诅咒亦非罪恶，而是造福人类的东西。

对于钱，犹太人既没有敬之如神，又没有恶之如鬼，更没有既想要钱又羞于碰钱的尴尬心理。对于犹太人来说钱干干净净、平平常常，赚钱大大方方、堂堂正正。

一位无神论者来看拉比。

"您好！拉比。"无神论者说。

"您好！"拉比回礼。

无神论者拿出一个金币给他。拉比二话没说装进了口袋里。

"毫无疑问你想让我帮你做一些事情，"他说，"也许你的妻子不孕，你想让我帮她祈祷。"

"不是，拉比，我还没结婚。"无神论者回答。

于是他又给了拉比一个金币。拉比也二话没说又装进了口袋。"但是你一定有些事情想问我，"他说，"也许你犯下了罪行，希望上帝能开脱你。"

"不是，拉比，我没有犯过任何罪行。"无神论者回答。

他又一次给拉比一个金币，拉比二话没说又一次装进了口袋。

"也许你的生意不好，希望我为你祈福？"拉比期待地问。

"不是，拉比，我今年是个丰收年。"无神论者回答。

他又给了拉比一个金币。

"那你到底想让我干什么？"拉比迷惑地问。

"什么都不干！"无神论者回答，"我只是想看看一个人什么都不干，光拿钱能撑多长时间！"

"钱就是钱，不是别的。"拉比回答说，"我拿着钱就像拿着一张纸、一块石头一样。"

由于对钱保持一种平常心，甚至把它视为一块石头、一张纸，犹太人才不会把它视若鬼神，也不把它分为干净或肮脏。在他们心中钱就是钱，一件平常的物品。因此他们孜孜以求地去获取它，当失去它的时候，也不痛不欲生。正是这种平常之心，犹太人在惊涛骇浪的商海中驰骋自如，临乱不慌，取得了稳操胜券的效果。

视钱为平常物，是犹太人经商智慧之一。

犹太人认为赚钱天经地义，是最自然不过的事。如果能赚到的钱不赚，那简直就是对钱犯了罪，要遭上帝惩罚。

犹太人中间流传着这样一个笑话：

一个拉比、一个神父、一个牧师，坐在同一辆火车上。他们在一起谈论着各自的教徒和天命。

牧师说，他总是在办公室的地板上画个小圈，然后把募捐盘里的钱币拿出来抛向空中。"恰好落在小圈里的是给上帝的，剩下的是给我的。"神父说他也是这样做的。拉比说："我所做的与你们略有不同——我把钱扔向空中，上帝能接到多少就拿多少——剩下的就是给我自己的。"

对于金钱，犹太人是大大方方地视钱如命的——哪怕是像拉比这样的神职人员。在他们的心目中，伟人就是既富有又具有生活情趣的人。即使你是大名鼎鼎的学者，但一贫如洗，犹太人也是绝对看不起的。犹太人最讨厌贫穷。他们认为，贫穷就是耻辱，就是罪恶。所以，犹太民族也被称为"钱的民族"，他们对金钱有着"准神圣"的膜拜，善于赚钱同信仰宗教一样构成了犹太民族醒目的标志。

从犹太谚语中，我们不难看出犹太人对于金钱的特殊情感：

"有钱未必美满幸福，没钱却是百事悲哀。"

"金钱既非可诅咒亦非罪恶，而是造福人类的东西。"

"金钱虽是缺乏慈悲的主人，但却能成为有用的仆役。"

"金钱提供机会。"

"金钱对人而言，无非就像衣服于人一般。"

中国人在赚钱的时候，往往特别注意钱的出处。然而，犹太人的看法却是大不相同的。

在犹太人的眼中，钱是没有区别的。他们想的是——既然是钱，我就可以去赚。只要是钱，管它是什么样的钱。在他们的观念中，金钱既不是罪恶也不应被诅咒，而是一种对人类的祝福。金钱能为人们提供各种机会。金钱能带给好人好东西，带给坏人坏东西。可以说，犹太人是典型的拜金主义者。这与犹太人的历史过程有相当大的关系。自从罗马帝国占领犹太人的地域后，犹太人就被逐出祖国，流浪在世界各地，饱受迫害和杀戮。他们没有自己的国家，更谈不上主权。政治权力靠不住，只有金钱，才是他们生存的唯一依靠。钱对他们来说，是一种自卫的武器。因为他们有了钱，就在一定程度上能控制许多人，例如放高利贷者对贷高利贷者的控制。总之，对犹太人来说只有金钱才能给他们带来快乐及其他，他们可用金钱对付歧视，用金钱买回快乐。几千年来流浪异国他乡的生活，使他们形成了这种金钱观。

对犹太人来说，第一重要的事就是赚钱。他们关心的是如何大把大把地把钱往自己的口袋里装，而从来不会在乎这钱是从哪儿来的。只要能赚钱，他们是不会放过机会的，即使在军队中服役的犹太人，也是不会放弃赚钱时机，而巧妙地把军营作为放高利贷的场所，收取高额利率。富冠全欧的罗斯柴尔德家族，这个财团的始祖麦耶·阿姆约尔，原本是奥本海门下的一个学徒，摇身一变成为具有强大实力的古董商。他在拿破仑时代，趁欧洲动荡不安时期巧妙地运用手腕，深谋远虑地运用资金与情报，积累了令人咂舌的财富。他积累财富的过程是不择手段的过程。如果他当时不那么做，也就不会有今日的欧洲首富之称了。

总之，犹太人认为金钱没有什么好坏。钱不是万能的，但是没有钱是万万不能的。在这方面，犹太人非常现实。他们赚钱的目的是为了生存，赚钱是求得生存的手段。当他们将金钱放进钱包的时候，自然不会考虑金钱的来源。这种金钱观，为犹太人赚钱减少了障碍，开辟了不少的财源。

大财团希尔斯正是犹太商人的杰出代表，他的始祖名为梅耶·希尔斯，少年时在另一个成功的犹太商贾处当学徒。后来自立门户经营古董商店，以贵族巨贾为推销对象。在18世纪后半期至19世纪的动乱期间，因善于应变和经营，获得了巨大的盈利。他的经商手法可以说是犹太商人的典范。

有一个这样的故事：

加利是位犹太人，他曾为一个贫穷的犹太教区写信给伦贝格市一位有钱的煤商，请他为了慈善的目的赠送几车皮煤来。

商人回信说：“我们不会给你们白送东西。不过我们可以半价卖给你们50车皮煤。”

该教区表示同意先要25车皮煤。交货3个月后，他们既没付钱也不再买了。

不久，煤商寄出一封措辞强硬的催款书。没几天，他收到了加利的回信：

“您的催款书我们无法理解。您答应卖给我们50车皮煤，减掉一半，25车皮煤正好等于您减去的价钱。这25车皮煤我们要了，那25车皮煤我们不要了。”

煤商愤怒不已，但又无可奈何。他在高呼上当的同时，却又不得不佩服加利的聪明。

在这其中，加利既没耍无赖，又没搞骗术，他们仅仅利用这个口头协议的不确定性，就气定神闲地坐在家里等人“送”来了25车皮煤。

这就是犹太人的赚钱高招。

犹太人在对工作的选择方面也不同于他人。如果当一个体面的白领所领的工资还没有自己做一份不怎么起眼的小本生意拿的多，那么他们一定会毫无疑问地去选择那份虽不体面但利润颇多的小本生意。

富凯尔就在日本见过这样的一件事情，并且他个人也相当赞同那个人的做法：

富凯尔在一个小摊子上吃了一碗枸杞汤。由于闲着无事，就和摊主聊了起来。这时他才发现，原来摊主以前是一个专攻化学的大学生，而且曾在某公司任化学技师。

富凯尔感到有些不解，通过谈话他才真正明白。

这位技师感觉自己不过是像机器中的一个小螺丝钉一样任人摆布，觉得毫无趣味，便毅然提出辞职，自由自在地摆起了小摊。

他这样做有的人会认为不理智。当技师多体面呀，非要把自己弄得小商贩一样，这不是让家人在朋友面前很不体面吗？

是的，有很多人都这样认为，但是你看看作为犹太人的富凯尔是怎么看待的吧。他认为，人不可真的为了面子而"打肿脸充胖子"，不然会吃很多不必要的苦头，而自己却不知醒悟。犹如那位卖枸杞的人，当技师虽然够体面，但月薪才10万日元，生活方面并不像表现出来的那样体面，反而是相当拮据的。他能清楚地认识到自己的处境，自己要面临的人生，于是他毫不犹豫地改了行。而且自从他自己摆小摊子以后，每月平均可挣到30万日元，生活得到大大的改善，太太和子女们在朋友面前反而更有面子了。

犹太人素把金钱当作世俗的上帝，他们认为，在这个世界上除了上帝之外，就只有金钱最值得人尊敬和重视。

犹太典籍中，有许多关于金钱的格言：

"《圣经》放射光明，金钱散发温暖。"

"伤害人们的东西有三，烦恼、争吵、空钱包，其中以空钱包为最。"

"身体依心而生存，心则依靠钱包而生存。"

"钱不是罪恶，也不是诅咒，它在祝福着人们。"

"钱会给予我们向神购买礼物的机会。"

犹太人爱钱，但从来不隐瞒自己爱钱的天性。所以世人在指责其嗜钱如命、贪婪成性的同时，又深深折服于犹太人在钱面前的坦荡无邪。只要认为是可行的赚钱方法，犹太人就一定要赚，赚钱天然合理，赚回钱才算真聪明。这就是犹太人的经商智慧的高超之处。

# 赚钱是游戏

金钱不神圣，不是高不可攀的圣物。

犹太人对钱持一种平常心。他们认为金钱同衣服一样，不过是一件有用的物品而已。

有许多犹太大亨，他们手中掌握着数以百万、千万，甚至亿万的财富的时候，他们感觉手里拿的不过就是一堆纸张而已，并不觉得这就是可以时刻给人带来祸福安危的东西。如果他们把金钱看得很重，就不敢再那样心不跳、气不喘地赚钱了。

要想赚钱，就绝对不能给自己增加心理负担，而是应该从容地、冷静地对待。对金钱不感兴趣自然赚不到钱，然而倘若把金钱看得太重也就给自己背负了沉重的包袱。

犹太人注重金钱，认为金钱是现实中万能的上帝。金钱在他们眼中显得无比的神圣，但是在赚取金钱的时候，他们已经把金钱当作是一种十分普通的东西，就和纸张、石头一样，<u>丝毫不觉得金钱有烫手的感觉。</u>

犹太人只把金钱当作是一种很好玩的物品。它在刺激着每一个人的神经去高度地投入它，人们投入资金的时候就是投入了一次次危险的但是有趣的游戏中。如果不是把赚钱当作游戏，而是看作一项沉重的工作，甚至是在拿命运作赌注的时候，心理的压力会十分强大，以至于人们不敢去冒风险。

犹太人这样形容自己：在赚钱的时候你就进入了一个游戏的世界。作为游戏的参与者，你要不停地和对手进行较量和角逐。你要采用一切办法和手段来胜过其他的人，你要超越所有的人才可以赢得最后的胜利。

著名的金融家摩根就是这样的赚钱观念，即绝不让赚钱变成一种沉重的负担，而是一种新鲜刺激的游戏。他认为只有以这样游戏的心态去赚取金钱，才是最佳的赚钱心态。

摩根赚钱甚至达到痴迷的程度。他一直有一个习惯，每当黄昏的时候，他就到小报摊上买一份载有股市收盘的当地晚报回家阅读。当他的朋友都在忙着怎样娱乐的时候，他则说："有些人热衷于研究棒球或者足球的时候，我却喜欢研究怎么赚钱。"

在谈到投资的时候，他总是说："玩扑克的时候，你应当认真观察每一位玩者，你会看出一位冤大头。如果看不出，那这个冤大头就是你。"

他从来不乱花钱去做自己不喜欢的事情。他总是琢磨怎么赚钱的办法。有的同事开玩笑说："摩根你已经是百万富翁了，感觉滋味如何？"摩根的回答让人玩味："凡是我想要的东西而又可以用钱买到的时候，我都能买到。至于其他人所梦想的东西，比如名车、名画、豪宅我都不为所动，因为我不想得到。"

他并不是一个为金钱而生活的人，他甚至不需要金钱来装饰他的生活。他喜欢的仅仅是游戏的感觉，那种一次次投入资金，又一次次地通过自己的智慧把钱赚回来的感觉，充满了风险和艰辛，但是也颇为刺激。他喜欢的就是刺激。摩根说："金钱对我来说并不重要，而赚钱的过程，即不断地接受挑战才是乐趣，不是要钱，而是赚钱，看着钱滚钱才是有意义的。"

视钱为平常物，视赚钱为游戏，这就是犹太商人的高明之处。唯有如此，才成就了那么多的犹太大亨。

# 只拿属于自己的

我们行事为人凭着信心信念，不是凭着眼见。

犹太人虽然爱钱，但他们却只赚属于自己的钱。他们在金钱的诱惑面前，总能保持足够的定力。他们绝不让金钱腐蚀自己的灵魂。犹太人追求财富，靠的是自己的头脑和双手光明正大地赚。在犹太人的眼中，拿不义之财就会受到神的惩罚。

有个犹太妇女购买东西，当她从百货公司回到家里从袋中取出东西时，忽然发现里面有一枚戒指。她并没有买这东西。她把此事告诉了小儿子，并带着孩子一并去找拉比，请教怎样处理此事。

拉比给他们讲了一则故事：

有位拉比平日靠砍柴为生，每天要把砍的柴从山里背到城里去卖。拉比为了节省走路的时间，决定买一头驴来代替。

拉比向阿拉伯人买了一头驴牵回家来。徒弟们看到拉比买了头驴回来，非常高兴，就把驴牵到河边去洗澡，结果驴脖子上掉下来一颗光彩夺目的钻石。徒弟们高兴得欢呼雀跃，认为从此可以脱离贫穷的樵夫生活，可是拉比领他们赶快去街上把钻石还给阿拉伯人。拉比说："我买的只是驴子，而没有买钻石。我只能拥有我所买的东西，这才是正当行为。"

阿拉伯人非常惊奇："你买了这头驴，钻石是在驴身上，你实在没有必要拿来还我。你为什么要这样做呢？"

拉比回答："这是犹太人的传统。我们只能拿支付过金钱的东西，所以钻石必须归还给你。"

阿拉伯人听后肃然起敬。

听罢这则故事，妇人立即决定回去把戒指还给百货公司。拉比告诉她："如果对方问到你退还戒指的原因时，你只需说一句话就行：'因为我们是犹太人。'请带着孩子一块去，让他亲眼目睹这件事。他一定会对自己母亲的正直与伟大永记不忘。"

从此故事可以得到启示：犹太人对待金钱是很有原则的。正所谓"君子爱财，取之有道"。

如果民族的灵魂变肮脏了，民族就彻底完了。犹太人的生存经历是一面明镜，值得人类学习和借鉴。灵魂的纯洁是最大的美德。经商者应当牢记，抓住属于自己的钱，而不抓不属于自己的钱！

犹太人从来只拿属于自己的东西，这里属于自己的东西就是已经付过钱的。他们把这当成一种传统，是不可以破坏的。

犹太商人最重道义，对于金钱，他们坚持取之有道，从不用手段去骗钱。从意识层面来说对利益的追求应该受到一定的制约，有所节制。

以义制利是给私利的追求提出一个标准，对私利的追求，凡符合义的要求的是正当的，凡不符合义的要求的就是不正当的，这就是所谓的"取之有道"。在对利的追求上，问题不在于是不是追求私利，而在于对私利的追求是否合理。只要符合义的要求，即使如舜从尧那里接受天下，也是合理的；相反，如果所求不符合义的要求，那就是不合理的，即使是一碗饭、一分钱，也是不能要的。

既然对利益的追求要服从和符合义的要求，那么在有利可图时，就要先想一想是否合乎道义，来决定取舍；符合道义的就取，不符合道义的就不取。这就是"见利思义"，从反面讲就是不取不义之财。

犹太小伙子罗斯曼大学毕业后在一家外贸公司工作，由于工作出色，很快被公司提升为负责和法国外贸的主管。一次，罗斯曼和法国一家大公司有个合作项目，经过艰苦的谈判，双方都求得了自己要求的利益，达成了一致协议。为了表示对这个项目的重视，法国公司的市场部主管亲自来以色列签约。在签约之后，双方很快进行了交易。可事后，公司的财务部给罗斯曼传来信息，说是公司账上多了 5000 万法郎，要求查清楚。罗斯曼非常重视，他很快就发现是和法国公司合作中，对方由于某种原因造成一个失误。罗斯曼当时就打电话联系法国公司，随后亲自携带款项到法国，询问这个问题。法国公司对罗斯曼这一举动非常感动，也看出了罗斯曼不取不义之财，他们公司是值得好好合作的一个伙伴。为表示感谢，法国公司主动把合约条款改宽很多，给罗斯曼公司每年增加 200 万美元的收入。

罗斯曼不取不义之财之举换来的是公司的长期财富。

# 不同的观察

只要有一双慧眼，到处都是赚钱的机会。

工程师罗勃特和逻辑学家查理，是无话不谈的好友。一次，两人相约赴埃及参观著名的金字塔。到埃及后，查理仍然习以为常地写起自己的旅行日记。罗勃特则独自徜徉在街头，忽然耳边传来一位老妇人的叫卖声："卖狮子啊，卖狮子啊！"

罗勃特一看，在老妇人身旁放着一只黑色的玩具狮子，标价 500 美元。这位妇人解释说，这只玩具狮子是祖传宝物，因孙子病重，不得已才出卖以换取住院治疗费。罗勃特用手一举狮子，发现狮子很重，看起来似乎是用黑铁铸就的。不过，那一对狮子眼则是珍珠的。

于是，罗勃特就对那位老妇人说："我给你 300 美元，只买下两只狮子眼吧！"

老妇人一算，觉得行，就同意了。罗勃特高高兴兴地回到了宾馆，对查理说："我只花了 300 美元竟然买下两颗硕大的珍珠！"

查理一看这两颗大珍珠，少说也值上千美元，忙问朋友是怎么一回事。当罗勃特讲完缘由，查理忙问："那位妇人是否还在原处？"

罗勃特回答说："她还坐在那里。想卖掉那只没有眼珠的黑铁狮子！"

查理听后，忙跑到街上，给了老妇人 200 美元，把狮子买了回来。罗勃特见后，嘲笑道："你呀，花 200 美元买个没眼珠的铁狮子！"

查理却不声不响地坐下来摆弄琢磨这只铁狮子。突然，他灵机一动，用小刀刮铁狮子的脚。当黑漆脱落后，露出的是黄灿灿的一道金色的印迹。他高兴地大叫起来："正如我所想，这狮子是纯金的！"

原来，当年铸造这只金狮子的主人，怕金身暴露，便将狮子用黑漆漆了一遍，俨然如一只铁狮子。对此，罗勃特十分后悔。

此时，查理转过来嘲笑他说："你虽然知识很渊博，可就是缺乏一种思维的艺术，分析和判断事情不全面、深入。你应该好好想一想，狮子的眼珠既然是珍珠做成，那狮子的全身会是不值钱的黑铁所铸吗？"

对事物真相的发掘，不仅需要我们用眼睛去观察，更需要我们要用心去体会！眼睛往往容易被外表的华丽所蒙蔽，会让我们因眼前利益而盲动。犹太金融巨鄂索罗斯告诫人们：一颗敏锐的心却不会欺骗我们，它会带着我们发现那揭开那层层面纱后的真实，找寻到那黑漆后的"黄金"。

# 点"纱"成金

犹太人能从稻草里找出金钱来。

100 多年前，有位叫莱维·施特劳斯（1829~1902）的德国犹太人，对自己家族世代相袭的文职工作忽感厌倦，意欲就地经商，又因是犹太人的关系不为当局所许。于是未及弱冠之年便越过重洋，追随两位兄长的足迹跑到美国另谋生路。

异国他乡初来乍到，头一件事是过语言关。莱维专拣做买卖的语汇优先摄入脑中，至于熟悉美国的币制似乎还在其次。一周之内，莱维就成了一位道地的"扬基小贩"，专售线团之类缝纫用品，货源由其兄供给。3个月以后，他就够格代表哥哥们去旧金山发展业务。那个地方，他早就听说遍地黄金，"淘金热"正方兴未艾。

此次旅行，除原来经营的商品外，莱维又带了些帆布以供淘金者做帐篷之用。但他还没有来得及下得船来，除了帆布，货物都一售而空。一针一线都需从外面进口的旧金山人需求之旺给莱维留下深刻印象。

下船后，莱维带着帆布开始了他的"淘金"历程。他几乎立刻就和一位挖金的矿工迎面而遇，此人抱怨道，他们需要的并不是帐篷而是挖金时经磨耐穿的裤子。莱维一点也不含糊，随即和那位矿工一起到裁缝店，用随身的帆布给他做了一条裤子，这就是世界上第一条工装裤亦即今日十分时髦的牛仔裤的鼻祖。那位矿工回去之后，消息不胫而走，大量订货迅即而来。

莱维初获成功并不就此裹足，他终身不娶，以全副精力和热情投注于自己的事业。他一贯坚持以优质产品应市，由此使他终于找到最坚固的纤维制作工装裤。

莱维所奉行的顾客至上的观点，使得他的产品不断改进。1872年，他采纳了内华达州一位叫雅各布·戴维斯的裁缝的建议，用铜铆钉接缝口袋，使矿工们粗实的衣服更加结实耐穿。在此之前，戴维斯裁缝几年来一直用这个办法缝补矿工们穿破的工装裤。

尽管工装裤渐以莱维的名声著称于世，但直至第二次世界大战结束，莱维·施特劳斯公司只有1/4左右的业务做在服装业上，而其余大部则以经营别的厂家的产品为主。

1948年，莱维·施特劳斯的重外孙瓦尔特·小海斯决定放弃批发业务，集注全力经营工装裤。

莱维·施特劳斯公司的事业由此大振，整个世界成为该公司的目标市场。1979年国内销售额达13.39亿美元，国外销售盈利超过20亿美元。

莱维·施特劳斯这个当年淘金热中不起眼的小角色，历经几代奋斗，终于"挖"到了金子，但这笔财富却不是来自地下。照一位传记作家的话来说，这是经营得法帮助施特劳斯家族把斜纹布变成了金子。而这不就是取决于犹太人所具有的敏锐眼光和《犹太法典》上常说的"勇于探索，认准目标一直走下去"——这一犹太人教育的特色吗？

# 成功者创造机会

机会来临时，要紧紧抓住，没有机会时，就要创造机会。

古希腊的演说家和政治家德莫西尼曾经说过："微小的机会，往往是伟大的事业开始。"在你的整个一生当中，机会会多次影响你，但绝大多数人却没有认识到它的价值。有些人之所以会与机会失之交臂，原因就是他们对变化的恐惧。

机会只给准备好的人，这准备二字，并非说说而已。它更多地意味着自己去创造。下面就是一则犹太商人创造机会的传奇。

有个住在田纳西的美国籍犹太人，全家去佛罗里达旅行度假。在路上，他发现旅行者们很难找到一个能够为整个家庭提供高质量服务和充分便利的汽车旅馆。回到家之后，他找到一个朋友，告诉他建立一个新的汽车旅馆连锁网的想法，并把重点放在具有一种家庭气氛的优质服务上。他们从家乡田纳西开始建立第一家汽车旅馆做起，在不到 10 年的时间里，就建立起一个国际性的汽车旅馆网络，比他们所有竞争对手的加在一起还要庞大。一次不愉快的假日度假经历，使机会浮出了水面，而这位美国籍犹太人发现并抓住了这个机会，成为美国乃至全世界最大的汽车旅馆集团。机会无所不在，但只被提供给那些寻找它的人。对失败的恐惧使得许多有能力的人与机会擦肩而过，所以你要把握你所能够获得的一切。犹太拉比在谈到机会时，总是这样对他的学生说：愚者错失机会，智者善抓机会，成功者创造机会。

# 金钱猛于虎

对金钱的贪婪会腐蚀人的心灵，摧毁人类最宝贵的情感。

在犹太人大流亡时代，有两个朋友看到一位犹太拉比从丛林中惊慌失措地跑出来。他们问他为什么这样惊恐不安。犹太拉比说："在那片丛林中，我看到一个吃人的东西。""你是不是说有一只老虎？"两个人不安地问道。"不，"犹太拉比说，"要比老虎厉害得多，是我在挖一些药草时挖出来一堆金币。"

"在哪儿？"两人赶忙问道。

"就在那片丛林中。"说完，犹太拉比就走了。

两个朋友立即跑到犹太拉比所指的地方，果然发现有一些金币。

"那个犹太拉比多蠢啊！"一个人对另一个人说，"竟把这贵如生命的黄金说成是吃人的东西！"

另一个人说："让我们想想怎么办吧。在光天化日之下，现在就把它拿回村里是不安全的，必须在夜里偷偷拿回家去。我们留一人在这儿看着财宝，另一个人回家去拿吃的吧。"

当一个去拿饭时，留下的一个人想道："太遗憾了，今天要是我一个人来多好。现在我还得把这些黄金分给朋友一半，我有一大家子人，需要得到全部黄金。只要他一来，我就用我的刀把他捅死。"

同时，另一个人也在想："我干嘛要把黄金分给他一半呢？我负债累累，为晚年准备的积蓄一点都没有，我不能分给他一半。我先吃好饭，然后就在饭里放上毒药，给他带去，他一吃就死了。"想好之后，他带着饭，来到发现金币的地方。他刚一到那里，另一个人就冷不防地给了他一刀，当即结束了他的性命。行凶后，凶手对朋友尸体说道："可怜的朋友，是一半黄金送了你命。现在，我该吃饭了。"他端起有毒的饭吃了下去。半个小时后，他一命呜呼了。他在临死的时候说："犹太拉比的话多么对呀！"

犹太人重视金钱，但他们乐于施舍，勤于助人。因为他们明白：金钱会腐蚀人的心灵、摧毁人类最宝贵的情感，直到死亡的最后一刻人们才幡然醒悟，金钱只不过是身外之物，只有人类的情感才能永存于心。犹太人懂得珍惜、懂得感恩，知道生命的意义在于你拥有多少真情而不是拥有多少金钱，家人和朋友才是我们生命中真正的无价之宝。

# 思考的价值

思路决定出路，脑袋决定口袋。

两个加利福尼亚的青年一同开山。汤姆把石块砸成石子运到路边，卖给建房的人；犹太人杰克直接把石块运到码头，卖给加州的花鸟商人。因为这儿的石头总是奇形怪状，杰克认为卖重量不如卖造型。3年后，杰克成为小镇上第一个买上汽车的人。

后来，政府规定不许开山，只许种树，于是这儿成了果园。每到秋天，漫山遍野的鸭梨招徕八方客商。他们把堆积如山的梨子成筐成筐地运往纽约和华盛顿，然后再发往欧洲和日本。因为这儿的梨，汁浓肉脆，纯正无比。

就在小镇上的人为鸭梨带来的幸福日子欢呼雀跃时，曾卖过石头的果农杰克卖掉果树，开始种柳树。因为他发现，来这儿的客商不愁挑不到好梨只愁买不到盛梨的筐。5年后，他成为镇里第一个购买自己别墅的人。

再后来，一条铁路从这儿贯穿南北，这儿的人上车后，可以北到纽约，南抵佛罗里达。随着小镇的开放，果农也由单一的卖果品开始转为果品加工。就在一些人开始集资办厂的时候，杰克在他的地头砌了一垛3米高、百米长的墙。这垛墙面向铁路，背依翠柳，两旁是一望无际的万亩梨园。坐车经过这儿的人，在欣赏盛开的梨花时，会突然看到四个大字：可口可乐。据说这是500里平原中唯一的一个广告，那垛墙的主人杰克就凭这垛墙，第一个走出了小镇，因为他每年有4万美元的额外收入。

英国壳牌石油公司美洲区代表威尔逊来美国考察。当他坐火车路过这个小镇时，听到这个故事。他被杰克罕见的商业头脑所震惊，当即决定下车寻找杰克。

当威尔逊找到杰克的时候，杰克正在自己的店门口与对门的店主吵架，因为他店里的一套西装标价800美元的时候，同样的西装对门标价750美元。而当他标价750美元的时候，对门就标价700美元。一月下来，他仅批发出8套西装，而对门却批发出800套。

威尔逊看到这种情形，非常失望，以为被讲故事的人欺骗了。但后来，当他弄清真相之后，立即决定以百万美元的年薪聘请他，因为对门的那个店也是杰克的。

不会思考的人总是跟在别人后面亦步亦趋，会思考的人才能在别人的前面开创自己的天地！犹太人之所以事业有成，主要是他们比别的民族更会思考。智慧创造财富，高超的智慧创造巨大的财富。

# 人生从来不缺少机会

生活中不是缺乏机会，而是缺乏善于发现机会的眼睛。

犹太人哈同，1872年来到中国上海谋生，当时他年轻力壮，但几乎一无所有。他立志来中国赚钱发财，他一无资本，二无专业知识或技能。他决心从一个立足开始，因自己长得身体魁梧，便在一家洋行找到一份看门的工作。哈同在当看门工时，非常认真，忠于职守。晚间，他利用一切可用时间阅读各种经济和财务的书籍。不久，老板觉得此人工作勤俭，脑子精灵，便把他调到业务部门当办事员。哈同一如既往，工作业绩不错，逐步被提升为服务员、大班等。这时，他的收入大大增加了，心怀壮志的他，并没有因此而知足。1901年，他找理由离开了打工岗位，自己开始独立经营商行。

早先上海南京路的热闹地段，只在从外滩到河南路一段，过了河南路，南京路两边多半是简陋的平房。到了西藏路，已是空旷的边区了。因此，当时老沙逊洋行和其他地产商，都只注意收购沿黄浦江一带的土地。但犹太商人哈同却别具慧眼。早在中法战争前，他就认为南京路居虹口南市之中，西接静安，东达黄浦，其繁盛必为沪滨冠。于是，他勾结捕房头目，连骗带吓，用低价把南京路上从河南路到西藏路一带的地皮大肆收买下来。

为了加速南京路的发展，以抬高地价，中法战争后，哈同向工部局建议，他愿意出60万两银元巨资，用铁力木把南京路全部铺成平坦的马路。铁力木是坚硬的，他用了几百个工人，花了几个月时间把它截成约2寸的小块，没以沥青，然后细细拼成平路，再喷上一层薄薄的柏油，一共铺了几百万块这样的木头。据说，每块小木头值六七角钱。路一铺完，哈同就派人到处宣传，说铁力木铺的路，特别平坦而有弹性、走在上面极其舒适，一场大雨后，水马上就被吸收干了，消息越传越神，以致江南各省都传说：上海的公路是用红木铺的。就这样，南京路很快成为上海最繁华的地带，哈同的名字也随之名闻遐迩，他掠到的房地产身价百倍。

独特的机会，往往可以有意想不到的收获，但我们应该如何觅得机会呢？机会又在哪里？套用雕刻大师罗丹的一句话：生活中不是缺乏机会，而是缺乏善于发现机会的眼睛。犹太人的成功正是在别人看来没有机会的地方发现了机会，从而抢得了先机。

# 一壶井水

金钱不过是身外之物，不要为了金钱而迷失了自己。

4个商人和一个为他们做杂活的犹太少年，骑马穿越大沙漠，遇上了沙尘暴。5匹驮着水和食物的马不见了踪影，他们也可怕地迷失了方向。

天上烈日喷火，沙漠烘烤如炉。5个人由于干渴而无比痛苦，都无力地躺在沙丘下。他们嘴唇干裂，舌头成了一片干木板，全身仿佛在一点点枯萎。从每个人口中发出的沙哑声音都是一个字："水！"

胖商人身上此时确有一小壶井水，500克的重量。在穿越沙漠前他灌了一小铁壶酒，同行的商人和他开了个玩笑，偷偷倒出酒给他装上了水。完全出乎他们意料的是，现在这小壶井水不知要比一壶酒贵重多少倍。关键是500克水如果给一个人喝下去，这个人很可能走出沙漠，脱离险境；如果5个人各喝一份，每人喝到100克水，毫无疑问都将倒在沙漠里。

3个商人都把目光盯向了胖商人身上的那一小壶井水，他们认为能让自己喝到那小壶井水的最有效办法，就是用金钱换取。于是，瘦商人抢先提出用10枚金币买那一小壶井水。另外两个商人也马上竞价买水。很快，买价上升到100枚金币，最后3个商人愿倾其身上所有的金币换水。

那个做杂活的少年一声不响，绝望地闭着眼睛躺着听他们争吵着买水。只有他身上没有金币，因而那壶水一滴也不属于他。

然而，3个商人谁也没有买成那小壶井水，拥有这小壶井水的胖商人，不为大把的金币所动。他头脑十分清醒地说："谁喝下这壶井水，谁就有可能走出沙漠。卖给你们这壶水，我只能倒在这里，得到再多的金币又有什么用？你们难道看不出来，金币的价值现在等于零吗？"

3个商人目瞪口呆。

随即争夺那小壶井水的生死搏斗在4个商人中展开了。先是厮打叫骂，拳脚相加，很快用上了贴身的匕首、皮带，不太久，搏杀平息了，4个商人都倒了下去。他们流出的黏稠的血，在烈日下干结。

4个商人都没有得到的那小壶井水，却意外地属于了干杂活身无分文的少年。这始料不及的突变竟使少年一时茫然不知所措。更让他心惊肉跳的是，映入他视线的散落在地上的大把金币，那些从前一直与他无缘，对他毫无感情的灿灿金币，此时只要他肯弯下腰，就可以成为它们的新主人。少年却没有弯腰，他的手中只捧着那小壶井水，还有颗稚嫩的心在这场生死搏斗中被深深地震撼。聪明的他十分清楚，拾一枚金币就可能会拾二枚三枚以致全部，沙漠中负重行走会加大干渴的程度，他虽然得到了这小壶井水，但同样还可能倒下去。因此，少年头也不回地离开了那些金币。晚霞为他镀一身金光，他的生命之树开始复绿。

犹太少年战胜了大漠，也战胜了自己。而战胜自己让他最后战胜了大漠。

在犹太人中间，还流传着这样一个故事：

一个拥有无数钱财的吝啬鬼去他的拉比那儿乞求祝福。

拉比让他站在窗前，让他看外面的街上，问他看到了什么，他说："人们。"拉比又把一面镜子放在他面前，问他看到了什么，他说："我自己。"

拉比解释说，窗户和镜子都是玻璃做的，但镜子上镀了一层银子。单纯的玻璃让我们能看到别人，而镀上银子的玻璃都只能让我们看到自己。

金钱的光芒过于闪耀，以至于刺痛人的双眼，看不清其他东西。一谈到金钱，人们都知道犹太人挺会赚钱的。听听犹太人对金钱的看法，对于今天的我们来说不无裨益。单纯的玻璃只能看到别人，镀上银子的玻璃只能看到自己。金钱的危险性一览无余。金钱的魅力可以转移人的眼光，难怪有人说：有些人是金钱的奴隶。世上几乎没有人不知道金钱的价值，但却有些人不知道金钱有时没有一点价值。

# 只有舍弃才能得到

大舍大得，小舍小得，不舍不得。

"二战"的硝烟刚刚散尽时，以美英法为首的战胜国几经磋商，决定在美国纽约成立一个协调处理世界事务的联合国。一切准备就绪之后大家才蓦然发现，这个全球至高无上、最权威的世界性组织，竟没有自己的立足之地。

买一块地皮吧，刚刚成立的联合国机构还身无分文。让世界各国筹资吧，牌子刚刚挂起，就要向世界各国搞经济摊派，负面影响太大。况且刚刚经历了"二战"的浩劫，各国政府都财库空虚，甚至许多国家都是财政赤字居高不下，在寸金寸土的纽约的筹资买下一块地皮，并不是一件容易的事情。联合国对此一筹莫展。

听到这一消息后，美国著名的家族财团洛克菲勒家族经商议，便马上果断出资870万美元，在纽约买下一块地皮，将这块地皮无条件地赠予了这个刚刚挂牌的国际性组织——联合国。同时，洛克菲勒家族亦将毗连这块地皮的大面积地皮全部买下。

对洛克菲勒家族的这一出人意料之举，当时许多美国大财团都吃惊不已，870万美元，对于战后经济萎靡的美国和全世界，都是一笔不小的数目呀，而洛克菲勒家族却将它拱手赠出了，并且什么条件也没有。这条消息传出后，美国许多财团主和地产商都纷纷嘲笑说："这简直是蠢人之举！"并纷纷断言："这样经营不要10年，著名的洛克菲勒家族财团，便会沦落为著名的洛克菲勒家族贫民集团！"

但出人意料的是，联合国大楼刚刚建成完工，毗邻它四周的地价便立刻飙升起来，相当于捐赠款数十倍、近百倍的巨额财富源源不尽地涌进了洛克菲勒家族财团。这种结局，令那些曾经讥讽和嘲笑过洛克菲勒家族捐赠之举的财团和商人们目瞪口呆。

如果我们把洛克菲勒家族的这次捐赠看成是一种放弃的话，那么放弃本身也就成了一门学问，因为它告诉我们：在适当时候适当放弃应当放弃的东西，我们就会发现，放弃和收获本就是一对近义词。

# 钱就是钱

经商思想是非常自由的，只要不违法，没有什么生意不可以做，没有什么钱不可以赚。

以钱为生，这是每个犹太人朴素而又自然的生活方式。

在商业社会中，人成功的标志和自身价值的实现，更多的是依靠财富的多少来衡量。犹太人更是此中的佼佼者，犹太父母经常教育自己的孩子，经商、赚钱、做生意没有什么可耻。犹太人教育孩子从小关心的事是如何赚钱，而不是钱的性质。

犹太父母总是这样对孩子说：要对钱保持一颗平常心，甚至把它视为一块石头，一张纸，我们犹太人才不会把它分为干净和肮脏，在我们心目中钱就是钱，一件再平常不过的东西。因此我们尽管孜孜以求地去获取它，但当失去它的时候，也不会痛不欲生。正是这种平常之心，使犹太人在惊涛骇浪的商海中临乱不慌，驰骋自如，更易取得最终的胜利。

无论在过去还是当代，即使在最艰难的"二战"时期犹太人也从未放弃过对金钱的追求。当然，犹太人也不讳言金钱的消极功能，不可否认许多人为了金钱会做出危害社会、危害他人的违背道德甚至违法乱纪的事情来。但是犹太人认为：以金钱作为基础的现代文明，其福祉远远大于弊端。金钱能够改变一个人的地位，但却改变不了一个人精神上的贫困。犹太人的思想是充实的，他们从来都只是把金钱看作一种手段而并不是命运的载体。对于金钱，我们当中绝大多数人是缄口不谈的，他们害怕背上"拜金主义者"的包袱，甚至有人视之为洪水猛兽。但犹太人却不是这样，他们从不回避有关钱的话题。尽管犹太人把金钱奉为世俗的万能的上帝，但他们并没有在金钱面前俯首称臣，成为金钱的奴隶。

洛克菲勒这位世界有名的亿万富翁，对金钱的看法是：不但不做金钱的奴隶，还要把金钱当作自己的奴隶来使唤。他习惯到他熟悉的餐厅用餐，用餐后往往他会付给服务生15美分的小费。但是有一天，他在用完餐后却不知道什么原因，只付给服务生5美分的小费。服务生见他这次给的小费只是往常的1/3，不禁埋怨道："如果我像你那样富有，决不会吝惜那10美分的。"洛克菲勒却毫不生气，笑着说："这也就是你为什么一辈子都只能当服务生的原因了。"

服务生每次都会从洛克菲勒手中得到 15 美分的小费，偏偏这一次只有 5 美分，如果他不是把钱看得那么重，而是一如既往地服务好洛克菲勒先生，也许洛克菲勒会再给他补上那 10 美分。即使这一次只有 5 美分这么多，那也不代表以后总是 5 美分，而现在他这样毫无礼貌地指责洛克菲勒先生，可以想见，以后洛克菲勒都不会再给他那么多小费了，哪怕只有区区 5 美分。要让你的孩子从小懂得金钱只是一种动力，它不能成为生命的全部意义。

# 世界第一商人

如果世界上所有的苦难都集中到了天平的一端，而贫穷集中到了天平的另一端，那么，贫穷将比所有苦难和痛苦都沉重。

犹太商人沃伦斯在童年时代就表现出与其年龄不相称的经商才能。只有 5 岁的时候，沃伦斯就已经对做买卖表现出出奇的热情，对于他来说，这世界上最好玩的游戏不是摆弄玩偶和玩具火车，也不是过家家、捉迷藏，而是做买卖。他经常把自己所有的东西都贴上价签，卖给邻居家的孩子，有的东西价格难以确定，他就自己想象一个价格标上。在别人看来，这孩子实在太离谱了，可更为离谱的是，他 6 岁时竟然将自己拥有的一块奇形怪状的石头标价 1 万美元。他的姐姐问他一块石头怎么会值这么多钱。他的回答是："这么漂亮的东西别人都没有，只有我一个人有，所以价格我可以随便定，想卖多少钱就卖多少钱。"

沃伦斯自身对商业的热情乃至迷恋，再加上父母对其进行的犹太人传统的经商理念的教育，使他在今后的生活中，处处盘算着生意经，并勇敢地付诸实践，拥有了同龄人望而却步的财富。

犹太典籍还规定，每个希伯来男孩无论其地位高低，家境好坏，都必须学习并掌握经商的技巧。儿童长到 18 岁时，除非从事神职工作，否则的话，就一定要学会经商。因此，希伯来的早期教育把经商技能的训练视作培养孩子的一个最重要的方面。只有当一个孩子在经商这方面接受并掌握了基本的知识，他才会被认为是已经具备了必备的生活技能。现实生活中，犹太儿童从小就被灌输这样的思想，钱不是万能的，但没有钱却是万万不行的。每个人都要拥有一定的财产，如房屋、家具、电器和服装等，这些保证我们基本生活的元素都需要用金钱去购买，而获得金钱最快的方式就是经商，精明的犹太人不仅精于此道，更乐于此道，素以"世界上的财富装在犹太人的口袋里"而享誉世界。

据统计，美国的百万富翁中犹太人占 20%，获诺贝尔经济学奖的经济学家中也有

20％是犹太人，因而犹太人历来被誉为"世界第一商人"。犹太商人不仅是世界上虔诚的宗教徒，更是最杰出的商界精英。在激烈的商战竞争中，为了赚钱他们创造了实用主义商业哲学，尤其那些令人崇拜的犹太企业家明星，以其特别的经营才能和奇异手段聚敛巨额财富，从而富甲天下。

犹太商人最会赚钱的代表非 19 世纪崛起于法国、后又控制欧洲经济命脉和世界黄金市场长达 200 多年的罗斯柴尔德家族莫属。罗斯柴尔德家族靠做古钱币生意和发战争财暴发，后主要投资于金融行业。老罗斯柴尔德有 5 个儿子，分别控制了伦敦、维也纳、巴黎、法兰克福、那不勒斯、纽约和柏林，他们一起成为欧洲金融市场呼风唤雨和左右政局的最大力量。1833 年不列颠帝国废除奴隶制以后，伦敦的罗斯柴尔德曾拿出 2000 万英镑用以补偿奴隶主的损失；1854 年，他们还为英国在克里米亚同俄国的战争提供了金额为 1600 万英镑的贷款；1871 年，他们出资 1 亿英镑为法国向普鲁士支付普法战争的赔款；除此以外，他们还控制了整个欧洲的铁路。所有法国给俄国的贷款，也都是由该家族提供的；在美国内战期间，他们是联邦财政的主要财源。

犹太人对商业独到的领悟，对财富坚持不懈的追求，使他们成为最值得自豪、最值得骄傲、最具权威的民族。尽管犹太民族在其 5000 多年的文明发展史中，曾历经数次浩劫，在 2000 多年的大流散过程中，虽几经屠戮和劫难，却素以"有钱人"闻名于世，成为当今世界上极少的几支意义重大的经济力量之一，是资本主义社会经济运行和商业发展的精神化身。而今犹太商人成为了世界上公认的最富有的人，因为他们一生都在想方设法赚取利润，这是他们赖以生存的基础。众多犹太商业巨子的成功事业令世人翘首瞩目。为什么令全世界人羡慕的光环总是频频落到这个人口仅占世界 1/400 左右，而且曾经一度流浪漂泊，无寸土可居的小小民族的身上？

结果是思想与行动的产物，作为一个真正的犹太人，除了自己理解并懂得金钱的价值之外，最为重要的义务就是把这些知识灌输给孩子们，让他们认识到如何获取和利用金钱。

# 培养孩子的财商

一个人的能力不是天生的，需要从小培养。

犹太人从小就注重财富的教育，尤其是对于投资的教育是世界闻名的：他们会给刚满周岁的小孩送股票，这成为他们民族的惯例。

　　小孩 3 岁的时候，他们的父母就开始教他们辨认硬币和纸币；4 岁的时候学会由家长陪伴，用钱购买简单的用品；5 岁的时候，让他们知道钱币可以购买任何他们想要的东西，并且告诉他们钱是怎样来的；6 岁的时候，能数较大数目的钱，学用储钱工具，培养自己的金钱意识；7 岁的时候能看懂价格的标签，以培养他们"钱能换物"的理财观念；8 岁的时候，知道他可以通过做额外的工作赚钱，知道把钱储存在银行的储蓄账户里；10 岁时候，懂得每周节俭一点钱，以备大笔开支使用；11 岁至12 岁的时候知道从电视广告里发现事实，制订并执行两周以上的开销计划，懂得正确使用银行业务的术语。

　　一位犹太商人曾这样述说他如何对小孩灌输金钱教育，他说："我给约翰他们姐弟的零用钱不是固定的，是依他们做事的种类及多寡而定。例如我和他们约好，早晨起床后帮忙割院子里的草给 10 元，去买一份报纸给 2 元，帮忙弄早餐给 3 元等。我对他们不分年龄大小，一律采取同工同酬制度。"不少犹太家庭对子女的金钱教育，都是采用以上所说的方法。在他们看来，金钱并非铜臭，也不会玷污童稚之心。相反，让孩子早早接触金钱，对其财商的培养是不无裨益的。

　　犹太人还通常会给孩子这样的一种清单：

　　"吉米拖地 15 美分，收拾好自己的床铺 10 美分，清除花园的杂草 20 美分。"

　　"玛丽插花 10 美分，洗碗 10 美分，收拾房间 30 美分。"

　　而且平时不给孩子们零用钱，如果他们想要得到零钱就必须自己通过劳动去获得。在家里干的活越多，那么他们所获得的零用钱就会相应的越多。

　　从这一个简单的事例中很明显就可以看出犹太家长的用意，他们要孩子们知道天上不会掉下免费的馅饼，世间没有不劳而获的成功。只有勤劳的、不断争取的人才会获得自己所需要的财富！小孩子的思维就像一张空白的纸，你最先给他画上什么样的底色，不管以后上面画些什么具体的东西，他永远和最初的色彩有关联。同样小孩子最先接受到的教育也会影响他后来的生活。著名的石油大王洛克菲勒从小就接受了财富的教育。

　　洛克菲勒出生于一个典型的犹太家庭。他的父亲经常用犹太人的教育方式教育他的几个孩子。他的父亲从他四五岁的时候就让他帮助妈妈提水、拿咖啡杯，然后给他一些零花钱。他们还把各种劳动都标上了价格。他们再大点的时候，告诉他如果想花钱，就自己挣！

　　于是他到了父亲的农场帮父亲干活，帮父亲挤一头奶牛，跑运输，包括拿牛奶桶，都算好账。他把自己给父亲干的活都记录在自己的记账本上，到了一定的时候，就和父亲结算。每到这个时候，父子两个就对账本上的每一个工作任务开始讨价还价，他们经常会为一项细微的工作而争吵。

　　洛克菲勒6岁的时候，他看到有一只火鸡在不停地走动，也没有人来找。于是他捉住了那只火鸡，把它卖给了附近的邻居。他的母亲是一位虔诚的教徒，认为这样是亵渎了神灵，而他父亲认为他有做商人的独特本领，而对他大加赞赏。

　　有了这次的经商经历，洛克菲勒的胆子大了起来，不久他就把从父亲那里赚来的50美元贷给了附近的农民，他们说好利息和归还的日期之后，到了时间他就毫不含糊地收回53.75美元的本息。这令当地的农民觉得不可思议：这样的一个小孩居然有这么好的商业意识。

　　到了洛克菲勒成名之后，他也把这套办法教给他的子女。

　　在他的家里，他搞了一套完整的虚拟的市场经济。洛克菲勒让自己的妻子做"总经理"，而让自己的孩子们做家务，由自己的妻子根据每个孩子做家务的情况，给他们零花钱。他的整个家似乎就是一个公司。

　　这些都培养了犹太人最早的赚钱本领。要想拥有金钱，不但要学会赚钱，同时还要学会理财和节俭，学会开源和节流两套本领。

　　洛克菲勒还让他的孩子们学着记账，他要求他的孩子在每天睡觉的时候必须记下每一天的每一笔开销，无论是买小汽车还是买铅笔，都要如实地一一记录。而且洛克菲勒每天晚上都要查看孩子们的记录，无论孩子们买什么，他都要询问为什么要这些东西，让孩子们做一个合理的解释。如果孩子们的记录清楚、真实，而且解释得有理由，洛克菲勒觉得很满意，那他就会奖赏孩子们5美分。如果他觉得不好就警告他们，如果再这样就从下次的劳动报酬中扣除5美分。洛克菲勒的这种询问孩子的花销，但是绝对不干涉的政策，让孩子们很高兴，他们都争着把自己记录整齐的账本给他们的父亲看。

　　要想成为富有的人，最早的人生财富教育是不可缺少的。由于犹太民族自古就有经商的传统，具有了丰富的商业经验，而其他的民族则相对缺乏这种财富的教育，这是促使犹太人成为世界商人的重要原因。

# 大把赚钱，大手花钱

*会享受生活的人才能够更好地去创造生活。*

　　从前有一位学者站在一个百货商场门口，目不暇接地浏览着色彩缤纷的商品。这时，他身边走来一个衣冠楚楚的商人，口里叼着雪茄。学者恭敬地走上前，对绅士礼貌地问：

"您的雪茄很香，好像很贵吧？"

"2美元一支。"

"那您一天抽几支呢？"

"10支吧。"

"天哪！您抽烟多久了？"

"40年前就抽上了。"

"什么？您仔细算算，要是不抽烟的话，那些钱足够买这幢百货商场了。"

"那么说，您也抽烟了？"

"我不抽烟。"

"那么，您买下这幢百货商场了吗？"

"没有啊。"

"告诉您，这幢百货商场就是我的。"

只有大把地赚钱，大把地花钱，这才是富人的做法。犹太人认为生活要过得幸福和开心，日子一定要有滋润的感觉，不要怕花钱，相反要大把大把地花钱。犹太人喜欢在那些装饰考究、豪华的饭店吃晚餐，而且一吃就是两个小时，吃的极为丰盛。

这让想要拼命追上犹太人的日本人自愧不如，日本人花钱极其吝啬，他们一天到晚只是拼命地省钱和拼命地工作。"日本人崇尚早睡早起、快吃快拉，得利三分"，于是，他们的生活里就只有工作，为了工作，连吃饭的时间都要尽量缩短，甚至觉得人应该只干活，不要吃饭睡觉才好。

对于一个商人来说，赚钱的时候，有运筹帷幄的能力，花钱的时候，就大把大把地花。这样，才显示出商人的胸怀和自信、气定神闲、从容不迫，这样才算是一个真正的商人。

乔治·萧伯纳在他的《巴波拉市长》中这样说道："最大的罪行和最坏的罪行是贫困。"

财富是进入社会的通行证，富有是社会安定的基础。为了人生的幸福，你万万不可贫穷。生活的富裕不但是一种抱负，更是人生的一种义务。拥有了财富，你才能得到别人的尊重，你的地位才能显示，否则，就不被大家所认可。

犹太富豪中有不少人充其量不过三代人的历史，犹太商人没有靠攒小钱积累资本的传统。

一方面，犹太商人集中于金融行业和投资回收较快的行业，他们把注意力集中在"钱生钱"而不是"人省钱"上面。靠辛辛苦苦攒小钱的人是不可能具备犹太商人身上常见的那种冒险气质的。另一方面，犹太商人在文化背景上没有受到禁欲主义束缚。犹太人在宗教节日期间有苦修的功课，但功课完毕之后，便是丰盛的宴席。所以，那种形同苦行僧般的生活方式，并不为犹太商人所推崇。

这两个因素的结合，使犹太商人的经营方式和生活方式形成了鲜明对照。在业务方面，犹太商人精打细算到了无以复加的地步。但在生活上，类似于每天吸 10 支 2 美元一支的雪茄，并不是什么罕见的现象。像英国犹太银行家莫里茨·赫希男爵那样，在庄园里招待上流社会人物，光是狩猎游戏中宾主射杀的猎物就达 1.1 万头。即使节俭如冬天不生火炉的上海犹太商人哈同，也舍得以 70 万两银子修造上海滩最大的私人花园爱俪园，并经常在花园中举行"豪门宴"。

一个犹太人见了另一个人就问对方："你多大了？"

"我 50 岁了。"

"那你还可以享受 10 年呢！"

这个犹太人问一个老人他多大了，似乎很不礼貌。但是他的回答告诉了他的人生态度，他的生命还有 10 年，应该好好地享受这生命中的最后 10 年。犹太人始终认为活着就是为了享受，人活在世界上就应该尽情地享受。

"大手大脚地花钱，过舒适的生活，始终记住：不要按你的收入过日子！这样能使一个人变得自信。"好莱坞巨头之一的刘易斯·塞尔兹尼就这样教育他的儿子大卫，大卫后来成为电影《飘》的制片人，这句话后来成为风行好莱坞的经营原则。

# 别把硬币不当钱

别想一下就造出大海，必须先由小河川开始。

两个年轻人一同寻找工作，一个是英国人，一个是犹太人。

一枚硬币躺在地上，英国青年看也不看地走了过去。犹太青年却激动地将它捡起来。英国青年对犹太青年的举动露出鄙夷之色：一枚硬币也捡，真没出息！犹太青年望着远去的英国青年心生感慨：让钱白白地从身边溜走，真没出息！

两个人同时走进一家公司。公司很小，工作很累，工资也低，英国青年不屑一顾地走了，而犹太青年却高兴地留了下来。

两年后，两人在街上相遇。犹太青年已成了老板，而英国青年还在寻找工作。英国青年对此迷惑不解，说："你这么没出息的人怎么能这么快地'发'了？"

犹太青年说："因为我没有像你那样绅士般地从一枚硬币上迈过去。你连一枚硬币都不要，怎么会发大财呢？"

也许这个英国青年并非不要钱，可他眼睛盯着的是大钱而不是小钱，所以他的钱总在明天。但是，没有小钱就不会有大钱，你不懂得从小钱积起，那么财富就永远不会降临到你的头上。

老子曾说过："合抱之木，生于毫末。九层之台，起于累土。"这句话的意思是：任何事情的成功都是由小而大逐渐积累的。积累财富也如用土筑台一样，需要许许多多的小钱作铺垫，方能成为大富翁。

"不积跬步，无以至千里；不积小流，无以成江海。"这是中国圣贤的名训。上例中两个人在面对一枚硬币的取舍时，英国人以他的绅士作风选择了藐视，最终一无所获；而精明的犹太人却不放过任何一个积累财富的机会，终于成为了大富翁。

犹太人告诉我们，金钱也跟人一样，你尊重它们，它们就不会亏待你；你忽略它们，它们就会从你的身边溜走。在人生的旅途中，不要忽视任何一次机会，也不要轻视任何一分钱。说不定哪一天正是那一次机会、那一分钱使你步入了辉煌。

拉链，可谓是很细小的物品，好像并没有厚利可图，但是日本的吉田忠雄却是靠着小小的拉链而成就了自己的大业。他没有小看拉链的商机，他垄断了小小的拉链市场。40多年来，吉田忠雄一手创办的吉田兴业会社发展十分迅速，它已成为日本首屈一指的拉链制造公司，在世界同行业中也名列前茅。它生产的拉链，占日本拉链总产量的90％，占世界拉链总量的35％，它每年生产的拉链总长度达190万公里，年销售额高达20多亿美元。由一条小小的拉链起家，吉田忠雄被誉为"拉链大王"。最终，吉田已同丰田、索尼等名字一样，成为发达的日本工业的代名词。

财富的积累离不开金钱的积累。而要积累金钱，还得掌握金钱的特性，因为钱是喜欢群居的东西，当它们处于分散的状态时，也许没有什么威力；但当它们由少成多地聚集起来时，成千上万的金币就会发挥巨大的力量。另外，金钱还有这么一个特性，就是你越尊重它，它便越拥护你；你越藐视它，它便越避开你。要想积累财富，首先就得掌握金钱的特性，不要放过身边的每一个小钱。

看看一位犹太人是如何积累财富的：

犹太人亚凯德转向一位自称卖蛋的节俭人说："假使你每天早上收进10个蛋放到蛋篮里，每天晚上你从蛋篮里取出9个蛋，其结果是如何呢？"

"时间久了，蛋篮就要满溢啦。"

"这是什么道理？"

"因为我每天放进的蛋数比取出的蛋数多一个呀。"

"好啦，"亚凯德继续说，"现在我向你介绍发财的一个秘诀，你们要照我说的去做。因为你把10块钱收进钱包里，但你只取出9块钱作为费用，这表示你的钱包已经开始膨胀。当你觉得手中钱包重量增加时，你的心中一定有满足感。

"不要以为我说得太简单而嘲笑我，发财秘诀往往都很简单。开始，我的钱包也是空的，无法满足我的发财欲望，不过，当我开始放进 10 块钱只取出 9 块钱用的时候，我的空钱包便开始膨胀。我想，各位如果如法炮制，各位的空钱包自然也会膨胀了。"

它的道理很简单。事实是这样的：当你的支出不超过全部收入 90％时，你就觉得生活过得很不错，不像以前那样穷困。不久，觉得赚钱也比往日容易。能保守而且只花费全部收入的一部分的人，就很容易赚得金钱；反过来说，花尽钱包存款的人，他的钱包永远都是空空的。

在生意人的这个圈子里，有一个所谓 9 ：1 法则，那就是当你收入 10 块钱时，你最多只花费 9 元，让那一元"遗忘"在钱包里，无论何时何地，永不破例，哪怕只收入 1 块，你也保证冻结 1/10。这是白手起家的第一法则。

别小看这一法则，它可以使你的钱包由空虚变充实。其意义并不仅仅在于攒几个钱，它可以使你形成一个把未来与金钱统一成一个整体的观念，使你养成积蓄的习惯，刺激你获取财富的欲望，激发你对美好未来的追求。从一个方面来看，当你的投资进入最后阶段时，这最后的一块钱往往能起到决定性的作用。

做生意切勿因利小而不为。这是因为做生意的目的是赚钱。只要有钱赚，不分多少。俗语说"积少成多"、"集腋成裘"、"聚沙成塔"。世界上许多富商巨贾，也是从小商小贩做起的。例如，美国的亿万富翁沃尔顿，是经营零售业起家的；鼎鼎有名的麦克唐纳公司，是经营小小汉堡包发财的；世界华人首富李嘉诚，开始的时候也是做小小塑花的生意。

在经营项目及数量上，也要注意"勿以利小而不为"。这是因为，看起来似乎是微不足道的小商品、小买卖（例如小百货、小杂货之类），可是它能吸引顾客，使你的事业兴旺发达。

有个犹太小商人居住在美国佛罗里达州。他注意到家务繁重的母亲们总是急急忙忙去买纸尿片，因此他想到建立一个"打电话送尿片"的公司为那些忙碌的妈妈们减轻负担。

是不是很多人认为这个小商人太没有志气了，居然送尿片，还送货上门。这种本小利薄的生意，傻子才会去做。

事实上，这个商人不仅是想，而且付诸于实际的行动。他雇用全美国最廉价的劳动力和最廉价的交通工具。后来他把送尿片服务扩展为兼送婴儿药物、玩具和各种婴儿用品、食品，随叫随送，只是在商品价格上面多收了 15％。最终他的生意越来越旺。

犹太商人的成功并不是起点很高，并不是一开始就想着要做大生意，赚大钱。他懂得，凡事要从细小的地方入手，一步一步进行，财富的雪球才会越滚越大。

凡事从小做起，从零开始，慢慢进行，不要小看那些不起眼的事物。这一道理从古至今永不衰竭，被许多犹太成功人士演练了无数次。

有个叫哈罗德的犹太青年，开始只是经营一个小型餐饮店的商人。他看到麦当劳里面每天人山人海的场面，就感叹那里面所隐藏的巨大的商业利润。

他想，如果自己可以代理经营麦当劳，那利润一定是极可观的。

他马上行动，找到麦当劳总部的负责人，说明自己想代理麦当劳的意图。但是负责人的话却给哈罗德出了一个难题——麦当劳的代理需要 200 万美元的资金才可以。而哈罗德并没有足够的金钱去代理，而且相去甚远。

但是，哈罗德并没有因此而放弃，他决定每个月都给自己存 1000 美元。于是每到月初的 1 号，他都把自己赚取的钱存入银行。

为了害怕自己花掉手里的钱，他总是先把 1000 美元存入银行，再考虑自己的经营费用和日常生活的开销。

无论发生什么样的事情，都一直坚持这样做。

6 年！哈罗德为了自己当初的计划，整整坚持不懈存了 6 年。由于他总是在同一个时间——每个月的 1 号去存钱，连银行里面的服务小姐都认识了他，并为他的坚韧所感动！

现在的哈罗德手中有了 72 万美元，是他长期努力的结果。但是与 200 万美元来讲仍然是远远不够的。

麦当劳负责人知道了这些，终于被哈罗德的不懈精神感动了，当即决定把麦当劳的代理全部交给哈罗德。

就这样，哈罗德开始迈向成功之路，而且在以后的日子里不断向新的领域发展，成为一代巨富。

如果，哈罗德没有坚持每个月为自己存入 1000 美元，就不会有 72 万美元了。如果当初只想着自己手中的钱太微不足道，不足以成就大事业，那么他永远只能是一个默默无闻的小商人。

为了让自己心中的种子发芽，哈罗德从 1000 美元开始慢慢充实自己的口袋，而且长达 6 年之久，终于感动了负责人，也开始了他自己的富裕人生。

万丈高楼平地起，你不要认为为了一分钱与别人讨价还价是一件丑事，也不要认为小商小贩没什么出息。

金钱需要一分一厘地积攒，而人生经验也需要一点一滴地积累。在你成为富翁的那一天，你已成了一位人生经验十分丰富的人。

# 借钱，就是为自己树敌

借钱给朋友，将以失去友情作为利息。

莎士比亚有句名言："不要把钱借给别人，借出会使你人财两空；也不要向别人借钱，借进来会使你忘了勤俭。"这句话有一定道理。

你可以用其他友善的方式接济你的朋友，但不要借钱给他。借钱给他人就是掏钱为自己买了一个敌人。

犹太人朋友之间很少涉及金钱，他们之间朋友是朋友，金钱是金钱，分得十分清楚。他们一般不把友情掺入金钱。

犹太人之间的朋友，大家彼此都很不错，就在一起吃饭喝酒。这样就表示你是他喜欢的朋友，他愿意和你经常来往。但是你要是借钱，他们很少答应。

这不是因为大家彼此之间不信任，而是他们处世的一种精明。

犹太人是十分自尊的，他们一般是决不肯向人求助的。即使遇到了困难，他们也是依靠自己的力量来解决，而很少向别人请求帮助。假如一个人向自己的朋友去借钱，那说明这个人已经处于生活比较困难的时候了。有人借钱给他，他就总是感到忐忑不安，心里总是想着把钱尽快还给自己的朋友，见了朋友就感觉很不好意思。虽然朋友浑然不觉借钱人的尴尬。而借钱人为了避免这种愧疚的心情一般就会回避自己的朋友，希望自己尽快地还钱，那样自己才觉得在朋友面前会坦然。有了这种心理，这样的朋友就会因为金钱变得很不自在。

而朋友呢，如果也恰好需要这笔资金，但是已经将钱借给别人，而且为了让别人放心，自己一般不会说还钱的时间。朋友什么时间有了钱，就什么时间来还，而自己许多事情却急切需要资金办理，但是话已经出口，就很不好意思去要钱。所以，犹太人之间就心照不宣地达成默契：不借钱给自己的朋友。

犹太人喜欢放高利贷收取利息，这是他们几百年的传统了，他们如果自己有闲余的资金，就会把这些钱放出去收取利息，而有人需要钱自然就可以去借贷了。所以，犹太人没有钱的时候，喜欢去借贷来渡过难关。向他人借贷是一种商业行为，这与向朋友借钱的行为是不一样的。

有个故事是这样说的：

雅可夫借给亚瑟500美元，明天就要到期了，但是亚瑟根本没有钱可以还。雅可夫3天前就已经提醒亚瑟，还有3天就该还钱了。"到明天雅可夫一定会来要钱的。"想到这里，亚瑟坐卧不宁，烦躁地在房子里走来走去。"你为什么还不睡觉？"他的妻子问他，"我向雅可夫借了钱了，明天早上非还他不可。""你现在有钱了吗？""我连一个子也没有呢！"

"既然这样，你就睡觉吧。着急的应该是雅可夫而不是你。"

亚瑟妻子的话代表了我们处理债务的一般态度，既然没有钱就干脆放心休息，反正着急也没用。而事实上，雅可夫也确实没有办法，如果逼朋友还钱，那与朋友长久培养起来的感情就会因此而崩溃了。打官司更是浪费自己的钱财，对朋友的感情也更是致命的打击。

还有一个故事是这样说的：

梅西克向罗扬借了 1200 马克，但是梅西克一直没有钱还。每当遇到罗扬，梅西克都会避而不见。可罗扬又束手无策。

这时，他的另一个朋友对他说："你不妨写信给梅西克，叫他尽快归还 1800 马克的债，瞧瞧他的反应。"

罗扬也十分需要这笔钱，就给梅西克去了一封信。

两天后，梅西克就回信了，信中说："罗扬，我记得很清楚我借了你 1200 马克，你怎么说我欠了你 1800 马克，随信附上 1200 马克。如果你要打官司的话，你准输。"

罗扬虽然成功地要回了自己的钱，但通过这次事件，两人的关系就可想而知了。

因此，洞悉人情的犹太人说：借钱，即是掏钱给自己买了个敌人。

# 第十三章
# 经营：君子爱财，取之有道

## 跟哈默一起冒险

*无限风光在险峰，要获得高额的利润，就必须有勇气冒巨大的风险。*

美籍犹太商人、世界石油大鳄哈默最大的一次成功在利比亚。20世纪60年代末，早已功成名就的哈默此时已年近花甲，却到利比亚把赌注押在两块油井租地上，投入巨资后滴油未见。他的计划被董事会中的绝大多数人称为"哈默的傻事"。顶着巨大的压力，哈默坚持把险冒到了底。无论是哈默本人，还是西方石油公司的35名股东及3万名职员，一提到此事，都会惊叹不已。对于一个像西方石油公司那样的一个大集团，从来没有碰到过类似利比亚的事情，这类事情也许是千年不遇的。

在意大利占领利比亚期间，独裁者墨索里尼为了寻找石油，在利比亚花了大概1000万美元，结果却一无所获。壳牌石油公司花了5000多万美元，但打出来的井都没有任何商业价值。埃索石油公司在花费了几百万收效不大的费用之后，在准备撤退的时候，却在最后一口井里打出油来。西方石油公司到达利比亚的时候，正值利比亚政府准备进行第二轮出让租借地的谈判，出租地区大部分都是原先一些大公司放弃了的利比亚租借地，其中包括若干口"干井"的土地和许多块与产油区相邻的沙漠地。根据利比亚法律，石油公司应尽快开发他们的租借地，如开采不到石油，就必须把租借地还给利比亚政府一部分，共有来自9个国家的40多家公司参加了这次投标。

尽管哈默和利比亚国王私人关系良好，充满了信心，但前途未卜。因为，他不仅没有这方面的经验，而且同那些石油巨头们相比竞争实力悬殊太大，真可谓小巫见大巫。但哈默深信决定成败的关键不仅仅取决于这些。

哈默的董事们都坐飞机赶了来，他们共在四块租借地中投了标。哈默的投标方式不同一般，投标书采用羊皮证件的形式，卷成一卷后用代表利比亚国旗颜色的黑、绿、红三色缎带扎束。在投标书的正文中，哈默还加了一条别家公司从未提及的：他愿意从尚未扣税的毛利中拿出 5% 来供利比亚发展农业用。此外，还允诺他的公司将在国王和王后的诞生地库夫拉附近的沙漠绿洲中寻找水源。另外，一旦中标，他们还将进行一项可行性研究，就是一旦在利比亚开采出水源，他们将出资同利比亚政府联合兴建一座制氨厂。

最终，哈默终于得到了两块租借地。让那些强大的对手大吃一惊的是：这两块租借地都是其他公司耗巨资后一无所获而放弃的。正如他们所想的那样，这两块租借地不久就成为哈默烦恼的源泉。他们钻出的前三口井都是滴油不见的干井，有 500 万美元打了水漂，包括打井费近 300 万美元，另外还有用于地震探测和向利比亚政府的官员缴纳的不可告人的贿赂金共 200 万美元。于是，董事会里开始有许多人把哈默这项雄心勃勃的计划叫作"哈默的傻事"，甚至连公司的第二大股东、哈默的知己——里德也失去了信心。

但是哈默凭着自己的直觉顽强地坚持下来。就在创业者和股东之间发生意见分歧的几周时间里，第一口油井出油了，随之而来的是，另外 8 口油井也出油了，而且是超乎寻常的高级原油。更为重要的是，这块油田位于苏伊士运河以西，运输非常方便，大大节约了保管费和运输费。与此同时，在另一块租借地上，工人们钻出了一口日产 703 万桶自动喷油的珊瑚油藏井，这是直到那时利比亚最大的一口井。紧接着，哈默又投资 1.5 亿美元修建了一条日输油量在 100 万桶的输油管道，而当时西方石油公司的资产净值只有区区 4800 万美元，不到最近一次投资的 1/3，足见哈默的魄力与胆识。随着实力的增长，哈默又大胆地吞并了好几家大公司。这样，西方石油公司一跃而成为世界石油行业的第八个巨头。哈默一系列事业的成功，完全归功于他的魄力和胆识，他不愧为一个犹太大冒险家。

成功的犹太人往往都像哈默一样，具有大胆的创新精神。他们重视传统却不拘泥于传统，而是审时度势，敢于打破最正统的和因循守旧的宗教束缚，以开放的心态对待一切新事物。他们所具有的冒险传统和实业精神，引导他们进入一片独创性的、边缘性的和全新的生存领域。漂泊不居的生活迫使犹太人不断冒险，久而久之，冒险就成为犹太人的习惯。犹太儿童无论是学习《圣经》的教诲，还是经商的技巧，拉比都会让他们勇于尝试、敢于冒险。

# 与风险"亲密接触"

当机会来临时，不敢冒险的人永远是平庸之辈。

要想做成任何一件事都有成功和失败两种可能。当失败的可能性大时，却偏要去做，那自然就成了冒险。问题是，许多事很难分清成败可能性的大小，那么这时候也是冒险。而商战的法则是冒险越大，赚钱越多。当机会来临时，不敢冒险的人，永远是平庸之人。而犹太商人大多具有乐观的风险意识，并常能发大财。

犹太人相信"风险越大，回报越大"，"财富是风险的尾巴"，跟着风险走，随着风险摸，就会发现财富。

确实，犹太商人长期以来不仅是在做生意，而且也是在管理风险，就是他的生存本身也需要有很强的风险管理意识。所以在每次山雨欲来风满楼时，他们都能准确把握"山雨"的来势和大小。这种事关生存的大技巧一旦形成，用到生意场上去就游刃有余了。有不少时候，犹太商人正是靠准确地把握这种风险之机而得以发迹。

公元1600年前后，摩根家族的祖先从英国迁移到美洲来，到约瑟夫·摩根的时候，他卖掉了在马萨诸塞州的农场，到哈特福定居下来。

约瑟夫最初以经营一家小咖啡店为生，同时还卖些旅行用的篮子。这样苦心经营了一些时日，逐渐赚了些钱，就盖了一座很气派的大旅馆，还买了运河的股票，成为汽船业和地方铁路的股东。

1835年，约瑟夫投资参加了一家叫作"伊特纳火灾"的小型保险公司。所谓投资，也不要现金，出资者的信用就是一种资本，只要在股东名册上签上姓名即可。投资者在期票上署名后，就能收取投保者交纳的手续费。只要不发生火灾，这无本生意就稳赚不赔。

然而不久，纽约发生了一场大火灾。投资者聚集在约瑟夫的旅馆里，一个个面色苍白，急得像热锅上的蚂蚁。很显然，不少投资者没有经历过这样的事件。他们惊慌失措，愿意自动放弃自己的股份。

约瑟夫便把他们的股份统统买下。他说："为了付清保险费用。我愿意把这旅馆卖了，不过得有个条件，以后必须大幅度提高手续费。"

这真是一场赌博，成败与否，全在此一举。

另有一位朋友也想和约瑟夫一起冒这个险。于是，两人凑了10万美元，派代理人去纽约处理赔偿事项，结果，代理人从纽约回来的时候带回了大笔的现款。这些现款是新投保的客户，出了比原先高一倍的手续费。与此同时，"信用可靠的伊特纳火灾保险"已经在纽约名声大振。这次火灾后，约瑟夫净赚了 15 万美元。

这个事例告诉我们，能够把握住关键时刻，通常可以把危机转化为赚大钱的机会。冒险是上帝对勇士的最高嘉奖。不敢冒险的人就没有福气接受上帝恩赐给人的财富。

犹太人是天生的冒险家。

犹太大亨们个个都经历过各种各样的风险，他们在风险的惊涛骇浪中自由地活动，做了一场又一场风险的游戏。

任何一个企业要想做大，所面临的风险是长期的、巨大的和复杂的。企业由小到大的过程，是斗智斗勇的过程，是风险与机会共存的过程，随时都有可能触礁沉船。在企业的发展过程中常常会遇到许多的困难和风险，如财务风险、人事风险、决策风险、政策风险、创新风险等。要想成功，就要有"与风险亲密接触"的勇气。不冒风险，则与成功永远无缘。

风险总是与机遇、利益相伴，如影随形。如果一个商人整天只是想着要发财，要成功，要赚大钱，但是往往却因为怕担风险，对未来心存胆怯而裹足不前，那么他就很可能与成功失之交臂，只有事后叹息、后悔的份了。

一位很成功的企业家邱德根曾经这样说过："我不信命运，我从风浪中拼出来，建立了自己的事业，即使到最后一刻也不会放弃，我的许多生意都是在风险中度过的。"

中国人喜欢求同的思维方式亦是源远流长，可上溯至孔夫子的"中庸思想"。具体而言，就是表现为不敢为天下先，正如俗语说的"枪打出头鸟"，"出头的椽子先烂"，所以一般来讲，中国少有变革，"第一个吃螃蟹的人"往往不得善终。

其实很多事在未真正完成之前，都是具有风险性的，常常会有一波未平一波又起的时候，也常常会有看似平静，但内部暗藏危机的时候。商业场上更是如此。但是一旦你勇于去开始，敢于去克服那些困难，那么在最后你将会有意想不到的收获。在那些看似难以捉摸的风险背后，往往隐藏着巨大财富！

# 在逆境中发财

面对逆境，将逆境视作寻常事，任凭你风吹浪打，我依然如闲庭信步，不为所动，这才是彻悟了人生，拥有了大智慧。

我们每个人降生到这个世界以前，就被注定了要背负起经历各种困难折磨的命运。既然是前生注定，今生的苦乐就是难以避免的。做生意顺利的时候，财源滚滚而来，取之不尽，用之不竭；一旦遇上风险逆境时，就要过一段节衣缩食的日子。不够坚强的人在逆境来临时，就会匆匆结束这次旅行，提前承认自己的失败；而足够坚强的人却深深懂得，我们就是为经历这些逆境而来的。

灰心丧气、失望抱怨是最常见的一种态度，这也是人们最正常的一种反应；一蹶不振、就此撒手、沉沦颓废也是一种态度。很多人就这样从我们的视野里消失了；忍耐、等待又是一种态度，他们坚信事物是变化的，三十年河东，三十年河西，说不准哪一天时来运转，就可以东山再起了；还有一种态度，把逆境视若寻常事，任凭你风吹浪打，我依然如闲庭信步，不为所动，这种人已经彻悟了人生，拥有了大智慧。

有人把逆境看作是一种人生挑战，在外在的压力之下，他的能力得到了充分的发挥，对自己的潜力有了新的发现，自身的价值也得到了进一步的肯定。还有一些人好像就是为逆境而生的，一帆风顺的时候，他也许会昏昏欲睡，而一遇逆境，有了压力，他反而精神抖擞，变成了一个新人。

面对逆境，能坦然面对的当推犹太商人。他们能在危险来临时，仍泰然自若地做生意，甚至把逆境看成是做生意的最好时机。

在2000多年的漂泊流离生活中，犹太人一直处在逆境之中。在这漫长的日子里，他们学会了忍耐和等待，学会了低调处世做人，学会了如何在逆境中生存发展的智慧。

把这种智慧运用到商业操作中，就形成了犹太商人在逆境中发财的生意经。

犹太实业家路德维希·蒙德学生时代曾在海德堡大学发现了一种从废碱中提炼硫黄的方法。后来他移居英国，将这一方法带到英国，几经周折，才找到一家愿意同他合作开发的公司。结果证明他的这个专利是有经济价值的。蒙德由此萌发了自己开办化工企业的念头。

随后他买下了一种利用氨水的作用使盐转化为碳酸氢钠的方法，这种方法是他参与发明的，当时还不很成熟。蒙德在柴郡的温宁顿买下一块地，建造厂房。同时，他继续实验，以完善这种方法。实验失败之后，蒙德干脆住进了实验室，昼夜不停地工作。经过反复而复杂的实验，他终于解决了技术上的难题。

1874年厂房建成，起初生产情况并不理想，成本居高不下，连续几年企业完全亏损。

犹太人在逆境中的坚韧性格帮助了蒙德，他不气馁，终于在建厂6年后的1880年取得了重大突破，产量增加了3倍，成本也降了下来，产品由原先每吨亏损5英镑，变为获利1英镑。

后来，蒙德建立的这家企业成了全世界最大的生产碱的化工企业。

没有在逆境中坚持不懈、默默奋斗的品格，蒙德也就不会取得后来的非凡成就。

日本水泥大王、浅野水泥公司的创建者浅野总一郎，他23岁时穿着破旧不堪的衣服，失魂落魄地从故乡富士山走到东京来。因身无分文，又找不到工作，他一段时间每天都处在半饥饿状态之中。正当他走投无路时，东京的炎热天气启发了他。"干脆卖水算了。"他灵机一动，便在路旁摆起了卖水的摊子，生财工具大部分都是捡来的。"来，来，来，清凉的甜水，每杯1分钱。"浅野大声叫喊。果然，水里加一点糖就变成钱了。头一天所卖的钱共有6角7分。简单的卖水生意使这位历尽千辛万苦的青年不必再挨饿了。

浅野后来说："在这个世界上没有一件无用的东西，任何东西都是可以利用的，只要有利可图，就赶紧去做。"浅野卖了两年水，25岁时已赚了一笔为数不少的钱，于是开始经营煤炭零售店。30岁时，当时的横滨市长听说浅野很会使人们看似无用的东西产生价值，就召见他说："你是以很会利用废物闻名的，那么人的排泄物你也有办法利用吗？"浅野说："收集一两家的粪便不会赚钱，但是收集数千人的大小便就会赚钱。"市长问："怎么样收集呢？"浅野说："盖个公共厕所，我做给你看，好不好？"这样，浅野就在横滨市设置63处日本最初的公共厕所，因而他就成了日本公共厕所的始祖。

厕所盖好之后，浅野把汲粪便的权利以每年4000日元的代价卖给别人，两年后设立一家日本最初的人造肥料公司。也许你会感到震惊，设立日本最大的水泥公司——浅野水泥公司的资金，是从这些公共厕所的粪便上赚来的！

浅野日后成为了大企业家，就是由于他对任何事都能够好好地加以利用。也就是说，人的困境是一个绝好的机会，反而能给予他一个转机，使他涌起无比的勇气，使他更加聪明，更加能勇往直前。因此对人生厄运不该恐惧，应感谢才是。

利用一切可利用的东西，赚一切可以赚的钱，这是商人的精明之处。

盖尔·博登也是一个善于在逆境中发财的人，正是这一点，使他有了辉煌的成功。

早年，博登埋头于发明创造。他先是发明了脱水肉饼干，但却未给他带来多少好处，相反，却使他在经济上陷入窘境。

有了第一次失败的教训，博登未被击倒。又经过两年反反复复的试验，他终于又制成了一种新产品——炼乳，并决定把它推向市场。

博登的第一步是要寻找专利保护。博登发明的炼乳，是一种纯净、新鲜的牛奶，牛奶中的大部分水分在低温中利用真空抽掉。但是，博登为他的制造方式寻求专利权时，得到的答复是产品缺乏新意，并且，专利局官员告诉他，在已批准的专利申请存档中已经有数十种"脱水乳"的专利权，其中包括一种"以任何已知方法脱水"。博登并不甘心，又一次提出申请。但他的第二次申请又再度被驳回，因为专利官员判定"真空脱水"并非必要的过程。第三次申请仍被拒绝，理由是博登未能证明"从母牛身上挤出的新鲜牛奶在露天地方脱水"与他的制作方式的目的不一致。

3次申请，3次被驳回，并未把博登击倒。他对专利权仍然穷追不舍，因为他坚信他的创造。他的第四次申请终于被批准了。

但是推销新产品也不是一帆风顺的。尽管博登每天花费18个小时在厂里教导炼乳的生产方法，监督生产程序，检查卫生清洁情况；尽管他的工厂由一家车店改造，租金便宜，附近又有纯正、营养丰富的牛奶供应，因而炼乳的成本较低；尽管他小心地挑选一位社区领袖做他的第一位顾客，因为这位社区领袖对炼乳的意见会有助于巩固这家新公司及其新产品在该地区的地位，而且这位社区领袖对产品也表示了赞赏，但当时当地的顾客仍习惯把掺有水分的牛奶放入一些发酵品，进行蒸馏。他们只觉得炼乳稀奇古怪，对它有疑心，所以，很少有人问津。

出师屡屡不利，甚至到了山穷水尽的地步——博登的两位合伙人都失去了信心。第一家炼乳厂被迫关闭了。

博登破釜沉舟，又建起了新工厂。也许是他的努力感动了上帝，他的第二次尝试终于获得了成功。他的公司在他逝世时，已成为美国具有领导地位的炼乳公司。而博登的创业奋斗奠定了现代牛奶工业生产的基石。

在博登的墓碑上，有这样一段墓志铭："我尝试过，但失败了。我一再尝试，终于成功。"这正是对他一生的总结。

许多犹太巨富早年都在逆境中成长，他们甚至没有接受过多少正规的学校教育。在逆境中磨砺，在逆境中奋斗，在逆境中发财，他们走的是一条更为艰辛的路。

美国钢铁业巨头安德鲁·卡内基，出生于苏格兰的亚麻编织匠家庭。在他的童年时代，父母因为无法维持生计而迁居美国，当时拍卖完全部值钱的家当以后还不足以支付全家人的船票，靠亲友的资助才得以成行。

由于生活艰难，年仅13岁的卡内基就进入纺织厂，在昏暗狭窄的锅炉室里工作。后来，他又做了电报信差、报务员、铁路职员、秘书等差事，历尽艰辛，最后在一个上司的提拔和支持下，投身于钢铁制造业，终成大器。

"可口可乐之父"——阿萨·坎德勒，5岁接受正规教育，9岁时就因为战争而中断。17岁他再一次进入学校时，不到半年就因为学校毁于火灾而停止学业。从此，阿萨告别了正规的基础教育，把进入学院学习的机会让给了弟弟，自己去一家药店当了学徒。

如今，"洛克菲勒"这个姓氏象征着财富和势力，而这个家族发迹的鼻祖，曾经名列全美第二大工业公司的标准石油公司的创始人——约翰·洛克菲勒，在少年时期却因为经济上的原因而不能进入大学，只念到高二，就中途辍学投身生意场了。

被誉为"经营之神"的松下幸之助，因为家境贫寒，在10岁那年正在读小学四年级的时候，被迫离开家乡到大阪火盆店去做学徒。两年之后，父亲去世，12岁的他成为松下一家的户主，沉重的生活压力使他再没有时间考虑受正规的教育，直到20岁，他在夜大进修了预科，但在试图升入本科时，因为学习底子太差，根本无法赶上教学的进度，只好退学。从此，他再也没有机会踏进学校。

"本田王国"的缔造者本田宗一郎，只有高小的文化程度，在16岁的时候就到东京的汽车修理店打工。从带小孩做起，到能修车，到自己开修车铺、开公司生产零部件、组装机动自行车、自己生产发动机、生产真正的摩托车、改良汽车发动机，最终将"本田技研"发展成为世界最大的摩托车厂商。

……

这些世界经济舞台上的巨子们的青少年时代都很清贫，他们无法完成正常的学业，没能够进入大学的校园。

然而，从逆境中间，他们又学到了很多。从知识的点滴积累，到性格的磨砺锻炼。一次次的失败和绝境，让他们悟出了某些书本里学不到的真谛，所以，他们成功了。

杰出的人物之所以能成功，另一个重要的原因就是他们均能自强不息，并且具有必胜的信念。即使面对种种逆境重重困难时，他们也从未放弃过。生活中总有许多人抱怨自己没本事，从而消极平庸，但实际上每个人都有成功的潜质。正如拿破仑所言："世上没有废物，只是放错了地方。"只要选准一条适合自己的路，坚持下去，自强不息，积极进取，就一定能成功。

施特劳斯是美国著名的梅西百货公司的创始人，也是 20 世纪二三十年代全美首屈一指的富豪。然而，他最初不过是一个贫困家庭的苦孩子。施特劳斯出生于德国，后移居北美，由于贫困，他不得不在读完初一后就辍学，当了杂货店的童工。他读书不多，但深受犹太人传统教育的影响。

他想通过自己的努力与奋斗去开拓自己的事业，为此，他一刻也没有停息过。

他 14 岁时，白天在杂货店干活，晚上自修文化。他勤奋聪明，干事也十分利落，老板很赏识他。他从勤杂工转为记账员，又升为售货员，再到售货经理，直至最后当上了公司的经理。虽然有了自己可观的收入，但他毫不满足。接着，他利用自己的积蓄开设了的小百货店，取名为梅西百货公司。由于自己的努力和经验，加上广泛的供销渠道，梅西公司快速发展，几年时光，便成为一个中等的百货公司，且很有名气。

但他仍不满足于已有的成绩，他决心将梅西办成全美乃至世界一流的百货公司。于是，他主动研究市场，马不停蹄地大搞市场调研，得出在北美这样的买方市场上应该执行以顾客为中心的市场营销手段的论断。一方面，他要求公司的销售人员要对公司的商品有足够的了解，真诚为顾客着想，争取让顾客最满意；另一方面推出了"给消费者赠品"、"有奖销售"、"新产品用户试用"、"产品当场演示"、"时装表演"等多种促销手段。

施特劳斯的不断探索为公司赢得了成功。在当时，梅西公司的业绩和信誉远远领先于别的公司。正是在这种不断进取的 30 多年经营中，梅西公司由小变大，最终成了世界一流的百货公司，一直持续到 20 世纪 70 年代末，而施特劳斯在 30 年代就逝世了。

富翁就是这样"炼"成的。世界上没有任何一个富豪是一帆风顺，不经失败和挫折的。无商不"艰"，正如美国成功学宗师拿破仑·希尔所说："幸运之神要赠给你成功的冠冕之前，往往会严峻地考验你，看看你的耐力与勇气是否足够。"推销奇才韦尔奇从小就患口吃症，他当过球童、报童，卖过鞋；洛克菲勒小时候食不果腹，衣不蔽体，18 岁时，以 1000 美元开始创业；松下幸之助不满 10 岁便背井离乡当学徒，其一生体弱多病，始创松下电器时，仅有 3 名员工和不到 100 元的创业资本；丰田数度濒临破产……这样的例子，不胜枚举。

比尔·盖茨在接受世界八大财经媒体之一的《金融时报》采访时谈道："我有过颓丧和胆怯。微软公司在起飞过程中遇到的困难和阻力一次比一次大，从技术难关、竞争对手的围攻到政府的指控，如果我不是最终以勇气和毅力战胜颓丧和虚怯，恐怕早就被市场竞争的浪潮淹没了。"逆境中企业家的生存本能及危机感对事业的成长至关重要，企业家是在逆境中成长起来的。

# 和气生财

坑蒙顾客就是播种仇恨，微笑带来的则是滚滚财源。

不要认为做个成功的商人就应该是严肃的、冷酷的、不苟言笑的。其实不然，作为一个成功的商人还要微笑，微笑着面对生活、面对战场、面对你的敌人！笑也是一种走向成功的武器。

世界上以经商著名的犹太人对这一点就深有体会。犹太商人之所以成功，笑的作用可谓是功不可没。

与犹太商人打交道，你会发现，与他们的谈判通常都是以微笑开始的。

谈判那天，犹太人会十分准时地到达谈判地点，绝不让你等候，哪怕是一分钟。双方见面后，犹太人非常地谦卑，客气地向你问候。特别是他们一直保持着微笑与你交流，那甜蜜的笑容让你觉得整个世界都是美好的。然而一旦进入谈判，他们会把谈判的条件提得很高，距离双方的协议差距很远，而且为了合同上一个细小的地方会和你讨价还价。双方于是开始不停地争论，最后变成激烈的争吵。第一天谈判，双方不欢而散。

但是，第二天，犹太人又会和你约定谈判的时间和地点，他们说话的神情十分地热情和真诚，态度是那样的温和与客气，仿佛昨天的种种不愉快没有发生过一样。犹太人的态度变化如此之快，简直让人觉得不可思议，询问犹太人态度发生如此大幅度变化的原因，犹太人哈哈一笑："人的细胞代谢得很快，昨天吵架的细胞已经被今天的温和细胞代替，所以今天没有必要再记恨嘛！"

犹太文化强调人与人之间要有健康而友善的关系。

犹太教典籍讲述了一个事例：

一次，有位拉比要召集6个人开会商量一件事，邀请他们第二天来。可是，到了第二天却来了7个人，其中肯定有一个人是不邀自来的。但是拉比又不知道这第7个人究竟是哪一位。于是，拉比只好对大家说："如果有不请而来的人，请赶快回去吧！"

结果，7个人中最有名望、大家都知道一定会受到邀请的那人却站了起来，然后快步走了出去。

大家都很明白，这位有名望并已被邀请的人为他人背了黑锅。但这个人也明白，这7个人中必定有一个人未受邀请，而这个人既已到这里了，却要他承认不够资格而退回去，是件令人难堪之事。因此，这位有资格的人挺身而出，宁愿自己名义上受点影响，保护那个不请自来的人的自尊心，让他混迹其中。

但是，这个故事除了褒扬那种帮助别人的精神外，更深一层的意思是，这个有名望的人的举动表面上看来令他"背黑锅"，但实际上这个举动使他的声望更高了。这个故事意在讲明帮助别人、注重和气是人人得益的道理。

卡耐基的侄女约瑟芬曾经担任过他的秘书。年仅19岁的她由于没有办事经验，经常在工作中出错。这个时候，卡耐基并不是对她采取言语上的取笑或是讽刺，对其严厉地批评，而是采用一种温和得体的方式，让她改正错误，并在以后不要再犯。

一天，约瑟芬再次犯了错误，卡耐基正想开始批评她，但马上又对自己说："等一等，戴尔·卡耐基。你的年纪比约瑟芬大了一倍，你的生活经验几乎是她的一万倍。你怎么可能希望她有与你一样的观点，你的判断力，你的冲劲？虽然这些都是很平凡的。但是，你19岁时又在干什么呢？还记得你那些愚蠢的错误和举动吗？"

于是，在面对约瑟芬时，他这样说道："约瑟芬，你犯了一个错误，但上帝知道，我所犯的许多错误比你更糟糕。你当然不能天生就万事精通。成功只有从经验中才能获得，而且你比我年轻时强多了。我自己曾做过那么多的愚蠢傻事，所以根本不想批评你或任何人。但难道你不认为，如果你这样做的话，不是比较聪明一点吗？"

初时，约瑟芬办事经验几乎等于零。但是现在她已是西半球最完美的秘书之一。其中的变化之大真是让人觉得不可思议。

不管怎样一定要以"和"为主。这种做法是在对方做错事后给予正确的心理安慰，它的作用是深远的、持久的！

提倡对顾客微笑服务的希尔顿深谙和气生财的道理，来看看他是怎样做到这一点的。

希尔顿是一个有名的旅馆业商人。当他的事业进入轨道，并赚到相当多的利润时，他自豪地去告诉母亲。母亲却不以为然而且还提出了新的要求："你现在与以前根本没有什么两样。事实上你必须把握住比几千万美元更值钱的东西。除了对顾客诚实之外，还要想法使来希尔顿旅馆的人住过了还想再住，你要想出这样一种简单、容易、不花本钱而又行之久远的办法来吸引顾客。这样你的旅馆才有前途。"

"简单、容易、不花本钱而又行之久远"，具备这四个条件的究竟是什么办法呢？希尔顿为此而冥思苦想了好久，仍然不得其解。

就在他逛商店，串旅店，以顾客的角度去感受时，他终于如梦初醒——微笑，一个简单、容易、不花本钱而行之久远的服务方式。

他对服务员常常说的一句话就是："今天，你对顾客微笑了吗？"他要求每个员工不论如何辛苦，都不能将自己心里的愁云挂在脸上。就这样，在经济大萧条中，无论旅馆本身遭受到什么样的困难，希尔顿旅馆服务员脸上的微笑始终如一，永远是旅客的阳光。

结果，经济萧条刚过，希尔顿旅馆就率先进入新的繁荣时期，跨进了黄金时代。

微笑是希尔顿成功的秘诀，他曾经说过："如果我的旅馆只有一流的设备，而没有一流服务员的微笑的话，那就像一家永不见温暖阳光的旅馆，又有何情趣可言呢？"

犹太人在其民族文化的影响下，再加上其长久的流离失所的状况，普遍形成一种谦和的耐性。犹太商人就善于利用自己的这一耐性，在经商的一切活动过程中充分发挥和气的作用。这种和气的仪表，在人际交往之间确有黏合剂的作用，它很容易把对方吸引住。在商务活动中，实践证明它是一种促销手段。为什么这样说呢？因为人是群体动物，人与人之间能否和睦相处，对事业影响很大。企业家制造出来的商品或服务，因得人喜爱而赚钱发财；政治家开展政治工作，因得人而昌；歌唱家演唱得到观众赞赏，因得乐队的伴奏和观众的捧场而被接受……一切离不开人。犹太人领会这一道理，把人与人的关系处理好，成为他们事业成功和发财致富的一种技巧。

# 借鸡生蛋

没有能力买鞋子时，可以借别人的，这样比赤脚走得快。

善借外力的人是成功的人。借别人的力量、金钱、智慧、名望甚至社会关系，用以扩充自己的大脑，延伸自己的手脚，提高赚钱能力。正所谓借他人之光照亮自己的"钱"程。

有这样一则故事：

一个穷人到富人家里讨饭。他先要求在富人家的火炉上烤干衣服，仆人认为这不需要花费什么，就答应了。在烤衣服的过程中，穷人又请求厨娘给他一口锅，好煮一锅"石头汤"喝。厨娘从来没有听说过石头可以煮汤，就好奇地答应了。在煮"石头汤"的过程中，厨娘为这锅汤加了些作料，有油、盐、豌豆、薄荷、香菜、肉末。最后穷人将石头扔到了外面，将肉汤美美地喝到了肚里。

这个故事可以给我们很多启迪。从某种意义上说，这个穷人就是周围社会资源的组织者，聪明的巧借，使得"石头汤"成了美味的肉汤而喝进肚里，得以充饥。在商场中，谁能做一个聪明的社会资源利用者，谁就能喝到那碗美味的"石头汤"。

日本松下电器的创始人松下幸之助说过这样一句话："我是用天下人的钱和天下人，来办我的事情，我出售的只是服务。"毫无疑问，生意人要赚大钱，将生意转化为企业，把自己由小商人变成企业家，就必须懂得巧妙地运用他人的智慧和金钱。

所谓生意的成功，并不是只顾实行自己的构想，而是巧妙地运用他人的智慧和金钱来创造一番事业。当然，在借用别人"钱袋子"的时候，必须要有明确的指标，将赚回来的钱除去基本开支外，其余的放回生产线上。社会上最普遍的筹集他人资金以发展事业的机构是银行和保险公司。如果有雄心在商业上干出一番成就，必须借用别人的资源。固守个人风格，只会困于自己的圈子，永远难以干成令人震惊的大手笔。

法国著名作家小仲马在他的剧本《金钱问题》中说过这样一句话："商业，这是十分简单的事。它就是借用别人的资金。"甚至西方商界有句名言这样说：只有傻瓜才拿自己的钱去发财。

很少有白手起家的富商不借债的。事实证明，天才的赚钱者了解并能充分利用借贷。世界上许多巨大的财富起始都是建立在借贷之上的。富人之所以能够成功，是因为他们深谙借钱、贷款的力量。

美国具有"商人之神"称谓的约翰·华纳卡，他虽然出生穷困家庭，缺乏良好的学校教育，但后来竟成为美国的百货巨子，甚至被列入名人传记中。华纳卡14岁离开家到书店当学徒，历尽艰辛，然后一边从事成人推销工作，一边积累资金，独资经营一家店铺。尔后，华纳卡不断地构思发展新公司，最后他终于成功了，而且被尊为美国商业界的权威。

从丰富的实际经验中，他想出生意成功的方程式：

生意的成功 = 他人的头脑 + 他人的金钱

这个方程式的意思是这样的：如果希望在商场上成功，就应该巧妙地运用他人的智慧和金钱以创造利润。如华纳卡这样成功的企业家，能自由使用上亿美元的个人资金，其设计的成功方程式竟然也需借用他人力量，故而可见借用他人之力的重要性。

　　传统意义上的做生意，最关键的基本钱即资金，有多大的本钱，做多大的生意，利用本钱一点一点地积累。一边积累一边发展，已成为许多生意人发展的轨迹。然而，在日新月异、高速发展的今天，那种传统意义上"滚雪球"般的积累已很难成大气候。而"借术"则可以帮你超越此过程，迅速步入巨富的行列。

　　"借术"贯穿于做生意的全过程：投资时要借别人的钱和物；造势时要借别人的社会关系网络、智慧等；运作时则要借助某种时机和有利形势。从理论上说，做生意的"借术"有虚实两大特征，虚的是借别人的智慧和创意，实的则是借别人的资金和物资。

　　犹太人认为，一切都是可以靠借的，借资金，借技术，借人才。这些为自己所用的东西都可以拿来。这个世界是已经准备好了一切你所需要的资源，你所要做的仅仅是把它们搜集起来，并用智慧把它们有机地组合起来。

　　这就是犹太人的思维方式。生意人应该尽量贷款，借助银行的资金为自己办事。如果你不能借用别人的资金，做生意是极为困难的。

　　犹太人信奉这样一句话："没有能力买鞋子时，可以借别人的，这样比赤脚走得快。"记住千万不要让自己的现况阻碍了发展，放胆去"借"，放胆去用，你会发现成功离你并没有那么遥远。

　　看看下面关于希尔顿是怎样把自身的 5000 美元成功地"借"成了 5.7 亿美元吧。

　　也许有人会很奇怪，5000 美元"借"成了 5.7 亿美元，简直是天方夜谭。然而你看了下面他的发展过程就会为他的这种"借"拍案叫绝！

　　希尔顿是一个很想发财的青年。终于有一天，他发现了一个很好的赚钱机会——建高档次的旅店。因为他在一条相当繁华的街上只发现了一家饭店，而且其档次只是一般。

　　有了目标，希尔顿看准位置，请了有关方面的专家做预测和设计。得出结论，要在那里建希尔顿理想的旅店需要 30 万美元买土地，还要 100 万美元的建筑费用。

　　而希尔顿当时倾其所有只有 5000 美元，距理想非常遥远。但是他没有就此罢休。

　　首先，他找了个朋友合伙，两个人一起凑到了 10 万美元。这个时候希尔顿去找了那块土地的拥有者老德米克先生。当然 10 万美元是不能够买到那块地的，但是希尔顿通过和老德米克的商议最终达成了这样一个协议：希尔顿只是租用他的土地 100 年，每年付租金 3 万美元。如果希尔顿有哪一年没有按期付款，那么老德米克可以收回那块土地，包括上面所建造的旅店。这样的协议对于老德米克来说是只有益处没有害处的，于是他欣然答应。

　　土地的问题解决了，但是现在希尔顿还是只有很少的资金。于是他又找到老德米克，最终说服他用房子作抵押，从银行获得 30 万贷款。扣去第一次的租金 3 万，还有 27 万，然后加上自己的 10 万美元，那么现在拥有了 37 万美元。通过再次努力，希尔顿找到一个土地开发商共同开发，该开发商投资 20 万美元。现在希尔顿有了 57 万美元了，他决定开始动工建造旅店了。

就在旅店建到一半的时候，57 万美元用完了。无疑希尔顿再次地陷入了困境。他又找到了老德米克，请求他的帮忙。这时候的老德米克即使不想出手帮忙也不行了，就像希尔顿所说的那样：如果旅店一完工，你就可以拥有这个旅店，不过是租赁给我经营，我每年付给您的租金不少于 10 万美元。老德米克认为他说的非常有理，而且现实情况也不容许他现在退出。如果他不帮忙，不但希尔顿的钱收不回来，自己的钱也一分回不来了。就这样，在老德米克的再次帮助下，希尔顿脱离了困境。

不久，以希尔顿名字命名的"希尔顿旅店"建成开工，希尔顿的事业也逐步走向黄金阶段。

从希尔顿的发展过程中，很容易看出，希尔顿最初的成功大多是靠"借"来的。通过"借"，短短两年时间他从只有 5000 美元，到建起一座高档次旅店。随后短短 17 年的时间里赚 5.7 亿美元。

高财商的人善于借鸡生蛋，借壳上市，借船出海。每借一次，都把自己的财富扩大数倍。求富的人不可不知"借"的奥妙。美国船王洛维格就是靠着自己的"借"功，走上发财之路的。

洛维格小时候，就曾经向父亲借钱买下一艘搁置很久的柴油机动船，并将它维修好，承包给别人。结果，除了还清父亲的钱以外，自己还获利 500 美元。这一件事对小小的洛维格影响很深远，让他明白了"借"对于一无所有的人的重要性。这种做法在他以后的生涯中屡屡得到应用。

到了而立之年的洛维格，总是债务缠身，常常会遇到破产般的困境。他很想有一番作为，但是这时的他却没有足够的资金。于是他有了一个奇异而超常的想法。

洛维格将自己唯一的一艘老油轮租给石油公司。由于自己没有担保人，于是他"借"着石油公司良好的信誉，从纽约大通银行"借"了一笔数目可观的贷款。

洛维格有了贷款后就去买了自己一直想要的货轮，然后加以改装，使它的航运能力更加强有力。有了新邮轮，洛维格仍然是将其包租出去，自己收租金，再贷一笔款，再去买更好一些的船……洛维格的事业就这样一步一步地扩大了起来。而且他收的租金总是会比贷的款要多。那么当他还清一笔款子，就会有一艘邮轮成为他个人的。就这样，洛维格拥有的船只越来越多，但是谁也不会想到他最初却是不名一文的人。

最终，洛维格成了世界上吨位最大的 6 艘邮轮的主人，而他同时还在做着旅游、房地产和自然资源开发等行业的生意。

在现代社会利用"名人效应"来打响商品品牌的现象已是屡见不鲜，这也证明了"向名人借名"的确是一种行之有效的推销方法。

一位犹太出版商有一批滞销书，当他苦于不能出手时，一个主意冒了出来——给总统送一本，并三番五次去征求意见。忙于政务的总统哪有时间与他纠缠，便随口而出："这本书不错。"于是出版商便大做广告："现有总统喜爱的书出售。"于是这些书就销售一空。

时间不长，这个出版商又有卖不出去的书，他便又送了一本给总统。总统鉴于上次经验，想奚落他，就说："这书糟糕透了。"出版商闻之，灵机一动，又做广告："现有总统讨厌的书出售。"有不少人出于好奇争相抢购，书又销售一空。

第三次，出版商将书送给总统，总统接受了前两次教训，便不予回答而将书弃之一旁。出版商却大做广告："有总统难以下结论的书，欲购从速。"居然又被一抢而空，总统哭笑不得，商人大发其财。

这就是犹太人。借用资源是犹太商人的拿手好戏，只要他们动脑，总能够成功。

犹太人不论在商界、政界还是在科技界的成功者，都是善于借用别人之"势"，巧借别人之"智"的高手。

美国前国务卿基辛格，在他处理白宫内的事务工作时，就是一位典型的巧于借用别人力量和智慧的能手。他有一个惯例，凡是下级呈报来的工作方案或议案，他先不看，压上几天后，把提出方案或议案的人叫来，问他："这是你最成熟的方案（议案）吗？"对方思考一下，一般不敢肯定是最成熟的，只好答说："也许还有不足之处。"基辛格就会叫他拿回去再思考和修改得完善些。

过了一段时间后，提案者再次送来修改过的方案（议案），此时基辛格把它看完了，然后问对方："这是你最好的方案吗？还有没有比这方案更好的办法？"这又使提案者陷入更深层次的思考，把方案拿回去再研究。

就是这样反复让别人深入思考研究，用尽最佳的智慧，达到自己所需的目的。这就是基辛格的一手高招，也反映出犹太人的一种成功的诀窍。

"'借'关系生财"，顾名思义就是借用一定的关系使自己原有的财富更加充足，得到飞跃。这里要说的是一个素有"点石成金的万能商人"之称的美国亿万富翁哈默。

哈默在事业刚开始起步时就巧妙地"借"用了关系来发展自己。

最初哈默凭借与列宁非比寻常的关系去苏联考察，发现了无限商机，这为他此后的财富剧增起到了巨大的作用。

当时的苏联正处于遍地饥荒的时候，而另一方面他们却拥有大量的因为没有出口途径而积压成堆的皮毛、宝石、白金、木材和矿石等。反观美国那时却又是另一个相反的情景，粮食多得很多人把它往海里面倒。两者相对来看，聪明的哈默认为这其中蕴藏着巨大的赚钱机会。

他把自己的想法向苏联官方表述了以后，还被召到列宁的办公室去面谈，得到了列宁的称赞与大力支持。

于是他从美国买进大批的粮食运到苏联，卖给当地人民。这不仅仅使当地人民欢迎他，而且也为自己的口袋赚进了大笔的钱财。

由于有列宁的支持，哈默放开了手脚，要大干一场。后来，哈默说服福特公司到苏联去发展，并且让自己成为福特的代理商。这一做法，不仅为福特公司带来了更大的市场，而哈默个人也获得了不少的利益。福特公司开了一个很有代表性的好开端，以后，不论哈默走到哪里，都会有商家请求其成为他们的代理商。

在苏联，当哈默代理的商品被当地人民一抢而空的同时，哈默经营的皮毛、宝石收购站的顾客也是潮涌而至，每天都门庭若市。仅仅 1923 ~ 1925 年的 3 年时间内，哈默的盈利翻了几番，达到十多万，甚至几十万美元。

介于哈默与列宁的关系，他在该国的发展可谓是一路顺风。官方不仅不加阻碍而且都很配合，在有关方面尽力给予帮助，因而很短的时间内给他带来了巨大的收益。后来，因为哈默与苏共书记勃列日涅夫结成好朋友的关系，他又再次同苏联签订了一笔 200 亿美元的合同。

哈默的借术可谓技高一筹，凭借与苏联最高领导人的关系为自己大开财源。

犹太人坚信，借用他人之力，可使自己迅速飞黄腾达，他们的成功也一再验证了这一观点。

# 厚利适销法则

薄利多销就是往自己的脖子上套枷锁，厚利适销才能永盛不衰。

"薄利就是往自己的脖子上套绳索，是大家在比赛自杀，这是死亡的大竞争，"犹太人大声疾呼，"这是愚蠢至极的行为。"

美国亚利桑那州大峡谷沙漠中有一家麦当劳的分店，游人喜欢在此解决饮食问题。其实这儿的价格要远远高于其他地方麦当劳连锁店的价格，正如犹太人店长自认不讳的"本店价格最贵"，但人们似乎根本不在乎。因为此"贵"与彼"贵"是不一样的，其贵在有理，且店堂里有醒目的"诚告顾客"：由于本地经常性缺水，所需用水是从 60 英里以外运来的，其费用是常规水费的 25 倍；为雇员紧缺考虑，我们需支付较其他地方更高的工资；为了在旅游淡季也维持营业，本店还得承担季节性亏损；又由于远离城市，地处偏僻，本店的原料运输昂贵：所有这些因素使本店的价格昂贵，但我们为的是向您提供服务，相信您会理解这一点。

话说到这个分上，理由再明白不过了。游人尽管吃着"最贵"的汉堡包、热咖啡、土豆条，反而觉得钱花得值。

看看犹太人是怎么做的，他们坚决不做薄利多销的买卖，他们做的是厚利适销的生意。在行业的选择上，他们也颇为精明，选择那些昂贵的消费品来经营。因此，世界上经营珠宝、钻石等行业中，犹太人居多。看看犹太人发展的领域吧：金融证券、信贷投资、媒体报纸……无一不是厚利乃至暴利的行业。

犹太人有3家最出色的银行，莱曼公司是其中之一。许多人相信它是利润最高的银行，他们的利润高达40%。莱曼家族的先人所信奉的基本原则是："一便士买进，从中赚上一分利。"这也是犹太商人的箴言。

"薄利多销"是很多国家商界牢不可破的商业法则。但是犹太人却相反，他们的口号是"厚利才能赚钱"，结果，他们比其他民族和国家的人赚取了更多的财富。

在犹太商人的眼里，奇货可居，采取高额定价必须以此为基本原则。奇货包括新产品、稀有品，更包括名牌产品。名牌产品，着重于名气。换句话说，名气就是本钱，而这些名气，都是在价格的基础上。

名牌产品在营销中一般以高额定价法为主，能够巩固名牌的高贵地位，保持特优的身价，维护其至高无上的优势和超额利润。

紧俏商品的标准是：名牌、质量绝对过硬、市场需求量看好。对于这类商品，宁可不卖，也不可以削价。

能获厚利者，绝不薄利多销。厚利多销才是犹太人生意的原则之一。

对于这类产品，犹太人的做法是，找出所有的资料来说明他们高价出售是何等正确。他们甚至制作和印发统计资料、小手册、卡片……和犹太人有业务往来的人，几乎每天都能收到犹太人寄来的各种资料。犹太人常常会对你说："请用我送给你的资料去说服消费者。"但是绝口不提议价和折扣的问题。

他们认为：压低价格，说明你对自己的商品没有信心。"绝不要廉价出售我们的商品"，是犹太人的信条。

为什么当其他的商家表示"要把降价进行到底"的时候，犹太人却要反其道而行之呢？他们说，同行之间开展薄利战争，总是把自己的价格定得比别的同行低一些，这样大家互相压低价格，那么商品的利润在哪里呢？薄利虽然多销了一些，但是市场的容量就是那么一点，大量廉价商品进入市场，最后市场也饱和了，无法容纳更多的商品，那以后生产出来的商品怎么办呢？薄利竞争的结果就是，厂家大批大批地倒闭，并且，大家的生存会越来越艰难。

对于这样的营销策略，犹太人认为是非常不可取的。因为薄利以后的效果就是卖3件商品所得的利润只是1件商品的利润，这样不是事倍功半吗？上策是经营出售一件商品，应得一件商品的利润，甚至是两三件的利润。这样可以节省出各种经营费用，还可以保持市场的稳定性，并很快可以按高价卖出另外两件商品。

美国的威尔逊在 20 世纪 40 年代继承父业时，塞洛克斯公司只是一个不知名的经营杂货的小公司。1946 年，威尔逊瞄准商机，向市场推出了"塞洛斯 914 型干式复印机"，进而发了大财。

其实最初定价时，威尔逊曾主张将利润定为零，即用成本价向用户推出，以期开拓市场。可是，他的律师尼诺威提醒了他，向他说明，这是抛售或者叫倾销，是美国法律禁止的。威尔逊沉思良久，最后决定将卖价定为 29500 美元一台。

干式复印机的成本只有 2400 美元，威尔逊却喊出了超出 10 多倍的高价，所以"塞洛斯 914 型干式复印机"推向市场后，连续 14 年无人问津。就在这期间，塞洛克斯公司为它耗去了 7500 万美元的巨款。可是即使在这样捉襟见肘的时刻，威尔逊仍不愿放弃自己制定的高价，他坚信，"干式复印机"一定会取代旧有的"湿式复印机"。

终于，在濒临破产的 1960 年，奇迹发生了！干式复印机由于性能稳定，受到了高消费顾客群的青睐，猛然成了抢手货，在美国、在全世界，对它的需求变得越来越迫切，仅 1960 年，塞洛克斯公司的营业额就高达 3300 万美元。干式复印机的市场占有率达到了 15%。1966 年，营业额跃升到 5.3 亿美元！这一年，塞洛克斯公司在美国的"500 家最大公司排名录"上占据第 145 位，威尔逊振兴公司的愿望终于实现了！公司被美国《财富杂志》誉为"10 年中发展最快的 20 家公司之一"。

犹太商人"厚利适销"的营销策略，是以有钱人和巨额营业为着眼点的。名贵的珠宝、钻石、金饰，只有富裕者才买得起。相反，如果商品价格过低，反而会使他们产生怀疑。俗语说："价贱无好货。"犹太商人就是这样抓住消费者的心理，开展"厚利适销"策略营销的。即使经营非珠宝、非钻石首饰商品，也是采取高价厚利策略。

如美国最大百货公司之一的梅西百货公司。它是犹太人施特劳斯创办的，它出售的日用百货品总要比其他一般商店同类商品价高 50% 左右，但它的生意仍不错。如 1993 年售额为 63 亿美元，是当年全美 100 家最大百货公司排名的第 26 位，但它的利润值为 5.4 亿美元，在全美排第 4 位，与排第 3 位的年销售额 341 亿美元的凯马特百货公司的利润相差无几。

犹太商人的高价厚利营销策略，表面上从富有者着眼，经营的商品，一般在两年左右时间就会在中下层社会流行开来。道理很简单，介于富裕阶层与下层社会之间的中等收入人士，他们总想进入富裕阶层，由于心理的驱使，为了满足心理的需求或出于面子的原因，总要向富裕者看齐。因此，他们也购买时髦的高贵新品。而下层社会的人士，往往力不从心，价格昂贵的产品消费不起，但崇尚心理作用总会驱使一些爱慕富贵的人行动，他们也不惜代价而购买。这样的连锁反应，昂贵的商品也成为社会流行品，彩电、音响等原来属昂贵商品，现在也进入了平民百姓家庭；小轿车也成为西方大众的必需品。可见，犹太商人的"厚利适销"策略是"醉翁之意不在酒"，是盯着全社会大市场的。日本商人藤田也受惠于这一营销策略。在他经营之初，曾接受了一位犹太人的教诲。这位犹太人告诉他，一种商品在社会上流行的情形为两类，一是先流行于高收入阶层，即富翁，然后再渐次普及于大众；另一是突如其来爆炸性地流行于大众，但是很快就会销声匿迹。而自富翁阶层流行的商品，其寿命至少可维持两年以上。而这类商品又以高级的舶来品为数最多。事实上，某种舶来品，其品质和本国的产品一样，但价格远超过本国的数倍以上，可是有钱的人往往情愿买舶来品，似乎越买得起贵的东西，才越显得出自己的身份地位比别人高。因此商人们便抓住顾客的此种心理，竞相把舶来品上的标签售价定高，顾客反而乐于抢购，商人便厚利多销了。

藤田听信这位犹太朋友的忠告输入服饰品时，以国内上流阶层最有钱的人为对象，输入一流的昂贵服饰品，让一流阶层的人选购。不久，次一层收入的人为了向第一流的人"看齐"，也争相抢购。如此一来，顾客便增至原先预想数目的两倍，如此类推，陆续增至4倍、8倍、16倍……终至扩大到社会大众。

因此，藤田所贩卖的商品，都是以高收入阶层的人为对象，极为畅销，绝对不会有货物无法脱手的顾虑。他做了20年的生意，从来没有采取过削价大拍卖的方法来推销商品，仍然在商业上获得了巨大的成功。现在，薄利多销为很多经商者所采用，但这种做法一再压缩自己的微利空间，久而久之就无利可图，结果只是饮鸩止渴，得不偿失。它还容易导致恶性竞争的价格战，最终同归于尽。

而对于"厚利适销"有人形象地将其比作"挤油"，即从最肥的地方下手，从市场"肥客"身上获得好处。这不失为一种明智之举，盯紧这批"肥客"，不仅可以有固定的市场，不至于在商业大战中迷失，而且利润颇丰，一本万利。

# "无中生有"法则

任何东西到了商人手里都会变成商品。

日本有个富翁名叫中山洋介。开始时，中山洋介手中既无资金，也无技术。当他跟别人说起准备经商时，大家都不相信。可他不但成为一个很成功的商人，而且经营的还是资本量很大的房地产。

经营房地产，利润很大，但是风险也很大，要有一大笔的资本做后盾，对于一般人而言，恐怕只能看别人赚钱了。但中山有白手起家的妙计。

中山洋介经过考察发现，在日本有不少人想开工厂，但资金连土地都买不起，更谈不上建筑厂房了。与此相反，许多土地却还在闲置着。如果不用购买土地就可以建厂生产，肯定能受到创业者的欢迎。有了这样一个构思，中山洋介立即行动起来。他首先打听那些闲置的土地。这些土地往往地理位置偏僻，多是卖不出去的土地。他同这些土地所有者商谈，提出改造利用土地的计划。土地所有者正为这些土地没有买主着急，现在有一个开发的方法，真是雪中送炭。他们纷纷愿意出让土地，有的甚至还拿出一定的资金作为股份。

土地的问题解决后，中山洋介创建洋介土地开发公司，组织人员上门推销土地。这些工厂主正为没有资金兴建工厂着急，现在看到可以不用巨额资金，又有土地可以出租，当然十分高兴，上门和中山签约的厂主络绎不绝。

中山的做法是，从租用厂房者手上收取租金后，扣除代办费用和厂房分摊偿还金，所剩的钱归土地所有者。厂房租金和土地租金之间的差额，除去修建厂房的费用，就是中山洋介的盈利。

企业主、土地所有者、中山洋介三方达成协议后，中山洋介就向银行贷款建筑厂房，然后按分期还款的方式归还银行的费用。

中山洋介实际上只是起到了一个中介的作用，将土地所有者和工厂主联系起来。一开始，这一创意就很吸引人，那些偏僻的土地有了用处，而工厂主可以减去积累资金的时间。中山洋介第一年仅手续费用就收入了20亿日元，有了这笔钱后，就不用再向银行贷款了。

就这样，中山洋介从营造小厂房到建筑大厂房，再到营建大规模的工业区，他的公司像滚雪球似的越滚越大，公司的经营也不再只限于租用土地。白手起家的中山洋介，终于成为日本数一数二的大企业家。

一个成功的中介者，就是一个成功的商人。他能够把看似毫不相关的事情联系起来，从中获利。

图德拉原是委内瑞拉的一位工程师。他从一位朋友处打听到阿根廷需要购买2千万美元的丁烷，并且又知道阿根廷的牛肉过剩。

图德拉灵机一动，他飞到西班牙，那里的造船厂正为没有订货发愁。他告诉西班牙人："如果你们向我买2千万美元的牛肉，我就在你们的造船厂定购一艘造价2千万美元的超级油轮。"西班牙人愉快地接受了他的建议。这样，他就把阿根廷的牛肉转手卖给了西班牙。

此后，图德拉又找到一家石油公司，以购买对方2千万美元的丁烷为交换条件，让石油公司租用他在西班牙建造的超级油轮。结果，图德拉不费一分钱做成了这笔生意。

在 20 世纪五六十年代，精明的日本人发现在一些缺水的阿拉伯国家水比油还宝贵，于是他们就在水上大做文章。他们找到一种比出口淡化海水更简单、更省钱的方法出口雨水。从多雨的日本海接来雨水，用轮船运到阿拉伯国家。日本专家还研究出了一种清洗轮船内石油废渣的方法，利用油轮运载雨水，往返不空驶。大量出口雨水给日本带来了一本万利的经济效益。

还有一个例子：

1953 年，历时 3 年的朝鲜战争结束了，用来筑工事的沙袋大批量地闲置起来，并且占满了仓库。而当初经营沙袋的公司大多是临时租用仓库。停战说明沙袋已经成了废物，而占用仓库，租金却得按日交付。这可急坏了这些沙袋经营商。

藤田先生瞅准了这个机会，觉得从中发一笔财是很有可能的。

于是，找到了那些沙袋经营者商谈生意。他摆出一副帮他们排忧解难的样子，说可以免费帮他们把沙袋弄走。有这样的好心人，这些沙袋经营者们当然高兴不已。

"一袋 5 日元 10 日元都可商量，折得太多啦。"

藤田最后以 5 日元一袋的价码买了 20 万袋。

货到手后，藤田仗着能说英语的方便，拜会了一个国家的驻日大使。这个国家是殖民地，当时正在闹内乱。藤田想着他们肯定需要武器和沙袋。

未出所料，该国驻日大使亲自出面查看样品，20 万只沙袋很快成交。沙袋以 10 日元的标准价格卖掉了。

从看似无用的废物中发现商机，日本人藤田的成功与犹太人麦考尔如出一辙。

1984 年圣诞节前，尽管美国不少城市朔风刺骨，寒气逼人，但玩具店门前却通宵达旦地排起了长龙。这时，人们耐心等待领养一个身长 40 多厘米的"椰菜娃娃"。

"领养"娃娃怎么会到玩具店呢？

原来，"椰菜娃娃"是一种独具风貌、富有魅力的玩具，她是美国奥尔康公司总经理罗拔士发明的。

通过市场调查，罗拔士了解到，欧美玩具市场的需求正由"电子型"、"益智型"转向"温情型"。他当机立断，设计出了别具一格的"椰菜娃娃"玩具。

以先进电脑技术设计出来的"椰菜娃娃"千人千面，有着不同的发型、发色、容貌，不同的鞋袜、服装、饰物，这就满足了人们对个性化商品的要求。

另外，"椰菜娃娃"的成功，还有其深刻的社会背景。离婚使得不到子女抚养权的一方失却感情的寄托。而椰菜地里的孩子正好填补这个感情空白，这使"她"不仅受到儿童们的欢迎，而且也在成年妇女中畅销。

罗拔士抓住了人们的心理需要大做文章。他别出心裁地把销售玩具变成了"领养娃娃"，把"她"变成了人们心目中有生命的婴儿。

奥尔康公司每生产一个娃娃，都要在娃娃身上附有出生证、姓名、手印、脚印、臀部还盖有"接生人员"的印章。顾客领养时，要庄严地签署"领养证"，以确立"养子与养父母"关系。

罗拔士又作出了创造性决定：配套成龙——销售与"椰菜娃娃"有关的商品，包括娃娃用的床单、尿布、推车、背包以致各种玩具。

领养"椰菜娃娃"的顾客既然把她当作真正的婴孩与感情的寄托，当然把购买娃娃用品看成是必不可少的事情。

这样，奥尔康公司的销售额开始大幅度增长。

如今，"椰菜娃娃"的销售地区已扩大到英国、日本等国家。罗拔士正考虑试制不同肤色及特征的"椰菜娃娃"，让她走遍世界各国，保持奥尔康公司在玩具市场上首屈一指的地位。

奥尔康公司充分发挥自己的想象力，虚构了惹人喜爱的"椰菜娃娃"。当"椰菜娃娃"成了摇钱树时，它又引发了一系列相关产品的诞生。"无中生有"原则使得奥尔康公司受益无穷。

# 看紧你的钱包

对钱财必须具有爱惜之情，它才会聚集到你身边。你越尊重它，珍惜它，它越心甘情愿地跑进你的口袋。

"紧紧地看住你的钱包，不要让你的金钱随意地出去，不要怕别人说你吝啬。你的钱每花出去一分都要有两分钱利润的时候，才可以花出去。"犹太巨富洛克菲勒是这个信条虔诚的遵守者。

洛克菲勒早年在一家大石油公司做焊接工，任务是焊接装石油的巨大油桶。他细心地发现每焊接一个油桶要掉落的铁渣每次不多不少正好是 509 滴，他想要焊接那摞得像山一样的油桶要浪费多少焊条呀！于是他改进了焊接的工艺和焊接的方法，让每次滴落的铁渣正好是 508 滴，仅此一项改进，这家大石油公司全年的节约资金是 5.7 亿之多！洛克菲勒本人也因此获得了一次极佳的晋升机会。

努力挣钱是开源，设法省钱是节流。巨大的财富需要努力才能追求得到，同时也需要杜绝漏洞才能积聚。

洛克菲勒成为亿万富翁以后，他的经营管理也是以精于节约为特点的。他给部下的要求是提炼一加仑原油的成本要计算到小数点后的第三位。每天早上他一上班，就要求公司各部门将一份有关成本和利润的报表送上来。多年的商业经验让他熟稔了经理们报上来的成本开支、销售以及损益等各项数字。他常常能从中发现问题，并且以此指标考核每个部门的工作。1879 年的一天，他质问一个炼油厂的经理："为什么你们提炼一加仑原油要花 19.8492 美元，而东部的一个炼油厂干同样的工作却只要 19.849 美元？"这正如后人对他的评价，洛克菲勒是统计分析、成本会计和单位计价的一名先驱，是今天大企业的"一块拱顶石"。

到了老年时期，有一天，他向他的秘书借了 5 美分。当洛克菲勒给秘书还钱的时候，秘书不好意思要，洛克菲勒当即大怒："记住，5 美分是一美元一年的利息！"由此可见他对于金钱的节俭和计算真是到了极致。

犹太人的用钱原则就是只把钱用在该用的地方。他们认为不该用的地方，是一块钱也不会花出去的。他们说："对钱财必须具有爱惜之情，它才会聚集到你身边，你越尊重它，珍惜它，它越心甘情愿地跑进你的口袋。"

另一位犹太人也是以崇尚节俭、爱惜钱财著称的连锁商店大王克里奇，他的商店遍及全美 50 个州和国外很多地方。他的资产数以亿计，但他的午餐从来都是 1 美元左右。克德石油公司老板波尔·克德有一天去参观一个展览，在购票处看到一块牌子写着："5 时以后入场半价收费。"克德一看手表是 4 时 40 分，于是他在入口处等了 20 分钟后，才购买了一张半价票入场，节省下 0.25 美元。要知道，克德公司每年收入上亿美元，他所以节省 0.25 美元，完全是受他节俭的习惯和精神所支配，这也是他成为富豪的原因之一。

犹太人特别是犹太商人不管多么富有，绝不会随意挥霍钱财。在宴请宾客时，以吃饱吃好为尚，不会讲排场乱开支；在生活中，以积蓄钱财为尚，不会用光吃光。犹太人测算过，依照世界的标准利率来算，如果一个人每天储蓄 1 美元，88 年后可以得到 100 万美元。这 88 年时间虽然长了一点，但每天储蓄 2 美元，大都在实行了 10 年、20 年后很容易就可以达到 100 万美元。可见对金钱除了爱之外，还要惜。也就是说，除了想发财外，还要想办法保护已有的钱财。这就是犹太人经营致富的一个奥秘。犹太富商亚凯德说："犹太人普遍遵守的发财原则，那就是不要让自己的支出超过自己的收入。如果支出超过收入便是不正常的现象，更谈不上发财致富了。"

犹太人有句格言这样说："花 1 美元，就要发挥 1 美元 100% 的功效。"要把支出降到最低点。

很多犹太人老板，对任何的开支都精打细算，为的就是尽量地降低成本，减少费用。他们总是说："要把一块钱当作两块钱来使用。如果在一个地方错用了一块钱，并不就是损失一块钱，而是花了两块钱。"

悉尼奥运会上曾经举办过一个以"世界传媒和奥运报道"为主题的新闻发布会。在座的有世界各地传媒大亨和记者数百人。

就在新闻发布会进行之中，人们发现坐在前排的炙手可热的美国传媒巨头 NBC 副总裁麦卡锡突然蹲下身子，钻到了桌子底下。他好像在寻找什么。大家目瞪口呆，不知道这位大亨为什么会在大庭广众之下做出如此有损自己形象的事情。

不一会儿，他从桌下钻出来，手中拿着一支雪茄。他扬扬手中的雪茄说："对不起，我到桌下寻找雪茄。因为我的母亲告诉我，应该爱护自己的每一个美分。"

麦卡锡是一个亿万富翁，有难以计数的金钱，他可以买到一切可以用钱买到的东西，一支雪茄对于他来说简直微不足道。如果照他的身份，应该不理睬这根掉到地上的雪茄，或是从烟盒里再取一支，但麦卡锡却给了我们第三种令人意料不到的答案。

金钱容易引发意外。任何人对待金钱都要谨慎，否则就要损失金钱。先要学会看管少数金钱，然后才可以管理更多金钱。这是最聪明的提防金钱损失的办法。

犹太人的这一节俭作风甚至为一些日本商人所仿效：

如果你到日立公司的日立工厂去，哪怕是酷暑，办公室却没有冷气设备。这是因为，日立的厂房很高，安装冷气太浪费。厂房不安装，办公室也不能特殊，职工都强忍着。办公室里，用不着的电灯就一定要熄灭。日立的职工讲究时间效率，日立的大瓮工厂有一条标语——"1 分钟在日立应看成 8 万分钟"。意思是一个人浪费 1 分钟，日立 8 万职工就要浪费 8 万分钟。

日立的经理人员"惜量如金"。公司绘制了"代号一览表"，将各机构、各负责人的代号告诉职工。如"吉田博总经理先生"只用日语读音的第一个字母代替就行了。如果你在文件上加敬语，就会受到训斥。

除此之外，日立人还充分利用废旧物品。凡是写便条，都要取用过的纸，即使送给大人物的文件也往往是写在废纸的反面。所用的信封，第一次写信时，收信人写在第一行。第二次使用时，收信人写在第二行。

松下公司创始人松下幸之助曾告诉人们：要爱金钱。这句话说得一针见血。如果不爱钱，就抓不住财富。只有爱钱，财富才会逐日增加——钱怎么会躲在不爱钱的人的手中呢？因此，与其对钱"欲说还休"，倒不如像犹太人一样，将钱爱得明明白白、真真切切。

犹太人说："有 4 种尺度可以用来测量人，那便是金钱、醇酒、女人以及对于时间的态度。这 4 种尺度标准有其共同之处——它们都有吸引人的地方，但是却不可以沉迷于其中。"

犹太人这种处事有度的态度，表现在他们对待金钱的态度上，就显得有些过分的节俭，甚至有些吝啬。

犹太人出门买东西，不管花费多少，不管东西便宜或是贵都一定要有账单。所以许多犹太人到一些地方，看到一般餐厅中只报账而没有账单的情况，就会觉得有些不可思议。许多民族对待金钱的态度要比犹太人马虎得多。

据说有一位希腊人经常光顾某家餐厅，每次吃大致相同的饭菜，但每次结账，价钱都互不相同，但相差不多。他的犹太朋友听到这件事，十分惊讶，要追究所以然，希腊人却说："这么一点小钱，何必认真？"犹太人一边摇头，一边口呼上帝，仿佛犯了什么大罪过。

犹太人很吝啬吗？并非如此，他们只是不付没有道理的钱。犹太人认为这是他们自己的绝大的优点，是重视金钱的表现。

看紧自己的钱包，爱钱的同时也要惜钱。珍惜自己的每一分钱，这一原则已贯彻到犹太人生活的方方面面，甚至内化到他们的思想观念中。

# 变则通，通则赢

*活用一切有利条件，充分发挥自己的潜能。*

以色列的住房很紧张，几个德裔犹太商人只好将一个报废的火车车厢用作临时住所。有一天晚上，那几个犹太商人穿着睡衣，在寒风中颤抖不已地来回推动车厢。一个本地犹太人不解地问："你们到底在干什么？""因为有人要上厕所，"推车人耐心地说明，"车厢里写着：停车时禁止使用厕所。所以，我们才不停地推动车厢。"

这个笑语从另一个角度，可以看出犹太商人的变通能力：从形式上遵守规定，同时又不真正改变自己原有的活动方式。这几个寄居在火车车厢之中的犹太人，就像犹太人长期寄居在其他民族的社会中一样。这条规定是铁路部门制定的，这几个犹太人没有立法的权力，自然也没有废除某项法律的权力。说实在的，犹太人在各自的所在国中，经常也要面临这类原该自然废弃但偏偏还实际起着作用的法律或约定俗成的规矩，因此规定不能废除，用厕所又在情理之中，聪明的犹太商人就想出了让列车"动起来"的点子。

犹太人就是善于活用一切。他们由于历史的原因，所处的环境和条件千差万别，但不管在欧洲、美洲或者在亚洲乃至非洲，不管从事商业、科学技术事业或是文化艺术乃至农业，都涌现出大批事业有成的佼佼者。究其原因，其中很重要的一条就是他们能适应环境，活用一切有利条件，充分发挥自己的潜能。

犹太人认为，人生的过程中离不开自己所处的客观环境，也离不开自身的主观条件。改变整个客观环境，是整个社会的事，作为个人或企业只能适应客观环境。至于主观条件，有些是可以改变，有些则不能改变的，这得靠自身的努力和善于活用主观条件了。

每个人都有一些无法改变的条件，比如眼睛的颜色、身材的高低、出身背景，等等。每个人也有一些可改变的条件，如文化水平、工作能力、身体的强弱，等等，只要自己奋发学习，注意方法，适当地锻炼保养，是可以提高文化水平、增强工作能力、强健身体的。有些人的通病在于漠视本身的条件，没有灵活运用和充分发挥自有的潜能，却祈求或奢望自己所没有的东西，那是难以事业有成的。

好莱坞世界最大制片中心老板高德温是位在波兰出生的犹太人，他传奇的一生是充分活用一切有利条件的一生。他1882年出生于华沙，11岁丧父，家庭生活十分困难。为了生活，流浪到英国伦敦，曾在铁匠店当童工，他不怕苦和累，练就了强健的体魄。他没有进学校的机会，就利用业余自学文化。他到美国生活后，从打工到自己经营手套工厂，最后发展成为好莱坞制片中心的老板，富甲一方。高德温的发展过程可以说是众多犹太人的生活缩影。

犹太人坚信，在这个世界上，只要你有意搜索，可以活用的条件到处潜在。他们还认为，人生的机会，大量存在于自己的周围和本身所潜在的条件中，关键在于你是否练就出了开发这些条件的意志和眼光。

19世纪中叶，发现金矿的消息从美国加州传来。17岁的犹太人亚默尔也成为庞大的淘金队伍中的一员，他历尽千辛万苦，赶到加州。

淘金梦的确很美，做这种梦的人比比皆是，而且还有越来越多的人纷至沓来，一时间加州遍地都是淘金者，而金子变得越来越难淘。

不但金子难淘，生活也越来越艰苦。当地气候干燥，水源奇缺，许多不幸的淘金者丧身此处。小亚默尔经过一段时间的努力，和大多数人一样，不但没有发现黄金，反而被饥渴折磨得半死。

一天，望着水袋中一点点舍不得喝的水，听着周围人对缺水的抱怨，亚默尔忽发奇想：淘金的希望太渺茫了，还不如卖水呢。于是亚默尔毅然放弃金矿的努力，将手中挖金矿的工具变成挖水渠的工具，从远方将河水引入水池，用细沙过滤，成为清凉可口的饮用水。然后将水装进桶里，挑到山谷一壶一壶地卖给找金矿的人。当时有人嘲笑亚默尔，说他胸无大志："千辛万苦地到加州来，不挖金子发大财，却干起这种蝇头小利的小买卖，这种生意哪儿不能干，何必跑到这里来？"

亚默尔毫不在意，不为所动，继续卖他的水。结果，淘金者都空手而归，而亚默尔却在很短的时间靠卖水赚到几千美元，这在当时是一笔非常可观的财富了。

还有这样一个成功案例：美国有家富顿兴产公司，是专门生产经营机械设备的，随着市场竞争日益加剧，其生意日见惨淡。董事长乔治富顿是出生和成长在美国的，他长期受到美国文化和思维方式的影响，当公司经营上出现困难时，他开始思考和观察怎么使企业走出困境。

一天，乔治富顿发现纽约市街道旁有一堆堆的垃圾。他想，垃圾是城市必有的产物，天天不断产生，它作为废物给城市管理带来环境污染和清除的经济负担，等等。他想，可不可以在垃圾上做些文章呢？如果我能够利用垃圾来制造一些有用的东西，它既不用原料成本，取之不尽，又可为城市解决污染的公害问题，我自己也可使企业振兴发财……

乔治富顿马上组织人员一起致力研究垃圾的开发。经过一番试验和市场调查研究后，觉得把垃圾碾碎，压成建筑材料最有可行性。因为当时是 20 世纪初期，美国正是经济大发展时期，建筑业兴旺红火。同时，自己的公司是生产机械设备的，研制一种压缩机是轻而易举之事。据此研究和分析，乔治富顿立即让自己公司转产压碎机和垃圾建筑材料。果然不出所料，生意十分红火。加上成本低，公司利润就十分可观，这不但使富顿兴产公司起死回生，而且乔治富顿本人也发了大财。

以上这些成功人士的一个共同特点就是深谙变通之道。此路不通时，转向其他方向寻求机会，充分活用一切有利条件，最终使自己峰回路转，柳暗花明，抵达成功的彼岸。

# 从信息里赚钱

即使是风，嗅一嗅它的味道，你就可以知道它的来历。

这是一个信息的时代。一切东西都可以用信息来代替和表示。信息是这个时代的最大财富，拥有了信息就等于拥有了财富。

犹太人似乎很早就懂得了这个关系。他们知道信息的重要性，并很早就开始利用信息赚钱了。在犹太人的语言——希伯来语中，信息的含义往往和"经营活动"是一个意思。也许是受到了这一启示，犹太大亨们将信息看得无比重要。

美国亚默尔肉类加工公司的老板菲普力·亚默尔习惯于天天看报纸，虽然生意繁忙，但他每天早上到了办公室，就会看秘书给他送来的当天的各种报刊。

1875 年初春的一个上午，他仍然和平时一样细心地翻阅报纸，一条不过百字的消息把他的眼睛牢牢吸引住了：墨西哥疑有瘟疫。

亚默尔顿时眼睛一亮：如果墨西哥发生了瘟疫，就会很快传到加州、德州，而加州和德州的畜牧业是北美肉类的主要供应基地，一旦这里发生瘟疫，全国的肉类供应就会立即紧张起来，肉价肯定也会飞涨。

他立即派人到墨西哥去实地调查。几天后，调查人员证实了这一消息的准确性。

亚默尔立即集中大量资金收购加州和德州的肉牛和生猪，运到离加州和德州较远的东部饲养。两三个星期后，瘟疫就从墨西哥传染到联邦西部的几个州。联邦政府立即下令严禁从这几个州外运食品，北美市场一下子肉类奇缺、价格暴涨。

亚默尔及时把囤积在东部的肉牛和生猪高价出售。短短的 3 个月时间，他净赚了 900 万美元（相当于现在 1.3 亿美元）。这一条信息让他赚取了巨额利润。

犹太商人消息灵通是世界闻名的。据日本商人说，犹太商人非常喜欢收购国外破产企业。每当日本有让犹太商人看着中意的企业破产之时，远在美国的犹太商人便会第一批获得这一消息。而许多日本企业主近在国内，却是"出口转内销"，还得从犹太人那里获得有关情报。

在这方面，素有"犹太经商之道代表"之美称的罗思柴尔德家族，就是一个很好的例子。

罗思柴尔德家族信息网遍布西欧各国。这种分布使这个家族较易于获得情报信息，也使各种信息具有了特别重大的价值：在一地已经过时了的消息，在另一地可能仍还有巨大的商业价值。为此，罗思柴尔德家族特地组织了一个专为其家族服务的信息快速传递网，在交通和通信尚没有像今天这般便利快捷的时代，这个快件传递网还着实发挥过一阵子作用。有一次，罗思柴尔德为了获取信息，平生亲临火线并当了一回快件传递员。

19 世纪初，拿破仑法国和欧洲联军苦苦作战，战局变化不定，谁胜谁负，一时难以判断。后来，联军统帅英国惠灵顿将军在比利时发起了新的攻势，因为一开始打得非常糟糕，欧洲证券市场上的英国股票疲软得很。

这时，在伦敦的纳坦·罗思柴尔德为了了解战局的走向，专程渡过英吉利海峡，来到法国打听战况。当战争发生逆转，法军已成败局之时，纳坦·罗思柴尔德就在滑铁卢战地上。纳坦一得知这个确切消息，马上动身，赶在政府急件传递员之前几个小时，回到伦敦。罗思柴尔德家族靠信息的便利而占了先机。他们动用了大笔资金，乘英国股票尚未上涨之际，大批吃进。短短几小时后，政府公布消息股价直线上升，转眼之间罗思柴尔德就发了一笔大财。

无独有偶，1973 年 3 月，扎伊尔发生武装叛乱，叛军向赞比亚铜矿移动。日本三菱公司从卢萨卡得到这一信息后，从中推理出这一局势将会妨碍铜矿交通，影响铜矿开采，进而会直接影响世界铜市场的产量和价格。于是，三菱公司根据情况采取了对策，大批购买铜。此时伦敦五金交易所却反应迟钝，铜价依然如故，每吨 860 英镑。时隔不久，铜价果然猛涨，转眼之间，日本人利用情报信息就赚了一大笔钱。

信息是有价的，从信息里赚钱首先要从信息里发现商机，抓在别人之前抓住信息，你就比别人先抓住了商机，进而抢先抓住财富。

美国著名的犹太实业家，同时又被誉为政治家和哲人的伯纳德·巴鲁克（1870～1965）在30岁之前已经由经营实业而成为百万富翁。

开始创业时，巴鲁克也是非常不容易。但就是靠作为犹太人所具有的那种对信息的敏感，使他一夜之间发了大财。

巴鲁克28岁那年的7月3日晚上，他正和父母一起待在家里。突然广播里传来消息，西班牙船队在圣地亚哥被美国海军消灭，这意味着美西战争即将结束。

这天正好是星期天，第二天是星期一，依照常例，美国的证券交易所在星期一都是关门的，但伦敦交易所则照常营业。巴鲁克立刻意识到，如果他能在黎明前赶回自己的办公室，就有可能发一笔大财。

当时是1898年，小汽车尚未问世，而火车在夜间又停止运行。在这种束手无策的情况下，巴鲁克急中生智，想出了一个绝妙的主意：他赶到火车站，租了一列专车。巴鲁克终于在黎明前赶到了自己的办公室，在其他投资者尚未"醒"来之前，做成了几笔大交易。就这样，巴鲁克一举成功了。

巴鲁克同纳坦·罗思柴尔德不一样，他利用的并不是独家消息，而是公开的新闻。所以，同其他投资者相比，他在获得信息的时间上，并不占先机，但在如何从这一新闻中解析出自己有用的信息，据此作出决策，并在采取相应的行动上，巴鲁克的的确确占据了先机。巴鲁克在不无得意地回忆自己多次使用类似手法都大获成功时，将这种金融技巧的创新归功于罗思柴尔德家族，但显然，在对信息的"理性算计"中，他是青出于蓝而胜于蓝的。

还有这样一个例子：

密歇尔·福里布尔是个在比利时出生的犹太人。他经营着当今世界最大的两家谷物公司之一——大陆谷物总公司。密歇尔·福里布尔接任父辈产业后，采取了与前辈不同的经营方式，运用现代经营策略，把公司的业务迅速扩展到世界各地。到20世纪80年代初，他的分公司已在五大洲各主要城市建立起来，总共100多家，成为一个名副其实的跨国大公司。

大陆谷物总公司能够在30多年里迅速发展壮大，除了密歇尔·福里布尔高超的经营艺术外，还与他高度重视信息有密切关系。

自从开始跨国经营后，他就把信息当作企业的生命线。在20世纪50年代，通信主要靠电报、电话，而且当时这两方面的成本十分昂贵。但为了及时掌握各地谷物生产、供应和消费的信息，福里布尔所有分公司都普遍应用电报、电话，与总公司时刻保持联系。后来有了传真机，他又率先购置这种当时最新的通信设备。而且，这些信息通道都与他分布在世界各地的住宅接通，保证他时刻与各地分公司取得直接联系。

福里布尔还聘雇大批懂技术的专业人才，随时为他收集、分析来自世界各地的信息情报。据统计，他的总公司每天收到来自分公司及情报代理人发来的电报、传真、电话近万次，由一个专门的信息情报部门进行分类处理，最后浓缩进电脑，供福里布尔及总公司决策层参考。

福里布尔的"信息管理"中还有一张王牌，即以高薪聘请包括美国中央情报局在内的各国情报局退休人员。这些人员提供的信息或了解到的情报，对福里布尔决策很有参考价值。

现在，福里布尔的公司已经往多元化经营方向发展。但不管在哪个领域，他都因善于运用信息而获得成功。例如，他从信息情报中了解到美国海外轮船公司要出让一部分股权，经过对信息的分析后，他果断地购入14.3%的股权，不到一年就获利2000多万美元。

正是对信息的重视，使福里布尔的事业蒸蒸日上。

# 尽量多走几步

多走几步会看到更多的风景。

犹太智者教导世人：智者切面包时，估算10次方才动刀；倘若换成愚者，即使切了10下也不会估算一下。

比别人多看几步决定了你是否可以发财，你能想到未来的发展情况有多远，那你的成功就有多远。

试举一实例，犹太巨富吉威特有一种近似天才的远见。当一件事尚未来临，他便能预见它将在何时发生。这个先见之明，可以说是他的事业成功的关键。自从1930年以来，吉威特对每10年来临一次的时代新浪潮，都能十分准确地把握。而且把它联系在自己的事业上，使自己走向成功的彼岸。

20世纪30年代：经济危机的年代，大多数的土木建筑业者都无事可做，但吉威特却预见公共投资不久将复苏，于是尽力去做事前的准备。

20世纪40年代：吉威特预见有关防御方面的工程，尤其是空军基地的建筑将增多。

20世纪50年代：吉威特又预见高速公路以及飞弹基地建筑时代将来临。

20世纪60年代：吉威特进一步预见都市交通网将有大的发展。

如此这般，吉威特每次都把因时代潮流而带来的建设需要，在事先就把握住了。他的这种先见之明，奠定了今日吉威特王国的基础。

美国的百货业巨子约翰·甘布士也因具有先见之明而一夜暴富：

有一次，但维尔地方经济萧条，不少工厂和商店被迫贱价抛售自己堆积如山的百货，价格低到 1 美元可以买到 100 双袜子了。

那时，约翰·甘布士还是一家织造厂的小技师。他马上把自己积蓄的钱用于收购低价货物，人们都公然嘲笑他是个蠢材。

约翰·甘布士对别人的嘲笑漠然置之，依旧收购各工厂竞相抛售的货物，并租了一个很大的货仓来贮货。

他妻子劝说他，不要购买别人廉价抛售的货物，因为他们历年积蓄下来的钱数量有限，而且准备用作子女教养费的。如果此举血本无归，那么后果便不堪设想。

甘布士安慰她道："3 个月以后，我们就可以靠这些廉价货物发大财。"

过了 10 多天以后，那些工厂贱价抛售也找不到买主了，便把所有存货用车运走烧掉，以此稳定市场上的物价。

太太看到别人已经在焚烧货物，不由抱怨起甘布士。对于妻子的抱怨，甘布士一言不发。

终于，美国政府采取了紧急行动，稳定了但维尔地方的物价，并且大力支持那里的厂商复兴。

这时，但维尔地方因焚烧的货物过多，存货欠缺，物价一天天飞涨。约翰·甘布士马上把自己库存的大量货物抛售出去，一来赚了一大笔钱，二来使市场物价得以稳定。

在他决定抛售货物时，他妻子又劝告他暂时不忙把货物出售，因为物价还在一天天飞涨。

他平静地说："是抛售的时候了，再拖延一段时间，就会追悔莫及。"

果然，甘布士的库存刚刚售完，物价便跌了下来。他的妻子对他的远见钦佩不已。

后来，甘布士用这笔赚来的钱，开设了 5 家百货商店，业务也十分发达。甘布士一举成为全美举足轻重的商业巨子。

现在我们再来看看另一个犹太富翁洛克菲勒是怎么运用这些高招的。

在 19 世纪 80 年代，约翰·洛克菲勒已经以他独有的魄力和手段控制了美国的石油资源。这一成就不仅取决于他从父亲那里学到的经商哲学，更主要的是受益于他从创业中锻炼出来的预见能力和冒险胆略。

1859 年，当美国宾夕法尼亚州泰特斯维尔出现了第一口油井时，洛克菲勒这位精明的青年商人就从当时的石油热潮中看到了这项风险事业的前景是有利可图的。他在与合伙人争购安德鲁斯 —— 克拉克公司的股权中表现出非凡的冒险精神。

拍卖从 500 美元开始，洛克菲勒每次都比对手出价高，当标价达到 5 万美元时，双方都知道，标价已经大大超出石油公司的实际价值，但洛克菲勒满怀信心，决意要买下这家公司，当对方最后出价 7.2 万美元时，洛克菲勒毫不迟疑地出价 7.25 万美元，最后终于战胜对手。

年仅 26 岁的洛克菲勒开始经营起当时风险很大的石油生意，当他所经营的标准石油公司在激烈的市场竞争中控制了美国出售全部炼制石油的 90% 时，他并没有就此止步。

到 19 世纪 80 年代，利马发现了一个大油田，因为含碳量高，人们称之为"酸油"。当时没有人能找到一种有效的办法提炼它，因此只卖一角五分一桶。洛克菲勒预见到这种石油总有一天能找到一种方法提炼它，所以执意要买下这个油田。当时他的这个建议遭到董事会多数人的坚决反对，事后他只得说："我将冒个人风险，自己拿出钱去投资这一产品。如果必要，拿出 200 万或 300 万。"洛克菲勒的决心终于迫使董事们同意了他的决策。结果，不过两年多时间，洛克菲勒就找到了炼制这种酸油的方法，油价一下由一角五分涨到一元，标准石油公司在那里建造了全世界最大的炼油厂，盈利猛增到几亿美元。董事会的成员们最后不得不承认，洛克菲勒比他们所有的人都看得远，比他们所有的人都有更加强烈的预见能力。

大凡成功的企业家都是战略家。他们有极强的预见能力。他们的眼光是盯着未来，而不是现在。比别人多走几步，是他们成功的诀窍之一。

# 欲取之，先予之

暂时地放弃一些利益，是为了得到更多的利益。

如果想赚钱的话，必须先让对方赚钱。只想自己赚钱的人，不仅不能赚大钱，而且还会被视为吝啬鬼。

从前有一位贵族，很喜欢收集古董。为了收藏古董他备有两个仓库，一号仓库放的是赝品，而真品则放在二号仓库。古董店的老板一有新货，就会把东西带到这个贵族家。当然其中有真品也有赝品。但是，贵族从不计较，只说声谢谢，便照单全收。不过他会告诉管家，哪些古董该放一号库，哪些该放二号库。

明知是赝品还付钱，表面上看起来，好像吃亏了，其实不然，因为这么一来，古董店认为对方带给自己赚钱的机会，所以，一有真正的好货，就会拿到贵族那里。因而，这个贵族收集到很多好古董。如果当初他不愿让对方赚钱，就无法收集到这么多珍贵的东西，当然更别奢望赚钱了。

做生意与古董业一样，每个人都是因为自己能赚钱才肯和对方合作，如果总吃亏而不赚钱，当然就不谈了。能让自己赚到钱，也能让别人赚到钱，彼此才会努力协作往来，获利也才会更多。

犹太人将这一点总结得很明白："暂时地放弃一些利益，是为了得到更多的利益。"

"赔本赚吆喝"是犹太人的经商俗语，说的就是先舍后得的道理。这其实是一种表面上亏损的促销方法，但它在打开产品销路的方面却能够起到良好的效果。

有一位犹太商人开发了一种保健饮料，其销售势头一直长盛不衰，这种饮料打开市场时用的就是一种赔本赚吆喝的生意经。

他们独出心裁想了一个新招。根据自己产品的特性，他们花钱登广告征寻1000个拿着医院体检单、已被儿科医生确诊的厌食、瘦弱、体质差的孩子，免费供应这1000名儿童一天两瓶。当然，这位犹太商人的最终目的是打开产品的销路，但这种赔本赚吆喝的买卖经，却不失为一种有益的尝试。

如果说犹太商人"赔"的是数以千瓶计的饮料，那么，花旗银行的一位犹太小职员"赔"的只是15分钟的小小耐心，而他们所取得的效果却是一样的。

故事发生在美国花旗银行的一位小职员身上：

有个陌生的顾客从街上走进这家银行，要换一张崭新的100美元钞票，准备那天下午作为奖品用。这个职员花了15分钟，打了两次电话，最后找到了这样一张钞票，并把它放进一个小盒子里，递上一张名片，上面写着："谢谢您想到了我们银行。"那位偶然光顾的顾客又回来了，并开了一个账户。在以后的几个月里，他所工作的那个法律事务所在花旗银行存款25万美元。

由于那个职员无懈可击的优质服务，使偶然光顾的顾客特意回来开户存款，这样的服务魅力恐怕是难以抗拒的吧！

还有一些聪明的犹太商人采用白送机器零件这样一种看似赔本的方法来促销自己公司的机器，并最终获得成功。

美国凯特皮纳勒公司，是世界性的生产推土机和铲车的大公司。它在广告中说："凡是买了我们产品的人，不管在世界哪一个地方，需要更换零配件，我们保证在48小时内送到你们手中，如果送不到，我们的产品白送你们。"他们说到做到，有时为了一个价值只有50美元的零件送到边远地区，不惜动用一架直升机，费用竟达2000美元。有时无法按时在48小时内把零件送到用户手中，就真的按广告所说，把产品白送给用户。

有位中国留美学生讲了这样一件事：

他刚到美国时，用500美元在一家犹太人经营的商店买了一台彩电，回去后发现质量有问题，于是给商店打电话，电话刚挂断，商店就来人了，确认了质量有问题后，马上行礼，并说："请原谅，马上换一台。"在零售店，经理随手一指："请随意选一台，但一定请多关照。"这位留学生没有挑价值比原彩电高得过多的彩电，而是客气地选了一台800美元的彩电。

从这件事看，精明的犹太商人以一台彩电，也就300美元的代价，避免了企业声誉受损，所以最终赔也是赚。

罗思柴尔德家族的开创者梅耶·罗思柴尔德，当初是一位犹太穷孩子，做着古币和徽章收藏的小买卖。

在生意场上遭受种种歧视和碰了一次次壁的经历告诉梅耶：做生意必须具有一定的地位和身份，这样才能挣大钱，才能不受别人轻视。

梅耶经过三番五次的努力，终于打通了通往宫廷的门径。

一天，他获准晋见当地的领主比海姆公爵。梅耶趁此机会，以牺牲血本的超低价格向公爵推销珍贵的徽章和古钱币。

公爵正在兴头上，一股脑儿地买下了梅耶推荐的徽章和古钱币。但此时这位20岁的犹太小商人似乎并没有引起公爵的注意。

梅耶的目标不是这一笔买卖，也不全是长期买卖，而是要通过建立长期买卖抓住公爵这个人，他认为公爵对他将会有更大的用处。

他不断地以超低价格的方式向公爵推销古钱币和徽章。这样，收集和买卖终于成为公爵的一大嗜好。

而梅耶呢？损失了许多经济利益，却牢固了和公爵的关系，并且深深赢得了公爵的信任。他经常替公爵兑换一些汇票，再后来，他掌握了公爵的一部分财产处理权，并在25岁的时候荣获了"宫廷御用商人"的头衔，实际上也就解除了许多套在犹太人身上的枷锁。梅耶整整为公爵效力了20年。

在法国大革命期间，梅耶协助公爵进行金融和军火交易，为公爵赢得了不少利益。他把巨额资金借给那些正缺乏军费的君主和贵族以赚取定额利息，同时他还进行军火交易。很快地，珠宝、借据、期票等便堆满了他的金库。

当然，梅耶不会忘了自己的家族、自己的身份。他大力施展自己的商业才华，在战乱年代，他为家族赢得巨额资产。他借用公爵为其后来建立犹太金融帝国打下了坚实的基础。

在后来的岁月里，将金钱、心血和精力押宝般地投注到某一特定人物身上的做法，已成为罗斯柴尔德家族最基本的战术。

不惜血本与特权强权建立牢固关系，然后回过头来再由这些人身上获取远甚于此的更大利益。

先舍后得，为了自己的长期的利益暂时放弃一些近期利益。实践证明，梅耶的确做对了。

在美国一个一文不名、靠借来的470美元起家的黑人小伙子却成了拥有资本800万美元的大公司老板，成为美国的黑人大亨，他就是约翰逊。约翰逊成功的秘诀是"欲取之，先予之"。

约翰逊最初在一家名为"富勒"的大公司负责推销黑人专用化妆品。虽竭尽全力，却成效甚微。他终于悟出："自己推销的商品是特殊商品，特殊之处就在于消费者是黑人。"而黑人在美国的经济地位和社会地位普遍低下，受教育程度也大大落后于白人。他们不仅购买力有限，而且大多数人还不懂如何使用化妆品，甚至根本连使用化妆品的欲望还没产生呢。他必须摒弃传统做法，另辟新路。这一认识是约翰逊推销生涯的一个质的飞跃，为他开创一种全新的推销方式奠定了基础。

怎样让黑人妇女喜欢化妆品呢？关键是要让她们体验到化妆前后的差别，以活生生的事实刺激她们想修饰自己的欲望。他冒着赔本的风险，冒着丢掉"饭碗"的危险，一个"先试后买"的全新推销方式脱颖而出。

约翰逊在黑人居住地区铺开摊子，先用租来的手风琴自拉自唱流行歌曲，吸引了来往的黑人。待人们聚拢后，他开始介绍化妆品的功效，并慷慨请大家随意试用。爱美是人类的天性，谁不想使自己变得更漂亮些，更何况不用花钱就能打扮自己呢？羞怯的黑人妇女开始壮着胆凑过来，在约翰逊的指导下涂脂抹粉，陶醉在别人的注视和自我欣赏之中。可第二天一早恢复本来面目，就远不如化妆后漂亮。妇女们不甘心了，约翰逊终于唤起了黑人妇女对化妆品的欲望。一个月后，"先试后买"取得惊人成果，约翰逊的公司声威大震。

现在，以"欲取之，先予之"推销方法，在世界各地已非常普遍。

曾有一段时间，香港男士服饰店大量批发绅士服。由于生意竞争激烈，有些商店就以"买一套绅士服赠送一条长裤"为口号，希望引发顾客的购买欲。其实，一套衣服，真的需要两条长裤吗？但由于人人都有贪小便宜的心理，既然是免费赠送，谁不喜欢呢？所以受赠品的吸引，前去购买的人很多。

又如，日本某家威士忌制造商，为了提高威士忌的销售量，以赠送精美的酒杯、酒盘和精致的小酒壶来吸引顾客。根据统计，前来购物的大多数人是受到赠送品的吸引。所以，馈赠品的魅力还是很大的。由于这种馈赠促销的经营方法确实能增加销售额，所以历久不衰。

但也有人认为，与其赠送，不如降低价格更实际。然而，对于已经熟悉了大商场打折推销积压品的消费者来说，馈赠比降价更可信。譬如，价值1000元的商品，以700元的价格售出，消费者并不会觉得获得了300元的利益。他们反会以为，这商品本来就值700

元而已。但是若以 1000 元价格出售，另外赠送 300 元的礼物，情形就不一样了。消费者会以为，自己以 1000 元买到 1300 元的商品。

换句话说，就人的心理满足程度而言，赠品确实比降低价格更吸引人。因为获得赠品的购买者，会有意外收获的感受——这东西来得太容易了。即使并无实际用处，他们心理上也会觉得很快乐。

如前面提到的买威士忌附赠酒杯、酒盘、酒壶等精美酒具，要人花钱去买的话，会觉得不值，但有人愿意赠送，当然不要白不要。有经验的经销者，就是利用了人们这种心理弱点，大做生意。

# 用脑袋去赚钱

**不去自己思考和判断，就是把自己的脑袋交给别人帮你看管。**

西方有句名言说："从人们思想中挖出来的金矿，超过从地下开采出来的黄金。"

财富是靠脑袋的，犹太人说，你的价值是脑袋，而不是手。他们就是依靠脑袋发财的。犹太人在经商的时候显得很轻松，他们其实是经过不断思考的。

"钞票有的是，遗憾的是你的口袋大小了。如果你的思维足够开阔，那你的钱包就会随之增大了。"犹太人如是说。

犹太人做生意是极为精明的，他们用自己聪明的头脑构筑了一个个绝妙的想法而赚了钱。

犹太人的商业原则是：作为商人，他的任务就是想办法制订好一套完整的合理的商业计划，剩下的事情就让别人去摆弄，自己等着赚钱就可以了。

有这样一个故事：

有位国王拥有一大片葡萄园，雇了许多工人来照管，其中有一位工人能力特别的强，技艺超群。于是国王让他来管理这片园子。

有一天，这位国王来到葡萄园散步，就让他陪同。这天工作完后，工人们排起长队领取工资，几乎所有人的工资都相同，但是当这位看管园子的人领取工资的时候，却遭到了大家的抗议和议论。他们认为这位工人只干了两个小时的活，其他的时间都在陪国王到处闲逛，所以不能领取与别人等同的工资。

这时，国王说话了："我派他来是因为他熟悉你们的工作，是来看管你们的。今天他虽然只干了两个小时的活，但是他走的时候，你们仍然按他给你们的规定完成了任务，他的两个小时就干完了你们一天才完成的工作量，所以他的工资和以前一样。"

工作成就不能以工作时间来计算，也不是按他干了多少活来计算，而是应该以他实际工作所获得的有效劳动成果的多少来计算。

犹太人在他们历史的早期就已经这样做了。在 1910 年，大量犹太人进入北美。开始的时候，他们和一起移民来的英国人、西班牙人、葡萄牙人一样，都是从事最简单的体力劳动。他们每 10 个人里有 8 个是体力工人，但是不久他们就都不干了。因为，对于犹太人来说，开始他们从事这些出卖体力的职业是由于遭受歧视、缺乏机会才不得不这么做。当他们有了基本的生存保证，就不再这样做了。这些工作报酬低微，但是付出的辛苦又很多，工作还很不稳定，尤其是这些工作会降低人的身份，这完全不符合犹太人的追求。

于是，他们依靠自己良好的教育背景纷纷去找那些体面、薪水报酬高、有油水可捞的工作。过了几十年，他们中有不少人成为了百万富翁。著名的罗思柴尔德家族就是从这个时候开始闻名的。到了后来，每 10 个犹太人里就只有 1 个是蓝领工人了，其他的人都变成有产阶级了。在人们的眼睛里，每一个犹太人都成了重要的人物。而那些其他民族的人还是不得不继续卖力地挥动他们的锄头，汗流浃背地工作，以求每日的餐饭。

这就是两种不同的观念造成的不同命运：前者依靠自己的智慧变得富有，后者则依旧靠出卖体力来生活，他们的一生也不得不继续他们的被奴役的生活。

可以看出，财富绝对是靠智慧的大脑得来的，那种传统的依靠体力来劳作是不会得到大财富的。即使是传说中的那些大力士在今天也顶多是维持自己的生计罢了。在今天越来越重视知识的年代，富有智慧的人们注定是这个世界的主宰者。

犹太人对于赚钱，自有主见。他们认为，赚钱有三种方式，一是靠身体，二是靠体力，三是靠脑袋。出卖自己是最可悲也是最下等的赚钱方式，而靠出卖自己的体力赚钱则是其次，最上层的赚钱方式就是靠脑袋。犹太人向来就是靠脑袋致富，世界上有很多犹太人在各国过得逍遥自在，但是他们能在休闲中赚取自己想要的东西。这就是说犹太人赚钱是靠脑袋而不是靠身体或体力。

10 年前，一个 24 岁的青年巴鲁克，以普普通通的出身，凭着自己准确的判断和锲而不舍的努力，用借来的 5 万美元 10 年间滚出了亿元身价，铸造了以色列第一财软的宏伟事业。当时电脑行业正在时兴，随着大量国外品牌电脑的进入，国外大公司开发的各种软件也开始长驱直入，计算机行业再次面临着机会的诱惑，不少人认为国外的计算机无论硬件还是软件均远远超过本国，与其苦苦开发民族软件，不如直接销售推广国外的硬件和软件，这样风险小，来钱快。

巴鲁克仍然潜心致力于民族财务软件的开发、销售。他似乎并不在乎国外同行的竞争。在他看来，软件应用离不开技术和服务的本地化支持。国外许多公司可以将软件加以调整推向市场，但其母版是国外的，不可能完全符合国家企业的要求。致力于民族软件业的企业其优势就在这里，不仅完全做到了应用、服务的本地化支持网络，而且从软件设计上一开始就充分考虑到了以色列企业的现状。

巴鲁克也正是凭借这一优势，2000 年，他击败国外著名公司，以不菲的价格拿下了仅软件服务就达 1000 万美元的大洋公司财务软件合作项目，巴鲁克的判断力再一次得了高分。

正因为如此，有犹太格言："只要能够正确使用，你的头脑就是你最有用的资产。"

亿万富翁亨利·福特说："思考是世上最艰苦的工作，所以很少有人愿意从事它。"

被犹太人视为致富导师的拿破仑·希尔在演讲中曾经反复强调思考致富。为什么是思考致富，而不是努力工作致富？最成功的人士强调，最努力工作的人最终绝不会富有。如果你想变富，你需要思考，独立思考而不是盲从他人。富人最大的一项资产就是他们的思考方式与别人不同。如果你做别人做的事，你最终只会拥有别人拥有的东西。

乔治·哈姆雷特曾在伊斯诺州的退伍军人医院疗养，他的时间很多，但是除了读书和思考之外，能做的事情并不多。但他懂得思考的价值。

乔治知道很多洗衣店在烫好的衬衣领加上一张硬纸板，防止变形。他写了几封信向厂商咨询，得知这种硬纸板的价格是每千张 4 美金。他的构想是，在硬纸板上加印广告，再以每千张美金 1 元的低价卖给洗衣店，赚取广告的利润。

乔治出院后，立刻着手进行，并持续每天研究、思考、规划的习惯。

广告推出后，乔治发现客户取回干净的衬衫后，衣领的纸板丢弃不用。

他问自己："如何让客户保留这些纸板和上面的广告？"答案闪过他的脑际。

他在纸卡的正面印上彩色或黑白的广告，背面则加进一些新的东西——孩子的着色游戏、主妇的美味食谱或全家一起玩的游戏。有一位丈夫抱怨洗衣店的费用激增，他发现妻子竟然为了搜集乔治的食谱，把可以再穿一天的衬衫送去洗！

乔治并未以此自满。他要让自己的事业更上一层楼。他把每千张美金 1 元的纸板寄给美国洗衣工会，工会便推荐所有的会员采用他的纸板。因此，乔治有了另外一项重要的发现，用自己的脑袋思考致富你会得到源源不断的财富。

缜密的思考和规划为乔治带来可观的财富。

# 78：22 法则

名贵的商品都是给财主们准备的。

犹太人告诉你一个真理：钱在有钱人手里。所以要赚那些有钱人的钱，这样就可以赚快钱、赚大钱了。这是犹太商人智慧的经商哲学，而这一哲学却源自于他们对生活对世界的看法，这便是 78：22 法则。

78：22 法则是大自然中一条客观存在的法则，比如：

——自然界中氮与氧的比例是 78：22。

——人体中水与其他物质的重量之比大约是 78：22。

——一个正方形里，内切圆与其剩下四个角的面积之比也大约是 78：22。

犹太人把这神奇的数字比例运用到富人与普通人（包括穷人）的比例之中，发现整个人类富人与普通人的数量比例大约是 22：78，而富人总共拥有的财富与普通人总共拥有的财富之比正好颠倒过来——大约是 78：22。

于是，犹太人总结出一条著名的经商法则——78：22 法则。他们由此推测：从事以富有者为服务对象的行业，生产经营富人需求的产品，是最容易赚钱的。

犹太人很快便从商业实践中找到了证明：生产和经营汽车的企业要比生产和经营自行车的企业赚钱多，这是因为买汽车的人是富人。即 22% 范围内的人；而买自行车的人是普通人，即 78% 范围内的人。

同样，珠宝首饰店的利润要比卖普通服饰的商店丰厚。环顾世界，大多数犹太商人大多从事他们所谓的"第一商品"——金银珠宝、皮大衣等贸易。这些商品尽管昂贵，但富人需要，必能获取高额利润。

如此说来 78：22 法则的确是一个超乎一切的"绝对真理"，它一直在冥冥之中规定着我们的世界，左右着我们的生活。这样一个具有绝对权威、千古不变的真理法则，犹太人理所当然地将它作为经商的基础，依靠这个不变法则的支持，获得世人皆慕的财富。

犹太商人的生意经就建立在 78：22 法则上，这是犹太商人千百年来经商经验的精华。素有经济帝国"红色之盾"荣誉的罗斯柴尔德，就是成功运用这一法则的典范。

罗斯柴尔德家族在当今控制着世界重要黄金市场，也是犹太商人中最会赚钱的杰出代表。他们的财富是建立在成功运用 78：22 法则上的。

一个日本的犹太商人就把这一法则运用到他的钻石生意上，结果获得了意想不到的成功。

钻石是一种高级奢侈品，它主要是高收入阶层的专用消费品。而从一般国家统计数字来看，拥有巨大财富、居于高收入阶层的人数比一般人数要少得多。因此，人们都存在这么一个观念：消费者少，利润肯定不高。绝大多数人都不会想到，居于高收入阶层的少数人却持有多数的金钱。犹太人告诉我们赚"22"的钱，绝不吃亏。

该犹太商人就看中了这一点，他把钻石生意的眼光投向占人口比例"22"的有钱人身上。犹太商人抓住时机开始寻找钻石市场。

他来到东京的百货公司，要求借该公司的一席之地推销他的钻石，但是该公司根本不理他那套——"这简直是乱来，现在正值年末，即使是财主，他们也不会来的，我们不冒这种不必要的风险。"

但他并不气馁，坚持以78：22这条万无一失的法则来说服百货公司，最后取得该公司一角——郊区分店。分店远离闹市，顾客很少，生意条件不利，但犹太商人对此并不是过分忧虑。钻石毕竟是少数有钱人的消费品，生意的着眼点首先得抓住财主，以赚取那些"22"的人的钱。当时百货公司曾满不在意地说："钻石生意一天最多能卖2000万元，算不错了。"犹太商人立即反驳："不，我可以卖到2亿元给你们看。"这在百货公司看来，无疑是狂人的说法了。但犹太商人胸有成竹地说出这句话来，无疑是源于对78：22法则的信心。

事实上，78：22法则的魔力很快就显示出来了。首先，在地点不好的分店，取得了一天6000万元的好利润，大大突破一般人认为的500万元的效益估量。当时正值年关贱价大拍卖，吸引了大量顾客，犹太商人就利用这个机会，和纽约的珠宝店联络，运寄来各式大小钻石，几乎都抢购一空。

接着，犹太商人又在东京郊区及周围，分别设立推销点推销钻石，生意极佳。任何商店都没有少于每天6000万元的记录。相反百货公司由于开始没有抓住"22"有钱人的机会，当全国各地销路大开时，才低头提供摊位，结果效益反而不如其他本来相对萧条的商店。

这样到了第二年春天，犹太钻石商的销售额突破了3亿日元，就连四周地区的买卖，也超过了2亿日元，犹太商人实现了曾许下的狂言。

犹太商人就这样赚到了占日本金钱多数的少数人的钱。

再来看看"只有一位顾客的商店"是如何高价赚取富人钱财的。

在圣诞节购物达到高潮的时候，美国曼哈顿第五大街上的大多数商店都拥挤不堪，但有一家叫作毕坚的商店，却重门深锁，里面只有一位顾客。在这家商店里，一套衣服至少要卖2200美元，一瓶香水要1500美元，Chinchilla版床罩贵达9.4万美元。所以，一次只要有一位顾客光顾就够了。

到目前为止，全世界有50多个国家和地区的富豪、王公贵人曾把他们的钱花在毕坚的服饰上。美国前总统里根、西班牙国王卡洛斯、约旦国王侯赛因和一些著名艺人都曾光顾此店。毕坚商店以极为富有的豪绅作为消费者来塑造自己的企业形象。该店对于哪位顾客上门都要保密，这样就愈加提高了自己的地位和身份。

毕坚商店专门以富豪王公贵人为对象销售自己的商品就是巧妙地运用了 78 ： 22 法则。

犹太人的生意经是世界上最棒的、最通用的生意经，犹太商人的点子更是世界上最值钱的、最聪慧的和最实用的点子，它能一点到位，用中国话来说就是"点石成金"。几千年来，犹太商人遍布世界各地，最擅长于投资管理，最精于股市行情，最精于商业谈判，最善于进行公关和广告宣传活动，他们总结出了一套科学合理的生意经以及"巧取豪夺"的赚钱理论。其中，最为通行的当是 78 ： 22 之经商法则，它构成了犹太人生意经的根本。犹太商人最精于运用这一法则，并将世界的财富和职能统统装进了自己的口袋。

犹太典籍中如是说："78 ： 22 是个永恒的法则，没有互让的余地。"

# 机遇：一念定乾坤

日光之下，快跑的未必能赢，力战的未必得胜，智慧的未必得粮食，明哲的未必得资财，灵巧的未必得喜悦，所临到众人的，全在乎当时的机会。

根据自己所处的环境和自己所具备的条件和优势，对自己人生进行理智的设计及运作，这就是"运"的含义。如果这种选择、设计和把握恰好跟上了时代的潮流，跟上了市场的发展，那就是你的运气来了。

在我们一生中，机会像流星一样极易逝去。它燃烧的时间虽然很短，却往往能带来巨大的能量。尤其是在追求财富的过程中，也许只有那么一次小小的机会，就能让我们大发其财，成为巨富。犹太人总是这样相互鼓励说："试着去做一件自己早就想做但却始终没有勇气去做的事，你会拥有焕然一新的人生。"

仅仅只花了 6 年时间，美国人马克·奥·哈德林先生就由一名穷困潦倒的失业青年变成一个小有名气的百万富翁。

哈德林先生描述说，在他 25 岁的时候，看了一本名叫《我是怎样在业余时间把 1000 美元变成 300 万的》的书，好像看到了一个辉煌世界。于是，他尽可能地了解有关投资和不动产的知识，一有机会便和从事房地产的朋友、亲戚聊天，暗暗为自己定下目标：在

30 岁时成为百万富翁。

有一天，一个房地产中间商激动地告诉他一个投资少、收益惊人的买卖：一所坐落在中产阶级住宅区的现代式房子，维护良好，房况极佳，数一流建筑。房主出价 14500 美元，由于某些原因，她必须在一月之内把房子卖掉。哈德林听后很是动心。经过还价，买卖双方定为 1 万美元。尽管哈德林当时银行存款不足 500 美元，但他觉得这是一个不容错过的机会，即使万一筹不到这笔钱，也不过要付给中间商 100 美元酬金而已。他毫不迟疑地和房主签了约，返身直奔城里最大的银行，以借款的形式得到了 1 万美元，付给了房主。他又来到另一家银行，以新购的房产作抵押，贷款 1 万美元还清了第一家银行的借款。没几年，他的住户又帮他还清了第二家银行的贷款。就这样，马克·奥·哈德林先生很快成为了百万富翁，实现了自己的梦想。

在大多数人看来，所谓机遇是那种可遇而不可求的东西，其实不然。机遇随时都有，机遇无处不在。只是看我们善不善于发现，能不能把握罢了。在我们生活当中，一个偶然的机会，一个突发的事件，往往都能产生出无数的机遇。所以，要想成为富翁，就得把握机遇，千万别放过身边每一个可能发财的细节。

从前，一个穷人一心想富起来，天天在盘算着怎样才能变成富翁。偶然的一天，他在桥畔苦苦观察思索，不知不觉中已到黄昏。一群木匠路过，走在后面的学徒们手中有很多木片，每走一步，就会有木片掉下来，但却无人回头去捡。穷人看了觉得可惜，就跟在木匠后面将木片捡起来，竟捡了 300 担之多，第二天拿出去卖了 250 文钱。他恍然大悟：原来脚底下就有这么好的赚钱法，为什么以前没发觉呢？从此以后，每到黄昏，他就跟在木匠后面拾木片，赚了不少钱。后来他想出了用木片加工制作筷子的主意，也有利可图，最终成为以制作筷子而发家的大富翁。

20 世纪 20 年代的时候，有一位欧洲的神父到一小镇传教。他看到当地人民生活非常苦，动了恻隐之心。他苦思良策想改善教友们的生活。

有一天，神父走过一户人家，看见妇人在门口梳头，有些头发掉在地上。这一幕触发了他的灵感。

神父想起了他的家乡——欧洲，从工业革命后，工厂纷纷设立，厂内的女士都必须戴发网上工，不仅避免头发卷入机器，而且也是一种装饰。如果把妇女掉在地上的头发捡起来，然后编织成发网销到欧洲去，岂不是可以改善工友们的生活吗？

于是，神父就告诉妇女们，在梳头时，务必把落发收集起来。另一方面，他告诉商人，拿些针线与火柴来交换妇人的零碎头发，编织成发网，外销欧洲。他的计划果然实现了。

这是什么道理呢？机遇本就无处不在，如果说机遇就是那一块块木片，一根根头发，丢在大街上多数人都熟视无睹，那么机遇也就白白地浪费了。只有善于发现和挖掘机遇的人，才能把握机遇，创造财富，成为财富的主人。

机遇好比被你遗忘的物品，虽然你看不到它，它却天天看到你。这时，你如果要去寻找它，就得耐心地去寻找。也许不经意间，它就会突然出现在你的眼前。因为，它早已存在于我们周围，散布于人生的角落，只不过被你遗忘罢了。

一个农场主不慎将一只名贵的金表遗失在仓库里，他遍寻不获，便要人们帮忙，悬赏100美元。面对重赏的诱惑，很多人卖力地翻找。无奈谷仓内杂物堆积如山，要想在其中找寻一块金表如同大海捞针。

人们忙到太阳下山仍没找到金表。他们一个个放弃了寻找金表的行动。

只有一位小孩在众人离开之后仍不死心，在仓库内坚持寻找。当一切喧闹静下来后，他突然发现了一个奇特的声音，那声音"嘀嗒、嘀嗒"不停地响着。小孩循声找到了金表，最终得到了100美元的赏金。

可见，机遇如同仓库内的金表，早已存在于我们周围，只要我们冷静地思考，我们就会听到那清晰的嘀嗒声。

1984年的一天，瑞士发明家乔治·德·曼斯塔尔带着他的狗去郊外打猎，乔治·德·曼斯塔尔一直想发明一种能轻易地扣住、又能方便地脱开的尼龙扣，但是一直没有结果。当他和狗从牛蒡丛边擦过时，狗毛和曼斯塔尔的毛料裤上都粘了许多刺果，这引起了乔治·德·曼斯塔尔的极大兴趣。

回到家里，曼斯塔尔立即用显微镜仔细观察粘在皮毛上的刺果。他发现刺果上的千百个细小的钩刺钩住了毛呢和狗毛。

这使他顿然发现：如果用刺果作扣件，真是再好不过了。受此启发，他发明了以一丛细小钩子啮合另一丛细小圈环的新型扣件——凡尔克罗，这是一种能轻易地扣住的尼龙扣，不仅能方便地脱开，而且可以水洗。它的用途很广，包括服装、窗帘、椅套、医疗器材、飞机汽车制造业。最终，曼斯塔尔成功了。

不同的人面对不同的机遇，会产生不同的结果。机遇不是命中注定的，上天也不会安排，能不能抓住，就看你是否能把握好关键的时机。可见，机遇完全就在你手中，抓住了它，也就抓住了成功，抓住了财富。

下面这个故事就说明了这一点。

日本绳索大王岛村芳雄当年到东京一家包装材料店当店员时，薪金只有1.8万日元，还要养活母亲和3个弟妹。因此他时常囊空如洗。

有一天，他在街上漫无目地散步，他注意到女性们，无论是花枝招展的小姐，还是徐娘半老的妇人，除了带有自己的皮包之外，还提着一个纸袋，这是买东西时商店送给她们装东西用的。岛村芳雄整个心就被纸袋和绳索占住了。两天后，他到一家跟商店有来往的纸袋工厂参观。果然，正如他所料，工厂忙得不可开交。参观之后，他怦然心动，将来纸袋一定会风行全国，做纸袋绳索的生意是错不了的。岛村虽然雄心勃勃，但身无分文，无从下手。以后几天，资金问题一直困扰着他，最后他决定到各银行试一试。一到银行，他就对纸袋的使用前景、纸袋绳索制作上的技巧、他的原价推销法及这事业上的展望等说得口干舌燥，但每一家银行听了他的打算之后，都冷冷淡淡地不愿理睬他。起初态度冷淡得连他的话都不愿听的职员们，过了几天，对他的蔑视的态度就逐渐表面化，终于耐不住厌烦地大发脾气，一看到他就怒目而视。有时他一来，大家就发出一阵哄笑，有时干脆把他赶了出去。

苍天不负苦心人，前后经过 3 个月，到了第 69 次时，对方竟被他那煞费苦心、百折不挠的精神所感动，答应贷给他 100 万日元。当朋友和熟人知道他获得银行贷款 100 万日元后，纷纷帮他筹集资金，就这样他很快就筹集了 200 万日元的资金。于是岛村辞去了店员的工作，设立凡芳商会，开始绳索贩卖业务。他深信，虽然他的条件比别人差，但用自己新创的"原价销售法"干下去，一定能在竞争激烈的商业界站稳脚跟。

后来，岛村终于成为了日本的富豪。

这些事例都告诉我们，要想成功，获取财富不仅需要努力，而且，你最好还要长一双善于发现机遇的眼睛。

在人生的旅途中，缺乏的并不是机遇，而是缺乏发现机遇的眼睛。因为，机遇无处不在，如果你不能发现它、捕捉它，那么它也只好无奈地和你擦肩而过。在追求财富的过程中，也是一样。要想抓住发财的机会，就得善于捕捉发财的机遇，方能相得益彰。

不要慨叹没有机遇，也不要在机遇面前彷徨无助。因为机遇就在你身边，机遇就在于你的发掘。不要白白地浪费了发财的机会，也不要在机遇面前麻木不仁。

当机遇出现时，立刻抓住它，也就抓住了本钱。此时，机遇已不再是机遇，而是一种创业的资本。创业的本身，可以是前途，也可以是"钱"途，无论走哪条路，机遇必然伴随。

下面来看看达比的教训吧。他就是因为一念之差，而使自己与机遇和财富擦肩而过的。

在 20 世纪初的淘金热潮中，年轻的达比在做着黄金梦的叔叔的带领下，前往西部挖金矿。他们买到了一块矿地，没日没夜地用铲子和尖嘴锄去开采。

辛苦了几个星期，他们终于从矿地上挖到了金矿。达比和叔叔十分高兴，但他们需要用机器把金矿从地下弄到地上来。

达比的叔叔很镇静地把矿坑掩埋起来，除掉自己的脚印，然后火速赶回马里兰州威廉斯堡的老家，把挖到金矿的消息告诉他的亲戚和几位邻居，大家凑了一笔钱，买来所需的机器，托人代送。叔叔和达比也动身回到矿区工作。

第一车的金矿挖出来，送到一处冶金工厂，结果证明他们已经挖到了科罗拉多州最富的一个矿源。只要再挖出几车金矿，偿还所有买地欠下的债务后就可以大赚特赚了。

叔叔和达比高高兴兴地下坑工作，带着无限的希望挖矿。但在这时候，发生了他们料想不到的事，金矿和矿脉竟然不见了，黄金没有了。

他们继续挖下去，焦急地想要挖出矿脉来，但是，他们一无所获。绝望的叔叔和达比放弃了寻找，将地卖给别人。

然而，根据一位工程师的计算，只要从达比和他叔叔停止挖掘的地点再往前挖90厘米，就能找到金矿。

果然，就在工程师所说的那个地方，矿脉又重新找到了。请工程师的人是一位售货员，他把挖出来的金矿出卖，获得了几百万美元。

抓住了机会，所以在很短的时间里就可以不费力气地获得成功，而失去了机会只会让自己费力。因此，能否抓住机会，一念定乾坤。

因为机遇往往在瞬间就决定了人生和事业的命运，抓住了机遇，就彻底地改变了自己的命运前途。机遇，是瞬间的命运。

犹太人告诫人们："抓住好东西，无论它多么微不足道；伸手把它抓住，不要让它溜掉。"

# 我要成为富人

穷人的穷不在于他们没有钱，而在于缺少一个挣钱的头脑。

穷人的穷不仅仅是因为他们没有钱，而是他们根本就缺乏一个赚钱的头脑。富人的富有不仅仅是因为他们现在手里拥有大量的财富，而是他们从根本上就有一个赚取财富的头脑。

一个人所具有的思维和感觉决定了他将来能否拥有财富。富有的思维创造财富，而贫穷的思维造成真正的贫穷。

人太穷了，就会整天为生存而奔忙和劳碌。他的头脑里没有了产生财富的渴望，也就失去了成为富人的条件。

犹太巨富比尔·萨尔诺夫小时候生活在纽约的贫民窟里。他有6个兄弟姐妹，全家只依靠父亲做一个小职员所得的微薄收入，所以生活极为拮据，他们只有把钱省了又省，才可以勉强地度日。到了他15岁那年，他的父亲把他叫到身边，对他说："我攒了一辈子也没有给你们攒下什么，我希望你能去经商，这样我们才有希望改变贫穷的命运，这也是我们犹太人的传统。"

比尔听了父亲的忠告，于是去经商。3年之后，他就改变了全家的贫穷状况。5年之后，他们全家搬离了贫民区。7年之后，他们竟然在寸土寸金的纽约买下了一套房子。

犹太人世代都在经商，因为他们知道只有经商才能赚取很多的利润，才能彻底地改变自己贫穷的命运。一代代犹太人经商，赚取了让世人瞠目的财富。

想要成为一个富人，不但要有智慧的思维，而且要付诸行动。只有这样，才能跻身富人的行列。

犹太人的金钱法则是：钱是靠赚出来的，而不是靠克扣自己攒下来的。犹太人不赞成过分地节俭。在他们看来，钱是靠赚的，而不是靠攒的，过分的节俭，克扣自己是成不了富人的。那只会使自己在精神上越来越穷！

犹太商人有白手起家的传统，现在世界上许多犹太大亨，其发迹时间也不过两三代人。但犹太商人没有靠攒小钱积累的传统，而且，犹太人没有禁欲主义的束缚，中国厨子、美国工资、英国房子、日本妻子是他们理想生活的四大目标。再加上犹太商人的投资大多集中于金融业等回收较快的项目上，他们崇尚的是"钱生钱"，而不是"人省钱"，他们热衷的是冒险而不是勤俭持家。

当一个人接受了人生给他的剧本角色——穷人或富人之后，他们总是要找出一些逻辑关系来使自己表现得更加自然：因为我生在这个贫困的家庭里，所以我是穷人，这是应该的。或者说我生在这个富裕之家，因此我的命运是注定的。殊不知，正是这一错误的逻辑理论，使他一辈子无法超越自己，战胜自己。人生的每一个角色从来不是固定的，穷人可以变富，富人也可以变穷，是玫瑰总会开放，是金子总会闪光，只要你肯努力，你一定能改变你的人生。

这个世界有两个转动不息的轮子。今天的富人明天就可能不是富人了，今天的穷人明天就未必是穷人了。

从前，有一个富人，他没有孩子。

"我有这么多财富有什么用？"他悲哀地说，"我辛辛苦苦赚钱是为了谁？"

有人建议他给穷人一些捐助，他拒绝了。他只想对丧失生活信心和对生活感到绝望的人给予资助。

有一天，他看到一个衣衫褴褛的人躺在粪堆上。他心想："这个人肯定对生活丧失了希望。"

他主动提出给这个人100第纳，并向他解释给他钱的理由。

这个人不仅拒绝拿他的100第纳，而且还一肚子的气："只有死人才对这个世界一无所求呢！我信仰上帝，上帝迟早会帮助我改变目前的境况，用不着你来可怜我。"

富人讨了一脸没趣，他决定到墓地把钱埋到死人中间。

随着时光的流逝，这个富人失去了他所有的财产。他便跑到墓地去挖自己从前埋的钱。警察以为他是来盗墓的，就把他逮捕了，并把他带到市长那里。

"你不认识我了吗？"市长问他。

"我怎么会认识像您这样重要的人物呢？"囚犯答道。

"我就是那个你认为对生活绝望了的人。你看，上帝没有忘记我，我的命运改变了。"市长说。

两人拥抱在一起。

市长下令说可以把他的钱从墓地拿走，而且还使这个人在他的余生每天都得到一顿免费的伙食和慈善的礼物。

由此可见，贫穷与富有并非是上天注定、不可改变的，二者之间可以自由转化，转化的时机全在当事人的选择了。

要想富有，就必须学习富人。只有先去学习，你才会得到他们富有的经验。

犹太人特奥的母亲不幸辞世，给他和哥哥卡尔留下的是一个可怜的零售店。微薄的资金，简陋的小店，出售一些罐头和汽水之类的食品。一年节余下来，收入微乎其微。

他们不甘心这种穷困的状况，一直探索发财机会的卡尔问弟弟："为什么同样的商店，有的赚钱，有的赔钱呢？"特奥回答说："我觉得是经营有问题。如果经营得好，小本生意也可赚钱的。"

"可是经营的诀窍在哪里呢？"

于是他们决定到大街小巷去调查。一天他们来到一家"消费商店"，这家店铺顾客盈门、生意红火。

他们走到商店的旁边，看到门外有一张醒目的红色告示写道："凡来本店购物的顾客，请把发票保存起来，到年终可凭发票免费购买发票款额 3% 的免费商品。"

他们把这份告示看了几遍后，终于明白这家店铺生意兴隆的原因了。原来顾客就是冲着那年终 3% 的免费购物。他们一下子兴奋起来。

他们回到自己的店铺，立即贴上了醒目的告示："本店从即日起，全部商品让利 3%，并保证我们的商品是全市最低价。如达不到全市最低价，可到本店找回差价，并有奖励。"

原来他们不仅借鉴了那个商店让利 3% 的做法，还提出了现款交易就可以让利 3%，加上全市最低价的攻势，自然他们的店铺很快生意火爆。很快他们的阿尔迪商店出现了购物狂潮。借这个机会，阿尔迪商店在市里发展了十几个店铺，占据了几条主要的街道。此后，凭借这种"偷"来的经营原则，他们兄弟的店铺迅速扩大，南到阿尔卑斯山，北到弗伦斯堡，到处都布满了密密麻麻的"阿尔迪"商店。

犹太人中间流传着这样一个故事：

有一个百万富翁和一个穷人在一起。那个穷人见富人生活那么舒适和惬意，于是穷人对富人说："我愿意在您的家里给您干活 3 年，我不要一分钱，但是你要让我吃饱饭，并且有地方让我睡觉。"富人觉得这真是少有的好事，立即答应了这个穷人的请求。3 年后，服务期满，穷人离开了富人的家。

10 年又过去了，昔日的那个穷人已经变得非常富有了，而以前的那个富人相比之下，就显得很寒酸。于是富人向昔日的穷人请求：愿意出 10 万块钱买他富有的经验。昔日的那个穷人听了哈哈大笑："过去我是用从你那学到的经验赚取了金钱，而今你又用金钱买我的经验呀。"

原来那个穷人用了 3 年时间学到了富人的经验。于是他获取了很多财富，变得比那个富人还富有。那个富人也明白了这个穷人比他富有的原因是因为穷人的经验已经比他多了。为了自己拥有更多的财富，他只好掏钱购买原来那个穷人的经验。

于是，犹太父母教导子女："要想变得富有，你必须向富人学习，在富人堆里即使站上一会儿，也会闻到富人的气息。"

世界上大多数人是穷的，但穷是可以改变的，要想改变穷的状况，需要了解富人与穷人之间的区别——不是简单的钱和资产的悬殊，而是观念、思维方式和性格上的不同。穷人思想封闭，害怕风险，比较感性；富人思想开放，勇敢而理性。人人都想赚钱，但赚钱方式不同。穷人的钱放在银行里，而富人的钱放在投资和保险公司的账户上。穷人的钱在为政府和富人工作。富人是用自己的钱和穷人放在银行里的钱为他们工作。穷人不能责怪富人，因为穷人自愿把钱放在银行，而银行需要把钱借给会赚钱的富人去赚钱。当你把钱存在银行，活期利率每年 1.25% 左右，而每年的通货膨胀 3.5% 左右，实际回报是 −2.25%，并且银行的利息收入是 100% 需要交税的。扣税后再加上通货膨胀，实际回报也是负数或接近零。所以，富人买银行股票比穷人把钱存在银行要强得多。

犹太人认为，世界上唯一可以成为富翁的方法就是用钱去赚钱，否则只有给人打工，用自己的体力，在生活的路上苦苦挣扎。

改变贫穷的状态，先要改变自己贫穷的思维方式，像富人一样思考。

某些人有时却能够越过富人和穷人之间的巨大障碍。他们或许从外表上看去更像穷人，但却一副富人做派，即使排在富人之尾也在所不辞。位列富人之尾比起做穷人之首可能更不像富人。但他们仍宁愿挤入富人之列，因为这样他们就能以富人的方式思考问题，而排在穷人之首则永远无法摆脱穷人的思维方式。

犹太人中富人众多，实际上就是由于他们具有富人的思维方式。这不是什么实用的技术，而是一种处世哲学。犹太人始终将此处世哲学付诸日常生活的实践当中。

# 亮出你的个性

如果你要成功，你应该朝着新的道路前进，不要跟随被踩烂的成功之路。

没有个性，人家就会忘却你。个性化的策略、个性化的产品、个性化的管理，都是十分让人注意的东西。

早在远古时期，犹太人就意识到了。同一种作物会因为产地的不同、管理的差异而在品质上有所差别。因此，应对不同产地的同种作物进行区别，对各类商品进行分门别类，这样买卖才可以获得好的价格。

可口可乐公司是美国饮食文化的象征，在全球可谓家喻户晓，它的商标价值已达400亿美元，但这家公司曾经差一点因放弃"个性"而夭折。

1886年11月15日上午，因饮酒过量而头痛的威尔克斯先生受"彭氏健身饮料可治头痛"的宣传，来到阿萨·坎德勒的药店，提出喝一杯彭氏健身饮料。店员一时疏忽，把配制彭氏健身饮料的原浆掺到了苏打水里，没想到威尔克斯喝完顿觉神清气爽，可口可乐由此诞生。

1888年，已经购买可口可乐配方全部股权的坎德勒不再用原浆（含有可卡因、咖啡因的可可叶和可可果提炼品，并加入若干油类物品），加净水配制药用饮料，从此专心经营可口可乐。

后来，可口可乐公司一度更改可口可乐的配方，以迎合想象中的大众口味，结果没得到市场认可，公司业务一落千丈，濒临倒闭。

关键时刻，该公司只好沿用原先的饮料配方，以其怪怪的味道再度赢得了大众的青睐。

在这个竞争日益激烈的时代，唯有创新才能生存，才能在市场竞争中站稳脚跟，才能战胜对手。否则，企业就会停滞不前，甚至亏损破产。在这一点上，犹太人是最有发言权的，他们总是出人意料、标新立异，在竞争中凭借新奇手段以其鲜明的个性击败对手。

犹太巨富威尔逊在筹备他的旅馆的时候，就决定把自己的旅馆建成第一流的旅馆。

他在房间里使用了空调，这是当时世界上第一家有空调的旅馆。

每个房间都有电视。这样可以使外出旅游的一家人在饱览了沿途风光后，还能享受到有趣的电视节目。他还为孩子们设计了一个游泳池，增加了不少照顾孩子的服务项目，甚至还设计了为旅客的小狗居住的免费狗舍……所有这些，在当时都是前所未见闻所未闻的。

威尔逊旅馆的房间里光线明亮、空气流通、色调柔和温馨的居住环境让旅客充满了亲切的感觉。于是别人的旅馆冷冷清清，而他的旅馆却总是挤得满满当当。

威尔逊"假日旅馆"的成功之处就在于突破当时一般的经营策略，勇敢地采用了最为先进的设备，针对"假日"这一项目，拥有了别人无法企及的特点和优势。

任何东西都必须拥有个性。"个性才能生存"被各类企业一直验证为是商界金律。

犹太人的观点是：商业的个性就是独有的经商理念、特殊的经营模式、因环境条件有异而不可相互简单模仿的销售品种和价格等要素的总和。

普洛奇是一位犹太富人，同时也是美国的食品大王、亿万富翁。同许多犹太富商一样，普洛奇的青年时代也是靠给别人打工度过的。

有一天，他的老板让他把20篓受损的香蕉卖出去。这些香蕉只是外面的皮太熟了，颜色不好看，质量倒是完全没问题。

市场上的香蕉价格是每4磅3美分。老板说，你可以每4磅卖2美分，或更低也行。只要能把这20篓香蕉卖出去，价格方面可以随意。

普洛奇把香蕉成堆地摆在门口，开始卖香蕉了。但是，普洛奇并没有按每4磅2美分或者更低的价格叫卖。普洛奇这样叫卖："阿根廷香蕉，快来买哦！"

"阿根廷香蕉"这个蛮有个性、蛮新颖的名字马上吸引了一大群爱凑热闹的美国人。

普洛奇对"听众"解释说："这些样子古怪的香蕉是一种新品种，产地在阿根廷，美国是第一次销。当然啦，为了感谢各位来照顾我的生意，打算以低价出售，每磅10美分。"就这样，本来打算低价处理的受损香蕉，被普洛奇这样一说，卖出的价反而比新鲜香蕉的市场价还要高。

美国人听到普洛奇这样一叫卖，觉得沾了很大的光，而且还是新品种的香蕉。于是不到一个上午，所有的香蕉全被一扫而空。

普洛奇并没有按照常规的做法去思考，本来有些受损的香蕉理应降价，这是很合乎常情的事情。但普洛奇却一反常理，利用美国人追求新奇的心理，把本地香蕉唤作"阿根廷香蕉"，物以奇、稀而贵，价格自然就上涨了。普洛奇的做法就是很有个性的，他正是很好地利用了香蕉不利的一面去思考，而且他并不是想着香蕉受损就要降价，而是想着怎么样把这一点变成香蕉独有的个性。因为直接表明受损，即使是降价，美国人也不会轻易接受。而对于有个性的东西就不一样了。抓住这一点，普洛奇创出了个性，出奇制胜。

犹太富人的这一金科玉律也为其他国家的商人所模仿。

巴西某地一家礼品店为了招徕顾客，在电视台大做广告宣传自己制定的店规：凡是名人前来购物，一律不收分文。但条件是必须以绝招来证明自己的身份。广告登出后，一些名人感到新奇，特来献技，远近顾客也慕名而来，想一睹名人风采。一时间礼品店顾客盈门，生意十分红火。

一天，球王贝利来到礼品店，顺手拿起店里一个足球放在地上，用脚轻轻一勾，球不偏不倚正好碰在门铃上，店内立刻铃声大振。未待铃声停止，贝利又用头一顶，把刚要落地的球顶到原来放球的位置。老板马上热情地邀请贝利挑选自己喜爱的礼品，且分文不取。不过球王的这一套干净利落的踢球动作早被聪明的老板摄下，成为商店吸引顾客的法宝。

推销一样的东西，你的推销方式就要与众不同一些，有个性一些；要想在市场竞争中站稳脚跟，战胜对手，同样也需要个性。

位于北京中关村的北京猎奇牌啤酒打出一条惊人的广告："欢迎啤酒爱好者到北京猎奇啤酒自酿场来亲自酿造啤酒，两星期后，请开怀大饮。"

这则广告引来了无数的好奇者，他们呼朋唤友，结伴而来。对于这些消费者来说，自酿自饮可谓是新鲜事，既开眼界，又长知识，还达到了独一无二的理想消费境界。猎奇自酿场真正让消费者猎了一回奇。

类似的例子还有：上海有位商人开了家"组合式鞋店"。货架上陈列着 16 种鞋跟、18 种鞋底，鞋面颜色也有 80 多种，款式有百余种，顾客可以自己挑选出自己最喜欢的各个部分，然后交给职员进行组合。前店后坊，只需等十多分钟，一双称心如意的新鞋便可到手。此举引来了络绎不绝的顾客，使该店销售额比邻近的鞋店高出好几倍。

深圳钟表店在手表滞销、市场饱和的情势下，开辟特色服务，依照顾客意愿订制手表，成为一种新时尚。手表上可印制结婚照、本人头像，或印上一句相爱至深的话语送给情人。100 多元的加工费，就可以订制一块绝对独一无二的风情手表，令死水一潭的手表业再度兴盛。

创造个性，拥有个性，以个性赢得市场，傲视群雄，才能在商战中立于不败之地。

犹太民族始终坚信，否定个性的社会难以进步，扼杀自己个性的人也不会有进步。每个人都是尊贵的。神是照着自己造的。神的造型各异，人形与神也就各异。倘若一个人只知道模仿大众，那就是忘了神赋予他的神圣使命——创造自己。世界和艺术一样，是由每一个人创造的。

所以犹太人认为，每个人都要珍视自己，并且真正地尊重自己。一个人诚恳地珍重自己时，便能产生个性，然后才能透过个性，发挥专长以贡献社会。因此，对犹太人来说，培养个性是每个人的义务。对于商人而言，就是要使自己的商品自己经营策略有个性，独一无二。

中国国画大师齐白石说过："学我者生，似我者死。"对于经营者来说，有个性的才是最有魅力的，有独创的才是最有吸引力的，学会经营特色的思想，做有个性的老板，开独一无二的商店，才能在激烈的市场竞争中独树一帜，赢得主动，取得成功。

# 从嘴巴里挖钱

嘴巴是消耗的无底洞，地球上当今有 60 多亿个"无底洞"，其市场潜力非常非常的大。

犹太人发现：凡是入嘴的东西，无论是什么，最后必被胃酸消化而排出体外。小到一个 1 美元的雪糕，中到一盘 5 美元的炸鸡腿，大到百元、千元的餐饮，无不是经过几个小时之后，变成了废物排泄而出。人们的生存总是需要连续不断吸收能量、消耗能量才可以支撑，能提供人体所需能量的只有食品。人要继续活下去，食品就要不断地被消费。

因此，食品的突出优点就是，它的获利是经常的，也是长久的，因为口腹之欲是人要生存的最起码条件。人的胃口是一个永远也填不满的黑洞，更没有一样消费品能像食品这样，让人顿顿马虎不得。所以，犹太人认为入嘴巴的东西绝对赚钱。正是看准了这点，很多犹太人在长期的漂泊中站稳了脚跟。

一个犹太人靠经营土豆也发财了，并且跻身当今世界上 100 位最有钱的富翁之列。他就是大名鼎鼎的"土豆大王"辛普洛特。

第二次世界大战爆发后，辛普洛特获知作战部队需要大量的脱水蔬菜。他认准了这是一个绝好的赚钱机会，于是买下了当时全美最大的一家蔬菜脱水工厂。他买到这家工厂后，专门加工脱水土豆供应军队。从这以后，辛普洛特走上了靠土豆发家的道路。

20 世纪 50 年代初，一家公司的化学师第一个研制出了冻炸土豆条。有的人说："土豆水分占 3/4 还多，假如把它冷冻起来，就会变成软糊糊的东西。"可是辛普洛特却认准了这是一种很有潜力的新产品，于是大量生产。果然不出所料，"冻炸土豆条"在市场上很畅销，并成为他盈利的主要来源。

后来，辛普洛特发现，"炸土豆条"并没有把土豆的潜力彻底地挖掘出来。因为，经过炸土豆条的精选工序——分类、去皮、切条和光传感器去掉斑点，每个土豆大概只有一半得到利用，余下的通常都被扔进了河里。为什么不能把土豆的剩余部分再加以利用呢？不久，他把这些土豆的剩余部分掺入谷物用来做牲口饲料，单是用土豆皮就饲养了 15 万头牛。

辛普洛特利用小小的土豆构筑了一个庞大的帝国。他每年销售 15 亿磅经过加工的土豆，其中有一半供应麦当劳快餐店做炸土豆条。他从土豆的综合利用中，每年取得 12 亿美元的高额利润。

瞄准嘴巴，就是在给自己淘金。

藤田是日本汉堡包店的创始人。20世纪70年代初，他与美国麦当劳公司合作，向日本人提供价廉物美的汉堡包。

开始经营的时候，日本的商人认为在习惯于食大米的日本推销汉堡包，绝不可能有市场。但藤田不这么认为。日本人体质弱，身材矮小，可能同食大米有关。同时美国汉堡包店的效应正向全世界渗透。基于这两点，该日本商认为，同样是"嘴巴"商品，在美国能畅销，在日本为什么不可能？再说，按照犹太人的观点，"嘴巴"生意绝对赚钱。只要经营得法，就能获取利润。

凭着这些信念，藤田的汉堡包店开业了。不出所料，开业第一天，顾客爆满，利润还大大超过该日本商原来想象的程度，以后利润节节攀升，竟一连用坏了几台世界最先进的面包机，还是满足不了顾客的消费要求。藤田利用汉堡包，即利用"嘴巴"生意发了大财！

在"生意无禁区"的准则下，"嘴巴"生意也成为了他们的赚钱绝招。人类要生存、要繁衍，就需要摄取食物，因此，只要人类不消亡，"嘴巴"生意就永远有市场——犹太人熟练掌握了这条自然定则。一方面，他们以"吃"来维系整个民族的血脉；另一方面，他们又抓住"吃"这个朝阳产业，在上面写下了得意的一笔。为此，他们发明了"嘴巴"生意的说法。所谓"嘴巴"生意，就是"经营用嘴巴的生意"。犹太人认为，这是庸俗的凡人或比凡人更低才能的人都可以做的生意，而且这种生意也必定是最赚钱的。于是犹太人把"嘴巴"商品列为仅次于"女人"商品的"第二商品"。

# 盯牢女人

*让女人掏腰包的机会远比让男人掏腰包的机会多。*

人类自从有历史以来，世界就分为两半，一半是属于男人的，另一半是属于女人的。社会开始慢慢进化，工作成了男人的主要任务，而女人则逐渐与工作脱离而主持家务，自由支配男人所赚的钱。这样世界上的金钱，几乎都集中到女人手中。

眼明手快的犹太商人很快洞察到了这一点，提出了"盯牢女人"的口号。用他们的话来说，"盯牢女人"，夺取女人所持有的金钱，就等于赚取了男人工作所赚的钱。被赋予这种意义的"女人"不仅是赚钱的商品，而且是赚钱的"第一商品"。

关于做女人生意，犹太人中流传着许多民谚：

"从男人身上赚钱，其难度要比以女人为对象大 10 倍。"

"挣钱的是男人，用男人的钱养家的是女人。"

"钱是男人挣的，开销权却在女人手里。"

"让女人掏腰包的机会远比让男人掏腰包的机会多。"

"做女人的盯梢者，打动女人的心，我们的生意才容易成功。"

犹太商人这样说了，也这样做着。

世界最有名的高级百货公司"梅西"公司从一个小商店开始起步，经过 30 多年发展，成为世界一流的庞大企业。创办这家公司的犹太人施特劳斯结束打工生涯当上自己的老板，就是因为发现顾客中的女性居多，即使男女结伴购物，购买的决定权仍然在女性手中。

于是施特劳斯的女性用品专营店开业了。一开始，他经营的是时装、手袋和化妆品。几年之后，增加了钻石和金银首饰等业务。他在纽约的梅西百货公司共有 6 层展销铺面，其中女性用品占了 4 层，展示综合商品的另外两层中也有不少商品是专为女性摆设的。"我盯住了一大群女人，"施特劳斯后来感慨地说，"我的店员全部盯上了她们。"

男人是这个世界的中心，但女人却是男人的中心。

男人总是围绕着女人转，男人想尽办法讨得女人的欢心。男人一旦结了婚，女人就成了男人永久的资金库，男人说女人是家里的"财政部长"。犹太人早就知道这个道理了，这个世界上是男人赚钱，女人用男人赚的钱养家。钱虽然是男人赚的，但开销权却掌握在女人手里。所以，如果想赚钱，就必须先赚取女人手里的钱。因此，做生意一定要掌握这一点，即只有打动女人的心，才能使生意成功。

在伦敦，有一个叫埃默德的人开了一家百货商店。地理位置相当好，每天来往的人也很多，可是开业两三年了，店里总是冷冷清清的。埃默德十分郁闷。经过长时间的观察，埃默德发现了这样一个规律：在平时光顾公司的人中女性居多，差不多占到 80%，偶尔有男人来商店，也大多是陪妻子购物，他们很少单独买东西。他越想越觉得自己的经营方向有问题：女人才是真正的消费主体，自己却把目光瞄在不赚钱的生意上，这样不是偏离赚钱越来越远了吗？埃默德于是果断地决定将自己百货商店的营业对象限定在女性身上。

他把所有的营业面积全部用上，全都摆上女性的用品。不过，精明的埃默德这次想出了高招：把正常的营业时间一分为二，白天他摆设家庭主妇感兴趣的衣料、内裤、实用衣着、手工艺品、厨房用品等实用类商品；晚上则改变成一家时髦用品商店，以便迎合那些年轻的女性。这样，最有消费实力的女人被他的经营方针给覆盖了。

尤其是针对年轻时髦的女孩子们，埃默德可以说是费尽了心机，光是女孩子们喜欢的袜子就陈列了许多种，内衣、迷你裙、迷你用品、香水等都选年轻人喜欢的样式和花样进货。凡是年轻女性喜欢的、需要的，能够引起她们购买欲望的商品，他都尽量满足，并把它们摆在柜台显眼的位置上。

最绝的是，他从美国进口了最流行样式的商品，并且进行了巧妙的宣传："本店有世界最风行的新款女士内衣，包您穿了青春靓丽。"没过多久，埃默德商店有世界上最流行的内衣的消息不胫而走，许多女性真的如风一般地赶来，争相购买。

埃默德的商店成了女性常来光顾的地方，不久，其分销点就已经达到100多家，狠狠地赚了女人一大笔钱。

犹太人就是这么厉害，他们在那些富丽堂皇的高级商店里，专门经营那些昂贵的钻石、豪华的礼服、价格不菲的项链、戒指、香水、手提包……这些无一不是专为女性顾客准备的。犹太商人就是瞄准了这个市场，获得了比别人更多的盈利。

日本的佐藤对此也是深有同感的。正是"盯牢女人"，做女人生意这一黄金法则使他一跃而为日本首富。

佐藤专营店的分销点达到了100多家，基本引导了全日本的女性袜子和内衣市场。

佐藤总结了以下女性消费者的特点：

"原价100元的东西降价为98元，三位数降到两位数，女人的感觉便是便宜了许多。

"男人会花2元钱去买标价1元的他所需要的东西，女人则会花1元钱去买标价2元的她不需要的东西。

"只要某广告提到某厂商正在某地举办大拍卖，大多数女人就甘愿花30元的车费，去购买一样只便宜10元钱的东西。

"3个苹果90元，女人们大多知道1个苹果30元；3个苹果80元，大多数女人为知道1个苹果的价格，往往会掏笔演算一番。

"女人比男人喜欢触摸。女人的触摸往往表现为一种暗自揣摩。若没有摸一摸、揉一揉衣物，女人是绝对不会下决心购买的。其他商品也是一样。

"不可品尝的食品，女人也要用手捏捏，以鉴定其品质。精美的商品被不透明的纸袋精美地包装着，女人们就不敢做购买的尝试。

"与其大费唇舌地向女人推销，不如让女人摸一下、看一下。"

佐藤不愧是佐藤。他说，把商品以高价卖给女人，还要让女人把眼睛看花。

在佐藤70大寿时写给儿子的信中，他这样说道：

"一方面盯紧别人的女人，赚女人掌管的钱；另一方面盯紧自己的女人，别让她花销无度。"

佐藤不愧把犹太人的生意经学到家了，总结得精辟之极。不可否认，盯牢女人、赚女人的钱是一条不折不扣的黄金法则。

重视亲子教育，是犹太民族最为突出的优良传统。几千年来，犹太民族为了在深重的苦难中生存发展，逐渐形成了一套独特的家庭教育方式。犹太人在各个领域取得的举世瞩目的成就已充分证明他们教育方式的正确性和优越性，得到了全世界人民的认可和推崇。